지역발전 정책론

– 이론과 실제

지역발전 정책론

이론과 실제

이원종 지역발전위원장 외 13인
지음

율곡출판사

prologue

프롤로그

21세기 지역 경쟁력이 곧 국가의 미래

국민소득 3만 달러 시대를 앞둔 대한민국에서 이제 '지역'은 화두로 대두되었다. '조국 근대화'를 넘어 세간의 관심이던 경제성장이 '삶의 질' 향상으로 옮겨가면서, 삶의 터전인 '지역'이 중심에 놓였기 때문이다. 오염된 하천을 남의 일로 생각하던 주민들이 이제는 말끔하게 정돈된 산책길을 걸으며 아침운동을 해야 하고, 생활 인프라의 불편과 위험요인으로부터 자유로워야 한다. 아울러 지역 주민들은 문화적인 삶을 누리며 지역에 대한 자부심과 긍지를 원한다. 이토록 '삶의 질 향상'과 지역발전이 개인의 행복이자 국가 경쟁력으로 직결되는 시대가 된 것이다.

그러므로 지역발전정책은 기본적으로 모든 주민에게 균등한 여건과 기회를 제공하고 행복추구를 보장하는 데 주안점이 두어져야 한다. 하지만 실제 현장에서 지역발전정책은 그 목표만큼 명료하게 획일화시키기 어렵다. 왜냐하면 어느 지역이든 처한 역사적 · 사회적 배경이 상이할 뿐만 아니라 시대 변화에 따라 주민들의 정서와 욕구가 변하고 이에 따라 정책 또한 진화해 가야 하기 때문이다.

지역발전, 이론과 실제의 하모니

역대 정부는 지역발전을 위해 꾸준히 노력하며 정책의 패러다임을 전환해 왔다. 2000년대 초반 참여정부는 지역균형발전을 국정과제로 설정하고 행복도시 · 혁신도시 건설을 통한 분산정책에 중점을 두었고, 이명박 정부는 글로벌 경쟁력 강화를 위해 광역경제권 정책을 추진하였다. 그리고 박근혜정부는 이전 정권의 주요 사업들을 계속 추진하면서도, 국민들의 변화된 욕구에 따라 '삶의 질 향상'을 통한

'국민 행복' 에 정책의 초점을 두고 '지역행복생활권' 사업을 비롯한 「HOPE PROJECT」를 추진 중이다.

이처럼 양적으로 다양해지고 질적으로 심도 있게 전개되고 있는 지역발전정책의 중요성에 비해 현장감 있게 소개한 책자가 많지 않은 것은 아쉬운 일이었다. 이 책의 기획 의도는 지역에 대한 실제와 더불어 지역발전정책을 종합적으로 정립하면서 이론과 실제의 융합에 중점을 두었다.

학(學) · 연(硏) · 관(官), 서로가 모두를 위해

이 책은 지역발전정책을 연구하는 행정학도들의 교재로서뿐만 아니라 정책과 실무를 다루는 공직자들과 기관의 임직원들, 그리고 해당 정책을 학문적으로 심화시켜 대안을 제시하고자 하는 학자들과 전문가들을 위해 편찬하였다. 당해 각 분야 전문가들의 역량을 한데 모은 이 책은 4부 16장으로 구성하여 보다 폭넓은 내용과 이론들을 담고, 현장의 사례들을 더해 이해를 돕고자 하였다.

제1부에서는 지역발전의 이론과 정책을 개괄적으로 소개하면서 지역발전의 개념과 전통적 · 대안적 이론의 패러다임의 변화를 다루었고, 국내 지역발전정책을 연대기 방식으로 살피면서 정부별 비교와 평가를 곁들였다.

제2부는 최근 지역발전의 새로운 패러다임, 즉 국민행복에 초점을 둔 지역발전정책을 담았다. 특히 국민행복을 지향하는 박근혜정부 지역발전정책의 비전과 전략을 총론적으로 제시했고 '지역행복생활권' 정책부터 '지역경제 활성화' 에 이르기까지 체감도 높은 정책을 밀도 있게 조명했다.

제3부에서는 해외 각국의 지역발전정책 동향을 기술했다. 영국과 프랑스의 지역발전정책과 함께 미국의 제도 변화를 시기별로 개관하면서, 일본과 중국의 '정주자립권' '신형도시화' 등 주요 정책을 다루었다.

제4부에서는 국내 지역발전정책의 추진체계 효율화를 모색하면서, 향후 메가트렌드 변화를 감안한 지역발전정책의 미래와 성과 창출의 조건에 대한 집필진의

의견을 담았다.

궁극적 존재 가치는 '국민 행복'

이 세상에서 다른 사람의 행복을 위해 열정을 쏟으며 일하는 사람은 참으로 행복한 사람이다. 학자나 공직자, 기업가나 예술가 등 모두에게 있어서 궁극적 지향점은 '국민의 행복' 이다. 이제 이 책을 손에 든 독자들 역시 한 배를 탄 것이나 다름없다.

이 책이 나오기까지 열정을 쏟으며 동승해 준 고마운 분들이 많다. 우선 기획의도에 공감해 충실히 원고를 써주신 열세 분의 집필진께 감사를 드린다. 또 흔쾌히 출간을 맡아주시고 물심양면으로 협조해주신 율곡출판사 박기남 사장님과 원고 취합과 정리 등에 노고가 크셨던 한국생산성본부 안진권 위원에게도 감사의 뜻을 전한다.

광복 70년, 미래 30년을 준비하는 뜻깊은 시기에 출간되는 이 책이 독자들의 차원 높은 지혜를 통해 '국민 행복' 과 미래 대한민국의 무궁한 발전으로 승화되기를 기대한다.

2015년 7월

대통령직속 지역발전위원회 위원장

이원종

차 례

제6장 지방과학기술 진흥정책과 창조경제 실현

제7장 지역산업 육성정책과 일자리 창출

제8장 통합적 지역복지 전달체계 구축과 국민행복 증진

제9장 지역문화융성 정책과 지역문화역량 강화

제3부 해외의 지역발전정책 동향과 시사점

제10장 영국의 지역발전정책 동향과 시사점

제11장 프랑스의 지역발전정책 동향과 시사점

제12장 미국의 지역발전정책 동향과 시사점

제13장 일본의 지역발전정책 동향과 시사점

제14장 중국의 지역발전정책 동향과 시사점

제4부 지역발전의 성공조건과 향후 과제

제1장 지역발전의 개념과 전통적 지역발전이론(차미숙 지역발전위원회 위원)

제2장 대안적 지역발전이론과 정책패러다임의 변화(차미숙 지역발전위원회 위원)

제3장 우리나라 역대 정부 지역발전정책의 평가 개관(최상철 서울대 명예교수)

제4장 국민 행복을 위한 지역발전정책과 전략(이원종 지역발전위원회 위원장)

제 1 부
지역발전 이론과 정책 개관

1. 지역발전의 개념과 정책목표

2. 지역발전이론 체계의 개관

3. 전통적 지역발전이론의 전개

4. 여건 변화와 전통적 지역발전이론의 한계

제 1 장

지역발전의 개념과 전통적 지역발전이론*

* 『新지역발전론』(김용웅 · 차미숙 · 강현수, 한울아카데미, 2009) 제1장~제6장(15~206쪽)을 발췌 · 요약하였다.

1. 지역발전의 개념과 정책목표

가. 지역발전의 개념

지역이라는 용어는 통일적인 정의보다는 학문 분야와 관심에 따라 달리 사용된다. 국제경제학에서 '지역'은 세계화된 경제체제의 하위 단위를 의미하므로 공간적으로 복수의 국가가 포함될 정도로 광범위하며 대표적으로 유럽연합(EU), 동남아시아국가연합(ASEAN) 등을 들 수 있다. 지역발전 및 계획분야에서 '지역'은 국가의 하위 공간단위를 의미한다. 리차드슨(Richardson, 1979)은 지역을 중심부와 주변부로 구성된 국가의 하위 공간단위(sub-national unit)로, 글래슨(Glassen, 1974)은 전국과 최하위 공간단위 사이에 존재하는 지리적으로 연결되고 연대성을 지닌 중간계층 수준의 공간단위로 보았다. 이와 같이 공간계층이나 기능적 차원에서 지역을 개념화하는 학자들과 달리 마르쿠젠(Markuzen, 1985)은 지역을 '독특한 물적 · 문화적 특성을 지닌 영토적 단위'로 규정함으로써 지역의 역사성과 문화성을 강조하였으며, 매시(Massey, 1978)는 지역을 주어진 것으로 보던 기존의 시각을 비판하고 생산 및 사회적 관계와 상호작용하면서 역동적으로 변화하는 개념으로 이해했다.

지역의 개념에 대한 공통적인 정의를 내리기 어려운 것이 사실이나 지역발전 및 공간계획 분야에서 지역이 지니는 속성은 다음과 같다. 첫째, 국가의 하위 공간단위로서 중간계층적 성격을 지닌다. 둘째, 지역 내 여러 공간단위는 공통의 특성을 지니거나 상호보완적이고 밀접한 기능적 연계를 지닌다. 셋째, 공간단위 간의 지리적인 연속성이 요구된다. 이러한 지역의 속성을 감안하여 지역을 '공통적이고 보완적인 특성을 가지고 있거나 밀접한 상호작용의 흐름으로 묶여있는 지리적으로 연속된 공간의 단위'로 정의하기도 한다(Vanhove and Klassen, 1987 : 111).

지역은 동질지역, 결절지역, 계획지역 등 세 가지 유형으로 구분된다. 결절지역(기능지역)은 기능적 연계성에 따라 도시세력권 및 영향권, 대도시권 등으로 구분된다. 계획지역은 행정 및 정치단위에 의한 구분으로 국가정책 차원에서 공간적인 접근

표 1-1 지역의 유형 분류

구분	지역 분류 정의	지역 분류 기준
결절지역	공간적 거점을 중심으로 기능적 연계가 밀접하게 형성된 지역	중심거점과 주변지역 간의 생산, 소비 및 각종 사회활동에서 밀접한 상호작용이 존재
동질지역	교역 및 소득의 극대화와 효율적인 자원활용 등 특정한 목적을 달성하기 위해 설정된 연속된 공간 범위	지리적 특성이나 자원의 부존성 등 물리적 기준; 소비패턴, 노동력의 취업구조, 사회적 태도, 개인소득, 산업구조 등 사회경제적 기준
계획지역	2개 이상의 공간단위가 공통적인 속성을 지니고 있어 하나의 통합된 공간단위로 이루어진 지역	경제적 의사결정의 응집성과 통일성을 보이는 지리적 범역(보드빌), 지역 내 고용과 인구배치에 변화를 초래할 수 있을 정도로 충분한 규모를 지닌 지리적 범역(키블, 클라센)

자료 : Boudeville(1968), 김용웅 외(2009), 19~27쪽 발췌 작성

이 필요한 경우에 활용된다. 그리고 지역의 자연적 특성에 따라 구분하는 동질지역이 있다. 지역의 유형 구분에서 알 수 있듯이, 지역의 개념은 목적 자체가 아니라 목적을 위한 수단의 하나이다(Vanhove and Klassen, 1987 : 114~116).

따라서 지역발전(regional development)이란 복수의 공간단위를 포괄하는 광범위한 지리적 영역을 대상으로 산업화와 도시화에 필요한 물적 기반의 조성과 사회경제적 제반 조건의 개선을 추구하는 다양한 활동을 뜻한다.[1]

나. 지역발전정책의 도입 배경

지역발전정책은 지역발전을 촉진하기 위한 정부개입의 방향과 수단을 일컫는다. 지역발전정책의 필요성은 지역문제에 대한 인식에서 비롯된다. 지역발전에 대한 관심은 산업혁명 이후 전통적인 농촌정주 패턴이 무너지고 도시화가 전개되면서부터 시작되었으나 지역발전을 위한 공식적인 정책이 도입된 배경은 크게 두 가지를 들 수

1. 프리드만(Friedmann)은 발전(혹은 개발)이란 효율적인 경제성장, 공평성, 환경보전과 삶의 질 개선 등을 다루는 것으로, 토다로(Todaro)는 경제성장의 촉진과 불평등 감소, 절대빈곤의 근절뿐만 아니라 사회구조와 주민의 태도, 국가제도 등의 변화를 포함하는 다차원적인 과정으로 파악하였다. 발전의 의미를 본질적으로 하나의 사회체계 내의 개인과 집단의 다양한 욕구를 조화시켜 만족스럽지 못한 생활상태를 탈피하여 물질적 · 정신적으로 보다 나은 생활 상태를 지향하는 전체 사회체계의 변화로 파악하고 있다.

있다. 첫째는 국가의 정책 집행에 장애가 되는 문제지역(problem areas)의 발생이다. 문제지역은 정부가 개입하지 않고서는 사회·경제적인 문제를 해결할 수 없는 지역으로 저발전지역, 쇠퇴지역, 과밀지역 등이 있다. 둘째는 경제성장과 산업화 등 국가발전을 촉진시키기 위한 공간적 투자전략의 요구이다. 국가발전의 촉진을 위해서는 공간적으로 경제사회 발전 기능과 역할을 효율적으로 배분하고, 이에 맞게 인프라를 구축하는 것이 중요한 과제로 등장하였다(Friedmann, 1973 : 22~23).

다양한 정부의 정책 가운데 무엇을 지역발전정책이라 지칭하는지에 대해서는 두 가지 견해가 존재한다. 첫째는 명목적 관점(nominalistic approach)에서의 정의이다. 지역발전정책은 지역적 변화를 명시적으로 추구하는 '공간정책'을 의미한다. 명목적인 공간정책에는 두 가지의 유형이 있는데, 하나는 국가발전 목표달성을 위한 입지선정, 사회간접자본시설의 확충, 지역적 규제나 촉진 등 공간정책 수단을 동원한 정책을 말하며, 다른 하나는 특정한 공간단위를 대상으로 사회경제적 제반 조건과 삶의 질 개선을 목표로 다양한 정책수단을 동원한 정부의 정책을 의미한다. 둘째는 실체적 관점(substantial approach)의 정의이다. 실체적 측면에서 지역발전정책은 정부의 한정된 공간정책을 의미하기보다는 지역 간의 자원배분에 실질적으로 영향을 주는 일체의 정부정책과 정책수단을 의미한다. 관련 정책으로는 조세·금융·산업·교육·문화·인프라 투자·정부의 규제 및 지원시책을 망라한다. 이와 같은 실체적인 접근은 지역 간 발전격차의 원인에 대해 종합적으로 이해하고 대응하는 데 도움을 준다. 그러나 일반적으로 지역발전정책은 명목적 공간정책을 의미한다(Kuklinski, 1975 : 1~17).

지역발전정책의 개념에 대한 관점 차이에 따라 지역발전 정책목표와 수단, 추진 방식이 달라질 수 있다. 지역발전정책이 국가발전 목표의 실현수단이라는 차원에서 보면 국가발전단계와 지역정책의 목표는 밀접한 관계가 있다. 프리드만(Friedmann)은 지역발전정책을 경제발전의 위상 문제를 다루는 공간정책으로 보고, 국가 차원에서는 국가목표를 실현하는 수단으로, 지역적으로는 국가정책에 의해 지역발전을 실현하는 수단으로 보았다. 즉 GNP에서 차지하는 산업의 비중이 10% 미만인 산업화

이전 단계에는 국가경제정책 차원에서 지역정책의 필요성이 크지 않다. 이 단계에서의 정책방향은 교육, 보건의 개선과 영농, 수송의 개량 등 생산 방식을 개선하고 경제발전의 전제 조건을 갖추는 데 치중한다. GNP에서 차지하는 산업의 비중이 10 ~25%인 산업화 초기단계에는 국가경제정책에서 차지하는 지역정책의 중요성이 커진다. 이 단계에서 국가정책 방향은 효율적인 산업화의 추진을 위한 정주체계 구축에 중점을 두고 있으며, 산업입지의 선정과 용수, 전력, 도로, 상하수도, 항만 등 사회간접자본시설의 확충을 위한 선별적인 지역발전전략을 추진하게 된다. 그러다 산업비중이 25~50% 수준의 산업화 성숙단계에 이르면, 국가경제정책 차원에서 지역정책의 중요성은 점차 줄어들게 된다. 이 단계에는 경제정책에서 파생된 부작용 해소를 위한 낙후지역의 문제, 지역산업의 재편과 재개발 추진 등이 주요 관심사이다. 마지막으로 탈산업화 단계에 이르면 국가정책 자체가 새로운 관심 분야로 전환하게 된다. 이 단계에서 국가의 공간정책 또는 지역발전정책은 주로 도시나 대도시권의 문제에 한정된다. 탈산업화 사회에서는 물적 환경의 질 또는 성장으로 초래된 도시 내부공간의 조정이나 교통문제가 정책적 관심 대상이 된다(Friedmann, 1973). 그러나 이 주장은 1990년대 중반 이후 등장한 신지역주의(new regionalism)와 경제의 지구화(globalization)에 따른 지역발전정책의 위상 강화를 예견하지는 못했다는 비판이 있다.

표 1-2　　국가발전 단계와 지역정책 목표와의 관계

경제유형	산업화 이전 사회	전이 단계	산업사회	후기 산업사회
GNP에서 산업 비중	0~10%	10~25%	25~50%	감소
국가경제 성장에서 지역정책의 중요성	부적당 (inappropriate)	핵심적(critical)	주변적(vestigial)	초점의 전환 (shift to a new focus)
주요 정책 과제	경제발전의 전제 조건 창출	산업화에도 지속 가능한 공간적 조직 창출	침체지역 문제, 지역 발전, 공동시장 조직의 공간적 조정	도시재개발, 대도시지역 내 공간질서와 순환, 옥외공간과 경관의 쾌적성

자료 : Friedmann(1973 : 121)

다. 지역발전정책의 목표와 수단

지역발전정책의 목표는 다음과 같다. 첫째, 국가경제정책의 효율적인 추진을 지원한다. 소득과 경제성장의 극대화를 위한 지역 간 생산요소의 효율적인 재배분, 공간적 차원에서 사회적 편익을 극대화하기 위한 인구와 산업의 재배치, 인플레이션의 압력을 완화하기 위한 지역 간 수요격차 완화를 들 수 있다. 대도시의 과밀 · 집중 완화와 낙후지역의 발전 잠재력 활용 등이 이에 해당된다. 둘째, 지역 간의 형평성 증진이다. 지역 간 성장률의 균등화와 소득, 취업기회의 균등화를 들 수 있으며, 낙후지역의 성장을 위한 지원이 이에 해당된다. 셋째, 개별지역의 발전 잠재력 확대와 사회경제적 조건의 개선이다. 지역 내 최적성장의 달성, 지역 내 자원의 효율적 이용, 지역 내 다양한 부문 간 자원의 효과적인 배분, 지역 내 혼잡 · 환경오염 등 사회비용의 감축 등이다. 넷째, 지역의 사회 · 문화적 정체성(identity)의 확보이다. 지역발전은 지역 내 문제의 해소나 사회경제적 조건의 개선뿐만 아니라 지역의 문화적 전통, 자율성 확보와 고유의 자연환경자원 보존 등을 의미한다.

지역발전 정책목표를 달성하기 위한 정책수단은 경제적 측면에서는 미시적인 정책수단과 거시적인 정책수단이 있다. 미시적인 정책수단에는 노동이나 자본의 이동에 대한 각종 지원정책 수단이 포함된다. 한편, 거시적인 정책수단에는 지역차등적 조세 · 세출정책과 지역별 대출한도 등 차등화정책이 있다. 이밖에 지역발전의 주요 정책수단에는 지역의 입지와 물적 기반 강화를 위한 사회간접자본시설의 개선 등이 있다.

2. 지역발전이론 체계의 개관

지역발전이론은 경제성장의 공간적인 현상을 설명하고 이를 달성할 수 있는 전략에 관련된 논리적 체계와 방법론을 포괄한다. 따라서 지역발전이론은 크게 사회경제적 활동이 공간적으로 어떻게 조직화되고 변화되는지를 설명하는 공간조직이론

(spatial organization theories)과 경제성장이 공간적으로 구체화되는 과정을 설명하거나 지역발전 목표를 달성할 수 있는 전략을 다루는 지역발전이론(regional development theories)으로 나누어진다.

공간조직이론은 토지이용, 정주체계 등 공간구조의 형성과 제조업 등 경제활동의 공간적인 조직화를 설명하는 이론을 총칭한다. 대표적인 공간조직이론으로는 농업토지이용, 산업입지, 정주체계, 도시체계 이론과 대도시권의 공간구조 형성이론 등이 있다. 공간조직이론은 인간의 경제 · 사회활동이 어떠한 원칙과 작용을 통해 공간적으로 집중되고 변화되는지에 대한 이해를 전제로 하므로 지역발전에 관한 기초이론이라고 할 수 있다.

지역발전이론은 국가발전이론에서 출발한다. 국가발전이론에서는 발전(development)이 무엇이고, 어떠한 과정과 형태를 통해 발전이 이루어지는지, 국가발전을 어떻게 추진할 것인지에 관한 이론을 다룬다. 지역발전이론은 경제성장의 지역적 현상의 발생 원인과 과정을 객관적으로 설명하는 '실증이론(positive theories)'과 지역발전을 의도적으로 촉진하는 전략을 다루는 '규범이론(normative theories)'으로 구분된다. 전자는 묘사 · 설명 · 예측에 치중하는 반면, 후자는 처방과 정책 제안에 치중한다. '실증이론'은 가치중립적인 현상의 설명을 중시하고, '규범이론'은 가치판단적인 정책과 전략 제시를 중시한다. 그러나 실증이론으로 분류된 대부분의 지역발전이론도 지역 간 불균형 현상의 제거를 위한 정책 방향과 전략을 제시하고, 규범이론도 실증이론의 논리와 예측을 기반으로 하기에, 현실적으로 두 이론 간의 명확한 구분은 곤란하다. 다만 이론적 설명의 목적이 무엇에 초점을 두는지에 따라 구분하는 것은 어느 정도 가능하다.

여기서는 전통적 지역발전이론을 공간조직이론과 지역발전 실증이론 및 규범이론으로 구분하여 설명한다. 공간조직이론과 전통적인 지역발전이론은 안정된 기술, 대량 생산 · 소비 구조에 바탕을 둔 전통적 산업사회를 전제로 한다. 그러나 기술혁신과 정보화의 진전에 따라 지식을 기반으로 한 유연적인 생산체제로 대체되고 경제체제의 지구화가 확대되면서 국가 간의 자본과 기술 이동의 장애가 줄어들었다. 이에 따라 산업사회를 전제로 한 전통적 지역발전이론에 대한 본질적인 의문과 비판이 제기되면서 대안적인 지역발전 이론들이 대두되고 있다.

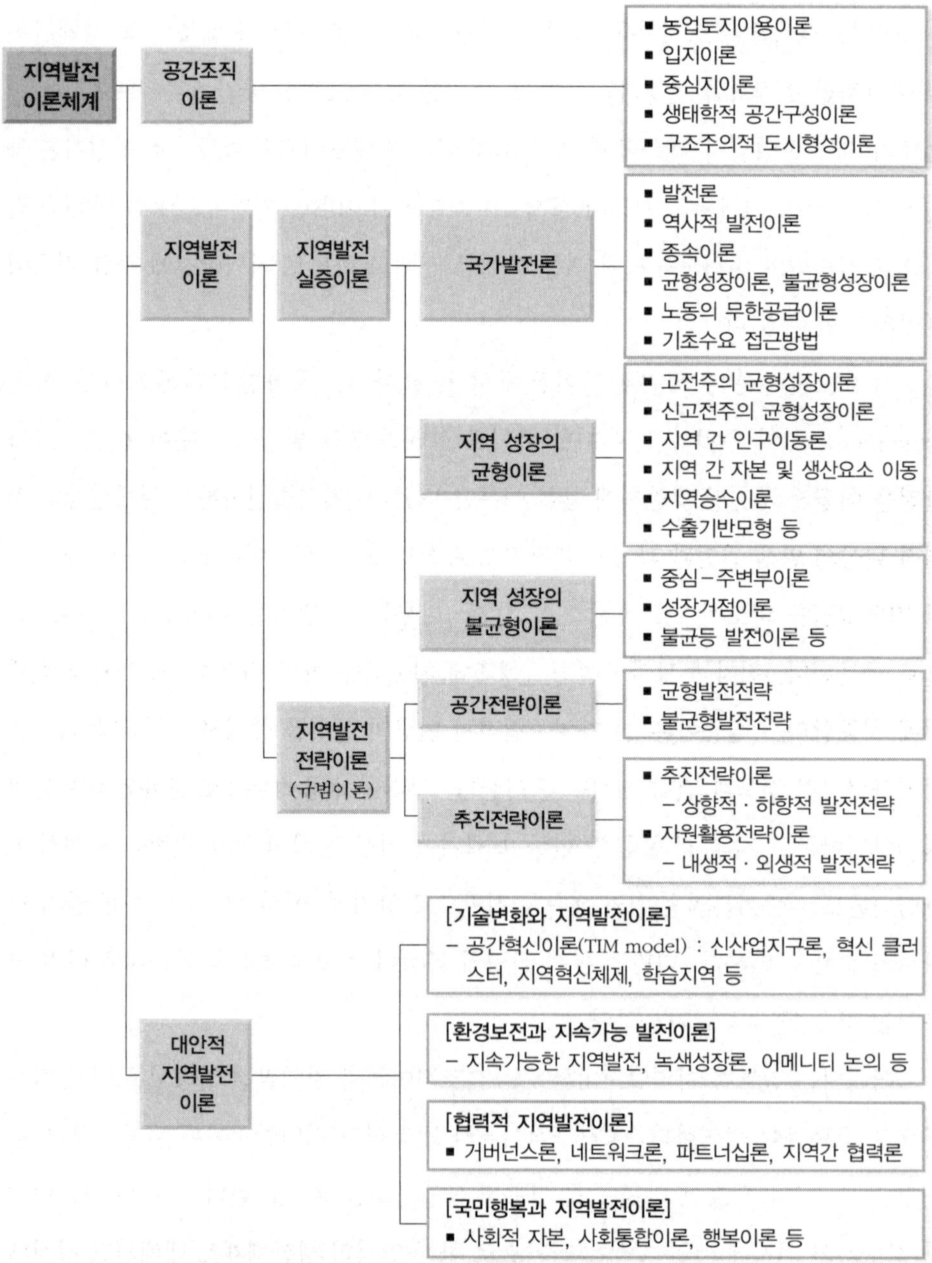

〈그림 1-1〉 지역발전이론의 체계

3. 전통적 지역발전이론의 전개

가. 공간조직이론

공간조직이론(spatial organization theories)은 인간의 경제 · 사회활동이 어떠한 원칙과 작용을 통해 공간적으로 집중되고 변화되는지에 대한 이해를 전제로 하므로 지역발전에 관한 기초이론이라고 할 수 있다. 공간조직이론은 토지이용, 정주체계 등 공간구조의 형성과 경제활동의 공간적인 조직화를 설명하는 이론을 총칭한다. 농업토지이용이론, 입지이론, 중심지이론, 생태학적 공간구성이론과 구조주의적 도시형성이론이 대표적인 이론이다.

1) 농업토지이용이론

공간조직이론은 튀넨(J. H. von Thünen)의 농업용 토지이용이론에서 출발한다. 농업용 토지이용의 분화는 지대(rent)에 의해 결정되고, 지대는 생산지와 시장까지 거리, 즉 운송비에 의해 결정된다. 가장 높은 지대를 부담할 수 있는 작물은 중심지와 가까운 거리에 입지하고, 그 다음 위치는 지대에 대한 지불능력에 따라 작물재배가 결정된다. 이 이론은 세 가지 기본가정에 근거한다. 첫째, 소비시장인 도시가 농업용 토지이용 결정의 중심이 된다. 둘째, 모든 농토는 비옥도가 일정하고 평탄하다. 셋째, 농산물 생산 및 판매 수입에서 시장까지의 운송비용을 뺀 잔여분이 지대(rent)를 결정한다. 농업토지이용 분화의 동심원을 결정하는 기본원리는 지대지불곡선(bid rent curve)이다. 지대지불곡선은 시장에서 거리가 멀어질수록 지대가 낮아지는 현상을 나타내며, 비옥도가 일정한 등질의 평면공간에 상이한 지대곡선을 지닌 복수의 농산물을 생산하는 경우, 농업토지이용의 동심원 구조가 형성된다. 이에 따라 농업용 토지는 소비지인 도시를 중심으로 동심원 형태를 띠게 된다. 이를 토지이용의 동심원 지구(concentric zones)라고 부른다. 튀넨은 19세기 초 북부 독일의 토지이용현황을 조사해 토지이용의 대상분포(帶狀分布) 현상을 실증적으로 입증했다.

2) 입지이론

입지이론(locational theories)은 공간조직이론의 기초이론으로서, 이론적 가정에 따라 신고전주의 입지이론, 행태적 입지이론, 구조주의적 입지이론으로 나뉜다.

① 신고전주의 입지이론

19세기 독일경제학자인 베버의 최적입지(optimum location) 이론은 경제학자가 신고전주의적 논리로 입지에 대해 체계적으로 분석한 최초의 이론으로 중요하다.[2] 베버의 초기 관심은 급격한 독일 도시화의 근본원리 등 경제활동 입지의 일반이론을 모색하는 것이었으나 주된 연구대상은 제조업에 한정했다. 그는 단순화된 이론체계 속에서 비용최소화가 가능한 최적입지를 제시했다. 공장의 최적입지 선정은 수송비, 노동비, 집적경제 등 세 가지 요인에 의해 결정되는데, 베버는 수송비를 공장입지 결정의 주요 요인으로 꼽았다. 그리고 개별공장 입지에서 전체 산업의 입지문제로 확대되는 집적의 경제(agglomeration economy)를 중시했다.

베버의 최적입지이론은 이후 시장지역의 개념과 생산자 간의 경쟁, 생산요소의 이동성 인정 등에서 이론적인 진전이 있었으나, 이들 입지이론에서 입지는 지역별 판매 차이를 보지 못하고 공간적 비용차이만을 중시하는 한계가 있었다. 뢰쉬(Lösch)는 입지에서 수요의 개념을 주요 변수로 보는 입지이론인 시장공간구성이론을 제시했다. 뢰쉬는 최소비용과 최대수익 개념에 의한 베버류의 최적입지이론을 거부하고, 최적이윤 개념에 의한 최적입지를 찾으려고 했다. 그러나 개별공장 차원에서 최적입지 문제는 해결이 곤란하다는 결론에 도달하게 되어 '기업 간 상호의존성' 의 개념을 도입했다. 이들은 호텔링(Hotelling)의 상호의존적 입지이론,[3] 그린헛(Greenhut)의 입

---

2. 베버의 1909년 저서 *Uber den Standort der Industrien*는 산업입지이론의 효시로 일컬어지고 있다. 특히 1929년 영문으로 번역된 이후부터 산업입지이론에 대한 연구가 활성화되었다.

3. 호텔링(Hotelling)의 상호의존적 입지이론은 불완전한 경쟁조건 속에서 어떻게 균형상태가 이루어지는지를 이론적으로 규명하면서, 주로 선형적 시장에서 두 기업 간의 경쟁이라는 단순 구조를 상정했다. 이 주장은 특정한 수요 조건 하에서 산업집적에 관한 일반이론으로 발전되었다.

지적 상호의존성이론과 최소비용입지이론의 통합 시도로 진전되었다. 아이사드(Walter Isard)는 '입지와 공간경제(1956)' '지역분석의 방법론(1960)' 저서를 통해 튀넨의 농업토지이용과 베버, 뢰쉬 등 신고전주의 입지이론을 통합하여 현실세계에서 경제활동의 공간적 현상을 이해할 수 있는 일반이론의 정립을 시도했다.

② 행태적 입지이론

신고전주의 입지이론은 베버의 최소수송비용이론에 비해 경직적인 가정의 완화와 현실적인 가정의 도입으로 이론적인 개선이 이루어졌지만, 여전히 최적입지의 개념에 근거한 결정론적인 구조에서 벗어나지 못하고, 어떻게 입지결정이 이루어지는지를 밝혀내지 못하는 점이 지적되었다. 이에 행태이론가들은 조직이론과 심리학을 바탕으로 의사결정 주체로서 기업이 어떤 동기에서 입지를 선정하는지에 대해 실증조사와 일반이론의 정립을 시도해 왔다. 행태론적 입지이론은 의사결정자인 개별기업이 특수한 환경구조 내에서 어떠한 공간적인 행태를 보이는지에 대해 일반화하는 이론을 제시하였다.

입지행태 연구의 개념과 이론적 배경은 사이먼(Simon), 마치와 사이먼(March & Simon)에 의한 의사결정이론 및 조직관리이론에 기초를 두고 있다. 조직이론에서는 조직을 외부환경과 교호작용을 통해 얻는 경험에 대한 반응으로 분화와 통합과정을 거쳐 내부적으로 구조화되는 하위단위의 복합체로 보고 있다. 이러한 인식을 토대로 행태론적 입지이론에서는 제조업체의 공간적 행태를 설명하며 산업체의 내부 조직구성과 산업체와 환경 간의 상호관계를 중시한다. 산업입지에 대한 행태론적 연구는 다공장 또는 다입지 대기업에 대한 실증연구를 통해 발전하였다. 맥니(McNee)는 대기업의 의사결정은 신고전주의 입지이론에서 가정하는 단일공장과는 확연히 다르다는 가정을 근거로 기업의 지리학(geography of enterprise) 개념을 제시했다. 이후 기업의 지리학은 크룸(Krumme)에 의해 발전되었다.

③ 구조주의적 입지이론

행태론적 접근은 입지이론을 고전경제이론의 결정론적인 편협한 가정에서 벗어나게 하는 데에는 큰 기여를 했다. 그러나 행태론적 입지이론은 조직이 활동하는 총체적인 경제구조와 공간현상 간의 관계를 밝혀내지는 못했다. 이러한 비판은 주로 마르크스주의자들에 의한 구조주의적 관점(structural approach)에서 제기되었다. 구조주의자들의 주요 비판은 신고전주의 입지이론이나 행태론적 관점이 모두 자본주의적 생산양식을 자연적인 것으로 받아들여 자본주의체제가 어떻게 작동하고 있는지조차 관심을 두지 않는다는 것이다. 행태이론이 입지행태를 제대로 규명하지 못하는 원인은 자본주의 사회의 역사적 발전과정과 자본주의 사회를 움직이는 내재적인 힘에 대한 이해가 부족하기 때문이고 신고적주의 입지이론은 그 자체가 자율적인 균형을 미리 상정하고 있어 객관적이고 현실적인 분석이 불가능하다는 점을 지적했다.

1970년대 마르크스주의적 구조주의자들은 산업의 공간적 변화를 비판적인 시각에서 보기 시작했다. 즉 개별지역에서 산업입지의 변화는 자본주의적 시장경제에 의해 통제되는 국가 및 국제경제 수준에서 작동하는 힘의 조합에서 생긴 부산물로, 그리고 비공간적인 발전에 대한 대응에서 나타나는 구조적 경제과정의 산물로 보았다. 구조주의적 분석에서는 역사적 발전과 자본주의 생산과정을 조직이 운영되는 총체적인 구조의 틀로 삼았다. 여기서 생산과정은 광의의 개념인 정치이념적인 구도와 자본—노동의 관계로 구조화되는 핵심적인 사회적 과정을 의미한다. 구조주의 입지이론은 현재의 자본주의 경제체제 하에서 입지 변화를 분석할 때 외부환경에 대한 조작이나 통제력이 큰 다국적 기업 등 대기업의 영향을 중시한다. 이러한 구조주의자들의 주장은 산업입지 패턴이 개별기업이나 지역의 내부 요인보다는 자본주의 시장경제의 구조적 메커니즘과 다국적 기업의 세계화전략에 의해 결정되므로 산업입지의 변화나 지역불균형 현상에 대한 폭넓은 이해와 접근이 필요함을 시사한 점에서 의의가 있다.

3) 중심지이론

정주체계 형성의 원리와 규칙을 설명하는 중심지이론(central place theory)은 1930년대 독일의 지리학자 크리스탈러(Walter Christaller)에 의해 제시된 이후 1950년대 경제학자 뢰쉬(Lösch), 지리학자 베리(B.Berry) 등에 의해 발전되었다.

크리스탈러(1933)는 남부 독일의 중심지(Central Places in Southern Germany) 연구에서 남부 독일의 정주패턴에 대한 경험적 조사를 토대로 정주패턴의 형태와 형성원칙을 제시했다. 정주체계는 인구 및 산업이 공간적으로 집중된 도시 즉, 중심지를 핵으로 구성된다. 정주체계의 핵인 중심지는 재화나 서비스의 수요 임계치에 의해 결정되므로 중심지는 주어진 공간 내에 균등하게 분포하고, 임계치의 크기에 따라 계층성을 띠게 된다. 이 중심지이론의 기본 가정은 첫째, 지리적 공간은 자원과 인구가 균등하게 분포되어 있는 균등한 평면공간이다. 둘째, 보완지역 내 소비자는 가장 가까운 중심지에서만 재화와 서비스를 구입한다. 셋째, 어떠한 중심지도 정상이윤 이외의 초과이윤을 획득하지 못한다. 넷째, 평면상의 어떠한 지점도 중심지에서 서비스를 공급받지 못하는 지역은 없다. 이러한 가정에 입각한 중심지이론의 기본원리[4]는 중심지의 규모와 공간의 배치가 재화와 서비스 생산의 평균비용을 결정하는 규모의 경제 이익과 재화 및 서비스의 시장거리를 결정하는 수송비에 의해 영향을 받는다는 것이다.

크리스탈러는 정주체계의 계층형성 원칙을 시장성 원칙($k = 3$), 교통의 원칙($k = 4$), 행정의 원칙($k = 7$)에 의해 설명하였으며, 뢰쉬는 크리스탈러의 경직된 계층성 개념을 비판하면서 중심지 내 모든 재화는 독자적인 시장지역을 지니고 있기 때문에 실제로 수많은 형태의 계층체계가 있을 수 있다면서 공간구조의 형성에 현실성과 융통성을 반영하는 논리를 전개했다. 또한 중심지이론은 정주단위의 공간적 배열이나 계층뿐만 아니라 계층 순위별 정주단위 규모의 문제도 다룬다.[5]

4. 중심지 형성의 이론적 원리는 첫째, 규모의 경제, 둘째, 집적의 경제, 셋째, 자유로운 입지경쟁, 넷째, 교역상품 생산을 위한 수요의 임계치(threshhold)를 들 수 있다.
5. 순위규모의 법칙(rank size rule)은 중심지의 숫자와 인구 규모 간 관계를 공식화한 법칙이며, 아우어바흐와 싱어(Auerbach and Singer, 1936)가 제안한 이후 집프(Zipf, 1949)에 의해 일반화되었다.

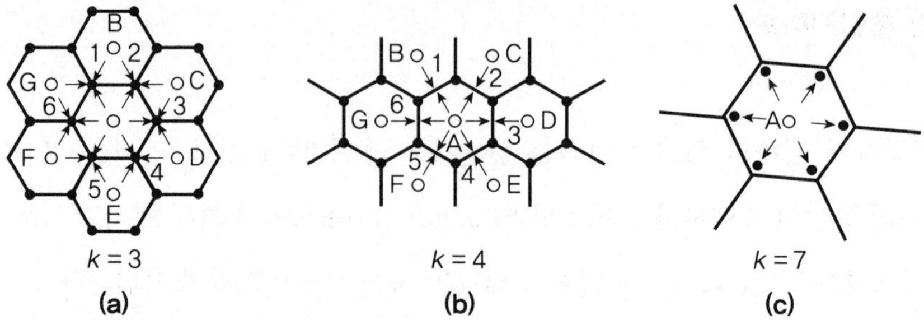

자료 : Dicken and Lloyd(1990 : 29)

〈그림 1-2〉 크리스탈러의 중심지 공간형성 원칙

중심지이론은 지역의 공간구조를 이해하는 틀을 제시해주는 동시에 지역의 공간구조 형성을 위한 계획모델이라는 점에서 지역정책 차원에서 의의가 크다. 계층적 체계의 확립은 규모의 경제에 바탕을 둔 사회적 이익의 실현을 촉진하면서 지역 내 자원의 배분과 관리를 효율화하는 데 기여한다. 특히 중심지 간 네트워크의 형성은 기능 보완과 연계를 통해 자원의 효율적인 활용과 발전의 시너지효과를 극대화하는 데 활용되었다. 그러나 지역공간구조의 이해에서 중요한 위상을 차지해왔던 중심지이론은 정보화의 확산에 의한 공간구조의 변화와 도시성장을 설명하는 데 한계가 드러났다. 네트워크 이론의 등장으로 계층적 공간적 질서의 붕괴와 함께 중심지 간 계층적 관계에 의존하는 중심지이론은 설명력을 상실하게 되었다.

4) 생태학적 공간구성이론

20세기 초 대도시의 등장은 정주공간 패턴에 구조적인 변화를 가져왔다. 토지이용, 산업입지, 중심지이론 등 경제적인 측면에서 공간구조의 형성과 변화의 특성, 원인을 규명하는 데 치중해 오던 기존의 공간구조 관련 연구들은 1930년대에 들어서면서 사회학적 관점이 강조되었다. 대표적으로 시카고학파의 도시생태학(urban ecology)을 들 수 있다. 이들 도시생태학에 기반을 둔 생태학적 공간구성이론으로는 버제스의 동심원 모형(E. W. Burgess, 1923), 호이트의 선형이론(H. Hoyt, 1939), 해리스와 울만의 다핵이론(Harris and Ulman, 1945)을 들 수 있다.

버제스는 도시집적 과정이나 물리적 확장에 대한 이론적 설명을 위해 대도시권 성장의 동심원 모형(concentric zone model)을 제시했다. 그러나 이 모형은 다양한 토지이용이 주요 수송로를 따라 방사형으로 확산되는 실질적인 경향을 제대로 나타내지 못한다는 비판이 제기되었다. 이 모형의 한계를 극복하고자 호이트는 도시성장의 부채꼴 또는 선형이론을, 해리스와 울만은 도시성장의 다핵이론(multiple nuclei theory)을 제시했다.

이들은 인간생태학의 개념을 하나의 독립된 학문으로 대도시(metropolis)의 개념을 산업문명의 자연적 유기체 형태로 발전시키는 데 기여했다. 생태학자들은 집단 간 경쟁은 대도시의 공간구조 형성과 변화를 유발하는 동인이라는 점을 주요 가설로 삼았다. 대도시는 투쟁(struggle), 침입(invasion), 승계(succession)의 일시적 지배력 표현[6]으로, 대도시권의 성장은 수송의 가용수단과 도시경제의 활력 및 폭에 의해 결정된다. 즉, 근린주거 단위 또는 자연적 지역을 대도시권 사회를 형성하는 구성요소로 보고, 이동성 개념을 대도시권 확장을 가져오는 동력으로 보았다(Friedmann and Weaver, 1979).

5) 구조주의적 도시형성이론

구조주의적 도시형성이론은 입지 및 공간구조에 대한 신고전주의 입지이론과 도시생태학의 한계를 극복하기 위한 대안으로 제시되었다. 신고전주의 입지이론은 완전경쟁, 합리주의적 의사결정에 의한 이익극대화 행태를 가정함으로써 자본주의적 생산양식에 기초한 공간구조의 형성과 변화의 본질을 제대로 밝히지 못하는 한계를 지닌다. 한편, 도시생태학자들의 도시성장이론은 도시를 자연환경과 유사하게 사회

---

6. 식물생태학에서 유래된 일단의 개념은 도시의 발전과정에서 서로 다른 직업집단과 토지이용이 다른 것으로 대체되는 과정을 설명하는 틀로 사용된다. 접근성에 의해 형성된 토지가격과 토지투기는 대도시권 내에서 입지가 결정되는 정상적인 생태학적 메커니즘이라고 할 수 있다(Friedmann and Weaver, 1979).

적 집단에 의한 공간적 경쟁과 적응과정의 산물이라고 인식하는 데 기초한다. 따라서 도시생태모형에 따르면, 도시화는 균형적인 체계의 발전, 그리고 균형체계의 유지와 혼란을 안정된 상태로 복귀시키는 능력에 기초하는 것으로 보았다. 이러한 견해는 지나치게 기능주의적이며, 체계 내의 사회공간구조와 변화에 대한 권력관계의 영향력을 고려하지 못했다는 한계가 있다.

구조주의자(structuralist)들은 신고전주의 입지이론과 도시생태학의 한계를 극복하기 위해 대안적인 이론을 제시했다. 구조주의적 사회구성이론을 바탕으로 도시공간구조의 형성과 변화를 설명한 카스텔(Castells, 1976), 신리카도이론을 바탕으로 도시공간구조 변화를 분석한 스콧(Scott, 1980), 자본논리이론에 입각하여 도시발전 형성과정을 설명한 하비(Harvey, 1973) 등이 대표적이다.

카스텔(Castells)은 지배적인 생산양식이 도시공간을 형성한다는 전제하에 구조주의적 사회구성이론을 바탕으로 도시공간의 형성과 변화를 설명하였다. 카스텔은 도시의 발전과 변화는 자연생태 환경의 원리로 결정되는 것이 아니라, 지배적인 생산양식의 원리와 이를 뒷받침하는 정부의 제도에 의해 결정되는 것으로 보았다. 즉 도시공간구조의 형성은 사회의 경제 · 정치 · 이념체계의 상관관계 속에서 이루어진다. 한편, 스콧(Scott)은 도시공간구조의 형성이 노동–자본의 논리에 입각한 생산공간 변화와 이에 따른 토지이용의 딜레마, 사회간접자본의 병목현상, 재생산 공간과의 괴리 등 공간적 대립을 해소하기 위한 도시계획 기능에 의해 결정되는 것으로 보았다(Cooke, 1983). 하비(Harvey)는 유물론적 시각에서 도시발전 과정을 자본축적 과정 속에서 자본의 수익감소에 대응하기 위한 금융자본과 건조환경의 재생산 간의 상관관계 차원에서 설명했다. 이러한 자본논리론(capital-logic theory) 주장은 도시공간구조 변화와 도시재생의 문제를 단순히 기능적인 차원에서만 다루는 한계를 드러냈다.

나. 지역발전 실증이론

1) 고전적 공간균형이론

고전적 공간균형이론(classical spatial equilibrium theory)은 완전경쟁을 가정한 고전경제이론에 입각한 공간경제모형이다. 고전경제이론에서 자본과 노동은 균등한 한계수익(marginal return)을 추구하고, 공간적 이동에 장애가 없는 것으로 가정한다. 따라서 고전적 공간균형이론에서 지역 간 불균형은 일시적이며, 장기적으로는 균형상태로 수렴된다고 본다(Prestwich and Taylor, 1999).

경제체제 내의 수요와 공급의 변화는 독특한 산업구조를 지닌 개별지역에 상이한 영향을 미치기 때문에 지역 간 불균형이 발생하며, 지역 간 균형화이론에 의하면 자유시장경제체제에서 노동과 자본의 지역 간 이동에 장애가 존재하지 않는다면 자발적인 이동으로 지역 간 격차가 해소되어 지역 간 균형에 도달한다. 이와 같이 시간적 제약과 시장의 불완전성이 배제된 상황에서는 정부가 지역 간 격차 문제에 직접 개입할 필요가 없다. 정부의 역할은 자본과 노동의 이동에서 시장의 불완전성을 제거하고, 국가의 경제성장을 촉진하는 데 치중해야 한다. 그러나 고전경제이론의 주장과 달리 자본과 노동의 이동에는 여러 장애요인이 존재한다. 정부는 자본과 노동 이동의 장애요인 제거에 치중함으로써 자본과 노동의 원활한 이동을 촉진해 결과적으로 지역 간 균형을 도모하는 것이 바람직하다. 고전적 공간균형이론은 현실적으로는 타당하지 않다. 완전경쟁을 위한 시장 조건은 존재하지 않으며, 자본과 노동의 이동성에도 많은 제약이 있어 국가경제성장의 자연적인 균형회복 과정을 통해 자연적으로 지역 간 불균형이 해소되기는 어렵기 때문이다.

신고전적 지역성장이론은 생산요소의 자유로운 이동과 개방적 지역경제제체를 바탕으로 한 수학적 경제성장모형이다. 콥-더글라스 생산함수는 대표적인 신고전 경제성장모형이다. 자본과 노동을 완전고용이라고 가정하면 노동의 한계생산과 임금은 자본 대 노동의 비율에 정비례하고, 자본의 한계생산과 대가는 반비례한다. 콥-더

글라스 모형은 다른 모형에 비해 간결한 구조로 되어있을 뿐만 아니라 핵심적인 성장 동인으로서 지역 간 생산요소의 이동[7]을 중시한다. 이 모형은 첫째, 국가경제의 총량 모형을 지역경제분석에 쉽게 적용할 수 있고, 둘째, 논리적으로 간결하고 예측가능성이 높으며, 셋째, 성장의 요인으로 개방체제에서 내생적인 요인을 포함해 지역 내 성장구조와 지역 간 관계를 동시에 규명할 수 있는 장점이 있다. 반면, 이 모형은 비현실적인 완전고용, 완전경쟁, 동질적 단일상품, 영(零)의 교통비, 고정된 노동력 공급, 기술진보의 부재, 규모 불변성의 생산함수를 가정한다는 단점이 있고, 집적경제, 도시화 등 지역경제 특성, 기술진보 및 다원적인 경제 현상을 고려할 수 없다는 한계를 지닌다.

2) 지역승수이론 및 수출기반모형

지역승수모형(regional multiplier model)은 수출 및 기반산업 부문이 승수효과를 일으켜 지역소득과 경제성장을 유도하는 것으로 본다는 점에서 경제기반이론(economic base theory)과 밀접하게 연관된다. 그러나 지역승수모형은 지역성장구조로 인해 성장하는 지역은 계속 성장하는 반면, 그렇지 못한 지역은 성장의 대열에서 벗어나 지역 간 성장이나 소득불균형이 지속된다는 점을 강조한다.

노스(North, 1955)의 수출기반이론(export base theory)은 미국의 경제사를 토대로 한 역사적 발전이론이다. 이 이론은 자급경제가 다원화된 산업화 경제에 도달하는 과정을 보여주는 단계적 경제성장이론의 변형이다. 이 모형의 핵심 가설은 두 지역 경제체제하에서 한 지역의 소득은 지역수출에 의해 결정된다는 것이다. 지역경제는 지역 외 수요 충족을 위한 수출부문(export sector)과 지역 내 기업과 가계의 최종수요를 충족시키기 위한 서비스 부문 또는 비기반 부문(non-basic sector)으로 구성되어 있다.

---

7. 지역 간 인구, 노동, 자본 등 생산요소의 이동에 대한 실증분석을 토대로 하는 지역발전 실증이론이다. 인구이동 이론에는 라벤슈타인(Ravenstein, 1885, 1889)의 인구이동법칙, 리(Lee, 1966)의 인구이동이론, 토다로(Todaro, 1969)의 계량경제학적 인구이동모형이 있다.

이 모형은 지역성장에 있어 지역경제의 개방성과 상호의존성을 중시하고, 국가 전체의 수요 패턴을 주요 변수로 설명하는 등 지역과 국가성장을 동시에 고려하는 장점을 지닌다. 이 모형은 적용이 용이해 지역계획가와 지역경제학자들이 선호한다. 지역 내 기반산업과 비기반산업의 구분방식은 단순한 인식법에서부터 종합적인 지역 내 산업조사까지 다양하지만 가장 일반적인 방법은 입지계수 방법(location quotient method : LQ)이다. 지역 내 기반산업의 비율을 나타내는 입지계수는 특정산업의 지역 내 상대적 중요도와 국가 내 상대적 중요도를 비교해 측정하는 방식이다. 그러나 이 모형은 수요모형으로서 생산능력의 확대에 관심을 두지 못했으며, 지역성장이 이루어지는 원인과 방법을 제시하지 못한다는 단점이 있다. 지역의 소득증가는 수출 외에도 기술혁신 등 많은 요인에 의해 이루어질 수 있는데, 수출기반이론은 외부 수요만 강조하고 공급 측면을 무시한다.

수출기반이론과 함께 대표적인 케인즈주의 지역발전모형으로 해롯-도마 투자모형이 있다.[8] 수출기반이론과 해롯-도마 투자모형은 모두 수요 측면의 지역성장이론이며, 지역 간 불균형을 경제성장 과정에서의 불가피한 현상으로 간주한다는 점에서 공통적이다. 그러나 수출기반이론은 지역의 성장을 수출부문에 기반을 둔 외부적인 수요함수로 보는 반면, 해롯-도마 투자모형은 생산요소의 이동 측면에서 수용능력과 관련해 균형상태로부터 멀어지는 지역의 성장을 설명한다는 점에서 차이가 있다(Cooke, 1983).

3) 성장거점이론

성장거점(growth pole)은 1950년 페루(F.Perroux)에 의해 제시된 개념으로 국가경제의 비공간적 극화(non-spatial polarization) 현상을 의미한다. 국가경제에서 성

8. 이 모형은 지역성장을 생산중심지의 수요에 대응하는 자본, 노동, 기술혁신 등 생산요소의 이전 차원에서 설명한다. 이 모형은 동태적 균형성장을 가정하고 있으나, 상호주의적 변화가 수반된다면 동일한 저축성향, 노동과 자본의 동일비율 등 일부 가정의 수정이 가능하다.

장거점은 동태적 성장을 유발하는 투입-산출의 연계로 밀접히 연관되어 있는 일련의 산업집단이 경제의 힘의 방향타(a vector of economic forces) 또는 경제적 힘의 장(場)을 의미한다.

페루에 의해 제시된 성장거점 개념은 보드빌(Boudeville)에 의해 성장중심지 이론(growth center theory)으로 발전했다. 성장중심지 이론은 선도산업, 집적경제, 확산 및 역류효과의 3대 개념으로 구성되어 있다. 선도산업은 강력한 전·후방 연계를 지닌 성장률이 높은 기업이나 산업을, 집적경제는 규모의 증가에 따른 외부효과로서 단일기업, 산업 및 도시의 규모 차원에서 살펴볼 수 있다. 또한 확산효과(spread effect) 또는 역류효과(back-wash effect)는 성장배후지에 대한 호의적 또는 비호의적인 파급효과를 일컫는다.[9] 이 효과는 개인소득과 경제구조 측면에서 측정 가능하며, 성장효과의 확산은 혁신의 전파 과정으로 이해할 수 있다. 그리고 성장중심지의 형성을 위해서는 첫째, 동태적인 산업을 공간적으로 집적시키고, 둘째, 이 산업집단을 도시의 집적경제와 연계하며, 셋째, 파급효과를 배후지역에 전파함으로써 지역발전을 도모해야 한다는 주장이다. 이 성장거점이론 및 전략은 산업화 과정에서 야기된 낙후지역에 대한 국가 수준의 지역발전전략으로 주로 채택되어 왔다.

4) 중심-주변부이론

중심-주변부 모형(core-periphery model)은 선·후진지역 간 경제성장 격차의 지속현상을 설명하는 이론이다. 대표적인 중심-주변부 모형으로 뮈르달의 누적적 인과모형, 허쉬만의 지역 간 불균형성장모형, 프리드만의 중심-주변부 이론이 있다.

뮈르달(Myrdal, 1957)은 선진지역과 후진지역 간의 관계를 누적적 인과과정으로 설명한다. 누적적 인과성은 어떤 지역이 선도지역으로 등장해 오랜기간 지도력을 유

9. 중심지의 성장이 주변지역의 성장을 유도하는 효과를 뮈르달(Myrdal)은 확산효과(spread effect)라고 부르고, 허쉬만(Hirschmann)은 여적효과(trickling effect)라고 부르며, 중심지의 성장이 주변지역의 성장을 억제하는 효과를 뮈르달은 역류효과(backwash effect), 허쉬만은 극화효과(polarization effect)라고 부른다.

지하는 자기강화 과정을 의미한다. 선도지역의 발생은 지역이 지닌 자연조건의 우위, 성장력이 높은 산업의 입지가 원인일 수 있으나 일단 성장이 시작되면 누적적 효과를 지닌 규모의 경제 또는 지역화 경제가 형성되어 다른 지역과 격차가 발생한다. 성장지역은 다른 지역으로부터 노동력, 자본을 끌어들이고, 이 지역들의 제품이나 서비스는 다른 지역의 제품과 서비스에 비해 경쟁력을 지니기 때문에 다른 지역은 계속 뒤떨어지게 된다. 이를 역류효과(backwash effect)라 부른다.

허쉬만(Hirschmann, 1958)은 지역 간 불균형구조를 설명하는 실증모형을 제시하면서 국가성장 과정에서 지역 간 균형을 유지하고 낙후지역의 발전을 촉진하기 위한 정부의 적극적인 역할을 주장했다. 허쉬만은 전략이론 차원에서는 균형발전론자라 할 수 있다. 그는 뮈르달의 모형과 유사한 지역 간 소득불균형모형을 독자적으로 발전시켰다. 뮈르달과 허쉬만의 이론을 비교해보면, 허쉬만은 지역 불균형 발생에서의 누적적 인과성 대신에 경제성장 과정에서의 묵시적인 지리적 불균형을 강조했다. 지역발전의 불균형은 선도지역에 유리한 전문화의 강력한 힘에 의해 강화되는 것으로 보았다. 그러나 이들은 장기적인 공간적 불균형을 강조하며, 어떤 형태로든지 지역 간 균형을 유지하기 위해 정부 개입이 불가피하다고 주장한 점에서는 공통적이다.

프리드만(Friedmann)의 중심—주변부 모형은 뮈르달과 허쉬만의 개념을 혼합 발전시킨 것이다. 이 모형은 개발도상국의 경제발전에서의 핵심적인 구조와 입지적 요소를 규명하기 위해 설계되었다. 지역의 성장은 수출기반산업에 의해 촉발되며, 수출산업의 성장은 지역내부 산업의 성장을 가져온다. 이 과정은 중심부의 이점을 강화하는 역할을 한다. 성장이 일어나는 중심부를 제외한 여타 지역은 주변부가 되며, 주변부는 인력, 자본, 물자를 공급하고 착취를 허용하는 시장을 제공한다. 이에 따라 지역 간 격차는 증대된다.

중심—주변부이론을 주장하는 뮈르달, 허쉬만, 프리드만의 이론은 지역성장의 구조와 지역 간 관계에 대해 설명과 예측을 하고 있다는 점에서는 실증이론에 속한다. 그러나 이 이론들은 지역격차의 극복을 위한 정부개입의 필요성을 주장하고, 도시체계를 활용한 균형적 발전을 위한 성장전략이라는 점에서 규범이론 및 전략이론의 성격도 동시에 지니고 있다. 이는 지역발전이론을 실증이론과 규범이론으로 구분하는 데 한계가 있음을 보여준다.

다. 지역발전 전략이론

지역발전의 전략이론은 공간전략, 추진전략, 자원활용전략 차원에서 경제적 효율성과 성장을 중시하는 공간적 불균형발전전략, 하향식 발전전략 및 외생적 발전전략과 주민복지 증진과 분배를 중시하는 공간적 균형발전전략, 상향식 발전전략 및 내생적 발전전략으로 크게 구분된다.

공간적 균형발전, 상향식 발전 및 내생적 발전전략은 주민복지를 중시한다는 공통점이 있고, 공간적 균형발전, 하향식 발전 및 외생적 발전전략은 경제지향적 발전전략이라는 공통점이 있다. 이들 전략은 단순히 공간, 자원활용 방식의 차이뿐만 아니라 발전(development)에 대한 인식과 철학의 차이가 전제되어 있으며 이론적인 배경이나 논리에 있어서도 차이가 있다.

1) 지역발전 공간전략이론

지역발전 공간전략이론은 공간적 균형발전전략과 분균형발전전략으로 구분된다. 공간적 균형발전전략은 국가의 정책목표가 경제성장이나 투자효율성의 증진 보다는 국가적 통일성, 통합성, 사회적 형평성에 우선 순위를 두는 경우에 채택할 수 있는 지역발전전략이다. 이 전략은 지역 간 성장률과 발전 수준을 균등화하는 데 치중해 왔으나, 이는 가용자원의 지역 간 배분성격을 지니고 있기 때문에 국가경제성장의 침체기에는 정책 우선 순위에서 밀려나는 것이 일반적이다. 공간적 균형발전정책은 지역 내 발전전략 차원에서도 자원의 공간적인 배분을 집중시킬 것인지, 균등하게 분산시킬 것인지 하는 점에서 매우 중요하다. 지역발전 목표에서 주민의 소득증대와 복지 증진의 우선 순위가 높을 경우, 지역개발 투자는 공간적으로 균등하게 분산하는 정책

표 1-3 지역발전전략 이론의 특성 비교

구분	경제지향적 발전전략	복지지향적 발전전략
지역발전 전략유형	공간적 불균형 발전전략 하향식 지역발전전략 외생적 지역발전전략	공간적 균형발전전략 상향식 지역발전전략 내생적 지역발전전략
발전의 개념	경제성장과 생산확대	기회 및 내부적 잠재력 확대
발전의 목표	생산의 증대 성과의 재분배를 통한 개인복지의 증진	복지의 증진 개인소득 증진, 수요유발을 통한 생산 확대
생산요소 배분기준	생산요소별 수익률 극대화 규모 및 집적경제	내부적 자원동원능력 확대 내부적 행태 및 구조 전환
발전의 동기	외부적 동기유발 - 외부수요 - 외부자본 및 기술	내부적 동기유발 - 내부수요 - 내부자본 및 전통기술
의사결정	중앙집권적 - 국가 및 광역단위	지방분권적 - 하위 공간단위(지역사회)
지역 성격	기능적 공간	문화 및 정치적 영토
지역 격차	구조적 원인에 의한 불균형	지역 자원동원 및 잠재력 개발 미흡
발전전략	외생적 개발전략 - 기술 및 자본집약적 - 재생불능 자원활용 수출주도 산업육성	내생적 개발전략 - 노동집약적 - 재생가능자원 활용 주민복지 및 소비산업육성
발전형태	도시 및 산업개발 - 대규모 투자사업 - 시장제품 생산확대	농촌 및 농업개발 - 소규모 사업 - 주민소득 및 복지 확대
발전방식	선도산업 육성 성장거점도시 육성	다양한 생업 및 소비산업 육성, 지역사회의 여건개선
이론적 근거	지역불균형 개발이론 Myrdal, Hirshman, Friedmann Schumpeter의 혁신이론 수출기반이론	기본수요이론 도농지구개발이론 Nurke의 균형발전이론 농촌 및 생태개발이론

자료 : 김용웅 외(2009 : 205)

을 채택한다. 대표적인 공간적 균형발전전략으로는 도농 통합전략(urban-rural integration)이 있다. 일본의 정주권계획과 우리나라의 제2차 국토계획의 지역생활권 계획은 공간적 균형발전전략의 일환이라고 할 수 있다. 균형발전정책의 당위성은 대부분 인정하지만 그 시책의 효율성에 대해서는 많은 비판이 제기된다.

공간적 불균형발전전략은 경제성장 초기단계에 부족한 자원의 한계를 극복하고 투자의 효율성을 증진하는 데 기여한다. 지역발전정책에서 공식적으로 공간적 불균형발전전략을 채택하는 경우는 드물다. 다만, 국가경제성장 과정에서 효율성을 도모하기 위해 상대적으로 입지적 우위성이 높은 지역에 투자를 집중하는 사례는 어렵지 않게 발견된다. 여기서 중시되는 논리는 규모의 경제, 집적경제, 그리고 지역투자의 승수효과를 통한 지역경제성장 촉진이다. 지역 내 불균형발전전략은 중심부의 성장효과를 산업연계와 공간적 확산과정을 통해 주변지역으로 확산시킴으로써 지역 전체의 발전을 도모할 수 있다는 가정을 전제로 한다. 이를 집중화된 분산화전략(concentrated decentralization strategy)이라 한다.

2) 지역발전 추진전략이론

지역발전 추진방식에 따라 하향식 지역발전전략(top-down approach)은 정책목표 설정과 전략의 추진이 중앙정부, 관료 및 전문가 집단에 의해 추진되는 전략을 의미한다. 하향식 지역발전 접근방법은 1950년대 균형 및 불균형성장 논쟁에 뿌리를 두고 있다. 하향식 지역발전전략의 논리적 근거는 개발도상국이나 저발전국의 경우 효율성 위주의 발전전략을 채택할 수밖에 없다는 데에 있다. 이 전략의 주요 특성으로는 외부수요와 시장에 의존하는 수출지향적 발전전략의 채택, 자본과 기술집약적 산업의 개발, 대규모 투자방식에 의한 규모의 경제, 집적경제 기반의 중시와 성장거점 전략에 의한 지역발전 등을 들 수 있다. 하향식 지역발전전략에서는 지역의 저발전이나 격차 문제를 구조적인 원인의 결과로 보기 때문에 개별지역 차원의 접근보다는 국가자원의 재분배라는 차원에서 중앙정부의 개입이 필수적이라고 본다.

상향식 지역발전전략(bottom-up approach)은 발전에 대한 인식과 철학이 하향식 지역발전전략과 상이하다. 첫째, 상향식 접근방법은 생산요소 수익의 극대화 차원에서 생산요소를 배분하는 전략보다는 지역이 지닌 잠재자원의 활용 극대화 차원에서 생산요소의 배분을 강조한다. 둘째, 상향식 지역발전전략에서 지역은 단순히 기능적인 조직체가 아니고 독자적인 역사와 전통을 지닌 영토의 의미를 지닌다. 상향식 지역발전전략의 목표는 지역이 지닌 자원의 활용을 극대화하고, 이를 주민복지의 향상과 직접 연결시키는 데 있다. 이는 외부의존적인 발전이 외형적인 성장을 가져옴에도 불구하고 주민복지 향상과는 큰 관계가 없다는 인식에 근거한다.

3) 지역발전 자원활용 전략이론

외생적 지역발전은 지역성장에서 내부적 자극이나 잠재력보다는, 외부적 자극과 잠재력에 의존하는 성장지향적 발전전략을 일컫는다. 외생적 지역발전은 발전의 힘을 외부에서 들여와 지역경제 규모의 확대를 추구하기 때문에 이전적 접근방법(transferrential approach)이라고도 불린다. 외생적 지역발전전략은 발전의 이념, 목표 및 전략 차원에서 하향식 지역발전전략과 유사하다. 외생적 지역발전전략은 지역 내 생산의 이익이 외부자본가에게 유출되고, 지역경제가 외부시장과 자본에 의해 통제되는 의존성이 심화되어 지역의 자율성이 약화되며, 지역생산의 증대가 지역주민의 소득으로 직접 연계되지 못한다는 비판을 받는다.

내생적 지역발전전략은 발전의 동기부여나 발전에 필요한 자원을 지역 내부에서 찾는 전략이다. 내생적 지역발전은 경제성장이나 산업의 발전보다 주민의 소득 및 복지증진에 우선 순위를 두기 때문에 복지지향적 지역발전이라고도 한다. 내생적 지역발전은 이념적인 우위성에도 불구하고, 경제성장 수준이 어느 정도 성숙된 단계에 도달한 이후에야 채택이 가능하다. 이는 지역발전전략의 선택이 일반이론에 의해 양자택일로 결정되기보다는 경제발전 수준, 지역발전 잠재력과 추진능력, 그리고 발전에 대한 주민의 인식과 참여정도에 따라 다양한 형태로 이루어져야 함을 시사한다.

4. 여건 변화와 전통적 지역발전이론의 한계

제2차 세계대전 이후 지역발전정책의 주요 목적은 국가의 경제성장을 효율적으로 달성하는 것이었다. 이에 1960년대의 지역발전이론은 경제적 효율성을 높이고 지역성장을 촉진하는 전략을 마련하는 데 치중했다. 대표적인 지역발전이론은 국가적인 차원에서 성장잠재력이 있는 지역을 대상으로 하는 성장거점이론, 불균형발전이론과 하향식 접근이었다. 그러나 1970년대 이후 경제성장이 지역 간, 계층 간 격차를 증대시켜 장기적인 사회발전에 부정적인 영향을 끼치게 되면서 지역발전정책의 목표가 지역 간 형평과 주민의 복지증진으로 바뀌었다.

대표적인 지역발전이론은 공간적 자원배분 차원에서 분산적 집중발전전략이론과 지역균형발전이론이 있고, 추진전략 차원에서는 상향식 지역발전이론과 내생적 지역발전이론이 있다. 이는 지역발전이론의 패러다임이 경제성장 위주에서 사회발전과 주민복지 증진을 강조하는 방향으로 전환되었음을 의미한다. 특히 1970년대 중반에 접어들면서 서구 선진국의 지역발전 양상에 급격한 변화가 나타나기 시작했다. 그동안 산업발전의 중심지였던 공업지역들이 극심한 침체에 빠져 대량 휴·폐업, 공장이전, 고용감소 현상이 나타난 반면, 저발전지역이었던 일부 지역이 새롭게 성장하기 시작했다. 미국의 경우, 새로운 기술과 산업이 집중하는 신흥성장지대(sun-belt)가 부각되기 시작했고, 영국도 전통적 공업중심지였던 중부지역이 쇠퇴하고 남동부 런던주변이 새로운 성장중심지로 등장하는 등 공업중심지의 이전이 나타났다.

이러한 지역발전의 새로운 변화에 대해 전통적 지역발전이론이 설명력을 결여하면서 한계를 드러냈다. 전통적 지역발전이론은 이러한 변화가 왜 일어나게 되었는지, 왜 특정장소에서 특정시간에 일어나고 있는지에 대해 제대로 설명할 수가 없었다.[10]

---

10. 쇤베르거(Schoenberger, 1989)는 신고전파 지역균형이론은 1970년대 이후 서구 국가들에서 나타나는 지역발전의 변동을 설명하는 데 문제점이 있다고 지적했다. 첫째는 새로운 성장지역의 성장 시기를 포착하지 못한다는 점, 둘째는 새로운 성장지역의 투자형태, 즉 성장을 주도하는 업종이 무엇인지에 관해 설명하지 못한다는 점, 셋째는 전통적 지역발전이론은 지역성장이 전 지역에 걸쳐 수렴하리라고 가정하지만 실제로 한 지역의 성장은 다른 지역의 침체의 대가로 발생한다는 점이다.

여건 변화에 따른 새로운 현상과 전통적 지역발전이론 간의 간격을 메우기 위해 대안적인 이론들이 등장하였다.

〈참고문헌〉

김용웅 · 차미숙 · 강현수(2009), 『新지역발전론』, 도서출판 한울아카데미.

Christaller, W., 1933, *Die Zentralen Orte in Suddeutschland*, Jena: Gustav Fisher(Translated by Charlisle W, Baskin. 1966. *Central Places in southern Germany*, Prentice Hall).

Cooke, P., 1983, *Theories of Planning and Spatial Development*, Hutchison and Co.

Dicken, P. and P. E. Lloyd, 1990, *Location in Space, Theoretical Perspectives in Economic Geography*, Harper Collins.

Friedmann, J., 1973, *Urbanization, Planning, and National Development*, London: Sage Publications.

Friedmann, J. and C. Weaver, 1979, *Territory and Function : The Evolution of Regional Planning*, Edward Arnold.

Glasson, J., 1974, *An Introduction to Regional Planning*, Huttchinson of London.

Hirschman, A. O., 1958, *The Strategy of Economic Development*, New Haven: Yale University.

Hoyt, H., 1939, *The Structure and Growth of Residential Neighborhoods in American Cities*, Washington D.C. : Federal Hosing Administration.

Kuklinski, A., 1975, *Regional Development, Regional Policies and Regional Planning*, In Kuklinski, A, (ed.), *Regional Disaggregation of National Policies and Plans*, 1-17, Moutan: Paris.

Markusen, A., 1985, *Profit Cycles, Oligopoly, and Regional Development*, Cambridge, Mass: MIT Press.

Massey, D. and Meegan, R. A., 1979, "The Geography of Industrial Reorganization: The Spatial Effects of the Restructuring of the Electrical Engineering Sector under the Industrial Re-organization Corporation." *Progress in Planning*, vol.10, no.3.

Myrdal, G., 1957, *Economic Theory and Underdeveloped Regions*, London : Duckworth.

Perroux, F., 1955, "Note on the Concept of Growth Poles." reprinted in Ian Livingston(eds). 1981. *Development Economics and Policy : Readings*, George Allen & Unwin.

Prestwich, R. and P. Taylor, 1990, *Introduction to Regional & Urban Policy in the United Kingdom*, London : Longman.

Schoenberger, E., 1989, "New models of regional change," Peet, R. and Thrift, N. (eds), *New models in Geography*, Unwin hyman Ltd.

Vanhove, N. & Leo H. Klaassen, 1987, *Regional Policy : A European Approach*, 2nd Edition, Avebury.

1. 대안적 지역발전이론의 대두배경

2. 대안적 지역발전이론의 전개

3. 지역발전이론과 정책패러다임의 변화

제 2 장

대안적 지역발전이론과 정책패러다임의 변화

1. 대안적 지역발전이론의 대두 배경

전통적인 지역발전이론으로는 1970년대 중반 이후 서구 선진국들에서 나타난 지역문제와 현상들을 설명하기 어렵다. 공간조직이론과 전통적인 지역발전이론은 안정된 기술, 대량생산 · 소비 구조에 바탕을 둔 전통적 산업사회를 전제로 하기 때문이다. 그러나 기술혁신과 정보화의 진전에 따라 대량생산체제는 지식을 기반으로 한 유연적인 생산체제로 대체되고, 경제의 지구화가 확대되면서 국가 간의 자본과 기술 이동의 장애가 줄어들었다.

이러한 여건변화를 반영하여 전통적인 지역발전이론의 한계를 극복하고자 대두된 대안적 지역발전이론의 주요 흐름은 다음과 같다(김용웅 외, 2009).

첫째는 유연적 생산체제가 등장하면서 기술혁신과 새로운 생산체제에 바탕을 둔 신산업지구론, 지역혁신체제론, 신산업공간이론, 혁신클러스터이론, 지역생산체제론, 학습지역이론 등 산업구조 및 생산체제의 변화와 지역발전의 관계를 설명하는 지역발전이론의 흐름이 전개되었다.

둘째는 경제성장 위주의 지역발전전략이 지구 자원의 고갈과 환경훼손을 초래해 인류의 생존기반마저 위협하는 위기상황에 대응하고자 1980년대 이후부터 지속가능한 지역발전이론이 본격적으로 제기되었다. 이들은 개발과 환경 간의 관계를 대체관계(trade-off)로 보지 않고 상호조화와 통합을 통해 환경용량과 생태시스템의 균형유지가 가능하다고 보고 환경자원에 대한 세대 간 형평성을 확보하는 지속가능한 발전(sustainable development)을 중시한다.

셋째는 세계화와 분권화의 진전에 따라 공간정책의 추진단위로서 지역(region)의 중요성이 높아지게 되었다. 지역발전이 국가경쟁력과 국가성장의 동력이 될 것이라는 신지역주의(new regionalism) 현상이 두드러지면서 지역이 분절화된 사회기능과 복잡한 사회 · 경제문제의 해결을 위한 통합기제로 인식되었다. 이에 따라 전통적인 부문별 접근 위주의 지역발전전략에서 지역중심의 통합적 접근방식(place-based integrative approach)으로의 전환 요구가 높아졌다. 지역이 분절화된 사회기능의 통합기제 역할을 수행하게 되자 기존의 추진체계에 대한 변화의 필요성이 제기되었다. 즉, 중앙정부, 지방정부, 민간부문 등 다양한 주체들 간의 연계와 협력을 촉진하기 위한 대안적 운영방식으로서 지역발전 거버넌스(governance)에 대한 관심이 높아진 것이다(차미숙 외, 2003).

넷째는 경제성장이나 효율성 중시의 전통적인 지역발전이론으로는 삶의 질, 행복 등 미시적이고 개인적인 차원의 변화를 설명하기에 제약이 있었다. 특히 지역의 경제성장 및 생활여건 개선을 넘어 지역공동체 형성과 정체성 확립, 그리고 지역주민 간 협력과 상생을 통한 자립적 · 지속적인 지역발전을 도모한다는 차원에서 사회통합이론, 사회적 자본론과 함께 '국민행복' 이 부각되었고 그와 함께 이를 설명하는 대안적인 지역발전이론에 대한 논의가 제기되었다.

2. 대안적 지역발전이론의 전개[1]

그동안 세계 각 국가들은 지역 간 격차를 해소하기 위해 많은 노력을 해왔다. 그러나 이러한 정책적 노력이 문제의 증상에만 초점을 맞추었을 뿐 근본적 원인을 다루는 데는 실패했다는 반성이 일었다. 높은 실업률과 낮은 주민소득은 문제의 증상일 뿐 문제의 본질은 아니라는 것이다.

문제의 본질은 낙후지역의 발전 잠재력, 특히 혁신 잠재력의 부족이다. 그렇다면 지역의 발전 잠재력을 높일 수 있는 요소는 무엇인가? 지역 내 주체 간의 협조체계 구축여부, 지역의 문제를 지역 내에서 공동으로 해결할 수 있는 능력, 이를 가능케 하는 지역의 사회 · 문화적 분위기와 눈에 보이지 않는 요소들이다. 이들은 사회적 자본(social capital)이라고 지칭할 수 있다. 비가시적 · 무형적 · 사회문화적 요소들이 지역의 성공과 실패를 좌우하는 핵심요소로 인식되기 시작했다. 지역발전전략의 맥락에서 이러한 움직임은 내생적인 발전전략이 강조되는 것으로 볼 수 있다.

1. 김용웅 · 차미숙 · 강현수(2009), '新지역발전론' 제8장(207～251쪽) 발췌 및 추가 집필하였다.

가. 유연적 생산체제 등장 및 기술변화와 지역발전이론

1) 기술변화와 혁신관련 이론의 대두배경

대안적 지역발전이론의 주요 흐름의 하나는 기술변화와 혁신(innovation)을 강조하는 이론들의 등장이다. 이 이론들은 기술변화와 혁신에 따른 신산업의 급속한 성장을 지역발전의 새로운 변화를 야기하게 한 원인으로 간주하고, 첨단산업의 입지와 혁신을 가능하게 하는 지역 환경에 관심을 가졌다. 제품주기이론[2], 기업조직연구[3], 유연생산체제와 신산업지구론, 진화론적 혁신론과 지역혁신체제 등이 대표적인 이론들이다.

1970년대 중반 이후 서구 자본주의 생산체제는 자체 모순과 한계로 새로운 생산양식으로의 전환이 불가피했다. 생산양식의 전환은 기업 및 경제활동뿐만 아니라 자본과 노동의 사회적 관계 등 사회체제 전반에 변화를 초래했다. 이러한 생산관계의 질적 변화를 총칭해 산업 재구조화(industrial restructuring)라고 한다. 산업 재구조화와 관련된 이론적 논의들[4]은 서구의 대량생산체제를 지칭하는 포드주의와 이후에 등장한 생산방식 및 사회관계의 새로운 변화를 의미하는 포스트 포드주의의 개념정립 및 이들의 기술, 생산, 사회적 특성을 밝히는 데 치중하고 있다. 이러한 산업 재구조

2. 제품주기이론(product life cycle theory)은 산업입지 및 지역발전 패턴의 변화를 가져오는 원인을 제품이나 생산과정에서의 기술변화에서 찾고 있다. 즉 제품생산주기의 단계에 따라 기업의 조직 및 기술적 특성이 달라지며, 입지적 특성도 변한다고 본다. 그러나 이 이론은 생산기술, 생산과정, 노동수요, 경쟁 등의 요소가 고정된 단일 경로로 전개되지 않는다는 비판을 받고 있다.

3. 생산의 공간조직을 설명하기 위해 기업의 의사결정과정이나 기업 내부의 정보, 재화, 이윤의 흐름에 관심을 둔다. 초기의 기업조직연구는 복잡하고 위계적인 내부조직을 가진 대규모 다입지 기업을 주 연구대상으로 삼아 기업 내부의 다양한 기능이 지리적으로 차별적인 입지를 선택하는 과정과 이러한 입지선택으로 발생하는 기업 내부의 기능 간 위계 구조에 미치는 영향에 초점을 맞추었다. 그러다 1980년대에 들어와서는 대기업과 소기업 간, 그리고 소기업 간의 상호관계를 연계, 통합, 분열의 개념을 통해 설명하고 기업 간 상호관계가 지역구조에 미치는 영향을 밝히는 데 치중했다(Taylor and Thrift, 1982).

4. 포스트 포드주의와 산업재구조화를 다룬 이론적 학파로는 신슘페터주의적 접근방법, 포스트 포드주의와 산업 재구조화에 관한 국가 중심의 접근방법, 기업의 협동적 관리로서 포스트 포드주의, 네트워크 패러다임 등이 있다.

화와 관련해 등장한 지역발전이론의 새로운 흐름은 기술변화와 혁신(innovation)의 역할을 강조한다.

지역발전에서 혁신(innovation)의 중요성은 오래전부터 강조되어 왔다. 1950~1960년대 성장거점이론이나 제품주기이론에서 혁신은 지역 발전의 주요 요소로 간주되었으며, 1980년대 첨단산업단지 조성정책도 지역 내 혁신을 유발하고 전파하는 것을 목표로 했다. 그러나 대안적 지역발전이론의 한 흐름으로 제기된 혁신관련 지역발전이론은 진화론적 경제이론에 입각한 상호작용적 혁신관에 근거해 지역발전을 추구하는 것으로 과거의 단선적(linear) 혁신관[5]과 차이를 보인다. 혁신은 상호작용 과정(interactive process)을 통해 창출 · 전파 · 습득된다는 것이다. 예컨대 기업의 혁신은 내부의 역량보다는 타 기업, 외부연구소, 공공부문과의 협력관계에 의해 창출되고 습득된다. 즉, 혁신주체가 공유하는 제도와 문화 속에서 상호작용이 활발할수록 혁신은 더 잘 창출된다.

상호작용적 혁신관에서 강조하는 것은 혁신의 시스템적인 성격이다. 따라서 지역정책의 과제는 지역이 혁신체제(innovation system)를 제대로 갖추도록 하는 것이다. 지역혁신체제는 도로, 공항, 통신망과 같은 물리적 하부구조와 대학, 연구소, 금융기관, 교육기관, 지방정부와 같은 사회적 하부구조로 구성된다. 그리고 대학, 연구소, 금융기관, 교육기관, 지방정부 등이 지역 내에서 혁신활동을 위해 얼마나 효율적으로 운영되는지에 초점을 맞춘다. 그와 더불어 지역의 조직과 제도, 문화, 규범 등과 같은 상부구조 요소도 지역혁신체제 구축에 중요한 구성요소가 된다. 지역혁신체제의 형성에는 신뢰와 협력의 지역문화, 그리고 협력과 네트워크의 지속을 위해 기회주의적 행동을 제어할 수 있는 통제와 조정력이 필요하기 때문이다. 상호작용적 혁신관의 장점은 첨단기술산업이 아닌 저기술산업이나 전통산업 분야에서도 혁신이 가능하다는 데 있다.

---

5. 혁신은 기초연구 → 응용연구 → 개발연구 → 제품생산이라는 단선적 과정을 거치면서 이루어진다.

2) 공간혁신모형의 이론적 유형과 특성

혁신을 강조하는 지역발전전략들은 다양한 이론적 토대와 사회문화적 배경을 지니고 있다. 대표적인 이론으로는 집적경제이론, 내생적 발전이론, 상호작용적 혁신이론, 진화론적 경제학, 네트워크 이론, 거버넌스 이론 등이 있으며, 이들은 기초개념을 공유하고 있지만 강조점에서는 차이가 있다.

모라에트와 세키아(Moulaert abd Sekia, 2003)는 혁신을 강조하는 지역발전이론을 공간혁신모형(territorial innovation models : TIM)으로 지칭하고 이론적 계보와 특성을 정리했다. 공간혁신모형은 혁신환경모형, 산업지구모형, 지역혁신체제, 신산업공간모형, 지역생산체제모형, 학습지역모형으로 구분된다. 이들 이론적 모형들은 혁신을 유발하는 동력, 제도(기관)의 역할에 대한 인식, 지역발전의 관점 등에서 차이를 나타내고 있다.

혁신을 강조하는 지역발전이론 중에 구체적인 사례를 배경으로 제기된 대표적인 공간혁신모형은 '산업지구(industrial district) 이론' 이다. 19세기 말 마샬은 산업의 지역적 집적, 특히 특정지역에 특정산업이 집중되는 것을 설명하기 위해 내부경제, 외부경제, 그리고 지역화(localization)의 개념을 활용했다. 마샬의 산업지구론은 1980년대 피오레와 세이블이 유연적 전문화론을 주장하면서 지역발전이론으로 새롭게 주목받게 되었다. 이후 마샬의 산업지구론은 기존의 논의에 새로운 산업발전모형을 제시하는 유연생산체제 개념을 결합해 이론적 · 정책적 측면에서 진전을 거두었다.

피오레와 세이블의 '유연적 전문화론' 은 1970년대 이후 선진국을 중심으로 한 세계경제가 대량생산체제에 바탕을 둔 포드주의에서 유연생산체제로 전환되고 있다는 점을 강조한다. 이와 유사한 맥락에서 세계경제의 흐름이 포드주의에서 유연적 축적체제로 전환하고 있다고 보는 '조절이론(regulation theory)' 이 있다. 이들의 초점은 포드주의 이후에 나타나는 새로운 자본주의 생산체제가 유연성을 기반으로 한다고 보고, 유연적 생산체제에서 공간구조의 특징이 어떠하며, 지역의 성장과 쇠퇴과정을 어떻게 설명할 수 있을까에 맞추어져 있다.

'신산업공간' 은 유연적 생산체제 하에서 지역발전에 성공한 대표적 공간이다. 스콧(Scott, 1988)은 조절이론에 유연적 전문화론과 신고전적 제도주의학파에서 파생된 거래비용이론을 결합한 독자적인 이론틀을 통해 신산업공간의 개념을 제시했다. 스콧은 생산의 외부화, 수직적 분업의 증대, 사회적 분업의 심화 경향 등 유연적 생산체제의 특징으로 인해 규모의 경제가 발생되고, 그 결과 기업들이 집적하는 공간적 결과가 나타난다고 보았다. 즉 집적지역에서는 사회적 분업의 심화, 외부경제의 형성, 노동시장의 경직성 붕괴, 생산의 집적 등과 같은 공통적인 구조적 역동성 체계가 존재한다고 주장했다.

GEREMI 학파는 혁신행태에 대한 방법론과 이론적 연구를 수행하면서 혁신의 지역네트워크 형성을 이해하는 개념으로 '혁신환경론' 을 주창했다. 이 학파의 특징은 지역혁신의 사회학 · 문화적인 측면을 탐구함으로써 지역경제구조 변화의 이면을 고찰한 점이다. 이들은 혁신과정 및 지역특성 간 관계의 중요성과 함께 혁신행동의 창조자로서 지역환경(milieux)의 역할을 강조하였다.

한편, 지역경제를 진흥시키는 수단으로 '산업클러스터(industrial cluster)' 에 대한 정책적 관심과 응용이 활발해졌다. 특정산업이 특정지역에 집적되어 있는 현상인 클러스터의 발달 여부가 지역경제는 물론 국가 전체의 산업경쟁력을 좌우하는 핵심 요소로서 강조되었다. 특정산업의 지리적 집적지인 클러스터의 발달 여부가 경제발전에 중요하다는 생각은 100여 년 전에 영국의 경제학자 마샬이 주창했다. 클러스터가 새로이 각광받은 이유는 전세계적으로 산업클러스터가 가장 발달된 지역이라고 할 수 있는 미국의 실리콘밸리, 독일의 바덴뷔르템베르크, 이탈리아의 제3이탈리아 지역의 괄목할만한 성공에 기인한다. 이러한 현상에 주목하고 클러스터의 중요성을 이론적으로 체계화한 학자들 중에서 포터(M. Porter)의 주장이 널리 받아들여졌다. 포터에 의하면 클러스터는 '특정업종에 종사하는 상호교류 기업, 전문공급업체, 서비스 제공업체, 연관산업의 기업, 관련된 제도적 기구들이 서로 경쟁하는 동시에 협조하는 지리적 집적체' 로 정의된다. 클러스터 자체는 새로운 현상이 아니나, 학계와 정책당국자들이 국가 및 지역경쟁력 강화의 주요 수단으로 클러스터의 중요성을 새롭게 인식하게 되었다.

또한 지역경쟁력 확보의 중요한 요소인 혁신체제를 지역에 어떻게 뿌리내리게 할 것인가를 다루는 지역혁신체제(regional innovation system : RIS) 이론이 제기되었다.[6] 지역경쟁력 확보의 중요한 요소인 혁신은 시스템적 성격을 띠며, 이 혁신체제를 지역에 어떻게 뿌리내리게 할 것인지를 다루는 논의가 지역혁신체제론이다. 쿡(Cooke)[7]의 지역혁신체제론의 주요내용과 특징은 다음과 같다. 첫째, 지식기반경제에서 기업 및 산업경쟁력의 핵심은 지속적인 혁신의 창출과 습득 능력에 달려 있다. 둘째, 혁신은 상호작용과 학습과정에서 발생 · 전파 · 습득되는 점에서 시스템 성격을 띤다. 셋째, 혁신체제는 특정 공간에 기반을 둔다. 넷째, 특정 공간은 다른 공간보다 혁신에 더 유용한 환경을 가지고 있다. 다섯째, 경제적 단위로서 국가단위의 중요성이 약화되는 대신, 지역과 지역혁신체제의 중요성이 커진다. 여섯째, 지역발전을 위해서는 지역이 지속적인 혁신능력을 갖추는 것이 필요하며, 이것이 지역경쟁력의 핵심이다. 마지막으로, 튼튼한 지역혁신체제를 갖추기 위해서는 지역 내 각 주체들 간의 긴밀한 네트워크와 상호학습과정이 중요하며, 이는 지역의 고유한 제도적 · 문화적 분위기에 크게 의존한다.

지역혁신체제론은 지역이 주어진 조건을 배경으로 독자적인 발전경로가 있다고 본다는 점에서 기존의 지역발전이론들과 차별된다. 지역혁신체제론은 혁신과 관련해 지역이 가진 특성, 즉 혁신의 창출과 전파에 도움을 주는 지역적 학습과정과 매개기관, 제도적 뿌리내림에 초점을 맞춘다. 지역혁신체제론이 기존의 지역발전이론과 다른 점은 물리적 하부구조의 존재 여부보다는 혁신 주체들 간의 상호작용 다시 말해 그들 간의 상호교류와 학습 네트워크의 질, 그리고 시너지 효과 창출 여부에 초점을 둔다는 점이다.

---

6. 지역혁신체제는 국가혁신체제(national innovation system)의 개념을 지역이라는 공간단위에 적용한 것이다. 국가혁신체제의 논의는 진화주의 경제학, 즉 혁신을 강조하는 신 슘페터주의 경제학과 제도를 강조하는 신제도주의 경제학으로 거슬러 올라간다. 국가혁신체제의 개념을 처음으로 제시한 학자는 영국의 프리만(Freeman, 1987)으로 기술혁신과정에서 '제도적 요인'의 중요성을 강조했다.

7. 쿡(Cooke)은 지역혁신체제의 구성요소를 하부구조와 상부구조로 구분한다. 하부구조는 혁신을 위한 구체적인 지원책으로서 물리적 하부구조(도로, 공항 등)와 사회적 하부구조(대학, 연구소, 지방정부 등)를 의미한다. 그리고 상부구조는 지역의 조직과 제도, 문화, 분위기, 규범을 의미한다. 혁신네트워크 형성에는 신뢰와 협력의 문화를 지속시킬 수 있는 통제와 조정력이 상부구조 차원에서 갖추어져야 한다(Cooke et. al, 1998).

표 2-1 공간혁신모형별 특징과 비교

혁신의 특징 \ 모형	혁신환경 (milieu innovateur : MI)	산업지구 (industrial district : ID)	지역혁신체제 (regional innovation system : RIS)	신산업공간 (new industrial space)	지역생산체계 (local production systems)	학습 지역 (learning region)
핵심동력 (innovation dynamics)	협력적 상호작용을 통해 혁신을 창출할 수 있는 역량	중소기업 상호 간 협력과 보완성에 기초한 공동체적 혁신역량	연구개발의 상호작용적 · 누적적 과정으로서 혁신 (경로의존적)	연구 · 개발의 결과 및 적용 : 신생산공정의 적용(JIT 등)	산업지구 모형과 동일	지역혁신체제 모형과 비슷하지만 기술과 제도의 동시적 발전을 강조
제도(기관)**의 역할** (roles of institutions)	연구 과정에서 대학, 기업, 공공기관 등 기관의 지원역할 중요	제도는 곧 주체를 의미하며, 사회적 규제를 가능하게 하고 혁신과 발전을 촉진하는 역할 수행	NIS와 같이 연구자들에 따라 제도의 정의가 다름. 그러나 모든 연구자들이 제도가 조직 내부 및 조직 외부 행동 조정을 유도한다는 데 동의	기업 간 거래에서 조정과 기업가적 활동을 위한 사회적 조절 역할 수행	산업지구 모형과 동일. 그렇지만 거버넌스의 역할을 강조	국가혁신체제와 비슷하지만 제도의 역할을 더욱 강조
지역발전전략 (regional development)	협력적 환경 속에서 혁신을 이루는 주체(agents)인 기업역량과 혁신적 환경 중요	지구 내 공간적 결속과 유연성 증대	지역의 상호작용 및 조절기능 유도(steering regulation)를 통한 학습의 체계로 봄	공간적으로 집적된 생산체계와 사회적 조절 기능 간 상호작용	확산적 산업화 : 내부 갈등 없이 진행되는 사회경제적 발전 추구	이중적 역동성 : 기술적 · 기술조직적 역동성 ; 사회경제적 · 제도적 역동성 강화
문화 (culture)	신뢰 및 상호호혜적 연계 문화	산업지구 주체들 간의 가치 공유. 신뢰와 상호호혜 문화	상호작용을 통한 학습의 원천	네트워킹 및 사회적 상호작용의 문화	발전에 있어서 지역의 사회문화적 구조의 역할	국가혁신체제와 비슷하지만, 경제생활과 사회문화생활과의 상호작용을 더욱 강조
주체들 간의 관계 (types of relationships among agents)	지원공간(support space)의 역할은 기업, 기업협력자, 공급자 및 고객들 사이의 전략적 관계 촉진	네트워크는 사회적 조절 양식이며 질서의 원천. 네트워크는 협력과 경쟁의 공존을 가능케 함	네트워크가 상호작용적 학습의 조직 양식이 됨	기업 간 거래	기업 간, 제도 간 네트워크	주체(agents)들 간의 네트워크 토착화(embeddedness)
환경과의 관계유형 (types of relations with the environment)	주변환경 변화에 따라 행동을 변화시키는 주체들의 역량이 중요. 이것이 환경과의 매우 바람직한 관계임	환경과의 관계 속에서 제약도 있지만 새로운 아이디어가 창출됨. 반드시 환경 변화에 대응할 수 있어야 하며, 이것이 환경과의 바람직한 관계임	내부 특수관계 및 환경 제약 간에 균형을 강조. 이것이 환경과의 바람직한 관계임	공동체 형성과 사회적 재생산의 역동성	혁신환경모형과 유사	지역혁신체제 모형과 동일

자료 : Moulaert and Sekia(2003 : 294), 김용웅 외(2009 : 212 재인용)

나. 환경보전과 지속가능 지역발전이론

1) 지속가능한 발전개념의 대두배경

1972년 지구자원의 고갈과 환경파괴의 심각성을 예측한 로마클럽의 '성장의 한계(The Limits to Growth)' 발표 이후 전 세계적으로 환경문제에 대한 관심이 고조되었다. 이후 환경파괴에 대응해 '하나뿐인 지구' 를 지키자는 국제사회의 움직임이 확산하면서 지속가능한 발전(sustainable development)이라는 개념이 등장하였다. 지속가능한 발전이라는 용어는 1980년 자연보전을 위해 국제동맹이 발표한 '세계보전전략' 이라는 보고서에서 최초로 사용되었다. 그러나 좀더 광범위하고 포괄적인 차원에서 주목받게 된 것은 1987년 유엔 산하 환경과 발전위원회(일명 브룬트란트 위원회)에서 제출한 '우리 공동의 미래(Our Common Future)' 라는 보고서를 통해서이다. 이 보고서에서는 지속가능한 발전을 '미래 세대가 그들의 필요를 충족시킬 능력을 저해하지 않으면서 현 세대의 필요를 충족시키는 발전' 이라고 정의하고 있다(WECD, 1987). 이 보고서의 발간을 계기로 지속가능한 발전은 인류사회 발전에 대한 새로운 패러다임으로 자리잡게 되었다.

2) 지속가능한 발전의 개념과 지역발전전략

지속가능한 발전(sustainable development)은 경제성장 위주의 발전전략으로 인해 환경자원이 고갈되어 생태계가 파괴되고 그 피해가 점차 심화되고 있으며, 이것이 인류의 생존기반을 위협하는 단계에 달했다는 인식에서 탄생한 친환경적 발전개념이다. 지속가능한 발전의 핵심요소는 생태환경의 훼손과 자연자원의 고갈을 방지함으로써 인류가 지닌 생존과 발전의 잠재력을 보전하는 데 있다. 즉 환경용량을 고려한 발전방식을 의미한다.

'우리 공동의 미래(Our Common Future)' 보고서 작성에 공헌한 브룬트란트는 지속가능한 발전개념의 핵심은 네 가지 측면에 있다고 설명했다. 첫째, 빈곤의 추방과 기본적인 생활의 향상이다. 둘째, 빈곤을 궁극적으로 추방하기 위한 자원보전과 생활을 윤택하게 하는 자원의 사용가능성 확대이다. 셋째, 성장의 개념을 확대해 경제적 성장뿐만 아니라 사회적·문화적 발전도 성장의 범주에 함께 넣어야 한다. 넷째, 성장을 위한 정책결정 단계에서 경제학과 생태학이 통합을 이루어야 한다는 것이다. 이처럼 지속가능한 발전은 발전과 환경가치의 재인식, 미래지향적 관점의 강조, 형평성 추구 등에서 성장 일변도의 기존 지역발전이론과 뚜렷한 차이를 보인다.

지속가능한 발전 개념은 전통적 근대화모델을 비판하면서 현대 산업사회의 기조를 목표로 할 뿐만 아니라 개발도상국의 전통적 발전방향에 수정을 가하는 양면적인 내용을 담고 있다. 1992년 브라질 리우에서 개최된 유엔환경개발회의(UNCED)에서는 '환경적으로 건전하고 지속가능한 발전(environmentally sound and sustainable development : ESSD)' 을 주제로 범세계적 협력방안을 모색했다. 이 회의에서 채택된 Agenda 21은 지속가능한 발전의 이념 하에 구체적인 목표를 제시하고 있다. ESSD가 지향하는 목표는 ① 성장회복, ② 성장의 질 변화, ③ 직업, 식량, 에너지, 물, 위생에 대한 기초적인 필요의 충족, ④ 지속가능한 인구수준 유지, ⑤ 지하자원의 보전과 질적 향상, ⑥ 기술의 지향점에 대한 재조정과 위험성 관리, ⑦ 정책결정과정에서 환경과 경제의 결합 등이다.

지속가능한 발전의 개념이 지역발전전략으로 채택되면서 지역발전정책 수립과정에서 경제와 환경적 접근을 통합시켜 자원이용 간의 마찰을 최소화하고, 사회경제적 기회를 증진하며, 미래세대의 이익을 위해 환경자산을 물려주는 데 관심이 높아지게 되었다. 지속가능한 지역발전전략에서 '발전' 은 소득의 공정한 분배, 교육, 건강 등 복지증진과 함께 생태환경의 안정성과 균형의 유지 등 환경가치가 포함된 총체적인 삶의 질 개선을 의미한다. 지속가능한 발전의 실천적인 의미는 시대와 상황에 따라 달라질 수 있으나, 근본적인 목적은 자연자원과 환경을 이용해 소득을 창출하면서도 자연적·인위적인 자본의 형성에서 세대 간 형평을 유지함으로써 인류의 생존을 보장하는 데 있다.

3) 녹색성장이론과 지역발전전략

2000년대 이후에는 지속가능한 발전 개념보다 진전된 개념으로 '녹색성장'[8]이 핵심전략으로 대두되었다. 양자 간의 개념적 유사성이 지적되기도 하지만 지속가능한 발전으로 가기 위한 실천전략이 바로 '녹색성장'이라고 할 수 있다.[9] 녹색성장(green growth) 전략은 지구온난화와 기후변화(climate change)가 지구환경에 위기를 초래하자 온실가스 감축을 위한 국제적 대응책이 가시화되는 지구적 위기에 대응해 새로운 성장동력으로 대두된 발전전략의 일환으로 볼 수 있다.

녹색성장정책의 목표는 저탄소사회(low carbon society)의 실현이다. 녹색성장이란, 현재의 화석연료에 의존하는 경제성장을 지속할수록 지구온난화와 기후변화, 환경 및 경제적 피해와 빈곤문제를 심화시키는 악순환 고리에서 벗어나, 지구온난화와 기후변화에의 대응과 양질의 경제성장을 동시에 촉진하는 선순환 고리의 형성을 목적으로 한다. 우리나라의 경우, 제4차 국토종합계획 수정계획(2011~2020)에서 녹색국토, 녹색도시 및 교통구축을 주요 정책방향으로 제시하였으며, 탄소제로도시 건설과 탄소배출량 감축을 위한 교통체계 구축사업을 내세우고 있다. 녹색성장은 지속가능한 발전을 달성하기 위한 목표지향적인 행동과 정책을 제시하는 개념이다.

다. 지역 간 협력과 지역발전이론

1) 지역 간 협력과 네트워크의 중시 배경

지역 간 협력 및 네트워크는 지역문제의 광역화 추세에 대응하고 경제의 지구화와 정보화 등 급격한 환경변화 속에서 개별 지역들이 문화적 고유전통과 정체성을 유

---

8. 녹색성장(green growth)은 2000년 *Economist* 지에 처음 거론되었으며 다보스포럼과 유엔 아태경제이사회(UNESCAP) 등을 거치면서 국제사회로 확산된 개념이다.

9. 2005년 제5차 아시아태평양 각료회의에서 지속가능한 발전을 위한 전략으로 녹생성장을 채택했다.

표 2-2 중심지이론과 네트워크 도시이론의 비교

중심지이론(central place theory)	**네트워크 도시이론**(network urban theory)
중심성	결절성
규모 의존성, 단핵 의존	규모 중립, 상호 의존
수위성 · 종속성	유연성과 보완성 지향
동질 재화 · 동질 서비스	이질적 또는 특화 재화 · 서비스
수직적 접근성	수평적 접근성
일방 흐름	양방향 흐름
교통비	정보비
공간적 완전경쟁	가격차별성과 불완전경쟁

자료 : Batten(1995 : 319), 김용웅 외(2009 재인용)

지하면서 지속적으로 발전하기 위한 생존전략으로 제기되었다.

지역 간 협력은 광역서비스 공급을 위한 인접 지역 간 협력 차원을 넘어 지역의 산업경쟁력과 기술혁신을 증진하는 역할로 확대되고 있다. 지역의 발전은 지역 간 치열한 경쟁보다는 자원의 효율적 이용, 정보와 지식의 공유, 발전의 시너지효과를 높일 수 있는 지역 간 협력과 네트워크에 의해 결정된다. 네트워크는 다양한 경제적 주체 간의 정보교류 및 협력을 위한 연계망을 의미한다. 지역발전에서 네트워크는 지역 내 혁신과 학습 역량의 증진을 위한 수단이라는 차원을 넘어 지역의 규모와 기능의 한계를 극복하는 수단으로서 중요성이 높아지고 있다.

지역 간 협력[10]을 강조하는 네트워크 도시이론은 도시 간 관계를 크리스탈러의 중심지이론과 같이 비중첩형 시장논리에 의해 지배되는 공간계층성에 의존하지 않는다. 이러한 논리적 가정에 기초한 네트워크 도시이론은 중심지이론의 대안으로 카펠로(Capello, 2000) 등에 의해 제기되었다.[11] 첫째, 중심지이론에서는 계층적으로 도

10. 지역 간 협력의 성공요인으로는 ① 상호이해와 신뢰가 기반이 될 것, ② 기존에 네트워크 경제(network economy)가 있을 것, ③ 공동의 자원을 함께 조화롭게 이용할 것, ④ 규모의 경제를 통하여 일정수준의 규모를 달성할 것, ⑤ 범위의 경제(scope of economy)를 도모할 것, ⑥ 다양한 거래비용(transaction cost)을 줄일 것, ⑦ 개별지역의 경쟁력을 높일 것, ⑧ 지역 간 경쟁을 제한하여 불필요한 경제적 갈등을 감소시킬 것이다(R. Capellin et al, 1993).

11. 네트워크 경제론은 미야자와 겐이치(1988) 등에 의한 "개별지역이 지닌 내부자원과 다른 지역이 보유한

시기능의 종합성을 가정하나 실제로는 종합적으로 도시기능을 갖춘 도시가 거의 없고, 고차도시 기능이 하위도시에 존재하는 등 도시기능의 전문화가 이루어지고 있다. 둘째, 계층성에 의한 수직적 연계 대신에 유사한 기능이나 규모를 지닌 도시 간 수평적 연계가 확대되고 있다. 셋째, 유사한 규모와 기능을 지닌 도시와 지역 간에도 보완관계를 통한 시너지 연계가 형성되고 있어 계층적 수직연계만을 상정한 중심지이론이 더 이상 적용되지 않는다.

2) 정책추진체계 변화와 지역거버넌스이론

세계화, 분권화 등 정책환경에 영향을 미칠 변수들이 새로이 대두되면서 정부의 정책추진체계와 정책환경이 크게 변화하였다. 거버넌스 대두의 일반적인 배경에는 후기관료주의 국가의 등장에 따른 공공서비스의 민간위탁, 정책과 집행기능의 분리, 다양한 기관 간 성과경쟁 중시가 있다. 한편으로는 분절화된 제도적 여건 속에서 정책결정의 복잡성, 의사결정체제의 재구성 필요성, 정책집행에 있어서 정책결정자의 통제력 상실 등이 발생하면서 조직 간 네트워크의 중요성이 강조되었다.[12]

거버넌스의 개념은 이론적 초점과 관심영역에 있어서 시대별로 변해 왔다. 정부(government)와 동일한 의미로 사용되다가 1990년대 세계화와 분권화 추세가 가속화되면서 시민사회 영역으로 적용범위가 확대되고, 정부와 시장 주도의 틀을 뛰어넘는 대안적인 추진체계로서 부각되었다. 이러한 흐름은 2000년대 국가운영의 틀을 전면적으로 재구축하기 위한 작업에 중요한 이론적 토대를 제공하였다. 거버넌스는 다양한 이해집단이 공동으로 참여해 자율적으로 의사를 결정하고 이를 협력적으로 추

자원을 연결 · 활용하면 시너지 효과가 난다"는 주장으로서, 기존의 경제성 개념이 단일주체 내의 효율성을 중시하는 데 반해 네트워크 경제론은 복수주체 간의 연계에 따른 효과를 중시한다.

12. Pierre & Peters(2000)는 거버넌스의 구체적인 등장배경으로 첫째, 정책의 영향을 받는 민간부문이 공공정책에 관여하려는 요구의 증대, 둘째, 후기관료주의 국가로의 이동과 새로운 행정관리방식은 신공공관리론의 대두, 셋째, 정책의 성공적 집행을 위해 정책과정에 정책의 영향을 받는 집단이나 개인의 제도적인 참여를 들었다.

표 2-3 사회여건 변화와 거버넌스의 등장 : government에서 governance로

government		governance
▪ 국가 ▪ 공공부문 ▪ 제도(institution) ▪ 조직구조 ▪ 노젓기(rowing), 제공하는 것 ▪ 명령, 통제, 지시 ▪ 위계 및 권위	⇒	▪ 국가와 시민사회 ▪ 공공, 민간 및 자원조직 부문 ▪ 과정(process) ▪ 정책, 산출 및 산물 ▪ 방향잡기(steering), 가능하게 하는 것 ▪ 리더십, 촉진, 협력, 협상 ▪ 네트워크 및 파트너십, joined-up government

자료 : Leach and Percy-Smith(2001 : 5), 차미숙 외(2003 : 20 재인용)

진하는 메커니즘을 의미한다.[13]

지역거버넌스는 지역의 사회 · 경제적 목적달성을 위한 다양한 이해집단 간 교호작용을 촉진하는 추진체계를 의미한다.

지역거버넌스의 대두배경으로는 도시기능의 공간적 확산과 대도시권 형성, 도시계층 간 기능적 연계와 네트워크화 등 신지역주의(new regionalism) 현상을 들 수 있다. 신지역주의 현상의 대두는 기존의 단일 행정구역에 의한 대응을 어렵게 하고 인접지역 간 협력의 필요성을 증대시켰다. 지역발전 차원에서 거버넌스의 구체적인 대두배경은 다음과 같다. 첫째, 정치적 민주화와 분권화의 진전으로 정부의 일방적인 이해조정과 사회적 합의기반 조성이 곤란해지게 되었고, 이에 따라 주민과 시민단체가 자율적으로 갈등을 해소하고 사회적 합의기반을 도출하는 참여적 추진체제로서 중요성이 부각되었다. 둘째, 사회기관과 조직이 분절화되면서 사회문제에 대한 종합적인 대응이 곤란해지게 되었다. 이에 경제 · 사회문제의 해결을 위해 협력적인 제도적 기반과 접근방법의 필요성이 증대되었다. 셋째, 새로운 지역중시 현상 등 사회경제적 여건이 급격히 변화하는 데 비해 정부시스템과 제도가 이를 적절히 수용하지 못하였기 때문이다.

지역발전 촉진수단으로 지역거버넌스는 지역발전에 대한 사회적 참여와 합의를

13. 거버넌스는 공공의사결정과 집행이 이루어지는 다양한 형태를 나타내는 개념으로서 정책네트워크(policy network), 공공관리, 경제부문 간 조정, 민관파트너십 등으로도 불린다.

중시하며 지역발전의 자원을 보유하고 있는 이해집단의 참여를 강조한다. 지역거버넌스의 성공적인 구축과 운영을 위해서는 전략 선택에 영향을 미치는 환경적 조건, 네트워크 구조화전략, 그리고 내부적인 운영관리전략에 대한 세밀한 검토가 필요하다. 첫째, 환경적 조건에는 자원, 파트너의 특성과 관계, 외부환경 등이 영향을 미친다. 거버넌스 체계 구축에서 파트너는 매우 중요한 요건이다. 여기서는 파트너의 이질성과 관여수준, 파트너 간 신뢰, 갈등 및 권력배분 정도, 파트너십의 특성이 고려대상이 된다. 둘째, 네트워크 구조화전략에서는 "네트워크 관리주체가 누구인가? 파트너십을 형성하는 데 누가 참여하고 배제되는가?" 등 이해관계자의 범위, 네트워크 내 주체들 간의 관계형태와 책임소재, 대상분야, 참여방식, 참여단계 등이 고려요건이다. 셋째, 네트워크 내부운영관리전략에는 네트워크 활성화전략, 상호작용 촉진전략, 조정 및 중개전략 등이 포함된다.

지역거버넌스는 협력적인 파트너십(partnership)의 형성이 필수적이다. 거버넌스(governance)가 공공정책 결정을 위한 종합적인 행정체제의 관점에서 보는 개념이라면, 파트너십(partnership)은 구체적인 공공정책이나 프로젝트의 수행을 실천하기 위한 다양한 방안 중의 하나로서 거버넌스를 구현하기 위한 실천수단으로 볼 수 있다. 지역 간 협력에 관련한 이론으로는 지역 간 연계협력의 필요성, 형태와 유형 등을 설명하는 이론들과 지역 간 연계협력의 선행조건, 효과 및 성공요인, 협력과정 등 실천적 내용을 다룬 이론들이 있다.[14]

3) 지역사회통합과 사회적 자본론

지역발전정책의 목적이 지역의 경제성장이나 생활여건 개선을 넘어 지역공동체

14. 지역 간 연계협력의 핵심개념은 복수의 지역(지자체), 공동의 목표 또는 이익, 역할 및 책임의 분담, 성과의 공유이다. 지역 간 연계협력을 다룬 이론들은 지역 간 연계협력의 필요성, 형태와 유형을 설명하는 이론적 모형(정부 간 관계론, 파트너십모형, 교환모형, 협상모형, 공동생산모형, 협력과정모형, 활동공유모형, 지역 간 협력론)과, 지역 간 연계협력의 선행조건, 효과 및 성공요인, 협력과정 등 실천적 모형으로 구분(차미숙 외, 2014)

표 2-4　　사회통합의 세 가지 이론적 전통

이론적 전통	사회통합 · 사회질서 촉진요소	이론적 근거(예시)
사회통합 이론 (social cohesion theories)	- 국가 등 공동체에 대한 충성심과 연대에 기초를 둔 상호의존성	■ 뒤르껭과 파슨스의 사회이론(social theories)
고전적 자유주의 (Classical liberalism)	- 시장과 같은 민간제도 속의 사적행동 (private behaviour)	■ 토크빌류 사회정치이론
- 토크빌류의 자유주의 (Tocquevillian liberalism)	■ 시장, 가족, 사회네트워크 같은 민간제도 속의 사적 행동	■ 푸트남의 사회적자본론 (social capital)
민주주의 이론 (Democratic theories)	- 경제적 형평성의 기초수단을 보장하려는 적극적인 민주정부	

자료 : Jenson(1998 : 5 ~ 6), 차미숙 외(2001 재인용)

의 형성과 정체성 확립, 그리고 지역사회 주민 간 협력과 상생을 통한 내생적이고 자립적인 발전을 지향하게 되면서 사회통합에 대한 관심이 높아지게 되었다.

사회통합의 학문적인 원천은 현대 사회학의 아버지라 불리는 에밀 뒤르껭(Emile Durkheim)으로 거슬러 올라간다.[15] 뒤르껭에 의하면 유럽은 수십 년간에 걸친 산업화와 도시화, 그리고 도시로의 인구이동에 따른 사회적 변화와 역할 변화로 인해 심각한 충격을 받아왔으며, 여기서 협력과 상생적 활동은 사회질서 유지의 핵심적인 요소로 이해되었다. 뒤르껭 이후 사회통합 관련이론은 세 가지 배경에 근거하여 전개되었다. 첫째는 뒤르껭과 파슨스의 사회이론에 기반을 둔 사회통합이론, 두 번째는 자유시장주의자 중심의 고전적 자유주의 이론, 세 번째는 사회민주주의, 기독교 민주주의로 대표되는 민주주의 이론이 그것이다(Jenson, 1998 ; 차미숙 외, 2011 재인용). 특히, 푸트남은 사회구성원 간 신뢰, 협력과 상생 등 사회적 네트워크(social network)를 사회통합과 발전을 가져오는 사회적 자본(social capital)으로 보고 그 중요성을 강조하였다.[16]

15. 뒤르껭은 이해가 상충하는 복합적인 사회를 함께 묶어주는 요소가 무엇인지에 대해 관심이 높았다. 그는 사회통합이 사회구성원이 공유하는 충성심과 연대(유대감, solidarity)에 의해 이루어지는 것으로 보았다. 이후 사회학에서는 유대감을 집합적 가치와 믿음의 통일성에 기초한 기계적 연대(mechanical solidarity)와 개인들의 전통에 대한 자율적이고 비판적인 개성을 지니면서도 상호 간 관계를 유지하는 유기적 연대(organic solidarity)로 구분하였다.

16. 푸트남(Putnam, 1993)은 사회적 자본을 '조정과 협력을 촉진하는 네트워크, 호혜적 규범, 사회적 신뢰 등

사회적 자본의 개념은 사회통합이론을 구성하는 다양한 이론 가운데 중요한 위상을 차지하고 있다. 사회통합과 사회적 자본은 개념적 다의성으로 인해 통일된 정의를 찾기는 어렵다. 그러나 신뢰(trust)의 긍정적 기여, 사회적 참여(participation), 그리고 성장과 복지를 위한 협력(cooperation)은 공통적이다.[17]

사회통합의 개념에 대한 다양한 정의[18]를 토대로 유럽의회(Council of Europe)는 사회적 자본의 일반화된 개념으로 "사람들이 공동의 문제를 해결하고 집단적인 혜택을 얻어내고, 환경에 대한 일정수준의 통제력을 행사하기 위해 만들어낸 관계적 네트워크에 필요한 호혜적 신뢰, 공유된 표준과 가치의 축적"을 제안한 바 있다. 이와 같이 사회통합과 사회적 자본은 궁극적으로 추구하는 목적과 수단 차원에서 유사성이 많다.[19] 영국의 국가통계청(British Office of National Statistics)은 사회적 자본을 사회통합 정도를 측정하는 지표로 활용하고 있다.

지역발전 차원의 사회통합은 "지역 내 사회구성원 전체의 복지증진 및 지역사회의 지속적인 발전을 촉진하기 위하여 지역 내 다양한 갈등과 대립, 격차를 최소화하고, 사회구성원 상호 간 신뢰와 협력을 기반으로 상생의 관계를 확대하는 사회적 상태와 역량"이라 할 수 있다(차미숙 외, 2011).[20]

지역발전정책에서 사회통합의 증진을 보다 효과적으로 추진하기 위해서는 지역

참여자들이 공유하는 목표를 추구하기 위해 효율적으로 함께 일할 수 있도록 하는 조건' 등으로 규정하는 한편, 사회조직의 특성을 중시하고 협력적 네트워크, 호혜적 규범, 사회적 신뢰를 핵심적인 구성요소로 보았다.

17. 1990년대 이후 국가별 정책현안에 기초하여 사회통합을 다양하게 정의하고 있음에도 불구하고 공통적으로 '공동체에 대한 귀속감', '사회적 배제 없는 포용성' 그리고 정치 · 사회적 의사결정 및 행동에의 참여 증진은 사회통합의 핵심적인 구성요소로 받아들여지고 있다(Jenson, 1998).

18. 브봐이스와 젠슨(Beauvais & Jensen, 2002)은 사회통합 개념으로 다섯 가지를 제시하였다. 첫째는 공동의 가치와 시민문화로서의 사회통합, 둘째는 사회적 질서와 사회적 통제로서의 사회통합, 셋째는 사회적 유대와 부의 격차 해소로서의 사회통합, 넷째는 사회적 네트워크와 사회적 자본으로서의 사회통합, 다섯째는 장소적 애착과 정체성으로서의 사회통합이 그것이다(차미숙 외, 2011 재인용).

19. 이에 대한 반론도 있다. Chan 등(2006)은 사회통합과 사회적 자본의 차별성으로 첫째, 사회적 자본은 개별 및 개인적 상호이익에 의하여 유지되는 네트워크와 개인, 집단 수준의 개념인데 비해, 사회통합은 사회 일반 현상에 관심을 두는 것보다 전체론적인 관점을 갖는다. 둘째, 높은 수준의 사회적 자본이 반드시 높은 수준의 사회통합을 의미하는 것은 아니라는 것이다.

20. 차미숙 외(2011)는 지역사회통합 정책의 현안과제를 지역사회 안정성 · 형평성 증대와 사회적 자본(social

사회통합의 개념을 좀더 구체적으로 정립할 필요가 있다. 지역사회통합의 개념을 정립하기 위해서는 사회적 해체와 갈등과 같이 현재 지역단위에서 해결해야 할 과제와 공동체 형성을 위한 구성원 간 신뢰와 협력, 상생관계 확대 등 보편적으로 달성해야 할 사회적 목적, 그리고 지역 간 격차해소와 협력증진 등 공간정책적 목적을 제시해야 한다. 첫째, 지역사회 구성원의 복리증진과 지역의 지속적인 발전에 기여한다는 정책목적을 분명히 나타내야 한다. 둘째, 사회적 일탈과 지역 간, 구성원 상호 간 갈등과 대립, 분쟁의 최소화와 같이 지역사회 통합을 실현하기 위해 해결해야 할 문제를 명확해야 한다. 셋째, 지역사회 구성원 상호 간 신뢰와 협력, 상생관계의 확대 등 공동체 형성을 위한 적극적인 조건과 제도적 수단을 제시해야 한다.

라. 국민행복과 지역발전이론

최근에는 지역발전 정책목표로 경제성장과 경쟁력 못지않게 '행복'이 중요시되고 있다.[21] 물론 행복이 정책목표가 된 것은 새로운 현상은 아니다.[22] 행복(happiness)이 공공정책 관심사로 대두되고 정책 차원에서 활용된 것은 1972년 부탄에서 국가발전을 국민총생산(GNP)이 아닌 국민총행복(growth national happiness ; GNH)을 기준으로 측정하고 국민행복증진정책을 추진하면서부터이다. 국가발전계획 종료시점에 국민들이 이전보다 행복해지지 못했다면 그 계획은 실패한 것이라는

capital) 및 제도역량 기반 구축이라고 보았다. 즉, 지역 내 갈등, 분열, 해체 등 사회통합을 저해하는 요소를 최소화하는 한편, 신뢰·참여와 협력에 근거한 사회적 자본을 강화하여 지역의 지속적인 발전기반을 조성하는 것이라고 개념화하였다. 이러한 개념을 토대로 지역사회통합의 수준과 역량을 진단하기 위한 지표(지역사회통합지표)를 개발하여 정책에 적용할 것을 제안하였다.

21. 우리나라는 2012년 출범한 박근혜정부의 지역발전 정책인 '지역희망(HOPE) 프로젝트'에서 행복이 지역발전 정책 차원에서 공식적으로 채택되었다. 지역희망 프로젝트의 비전으로는 "국민에게 행복을, 지역에 희망을"로 설정하였으며, 주요 추진전략은 ① 지역행복생활권 구현, ② 맞춤형·패키지 지원, ③ 지역주도 및 협력 강화이다(지역발전위원회, 2013).

22. 1793년 프랑스 헌법은 '사회의 목적은 일반인의 행복'으로, 미국의 독립선언서에도 '행복의 추구'를 포함하고 있다. 또한 실증주의 철학자인 제레미 벤담은 정부의 궁극적인 목적은 즐거움을 극대화하고 고통을 최소화함으로써 '보다 많은 사람에게 보다 큰 행복'을 보장하는 것이라고 주장하였다(Derek Bok, 2010).

주장이다.

영국, 프랑스[23]와 일본[24] 등을 비롯한 OECD 국가들에서 공식적으로 행복지수(happiness index)를 개발하여 정책에 활용하는 한편, 국민의 행복증진에 기여하는 삶의 질, 사회통합, 사회적 자본의 증진을 위해 다양한 정책을 추진하고는 있으나 부탄의 국민행복증진정책과는 차별화된다. 부탄은 국민의 주관적인 행복감 증진을 중시하고 국민행복을 국가발전의 최고 가치로 삼아 모든 경제사회발전정책 추진에 반영토록 하고 있다. 부탄은 국민행복정책의 효율적인 추진을 위해 다양한 이해당사자가 참여하는 국민총행복 정책심사제도(GNH policy screen tool)를 마련하여 모든 정책의 수립과정에서 행복정책과의 연계성과 일관성을 확보하고 있다. 국민행복증진정책에서 가장 중요한 과제는 국민의 행복수준을 측정하고 행복에 영향을 주는 긍정적 · 부정적 요인을 탐색하고, 이의 효율적인 개선대책을 마련하는 것이다. 이를 위해 국민총행복지표(GNH indicators)[25]를 활용하고 있다.

3. 지역발전이론과 정책패러다임의 변화

가. 지역발전이론과 정책패러다임의 관계

지역발전이론의 변천은 국가경제발전 단계와 지배적인 정책패러다임을 반영하는 한편, 바람직한 정책패러다임의 형성을 촉구하기도 한다. 국가 및 지역발전정책의

23. 영국의 카메론 총리는 '국민의 주머니에 돈을 채우는 데만 치중하기 보다는 국민의 마음 속에 기쁨을 채우는 데 노력할 것'을 천명하였다. 프랑스의 사르코지 대통령은 국민들의 일상생활에서 어려움과 고통 증대 현상을 파악하기 위해 국민의 복리(well-being)에 대한 전국적인 조사를 추진하였다.

24. 일본 내각부 '행복도에 관한 연구회'는 2011년 심신의 건강, 일이나 주거환경 등을 포함하는 사회경제적 상황, 그리고 가족 및 지역, 자연과의 연계 등을 고려한 관계성 등 세 가지를 행복을 가져오는 핵심요소로 하여 지표를 발표하였다. 행복도 지표는 어린이, 청년, 고령자 등 생애주기를 고려하여 주관적 행복감, 이상적 행복감, 개인별 감정, 감정경험, 세대 간 행복감 격차 등을 파악하고자 했다(임은선 외, 2014 : 38쪽).

25. 국민총행복지표는 심리적 안정 또는 복리, 건강, 시간활용, 좋은 정부, 지역사회 활력수준, 생태적 다원성과 회복력, 생활수준 등 9개 영역의 33개 지표(주관지표 24개, 객관지표 9개)로 구성되어 있다(Daso Karma Ura, 2013).

최우선 목표가 경제성장이었을 때는 전통적인 지역발전이론 중에 입지이론, 성장거점이론 등을 내세워 최소비용으로 최적의 입지를 선정하거나 투자의 효율성에 대한 논리적 토대로서 우위를 점했다.

그러나 지역을 둘러싼 환경이 다원화되고 새로운 현상들이 나타나면서 이들을 설명하고 적절한 처방과 대응을 할 수 있는 대안적인 지역발전이론들이 정책패러다임의 중요한 논리적 토대를 이루고 있다. 점차 다양하고 복잡한 요인에 의한 새로운 현상들이 나타나면 이를 보다 명료하게 설명하는 한편, 바람직한 미래의 방향성을 제시하기 위해 새로운 형태의 대안적인 지역발전이론들이 등장하게 될 것이다.

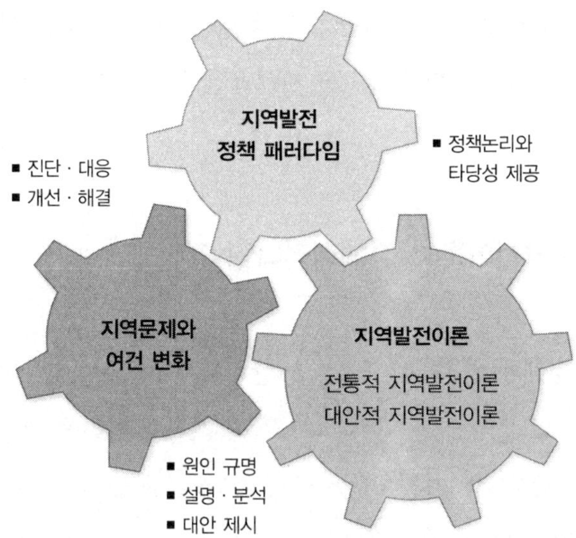

〈그림 2-1〉 지역발전이론과 정책패러다임의 관계

우리나라의 경우 1960년대 산업화와 도시화가 진행된 이래, 지역발전이론 및 정책패러다임은 정책현안이 되는 지역문제에 대한 대응 차원에서 변화를 해왔다. 산업화 초기에는 경제성장 및 투자효율성 차원에서 전통적 지역발전이론, 특히 성장거점이론에 의해 논리를 제공받아 성장거점전략을 채택해 왔으며, 정책추진 과정에서 발생하는 부작용과 문제점을 해소하기 위해 균형발전이론 및 내생적 지역발전전략 등에 의거하여 균형발전을 목표로 하는 정책패러다임이 주도해 왔다. 이처럼 지역균형발전과 내생적인 지역발전전략이 중시되면서 지역혁신체제, 산업클러스터론이 정책패러다임의 지배적인 이론이 되어왔다. 그러나 점차 생태 · 환경 중시, 협력적 추진 및 국민행복 증진이 주요한 정책기조로 등장하자 대안적인 지역발전이론이 정책패러다임을 주도하게 되었다. 이러한 지역발전이론 및 정책패러다임의 변화는 최근 수행한 소셜미디어 분석결과를 통해서도 엿볼 수 있다. 지난 12년간(2002～2014년) 지역과 도시를 키워드로 소셜미디어(social media)[26] 분석 결과, 개발 · 건설 · 수도권 · 신도시 등 '성장 중심' 의 키워드에서 점차 국민 · 안전 · 행복 · 주택 등 '생활 인프라' 와 '사람' 이 정책 키워드로 부상하고 있다. 그동안 성장과 개발에 초점을 두어 왔던 지역정책 패러다임의 퇴조는 불가피한 현실이 되고 있다. 새로운 현상이 야기할 지역정책 현안과 문제를 다루기 위한 새로운 지역발전이론과 정책패러다임의 변화가 요구된다.

나. 새로운 지역발전이론과 정책패러다임 전망

지역발전이론과 정책패러다임 변천과정을 살펴보면, 단순히 현상적인 지역문제의 설명이나 원인규명 및 분석에서 벗어나 새로운 정책환경 변화에 대응하여 바람직한 지역발전 방향과 전략을 제시하는 데 초점을 두어 왔음을 알 수 있다. 향후 지역발전을 설명하는 지배적인 이론과 정책패러다임은 전 지구적으로 영향을 미치게 될 메가트렌드(mega-trend) 요소와 정치 · 경제여건 변화와 대응노력, 그리고 우리나라의 특수한 사회 · 경제적 여건과 밀접히 연관되어 새로이 정립될 것이 전망된다.[27]

---

26. 인터넷 중앙일보(2002～2014.7)의 국토 관련 기사(약 8만 5천 건)를 빅데이터 분석과정을 거쳐 이슈 키워드를 도출하였다(차미숙, 2015).

27. 우리나라 국토정책 목표의 중요도 변화를 전문가 대상으로 조사한 결과, 현재는 국가경쟁력 > 지역균형발전 > 국민행복의 순으로 응답하였다. 그런데 특징적인 것은 미래(2040년) 국토정책 목표 가운데 국민행복의 중요도(33.7%)가 과거(12.3%)나 현재(22.8%)에 비해 현저하게 높아질 것이라는 점이다. 이는 그동안 국가경쟁력이나 지역균형발전에 초점을 두어 왔던 국토정책 패러다임의 변화 가능성을 제시하고 있다(차미숙, 2015).

지역발전정책 패러다임의 변화를 체계적으로 전망하기 위해서는 메가트렌드에 대한 분석 및 지역발전과 관련한 국내 여건변화와 이의 긍정적 · 부정적 영향에 대한 분석이 필수적이다. 정책영역에서 미래 메가트렌드 분석 연구는 첫째, 현 시점에서 문제점과 정책목적을 명료화하고, 둘째, 정책추진을 위한 자원동원과 이용의 효율성을 높이며, 셋째, 여건변화 속에서 일정한 방향성을 유지하면서 정책을 추진토록 하는 길잡이 역할을 한다는 점에서 필요성이 커지고 있다.

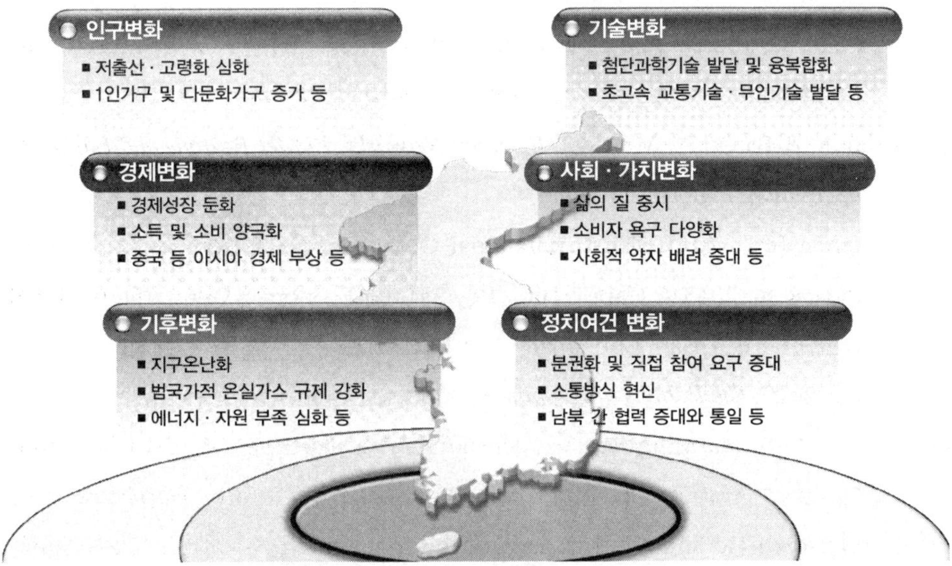

자료 : 차미숙(2015)

〈그림 2-2〉 메가트렌드 분야별 핵심요소

〈참고문헌〉

김용웅(2001), 『지역 간 연계 · 협력의 이론적 배경과 발전방향』, 이정식 · 김용웅 엮음. 도서출판 한울 아카데미.

김용웅 · 차미숙 · 강현수(2009), 『新지역발전론』, 도서출판 한울아카데미.

지역발전위원회(2013), "국민에게 행복을, 지역에 희망을 : 지역희망(HOPE) 프로젝트", 제1차 지역발전위원회 회의자료.

차미숙 외(2003), 「지역발전을 위한 거버넌스체계 구축 및 운용방안 연구」, 국토연구원.

________(2011), 「사회통합을 위한 지역적 대응과제 : 지역사회통합지수 개발 및 활용방안」, 국토연구원.

________(2014), 「지역행복생활권 실현을 위한 지역 간 연계협력 활성화방안 연구」, 국토연구원.

________(2015), "미래 국토발전 전략과 정책과제", KAIST 국가 미래전략 정기토론회 발표자료, 2015. 6. 5.

Capello, R., 2000, "The City Network Paradigm, Measuring Urban Network Externalities," *Urban Studies*. vol. 37. no. 11.

Cooke, P., M. G. Uranga and G. Exebarria, 1998, "Regional System of Innovation : An Evolutionary Perspective." *Environment and Planning A*, vol.30.

Cappellin, R. & Batey, P. W., 1993, *Regional Networks, Border Regions and European Integration*, London. Pion Ltd.

Dasho Karma Ura., 2013, The Inspirational Growth of GHN from its Concept to Indicators, 2013 A Happy Life : Beyond the Economic Value, International Conference, Yesan, Chungnam, Nov 22, 2013.

Derek Bok. 2010, *The Politics of Happiness*, Princeton University Press.

Jenson, J., 1998, Mapping Social Cohesion : The State of Canadian Research Ottawa : Strategic Research and Analysis Directorate. Department of Canadian Heritage and Canadian Policy Research Network, CPRN Study No. F/03.

Leach, R and Janie Percy-Smith., 2001, *Local Governance in Britain, Palgrave*.

Moulaert, F. and Sekia, F., 2003, "Territorial Innovation Models: A Critical Survey", *Regional Studies*, Vol. 37. No. 3.

Pierre, J & B. Guy Peters, 2000, "Conceptual and Theoretical Perspectives on Governance," *Governance, Politics and the State*, St. Martin' s Press.

______________________., 2000, *Governance, Politics and the State,* New Yo-rk : St. Martin' s Press.

Taylor, M. J. & Thrift, N. J., 1982, "Industrial linkage and the segmented economy : 1. Some theoretical proposals," *Environment and Planning*, A. vol. 14.

WECD, 1987, *Our Common Future*, Oxford Univ. Press.

1. 비교와 평가의 논리

2. 우리나라 지역정책의 두 가지 트라우마 : 수도권 집중 억제와 지역감정 해소

3. 주요 지역정책 관련 법률, 계획 및 시책

4. 지역정책의 결정적 전환을 초래한 계기들

5. 지역정책의 역사적 평가와 과제

제 3 장

우리나라 역대 정부 지역발전정책의 평가 개관

1. 비교와 평가의 논리

올해로써 광복 70년, 건국 67년을 맞이하고 있다. 우리나라 반만 년 역사상 가장 중요한 대전환의 시대였다. 서구사회가 200년간 치러야 했던 근대화, 현대화의 역사를 압축시킨 반세기였다. 식민통치를 벗어난 건국, 남북분단, 한국전쟁, 산업화, 민주화, 세계화, 지방화라는 인류역사의 보편적 발전과정을 압축시킨 시대였다. 역사는 변화를 뛰어 넘을 수는 없고 단축시킬 수 있지만 거쳐야 할 과정은 짧게나마 모든 단계를 거치면서 발전한다고 한다. 지난 반세기의 우리나라 역사가 이를 대변하고 있다. 따라서 지난 역대 정부의 지역정책을 비교 · 평가한다는 것은 역사에 대한 평가이고 역사를 보는 시각이라고 할 수 있다. 역대 정부의 지역발전정책을 단순히 연대별로 열거하는 자체도 의미 없는 일이라 볼 수 없지만 이는 왕조실록을 있는 그대로 해설한 것과 같이 비교 · 평가라 할 수 없다. 비교 · 평가는 평가를 위한 잣대가 필요하며 그러한 잣대는 영구불변의 것이 아닌 정책 발표 당시 시대적 상황과 보다 긴 역사적 발전과정에 비추어 어떠한 의미를 지녔느냐를 보는 역사관의 과제이다.

이러한 의미에서 역대 정부의 지역정책 비교 · 평가는 다음과 같은 요소들을 봐야 한다. 첫째, 지역문제는 어느 나라에나 있지만 우리나라만이 지닌 특수한 지역문제 콤플렉스가 있다고 보이며 그것은 우리나라 지역정책 수립과정에서 항상 따라다니는 두 가지 강박관적 증후군(트라우마), 즉, 수도권 인구 집중억제와 지역감정 해소이다. 둘째로 이러한 지역정책의 트라우마를 극복하기 위한 역대 정부의 노력은 법령 제정, 계획 수립, 시책, 방침이란 이름으로 전개된 바 있으며 때로는 대증적이고, 부처 간의 영역다툼에서 생겨난 파행적 시책일 수 있었으며, 유명무실한 희망사항인 것도 있었으나 우리나라 지역문제 트라우마가 이들의 배경에 자리 잡고 있었다. 셋째로 지역정책의 변천과정을 이해하기 위해서는 정부 또는 정권의 변화도 있지만 지역정책의 결정적인 전환을 가져온 몇 가지 사건과 통치권자의 패러다임 교체를 살펴보았다. 1968년 김신조 일당의 청와대 습격사건, 1980년 광주 민주화운동과 1987년 헌법개정, 노무현 대통령의 당선이 그것이다. 끝으로 지난 반세기 동안을 넘어선 긴 역사적 국가발전 단계적 시각에서 지난 반세기의 지역정책을 평가해 보았다. 지난 반세기 동안 우리가 펼쳐온 지역정책이 과연 역사적으로 어떠한 의미를 지녔느냐에 대한 물음이었다. 한 나라가 발전하는 과정에서 치러야 했던 역사적 업보와 발전 국가의 역사적 단계일 수도 있기 때문이다.

2. 우리나라 지역정책의 두 가지 트라우마
— 수도권 집중 억제와 지역감정 해소

어느 나라든지 지역문제는 있으며 그것이 한 지역이 새로운 독립국가로 분리하겠다는 나라가 있는가 하면, 중앙집권적 체제로부터 완전자치권을 요구하는 지방분권을 추구하는 지방국가 지역도 있으며, 지역 간의 불균형 발전이 심화하여 한 나라 속에서도 특별한 지위를 요구하는 지역이 있을 수도 있다. 또한 한 도시나 지역에도 인구와 경제가 집중하여 이른바 일극(一極)적 개발을 지양하기 위한 정책적 장치를 추진하는 나라가 있는가 하면 지형적, 자연적 여건으로 국토공간구조의 개편을 추구하는 나라도 있다. 이처럼 대부분의 나라들은 여러 가지 지역문제를 복합적으로 갖고 있어 여러 가지 지역정책을 동시에 펴고 있다. 이러한 맥락에서 우리나라는 국토가 넓은 나라도 아니며 인종, 종교, 언어 등의 차이로 지역 간 갈등을 겪고 있는 나라도 아닌 인구의 90%이상이 도시에 사는 고밀도의 동질사회 국가이다. 어느 의미에선 큰 도시국가라고 할 수도 있다. 우리나라 국토 면적에 버금가는 지역에 3,200만 명의 인구를 지닌 도시, 중국의 중칭(重慶) 시와 비교하면 우리나라는 하나의 도시국가적 강소국(强小國)이다.

지역문제는 큰 나라이든 작은 나라이든 관계없이 존재한다. 심지어 서울의 경우, 강북지역과 강남지역 간 지역균형발전이란 정책을 펴고 있으며 하나의 도(道)에도 동부와 서부, 북부와 남부지역 간의 불균형이 존재하고 이를 위한 지역균형발전정책이란 개념을 쓰고 있다. 이처럼 지역문제는 지역 간 상대적 비교 속에 항상 존재하는 사회적 원죄이다. 우리나라 지역정책의 변화를 살펴보기 위해 우리나라가 지닌 지역정책의 정신적 증후현상 즉 트라우마를 살펴볼 필요가 있을 것 같다. 어느 나라든지 지역문제와 관련된 트라우마가 있다. 일본은 지진에 대한 공포가 지역정책을, 중국은 해안지역과 내륙지역에 대한 불균형을, 인도네시아는 자바 섬과 다른 도서지역과의 불균형을, 프랑스는 파리를 중심으로 한 북부지역과 여타지역 간의 불균형을, 영국은 스코틀랜드와의 역사적 악연을, 스페인의 카타로니아 지역과 바스크 지역과의 분리독립 문제를, 러시아는 우랄 산맥 서부지역과 광대한 시베리아 지역과의 균형발전을, 필리핀은 마닐라 중심의 카톨릭 지역과 남부 민나나오를 중심으로 한 이슬람 지역과의 분쟁 등 나라마다 지역정책의 기조를 이루는 콤플렉스가 있다. 우리나라의 경우 수도권 콤플렉스와 영 · 호남 지역감정 콤플렉스가, 지난 60여 년간 쌓여온 우리나라 지역정책의 강박관적 증후군이 여러 가지 공식적 지역정책의 이면을 지배하고 있었다. 두 가지 한국적 콤플렉스에 대한 해결방안으로 정부 부처 간 갈등, 총량적 경제성장과 지역균형 발전에 대한 이념적 차이, 설익은 외국 정책의 도입 등이 교차하는 가운데 우리나라 지역정책은 오늘에 이르고 있다.

가. 서울 및 수도권 인구집중억제 트라우마

1960년 전까지만 해도 서울에 대한 국민적 정서는 혼합 감정이었다. "사람이 나면 서울로 보내고 말이 나면 제주도에 보낸다" 는 격언과 같이 서울은 출세와 기회의 땅이었다. 한편 '서울은 눈 뜨고 코 베어 가는 곳' 이라는 혐오의 대상이기도 하였다. 조선조 500년 동안 서울의 인구는 20만 명을 맴도는 이름 없는 왕도로서 중앙집권적 상경하향의 관아도시였으나 일제하에서 90만 명, 1945년 해방을 맞이할 때 겨우 인구 100만 명의 식민도시 유산을 물려받았다. 한국전쟁과 전후 북한에서 내려온 주민과 제대 장병들의 도시정착, 대학교육의 보편화로 몰려든 대학 인구의 증가가 있었으나 1960년 서울 인구는 우리나라 인구의 10%에 불과한 200만 명으로 다른 나라에 비해 낮은 도시화 수준에 머물렀다. 미움과 사랑의 대상으로 교차하는 서울은 커다란 지역정책의 이슈가 되지 못하였다. 그러나 1960년대 서구의 산업혁명에 준하는 공업화, 특히 노동집약적 수출산업의 도시집중으로 마이어(Richard Meier) 교수가 지적한 것처럼 세계역사 속에서 가장 집약적이고 급격한 도시화가 진행되었다. 서울의 인구는 1960년 200만 명에서 1970년 400만 명으로 증가하여 하루에 평균 550명이 증가한 셈이다. 이렇게 서울은 영국의 1860년대 산업혁명 당시, 미국의 1890년대, 일본의 1920년대 도시화 과정을 능가하는 도시인구집중을 경험하였다. 서울의 급격한 성장은 가히 공포의 대상이었고 특히 북과 휴전상태로 대치하는 와중에 호전적인 북한의 지상포 사격권 안에 있는 서울에 50% 이상의 인구와 산업이 집중한다는 것은 안보적 차원에서 커다란 위협이 되고 있다는 인식이 고취되었다. 특히 농촌 출신 박정희 대통령의 반도시적 정서와 한국전쟁 중 수도 서울이 며칠 만에 적중에 함락되는 비극과 전쟁의 참상을 체험한 군인 출신으로서 서울의 성장을 그대로 방치할 수 없다는 신념이 단순히 서울이 비대화한다는 차원을 넘어선 안보적 차원의 서울인구집중억제책을 내놓았다. 그것이 우리나라 지역정책에 결정적인 기조가 되었으며 이후 반세기 동안 서울인구집중억제와 수도권개발억제 정책의 트라우마로 자리 잡게 되었다.

1964년 '대도시인구집중억제대책'을 시작으로 1971년 '개발제한구역의 도입', 1973년 공공기관지방이전(중앙공무원교육원, 수자원개발공사의 대전 이전, 농어촌개발공사의 의왕시 이전) 등의 정책을 도입하였으나 부처 간의 불협화음과 경제성장정책의 기조 속에서 서울 및 수도권의 인구집중은 계속되었다. 특히 1968년 김신조 청와대 습격사건, 미 정보함 푸에블로 납북사건으로 강북에 있는 중 · 고등학교의 강남 이전, 도심부적격업종(학원, 예식장, 군소제조업체 등)의 강남 및 지방분산 정책으로 반월공단의 조성, 무허가 판자촌의 철거, 도시 영세민의 간척지 이주, 정부투자 기관의 지방이전 등 서울 및 수도권 인구집중억제 · 분산정책이 부처별로 우후죽순처럼 강구되고 있었다. 특히 서울 인구집중의 주요한 요인이 대학교육 때문이라는 이유로 1973년 이른바 명문 고등학교의 폐쇄와 고교 평준화, 대학 예비고사제도의 도입, 서울소재 대학의 증설과 정원 동결, 서울소재 대학의 지방분교 설립, 지방과 서울소재 대학교수의 교환근무제도 등 조율되지 않는 시책들이 다발적으로 나왔다. 그럼에도 불구하고 서울의 인구는 1970년 400만 명에서 1980년 800만 명으로 증가하고 수도권 인구도 전국인구 대비 28.3%에서 35.7%로 상승하였다. 이러한 정책적 파행 속에서 수도권 인구집중 억제 및 분산대책을 총괄하고 조정하기 위하여 1976년 제1무임소장관(신형식)실로 하여금 수도권 인구재배치계획(1977～1986)을 수립하고 임시행정수도 건설과 더불어 1986년까지 서울의 인구를 700만 명으로 억제·분산시키고자 하였다. 행정수도에 50만 명, 반월공단에 20만 명, 5개 남부지역거점도시권에 260만 명, 중화학연관단지에 100만 명을 배치함으로써 서울의 인구유입을 억제하고, 유입하려는 인구를 이상 4개 지역에 유치함으로써 수도권 비대화를 방지하고 지역균형 발전을 기한다는 의욕적인 계획이었다. 그러나 이 계획을 본격적으로 추진하기 전에 1979년 박정희 대통령의 서거와 제3공화국의 비극적 종말로 백지화되고 말았다. 1979～1980년 최규하 대통령 치하의 무임소장관(최광수)실에서 뒷마무리 업무를 담당하고 있었으나 이미 정책적 추진력을 잃어버렸고 전두환정부가 들어서면서 해체되고 말았다.

1980년대 들어오면서 수도권 인구재배치 및 서울 인구집중억제책은 실종되고 말았다. 더군다나 1980년 5월 18일 광주 민주화운동과 전두환정부의 출범으로 그동안 잠재되었던 호남 푸대접 정서가 호남 정서의 대변자격인 김대중 씨의 체포구금으로 정치적 지역주의로 성장했으며 1980년대의 지역정책은 지역감정 해소라는 답이 없는 화두로 우리나라 지역정책의 새로운 트라우마로 대두되었다. 1970년대의 수도권인구 재배치정책은 1981년 88서울올림픽 유치로 오히려 역풍을 맞았으며 1970년대의 강북개발 억제정책과 수도권인구 분산정책은 백지화에 가까운 길을 걸었다. 수도권인구 재배치계획 대신에 1984년 수도권을 개편하여 국가경쟁력을 높인다는 차원에서 수도권 정비계획법을 제정하고 올림픽을 위해 총력적인 업그레이드와 국가적 위상을 높이는 성장전략이 서울에서 전개되었다. 서울의 인구는 800만 명에서 1,000만 명으로 증가해 세계적 메가시티로 등장하였고 1987년 6월 민주화운동과 민주화헌법 개정으로 이른바 87체제가 정립된 후, 1988년 지역감정 해소를 위한 민주화합추진위원회의 발족과 국민이 직접 뽑은 노태우 정부의 출범이 있었다. 노태우 대통령은 1988년 서울올림픽을 무사히 마쳤으나 이미 서울의 인구는 1,000만 명을 넘어서고 있었다. 노태우 대통령은 1989년 6월 대통령 비서실에 지역균형발전기획단[1]을 신설하고 1990년 3월까지 '지방화 시대의 지역균형발전을 위한 기본구상'을 발표하였으나 청와대 경제수석(김종인)으로 교체되면서 하루아침에 지역균형발전기획단은 해체되고 말았다. 의욕적으로 출범한 청와대 지역균형발전기획단이 어째서 아무런 후속조치도 없이 하루아침에 해체되었는지에 대해선 기획단의 자문위원장 역할을 하고 있었던 필자로서도 아직 의문이 풀리지 않고 있다. 박정희 대통령 치하 무임소장관실의 '수도권인구 재배치계획', 노태우 대통령의 '지역균형발전 기본구상'의 사실상 백지화로 우리나라 지역정책은 1990년대를 통하여 정책부재의 시대로 들어갔으며, 1992년 중국과 1990년 러시아와의 국교 정상화, 탈이데올로기, 지방의회의 부활과 지방자치시대의 개막으로 수도권인구 분산정책과 지역균형발전정책은 물밑으로 가라앉고 말았다.

오히려 김영삼 대통령의 세계화와 국가 간 무한경쟁시대를 대비한 수도권경쟁력 강화를 위한 1993년 수도권정비계획법과 국토이용관리법의 개정으로 수도권집중억제책으로 묶여 있던 토지가 준농림지역으로 완화되면서 수도권의 난개발이 심화되었고 전국 대비 수도권인구 집중률은 1990년 42.8%에서 2000년 50%를 넘어섰다. 중국과의 국교 정상화로 서해안 시대가 개막되었으며 목포에서 인천까지 지역발전의 기대가 부풀려지고 있었다. 1998년 김대중 대통령의 당선으로 우리나라 지역정책의 한 트라우마인 정치적 지역주의는 어느 정도 물밑으로 가라앉은 듯 하였으며 김대중 후보의 공약 중 하나인 30여 년간 묶여 있던 전국 14개 개발제한구역 중 7개 지방도시의 개발제한구역 해제와 수도권을 물리적으로 묶고 있던 수도권 개발제한구역의 조정으로 수도권의 개발이 점진적으로 확산되기에 이르렀다. 아직까지 수도권정비계획법으로 개발이 제약받고 있는 경기도의 자연보전권역과 성장관리권역이 남아 있으나 국가적인 수도권 인구집중억제 및 지역균형발전은 실종되는 길을 걷는 것 같았다. 그러나 2003년 노무현 정부의 출범과 더불어 우리나라 지역정책은 새로운 국면으로 나아가기 시작했다. 그와 함께 정치적 지역주의와 지방자치시대를 위한 지역균

---

1. 단장 문희갑 경제수석, 부단장 이석채 1급 비서관, 5명의 국장 등 각 부처로부터 파견된 25명 공무원으로 구성

형발전을 위한 이른바 3분 정책(분권, 분산, 분업) 추진으로 우리나라 지역정책은 정치적 소용돌이에 휘말리면서 근본적인 패러다임의 대전환이 이루어졌다.

나. 정치적 지역주의 트라우마

1) 동질사회의 함정

우리나라는 세계 197개 주권 국가 중에서 영토 면적으로는 작은 나라에 속하지만 인구 규모로 보면 큰 나라에 속한다. 단일민족국가로서 같은 언어와 문자를 가진 순혈주의(純血主義)의 나라이다. 역사적으로나 근대화 과정에서 종교 분쟁도 없었으며, 사돈의 팔촌까지 따지면 하나의 혈연공동체를 이루고 있다고 말할 정도로 폐쇄적 정의주의(情誼主義)가 지배하고 있는 국가이다. 동질적인 국가로서 지역문제는 다른 나라에 비해 그렇게 심각하지 않다고 생각할 수 있으나 어떠한 사회나 공동체에서도 편 가르기와 비교의 비극이 생겨나는 것은 인간의 원죄이다. 다민족, 다문화국가에서는 민족 간, 문화 간 다원적 사회를 거쳐 오면서 하나의 국민국가로서 살아남기 위해 싸우는 와중에 서로의 차이를 받아들이는 관용과 공존의 지혜를 습득하였으나, 우리나라와 같이 순혈적 동질사회에서는 민족이나 종교, 문화가 아닌 다른 차원에서 편 가르기를 하고 갈등관계를 생성하는 인간의 원죄가 도사리고 있었다. 중국의 노자가 일찍이 "큰 나라를 다스리는 일은 작은 물고기를 요리하는 것과 같다. 지역문제와 같은 작은 물고기를 큰 솥에 넣고 너무 손질하다보면 망가뜨릴 가능성이 있다" 고 말했듯이 중국은 지역문제를 관용의 문제로 받아들였다. 중국을 삼분한 삼국지의 역사는 하나의 역사극 속에 존재할 뿐 위, 오, 촉나라의 갈등은 사라진 지 오래고 5호 16국이라는 분열의 역사는 역사로 남아있다. 아직도 지역주의가 남아 신라, 백제, 고구려로, 고려의 훈요십조를, 추상적인 영남학파와 기호학파로 갈라져 싸우다 국권을 잃어버린 우리나라와 같은 순혈주의 동질사회가 빠진 함정에서 벗어나지 못하는 것과 대조적이다. 중국은 한(漢)민족의 역사적 정체성을 뿌리 깊게 고수한 나라지만 원, 요, 금, 청의 이민족 통치를 거치면서 지역주의는 갈등보다는 공존의 지혜를 터득하였다.

일본은 국가형성의 출발부터 통일된 중앙집권국가라기보다는 지방 국가의 연합체로 시작하였다. 구니(國)라는 말은 메이지 유신 전까지만 해도 자기가 사는 번(藩)과 동일시되는 역사를 살아왔다. 아직도 시코쿠(四國), 이와쿠니(岩國)와 같은 지명이 남아 있을 정도다. 우리나라에는 역사 속에서 제주도를 가리키는 탐라국(耽羅國)이라는 이름이 있을 뿐 나라(國)말을 쓰는 지방은 반역의 대상이 되었다. 이처럼 우리나라는 지방에 대한 차별성과 분권을 허용하지 않은 중앙집권적 동질사회로 발전하였다. 때문에 생태학에서 말하는, 단일 생태에 병이 들면 전체 생태가 급격히 전염되는 동질사회의 함정에 빠질 수 있다. 우리나라 지역문제도 이러한 동질사회의 생태학적 측면이 지역적 결과로 나타나고 있다고 보인다. 동질사회의 편 가르기는 결국 혈연, 지연, 학연이라는 3연이 서로 엉켜 공간적으로 확대된 결과로 볼 수 있다. 동질사회가 편 가르기를 하면 관용과 공존의 역사를 지닌 다원적 사회보다 더 심각한 갈등관계를 유발할 수 있으며 상처도 깊을 수 있다.

미국과 같이 처음부터 다민족, 다문화 공동체로 출발하여 연방제 국가가 된 나라에서는 혈연, 지연, 학연은 처음부터 발 붙일 풍토가 되지 않았다. 남북전쟁은 끝났지만 여전히 일부 남부지역에서는 국경일에 남부군의 국기를 연방기와 같이 게양하는가 하면, 각 주마다 자기 주의 정체성을 살리는 별명을 자동차번호판에 달고 다니며, 자기지역을 비하하는 표현을 공공연히 말해도 웃어넘기는 사회다. 유럽에서도 어느 특정지역을 비하하거나 국가를 모독하는 농담을 하여도 하나의 유머로 희자하고 있다. 한 나라 속에도 언어가 다르고 역사와 종교가 달라도 공생하는 이른바 똘레상스 문화가 있어 지역문제는 관용의 대상으로 치부되고 있다. 최근 스코틀랜드의 독립을 둘러싼 주민투표 찬반과정에서도 결과에 승복하는 문화가 있으며 스페인 카탈로니아 지역의 독립을 둘러싼 갈등 속에서도 웃음을 잃지 않는 전통이 다원적 사회가 지닌 지역주의의 현실이다. 중국은 55개 민족으로 이루어진 나라로 민족 간의 갈등은 현존하지만 지역 간의 갈등은 혈연, 지연, 학연으로 변질되지 않는 것 같다. 우리나라는 동질사회의 역사 속에서 혈연, 학연, 지연이란 고질병이 역사를 지배하였다. 혈연사회의 갈등으로 산송(山訟), 족보, 서얼 등의 문제가 생겨났으며 학연으로 학파와 출신 학교로 편을 가르고 지연으로 지역감정과 지역연고주의가 뒤엉켜 우리나라 지역주의는 정치적 지역주의로 전개되었다. 심지어 조선조 시대에는 읍호승강제(邑號陞降制)로 역모나 모반, 충효, 불효에 따라 지역상벌제를 시행, 지역을 차별화시키는 제도적 지역주의도 있었다. 근대화 과정 속에서 지역 간 인구이동, 통혼권의 확대, 국민개병제도 등으로 3연 지역주의는 상당히 순화되었으나 아직까지도 현실에서는 부정적 지역주의와 편견이 상존하고 있다. 1960년 이후 급격한 산업화와 경제발전 과정에서 특정지역의 산업입지와 지역경제의 격차가 생기면서 수면 밑에 숨어있던 지역주의가 정치적으로 비화되었고 허쉬만(A. O. Hirshmaun)이 말하는 개발의 참사(development disaster)로 심화하였다. 1969년 '야화' 잡지에 조영암 씨가 쓴 '하와이 근성시비' 와 1979년 '문학사상' 지의 오영수 씨가 쓴 '특질고' 가 커다란 필화사건이 되어 물의를 일으킨 나라이기도 하였다.

2) 정치적 지역주의

세계 어느 나라에서도 덕담적인 지역주의 즉 지역을 비유하는 성격유형과 특징을 비하하거나 칭찬하는 지역정서가 없는 나라는 없으며 웃음으로 넘기거나 오히려 지역적 특성을 지역의 정체성으로 승화시켜 지역발전의 장소판촉으로 활용하는 나라도 많다. 그러나 지역주의를 정치적인 지역선거전략(aménagement électoral du territoire)으로 활용하고 있는 나라도 없지 않다. 특히 프랑스에는 치즈의 종류만큼 많은 지역주의가 있으며 대통령이 당선돼도 특정지역에 방문을 못할 정도로 정치적 갈등을 넘어선 분리주의가 팽배한 곳도 있다. 그러나 우리나라에서는 앞서 살펴 본 바와 같이 다원적 지역주의를 경험하지 않는 동질사회에서의 1960년대 이후 정치·경제적 지역주의는 엄청난 국가적 재앙으로 나타났다. 1950년대 전남 광양 출신 조재천 씨가 대구에서, 경북 출신 엄민영 씨가 전북 남원에서 국회의원으로 당선되고 공무원들의 시·도 간 전출근무와 승진 등으로 지역감정은 직접 표출되지는 않았으나 1961년 5 · 16 군사쿠데타와 박정희 대통령의 제3공화국의 등장으로 정치 · 경제적 지역주의는 이후 우리나라 지역정책의 트라우마가 되었다.

경북 출신 박정희 대통령 치하에서 영남, 특히 경북 · 대구 출신 인사의 중용과 산업화와 경제개발과정에서 기존의 항만, 수자원, 도시의 집적 경제적 우위를 지닌 경부 축에 개발투자가 집중되자 '호남 푸대접', 경상도 정권에 대한 호남지역의 불만과 소외감은 높아갔다. 특히 1971년 야당 대통령 후보로 호남 출신 김대중 씨의 등장으로 영 · 호남 지역감정은 정치적으로 비화했다. 호남지역은 야당에 대한 박정희 독재 규탄과 호남 푸대접론에 동조하면서 김 후보에게 몰렸고 여당은 "우리 고장 박 후보에게 몰표를 주자", "우리가 남이가" 라는 지역감정을 공공연히 부추겼다. 영남의 지역감정이 호남보다 강하게 나타나, 그 결과 박정희 대통령의 3선 집권이 가능하게 되었다. 호남의 소외감, 좌절감은 더욱 깊어졌고 1972년 유신 조치와 김대중 씨의 납치, 투옥, 연금 등으로 호남의 피해의식, 지역감정은 심화되었으며 정부인사, 개발투자의 편재는 더욱 가속되었다. 드디어 1980년 신군부의 5 · 17 계엄조치로 유신체제하에서 억눌렸던 민주화 요구와 호남 푸대접 정서가 불씨가 되어 5 · 18 광주민주화운동으로 전개되었다. 그 후 우리나라 지역정책은 정치적 지역주의의 볼모가 되어 1997년 김대중 대통령 정권의 출범에 이르기까지 영 · 호남지역주의가 기승을 부렸다. 1980년 5 · 18 광주민주화운동 이후 우리나라 지역정책은 지역감정 해소라는 화두로 모아졌고 1987년 6 · 29 민주화선언으로 대통령 직선제 개헌, 지방자치 및 교육자치 실시, 인간 존엄성 존중 및 기본권 신장 등 이른바 87체제의 등장으로 그동안 타부시되었던 지역감정 해소방안이 공개적으로 거론되기 시작했다.

1988년 노태우 대통령의 5공화국 출범과 민주화합추진위원회의 국민화합 분과위원회에서 지역감정 해소방안이 정식의제로 논의되었고 많은 학술 대회와 공청회가 개최되었다. 1988년 4월 6일 지방자치법의 전면개정으로 지역정책 패러다임이 새로운 지평을 여는 계기가 되었다. 1991년 지방의회 부활, 1995년 지방자치단체장의 직선, 1998년 김대중 대통령의 취임으로 호남지역주의는 일단 잠재워진 듯 하였으며 수도권과 비수도권 간의 불균형 문제가 새로운 이슈로 제기되었다. 2000년 영 · 호남

8개 시 · 도 지사협력회의가 발족하여 영 · 호남 갈등은 수도권 및 비수도권 갈등으로 변화되었다. 당초 2000년 영 · 호남을 포함하는 비수도권과 서울 · 충청권을 포함하는 수도권 개념으로 출발한 지역균형발전은 2002년 충청권도 비수도권이라는 충청권의 불만을 받아들임으로써 우리나라 지역정책은 또 다른 방향으로 흘러가기 시작했다. 다시 정치적 지역주의가 등장하였는데 영 · 호남 갈등의 정치적 지역주의가 상존하는 상태에서 500만 인구의 충청권이 캐스팅보트를 갖게 되었다. 충청권 표심을 누가 가져가느냐에 따라 대통령 당선이 결정되는 상황 속에서 2002년 대선에서 노무현 후보는 충청권 수도이전을 내세웠다. 그 결과, 충청권의 득표로 노무현 대통령이 당선되었다. 노무현 대통령의 표현을 빌리면 수도이전 공약으로 "재미 좀 봤다" 고 함으로써 우리나라 지역정책은 2003년 이후 전혀 다른 국면이 전개되었다. 영 · 호남 지역갈등으로 충청권이 어부지리를 보았으며 영남과 호남은 닭 쫓던 개 지붕 쳐다보는 꼴이 되었고 수도권 · 비수도권 균형발전논리는 충청권의 발전을 초래하는 결과가 되었다. 충청권의 인구가 호남권의 인구를 넘어섰고 서울 · 경기도(수도권)와 충청남 · 북도(충청권)가 수 · 충권으로 발전하면서 영 · 호남권과 수 · 충권으로 양분하는 중부권과 남부권 시대로 되고 말았다. 이제 우리나라는 이미 수도권화하고 있는 충청권의 정치적 지역주의의 늪에서 벗어날 수 없는 현실에 서 있다고 보여지며 지역 간 균형발전 논리는 수 · 충권 발전논리로 비약하기 시작했다.

3. 주요 지역정책 관련 법률, 계획 및 시책

연대별 중요정책, 계획, 시책들[2]의 제안 · 시행에 주무부처로서 국토교통부(건설부)가 가장 많았으며 다음으로 산업자원부(상공부)다. 그 외에도 행정안전부(내무부), 기획재정부(경제기획원) 및 무임소장관실과 대통령비서실도 개입하고 있었다. 국가적 지역발전정책과 추진에 처음부터 단추가 잘못 끼워진 감이 있다. 지역정책은 범부처적이고 재원과 권한이 같이 갈 때 실천성이 있다. 그러나 1962년 건설부가 신설될

2. 연대표를 참조하기 바람

때 일본의 건설성이 제정한 전국종합개발계획법을 원용하여 1963년 국토건설종합계획법을 제정하면서 국토, 지역, 도시정책의 주관 부처가 되었다. 건설부는 경제기획원 전신인 부흥부 산하 국토건설청과 내무부 토목국을 모체로 한 공사담당 시행부처로 탄생했으며 결코 정책 및 계획부처가 아니었다. 이러한 건설부에 지역개발정책을 주관케 함으로써 국가계획과 재정을 주관하는 경제기획원으로부터 소외되었고 지방정부 위에 군림하며 지방재정과 행정 · 인사권을 행사하는 내무부로부터도 소외되고 말았다. 권한이 주어진 건설부로서는 재정도 권한도 없는 말의 성찬, 지도 위에 그림 그리기가 1963년부터 1973년까지 계속되었다. 1967년 국토종합개발계획, 1972년 제1차 국토종합개발계획이 그러하였다. 세계적 지역정책 전문가이며 한때 우리나라 미국 원조처에 근무한 바 있는 프리드만(John Friedmann) 교수는 이를 가리켜 퇴화한 형태의 계획(degenerated form of planning)이라고 혹평하였으며 한때 비슷한 경험을 한 영국의 지역정책을 홀(Peter Hall) 교수는 종이 위에 그린 낙서(doodle)이라고 비평했다. 우리나라 지역정책의 법적 주관부서인 건설부는 재정도 권한도 없는 그들만의 계획에 매달려 있었다. 서울과 수도권으로의 인구집중과 지역 간 불균형은 심화되고 있었고 특히 1968년 북한의 청와대 습격사건으로 안보 차원에서 수도권인구집중억제 및 분산책이 대두됨에 따라 1973년 박정희 대통령의 지시로 청와대 비서실이 지역정책의 전면에 나섰다. '대도시 인구분산책' 과 서울시의 '서울시 인구소산대책' 등 초법적인 조치들이 각 부처별로 나왔다.

1973년부터 1979년 박정희 대통령의 서거까지 6년간은 서울 및 수도권인구집중억제와 분산책의 전성기였으며 그동안 지역개발에 주도권을 빼앗긴 내무부는 지역정책과 다른 맥락에서 새마을운동을 전개하기 시작했다. 1973년 문교부는 고교 평준화, 지역별 대학예비고사제도 도입, 서울 소재 대학의 증설 및 정원 동결, 서울 소재 대학의 지방 분교 설립, 서울시는 강북 소재 중 · 고교의 강남 이전, 도심 부적격업종이란 명분으로 군소 제조업체의 지방 분산, 무허가 판자촌의 철거, 도시 영세민의 간척지 집단 이주 등이 추진되었다. 내무부는 1973년 주민세 신설, 마을 단위로부터 시작한 새마을운동이 여러 마을의 새마을 협동권사업으로 확대되고, 농촌개발의 전략적 중심지로서 소도읍 개발, 여러 새마을 협동권과 소도읍을 하나로 묶어 이른바 소단위 지역개발(micro regional development)로 발전하였다. 건설부의 국토계획은 하늘에서 놀고 내무부의 소단위 지역개발은 땅으로 긴다는 말이 나올 정도로 지역개발정책은 이원적 파행성을 띠었다. 건설부와 내무부의 지역개발을 둘러싼 부처 간의 갈등은 재현되었고 건설부는 지역개발, 내무부는 지방개발이란 용어를 썼으며 특히 일선 시 · 도 지방정부 조직에서도 건설국과 기획관리실 간의 주관 싸움이 일어나고 있었다. 그동안 지역정책과 무관하다고 방관하던 상공부가 드디어 1968년 지방공업개발법, 산업 입지를 통한 지역개발정책에 관심을 보였고 1977년 공업배치법 제정으로 전국을 이전촉진지역, 제한정비지역, 개발유치지역으로 구분 · 지정하고 이전 명령을 내리는 한편 수도권 공장이전단지로서 반월공단 조성사업에 참여하기 시작했다.

이와 같은 수도권 인구집중억제책과 관련된 부처별로 경쟁적인 시책들이 파행성을 띠자 청와대가 칼을 빼들었다. 1976년 무임소장관실로 하여금 수도권 정책을 총괄 · 조정하는 권한을 부여하였으며 1977년 수도권 인구재배치계획(1978～1986)을 수립한 것이다. 그러나 1979년 박정희 대통령 서거 후 1981년부터 1987년까지 그 많은 수도권 인구집중분산대책은 폐기되거나 미미한 후속조치가 따랐을 뿐이다. 1982년 건설부는 제2차 국토종합계획(1982～1991)을 발표하였다. 제1차 계획의 성장거점개발방식에서 정주생활권 계획으로 패러다임을 바꾸면서 5개 대도시 생활권, 17개 지방도시 생활권, 6개 농촌 · 도시 생활권으로 나누는 계획을 수립하였다. 그러나 제2차 국토종합계획은 빛도 보기 전에 몇 시 · 군을 포함한 지방도시 생활권의 중심 도시를 둘러싼 시 · 군 간 갈등, 전두환 정권 실세 중 한 분의 불만과 항의로 제2차 국토종합개발수정계획(1987～1991)으로 변경되었다. 1980년대를 통하여 수도권 인구재배치계획의 사실상 유명무실한 백지화에 따른 대안으로 1982년 수도권 내부에 대한 차별적 규제를 하겠다는 목적으로 1982년 수도권정비계획법을 제정하고 수도권을 5개 권역으로 구분하여(이전촉진권역, 제한정비권역, 개발유도권역, 자연보전권역, 개발유보권역) 지정하였으며 1993년 김영삼 정부의 세계화, 1998년 김대중 정부의 지방자치, 2003년 노무현 정부의 3분 정책으로 이어지면서 우리나라 지역정책은 건설부를 떠나 청와대로 넘어가게 되었다.

지역 개발 연대표

구분	1960년대	1970년대	1980년대	1990년대	2000년대	2010년대
주요 법·계획	제1차 경제개발 5개년계획 (1962~1966) 수립(1962.1) 국토건설종합계획법 제정 (1963.10) 국토건설종합계획심의회 (1964.3) 특정지역개발계획수립 착수 (1965.1) 주택, 도시 및 지역계획연구소 설립(HURPI) (1966.12) 제2차 경제개발 5개년계획 (1967~1971)수립(1967.1) 대국토건설계획 (1967~1976)수립(1967.8) : 최초의 전국계획이 폐기 국토계획기본구상 수립 (1968~1986)	수출자유지역설치법 제정 (1970.1) 지방공업개발법 제정(1970.1) 제1차 국토종합계획 (1972~1981) 수립 국토이용관리법 제정(1972.12) 산업기지개발촉진법 제정 (1973.12) 광주권 종합개발계획 수립 (세계은행 재원, 1975~1984) (1974.1) 서울시 인구소산계획(1975.8) 반월신공업도시건설계획 수립 (1976.10) 수도권인구재배치기본계획 (1977~1986) – 박정희대통령 서거로 중단 (1979.10) 임시행정수도 건설을 위한 특별조치법 제정(1977.7) 공장입지 및 설립·등록에 관한공업배치법 제정(1977.12) 환경보전법 제정(1977.12) 과천행정신도시 건설계획 (1978.9) 국토개발연구원 설립 (1978.10)	특정지역종합개발촉진에 관한 특별조치법 제정(1980) 농촌정주권개발계획 (1981~1984) 수립(1981) 제2차 국토종합개발계획 (1982~1991) 수립(1981.12) 수도권 내 공공청사 및 대규모 건축물 규제계획 수립(1982) 수도권 정비계획법 제정 (1982.12) 농어촌소득자원개발촉진법 제정(1983.12) 수도권정비기본계획 (1984~1996) 수립(1986) 도서개발촉진법 제정(1986.12) 제2차 국토종합개발계획 수정계획(1987~2001) 수립 (1987) 공업배치법 제정(1987) 오지개발촉진법 제정(1988.12) 토지공개념 3개 법률 제정 (1989.12) 지가평가 및 토지 등의 평가에 관한 법률 제정(1989.12) 주택 200만 호 건설계획 수립	지방화시대의 지역균형발전을 위한 기본구상 수립(1990) 농어촌발전특별조치법 제정 (1990) 산업입지 및 개발에 관한 법률 제정(1990) 공업배치 및 공장설립에 관한 법률 제정(1990) 환경정책기본법 제정(1990) 자연환경보전법 제정(1990) 수도권 신공항건설촉진법 제정(1991) 제3차 국토종합개발계획 (1992~2001) 수립 (1991.12) 기업의 활동규제완화에 관한 특별법 제정(1993) 국토이용관리법 전면개정 (1993.7) : 용도지역 단순화, 준농림지 개발규제 완화 농어촌정비법 제정(1994) 수도권정비계획법 전면개정 (1994.1) : 직접규제에서 간접총량규제 전환, 권역축소 지역균형개발 및 지방중소기업육성에 관한 법률 제정(1994.1) 사회간접자본시설에 대한 민간자본유치촉진법 제정 (1994.4) 유통단지개발촉진법 제정 (1995.12)	제4차 국토종합계획 (2000~2020) 수립(2000) 자유무역지역의 지정 등에 관한 법률 제정(2000) 국토기본법 제정(2002.2) 경제자유구역의 지정 및 운영에 관한 법률 제정(2002) 산업집적활성화 및 공장설립에 관한 법률 제정(2002) 국토의 계획 및 이용에 관한 법률 제정(2002) 신행정수도건설을 위한 특별조치법, 지방분권특별법, 국가균형발전특별법 등 3개 법령 제정(2003.12) 신행정수도건설추진단 발족 (2003) 기업도시개발특별법 제정 (2004) 공공기관지방이전에 따른 혁신도시 건설 및 지원에 관한 특별법 제정(2004) 국가균형발전특별법 제정 (2004) 제1차 국가균형발전5개년계획 (2004~2008) 수립 (2004) 농림어업인 삶의 질 향상 및 농산어촌지역개발 촉진에 관한 특별법 제정(2004) 수도권정비계획법 및 시행령 개정(2004) 신행정수도 후속대책을 위한	국가균형발전특별법 개정 (지역발전특별회계 신설, 지역행복생활권 계획) (2014.1) 지역특화발전 프로젝트 추진 발표(2014.3) 제2차 지역발전5개년계획 (2014~2018)수립(2014.12) 지역개발 및 지원에 관한 법률 시행(2015.1) 제4차 국토종합계획 수정계획 (2011~2020)

				고속철도건설촉진법 제정(1996) 제2 차 수도권정비계획(1997~2011) 수립(1997.6) 수도권정비계획법 시행령 개정(1998)	연기공주지역 행정중심복합도시 건설을 위한 특별법 제정(2005) 공공기관 지방이전계획 수립(2005.6) 토지이용규제기본법 제정(2005.12) 제4 차 국토종합계획 수정계획(2006~2020) 수립(2005.12) 제3차 수도권정비계획(2006~2020) 수립(2006) 동서남해안발전특별법 제정(2007) 신발전지역 육성을 위한 투자촉진 특별법 제정(2008) 국가균형발전특별법 개정(지역발전위원회 개칭, 광역·지역발전특별회계 개편 등)(2009.4) 제1 차 지역발전 5개년계획(2009~2013) 수립 (2009)	
주요정책 및 사업	지역사회개발중앙위원회 설치 및 지역사회개발사업 착수(1958.9) 대도시인구집중억제책(1964.9) 광주단지(성남시) 건설(1968.5) 대도시 인구 및 시책 조정대책(1969.12)	수도권인구의 과밀집중억제에 관한 기본방침 수칙(1970.4) 새마을가꾸기사업 착수(1971) 개발제한구역(그린벨트) 지정(1971.7) 새마을운동 체계적 지원(1972) 대도시인구분산대책(1972.10, 대통령 비서실) 및 대도시 인구 분산책 보고(1973.3, 경제기획원) 수도권기본계획 수립(1973.1) 행정수도건설구상 발표(1977.2)	농어촌종합대책 발표 및 농어촌지역종합개발방식 도입(1986.3) 수도권 신도시개발 착수(분당, 일산, 평촌, 산본, 중동)(1988) 지역균형발전을 위한 기본구상과 시책 발표(1989)	농촌정주생활권개발사업(1990~1998) 시행(1990) 도농통합도시 출범(1995) 개발촉진지구 지정(1996.4)	신국토구상 발표: 지방화와 균형발전시대를 위한 분산, 분업, 분권 정책 (2003.2) 신지역발전정책의 비전과 추진전략 발표(이명박정부 3차원 지역발전정책) (2008.7) 4대강 살리기 프로젝트 추진 발표(2008.12)	지역희망(HOPE) 프로젝트(박근혜정부 지역발전정책) 발표(2013.7)

4. 지역정책의 결정적 전환을 초래한 계기들

지난 50여 년간 우리나라 지역정책은 수도권 인구집중억제 및 지역균형발전을 위한 때때로 대증적이고, 부처 간의 갈등구조 속에서 정권이 교체될 때마다 지역정책의 강약이 있었다. 그럼에도 불구하고 다음 세 가지 기폭적 사건과 세계사적 패러다임의 변화가 결과적으로 우리나라 지역정책의 대전환을 가져왔다고 볼 수 있다.

첫째, 1968년 1월 김신조 일당의 청와대 습격사건과 미 정보함 푸에블로의 납북사건으로 남북 간의 극한적 대립 심화와 안보적 지역정책이었다. 1964년 대도시인구집중방지책 역시 안보적 측면이 없지 않았으나 그보다 급격한 도시화와 서울의 비대화에 대응하는 도시화 정책 조치였다면 1968년부터 1979년 박정희 대통령의 서거에 이르기까지 10여 년간은 안보 차원에서 생각할 수 있는 모든 지역정책시책을 도입한 시기였다. 1971년 개발제한구역(그린벨트)제도의 도입과 지정, 1973년 내무부령으로 제정된 대도시 내 신설공장 지방세 중과, 이전 공장에 대한 비과세, 주민세 신설 및 대도시 주민세 중과, 서울 무허가 건물철거와 단속 강화, 지방학생 서울전입 억제, 대학예비고사 학군제 도입, 서울 소재 대학의 신 증설 및 정원 증원 억제, 지방 분교 설립 독려, 공공기관 및 국영업체 지방 이전, 1972년 국토이용관리법 제정으로 전국적인 토지이용규제 및 대도시권 개발억제정책의 도입, 특히 카터 미 정부의 미군철수위협과 자주적 안보를 위한 산업기지 개발촉진법의 제정으로 지방 중화학공업기지 건설, 무허가 건물철거와 광주(성남)이주단지 건설, 이전 공장을 위한 반월공단 조성, 임시 행정수도 건설 등 부처별로 우후죽순처럼 안보적 지역시책들이 나왔다. 이를 조율하고 정책 추진력을 높이기 위해 1976년 청와대 경제수석과 무임소장관실은 1977년 수도권 인구재정비계획을 수립하였으며 내무부를 중심으로 마을단위 새마을운동이 협동권사업, 정주권 개발로 확산되는 계기가 되었다. 아마 우리나라 지역정책사에 있어서 이 시기처럼 강력한 수도권인구집중대책이 없을 것이다.

둘째, 1980년 5월 18일 광주 민주화운동의 발발이다. 박정희 대통령 서거 후 전두환 군사집단의 정권 탈취와 호남 정치적 지역주의의 상징인 김대중 씨의 체포가 계기가 되어 그동안 쌓여온 호남 푸대접 정서가 폭발했고 이로 인해 국가적 참사가 발발했다. 88서울올림픽 개최 열기와 중동건설 붐으로 광주사태는 전두환 정부의 군사독재 하에서 묵과되었으며 제2차 국토개발계획은 정주권 개발이란 구호로 피부에 와 닿지 않은 선언적 정책으로 맴돌고 있었고, 새마을운동은 국풍운동이란 이름으로 변질되고 있었다. 올림픽 준비라는 명분으로 수도권 인구집중억제정책은 1982년 수도권 정비계획법 제정으로 대체되었으며 사실상 수도권 개발을 재점화하는 결과로 이어졌다. 지역 불균형과 지역 감정은 다시 정치적 지역주의로, 김대중의 호남권, 김종필의 충청권, 김영삼의 영남권으로 대표되는 3김 시대의 지역정책은 공허한 이념적 논쟁으로 확산되었다. 특히 1980년대를 풍미하였던 네오마르크스주의와 이른바 신지리학파로 불리는 학자들을 중심으로 지역불균형 문제는 내국적 식민지이론, 지역문제는 자본주의체제가 내포한 구조적 결과로 해석하는 혁명론으로까지 비약하였다. 전두환 정권의 정체성 때문에 지역정책은 감정적 지역주의가 기승을 부렸으며, 1987년 6월 민주항쟁의 결과 제9차 헌법개정으로 대통령 직선제와 지방자치가 부활했다. 3김의 정치적 지역주의는 다시 군부 출신의 노태우 정부로 넘어갔으며 1988년 민주화합추진위원회(민화협) 산하 국민화합 분과위원회에서 지역감정 해소방안을 정식의제로 채택하고 국론을 홍분시켰다. "서울공화국은 안 된다", "지방은 식민지다" 라는 레토릭이 난무하였으나 화려한 수사학 차원을 넘어서지 못하였다. 노태우 정부는 1989년 청와대 지역균형발전기획단을 설치하고 '지역균형발전정책 기본구상과 시책' 을 성안하였으나 1년 후 아무런 사후대책없이 해체되고 말았다. 지역감정 해소와 지역균형발전 논의는 1990년대에 들어오면서 세계사적 변화와 이에 따른 국정패러다임의 재정립 속에 주된 대상에서 밀려났다.

1990년 소비에트 공화국의 해체와 러시아의 국교 정상화, 1991년 UN 가입, 1992년 중국과의 국교 수립, 1993년 김영삼 문민정부의 출범 등으로 지역정책은 실종되었다. 김영삼 정부의 세계화, UR 협상으로 국가 간의 무한경쟁시대, 탈 이데올로기 시대의 도래로 동북아 경제권, 중국의 개혁개방이 이루어졌으며 이로 인해 그동안 망각되고 있었던 서해안 개발이 막을 열었다. 목포에서 인천까지의 서해안 지역은 홍분하였고 목포 중심의 서남권 개발, 새만금 개발, 충남 서해안과 아산만 개발, 인천 중심의 대수도권 개발정책 속에 영·호남 균형발전논리는 퇴색하고 있었다. 1991년 30년 만에 부활한 지방자치제도의 첫 단계로서 지방의회 구성, 1994년 수도권정비계획법, 국토이용관리법의 개정과 지역균형개발 및 지방중소기업육성법의 제정이 있었으며 제3차 국토종합개발계획(1992～2000)의 수립으로 지방분산형 국토골격의 형성, 생산적이고 자원절약적인 국토이용체계의 구축, 국토환경의 보전, 남북통일을 대비한 국토기반 조성 등으로 그동안 우리나라 지역정책의 기조를 이루었던 수도권 인구집중억제와 지역감정 해소라는 정책목표는 뒷전으로 물러났다. 특히 1997년 IMF 외환위기와 1998년 김대중 정부의 출범으로 호남 푸대접, 정치적 지역주의는 일단 소강상태로 들어갔으며 1995년 지방자치단체장의 동시선거로 지역정책은 지방분권정책과 맥을 같이하게 되었다.

김대중 정부는 개발제한구역의 해제·조정과 함께 지방자치제도를 전면적으로 도입했고 이로써 지역정책의 기조가 변화하기 시작했다. 그러나 수도권 인구집중현상은 지속되어 지방자치가 이루어지면 지역균형발전이 이루어지리란 기대감은 무너졌다. 오히려 지방자치로 지역 간의 불균형이 심화되는 현상이 나타나기 시작한 것이다. 기대가 큰 만큼 실망도 더 커졌다. 이러한 지방자치와 지역균형발전의 부조화 속에서 2003년 노무현 정부가 탄생하였다. 노무현 후보는 수도 이전을 포함한 지역정책을 내세워 정치적 지역주의를 다시금 부상시켰으며 이로 인해 우리나라 지역정책 틀을 근본적으로 바꾸는 시대가 도래하였다.

셋째, 노무현 정부의 등장이다. 2003년 2월 노무현 대통령이 취임하자 4월 14일 신행정수도건설추진단을 발족시켜 수도 이전 대선공약을 지키고자 하였다. 2003년 12월 29일 국회에서 절대 다수를 차지한 한나라당은 충청권의 정치적 지역주의의 유혹을 뿌리치지 못한 채 신행정수도건설을 위한 특별조치법, 지방분권특별법, 국가균형발전특별법을 통과시켰다. 2004년 1월 29일에는 대전에서 지방화와 균형발전시대 선포식을 거행하였다. 이른바 3분 정책 즉 분산, 분업, 분권이라는 기치 아래 우리나라 지역정책은 급진전하기 시작했다. 충청권으로의 수도 이전, 수도권에 있는 175

개의 공공기관 지방이전을 위한 10개 혁신도시, 6개 기업도시 건설, 3개 경제자유구역 지정 등 전국 1조 4,000만 평의 토지개발과 균형발전이란 명분으로 비수도권 시·도에 골고루 나누어주는 사업이 추진되었다. 120조 원에 달하는 돈이 풀리기 시작하자 전국은 땅값 상승과 개발 기대감으로 충만했고 한번 나누어준 시혜를 다시 회수한다는 것은 불가능한 상황이 되었다. 이러한 노무현 정부의 지역정책은 후속 정부의 족쇄가 되었으며 세종시 수정안 등 노무현 정부의 3분 정책을 조정하려고 하였으나 정치적 지역주의에 의해 좌절되고 말았다. 현재는 이명박정부의 3차원적 지역정책(5+2 광역경제권, 163개 기초생활권, 4+α 초광역개발권)에 이어 박근혜정부의 지역행복생활권정책이 추진되고 있다. 그동안 국토교통부가 내놓은 국토종합개발계획의 계획 논리와 부처 간의 정책파행을 극복하기 위해 노무현 정부가 대통령 직속으로 신설한 국가균형발전위원회는 이명박정부의 지역발전위원회로 이름이 바뀌었고 박근혜정부도 대통령위원회를 대폭 정비하면서도 지역발전위원회를 존치시켰다. 이는 우리나라 지역정책이 노무현 정부가 이룩한 정책의 커다란 흐름 속에 밀려가고 있다는 증거다.

5. 지역정책의 역사적 평가와 과제

지난 70년은 우리나라 역사 속에서 근대화를 넘어선 현대화, 선진화라는 대전환의 시간이었다. 서양의 산업혁명에 준하는 공업화와 경제성장, 시민혁명에 준하는 도시화와 민주화 과정을 농축적으로 이룩하였으며 세계지도 상에서 이름도 찾아보기 힘든 은둔의 조용한 아침의 국가에서 세계 10대 교역국의 대열에 들어섰다. 더군다나 180여 개 국가 중에서 G-20 회의를 주최할 정도로 강소국이 되었다. 이러한 역사적 전환 과정에서 10번이나 바뀐 역대 정부의 지역정책을 비교·평가한다는 것은 역사의 미분적 접근이라고 볼 수 있다. 그러나 정부 또는 정권의 교체에도 불구하고 산업화, 민주화, 지방화, 선진화라는 역사적 발전과정에서 어떠한 의미를 지녔느냐는 역사의 적분적 평가도 대단히 중요한 일이라 생각한다. 결론적으로 말하면 우리나라 지역정책은 역대 정부에 따라 미시 · 미분적 변화에도 불구하고 제2차 세계대전 후 신생국가로 탄생한 나라 중에서 비교적 성공적으로 지역문제를 극복한 나라로 생각된다. 우리나라는 종교적, 인종적, 문화적 문제가 지역문제로 비화된 나라가 아닌 단일민족의 동질사회 국가였다. 근대화 과정에서 나타난 신분에 따른 계급 문제도, 종교간의 갈등도 잘 극복하였으며 이념 문제로 일어난 남북 분단이라는 민족적 비극은 상존하지만 우리나라 지역정책의 트라우마인 수도권 인구집중과 정치적 지역주의는 한고비를 넘겼다고 볼 수 있다. 이승만 정부의 건국, 박정희 정부의 산업화, 전두환 · 노태우 정부 시기 피로 찾은 민주화, 김영삼 정부의 세계화, 김대중 정부의 지방화를 거쳐 여기까지 왔다. 세계 최빈국의 원조를 받는 국가에서 원조를 주는 경제발전을 이룩했으며 체육관 간접선거에서 국민의 직접선거로 헌법을 개정한 이른바 1987년 체제가 오늘날까지 이어오고 있으며, 1992년 중국, 1990년 러시아 국교 정상화, 국제적 공산체제의 붕괴와 탈이념사회의 등장, 우루과이라운드 협상으로 무한경쟁의 신자유경제시대를 맞은 김영삼 대통령의 세계화, 정권 교체의 승부를 걸고 얻어낸 김대중 대통령의 지방자치로 시작한 지방화가 있었다. 이상 역사상 과정 속에 침전된 어두운 측면을 일시에 부각시키면서 분노와 증오를 선동, 국민들의 마음을 움직여 노무현 대통령이 재미를 본 시대가 있었으며, 이에 놀란 국민들은 이명박정부를 선택하였다. 서울과 지방을, 서울의 강북과 강남을, 명문대와 지방대를, 부자와 가난한 자 간의 증오를 부추긴 노무현 정부이지만 지역정책에 관한 한 커다란 변화를 가져왔다. 2003년 국가균형발전특별법의 제정으로 대통령 직속 국가균형발전위원회를 신설하였으며 지원 부처를 산업자원부로 지정하였다. 1963년 이래 국토건설종합계획을 맡고 있던 건설부로부터 산업자원부로 권한을 이관하고 그동안 지역정책에서 소외되고 있었던 기획재정부가 지역발전위원회의 실질적인 사무국 기능을 맡게 되었다. 산업경제 및 국가재정의 배분주체인 기획재정부가 주도권을 잡으면서 우리나라 지역정책은 물적 계획의 국토계획으로부터 범부처적인 종합계획체제로 전환하였다. 1976년 무임소장관실의 '수도권인구재배치계획', 1989년 청와대비서실 지역균형발전기획단과 같은, 지역정책을 둘러싼 부처 간의 영역다툼을 조율하고자 한 시도는 있었으나

2003년 국가균형발전위원회와 같은 대통령위원회를 신설한 것은 지역정책을 범부처적 지역정책으로 승격시킨 셈이다. 이명박정부는 대통령 국가균형발전위원회를 지역발전위원회로 이름을 바꾸고, 박근혜정부는 거의 모든 대통령위원회를 대폭 폐지시켰으나 지역발전위원회는 존치시키고 있다. 지역발전위훤회는 지역발전 5개년 계획 수립, 지역발전특별회계의 운영, 행 · 재정권한의 지방이양 등 자문기능을 넘어선 행정위원회의 성격을 갖춤으로써 국가적 지역정책의 일대 발전을 상징한다고 생각된다.

우리나라 지역정책의 트라우마인 수도권 인구집중문제도 한고비를 넘겼다. 서울의 인구도 1,100만 명으로부터 1,000만 명 이하로 줄어들고 있으며, 수도권 인구도 안정적 정체단계로 들어가고 있으며 도시화도 종말을 고하고 있다. 오히려 귀농 · 귀촌 인구의 증가와 산업입지의 분산으로 다른 선진국과 같은 대도시의 역전(polarization reversal) 현상이 나타나고 있다. 우리나라는 도시화라는 역사적 전환을 큰 무리 없이 마무리하고 있는 것 같다. 이러한 현상 중 일부는 그동안 추진했던 수도권인구집중억제 및 분산정책의 결과로도 볼 수 있지만 선진국들은 모두 경험한 역사적 과정이다. 우리나라를 지난 50년간 괴롭혀 온 정치 · 경제적 지역주의도 김대중, 노무현 정부를 거치면서 서서히 치유되는 듯 하다. 영 · 호남 지역주의는 영 · 호남 8개 시 · 도 지사협의회와 같은 공존의 지혜를 모으고 있으며 오히려 수도권과 충청권을 포함한 수 · 충권 지역주의로 발전하고 있는 것 같다. 감성적 지역주의는 해소되는 것이 아니라 지역 간의 차별을 긍정적으로 받아들이는 새로운 지역주의가 생겨나야 할 것이다. 특히 1991년 지방의회의 부활, 1995년 이래 여섯 번째 지방자치단체장의 선거로 지방자치가 정착되고 있다. 중앙집권적 체제 속에서 생겨난 갈등적 · 정치적 지역주의는 지방분권적 지방화로 공존적 · 창조적 지역주의로 나아가고 있는 것처럼 보인다. 지역주의와 지방자치는 동전의 앞뒷면과 같다. 감성적 지역주의가 차이만을 보는 이른바 비교로 인한 비극의 산물이라면 공존적 지역주의는 차별화를 통해 지방마다 스스로 발전하는 길이다. 이제 지역발전은 중앙정부로부터 지방정부로 바통이 넘어가고 있다. 지역 간의 정권 교체가 아닌 국민들의 선택이 중요한 시대로 들어가고 있는 것 같으나 정치적 지역주의는 완전히 없어지는 것도 아니고 없앤 나라도 없다. 건국으로부터 선진국으로 발전하고 있는 우리나라는 권태준 교수의 표현처럼 '한국의 한 세기 뛰어넘기(산업화, 민주화, 시민사회)' 라는 역사적 과정을 거쳐 왔다. 산업화, 민주화, 도시화, 지방화, 세계화, 시민화라는 징검돌을 건너면서 깨어난 시민의식과 다양한 가치를 관용할 수 있는 선진국가 건설을 위한 지난 역대 정부의 지역정책을 비교 · 평가한다는 것은 편년적, 기전적 변화를 넘어선 선진국들이 한 세기동안 거친 역사적 과정을 우리나라는 단축적으로 농도 깊게 거치고 있다는 시각에서 보아야 할 것이다.

지난 반세기 동안 우리나라 지역정책은 지역균형발전과 지역감정 해소라는 두 가지 트라우마 속에서 맴돌고 있었다. 지역균형발전은 지역 간의 경제적 차이, 그것도 지역소득격차 내지 국가적 경제성장의 지역적 편차를 극복하기 위해 잘 사는 지역의 것을 뺏어 못 사는 지역에 나누어주는 공간적 분산정책으로 나타났으며 지역감정은 정치적 · 지역주의에 의해 과대포장되고 이용당하였다. 그러나 역사적인 도시화 · 시민화 · 민주화가 이루어졌으며 산업화로 절대적 빈곤을 넘어 세계적으로 잘사는 나라의 대열에 들어갔다. 지금 우리나라는 산업화 · 민주화에 이어 세계화 · 지방화의 시대를 맞이하고 있다. 지역정책의 새로운 지평을 열 때가 되었다. 지역격차 및 지역감정 해소는 한 시대가 겪은 국가발전의 진통이었고 접을 때가 되었다. 세계화와 지방화는 차별화(diversity)가 근저에 깔려있다. 세계화는 모든 나라가 똑같아질 수는 없으며 상대적 비교우위에 의해 차별화를 통해 공존의 길을 찾고 있다. 지구는 평탄하지 않으며 높은 산도 있고 깊은 바다도 있는 험준한 공간이다. 세계는 시공간적으로 수렴하고 있으며 세계 경제력의 80% 이상이 10개의 대도시권에 집중되어 있다. 중국의 3대 도시권(북경－천진, 상해－양자강 하류, 홍콩－주강 삼각지역), 일본의 3대 도시권(도쿄 권, 오사카 권, 나고야 권)이 그 나라를 끌고 나가고 있다. 무한경쟁력 속에서 선택과 집중의 논리가 지배하고 있다. 세계은행은 선택과 집중을 3D(Density, Distance, Division)로 요약한 바 있다(World Bank, World Development, Report, 2009). 밀도가 높고, 접근성이 좋으며, 분업 즉 지역적 특성을 살린 선택을 잘한 국가와 지역이 발전하고 있다. 이와 같은 세계화의 논리는 지방화에도 그대로 적용된다.

세계화(globalization)와 지방화(localization)는 하나의 논리로 전개되고 있으며 바로 세방화(glocalization)가 그것이다.

우리나라도 지방자치의 시대를 열었다. 차이만을 강조했던 지역정책은 차별화 즉 선택과 집중의 시대로 나아가야 할 것이다. 격차라는 하나의 잣대가 아니라 여러 개의 잣대로 지방이 스스로 선택과 집중을 할 때가 되었다. 골프의 박세리, 축구의 차범근, 피겨 스케이팅의 김연아를 누가 더 잘하냐는 같은 잣대로 비교할 수 없는 것과 마찬가지이다. 어느 정도의 지역 간 격차는 포용의 영역으로 받아들이면서 지역마다 선택과 집중에 의한 차별화를 통한 지역발전을 추구해야 할 것이다. 갈등적 지역주의로부터 상생적 지역주의, 선택과 집중의 지역주의는 지방분권과 지방자치의 논리이다. 지난 반세기 동안 우리나라는 산업화 · 민주화를 위한 농축된 역사 속에 살아왔다. 서구가 한 세기 동안 거쳐 온 근대화 과정을 우리는 단숨에 달려왔다. 그러나 빨리 갈려면 혼자 가고 마라톤처럼 멀리 가려면 여럿이 같이 가야 한다는 격언과 같이 지역정책도 모든 지역과 지방이 긴 역사의 여정 속에서 보다 천천히 가야만 할 것이다. 지역마다 스스로의 정체성을 살리고 미래를 설계해야 한다. 국가적 지역정책은 아무리 해도 같이 갈 수 없는 장애가 있는 지역에 대한 대책과 스스로 일어설 수 없는 지역이나 지방이 있을 때 뒤에서 밀어주는 방향으로 나아가야 할 것이다. 지역발전의 수레는 지역이 스스로 끌고 가야 하고 국가는 뒤에서 밀어주는 역할로 만족해야 한다. 세계화 · 지방화 시대를 위한 새로운 지역정책의 패러다임을 재정립해야 할 것이다.

〈참고문헌〉

강준만(2008), 『지방은 식민지다 : 내부식민지론』, 도서출판 개마고원.

건설부(1967), 대국토건설계획(안).

______(1967), 국토종합개발계획.

______(1975), 국토계획의 장기구성(2000년대의 국토상).

______(1977), 국토개발 장기구상 부문별 연구(산업입지).

건설부 · 대한국토계획학회(1972), 국토종합개발계획세미나 주제발표 자료.

경기도(1985), 「경기도 대학촌 정비지침 및 평가자료 작성에 관한 연구」.

경제기획원(1987), 「제6차 경제사회계획 전문가 연구보고서(Ⅲ)」, 경제기획원.

국무총리 행정조정실(1989), 수도권대책 실무기획단 보고서.

권태준(2006), 『한국의 세기 뛰어넘기 : 산업화 · 민주화 · 시민사회』, 나남출판.

김진현(2014), "한국의 지리와 평화", 동해연구회, 제20회 동해지명과 바다 이름에 관한 국제 세미나, 2014. 10. 26.

내무부 지방행정연구위원회(1963), 지역, 지방계획(연구총서 2호).

문병호(1988.3), 「지역감정 그 뿌리와 가지」, 『월간중앙』.

사회간접자본투자기획단(1991), 「사회간접자본확충대책」.

서울대학교 환경계획연구소(1985), 「경기도 대학촌 정비지침 및 평가자료 작성에 관한 연구」, 서울대 환경대학원.

장지태(2004), 『서울공화국은 안 된다』, 빛남.

제1무임소장관실(1978), 수도권인구재배치계획(1977～1986).

______________(1980), 수도권인구재배치계획 추진에 관한 종합심사분석 보고서.

제1무임장관실(1980), 수도권 인구재배치 계획의 현황.

지역균형발전기획단(1990), 「지방화시대의 지역균형발전을 위한 기본구상」.

최상철(1978), 「국토개발과 산업입지 정책」, 국회보, 제167호, 29～37쪽.

______(1979), 「소단위 지역개발 개념과 기본 전략에 관한 서설」, 『환경논총』 제6권, 42～53쪽.

______(1982), 「지방정주생활권개발의 배경과 방향」, 『환경논총』 제10권, 99～109쪽.

______(1982), 「수도권 기능효율화와 정비방향」, 『대한상공회의소 한국경제연구총서』(I－137), 대한상공회의소.

______(1983), 「우리나라 지방계획 체계의 문제와 전개방향」, 『환경논총』 제12권, 76～92쪽.

_____(1988), 「지역개발의 비전」, 『민족지성』, 제27호, 148～156쪽.

_____(1989), 「수도권 정책과 지역균형 발전전략」, 『국회보』, 제272호, 43～47쪽.

_____(1991a), 「경제정책과 지역정책의 효율적 연계방안」, 『환경논총』 제28권, 1～15쪽.

_____(1991b), 「한국적 지역정책의 과제와 방향」, 『한국지역개발학회지』, 제3권, 103～113쪽.

한국미래학회(1977), 『미래를 묻는다 5』, 서울 : 한국미래학회.

한국사회개발연구소(1988), "지역감정문제와 그 해소방안에 관한 연구", 정책연구.

A. O. Hirshmann, 1973, "The Changing Tolerance for Income Inequality in the Course of Economic Development," *Quarterly Journal of Economics*, Vo1.87, No.4(1973).

Richard Meier, 1970, "Exploring Development in Great Asian Cities : Seoul," *Journal of the American Institute of Planners*, Nov. 1970.

John Friedman, 1967, "A Conceptual Model for the Analysis of Planning Behavior," *Administrative Science Quarterly*, Vol 12(1967).

1. 여건 변화와 지역발전의 패러다임 전환

2. 박근혜정부 지역발전정책의 비전과 전략

3. 박근혜정부 지역발전정책의 성과와 과제

제4장

국민 행복을 위한 지역발전정책과 전략

1. 여건 변화와 지역발전의 패러다임 전환

가. 지역발전정책의 여건변화

1) 경제성장의 빛과 그림자

우리나라는 1960년대 이후 빠른 경제성장으로 한강의 기적을 이루는 한편 민주화를 통해 선진국의 문턱에 진입하였다. 1인당 국민소득이 1960년 79달러에서 2013년 26,205달러로 331배 증가하였고, 수출규모는 1960년 3,300만 달러에서 2013년 5,596억 달러로 16,957배 늘어나는 등 경제적 측면에서 눈부신 성과를 거두었다. 또한, 대한민국은 경제성장과 함께 국제적 위상도 높아져 원조 수혜국에서 원조를 주는 국가로 전환하였고, 최근 K-POP, 스포츠 등 한국 문화가 세계로 확산 · 전파되면서 국가 브랜드 가치도 크게 상승하였다.

그러나 빠른 경제성장과 국가발전의 이면에는 우리가 해결해야 할 여러 가지 사회적 문제도 상존하고 있다. 우리나라는 OECD 국가 중 제일 높은 자살률(2011년, 10만 명당 33.3명)을 보이고 있고, 국민행복지수는 148개 국가 중에서 97위(2012년, 美갤럽)에 머물러 있다. 수도 서울의 삶의 질 수준은 세계 230개의 도시 중 72위(2015년, Mercer Consulting) 수준이며, 국내 보행자 사망률은 2011년 기준으로 OECD 평균 18.8%의 2배가 넘는 39.1%를 보이고 있다. 또한, 계층 간의 빈부격차를 나타내는 지니계수가 2003년 0.27에서 2013년 0.31로 증가하였고 지역 간, 세대 간 갈등과 불신이 지속되고 있어 사회통합을 저해하고 있다.

2) 도시 · 농촌의 동반 쇠퇴

전반적으로 도시화가 완숙 단계에 접어들고 인구성장이 둔화되면서 도시와 농촌 중 활력을 잃어 가고 있는 지역이 늘고 있다. 2005년부터 2010년 기간 동안의 평균

인구성장률, 사업체 수 변화율, 20년 이상 노후건축률을 활용하여 도시지역의 쇠퇴 현상을 분석한 결과, 144개 도시 중 67%에 해당하는 96개 도시에서 쇠퇴 징후를 보이거나 쇠퇴가 진행 중인 것으로 나타났다. 특히, 비수도권의 지방도시에서 쇠퇴 현상이 급속히 진행되고 있는데, 1990년부터 2010년 기간 동안 인구가 감소한 32개 도시 중에서 30개 도시가 지방도시이다.

농어촌지역에서는 최근 베이비붐 세대 은퇴 등으로 귀농 · 귀촌 인구가 증가하고 있으나, 전반적으로 인구감소와 고령화 등으로 활력을 잃어가고 있다. 농어촌지역의 인구비중이 1990년 25.6%에서 2010년 18.0%로 감소한 반면에, 20호 미만의 과소화 마을은 2005년 2,048개에서 2010년 3,091개로 증가하였다. 특히, 농어촌지역에서 고령화 현상이 빠르게 진행되고 있는데, 65세 이상의 인구비중이 2000년 14.7%에서 2010년 20.6%로 증가하였다. 이러한 추세가 지속된다면 2020년에는 농어촌지역에서 고령 인구 비율이 27.8%에 이를 것으로 전망되고 있다.

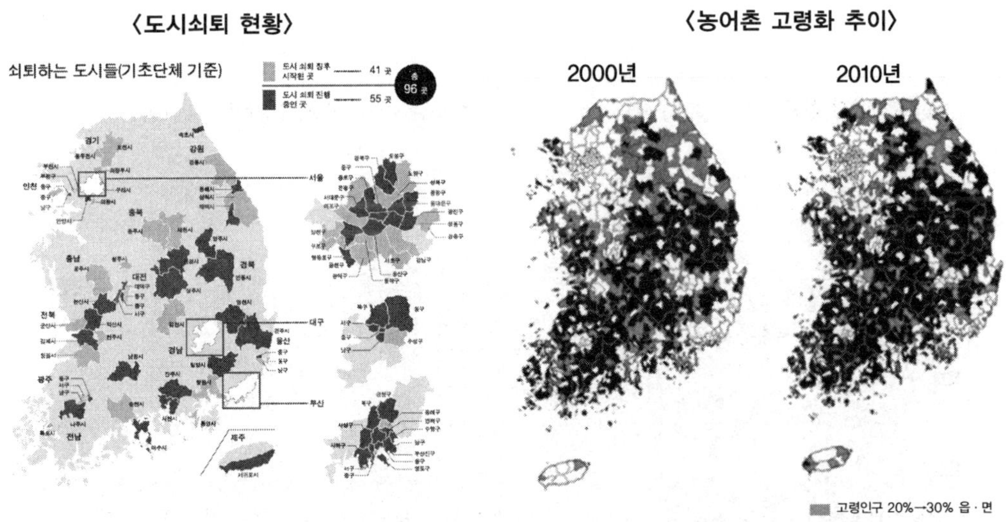

〈그림 4-1〉 도시 쇠퇴와 농어촌 고령화 현상

표 4-1 농어촌지역 인구와 고령화 추이

(단위 : 천 명, %)

구분	1990년	2000년	2010년	2020년
농어촌인구	11,110	9,343	8,758	9,613
농어촌 65세 이상 인구	1,004	1,370	1,808	2,670
농어촌 고령 인구 비율	9.0	14.7	20.6	27.8

3) 지역 간 격차 지속

역대 정부들은 지역 간 균형발전을 위해 다양한 정책을 추진해 왔지만 수도권과 지방 간에 경제와 삶의 질 측면에서 격차가 지속되고 있다. 2007년부터 비수도권 지역의 1인당 GRDP는 수도권을 상회하고 있으나 2010년 기준으로 인구(49.2%), 고용(50.1%), 예금(72.0%), 광공업체(56.1%)의 지표를 보면, 수도권의 경제력 집중 현상이 지속되고 있다. 또한 기업투자(41.7%), 법인신설(61.9%) 등 기업 활동도 수도권에 집중되는 가운데 자산 5조 원 이상 대기업 계열사 중 70%, 매출액 100대 기업 중 87%

〈일자리 증감 현황(2005~2010년)〉

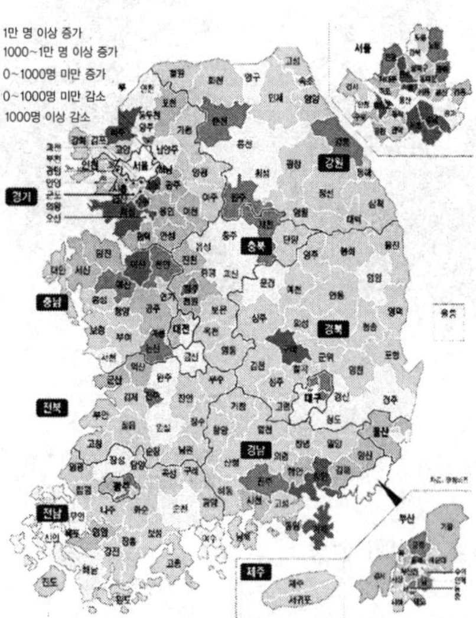

〈수도권 · 지방 경제력 차이(2010년)〉

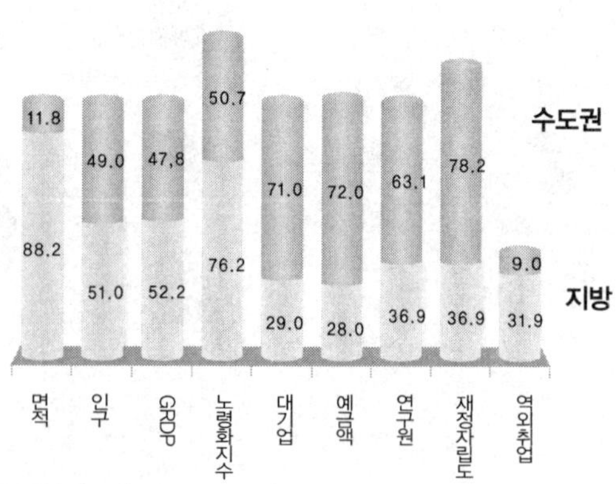

자료 : 조선일보 2011. 7. 4 보도(대한상의 · (주)코잠비즈 조사)

〈그림 4-2〉 지역 간 경제력 격차

가 수도권에 분포하고 있다. 최근 수도권과 충청권 일부 지역에 일자리가 집중되면서 여타 지방에서는 일자리 감소, 지역경제 활력 저하, 인구 유출 현상이 나타나고 있다.

경제 분야 외에도 주민들의 체감도가 높은 주거, 교육, 문화, 보건, 의료 등 삶의 질 분야에서도 지역 간 격차가 지속되고 있다. 지방의 경우 상·하수도·도시가스 등 기초적 주거환경이 수도권에 비해 열악한 상황인데 2012년 수도권과 지방의 상수도 보급률은 95.1%와 93.1%, 하수도 보급률은 92.4%와 87.8%, 도시가스 보급률은 88.5%와 60.5%로 여전히 차이가 있다. 한편, 도시와 농어촌의 삶의 질 격차도 심각한데, 2013년 보육시설이 없는 읍·면이 412개소로 전체 읍면의 29.2%에 이르며, 농어촌 보건의료기관 수는 5,145개소로 도시 지역의 1/10수준으로 취약하다. 농어촌 지역의 초등학교는 2000년 2,691개에서 2011년 2,250개로 최근 10년 동안 441개 감소한 가운데, 약국이 없는 읍·면 소재지가 50.2%, 슈퍼마켓·편의점이 없는 읍·면 소재지는 29.7%에 이르고 있다. 문화 측면에서도 농어촌지역은 접근성이 취약하여 연간 예술행사 관람횟수 및 관람률이 3.7회와 52.7%로 대도시 5.1회와 72.5%에 미치지 못하고 있다.

표 4-2 지역 간 삶의 질 격차

(단위 : %, 회, 개소)

항목	수도권 : 지방		항목	도시 : 농촌	
상수도 보급률	95.1	93.1	30년 이상 노후 주택비율	5.6	20.7
			보건의료기관 수	54,000	5,145
하수도 보급률	92.4	87.8	예술행사 관람횟수/관람률	5.1/72.5	3.7/52.7
도시가스 보급률	88.5	60.5	문화기반시설 수(km^2당)	0.13	0.11

4) 국민들의 정책수요 변화

최근 국가정책에 대해 국민들의 수요변화가 나타나고 있다. 1960년대 이후 급격한 산업화와 도시화 과정에서 중시되었던 양적인 경제성장에서 교육, 문화, 복지 등 삶의 질 제고로 정책의 우선순위가 변하고 있다. 국가정책 우선순위에 대한 국민의식

조사결과를 보면, 1997년 조사에서는 경제성장이 46%로 가장 중요한 국가정책으로 간주되며 삶의 질 개선은 13%에 머물렀지만, 2011년 조사에서는 경제성장에 대한 우선순위는 22%로 감소한 반면 삶의 질은 56%로 증가하여 중요한 국가정책으로 인식되고 있다. 이러한 정책수요의 변화를 반영하여 2000년대 이후 경제 부문의 재정 투입비중은 감소한 반면 복지 · 문화 부문의 비중은 지속적으로 증가하고 있다.

한편, 지방자치제도가 도입된 지 20년이 되면서 주민의 참여의식과 함께 지역역량이 강화되어 지역주도의 상향식 지역발전에 대한 요구가 증가하고 있다. 중앙주도의 하향식 지역발전정책으로는 지역 수요에 부응하고 주민 체감도가 높은 사업을 추진하기에 한계가 있다는 인식이 높아지고 있는 것이다. 또한, 교통 · 통신의 발달로 주민의 통근 · 통학, 문화 · 여가, 경제활동 등 일상생활이 기존 행정구역을 넘어서 광역적으로 확대됨에 따라 주민의 실제 생활반경을 고려한 생활권 단위의 행정서비스 제공과 지역 간 연계협력의 필요성도 확대되고 있다.

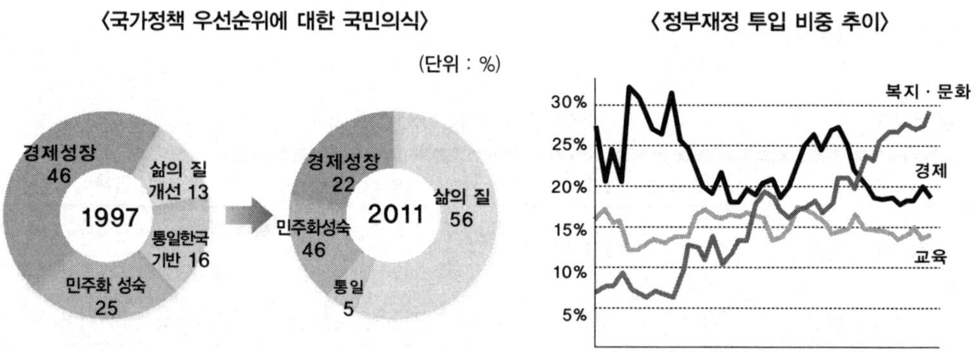

자료 : 한국소비자리서치 3,025명 설문조사(1997년 4월)
엠브레인 1,200명 설문조사(2011년 9월)

〈그림 4-3〉 정책수요 변화 및 분야별 정부재정 투입 현황

5) 해외 지역발전정책의 동향

지역발전정책은 각 국가가 처해 있는 상황과 여건에 따라 다양하다. 해외 선진국들의 지역발전정책을 살펴보면 특징적 흐름을 찾아 볼 수 있는데, 이러한 해외 정책

동향은 국내 지역발전정책의 방향을 설정하는 데 유용한 참고가 될 수 있다.

인구감소와 고령화, 지역쇠퇴와 지방재정 악화 등이 가시화되면서 지역 간 협력을 기반으로 생활권 단위에서 주민들이 필요로 하는 삶의 질 관련 서비스를 제공하는 정책사례가 나타나고 있다. 일본은 2009년부터 중심도시와 주변 지역(시 · 정 · 촌)이 자발적으로 구성한 정주자립권을 통해 지역주민이 필요로 하는 의료 · 복지 · 문화 등 기초적 생활 서비스를 제공하는 정책을 추진하고 있다. 이러한 정주자립권 정책의 핵심은 지역 간 협력을 통해 생활에 필요한 거점기능은 중심도시에 집중하되, 네트워크를 통해 주변 지역의 주민도 불편 없이 이용하도록 하는 데에 있다. 2013년 기준으로 1,700여개 시 · 정 · 촌 중 약 20%에 해당하는 339개 시 · 정 · 촌이 참여하여 75개 정주자립권을 구성하여 운영 중에 있다.

분권화와 지방화의 흐름을 반영하여 광역권 단위와 중앙정부의 역할을 줄이고 생활권 · 경제권과 지방의 역할을 중시하는 정책으로 전환하는 사례도 나타나고 있다. 영국은 2010년부터 RDA(Regional Development Agency)로 대표되는 광역권 정책을 폐지하고 주민의 생활권, 지방기업의 경제권을 기반으로 하는 LEP(Local Enterprise Partnership) 정책을 새롭게 도입하여 추진하고 있다. LEP 정책은 지방의 공공부문과 산업계의 자발적인 상호협력을 토대로 일자리, 소득 창출 등 지역경제 활성화를 지향하고 있다.

한편, 지역발전정책은 다양한 분야가 상호 연계된 복합적 정책영역으로서 지역발전의 목표를 달성하기 위해서는 총괄 조정 기능과 일관성 있는 추진체계가 중요하다. 프랑스는 1963년 총리 소속으로 DATAR(국토 및 지역계획단)을 설치한 이후, 각 부처의 지역정책업무를 총괄 조정하며 지역 간 균형발전, 지역 경쟁력 강화 및 특화발전, 삶의 질 제고를 위한 정책을 일관되게 추진하고 있다.

나. 지역발전의 패러다임 전환

1) 새로운 국정철학과 지난 지역발전정책의 검토

박근혜정부는 대한민국의 경제 규모가 커지고 국격도 높아졌으나 국가발전이라는 거대 담론하에서 국민 개개인들의 삶의 질은 경시되어 국민 행복수준이 낮다는 데 주목하여 국정비전을 '국민행복, 희망의 새 시대' 로 설정하였다. 지금까지의 국가중심 발전모델에서 벗어나 국민행복과 국가발전이 선순환하고 모든 사회공동체 구성원이 화합하여 안정된 삶을 영위하는 사회 구현을 시대 소명으로 인식한 것이다.[1]

이러한 국정비전을 구현하기 위해 박근혜정부는 일자리 중심 창조경제, 맞춤형 고용 · 복지, 창의 교육과 문화가 있는 삶, 안전과 통합의 사회, 행복한 통일시대 기반 구축 등 5대 국정목표를 제시하였다. 또한 국정목표로 제시된 안전과 통합의 사회를 달성하기 위해 '지역균형발전과 지방분권 촉진' 을 추진 전략의 하나로 삼고 있다. 지역균형발전과 지방분권 촉진을 이루기 위해 국민대통합을 위한 지역균형발전,[2] 지방대학 지원 확대, 지방재정 확충 및 건전성 강화, 지방분권 강화 및 시민사회 · 지역공동체 활성화, 지역경제와 산업의 활력 제고를 국정과제로 설정하였다.

한편, 국내에서 지역발전정책이 핵심적 국정과제로 인식되어 특별법, 특별회계, 추진체계를 갖추고 본격적으로 추진된 것은 2000년대 들어 참여정부부터이다. 2000년대 이후 역대 정부들이 추진한 지역발전정책을 돌이켜 보면, 참여정부에서는 세종시, 혁신도시 등 분산정책을 중심으로 지역 간 발전격차를 시정하는 데 역점을

1. 박근혜정부가 직면한 시대적 소명을 다하기 위해 국가 전체의 총량 성장에서 국민 중심의 성장으로, 단선형 · 분절형 사회에서 순환형 · 통합형 사회로, 일방적 정책 집행에서 소통형 · 성과중시로 국정운영 기조의 전환을 지향하고 있다.
2. 지역발전정책을 통한 국가균형발전은 국가가 관심을 가지고 추구해야 할 헌법적 사항으로 인식되고 있다. 대한민국 헌법 제120조, 제122조, 제123조에는 국가는 균형 있는 개발과 이용을 위해 필요한 계획의 수립, 국토의 효율적이고 균형 있는 이용 · 개발 · 보전을 위해 제한과 의무의 부과, 지역 간의 균형 있는 발전을 위한 지역경제의 육성 의무를 제시하고 있다. 이러한 헌법 조항은 지역 간 발전격차를 완화하고 지역경제의 활성화를 지향하고 있는 지역발전정책의 근본적 토대가 되고 있다.

두었고, 이명박정부는 지역경쟁력 강화에 초점을 두고 5+2 광역경제권을 도입했으며 광역권 단위에서 선도산업 육성, 인력 양성, 30대 SOC 사업을 추진하였다.

지난 지역발전정책들이 시대적 여건과 수요를 반영하여 기획·추진되었고 이에 따른 성과가 나타나고 있지만 몇 가지 측면에서 한계점도 노정되었다. 첫째, 지역발전정책의 목표와 전략들이 거대담론적 성격을 갖고 대규모 물리적 개발 사업을 중심으로 추진됨에 따라 국민 개개인의 실생활과 밀접한 지역발전 효과는 미흡하였다. 둘째, 지역발전정책이 전반적으로 중앙정부 주도의 하향식으로 추진됨에 따라 지역에서 자립역량을 강화하고 실제 지역주민이 안고 있는 문제를 세심하게 고려하여 해결책을 모색하는 데는 한계가 있었다.

2) 새로운 지역발전 패러다임의 모색

앞서 살펴본 바와 같이 국내 도시와 농촌이 직면한 여건 변화, 국민들의 정책 수요 변화, 새로운 국정운영 방향, 과거 지역발전정책의 한계, 해외 선진국의 지역정책 동향 등을 고려할 때 새로운 지역발전의 패러다임이 요구되고 있다.

지금까지의 장소 중심의 양적 성장, 중앙 주도의 거대 개발사업, 행정구역 중심의 소지역주의, 부처 간 칸막이 행정으로는 우리가 지향해야 할 지역 간 격차 해소와 주민들의 행복도 증진, 나아가 대한민국이 진정한 선진국으로 진입하는 데 한계가 있다는 인식이 크다.

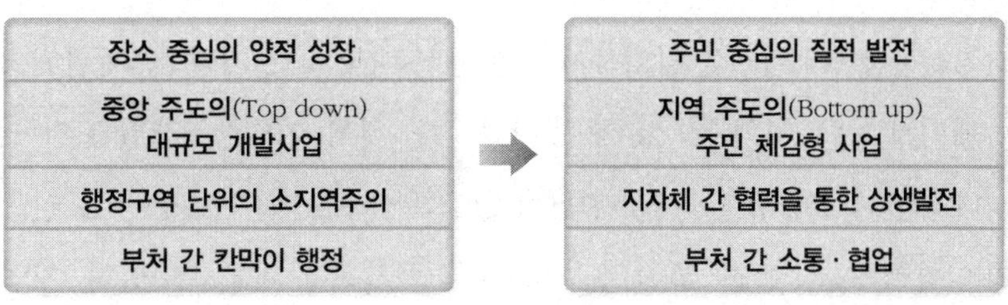

〈그림 4-4〉 지역발전 패러다임의 전환

우리가 직면하고 있는 지역발전의 여건 변화와 정책 수요에 능동적으로 대응하고 지난 지역발전정책의 한계를 보완하면서 새로운 국정철학을 지역정책을 통해 구현하기 위해서는 '장소중심의 양적 성장' 에서 '주민중심의 질적 발전', '중앙주도(Top down)의 거대개발사업' 에서 '지역주도(Bottom up)의 주민 체감형 사업', '행정구역 중심의 소지역주의' 에서 '지자체 간 협력을 통한 상생발전', '부처 간 칸막이 행정' 에서 '부처 간 소통 · 협업' 으로 패러다임의 전환이 필요하다.

2. 박근혜정부 지역발전정책의 비전과 전략

가. 지역발전정책의 비전과 전략

박근혜정부는 지역발전의 새로운 패러다임이 필요하다는 시대적 인식을 바탕으로 2013년 7월 제1차 지역발전위원회를 개최하여 지역발전정책의 비전과 전략을 제시하였다. 지역발전정책의 비전은 '국민에게 행복을, 지역에 희망을' 이며, 주민이 실생활에서 행복과 희망을 체감하고(Happiness), 행복한 삶의 기회를 고르게 보장하며(Op-portunity), 자율적 참여와 협업의 동반자관계를 통해(Partnership), 전국 어디에서나 정책의 사각지대가 없도록(Everywhere) 하겠다는 정책의지를 담고 있다. 새롭게 제시된 지역발전정책의 비전은 기존의 추상적 · 관념적인 접근을 지양하고 지역발전의 주체인 국민들이 이해하고 공감대 조성을 할 수 있도록 주민들의 눈높이에 맞추어져 있다.

지역발전정책의 비전을 달성하기 위한 3대 추진전략은 지역행복생활권 구현, 맞춤형 · 패키지 지원, 지역주도 및 협력 강화이다. 첫째, 지역행복생활권 전략은 전국 어디서나 주민이 일상생활에서 불편함이 없도록 상수도, 하수도 등 기초 인프라뿐만 아니라 일자리, 교육, 문화, 복지 등 고차서비스의 충족을 지향하고 있다. 지역행복생활권은 중심도시, 농촌중심지, 배후마을을 포괄하는 개념으로 지역주민, 지자체가 주도하여 중심도시, 농어촌중심지, 마을을 공공 · 상업 서비스를 기반으로 유기적으로 연계한 권역이다. 시 · 군이 자발적으로 인근 지역과 협의하여 생활권을 설정하고 발전계획을 수립하면 정부는 맞춤형 지원을 제공하도록 하고 있다.

둘째, 맞춤형 · 패키지 지원전략은 지역주민의 행복 증진 효과가 높은 사업을 집중적으로 지원하되, 부처 간 협업이 필요한 사업에 대해서는 지역발전위원회가 조정 및 연계 역할을 수행하여 효율적인 사업추진이 되도록 하는 데 역점을 두고 있다. 또한 지역 현장에서 여러 사업의 연계 추진이 효과적인 경우에는 지역발전위원회가 개별부처 시책을 총괄 조정하여 패키지 형태로 지원하도록 하고 있다.

셋째, 지역 주도 및 협력 강화 전략은 지역의 자발적 참여와 지역 간 협력의 확대를 지향하고 있다. 이를 위해 사업기획 및 집행과정에서 지자체의 재량과 책임의 확대, 지역 차원에서 감당하기 곤란한 대형 프로젝트(예 : 국책사업 등) 및 지역 간 유사 중복 사업 조정을 위한 부처의 역할 강화, 지역공동체 및 주민참여 활성화, 소규모의 마을 단위 사업을 생활권 차원의 협력 사업으로 확대 · 추진하는 것을 핵심 내용으로 하고 있다.

지역발전정책의 비전을 달성하기 위해 새롭게 제시된 추진전략은 지역행복생활권 구성을 통한 주민의 삶의 질 개선과 지역정책을 추진하는 과정에서, 지역의 주도성을 강화하되 중앙부처는 맞춤형 · 패키지 지원을 통해 정책의 효과성을 높이겠다는 지역발전의 새로운 패러다임을 지향하고 있다.

표 4-3 **지역발전정책의 변화**

항목	참여정부	이명박정부	박근혜정부
정책목표	균형발전	균형발전, 경쟁력 강화	균형발전, 경쟁력 강화, 삶의 질 향상
추진방식	중앙주도(하향식)	중앙주도(하향식)	주민 · 지역주도(상향식), 지역 간 협력
주요정책단위	시 · 도	5+2 광역경제권	지역행복생활권
지원방식	부처별 산발적 지원	부처별 산발적 지원	맞춤형 · 패키지 지원

표 4-4 박근혜정부의 지역발전정책

<table>
<tr><td rowspan="2">비전</td><td colspan="2">국민에게 행복을 지역에 희망을 : 지역희망(HOPE) 프로젝트</td></tr>
<tr><td colspan="2">■ Happiness : 주민이 실생활에서 행복과 희망을 체감
■ Opportunity : 행복한 삶의 기회를 고르게 보장
■ Partnership : 자율적 참여와 협업의 동반자 관계
■ Everywhere : 어느 곳에서나 정책의 사각지대 해소</td></tr>
<tr><td>전략</td><td colspan="2">지역행복생활권 구현, 맞춤형 · 패키지 지원, 지역주도 및 협력 강화</td></tr>
<tr><td rowspan="3">정책방향
·
정책과제</td><td>지역균형발전</td><td>■ 일자리 창출 및 지역경제 활성화
■ 지역교육여건 개선 및 창의적 인재양성
■ 지역문화 융성 및 생태 복원
■ 사각없는 지역 복지 · 의료
■ 기존 균형발전시책의 지속 추진</td></tr>
<tr><td>지역경쟁력
강화</td><td>■ 시 · 도 특화발전 프로젝트
■ 경제협력권산업 육성사업</td></tr>
<tr><td>주민의
삶의 질 향상</td><td>■ 지역행복생활권 구성 및 선도사업
■ 새뜰마을사업(취약지역 생활여건 개조 프로젝트)
■ 창조지역 사업</td></tr>
<tr><td>추진 기반</td><td colspan="2">국가균형발전특별법 개정, 지역발전정책 추진체계 정비
지역발전특별회계 신설, 지역발전 5개년 계획 수립</td></tr>
</table>

나. 지역발전의 정책방향과 중점 추진과제

1) 정책방향과 중점과제

박근혜정부가 새롭게 제시한 지역발전의 비전을 구현하기 위한 핵심적인 정책방향은 지역균형발전, 지역경쟁력 강화, 그리고 주민의 삶의 질 향상이다.

① 지역균형발전

지역균형발전정책은 수도권과 지방, 도시와 농촌 간에 경제적 측면뿐만 아니라 삶의 질 측면에서 발전 격차를 완화하고 전국 어디에서나 지역발전을 위한 균등한 기회 제공을 지향하고 있다. 지역균형발전을 위한 중점과제는 일자리 창출 및 지역경제

활성화, 지역의 교육여건 개선 및 창의적 인재양성, 지역문화 융성 및 생태 복원, 사각 없는 지역 복지 · 의료, 기존 균형발전시책의 지속 추진으로 구성된다.

첫째, 일자리 창출 및 지역경제 활성화 과제는 비수도권 지역을 중심으로 대표 산업 육성, 지역 투자 촉진 확대, 산업단지의 고도화, 지역R&D 활성화, 새만금 등 지역성장 거점 조성을 세부사업으로 포함하고 있다. 둘째, 지역의 교육여건 개선과 창의적 인재양성 과제는 지방 초 · 중 · 고 교육환경 개선, 산학협력 선도대학 등 지방대학 육성, 고졸 재직자의 선취업-후진학 지원체계, 지역 평생학습 활성화에 역점을 두고 있다. 셋째, 지역문화 융성 및 생태복원 과제는 맞춤형 문화 서비스를 통한 지역 간 문화격차 해소, 지역 관광산업 육성, 생태 · 자연환경의 보전 · 활용을 세부사업으로 포함하고 있다. 넷째, 사각 없는 지역 복지 · 의료는 주민들이 전국 어디에 살든 기본적인 복지와 응급의료 서비스를 받을 수 있도록 주민 밀착형 복지전달체계 구축, 수혜자 특성을 반영한 맞춤형 복지사업 추진, 취약지역 응급의료체계 구축 및 의료 인프라 확충에 역점을 두고 있다. 다섯째, 지역균형발전 시책의 지속 추진은 이전 정부에서 시작된 혁신도시와 세종시를 보완 · 발전시켜 지역균형발전의 거점으로 육성하는 데 목표를 두고 있다.

② 지역의 경쟁력 강화

지역의 경쟁력 강화 정책은 각 지역이 보유한 특화자원과 여건을 창조적으로 활용하여 국내외적으로 경쟁력의 확보 및 지속적인 경제발전의 토대 구축을 지향하고 있다. 지역의 경쟁력 강화를 위한 중점과제는 시 · 도 특화발전 프로젝트와 경제협력권산업 육성사업이다.

시 · 도 특화발전 프로젝트는 지역에서 자율적으로 결정한 비교우위의 특화산업을 대상으로 시 · 도와 중앙정부의 협업을 통해 산업의 경쟁력을 강화하고 지역경제를 활성화하는 데 목표를 두고 있다. 이 사업을 위해 시 · 도는 비교우위의 산업기반 조사 및 프로젝트 기획, 입지 지원, 관련 기업 유치 등을 주도하고, 중앙정부는 산업기반조성과 기술개발을 위한 재정지원과 규제 완화 등 제도 개선을 추진하게 된다.

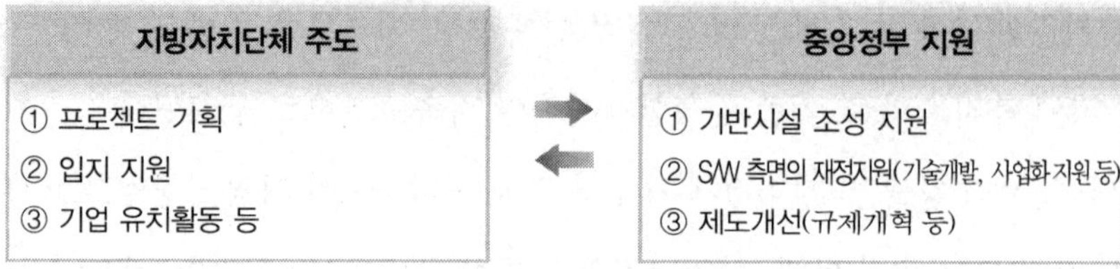

〈그림 4-5〉 시 · 도 특화발전 프로젝트

경제협력권산업 육성사업은 2개 이상의 시 · 도가 상호 협의를 통해 경제협력권을 설정하고 광역적 연계협력을 통해 지역산업의 경쟁력과 성장잠재력 확충을 위해 추진하는 사업이다. 2014년에 7개 경제협력권 프로젝트가 시범사업으로 추진되었고 2015년부터 16개 경제협력권으로 확대 추진되고 있다.

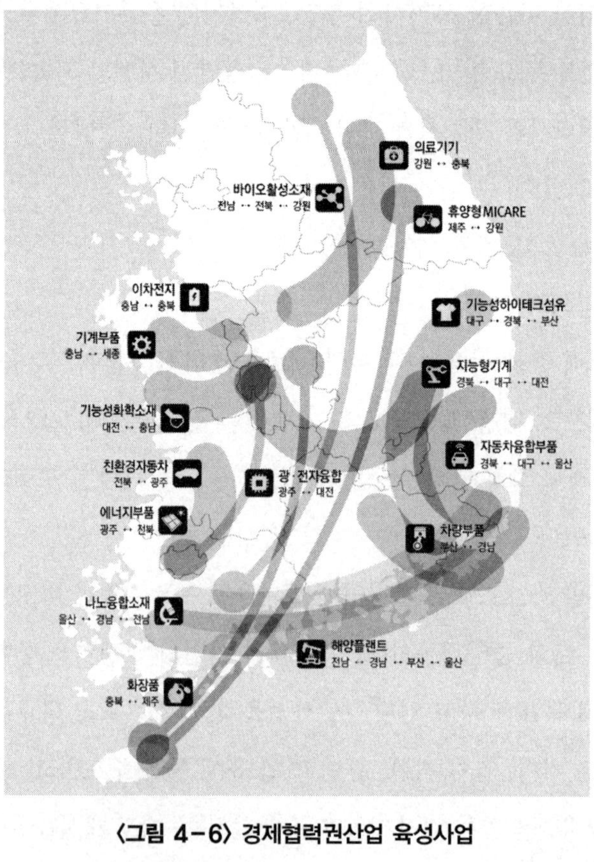

〈그림 4-6〉 경제협력권산업 육성사업

③ 주민의 삶의 질 향상

주민의 삶의 질 향상 정책은 박근혜정부가 지향하는 '국민행복, 지역희망'을 구현하기 위한 필수적인 정책이며, 균형발전, 경쟁력에 초점을 둔 이전 정부의 지역발전정책을 확대 · 보완하는 의미도 갖고 있다. 주민의 삶의 질 향상을 위한 중점과제는 지역행복생활권사업, 새뜰마을사업(취약지역 생활여건 개조 프로젝트)[3], 창조지역사업 등으로 구성된다.

지역행복생활권사업은 전국 어디서나 주민이 일상생활에서 불편함이 없도록 인근 지자체 간의 협력을 토대로 상수도, 하수도 등 기초 인프라뿐만 아니라 일자리, 교육, 문화, 복지 등 고차서비스의 원활한 공급을 지향하고 있다. 2개 이상의 지자체가 자율적으로 지역행복생활권을 구성하고 주민 체감도가 높은 사업을 발굴 · 기획하면 중앙정부는 협업을 통해 맞춤형 지원을 제공한다.

새뜰마을사업은 국가 전체적으로는 소득수준 및 생활여건이 개선되고 있지만 농촌오지마을, 달동네 등 취약지역에 대해서 기본적인 삶의 질 개선이 절실하다는 인식

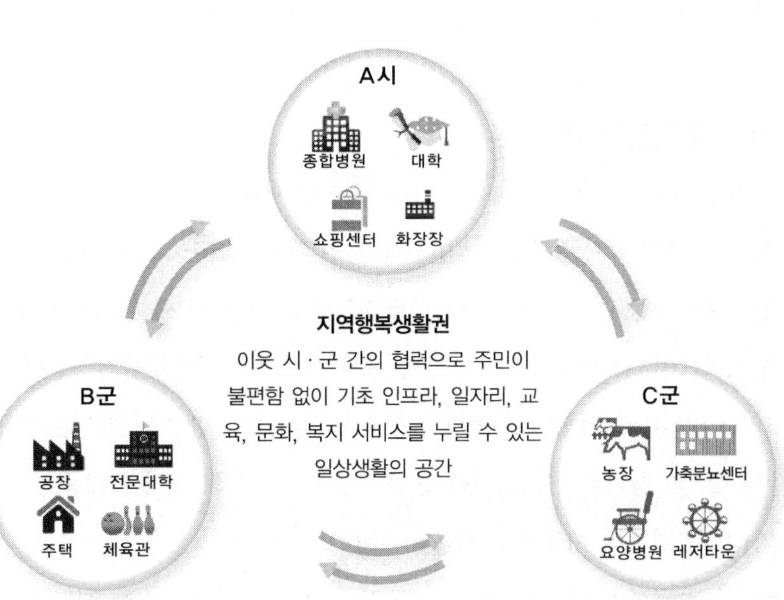

〈그림 4-7〉 지역행복생활권 개념도

3. 취약지역 생활여건 개조 프로젝트는 국민 대상의 명칭 공모를 통해 새뜰마을사업으로 명칭을 변경하였다.

에 기반하고 있다. 새뜰마을사업은 취약지역 주민의 기본적 삶의 질 향상을 목표로 하고 있으며 단일 부처에서 지원하기 곤란한 공동시설 사업(독거노인 및 소년소녀가장 공동 홈 등), 안전시설 사업(자연재해 취약지역 보강 등), 주민역량 강화 사업에 역점을 두고 있다.

창조지역 사업은 지역주민이 주체가 되어 창조적 발상을 통해 지역의 고유한 자원을 활용하여 경제적 · 사회적 · 문화적으로 새로운 가치를 창출하는 사업이다. 창조지역 사업은 소득, 일자리, 인재양성 등 유형적 성과와 지역공동체 복원, 지역브랜드 제고 등 무형적 성과를 통해 지역주민의 삶의 질 제고를 지향하고 있다.

다. 제도적 기반 정비

박근혜정부 지역발전정책의 비전인 '국민행복, 지역희망' 을 실현하기 위한 전략과 사업을 안정적이고 효율적으로 추진하기 위해 관련법 개정, 추진체계 정비, 특별회계 신설, 지역발전 5개년 계획 수립 등 제도적 기반을 마련하였다.

① 국가균형발전특별법 개정

지역발전위원회는 관계부처와 협력을 토대로 새로운 지역발전정책을 안정적으로 추진하기 위하여 국가균형발전특별법을 전면 개정하였다. 2013년 8월 27일 제2차 지역발전위원회를 개최하여 국가균형발전특별법 개정(안)을 심의한 이후 법률 개정안 입법예고(2013년 9월, 10월), 토론회 개최를 거쳐 국가균형발전특별법 개정(안)이 2013년 10월 31일 제320회 정기국회에 제출되었다. 제출된 법안은 2013년 12월 26일 제321회 임시국회 본회의를 통과하였고 국무회의 심의와 대통령 재가를 거쳐 2014년 1월 7일부터 시행되고 있다.

개정된 국가균형발전특별법은 다음과 같은 특징이 있다. 첫째, 지역주민의 삶의 질 향상과 지역 경쟁력 강화를 위해 지역생활권과 경제협력권 정책을 도입함으로써 지역경쟁력 강화에 초점이 맞추어진 기존 지역발전정책의 내용을 보완 · 확대하는 한편,

지역생활권과 경제협력권을 설정함에 있어 지역의 주도성과 자율성을 강화하였다.

둘째, 지역생활권과 경제협력권 정책이 새롭게 도입됨에 따라 지역발전사업의 실천성을 높이기 위해 시 · 도와 생활권이 중심이 되는 지역발전사업의 계획체계를 마련하였다. 이에 따라 시 · 도 발전계획이 법정계획으로 위상을 가지게 되었고, 생활권을 공동으로 구성하는 시 · 군 · 구는 지역생활권 발전계획도 공동으로 수립할 수 있도록 하였다.

셋째, 국민 행복과 지역 희망의 지역발전의 비전을 구현하기 위해 지역주민의 체감도가 높은 주민생활 인프라 확충, 교육여건 개선, 문화격차 해소, 지역생태자원 보전 · 활용, 지역 복지 · 보건의료서비스 개선 등이 지역발전시책에 포함되었다.

넷째, 지역발전위원회가 부처 간 정책조정, 중앙과 지방의 소통 창구로서 역할을 수행할 수 있도록 권한과 기능이 강화되는 한편, 새로운 지역발전정책과 사업을 재정적으로 뒷받침하기 위해서 지역발전특별회계의 신설 근거를 마련하였다.

② 지역발전정책의 추진체계 정비

지자체 간 협력을 기반으로 지방이 지역발전을 주도하고 중앙정부는 맞춤형 · 패키지 지원을 할 수 있도록 지역발전정책의 추진체계를 개편하였다.

지역에서는 시 · 도의 발전 및 지역행복생활권 관련 심의 · 협의 · 조정을 위해 시 · 도지사가 위원장으로 참여하는 시 · 도 생활권발전협의회를 17개 시 · 도에 설치하는 한편, 지역발전의 비전 · 계획 수립, 사업 발굴 및 집행 등의 전체 과정에 지역주민과 지자체가 중심이 되도록 역할을 부여하였다. 이를 통해 지역의 기획 역량을 강화하는 한편 자발적 참여를 촉진하여 상향식 지역발전의 토대를 마련하였다.

중앙에서는 지자체 간, 중앙과 지방 간 협업이 활성화되도록 지역발전위원회의 컨트롤타워 기능이 강화되었다. 지역생활권 발전계획, 지역발전시책 및 사업의 조사 · 분석 · 조정을 포함한 심의사항이 확대되었고, 각 부처의 지역발전정책 추진상황을 점검하여 지역발전위원회가 개선의견을 제시하도록 하였다. 특히, 지역발전위원회가 지역발전시책의 투자방향과 지역발전사업의 예산편성에 관한 의견을 기획재정부에 제시하면 기획재정부장관은 지역발전위원회의 의견을 들어야 한다.[4] 그리고 지역발전위원회의 강화된 역할을 고려하여 지역발전위원회 소속의 지역발전기획단을 새롭게 확대 개편하였다.

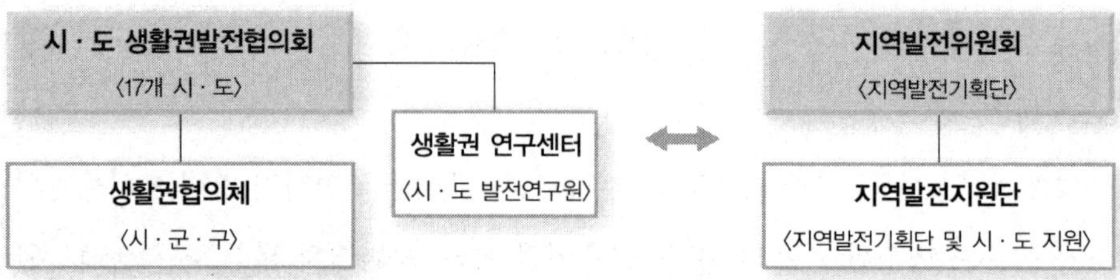

〈그림 4-8〉 지역발전정책 추진체계 개편

③ 지역발전특별회계 신설

지역발전정책을 재정적으로 뒷받침하고 실천성을 높이기 위해 광역 · 지역발전특별회계를 지역발전특별회계로 확대 · 개편하였다. 특별회계의 개편 내용을 살펴보면, 기존 지역발전계정이 생활기반계정으로, 광역발전계정이 경제발전계정으로 변경되었고, 특히 지역주민의 체감도가 높은 삶의 질 정책을 적극적으로 추진하기 위해 생활기반계정의 비중이 확대되었다.

이명박정부	→	박근혜정부
광역 · 지역발전특별회계		지역발전특별회계
지역발전계정		생활기반계정
광역발전계정		경제발전계정
제주특별자치도계정		제주특별자치도계정
—		세종특별자치도계정

〈그림 4-9〉 지역발전특별회계의 신설

4. 국가균형발전특별법 제38조는 "지역발전위원회는 지역발전시책의 투자 방향에 관한 의견과 지역발전특별회계의 예산편성에 관한 의견을 기획재정부장관에게 통보할 수 있고, 기획재정부장관은 의견을 들어야한다"라고 규정하고 있다.

지방재정의 부담을 덜어주고 지방이 주도적으로 지역발전을 추진할 수 있도록 특별회계 규모를 지속적으로 확대하는 한편, 자율성을 제고하기 위해 포괄보조금 규모를 대폭 확대(2014년 3.6조 원, 2015년 4.7조 원)하고 사업 편성권을 시 · 도에서 시 · 군 · 구까지 확대하였다. 또한, 지역수요에 맞춰 지자체가 중심이 되어 추진하는 것이 효율적인 주민밀착형 사업(예 : 지역공동체 일자리 지원 사업, 생태하천 복원사업, 사회적 기업 일자리 창출 등)을 포괄보조사업으로 이관하였다.

④ 지역발전 5개년 계획 수립

지역발전위원회는 박근혜정부 지역발전정책의 목표와 전략을 체계적으로 추진하기 위해 지역발전 5개년 계획을 수립하였다. 지역발전 5개년 계획(2014~2018년)

표 4-5 지역발전 5개년 계획의 체계와 주요 내용

구성	수립주체	주요 내용	성격
부문별 발전계획	중앙부처	■ 부문별 계획의 주요 내용 – 주민 생활기반 확충 등 지역주도의 발전역량 강화 – 지역산업 육성 및 일자리 창출 등 지역경제 활성화 – 지역의 교육여건 개선과 인력 양성 및 과학기술 진흥 – 지역발전 거점 육성과 교통 · 물류망 확충 – 지역의 문화 · 관광 육성 및 환경 보존 – 지역 복지 및 의료 확충 – 성장촉진지역, 특수상황지역, 농산어촌 등의 개발촉진 – 공공기관 등의 지방이전 – 투자재원의 조달	법정 의무 계획
시 · 도 발전계획	시 · 도	■ 시 · 도별 발전 비전과 목표 ■ 시 · 도별 현황과 여건 ■ 시 · 도별 계획의 주요 내용 – 산업 육성, 인력 양성, 과학기술 진흥 – 지역발전 거점 육성과 교통 · 물류망 확충 – 문화 · 관광 육성 및 환경 보존, 복지 · 의료의 확충 – 해당 지역생활권 발전계획 – 시 · 도 간 연계 · 협력 발전 – 투자재원의 조달 ■ 추진방안 및 평가체계	법정 의무 계획
지역 생활권 발전계획	시 · 군 · 구 (시 · 군 · 구 공동)	■ 지역생활권별 발전 비전과 목표 ■ 지역생활권별 발전 방안	법정 자율계획

은 국가균형발전특별법(제4조)에 근거한 법정계획으로, 지역발전을 위한 전략적 종합계획, 5년 단위의 중기적 실행계획, 중앙 · 지방 간 공동 · 협력계획의 특징을 지니고 있다. 특히 지역발전위원회와 산업통상자원부를 중심으로 18개 부처, 17개 광역시 · 도가 상호협력하여 공동으로 수립한 범정부 계획으로서 향후 중앙부처나 시 · 도가 지역발전사업을 기획 · 추진하는 데 있어 나침반 역할을 수행할 것이다. 5개년 계획 기간 동안 총 투자규모는 약 165조 원이며, 국비 지원총액은 109조 원(총 투자액의 66.2%), 지방비는 40조 원(23.9%), 민간투자는 16조 원(9.9%)이다.

3. 박근혜정부 지역발전정책의 성과와 과제

가. 추진 성과

박근혜정부가 출범한 이후 지역발전정책의 추진 성과는 크게 지역발전사업의 제도적 기반 구축, 주민 체감형 지역발전사업의 본격 추진, 특별회계를 통한 재원투입, 새로운 지역발전정책에 대한 국민 공감대 확산 등으로 나누어 볼 수 있다.

지역발전위원회는 2013년 6월 출범한 이후 국민행복과 지역희망을 비전으로 설정한 지역발전정책을 발표하였고, 관계부처와 지자체의 협력을 토대로 국가균형발전특별법 개정(2014. 1), 지역발전특별회계 신설(2014. 1), 지역발전 5개년 계획의 수립(2014. 12) 등 제도적 기반을 마련하였다.

이러한 제도적 기반 위에서 주민의 행복도 제고를 위한 지역생활권 구성 및 선도사업, 창조지역사업, 새뜰마을사업, 시 · 도 특화발전 프로젝트 등이 본격적으로 추진되고 있다.

지역행복생활권 사업은 2개 이상 시 · 군이 상호협력을 통해 주민의 일상생활과 밀접한 체감도 높은 서비스를 효율적으로 공급하는 데 목적이 있다. 2013년 11월에 마련된 지역행복생활권 구성 가이드라인을 토대로 전국의 2개 이상 시 · 군이 자율적 협의를 통해 63개 생활권을 구성하였다. 2014년에는 생활권별로 주민 체감도가 높은 2,058건의 생활권 사업을 제안하였고 이중 1,440건이 생활권 과제(예 : LPG소형저장탱크 지원사업, 슬레이트지붕 철거 지원사업, 농어촌 상하수도 확충, 가축분뇨공동자원화 사업, 작은 도서관 · 영화관 조성지원 등)로 추진되고 있다.

지역발전위원회는 행정 경계를 넘어 지자체 간 상호협력을 활성화하고 주민이 필요로 하는 행정서비스를 효율적으로 제공할 수 있도록 지역행복생활권 선도사업을 지원하고 있다. 전국의 지역행복생활권에서 제안한 연계협력사업 중에 2013년 33개(총사업비, 300억 원), 2014년 35개(총사업비, 650억 원), 2015년 42개(총사업비, 650억 원)가 선도사업으로 선정되어 추진 중에 있다. 선정된 사업들은 님비시설의 공동설치, 복지 · 의료 서비스 수준 제고, 주민안전 및 생활 인프라 확충 등 주민의 삶의 질 증진에 밀접한 사업들이다.

표 4-6 **지역행복생활권 선도사업 예시**(2015년)

생활권 구성 지자체	사업 명칭	사업내용
화천, 홍천, 양구	분만취약지 안전출산 인프라 구축사업	강원대 산부인과와 보건소 간의 원격 협진시스템 구축으로 안전한 출산여건 조성
무주, 진안, 장수	수요응답형 대중교통체계 구축사업	교통 접근성이 취약한 지역의 주민과 노인들을 위해 수요 맞춤형 교통수단 제공

창조지역 사업은 지역주민이 주체가 되어 창조적 발상을 통해 지역의 고유한 자원을 활용하여 유 · 무형의 새로운 가치를 창출하는 사업이다. 전국 공모사업의 형태로 추진되어, 전통 · 역사자원을 활용한 지역재생 사업(순천, 철도문화마을 만들기 등), 지역 특산물 브랜드 사업(남원, 목공예 부흥 프로젝트 등), 지역발전을 견인할 인재양성 사업(칠곡, 미래공동체 만들기 등), 문화예술 공동체 조성사업(광주, 오카리나 음악도시 조성 등) 등이 포함되어 있다. 지역발전위원회와 관계부처는 창조 지역사업으로 2013년에 27개, 2014년에 21개 사업을 선정 · 지원하고 있다.

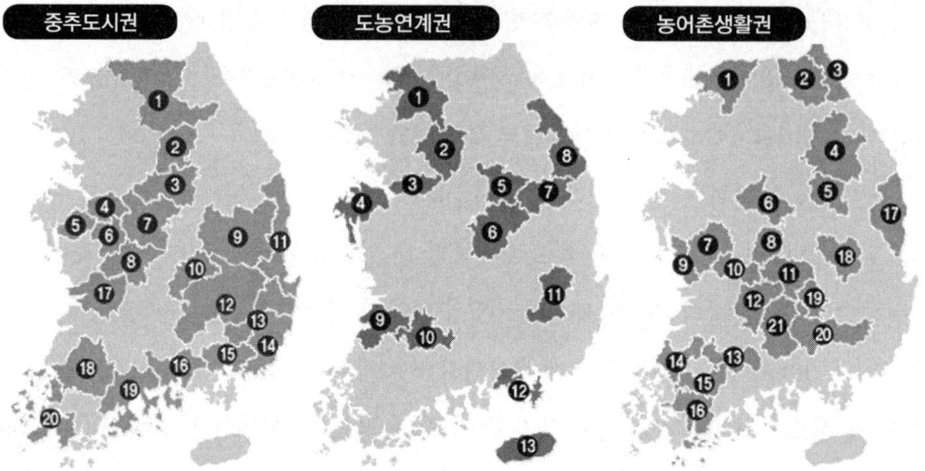

중추도시생활권(20개)

❶ **춘천권** : 춘천, 홍천, 화천, 철원, 양구
❷ **치악산권** : 원주, 횡성
❸ **충주권** : 충주, 제천, 음성
❹ **천안아산권** : 천안, 아산
❺ **홍성예산권** : 홍성, 예산
❻ **세종공주권** : 세종, 공주
❼ **청주권** : 청주, 청원, 증평, 보은, 괴산, 진천
❽ **대전권** : 대전, 옥천, 금산, 계룡, 논산
❾ **안동권** : 안동, 예천, 의성, 청송, 영양
❿ **구미권** : 구미, 김천, 칠곡
⓫ **포항권** : 포항, 경주, 영덕, 울진, 울릉
⓬ **대구권** : 대구, 영천, 경산, 군위, 청도, 고령, 성주, 칠곡, 합천
⓭ **울산권** : 울산, 양산, 경주, 밀양
⓮ **부산권** : 부산, 김해, 양산, 울주
⓯ **경남동부권** : 창원, 김해, 함안
⓰ **경남서부권** : 진주, 사천, 남해, 하동
⓱ **전북권** : 전주, 군산, 익산, 김제, 완주
⓲ **빛고을권** : 광주, 나주, 담양, 화순, 함평, 장성
⓳ **전남동부권** : 여수, 순천, 광양, 보성, 고흥
⓴ **전남서부권** : 목포, 무안, 신안, 해남, 진도

도농연계생활권(13개)

❶ **경원축권** : 의정부, 양주, 포천, 동두천, 연천
❷ **경기동북부권** : 광주, 이천, 여주, 양평, 가평
❸ **평안권** : 평택, 안성
❹ **서산당진태안권** : 서산, 당진, 태안
❺ **제천단양권** : 제천, 단양
❻ **상주문경예천권** : 상주, 문경, 예천
❼ **영주봉화권** : 영주, 봉화
❽ **백두대간권** : 강릉, 동해, 삼척, 태백
❾ **전북서남부권** : 정읍, 고창, 부안
❿ **전북동남부권** : 남원, 임실, 순창
⓫ **경산영천청도권** : 경산, 영천, 청도
⓬ **경남동남부권** : 통영, 거제, 고성
⓭ **제주권** : 제주, 서귀포

농어촌생활권(21개)

❶ **한탄강권** : 포천, 연천, 철원
❷ **양구인제권** : 인제, 양구
❸ **영북권** : 속초, 고성, 양양
❹ **동계올림픽권** : 영월, 평창, 정선
❺ **소백산권** : 단양, 영월, 영주
❻ **진천음성괴산증평권** : 진천, 음성, 괴산, 증평
❼ **공주부여청양권** : 공주, 부여, 청양
❽ **보은옥천영동권** : 보은, 옥천, 영동
❾ **보령서천권** : 보령, 서천
❿ **논산계룡금산권** : 논산, 계룡, 금산
⓫ **삼도봉권** : 영동, 무주, 김천
⓬ **전북동북부권** : 무주, 진안, 장수
⓭ **구곡담권** : 담양, 곡성, 구례
⓮ **전남서북부권** : 장성, 영광, 함평
⓯ **전남중부권** : 나주, 화순
⓰ **전남중남부권** : 영암, 장흥, 강진, 완도
⓱ **영덕영양울진권** : 영덕, 영양, 울진
⓲ **의성군위권** : 의성, 군위
⓳ **고령성주권** : 고령, 성주
⓴ **경남동북부권** : 창녕, 의령, 밀양, 합천
㉑ **경남서북부권** : 거창, 함양, 산청

〈그림 4-10〉 지역행복생활권 구성 현황[5]

---

5. 이 외에도 수도권 시범생활권(8개)가 있다.
   - 서울, 의정부, 남양주, 양주, 구리, 고양, 파주, 부천, 성남, 하남
   - 인천, 부천, 김포
   - 고양, 파주, 김포 ; 안산, 시흥 ; 군포, 의왕 ; 안양, 과천 ; 성남, 용인, 광주, 하남 ; 수원, 용인

새뜰마을사업은 전국적으로 산재한 달동네, 산간오지 등 취약지역 주민의 기본적 삶의 질 향상을 목표로 하고 있으며 단일 부처에서 지원하기 곤란한 공동시설 사업(독거노인 및 소년소녀가장 공동 홈 등), 안전시설 사업(자연재해 취약지역 보강 등), 주민역량 강화 사업에 역점을 두고 있다. 전국 162개 시 · 군 · 구로부터 신청을 받아 평가위원회를 구성하고 현장실사를 거쳐 85개 사업(농어촌 55개소, 도시 30개소, 2015년 예산 550억 원)이 2015년 3월에 선정되어 추진 중에 있다.

표 4-7 **새뜰마을사업**(취약지역 생활여건 개조 프로젝트)

지역	지역유형 및 사업내용
도시지역	■ 산간 달동네 지역 : 소방도로, 산사태 방지 시설 설치 ■ 도심 내 쪽방촌 : 공동 샤워실, 공동 화장실 제공 ■ 공단배후 지역 : 인근공장 분진, 악취 방지, 골목환경 정비
농어촌지역	■ 주거취약지역 : 노후, 슬레이트 주택개량, 담장 정비 ■ 재해위험마을 : 배수로 정비, 사면 보강, 보행자 편의시설 설치 ■ 인프라취약마을 : 상하수도, 쓰레기처리장 설치, 마을도로 확충

지역주도로 비교우위의 특화산업을 선정하여 새로운 성장 동력을 창출하고 지역의 경쟁력을 강화하기 위해 시 · 도별 특화발전 프로젝트가 추진 중에 있다. 시 · 도 특화발전 프로젝트는 시 · 도가 주도하고 중앙정부는 재정지원 및 제도개선 등을 패키지로 지원하는 방식으로 추진되고 있다. 시 · 도별로 1개씩 총 15개의 사업이 특화발전 프로젝트로 선정되었고 2014년부터 2018년까지 3.5조 원(국비 2.0조 원)이 투입될 계획이다.

- ■ 부산 : 영상산업센터 건립
  국제영상콘텐츠벨리 조성
- ■ 대구 : SW기업 집적지 조성
  SW융합 활성화 및 전문인력 양성
- ■ 인천 : 송도글로벌 대학 운영
  송도 컨벤시아 2단계 건립
- ■ 광주 : 광주 미디어아트 페스티벌
  3D콘텐츠 및 프로그램 개발 지원
- ■ 대전 : 국방 산업 단지 조성
  국방ICT융합 산업 육성
- ■ 울산 : 수소연료 전기차 양산체제 구축
  친환경전지 융합 실증단지 구축
- ■ 경기 : 전곡리 선사유적지 관광벨트
  임진강 유원지 조성
- ■ 강원 : 제약특화 산업단지 구축
  헬씨에이징 산업생태계 구축

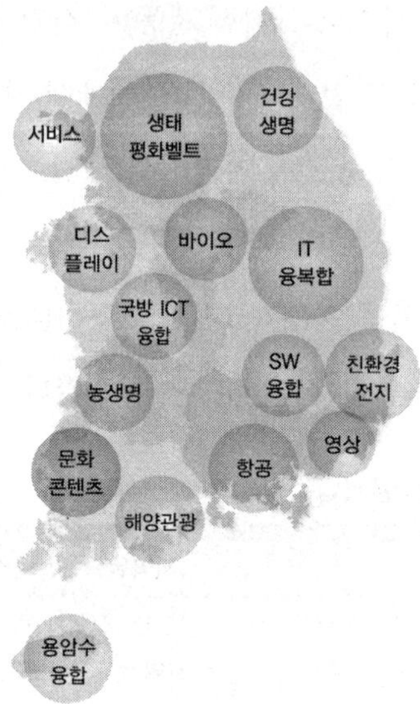

- ■ 충북 : 바이오벨리 마스터플랜 수립
  첨복단지 연구개발 지원
- ■ 충남 : 아산 · 탕정 일반산업단지 조성
  디스플레이 연구개발 지원
- ■ 전북 : 농생명허브조성 종합계획 수립
  민간육종 연구단지 조성
- ■ 전남 : 해양관광 숙박시설 투자유치
  해양관광 축제
- ■ 경북 : IT융복합 중장기 계획수립
  모바일융합 연구개발 지원
- ■ 경남 : 항공부품 수출지원단 운영
  항공산업특화단지 육성
- ■ 제주 : 용암수 신사업 및 발전방안 연구
  용암수 융복합산업 기술개발

〈그림 4-11〉 시 · 도 특화발전 프로젝트 현황

또한 지역발전사업을 재정적으로 지원하고 지방재정의 어려움을 덜어주기 위해 특별회계의 신설과 함께 재원 규모도 증가시켜 왔다. 2015년 특별회계의 재원 규모는 균형발전특별회계가 처음 도입된 2005년 대비 약 2배 정도가 증가하여 10.3조 원에 이르고 있다.

표 4-8 **지역발전 지원 특별회계 재원규모**

(단위 : 억 원)

구분	2005년	2009년	2015년
시기	참여정부	이명박정부	박근혜정부
합계	54,930	90,769	10,300
경제발전계정(혁신계정, 광역계정)	42,058	65,668	53,686
생활기반계정(개발계정, 지역계정)	12,872	20,672	44,981
제주계정	–	4,429	3,701
세종계정	–	–	1,022

지역발전위원회는 새로운 지역발전정책에 대한 국민 공감대 조성과 현장 중심의 소통 강화를 위해 지역현장을 방문하여 관계자를 대상으로 한 정책설명회를 개최하고 의견을 수렴하는 한편, 다양한 지역발전 우수사례를 소개하는 지역희망박람회(2013년 부산, 2014년 광주)를 개최하였다. 또한 지역발전정책에 대한 국민들의 관심과 자발적 참여를 유도하기 위해 다양한 언론 홍보와 지역발전정책의 소개 책자를 발간하여 배포하고 있다.

나. 향후 과제

박근혜정부 출범 3년을 맞으면서 지역발전사업도 본격적인 추진단계에 접어들고 있다. 국가균형발전특별법, 특별회계, 지역발전 5개년 계획 등 제도적 기반 위에서 지역주민이 체감할 수 있는 지역발전사업의 효과를 창출하는 것이 중요하다. 특히, 지역행복생활권사업, 시 · 도 특화발전 프로젝트, 새뜰마을사업 등 핵심적인 지역발전사업을 통해 주민의 삶의 질 제고와 지역 간 격차 해소, 지역경제 활성화 등 가시적 성과를 창출하는 데 정책적 역량을 결집해야 한다.

지역발전사업이 본격적으로 추진됨에 따라 중앙정부와 지방정부 간의 정책 조정과 사업에 대한 모니터링 및 평가체계도 효율화해야 한다. 지역발전위원회는 개정된 국가균형발전특별법을 토대로 지자체의 자체평가 및 이를 확인 · 점검하는 상위평가, 평가결과와 연계된 인센티브 강화 등 새로운 평가체계를 도입하였는데, 중앙과 지방에서 새로운 평가체계가 조기에 안착되고 지역발전사업의 성과가 극대화되도록 노력할 필요가 있다.

지역발전정책의 성과를 극대화하기 위해서는 지역의 자발적인 참여와 창조적인 노력이 병행되어야 한다. 단순한 수혜자가 아니라 지역발전의 주역이라는 주체의식을 가지고 지역의 주민, 지자체, 지역대학, NGO 등이 서로 힘을 모아 노력할 때 효과가 극대화될 것이다. 특히, 시 · 도의 생활권발전협의회, 시 · 군 · 구의 생활권협의체의 활성화를 위한 중앙과 지방의 관심과 노력이 요구되고 있다.

박근혜정부 지역발전정책은 궁극적으로는 지역 간의 삶의 질 격차를 완화하는 한편, 특성화된 발전을 통한 지역경제 활성화를 지향하고 있다. 이를 구현할 수 있도록 창조경제시대에 부응하는 창의적 노력이 중앙과 지방에서 전개될 필요가 있다.

〈참고문헌〉

이성근 외(2012), 『자립적 지역발전론』, 서울 : 집현재.

이원종(2014), 「지역희망(HOPE) 프로젝트」, 『미래한국 21』, 2014년 5월호.

_____(2015), "2015년 대한민국 희망메세지", 정책브리핑(www.korea.kr/ 2015. 1. 6).

_____(2015), 「박근혜정부 지역발전정책의 청사진, 지역발전5개년계획」, 『지역과 발전』, vol. 19.

허재완 외(2012), 「국토발전 미래 어젠다와 정책방향」, 국토연구원.

국가균형발전위원회(2004), 『국가균형발전의 비전과 전략』, 서울 : 동도원.

_______________(2007), 『국가균형발전정책의 이론과 실천』, 서울 : 코리아프린테크.

관계부처 합동(2014), "지역주도 밀착형 지역경제 활성화 대책", 제5차 무역투자 진흥회의자료.

대통령직인수위원회(2013), 박근혜정부 국정과제.

문화체육관광부(2015), 『혁신미래 : 대한민국의 새로운 혁신』, 새로운 미래, 서울 : 나누리.

지역발전위원회(2009), 『지역발전과 광역경제권 전략』, 서울 : 코리아프린테크.

___________(2014), 2014 지역발전 주요통계자료집.

___________(2014), "2015년 신규 창조지역사업 선정", 보도자료(2014. 10. 8).

___________(2015), "지역행복생활권 선도사업 신규 42개 선정, 지역에 경제혁신의 동남풍이 분다", 보도자료(2015. 3. 10).

지역발전위원회(2015), "취약지역 생활여건 개조 프로젝트 사업대상 85개소 선정", 보도자료(2015. 3. 24).

지역발전위원회 · 산업통상자원부(2014), 지역발전5개년계획.

_________________________(2014), 지역발전계획에 관한 연차보고서.

Dietmar Scholich(editor), 2007, *German Annual of Spatial Research and Policy, 2007 : Territorial Cohesion,* Springer.

Harry W. Richardson(editor), 2011, *Reshaping Regional Policy*, Edward Elgar.

Philip McCann., 2014, "Recent Developments in Regional Industrial Policy : Smart Specialization Strategy and Insights for Korea", 한국지역정책학회 국제학술심포지움 발표자료.

Richard Florida., 2005, *Cities and the Creative Class*, Routledge.

UN, 2013. *World Happiness Report*.

제5장 공간구조의 형성과 지역생활권 정책 (주성재 지역발전위원회 위원)

제6장 지방과학기술 진흥정책과 창조경제 실현 (설경원 지역발전위원회 위원)

제7장 지역산업 육성정책과 일자리 창출 (정종석 박사)

제8장 통합적 지역복지 전달체계 구축과 국민 행복증진 (박경숙 전문위원)

제9장 지역문화융성 정책과 지역문화역량 강화 (이무용 지역발전위원회 위원)

제 2 부

국내의 지역발전정책 동향과 추진전략

1. 공간구조 형성의 이론과 전략

2. 지역생활권의 개념과 유형

3. 박근혜정부의 지역행복생활권 정책

4. 지역행복생활권 정책 추진의 평가와 향후 과제

제 5 장

공간구조의 형성과 지역생활권 정책

1. 공간구조 형성의 이론과 전략

가. 공간구조 형성의 이론적 배경

공간구조란 국토, 도시, 지역 등 각 계층의 공간이 상호 연결되어 이루어 놓은 골격을 의미한다. 공간구조 내에서 각 요소들은 독립적으로 존재하면서도 상호 보완적인 관계로 연계된다. 공간구조는 인간의 다양한 경제, 사회, 문화 활동을 수용하는 질서 있는 공간의 역할을 수행한다.

공간구조는 인간이 특정 장소에 정착하면서부터 만들어지기 시작한다. 인간의 통행과 물자의 이동이 시작되는 초기에는 희미한 흐름만이 존재하지만(a), 이후 이러한 흐름이 정형화된 네트워크가 만들어지고(b), 네트워크가 만나는 지점에 결절(node)이 형성된다(c). 각 결절은 상대적 위치의 특성과 접근성의 차이에 따라 계층을 형성하게 되고(d), 계층을 이루는 각 결절은 독특한 크기의 영향권을 갖게 된다(e).

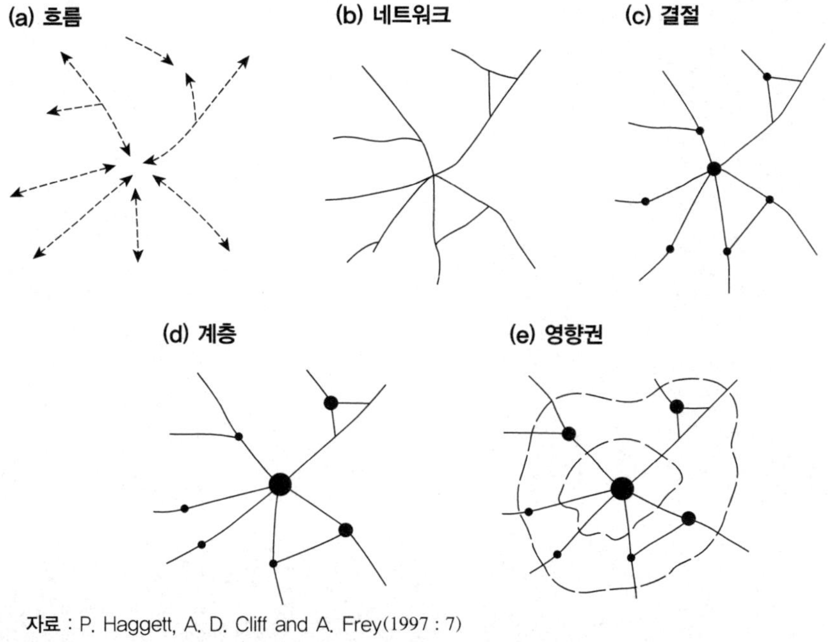

자료 : P. Haggett, A. D. Cliff and A. Frey(1997 : 7)

〈그림 5-1〉 인간 정주 공간구조의 형성 과정

공간구조는 각기 다른 규모와 특성을 갖는 지역을 창출한다. 공통적인 속성을 갖는 동질지역(homogeneous region) 또는 등질지역(uniform region)이 형성되기도 하며, 기능의 분화와 연계 또는 보완이 이루어지는 결절지역(nodal region) 또는 기능지역(functional region)이 만들어지기도 한다. 중심지이론(central place theory)은 결절지역의 구조가 어떻게 형성되는지를 설명하는 이론이다. 일정 규모를 갖는 지역은 재화와 서비스를 제공하는 중심지(central place)와 중심기능을 제공받는 배후지역(hinterland)으로 구성된다. 중심지와 배후지역은 공간 위에서 질서 있는 배열을 하면서 상호 보완관계를 유지한다. 중심지는 제공하는 기능의 범위와 다양성에 따라 계층이 형성되어 나가며, 하나의 중심지가 어느 정도로 하위 중심지를 지배하는지를 나타내는 포섭원리(nesting principle)가 만들어진다.

도시규모분포론(theory of urban size distribution)은 도시의 규모와 그 수의 분포 관계를 규명하여 도시체계의 성격을 파악하려는 귀납적 이론이다(김인, 1986 : 75). 수위도시부터 시작하여 각 순위의 도시규모가 한 국가 내에서 어떻게 분포하는지, 또는 시점에 따라 어떻게 변화하는지를 분석함으로써 도시 간 인구의 분담 관계를 밝히

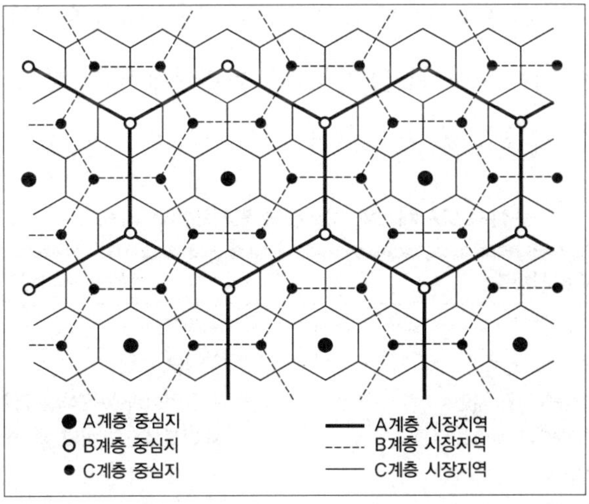

자료 : W. Christaller, 1933, *Die Zentralen Orte in Süddeutschland*
(번역, C. W. Baskin, 1966, *Central Places in Southern Germany*, 66)

〈그림 5-2〉 중심지 계층의 형성 (포섭원리 $K = 3$의 경우)

고, 이에 근거하여 도시 간 정주체계(settlement system)의 형성과 기능의 분담 구조, 그리고 한 국가 내 도시의 발달 정도를 유추하는 모델을 제시한다.

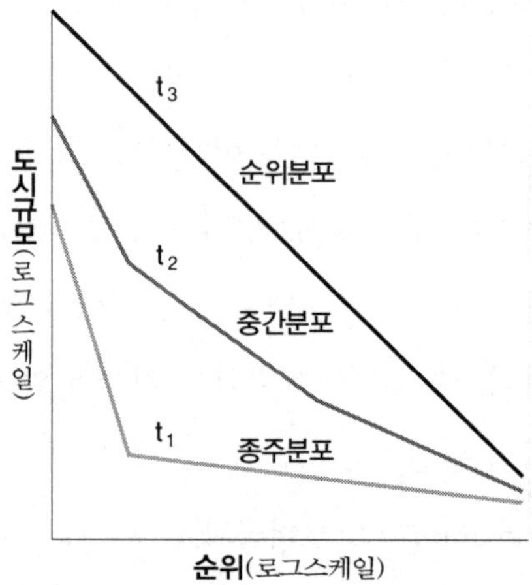

자료 : A. R. de Souza(1990 : 274)

〈그림 5-3〉 도시규모분포의 유형

네트워크 도시(network cities)는 한 국가 또는 지역 내의 도시들이 상하위 계층이 아닌 전문화된 기능의 특화를 통한 상호 연계와 협력의 관계로 형성된 도시체계를 강조하는 관점이다. 이러한 도시들의 관계 변화는 기업조직의 유연화, 경제구조의 서비스화, 그리고 이에 따른 도시기능의 전문화로 나타나게 되며, 창조적 도시지역으로서 지식기반 활동을 이끄는 원동력이 된다는 것이다(Batten, 1995).

표 5-1 **중심지 도시체계와 네트워크 도시체계의 비교**

중심지 도시체계	네트워크 도시체계
▪ 중심성	▪ 결절성
▪ 규모 의존	▪ 규모 중립
▪ 종주성과 종속성의 경향	▪ 유연성과 보완성의 경향
▪ 동질적인 재화와 서비스	▪ 이질적인 재화와 서비스
▪ 수직적 접근성	▪ 수평적 접근성
▪ 주로 일방향의 흐름	▪ 양방향의 흐름
▪ 교통 비용	▪ 정보 비용
▪ 공간 위의 완전 경쟁	▪ 가격차별화를 갖는 불완전 경쟁

자료 : D. F. Batten(1995 : 320)

나. 공간구조 형성의 전략

공간구조는 국토, 도시 또는 지역과 같은 각 공간 단위의 자연지리적 특성, 역사적 발달과정, 경제구조 및 사회계층의 형성 등의 영향에 의해 자생적으로 만들어진다. 그러나 시장경제가 적절히 작동하지 않아 특정지역이 지나치게 과밀하거나 또는 침체를 겪을 때, 공공부문은 이에 적극적으로 개입하여 공동의 발전을 지향하는 공간구조를 설정하고 이를 실현하기 위한 전략을 수립하게 된다.

공간구조 형성의 전략은 공간의 구성에 따라 점, 선, 면의 전략으로 나뉜다. 점의 전략은 발전 잠재력이 높은 점으로서의 중심도시를 거점으로 선정하여 집중 육성함으로써 발전의 기반을 조성하고 그 효과가 주변으로 확산될 수 있도록 하는 것을 목적으로 한다. 이 전략은 자원이 한정된 상태에서 특정 산업을 중심으로 하여 성장거점(growth center)에 투자를 집중함으로써 집적의 경제(agglomeration economies)를 달성하고, 주변지역으로의 확산효과(spread effect)가 발생하기를 기대하는 것이라고 할 수 있다. 발전의 초기 단계에서 많은 국가들은 짧은 기간에 효과를 보기 위해 성장거점전략을 채택해 왔으며, 우리나라도 예외가 아니었다. 산업화시대에서 울산(조선, 자동차, 섬유), 포항(제철), 창원(기계), 여수(정유), 구미(전자, 섬유) 등이 성장거점으로 집중 육성된 바 있다. 이 전략은 지역 불균형 해소를 위해 지역중심도시를 육성하기 위한 수단으로 채택되기도 하였는데, 제2차 국토종합개발계획(1982~1991)에서 선택된 15개 도시[1]가 대표적인 사례가 된다.

선의 전략은 성장의 동력을 선(축)을 중심으로 이어 집중과 분산의 조화를 이루고자 하는 것이다. 성장축 또는 발전축이란 교통, 유통 및 산업 활동이 활발히 일어나는 선형 또는 띠 모양의 공간으로서, 발전 중심들을 공간적·기능적으로 연결시킴으로써 지역의 발전을 주도하는 공간을 의미한다(류우익, 1996 : 53). 성장축에 있는 중심지들은 서로 공간적·기능적으로 연결 및 보완됨으로써 성장의 과실을 공유하며 그 효과를 확산시키는 채널의 역할을 수행한다. 선의 전략은 일련의 도시들을 연결하여 시너

1. 대전, 광주, 대구, 춘천, 원주, 강릉, 청주, 천안, 전주, 남원, 순천, 목포, 안동, 진주, 제주가 해당된다.

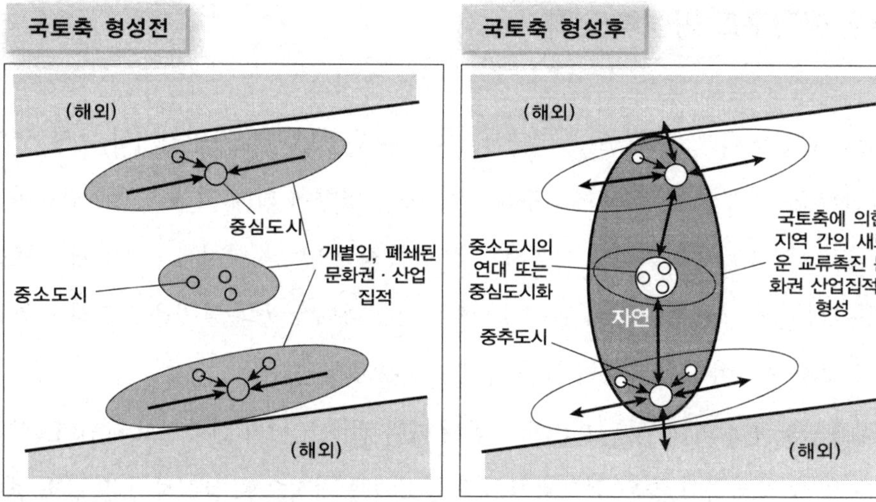

자료 : 박양호 · 김창현(2000 : 12)

〈그림 5-4〉 발전축 형성으로 인한 변화

지 효과를 발생시키고자 할 때 채택된다. 우리나라 제4차 국토종합계획의 국토통합축, 일본 국토 그랜드디자인(제5차 국토종합개발계획)의 지역연휴축과 같이 국가 전체의 공간구조 전략으로 채택되는 경향이 있으나, 지역 내 발전의 구도로 활용되기도 한다. 그 사례로 강원 · 동해안 광역권개발계획(1999)에서 설정한 3개의 성장벨트, 제3차 충청남도 종합계획 수정계획(2008~2020)에서 설정한 3×3 발전축을 들 수 있다.

〈강원 · 동해안 광역권개발계획의 공간구조 구상〉　〈제3차 충청남도 종합계획 수정계획의 발전축 구상〉

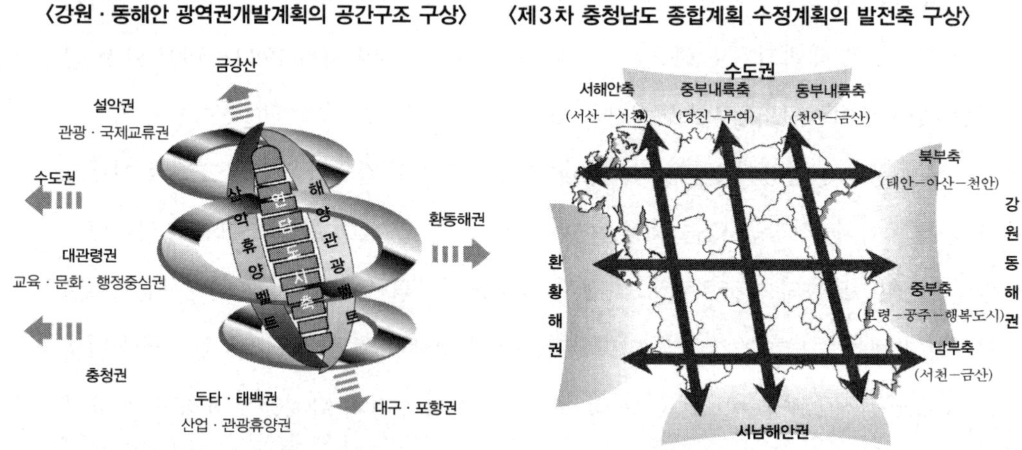

자료 : 강원도 · 국토연구원 · 강원개발연구원(1999)　　자료 : 충청남도(2008)

〈그림 5-5〉 공간형성의 선적 전략 예시

〈제2차 국토종합개발계획의 생활권〉

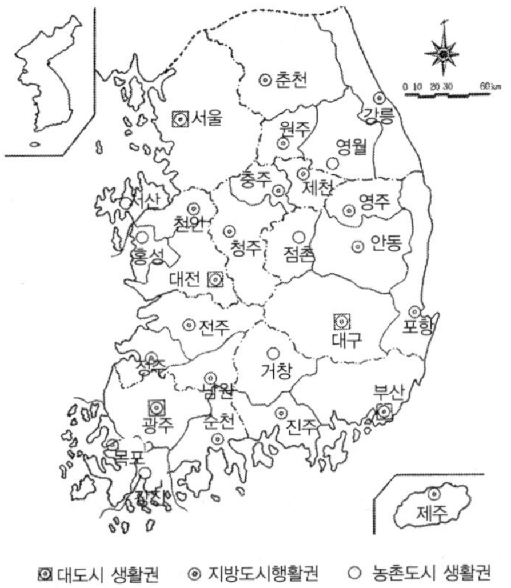

자료 : 대한민국 정부(1982 : 22)

<제3차 충청남도 종합계획 수정계획의 지역생활권 구상>

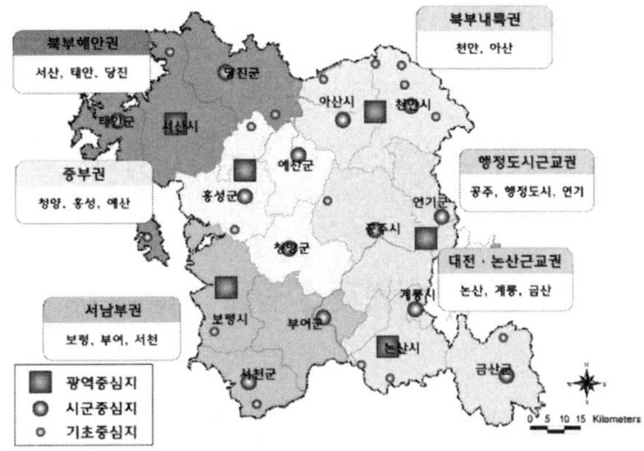

자료 : 충청남도(2008)

〈그림 5-6〉 공간형성의 면적 전략(예시)

면의 전략은 공통된 특성을 가진 동질지역을 단위로 하여, 각 지역의 경제활동 촉진 또는 주민 생활여건 개선을 통한 지역발전을 성취하기 위해 채택하는 것이다. 권역 내 핵심 경제기능을 설정하고 연계된 산업의 동반성장을 추구함으로써 집적 경제를 달성하고자 하는 (지역)경제권, 중심지와 배후지역의 기능분담 구조를 설정하고 지역 내 경제 · 사회조건을 개선, 편익시설을 확충하여 주민의 자족적인 생활이 보장되도록 하는 (지역)생활권 또는 정주생활권이 대표적인 수단이다.

면의 전략은 한 지역 내에 있는 소지역 또는 각 활동주체들 간에 기능의 상호 보완을 통해 발전의 혜택을 동등하게 공유하기 위해 채택되는 전략이다. 권역의 규모는 목적에 따라 달라질 수 있으나, 경제권은 광역적으로, 생활권은 주민 일상생활의 범위로 구획되는 경향이 있다. '지역균형발전 및 지방기업육성에 관한 특별법' 에 의한 광역개발권역과 이명박 정부에서 채택되었던 광역경제권이 대표적인 경제권 중심의 면적 전략이며, 제2차 국토종합개발계획의 지역생활권, 박근혜정부의 지역행복생활권이 생활권 중심의 면적 전략이다.

공간구조 설정의 점, 선, 면의 전략은 보완적으로 사용되기도 한다. 앞선 사례에서 강원동해안 광역권계획은 3개의 성장벨트와 더불어 3개의 계획권을 설정하였으며, 제3차 충청남도 종합계획 수정계획도 발전축과 더불어 6개의 생활권을 설정한 바 있다.

2. 지역생활권의 개념과 유형

가. 도시권과 생활권

인간 정주공간은 그 규모에 차이는 있지만 대부분 행정, 경제, 상업, 교육 기능이 집중되어 있는 곳을 중심으로 주거, 녹지, 여가공간이 둘러싸고 있는 권역을 설정하게 된다. 도시기능을 중심으로 할 때 이는 '도시권' 또는 '도시세력권' 이라는 개념으로 규정되며, 주민의 일상생활을 중심으로 할 때 이는 '생활권' 이라는 용어로 사용된다.

도시권(urban field) 또는 도시세력권(influence area)은 중심도시에 존재하는 행정, 경제, 문화 등의 도시적 제 기능이 종합된, 도시력이 미치는 범위(홍경희, 1981 : 205)라고 정의된다. 도시의 핵심으로부터 멀어짐에 따라 도시의 영향력은 약해지고 경합하는 다른 도시의 영향력이 더 큰 경계선에 도달하게 되는데, 이것이 도시세력권의 경계가 된다. 생활권(life space)은 주민의 일상생활이 이루어지는 공간으로서 그 구조와 규모가 주민의 정주와 이주 패턴에 의해 역사적으로 형성된 것을 말한다(Friedmann, 1988 : 96). 각 생활권은 부분적으로 중복되면서 상호의존하며 불완전하고 느슨하게 구조화된 체계를 이루고 있다.

도시권과 생활권의 범위와 특성을 분석하는 것은 정책적인 필요에 의해 각각 주목을 받아왔다. 도시권은 교외화의 진전에 따라 광역도시화가 진행되면서 도시성장관리(urban growth management)의 중요한 대상이 되어 왔다.[2] 생활권은 상향식 지

2. 우리나라에서 2000년대 초 개발제한구역의 조정을 위한 광역도시계획 수립과정에서 도시권을 어떻게 설정할 것인지에 대한 광범위한 논의가 이루어진 것이 좋은 사례가 된다.

역개발 방식으로 1970년대 말부터 제안된 도농지구 개발의 핵심 개념으로 등장하였다. 즉, 기초수요 접근(basic needs approach)을 구체적으로 실현하는 수단으로서, 공생관계를 갖는 도시와 배후농촌이 하나의 생활권으로 기능하기 위한 전략을 추구하였던 것이다.[3]

그 시각은 달랐지만 도시권과 생활권을 정책 키워드로 채택하는 과정에서 그 권역을 획정하고 경계를 확인하는 일은 전략 수립을 위한 중요한 출발점이 되었다. 권역의 획정에는 일반적으로 다음과 같은 기준이 적용된다.

- **연속성**(continuity) : 지리적으로 연속된 형태를 갖는지의 여부. 단, 도서지역은 바다로 분리되었다 해도 권역으로 인정된다.
- **동질성**(homogeneity) : 지역 내 공통적인 속성을 보유하는지의 여부. 자연지리적인 동질성(지형, 하천유역)을 기초로 하여 경제, 사회, 문화, 인구 구성 등의 동질성이 포함된다.
- **중심성**(centrality) : 지역 내에 재화와 서비스를 공급하는 계층화된 중심지(central place)가 존재하여 결절(node)의 역할을 수행하는지의 여부
- **연계성**(connectivity) : 지역 내에 중심지－중심지, 중심지－배후지 사이에 기능적으로 분화되고 연계된 관계가 존재하는지의 여부

이러한 기준을 반영하여 권역을 획정하기 위한 다양한 분석이 이루어져 왔다. 도시권 설정과 '도시' 라는 정체성 판단을 위해 전업농가비율, 인구밀도, 도시적 토지이용면적 등이 사용되기도 했다.[4] 그러나 도시권 또는 생활권 경계 획정을 위해 보다 많이 사용된 분석지표는 중심지 이용, 통근 · 통학, 통신 등 중심성과 연계성을 측정하기 위한 것이었다. 이를 위해 주민들의 중심기능 구매 패턴, 통근 · 통학의 범위, 통신 · 통화 빈도 등이 조사대상이 되었다.

---

3. 우리나라에서는 제2차 국토종합개발계획(1982～1991)에서 채택된 지역생활권 개념이 그 효시라고 할 수 있다.
4. 2000년 광역도시계획 수립에서 사용되었던 지표들이다.

나. 지역생활권의 개념

생활권의 개념을 지역정책 또는 계획에서 채택할 때 '지역생활권' 이라는 용어로 사용한다. 따라서 지역생활권은 학술적으로 정립된 개념이라기보다 지역정책의 수단으로 활용되는 응용 개념으로 볼 수 있으며, "주민의 일상생활이 이루어지는 공간으로서 계획지역의 성격을 가진 곳" 으로 정의할 수 있다.

우리나라에서 지역생활권의 개념을 처음으로 도입한 제2차 국토종합개발계획에서도 이 점을 분명히 밝히고 있다. 여기서는 지역생활권을 "중심도시와 주변의 배후 농촌지역을 결합시킨 일정 범위의 지역단위로서, 그 지역 내의 생산, 생활, 자연환경을 종합적으로 개발하고자 하는 개발권역인 동시에 주민의 제반 편의시설의 공동이용권역" 이라고 규정하고, 지역생활권 구상의 목표를 "지역적 불균형을 시정하고 인구의 지방정착을 유도하기 위해 지역단위로 취업기회를 확대하고 각종 편의시설을 확충함으로써 그 지역 내에서 주민이 자족적 일상생활을 영위하도록 하는 것" 이라고 명시하고 있다(대한민국 정부, 1982 : 19).

지역생활권을 '주민의 일상생활이 이루어지는 공간으로서 계획지역의 성격을 가진 곳' 이라고 정의할 때, 다음 세 가지 사항에 주목할 필요가 있다.

- 주민의 일상생활은 행정구역의 경계를 넘어 다양하게 다차원적으로 이루어지므로 지역생활권은 필연적으로 행정구역을 초월하여 설정될 수밖에 없다.
- 시설의 수요 측면에서 보았을 때, 하나의 지역생활권 내에 공동으로 이용할 수 있는 시설을 제공하는 것은 규모의 경제를 달성하는 좋은 수단이 된다.
- 지역생활권이 계획지역으로 기능하기 위해서는 지역 내 공유된 비전과 공동의 목표에 기반하여 실질적인 연계와 협력이 이루어져야 하며, 이를 위해 주민, 기업, 지자체 등 구성원 간에 강력한 의지가 있어야 한다.

다. 지역생활권 구성의 방법과 유형

계획지역(planning region) 설정에는 ① 전 국토를 분할하여 모든 지역이 하나의 계획지역에 속하도록 하는 방법과 ② 소단위 지역들을 결합하여 필요에 따라 계획지역을 구성하는 방법의 두 가지가 있다. 일반적으로 국토계획, 환경계획과 같이 전국을 대상으로 하는 계획이 전자의 방법, 대도시권 관리계획, 낙후지역 개발계획 등 특수 목적에 따라 수립되는 계획이 후자의 방법을 채택한다.

계획 과정의 성격에 따라 상기 ①의 방법은 중앙이 주도하는 하향식 권역설정의 방식으로 이루어진다. 계획의 목적에 따라 중앙정부가 권역설정의 지표를 제시하고 이에 따라 전국을 분할하는 것이다. 반면에 ②의 방법은 경우에 따라 중앙 주도로 이루어지기도 하고 지방이 스스로 발의하여 상향식으로 권역을 설정하기도 한다. 단, 이 경우에도 권역 설정의 가이드라인은 제공되는 것이 일반적이다.

제2차 국토종합개발계획에서 채택되었던 지역생활권 구상은 전국을 28개 지역생활권으로 나누고 모든 지역이 이 중 하나에 속하게 하는 ①의 하향식 방법으로 이루어졌다. 지역생활권의 최소 인구규모는 종합병원과 전문대학이 유지될 수 있는 최소 필요인구에 근거하여 25~30만 명으로 했다. 각 생활권은 중심지 이용행태에 근거하여 중심도시를 선정하고, 각 중심도시의 배후지는 주민의 실생활권, 지역 간 교통망, 교통량, 전화통화량 등에 의한 기능적 연계성, 그리고 하천유역권 등을 분석하여 설정하는 절차로 진행했다(국토개발연구원, 1981 : 132).

반면에 박근혜정부가 추진하고 있는 지역행복생활권 정책에서는 지역의 자율적 의사에 따라 상향식으로 권역을 설정하도록 하는 ②의 방법을 채택했다. 각 지자체는 중앙정부가 제시한 지역생활권 가이드라인을 참고해 해당 지역생활권 구성의 여건과 잠재성을 검토하고 인근 지자체와 협력해 공동 생활권 구성을 진행하도록 한 것이다.

지역생활권의 유형은 중심도시의 규모와 국토공간에서 차지하는 위상, 경제기능의 특성, 배후지의 지리적 구성 등에 따라 결정된다. 이 세 가지 기준은 상관관계를 가지며, 도시의 규모에 따라 유형화되는 것이 일반적이다. 즉 대도시, 중소도시, 농촌도시 등 중심도시의 규모에 따라 1단계 유형화가 이루어지며, 이후 수도권과 비수도권의 특성, 인접한 정주공간의 특성 등이 추가되어 세분화된 2단계 유형화가 이루어질 수 있다. 제2차 국토종합개발계획에서도 중심도시의 규모와 성격에 따라 지역생활권의 유형을 설정하였다. 5개의 대도시생활권, 17개의 지방도시생활권, 그리고 6개의 농촌도시생활권이 그것이다.

박근혜정부 지역행복생활권 정책의 유형 설정에 있어서도 중심도시의 규모와 공간구조의 특성이 중요한 기준이었다. 그 유형은 농어촌생활권, 도농연계생활권, 중추도시생활권(대도시 중심형과 네트워크 도시형으로 세분)이다.

표 5-2 제2차 국토종합개발계획(1982~1991) **28개 지역생활권의 유형별 구성**

생활권별	중심도시	지역 범위
대도시생활권		1특별시, 3직할시, 20시, 54군
서울생활권	서울	서울, 인천, 수원, 성남, 의정부, 동두천, 광명, 송탄, 안양, 부천(10시), 양주, 남양주, 여주, 평택, 화성, 시흥, 파주, 연천, 고양, 광주, 포천, 가평, 양평, 이천, 용인, 안성, 김포, 강화, 옹진(19군)
부산생활권	부산	부산, 마산, 진해, 충무, 울산, 창원, 김해(7시), 의령, 창녕, 밀양, 울주, 함안, 의창, 양산, 거제, 통영, 김해(10군)
대전생활권	대전	대전(1시), 대덕, 연기, 공주, 부여, 서천, 금산, 논산(7군)
광주생활권	광주	광주, 금성(2시), 광산, 담양, 곡성, 화순, 나주, 함평, 영광, 장성(8군)
대구생활권	대구	대구, 김천, 구미, 영천(4시), 군위, 달성, 영천, 경산, 고령, 성주, 칠곡, 금릉, 선산, 청도(10군)
지방도시생활권		26시, 68군
춘천생활권	춘천	춘천(1시), 철원, 화천, 양구, 인제, 춘성, 홍천(6군)
원주생활권	원주	원주(1시), 원성, 횡성(2군)
강릉생활권	강릉	강릉, 동해, 속초, 태백(4시), 고성, 양양, 명주, 삼척(4군)
청주생활권	청주	청주(1시), 청원, 보은, 진천, 괴산, 옥천, 영동(6군)
충주생활권	충주	충주(1시), 음성, 중원(2군)
제천생활권	제천	제천(1시), 제원, 단양(2군)
천안생활권	천안	천안(1시), 천원, 아산, 예산(3군)
전주생활권	전주	전주, 군산, 이리(3시), 옥구, 익산, 완주, 김제, 임실, 진안, 무주(7군)
정주생활권	정주	정주(1시), 정읍, 고창, 부안(3군)
남원생활권	남원	남원(1시), 장수, 순창, 남원(3군)
순천생활권	순천	순천, 여수(2시), 구례, 광양, 여천, 고흥, 보성, 승주(6군)
목포생활권	목포	목포(1시), 남해, 영암, 무안, 진도, 신안(5군)
안동생활권	안동	안동(1시), 의성, 안동, 청송, 영양, 예천(5군)
포항생활권	포항	포항, 경주(2시), 영일, 월성, 울릉, 영덕, 울진(5군)

영주생활권	영주	영주(1시), 영풍, 봉화(2군)
진주생활권	진주	진주, 삼천포(2시), 진양, 하동, 고성, 남해, 사천(5군)
제주생활권	제주	제주, 서귀포(2시), 북제주, 남제주(2군)
농촌도시생활권		17군
영월생활권	영월	영월, 평창, 정선(3군)
서산생활권	서산	서산, 당진(2군)
홍성생활권	홍성	홍성, 청양, 보령(3군)
강진생활권	강진	강진, 장흥, 완도(3군)
점촌생활권	점촌	문경, 상주(2군)
거창생활권	거창	거창, 합천, 함양, 산청(4군)

자료 : 대한민국 정부(1982 : 20～21)

3. 박근혜정부의 지역행복생활권 정책

가. 기본 방향

'국민 행복, 희망의 새 시대' 를 국정기조로 출범한 박근혜정부는 지역정책에 있어서도 주민의 삶의 질에 중점을 둔 접근을 도입하였다. 즉 총량적인 성장보다는 주민이 실제로 체감할 수 있는 생활환경, 일자리, 의료복지, 교육, 문화 등 일상생활의 개선을 목표로 설정하고, 이를 실행하기 위한 수단으로 면적 공간구조 형성 전략인 지역행복생활권 정책을 채택한 것이다.

지역행복생활권은 "양질의 기초 인프라, 일자리, 교육, 문화, 의료 · 복지 서비스를 향유할 수 있는 주민의 일상생활 공간(지역발전위원회, 2013 : 11)" 으로 정의하고, 주민과 지자체가 주도하여 '중심도시 – 농어촌중심지 – 마을' 로 연결되는 공공, 상업서비스 이용공간을 기반으로 설정하도록 하였다. 이것은 주민의 기초수요와 생활편의 제공을 목표로 1970년대 말에 제안되었던 도농지구 개발의 생활권과 맥을 같이 한다고 할 수 있다.

권역의 설정은 지역의 자율적 의사에 따라 상향식으로 설정하도록 하였고, 이것이 제2차 국토종합개발계획의 지역생활권과 근본적으로 다른 점이다. 대통령 직속 지역발전위원회는 인구규모, 공간범위 등을 기준으로 생활권을 합리적으로 구성하도록 가이드라인을 제시하였다. 그 주요 내용은 다음과 같다(지역발전위원회, 2013).

- 지역 특성을 반영한 다양한 형태의 생활권이 되도록 지역에 융통성을 부여한다.
- 인구규모, 접근성, 지역 간 기능적, 역사적 연계성, 주민의식 등을 종합적으로 고려하여 생활권을 구성하되, 지역 실정에 적합한 독자적인 기준을 함께 활용한다.
- 2～4개의 지리적으로 가까운 시 · 군으로 구성한다(광역시 · 도의 경계 초월 가능).
- 하나의 지자체는 하나의 생활권에 포함되는 것이 원칙이나, 주민의 생활권 및 지리적 여건 등에 따라 2개 이내 생활권에 중복하여 포함되는 것도 가능하다.

지역행복생활권의 유형으로는 중심도시의 규모와 공간구조의 특성에 따라 농어촌 생활권, 도농연계 생활권, 중추도시 생활권의 세 가지가 제시되었다. 중추도시 생활권은 다시 대도시 중심형과 네트워크 도시형의 두 가지로 나뉘어 실제로는 네 가지의 유형이다.

- **농어촌 생활권** : 농어촌 성격이 강한 지역으로 상호 연계성이 높아 지역별로 기능의 특화 및 역할 분담이 중요한 시 · 군으로 구성되는 생활권
- **도농연계 생활권** : 지역의 거점기능을 수행하는 중소도시와 연계성이 높은 주변 농어촌 지역으로 구성되는 생활권
- **중추도시 생활권** : 지역 중추기능을 수행하는 대도시 또는 중소규모 도시로 구성되는 생활권
  - 대도시 중심형 생활권은 광역시와 같이 중추기능을 제공하는 대도시와 연계된 인근 지역으로 구성되는 생활권
  - 네트워크 도시형 생활권은 중소규모의 특화된 도시가 연담하여 중심을 이루고 인근 지역과 상호 연계를 맺는 생활권

각 유형의 인구기준으로서 농어촌 생활권은 인구 10만 명 전후, 도농연계 생활권은 10만～50만 명 전후, 중추도시 생활권은 50만 명 이상을 제시했다. 그러나 생활권 유형 설정에서도 지자체에 자율성과 유연성이 부여되었다.

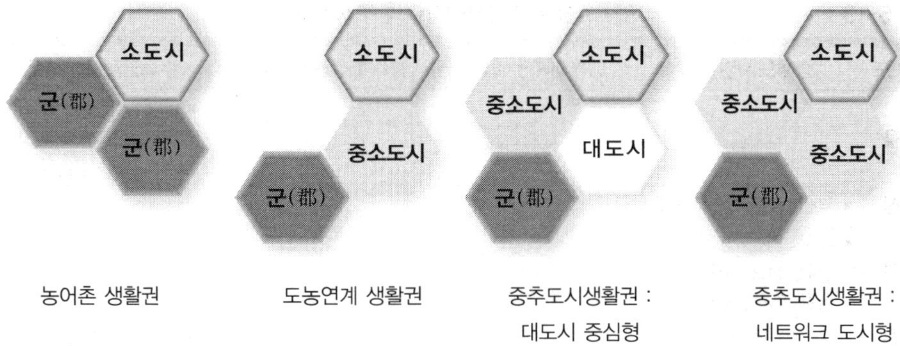

자료 : 지역발전위원회(2013 : 33~34)

〈그림 5-7〉 박근혜정부 지역행복생활권의 유형

나. 생활권의 구성

박근혜정부의 지역행복생활권 정책에서 가장 큰 특징은 지역 간 자율과 협의에 의해 권역을 구성하게 한 것이다. 각 지자체는 인근 지자체와 협력함으로써 상호 기능의 보완을 통해 공동발전을 도모할 수 있는 생활권을 기획하도록 한 것이다. 생활권을 구성하는 지자체들은 각 지자체의 자율적 의사와 협의에 따라 지역생활권 협의체를 구성하도록 하였다. 참여 지자체에게 적합한 형태의 협의체를 유연하게 구성하도록 하고, 동등한 자격과 지위를 갖고 참여하는 지자체들은 필요시 협약을 체결한다.

시 · 도의 광역지자체는 광역 발전과 생활권 발전의 정합성 등을 고려하여 생활권 설정을 지원하도록 하였다. 즉, 시 · 도는 지자체 협의체가 생활권을 구성할 때 의견을 제시하고, 생활권 발전성과를 높이거나 시 · 도 발전과의 정합성 등을 강화시킬 필요가 있을 경우 조정하는 기능을 갖는다. 아울러 지역발전위원회와 관련 부처는 생활권 구성안에 대해 의견을 제시하도록 하였다. 이러한 과정을 거쳐 2015년 말까지 1월 기준으로 63개 생활권이 확정되었다. 유형별로는 중추도시생활권 20개, 도농연계생활권 14개, 농어촌생활권 21개, 수도권시범생활권 8개이다.

표 5-3 시 · 도별 지역행복생활권의 구성현황

시 · 도	중추도시권(20)	도농연계권(14)	농어촌생활권(21)	수도권시범생활권(8)
서울				▪ 서울, 의정부, 남양주, 양주, 구리, 고양, 파주, 부천, 성남, 하남
부산	▪ 부산, 김해, 양산, 울주			
대구	▪ 대구, 영천, 경산, 군위, 청도, 고령, 성주, 칠곡, 합천			
인천				▪ 인천, 부천, 김포
광주	▪ 광주, 나주, 담양, 화순, 함평, 장성			
대전	▪ 대전, 옥천, 금산, 계룡, 논산			
울산	▪ 울산, 양산, 경주, 밀양			
세종	▪ 세종, 공주			
경기		▪ 의정부, 양주, 포천, 동두천, 연천 ▪ 평택, 안성 ▪ 광주, 이천, 여주, 양평, 가평 ▪ 오산, 화성	▪ 포천, 연천, 강원철원	▪ 고양, 파주, 김포 ▪ 안산, 시흥 ▪ 군포, 의왕 ▪ 안양, 과천 ▪ 성남, 용인, 광주, 하남 ▪ 수원, 용인
강원	▪ 춘천, 홍천, 화천, 철원, 양구 ▪ 원주, 횡성	▪ 강릉, 동해, 삼척, 태백	▪ 영월, 평창, 정선 ▪ 속초, 고성, 양양 ▪ 인제, 양구	
충북	▪ 청주, 증평, 보은, 괴산, 진천 ▪ 충주, 제천, 음성	▪ 제천, 단양	▪ 옥천, 보은, 영동 ▪ 음성, 진천, 증평, 괴산	
충남	▪ 천안, 아산 ▪ 홍성, 예산	▪ 당진, 서산, 태안	▪ 공주, 부여, 청양 ▪ 논산, 계룡, 금산 ▪ 보령, 서천	
전북	▪ 전주, 군산, 익산, 김제, 완주	▪ 정읍, 고창, 부안 ▪ 남원, 임실, 순창	▪ 무주, 진안, 장수	
전남	▪ 목포, 무안, 신안, 해남, 진도 ▪ 여수, 순천, 광양, 보성, 고흥		▪ 나주, 화순 ▪ 영암, 장흥, 강진, 완도 ▪ 장성, 영광, 함평 ▪ 담양, 곡성, 구례	
경북	▪ 포항, 경주, 영덕, 울진, 울릉 ▪ 구미, 김천, 칠곡 ▪ 안동, 예천, 의성, 청송, 영양	▪ 영주, 봉화 ▪ 상주, 문경, 예천 ▪ 경산, 청도, 영천	▪ 의성, 군위 ▪ 성주, 고령 ▪ 울진, 영양, 영덕 ▪ 김천, 충북영동, 전북무주 ▪ 영주, 충북단양, 강원영월	
경남	▪ 창원, 김해, 함안 ▪ 진주, 사천, 남해, 하동	▪ 통영, 거제, 고성	▪ 창녕, 의령, 밀양, 합천 ▪ 거창, 함양, 산청	
제주		▪ 제주, 서귀포		

자료 : 지역발전위원회(2015)

다. 생활권 발전의 기본방향

생활권 유형별로 제시된 발전방향은 다음과 같다.

- **농어촌생활권** : 농어촌 중심지의 교육, 문화, 복지, 교통 등 생활서비스를 확충 · 연계하여 주민의 삶의 질을 보장한다. 농어촌 지자체 간 공유자원을 활용한 특화산업을 육성하고 농어촌 공동체의 역량을 강화한다.
- **도농연계생활권** : 중심도시와 인근 농어촌 지자체 간에 일자리, 교육, 문화, 복지, 의료 등의 상호보완적 연계를 강화하고 협력을 활성화한다. 도시 재생, 제조업 및 향토산업 육성 등으로 중심도시 활력을 증진하고, 농어촌 중심지의 생활서비스 기능을 강화한다.
- **중추도시생활권** : 교육, 의료, 복지 등 도시권 중심기능을 확충하고 지역 간 연계하며, 도심부의 복합기능 재생, 노후 주거지역의 정주 여건 개선 등으로 경제적, 사회적 활력을 강화한다. 지자체 간 협력 산업 육성 및 노후 산업단지 재생, 경제 · 산업 · 문화 등 특화 클러스터 조성 등을 통해 일자리를 창출하고 창조적 발전기반을 구축한다.

주민 삶의 질 개선을 중심으로 지역행복생활권 정책의 기본방향은, 지역격차 해소와 인구의 지방정착을 목표로 경제기능 유치, 중심도시의 역할 확충 등 시설 위주의 정책방향을 설정하고 생활권별 인구배분 계획까지 수립했던 제2차 국토종합개발계획의 지역생활권 정책과 차별화된다(〈자료 1〉 참조).

〈자료 1〉 제2차 국토종합개발계획의 지역생활권 정책방향

제2차 국토종합계획의 지역생활권 정책은 지역격차 해소와 인구의 지방정착을 목표로, 각 생활권이 주민의 자족적 일상생활을 영위하는 공간으로 만들기 위한 정책방향을 설정하였다.

- 생활권 내의 생산기반을 확충 · 정비하여 주민이 그 지역 내에 정착할 수 있도록 취업기회 확대
- 지역생활권 중심도시의 기능을 확대하여 주민이 일상적으로 필요로 하는 교육, 의료, 사회복지시설 등 생활편익시설 확충
- 생활권 내 국도, 지방도 등 주요 도로의 확장 · 포장을 통해 중심도시와 배후 농촌지역 간의 접근성 향상
- 지역의 전통문화 창달을 통해 주민의 향토애를 고취시키고 지역개발에 대한 주민의 적극적인 참여유도

이와 같은 정책방향 아래 생활권 유형별 발전방향은 다음과 같다.

- 대도시생활권은 국제화시대에 대비하여 중심도시의 금융, 교육, 상업, 고급정보 및 생활환경시설을 확충 · 정비하고 각종 국제기능을 유치한다. 개발제한구역을 유지 · 관리하여 대도시 주변의 인구 급증지역을 계획적으로 관리하고 질서 있는 도시화를 유도한다.
- 중소도시생활권은 중심도시가 인구의 지방정착을 주도할 핵심적 도시로서 그 지역의 성장 및 서비스 중심지의 역할을 담당하게 하고 주변지역과의 연계를 강화하여 지역주민의 생활수준을 향상시킨다.
- 농촌도시생활권은 읍급 도시를 중심으로 하는 지역생활권으로서 중심도시로의 접근성 향상과 취업기회 및 교육기회의 확충을 추진한다.

이 계획에서는 서울과 부산 양대 도시의 인구증가를 억제하고, 증가하는 도시인구를 지방에 정착시키는 생활권별 인구배분의 방향까지 제시하였다. 즉, 대도시생활권 중에서 서울과 부산의 인구증가율은 대폭 둔화, 대전, 광주, 대구 대도시권은 상향, 지방도시생활권은 인구 감소에서 증가로 전환, 농촌도시생활권은 감소의 폭을 완화시키는 방향을 설정한 것이다.

라. 지역생활권 발전계획 수립

박근혜정부 지역행복생활권 정책의 특징은 생활권 발전을 위한 사업들이 지역생

활권 발전계획이라는 틀 안에서 수행되도록 유도하고 있다는 점이다. 지역생활권 발전계획은 지역의 공동발전을 위한 핵심사업 위주의 전략적 계획과 시 · 군에서 계획기간 동안 추진해야 할 중기투자계획의 성격을 동시에 갖는다. 생활권에 참여하는 시 · 군이 함께 수립하며, 계획의 수립 여부와 구상을 지자체 간 협의체의 자율에 맡긴다. 지역생활권 발전계획은 국가균형발전특별법에 의한 법정계획인 시 · 도 발전계획과 지역발전 5개년 계획에 반영하도록 하여 상향식 계획수립을 체계화하고 있다. 지역생활권 발전계획은 생활권 추진의 청사진을 제시하기 위한 목적으로 수립된다. 세부 목적은 다음과 같다. 첫째, 주민행복 증진을 위해 생활환경 개선, 지역 간 유기적인 생활서비스 연계 등 향후 5년간 추진해야 할 시책을 제시한다. 둘째, 주민과 관련 지자체가 발전 비전을 공유하고 목표를 설정한 후, 생활권 단위로 필요한 사업을 공동 추진하기 위한 제반 사항을 제시한다. 셋째, 생활권 발전 및 주민의 삶의 질 향상을 위해 필요한 지자체 간 협력 및 협력 지자체 공동의 연차별 투자계획을 마련한다.

지역생활권 발전계획의 구성

1. 계획의 범위

- **시간적 범위** : 2014~2018년으로 하고 사업에 따라 유연하게 설정
- **공간적 범위** : 생활권 구성 및 발전계획에 참여하는 시 · 군 전체
- **내용적 범위** : 생활권의 비전 구현을 위한 목표와 전략적인 사업계획, 생활 인프라, 일자리 및 경제활동, 교육 · 문화 · 의료 · 복지 등 분야의 중점 추진사업, 생활권 사업 추진체계 및 지자체 재정투자계획 등

2. 현황 및 지역여건

- 생활권별 연계 현황, 생활권 협력사업 여건, 협력사업 추진의 강 · 약점, 통합적 관리의 필요성 등
- **자연지리적 특성** : 협력 지자체의 접근성, 지형 · 지세 특성 등 자연환경적 유사성과 연계성
- **인구사회적 특성** : 생활권 내 인구이동 및 통근 · 통학 등 연계의 정도
- **역사문화적 특성** : 생활권 내 지자체의 역사 · 문화적 일체성, 생활권 내 주민들이 공유하는 역사문화적 인식 등
- **경제산업적 특성** : 생활권 내 지자체의 주요 산업 현황, 경제활동의 상호교류 및 연계 현황
- **생활환경적 특성** : 각 지역이 협력사업을 통해 얻고자 하는 생활 서비스의 종류별 수요와 공급

여건, 생활권 연계 가능성 등

3. 기본구상 : 비전, 목표, 발전전략

- **비전** : 생활권 전체를 대상으로 주민들이 희망하는 바람직한 미래 생활권의 모습
- **목표** : 비전 달성을 위한 생활권 공동의 목표, 부문별 발전목표, 성과지표
- **발전전략** : 비전과 목표를 달성하기 위한 생활 인프라, 일자리, 교육 · 문화, 생태 · 환경, 의료 · 복지 등 핵심 분야의 발전전략. 지역의 다양한 주민 수요를 충족하기 위한 수평적 교류와 협력의 전략

4. 전략별 사업계획

- 주민 행복 증진에 필요한 협력사업의 발굴과 우선순위 설정
- 주민 행복에 실질적으로 보탬이 되는 5대 분야(생활권 기반 확충, 일자리 창출을 통한 지역경제 활력 제고, 교육여건 개선 및 창의적 인재 양성, 지역문화 융성과 생태 복원, 지역 복지 · 의료) 중 필요사업 발굴
- 관련된 제도 개선 및 규제 완화의 필요성과 구체적 내용

5. 집행 · 관리계획

- 생활권 발전계획 수립 · 집행을 위한 추진체계
- 공동의 재원을 출연한 특정 목적 수행의 사업단 설치, 자문위원회 설치 · 운영 방안

자료 : 지역발전위원회(2013) "지역행복생활권 가이드라인"에서 필자 정리

마. 지역생활권 주요 사업 추진

1) 지역행복생활권 추진과제

생활권별로 지역생활권 발전계획에 근거하여 생활권 내 주민들의 불편 없는 생활을 위한 기초인프라, 일자리, 교육 · 문화 · 복지 서비스를 확충하는 사업으로서 지역행복생활권 과제를 제안하였다. 이 과제들은 생활권 내 지자체 간에 연계하여 공동활용하는 시설과 서비스를 공급하거나 지역자원을 공동으로 개발 · 관리하여 시너지 효과를 높이기 위한 연계협력사업과 지자체 단독으로 주민 불편을 해소하고 삶의 질을 개선하기 위한 단독사업으로 구분된다.

2014년 구성된 56개 생활권에서 2,058건의 과제가 제안되었고, 이 중에서

표 5-4　　2014년 지역행복생활권 선도사업 선정 결과

연번	사업명	참여 지자체
1	W-line 프로젝트	부산, 김해, 양산, 울주
2	폐기물매립시설 공동이용	양산, 김해
3	신의 물방울 사업	대구, 청도
4	한뿌리 생활권 프로젝트	광주, 나주, 화순
5	응급실 원격협진시스템구축	광주, 나주, 장성, 담양, 화순, 함평
6	대청호권 생태창조마을	대전, 옥천, 보은, 군산
7	영남 알프스 Mountain Top	울산, 양산, 밀양
8	평안 해오름길 조성	평택, 안성
9	광역버스정보시스템 구축	원주, 횡성
10	일자리 중심 Hub	청주, 청원, 진천, 괴산, 증평, 보은
11	행복학습공동체 운영	증평, 청원, 진천, 괴산, 음성
12	도농 일자리 지원 센터	단양, 제천
13	복합문화정보센터 조성	천안, 아산
14	백제숨결 따라 한걸음씩	공주, 부여, 청양
15	새(New) 일(Job) 프로젝트	익산, 전주, 군산
16	오순도순 행복마을 만들기	정읍, 고창, 부안
17	도농협력 농업인력지원센터	임실, 남원, 순창
18	오지마을 지방상수도 공급	진안, 장수
19	박물관 · 미술관 협력 사업	목포, 해남, 진도, 신안, 무안
20	패류 종묘 배양장 공동활용	보성, 여수, 광양
21	도농협력 일자리 연계	담양, 구례, 곡성
22	치매거점병동 운영	장성, 함평, 영광
23	여객선 이용객 편의시설 확충	완도, 장흥
24	낙강선유 명품 원예단지 조성	성주, 고령
25	스포츠를 통한 농촌경제 활성화	군위, 의성
26	호두 특화산업단지	김천, 영동, 무주
27	철도역사 문화관광자원화	봉화, 영주
28	경남인력 지원센터 설치	거창, 함양, 산청
29	제주 올레 길 주민 행복 사업	서귀포시, 제주시
30	중랑천 녹색문화벨트	의정부, 노원, 성북
31	DMZ사과 명품화 단지조성	포천, 철원, 연천
32	DREAM 일자리 나눔	나주, 화순
33	동해안권 친환경 통합 관광	영덕, 포항, 경주, 울진, 울릉
34	에코힐링 벨트화 사업	영월, 단양, 영주
35	나전칠기 연계 육성사업	통영, 거제, 고성

자료 : 지역발전위원회(2014)

1,440건이 선정되었다. 분야별로는 생활인프라 조성 751건, 관광자원 개발, 생태보전 등 문화 · 환경 307건, 지역특화산업 및 일자리창출 등 지역경제 활력제고 196건, 위험도로 개선 등 안전 99건, 취약지역 응급의료강화 등 의료 · 복지 · 교육 87건이었다. 과제 선정을 위한 기준으로는 생활권사업 적합성 및 필요성, 생활권 발전비전 및 핵심전략 부합성, 주민체감도 및 참여수준, 지자체 간 사업추진체계 및 재원배분의 구체성, 사업추진 및 사후관리를 위한 조직, 인력, 예산, 협업유지 수준, 생활권에서 제출한 사업순위 등이 적용되었다.

2) 지역행복생활권 선도사업

시 · 군 간 협력체계 구축 및 자원의 효율적 활용을 위해 신설했던 연계협력사업(2013.3)을 지역행복생활권 지역발전정책 수립(2013.7)에 맞추어 '지역행복생활권 선도사업' 으로 확대 · 개편하였다.

2014년에는 53개 생활권에서 신청한 118건 중에서 주민 삶의 질과 복지 증진에 기여할 것으로 판단된 35건을 신규 사업으로 선정 · 추진하고 있다. 사업 선정의 기준으로는 사업내용의 타당성, 사업추진체계의 적합성 및 협력성, 재원조달 및 재원분담의 적정성, 성과창출 가능성, 지자체 간 기존 시설과 서비스자원의 공동 활용도 등 정부지원 필요성 등이 사용되었다.

지역행복생활권 선도사업은 기피시설 해소, 교육과 의료 질 개선, 주민 안전, 일자리창출, 생활인프라 등 주민생활과 직결되는 5대 중점 분야의 사업을 우선 지원하는 방향을 설정하고 있다. 또한 관련 부처가 협업하여 사업성과를 높일 수 있도록 컨설팅뿐만 아니라 사업 진행 및 사후관리에도 참여하도록 유도하고 있다.

3) 취약지역 생활여건 개조 프로젝트

이 프로젝트는 생활권을 구성한 지자체 협업으로 제안한 '취약지역' 을 지역발전위원회에서 선정하여 지역 주민의 기본적 '삶의 질' 향상에 도움이 될 수 있는 사업을 시행하는 것이다. 단일부처에서 지원하기 곤란한 사업을 중심으로 하여 2015년부터 생활권별로 대상지역과 사업을 선정하여 추진하고 있다.

상 · 하수도, 가스, 공동화장실, 취수시설, 독거노인 및 소년소녀가장 그룹홈 등 지역 공동사업, 자연재해 취약지대 보강, 가로등과 감시카메라 설치, 급경사 계단정비 등 주거여건 개선사업뿐 아니라, 주민공동체 활성화, 주민참여 확대, 사업 이후 자활 등 주민역량을 강화할 수 있는 프로그램도 지원할 예정이다.

바. 지역생활권 정책의 추진체계

박근혜정부의 지역행복생활권 정책은 대통령 직속기구인 지역발전위원회가 주도한다. 지역발전위원회의 주요 정책 영역은 세 가지로 요약된다.

- 지역생활권 사업의 추진방향 수립, 사업 선정, 사업진행 지원을 위한 지역발전 시행계획 수립과 모니터링
- 국가균형발전특별법에 근거하여 지역발전시책 투자방향 수립, 지역행복생활권 선도사업 예산 시행(2014년 650억 원, 2015년 1,200억 원)
- 지역발전사업 추진실적에 대한 종합평가 실시, 평가결과를 예산에 반영하는 환류체계 운영

지역발전위원회는 중앙부처와 지자체의 지역정책을 총괄 · 조정하는 기구인 만큼, 지역행복생활권 과제는 각 부처의 사업에 반영하여 추진하도록 하고 있다. 2014년 선정된 1,440건의 과제는 농림축산식품부(607건), 문화관광체육부(199건), 국토교통부(190건), 환경부(151건), 행정자치부(115건), 보건복지부(75건)의 사업으로 추진되고 있다.

지자체에서는 시 · 도 단위 생활권발전협의회, 생활권 단위 행정협의체 등의 거버넌스를 구축하고 있다. 17개 시 · 도에 구성되어 있는 생활권발전협의회는 단순 자문 기능에서 생활권 정책을 총괄하는 컨트롤타워의 기능으로 확대를 추진하고 있으

며, 실질적으로 생활권 운영에 참여하고 있다. 생활권발전협의회는 연계하는 지자체 간에 조정과 협력의 거버넌스를 수행하기 위한 목적으로 자율적으로 구성하도록 하고, 지역생활권 발전계획을 보완하여 활용가능성을 제고하는 실질적 역할을 할 수 있도록 유도한다.

4. 지역행복생활권 정책 추진의 평가와 향후 과제

가. 평가

지역생활권 정책은 지역발전을 위한 면의 전략으로서, 한 지역 내에 있는 소지역 또는 각 활동주체들 간에 기능의 상호 보완과 연계 · 협력을 통해 발전의 효과를 동등하게 공유하기 위해 채택되는 전략이다. 이러한 면의 전략은 채택되는 당시 지역발전의 현안과 우선순위에 따라 그 정당성이 부여된다. 제2차 국토종합개발계획의 지역생활권 정책은 지역 간 불균형 문제를 해소하기 위한 목적으로 채택되었으며, 박근혜정부의 지역행복생활권 정책은 전국 어디서나 모든 주민들이 기본 생활편의가 보장되며 높은 삶의 질을 추구하는 사회를 만들기 위한 목적으로 도입되었다.

중요한 것은 정책의 실행성을 높이고 그 효과가 실질적으로 발생할 수 있도록 적절한 수단을 도입하는 것이다. 제2차 국토종합개발계획의 지역생활권이 실패했던 이유는 권역 설정과 정책 방향만 이루어지고 이를 실행하기 위한 수단이 없었기 때문이다. 사업의 선정 및 실행, 투자를 위한 재정계획이 수반되지 못하였고, 지역의 동기부여가 부족한 상태에서 중앙정부가 모든 지역을 이끌고 나가기 위한 추진체계도 부족했다. 또한 전국을 분할하는 하향식 권역 구성의 과정에서 지역은 고유한 자발적 역할을 수행하지 못했고, 이러한 상황에서 차별화된 전략과 실행 수단도 제시되기 어려웠다.

박근혜정부의 지역행복생활권 정책은 가시적인 성과를 나타낼 수 있는 여건을 충분히 갖추고 있는 것으로 보인다. 지역이 주도가 되어 인근 지역과 함께 자발적으로 권역을 설정하고 연계 · 협력할 수 있는 사업을 발굴하게 한 것은 좋은 출발점이다. 그 사업은 거대한 인프라 시설이 아니라 주민들에게 체감되는 실질적인 사업을 중심으로 한다. 그리고 그 사업들이 단편적으로 시행되지 않고 지역 전체의 발전방향의 맥락에서 추진되도록 지역생활권 발전계획을 수립하게 하고 있다.

정책 시행을 위한 행정 및 재정계획을 동반한다는 것은 지역행복생활권 정책의 큰 강점이다. 정책 총괄조정기구인 지역발전위원회, 시 · 도 단위 생활권발전협의회, 생활권 단위의 발전협의회 등으로 거버넌스를 구축하고 있다. 선정된 생활권 사업들은 정부 부처의 재정으로 집행되어 가시적인 결과를 나타낸다. 그리고 국가균형발전특별법이라는 법체계하에서 시행된다는 것은 또 다른 큰 강점이라 할 수 있다.

[표 5-5]은 제2차 국토종합개발계획과 박근혜정부의 지역생활권 정책이 갖는 공통점과 차이점을 보여준다.

표 5-5　제2차 국토종합개발계획과 박근혜정부 지역생활권 정책의 비교

구분		제2차 국토종합개발계획의 지역생활권 구상	박근혜정부의 지역행복생활권 정책
공통점		■ 지역발전을 위한 면적 전략으로 채택 ■ 생활권 내 기능의 상호보완과 연계 · 협력을 통해 발전의 혜택을 공유하기 위한 목적을 가짐	
차이점	정책목표	■ 지역 불균형 발전 문제 해결	■ 주민 삶의 질 개선
	권역설정	■ 중앙 주도로 전국을 28개 생활권으로 분할	■ 지역 주도로 자발적 권역 설정 (2015년 63개)
	생활권 설정기준	■ 중심지 이용행태에 근거한 중심도시 선정, 기능적 연계성에 근거한 배후지 설정 ■ 인구 25만~30만 명	■ 인구, 접근성, 기능적 · 역사적 연계, 주민의식 등을 기준 ■ 2~4개 시 · 군으로 구성
	생활권 유형	■ 대도시생활권, 지방도시생활권, 농촌도시생활권	■ 농어촌생활권, 도농연계생활권, 중추도시생활권(대도시중심형, 네트워크도시형)
	인구배분계획	■ 각 생활권 유형별 인구배분계획 제시	■ 없음
	정책수단	■ 특정 수단 없음	■ 생활권 발전계획, 재정지원사업(생활권과제, 선도사업, 취약지역프로젝트)
	추진체계	■ 특정주체 없음(제2차 국토종합개발계획은 건설부에서 수립)	■ 대통령직속 지역발전위원회, 정부 각 부처, 시 · 도 생활권발전협의회, 생활권 행정협의체
	근거법	■ 없음(제2차 국토종합개발계획은 국토건설종합법에 근거)	■ 국가균형발전특별법

나. 향후 과제

1) 지역생활권 정책의 목표와 수단의 일체성 제고

지역생활권 정책이 주민의 일상생활을 개선하여 전국 어디서나 높은 삶의 질을 향유한다는 목표를 달성할 수 있다면, 이것은 지난 수십 년간 모든 정부에서 노력해 왔던 '지역균형발전' 이라는 공동 가치에 한 걸음 다가가는 매우 중요한 변화가 될 것이다. 이러한 목표 달성을 위해서는 도입되는 수단들이 타당한지에 대한 면밀한 검토가 있어야 한다.

직접적으로는 주민 삶의 질 개선에 기여하는 사업들을 제안 · 선정하고 일단 선정된 사업들은 주민이 체감할 수 있을 정도로 효율적으로 작동하게 해야 한다. 이를 위해서는 지역생활권 발전계획이 각종 사업들을 이어주고 방향을 제시하는 역할을 수행하게 할 필요가 있다. 그리고 사업추진 과정의 모니터링과 사업 후의 평가가 필요하다.

지역균형발전이라는 궁극적 목표를 달성하기 위해서는 지역 특색에 맞는 개성 있는 성장 동력이 선정되어야 한다. 이 성장 동력은 보다 작은 지역 단위에서 자발적으로 이루어져야 한다는 지적이 있는 만큼(주성재, 2012), 지역생활권은 이를 위한 좋은 정책수단이 될 수 있다. 따라서 향후 지역생활권 사업은 지역의 경제기반을 제공하는 지역의 창의, 재능, 지식을 활용하는 방향으로 선정 · 추진될 필요가 있다.

2) 지역 간 연계와 협력을 위한 체계 구축

몇 개의 지자체가 공동으로 구성한 생활권에 있어 지역 간 연계와 협력은 필수적인 요소이며, 이것은 지역행복생활권 정책에서도 분명하게 확인된다. 2014년 선정된 지역행복생활권 선도사업 35건은 기본적으로 연계협력을 기반으로 한 것이었고, 지역행복생활권 과제는 제안된 2,146건의 사업 중에 483건(23%)이 연계협력 사업이었던 것으로 집계된다(차미숙 외, 2014 : 116).

중요한 것은 지자체 간 연계와 협력의 모습에 대한 이해, 그 필요성에 대한 인식의 공유, 그리고 연계와 협력을 통해 보다 효율적으로 추진될 수 있는 사업의 발굴로 보인다. 생활인프라와 환경시설의 공동 조성과 이용, 교통서비스 연계, 일자리 공동 창출, 교육여건 개선 연계, 문화체육시설 및 관광자원의 공동 활용, 보건의료 서비스 기능 분담 등이 그 자체로 의미 있는 시사점을 준다.

그러나 최근 연구에 의하면 지역 간 연계 · 협력이 어려움을 겪는 것은 협력여건이 조성되지 못한 것이 가장 큰 이유이며 협력의 경험과 추진역량도 협력의 강도에 영향을 미치는 것으로 나타난다(차미숙 외, 2014). 따라서 연계와 협력을 활성화하기 위해서는, 지역 간에 비전과 문제의식을 공유하도록 교류를 확대하고 앞선 협력의 경험이 후속 사업으로 연결될 수 있도록 인센티브를 부여하고 행위주체들의 역량을 키우는 전략이 필요하다.

3) 권역 설정 및 사업 선정의 타당성과 효율성 확보

생활권의 구성을 자율적으로 제안하는 체제하에서는 권역의 규모가 경우에 따라 다르고 하나의 지자체가 여러 생활권에 포함되는 중복이 있을 수 있다는 실질적인 문제가 있다. 지역생활권 사업을 운영한 것이 오래지 않은 상태에서 어떤 규모의 생활권이 가장 효율적인 계획 단위인지를 판단하는 것은 무리이나, 어느 정도 합의된 생활권의 규모는 설정할 필요가 있다. 광역시 전체가 주변 시 · 군과 더불어 거대한 하나의 생활권을 구성하는 것은 주민의 일상생활이 이루어지는 공간이라는 생활권의 개념 측면에서나 생활권 사업의 운영 측면에서 다른 생활권과 지나치게 차별화되어 보일 수 있다. 하나의 지자체가 3개 이상의 생활권에 포함되는 것은 자원의 분산이라는 문제를 낳을 수 있다.

생활권 사업을 선정하는 과정에 있어서는 생활권의 유형, 경제기반의 특성, 인구 · 사회 · 입지적 특성 등에 따라 각 생활권에서 가장 필요하고 적합하게 추진할 수 있는 사업을 제안하도록 유도하는 일이 중요하다. 생활권 정책의 실현가능성을 높이기 위해서는 각 생활권에 특화된 사업을 발굴하는 것이 필요하기 때문이다.

4) 지역이 주도하는 상향식 거버넌스 확립

현재 지역생활권 정책 거버넌스는 지역발전위원회와 정부 각 부처, 시 · 도 단위 생활권발전협의회, 생활권 단위의 행정협의체로 구성되어 있다. 이 중에서 중앙에서 정책을 주도하고 조정해가는 지역발전위원회와 예산을 집행하는 각 부처와 비교하면, 지방의 협의회들은 뚜렷한 역할이 규정되어 있지 않은 것으로 보인다. 거버넌스 체제가 제대로 작동하기 위해서는 참여하는 주체 간의 적절한 역할 분담이 필요하기 때문에 명확한 업무 영역이 규정될 필요가 있다.

거버넌스의 운영은 아직 초기의 실험적 단계이기 때문에 여러 과정을 통해 최적의 실행방법을 도출해야 할 것이다. 언젠가는 지역이 주도하여 사업을 제안할 뿐 아니라 새로운 정책방향을 발의할 수 있을 정도의 역량이 갖추어지도록 노력할 필요가 있다.

〈참고문헌〉

강원도 · 국토연구원 · 강원개발연구원(1999), 강원동해안 광역권역지정 · 개발계획 수립 공청회 자료.

국토개발연구원(1981), 「지역생활권개발을 위한 기초연구」.

김 인(1986), 『현대인문지리학 : 인간과 공간조직』, 법문사.

대한민국 정부(1982), 제2차 국토종합개발계획.

류우익(1996), 「국토개발을 위한 전략수단으로서 발전축의 개념과 적용」, 국토개발연구원, 21세기 국토개발의 정책과제, 45～67쪽.

박양호 · 김창현(2000), 「국토균형발전을 위한 통합국토축 추진전략」, 국토연구원.

주성재(2012), "영원한 숙제, 지역균형발전," 박삼옥 외, 『지식정보사회의 지리학 탐색』, 파주 : 도서출판 한울, 433～458쪽.

지역발전위원회(2013), 지역행복생활권 가이드라인 : 해설집.

차미숙 · 이원섭 · 김창현 · 임은선 · 이미영 · 박재희(2014), 「지역행복생활권 실현을 위한 지역간 연계협력 활성화 방안 연구」, 안양 : 국토연구원.

충청남도(2008), 제3차 충청남도종합계획 수정계획(2008~2020년).

Batten, D. F., 1995, "Network Cities : Creative Urban Agglomerations for the 21st Century", *Urban Studies*, 32(2), 313-327.

Christaller, W., 1933, *Die Zentralen Orte in Süddeutschland*(번역, Baskin, C. W., 1966, *Central Places in Southern Germany*, Prentice Hall).

de Souza, A. R., 1990, *A Geography of World Economy*, Macmillan.

Friedmann, J., 1988, *Life Space and Economic Space : Third World Planning in Perspective*, Transaction Publishers.

Haggett, P., Cliff, A. D. and Frey, A., 1977, *Locational Analysis in Human Geography*, Prentice Hall.

1. 창조경제 실현과 지방과학기술 역량

2. 지방과학기술진흥정책의 전개와 평가

3. 박근혜정부의 지방과학기술진흥정책 방향과 추진과제

제 6 장

지방과학기술 진흥정책과 창조경제 실현

1. 창조경제 실현과 지방과학기술 역량

창조경제의 중요성 증대와 경제의 글로벌화로 지역의 과학기술역량이 지역발전을 도모할 수 있는 중요한 핵심요소로 부각되고 있다. 지역의 과학기술 역량을 제고하기 위한 지방과학기술정책은 지역발전의 주요 대상을 산업화나 발전 잠재력이 높은 한정된 지역만을 선별하여 육성하는 전략을 채택하면서 태동하였다. 지방과학기술정책 확립의 중요성이 커지면서 지역 간 불균형 성장을 해소하고 지역특화산업의 육성을 통해 지역 상호 간의 파급효과에 긍정적으로 작용할 수 있는 사회경제적 요소를 지방과학기술정책의 범위 속에 넣어 고려해야 한다는 인식이 높아지게 되었다. 1990년대 중반 본격적인 지방화시대의 도래에 대비하여 정부역의 과학기술 잠재력을 최대한 개발하고 지역산업 발전에 기여할 수 있도록 하기 위하여 지방과학기술진흥시책들을 추진하게 되었다. 초기에는 혁신 인프라 구축을 위한 장비 지원, 시설 지원 및 연구개발 자금 지원 등 지역혁신 개념이 적용된 사업들이 시행되었다. 대표적인 사업으로 산학연 공동기술개발사업(1993년), 지역협력연구센터(RRC) 사업(1995년), 지역기술혁신센터(TIC) 사업(1995년) 등이 있다.

2004년 국가균형발전특별법 제정 및 제1차 국가균형발전 5개년 계획의 수립, 국가균형발전특별회계의 설치 등으로 지역혁신체계 구축에 대한 다양한 제도가 마련되었으며, 지역의 과학기술진흥을 위한 연구개발 사업이 확대 추진되었다. 이명박정부가 들어선 2008년 이후 5 + 2 광역경제권 중심의 선도산업 육성사업의 추진과 함께 지역의 경쟁과 자율을 중시하는 방향으로 지역발전정책 및 지방 과학기술정책의 전환이 이루어졌다. 광역경제권 정책기조의 반영을 위하여 2007년에 수립된 제3차 지방과학기술진흥종합계획 수정안이 2009년 말에 제시되었으며, 광역경제권별 선도산업, 녹색성장산업 및 신성장동력사업 등을 포함해 권역별 특성과 연계한 지방 연구개발 역량 강화의 내용이 보완되었다.

박근혜정부는 2013년에 제4차 지방과학기술진흥종합계획(2013~2017년)을 수립하였다.[1] 중앙은 지방과학기술진흥을 위한 기본방향 및 틀을 제시하고, 17개 시 ·

도역별 과학기술진흥계획을 수립하는 방식으로 계획을 수립하였다. 창조경제 실현을 위한 핵심수단으로 과학기술의 중요성이 부각되고, 지역의 수요를 반영한 특성화된 요구가 증대되고 있으며 그에 따른 지역 우수인재의 양성과 지역 내 정착이 중요한 문제로 대두되고 있다. 또한 과학기술에 대한 국민 관심도속적으로 증가하고, 건강·환경 등 실생활 체감형 과학 분야에 대한 관심도도 증가하여 과학기술에 대한 인식이 경제성장을 위한 수단을 넘어 건강·안전 등 삶의 질 향상으로 연결되는 수단으로 인식이 전환되었다. 이러한 시대적 요구에 따라 지방과학기술진흥을 위한 새로운 종합계획 수립이 필요하게 된 것이다.

2. 지방과학기술진흥정책의 전개와 평가

가. 제1~2차 지방과학기술진흥정책의 목표와 주요 성과

제1차 지방과학기술진흥종합계획(2000~2004)의 목표는 첫째, 지역경제 발전과 지역주민의 삶의 질 향상, 둘째, 자체적 발전이 가능한 지역기술혁신체제 확립, 셋째, 지식기반산업 과학기술 하부구조 구축 등이다.

그리고 제2차 지방과학기술진흥종합계획(2005~2007)의 목표는 첫째, 지역산업 경쟁력 강화 및 성장동력 확보, 둘째, 과학기술하부구조 및 자원의 지역 편중 해소, 셋째, 지자체 주도－중앙정부 조정의 추진체계 확립이다.

제1차~2차 지방과학기술진흥종합계획의 주요 성과를 요약해보면, 첫째, 지방 R&D 예산 증가 및 지역혁신거점이 확충되었다는 것이다. 지방(대전 제외)에 대한 정부 투자가 2000년 6,037억 원에서 2006년 2조 3,344억 원으로 증가하였고, 대덕 테크노밸리, 한국과학기술연구원 강릉 분원, 순창 장류연구소 등 과학연구단지, 정부출연(연) 분원 및 지자체 연구소 설립 추진이 활발하게 이루어졌다. 또한 지역혁신센

1. 수립근거 : 과학기술기본법 제8조(지방과학기술진흥종합계획)

터는 2000년 58개에서 2006년 106개, 지역특화센터는 2006년 52개로 증가하여 지역 과학기술 인프라 투자 확대를 통한 지역혁신거점이 지속적으로 확대되었다.

둘째, 지자체의 지방과학기술을 추진할 수 있는 기반 구축으로 1999년 과 단위 2개에서 2006년 실 · 국 단위 4개, 과 단위 6개, 팀 단위 6개로 과학기술전담 지원조직을 구성하여 지자체의 과학기술 행정체계를 강화하였다. 또한 광역 지자체의 과학기술 관련 예산(비중)은 2000년 2,761억 원(0.8%)에서 2006년 1조 6,328억 원(2.3%)으로 과학기술 관련 투자가 대폭 증가하였다.

셋째, 과학문화 확산사업 추진 및 지방과학문화 인프라의 조성이다. 청소년 과학탐구반 지원사업, 생활과학교실(2007년 43개 지역, 510여 개)을 운영하는 등 지역주민들이 활용할 수 있는 과학기술 체험시설을 확충하였고, 과학문화 확산과 대중화를 위한 지역테마과학관도 2001년 2개에서 2007년 59개로 확대 운영하였다.

나. 제3차 지방과학기술진흥정책의 목표와 주요 성과

제2차 지방과학기술진흥종합계획(2008～2012년)의 목표역별 고유의 과학기술 혁신역량 구축과 지역산업의 성장동력 확보이다.

'지역별 고유의 과학기술 혁신역량 구축과 지역산업의 성장동력 확보' 를 목표로

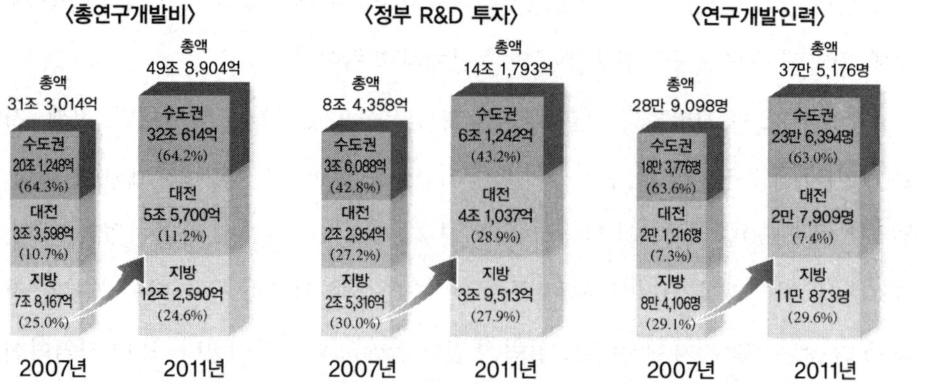

자료 : 국가과학기술지식정보서비스(NTIS)

〈그림 6-1〉 연구개발비와 연구개발 인력의 지역 분포

수립된 제3차 지방과학기술진흥종합계획(2008~2012년)의 주요 성과는 첫째, 지방 R&D 역량의 지속적인 성장이다. 지방에 대한 R&D 투자는 연평균 10% 대의 성장률을 보였고 연구개발 인력도 큰 폭으로 증가하였다. 지방 총연구개발비는 연평균 11.9%, 중앙정부 R&D 투자는 연평균 11.8% 성장하였고, 지방 연구원 수(비중)는 2007년 8만 4,106명(29.1%)에서 2011년 11만 873명(29.6%)으로 증가하였다.

논문 · 특허 · 사업화 등 기술적 · 경제적 성과도 지방에서 상대적으로 두드러진 성장을 나타내었다. 지방 SCI 게재 논문 비중은 30.5%(2007)에서 33.2%(2011), 특허출원 비중은 26.7%(2007)에서 29.1%(2011), 사업화 비중은 43.1%(2007)에서 52.7%(2011)로 증가하였다.

표 6-1 수도권 및 대전 대비 지방연구개발 주요성과 비교

	정부 연구개발 투자 현황(억원, %)			SCI논문 현황(건, %)			특허 출원 현황(건, %)			사업화 현황(건, %)		
연도	2007	2011	연평균 증가율	2007	2011	연평균 증가율	2007	2011	연평균 증가율	2007	2011	연평균 증가율
수도권	36,088 (42.8)	61,242 (43.2)	14.1	9,949 (54.1)	13,405 (51.5)	9.7	5,523 (41.4)	8,396 (44.8)	11.1	3,458 (46.8)	2,981 (42.3)	3.6
대전	22,954 (27.2)	41,037 (28.9)	15.6	2,834 (15.4)	3,991 (15.3)	9.2	4,248 (31.9)	4,880 (26.0)	4.4	748 (10.1)	355 (5.0)	17.0
지방	25,316 (30.0)	39,513 (27.9)	11.8	5,603 (30.5)	8,635 (33.2)	17.1	3,563 (26.7)	5,460 (29.1)	11.5	3,186 (43.1)	3,713 (52.7)	3.9

자료 : 국가과학기술위원회, 국가연구개발사업 조사 분석 및 성과분석보고서(2011)

둘째, 지역R&D 수행을 위한 인프라 확대를 들 수 있다. 중앙정부의 지역R&D 사업을 수행하는 다수의 거점기관[2]을 설치 · 운영한 결과, 각 지역의 거점기관 수는 170여 개(2007년)에서 289개(2012년)로 증가하였다. 또한 대덕 특구 외 대구, 광주, 부산에 연구개발특구를 추가 지정하였다.

셋째, 지방과학기술진흥정책 추진체계의 확산이다. 특히 중앙차원에서 지방 의견 수렴을 위해 국가과학기술위원회 산하 지방과학기술진흥협의회의 운영을 활성화하였

2. 테크노파크, 과학연구단지, 연구개발특구, 첨단복합단지, 산학융합지구, 혁신 · 특화센터 등

표 6-2 연구개발 특구 지정 및 입주 현황

입주현황 \ 특구	대덕특구(2005. 7)	광주특구(2011. 1)	대구특구(2011. 1)	부산특구(2012. 11)
정부출연기관	30	6	5	3
국공립기관	14	12	1	1
공공기관	11	5	–	–
비영리법인	33	17	12	5
기업체	1,306	509	286	856
교육기관(대학)	5	4	8	6

자료 : 연구개발특구진흥재단(부산특구는 2012년 11월 특구지정당시 부산시에서 제출한 자료)

다. 민간 전문가 중심으로 지방과학기술진흥협의회 위원의 구성을 전면 개편하고 정책 제안을 위한 지역과학정책 워크숍(예 : 지역R&D 예산 배분 방향), 안건 심의(예 : 시행계획, 추진실적) 등 다양한 활동을 전개하였다. 또한, 지방차원에서 지자체의 과학기술정책 추진 기반을 점진적으로 확대하였다. 지자체 소속 과학기술 자문기구인 '지역과학기술위원회' 의 설치 지역을 2006년 1개 지자체에서 2010년 9개 지자체 , 그리고 2012년 13개 지자체로 확대하였고, 2010년 경기과학기술진흥원 설립과 전북 테크노파크를 R&D 지원조직으로 지정 · 운영하는 등 지자체의 과학기술정책의 추진을 뒷받침할 수 있자체 산하 R&D 기획 · 관리 · 조직 · 운영 확산에 노력하였다.

다. 지방과학기술진흥정책의 한계와 과제

그동안 정부에서 의욕적으로 지방과학기술진흥정책을 추진하였지만 여전히 미흡하고 한계를 보이고 있다. 첫째, 지역 주도적 R&D 추진을 위한 지역의 R&D 기획 · 관리 역량은 여전히 미흡하다. 지역R&D 재원 대부분을 중앙정부에 의존하는 구조로 중앙정부 출연 사업에 대한 의존도가 높고[3] 지역R&D 사업의 기획 관리를 전문적으로 수행하원체계 구축이 미흡하여 지방정부의 자율역량이 아직 부족하다. 지역과학기술위원회는 형식적인 심의 · 자문기구에 그치거나 테크노파크, 지역혁신센터

3. 국가 전체 세출예산에서 중앙정부/지자체 비율은 4/6 수준이지만, 지역R&D 부문은 7.5/2.5 수준(2011년 기준)

등 지역 연구개발 기획 · 관리 기능을 갖는 연구기관 사이에서 역할의 차별성과 연계가 부족하다. 지역과학기술위원회가 실제 활동성과를 보인 지역은 8개(2011년 기준)에 불과하였다. 지역R&D를 총괄할 수 있는 중간 조직이 필요하다.

둘째, 지역R&D 투자의 실효성이 부족하다. 연구개발이 지역 여건에 부합되지 않거나 신기술 위주의 R&D 지원으로 지역의 체감도가 떨어진다는 것이다. 40개 지역전략산업 중 24개(60%)역발전 효과가 보통 또는 미흡한 것으로 평가(한국개발연구원, 2012)되었고, 인력 측면에서도 지역 수요에 부합하는 인력 양성–활용–정착의 선순환 체계가 미흡하다. 기업 등 지역 연구개발 인력이 수도권과 대전에 집중되어 지역 간 역량 편차가 크고,[4] 지역에서 육성한 과학기술인력의 지역 내 고용 및 정착하는 비율도 매우 낮은 것으로 보고되고 있다.[5] 지역R&D 인프라 확충에 대한 여건은 좋아진 반면에 운영의 효율성은 미흡한 것으로 나타났다. 따라서 각 기관의 강점을 중심으로 지역R&D 거점기관 기능 특성화 및 연계를 강화할 필요성이 제기된다. 주요 지역R&D 거점기관의 기능을 [표 6-3]에 비교하였다.

표 6-3 **주요 R&D 거점기관의 기능 비교**

	R&D 기획	교육 훈련	연구 개발	시설 · 장비	정보 교류	창업 보육	시험 생산	기술 이전	컨설팅
지방과학연구단지	○	◔	◔	◔	◑	○	○	◔	◔
테크노파크	●	●	●	●	◑	◑	●	◔	◑
연구개발특구	○	◑	●	◔	◑	◑	◔	●	◑

주 : ● : 강함, ◑ : 보통, ◔ : 약함, ○ : 기능 없음

자료 : 한국과학기술기획평가원(2012), "제3차 과학기술기본계획 수립을 위한 사전기획연구"

셋째, 지역 중소기업의 기술개발 기반이 취약한 현실에서 산학연 혁신주체의 성과 공유 · 활용 및 자발적 협력사업 추진이 미비하다는 문제점이 있다. 대학의 산학협

4. 수도권(대전 포함) 연구개발비의 75.5%, 연구원의 70.4% 차지(2011)
5. 광역경제권인재양성사업(2010년)에 의해 배출된 인력의 36.5%만 해당 권역에 취업. 대졸 인력의 지역 잔존율(2009년, %)은 수도권 91.5, 충청권 42.3, 동남권 77.5, 강원권 39.2

력단 내 기술이전조직(TLO)은 여전히 규모가 작고 전문성이 부족하고, 대학 · 출연(연) 특허의 약 70%는 휴면특허(2012년 국회 지식경제위원회 국감자료)이며, 대학 · 출연(연)에 투자된 기업의 R&D 비용은 1% 수준에 그쳐 수요자의 자발적 협력이 매우 부진한 상태이다. 따라서 중소기업의 R&D 역량을 강화하고 기술을 사업화할 수 있는 다양한 산학연 협력을 활성화할 수 있는 정책이 필요하다.

3. 박근혜정부의 지방과학기술진흥정책 방향과 추진과제

가. 제4차 지방과학기술진흥종합계획의 기본 방향

박근혜정부 지방과학기술진흥종합계획의 기본 방향은 첫째, 지자체와 중앙정부의 파트너십에 기반을 두고 있다는 것이다. 둘째, 지역 주도 지역과학기술정책의 정착을 위한 지역 자율성 확대와 책임성 제고에 역점을 둔다. 지역 기반의 R&D 자원을 활용하여 지역이 자율적으로 추진할 수 있도록 포괄보조 방식의 R&D 사업을 최대한 확대하여 지역 주도로 R&D 전략 수립 및 추진체계를 확립하도록 하는 것이다. 마지막으로 행복한 지역사회 구현을 위한 지역과학기술의 역할과 내실화를 지향한다. 지역과학기술의 역할을 지식 · 기술 창출뿐 아니라 창조경제 생태계의 구현에 초점을 맞추어 지역의 수요와 비교 우위에 기반한 R&D의 추진과 지역밀착형 인재양성 등 지역의 특

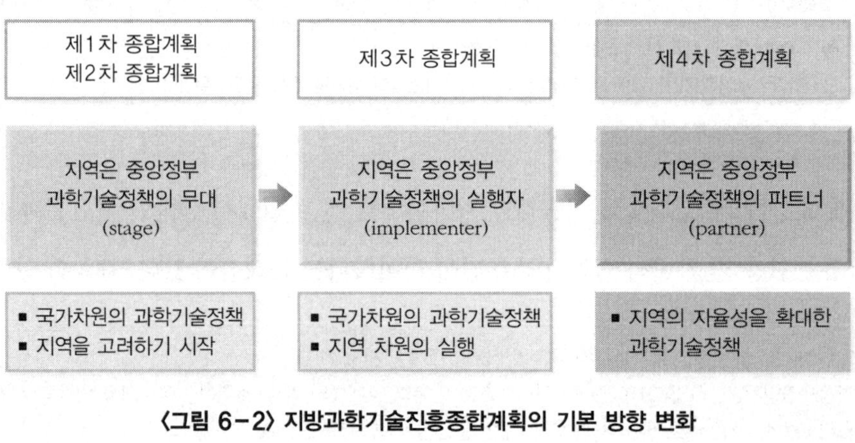

〈그림 6-2〉 지방과학기술진흥종합계획의 기본 방향 변화

성을 반영한 지역 체감형 과학기술역량 제고방안을 제시하고 있다.

나. 제4차 지방과학기술진흥종합계획의 비전과 목표

제4차 지방과학기술진흥종합계획에서는 '과학기술로 만들어가는 행복한 지역사회' 라는 비전과 지역의 자율과 책임성 강화 및 지역 특성화 과학기술 역량 제고라는 목표를 가지고 8대 중점 추진과제를 제시하였다.

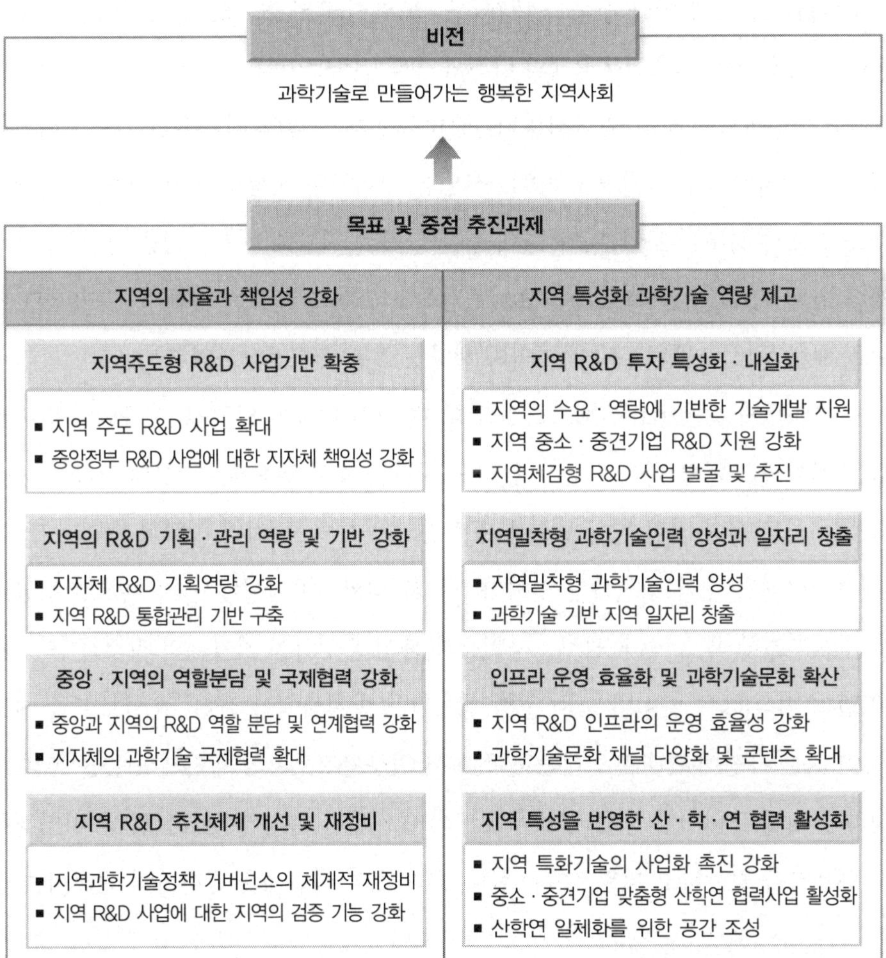

〈그림 6-3〉 제4차 지방과학기술진흥종합계획의 비전과 목표

다. 제4차 지방과학기술진흥종합계획의 중점 추진과제

1) 지역의 자율과 책임성 강화

① 지역주도형 R&D 사업기반 확충

지역 재원 부족 → 연구개발 투자 및 혁신역량부족 → 재원 부족으로 이어지는 악순환 고리를 끊기 위해 안정적 재원지원 확대와 중앙정부 주도로 추진 중인 지역 연구개발을 지자체 주도로 전환하여 지역특성과 현실에 맞는 연구개발 추진의 필요성이 제기되었다. 이에 따라 정부는 17개 시 · 도의 수요와 요구를 반영하여 시 · 도가 주도할 수 있는 과학기술진흥정책의 비전과 중점 전략분야를 포함한 제4차 지방과학기술진흥종합계획을 확정 발표하였다. 중앙정부는 사업의 기본적인 가이드라인을 제시하고, 지자체역 특성에 맞는 R&D 사업을 기획하여 시행토록 하였다. 이 정책의 성공을 위해서 정부는 포괄보조금 제도를 확대하여 지자체의 자율성을 강화하고, 지자체의 자체 R&D 재원 확충, 지역R&D 검증 시스템과 새로운 형태의 지역R&D 거버넌스 체계 등의 모색을 통하여 지역의 책임성도 동시에 강화하였다.

지역R&D에 포괄보조금 제도를 도입할 때 먼저 대상이 되역R&D 사업의 범위를 정하는 것이 필요하고 다음과 같은 원칙을 지키는 것이 필요하다. 첫째, 지역발전특별회계[6]에서 부처의 직접 편성을 통해서 추진되는 사업 중 지역 특화형 R&D 사업들은 생활기반계정[7]에서 추진하는 것이다. 둘째, 생활기반계정에서 지역R&D 포괄보조사업을 추진할 때, 기존 포괄보조사업들과 분리 운영하여 지자체의 정책적 우선 순위에 밀려 지역R&D 사업이 축소 운영되는 것을 방지하여야 한다. 포괄보조금 제도를 지역R&D 사업에 확대 도입하는 경우, 중앙정부방정부와의 계약제도 등을 통해 사업성과에 대한 모니터링 등을 통하여 제도의 발전뿐만 아니라 지역산업 및 지역경제와의 연계점을 발굴하고 지원하여야 한다. 지자체의 책임성을 강화하기 위해서는 중

6. 균특법 개정에 따라 광역 · 지역발전특별회계에서 지역발전특별회계로 명칭 변경(2015. 1. 1 시행)

7. 균특법 개정에 따라 지역개발계정에서 생활기반계정으로 명칭 변경(2015. 1. 1 시행)

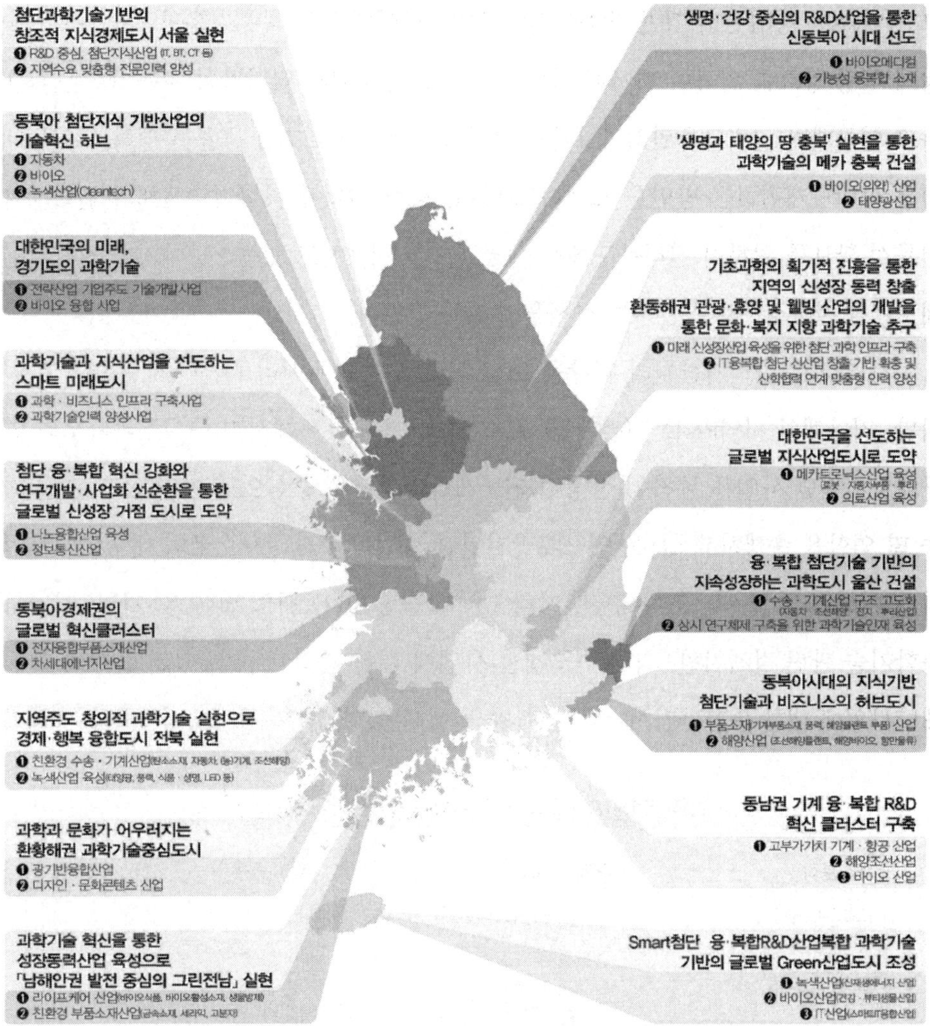

〈그림 6-4〉 시 · 도별 과학기술진흥정책 비전과 중점 전략분야

앙정부의 지역R&D 사업에 대하여 사업 성격 및 지자체의 재정적 형편을 고려, 지자체가 부담하는 매칭 자금을 적절하게 조정하는 방안을 모색하여야 한다.

② 지역 연구개발 기획 · 관리 역량 및 기반 강화

지역특성에 맞춘 과학기술 및 산업육성을 위해서역 연구개발 기획 · 관리 기능을 담당하는 공무원의 역량강화, 지역R&D 관련 기관들의 역할 분담 및 연계협력, 그리고 지역R&D 통합관리 기반 구축이 필수적이다. 현재 정부자체 전문인력의 과학기술 정책 역량 강화를 위하여 지자체 과학기술 관련 공무원과 담당자의 교육기회를 확대하고 연구개발 인력교육원의 '지역R&D 혁신과정' 프로그램 등을 운영하고 있는데 이를 확대 · 개편하는 방안을 모색하고 있다. 또한 지자체 과학기술정책의 연속성과 전문성 확보를 위하여 전라북도에서 성공적으로 시행하고 있는 '과학기술 전문위원 제도'[8]를 전국적으로 확산하는 정책을 추진하고 있다.

지역R&D 관리기관들의 역할을 보면 지역의 여건에 따라 다양하게 운영되고 있지만, 지자체의 지역R&D 거점기관(테크노파크, 진흥원 등)에서 미래창조과학부의 연구개발지원단 사업을 통하여 선정된 연구개발지원단을 중심으로 지역R&D 관련 기능 및 역할을 수행하고 있다. 연구개발지원단 사업의 주요내용으로역 내 R&D 사업의 모니터링 및 조사 · 분석 추진, 지역수요 맞춤형 R&D 사업 발굴 및 기획, 지역의 과학기술 관련 정책지원, 지역 연구개발 사업에 대한 관리 · 평가, 그리고 지역 연구개발사업에 대한 통합관리시스템 구축 운영 등이 있다. 일부 지자체에서방의 과학기

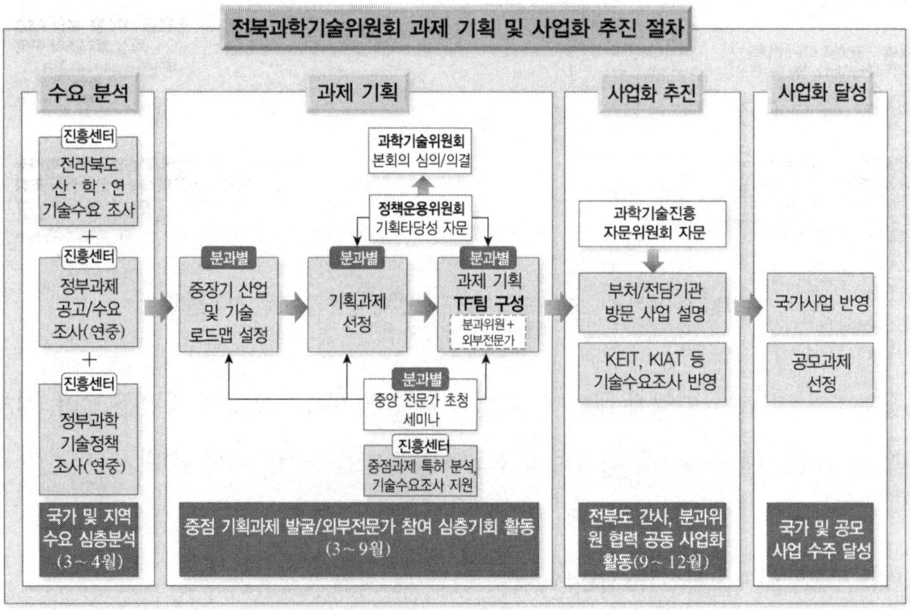

〈그림 6-5〉 지역 과학기술위원회의 과제 기획 및 사업화 절차 (전북 예시)

8. 전북은 지역 내 과학기술분야 전문가를 지자체 공무원으로 특별 채용

술위원회를 활성화하여 지역R&D의 기획 관리를 수행하고 있는데, 대표적인 예로 전북과학기술위원회의 지역R&D 과제 기획과 사업화 추진 절차가 있다(〈그림 6-5〉). 정부는 장기적으로 지역 내 기존 R&D 기획 · 관리 지원조직(연구개발지원단, 테크노파크, 시도발전연구원 등)의 연계 및 통합을 통하여 지역 실정에 맞는 R&D 전략 및 사업 기획 · 관리 등을 수행하자체 산하 연구개발 기획 · 관리 전담조직의 구성을 추진하고 있다.[9]

지역R&D 검증시스템의 공정성 · 객관성 확보와 성과관리 및 성과확산을 위하여 지역사업에 대한 전문 평가기관의 역할은 매우 중요하다. 그 동안 광역경제권 폐지(2014년 1월 균특법 개정)와 현 정부의 시 · 도 자율에 의한 지역산업정책의 추진, 그리고 2015년 지역사업체제 개편에 따라 지역사업의 평가관리체제 개편에 대한 필요성이 대두되어, 기존의 6개 광역평가원을 개편하여 13개 시 · 도 단위 지역사업평가단을 설립 운영하고 있다(2015년 5월). 지역사업은 시 · 도에서 자율적으로 기획하여 사업을 추진하되 이에 대한 평가 및 성과 검증은 독립적인 평가기관에서 추진하여 지역사업 평가관리 전문기관으로서의 공정성과 객관성을 확보하고, 성과관리 기능을 강화하여 TP 주도의 지역사업 기획에 대한 환류 체계를 강화하는 방향으로 개편하였다. 이를 위해서는 실무 중심의 효율적 조직(팀제) 구성이 필요하고, 지역사업평가단과 지자체, TP 등 관련 유관기관과의 유기적 연계를 강화하여 지역의 요구에 신속히 대응하고 지역 여건을 고려한 지역산업정책과의 부합성을 확보하도록 노력해야 한다.

이러한 정책을 성공적으로 추진하려면 지자체별로 지역R&D 통합정보시스템을 구축하고, 부처별로 추진 · 관리되는 R&D 혁신역량 자원 DB(미래창조과학부의 NTIS, 산업통상자원부의 RITIS 등)와 연계를 꾀하여야 한다. 또한, 지자체 예산 체계의 관리 분석을 위해 R&D 코드를 도입하는 등의 정책을 추진하고, 지역R&D 사업의 효율성 · 공정성 · 투명성 제고를 위해 지자체의 여건에 따라 지역 내 평가기관의 역량을 강화할 수 있는 방안을 모색하여야 한다.

---

9. 2017년까지 17개 시 · 도별로 전담조직을 구성하여 연구개발 관련 업무를 지원하고 지역과학기술위원회의 사무처 역할 수행

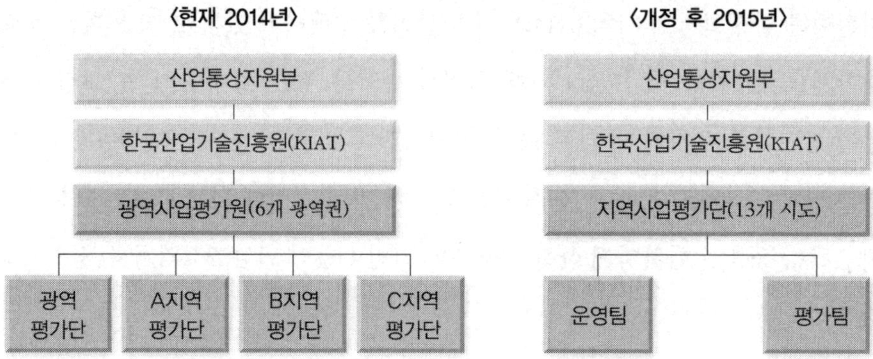

〈그림 6-6〉 13개 시 · 도 단위 지역사업 평가단 조직 변화

③ 중앙 · 지역의 역할분담 및 국제협력 강화

정부역R&D에 대한 중앙과 지역의 역할분담 및 국제협력 강화로 지역연구개발 투자 효율성과 수요자의 편의성을 제공하는 정책을 추진하고 있다. 앞에서 언급한 포괄보조금 제도의 도입은 기본적으로 지역의 역량 향상과 더불어 중앙과 지방간의 새로운 역할 분담을 전제로 하는 것이다. 정부가 추진하고 있는 역할 분담의 기본 골자는 계획 수립과 집행은 지자체가, 사후 성과 평가 및 관리는 중앙정부가 책임지는 형태이다. 연구의 성격으로 볼 때, 중앙정부 연구개발은 기초 원천, 인프라, 성장동력 발굴 등의 사업에 집중하고, 광역 및 지역 연구개발은 지역경제 활성화를 위한 사업화 · 시장화에 역점을 두어 전략적 R&D 역할분담을 하여야 하고, 지역R&D의 경우 지방의 매칭 비중을 높여 지방의 책임성을 강화하는 방향으로 추진해야 한다. 필요에 따라서는 지역발전투자협약제도[10] 등을 활용한 중앙과 지방의 공동기획 사업을 활성

표 6-4 R&D 역할 분담 및 차별화 방향

	국가 R&D	경제협력권 R&D	지역 R&D
정책목적	과학기술 인프라 조성, 기초원천 개발, 성장동력 발굴	경제협력권 육성	지역경제 활성화
기획주체	중앙정부	경제협력권 협의체	지자체
재원조달	국비	국비 + 지방비 (低)	국비 + 지방비 (高)
연구개발 목적	기초원천성장동력 →	← 응용 · 사업화 · 시장화	

화하여야 한다.

중앙정부와 지방의 역할 분담을 위해서는 국가과학기술심의회 산하 지방과학기술진흥협의회[11]와 지역과학기술위원회 간의 업무협의를 통한 연계 강화가 중요하다. 지방과학기술진흥협의회는 지역R&D의 투자방향에 대한 의견 제시를 통해 예산 배분 조정과 연계 체계를 구축하고, 지역과학기술위원회는 지역R&D 사업의 효율성 제고를 위해 지역에 적합한 R&D 사업 발굴 및 관리를 강화하여[12] 지방과학기술진흥협의회와 긴밀하게 협의할 수 있는 제도적인 장치가 필요하다. 이를 위하여 현재 지방과학기술진흥협의회의 민간 위촉위원과 지역과학기술위원회의 위원장을 당연직 위원으로 임명하여 운영하는 방안을 모색하고 있다.

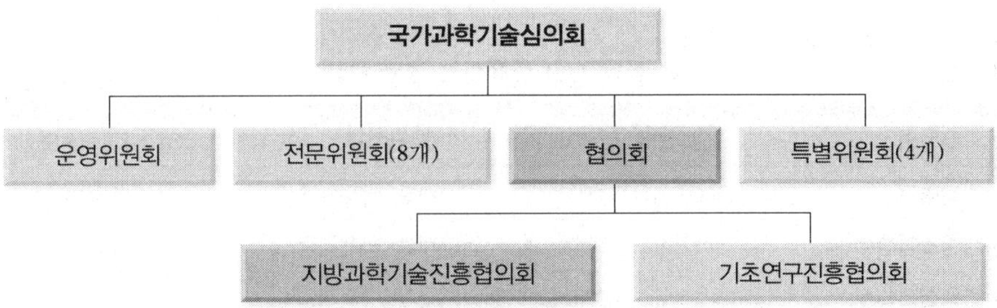

〈그림 6-7〉 국가과학기술심의회 조직도

지역R&D 활성화를 위해서 지역R&D 비중 확대(수도권, 대전 외) 및 지역기업의 기술료 정부 납부액을 지역 연구개발에 재투자할 수 있도록 하는 제도개선 방안의 도입이 필요하고,[13] 중앙과 지역, 지역과 지역 간 과학기술혁신 관련기관의 분명한 역할 분담 및 연계강화 등을 위한 정부의 노력이 매우 중요하다. 또한 정부는 지역R&D 추진방향 및 전략 제시 등 지역과학기술정책에 대한 실질적 지원 및 자문 기능을 활성화

10. 국가균형발전특별법 제20조에 근거하여 국가와 지자체는 사업내용 및 투자분담 등이 포함된 협약을 체결하고 사업 추진
11. 국가과학기술심의회 산하 협의회로 지방과학기술정책을 조정 및 심의, 지방과학기술계획 수립 등 역할
12. 전북 과학기술위원회는 기술 분야별 연구회를 운영하여 지역R&D 과제 발굴 및 효율화 주도
13. 현재 중소기업은 기술료 발생 시 정부출연금의 10%를 전문기관에 납부하고 해당 부처는 국가연구개발사업, 과학기술인 복지증진 등에 재투자 가능

하고 지역 간 이해관계의 조정과 공조 · 협력 체계를 구축하기 위하여 지역과학기술위원회 간 협의체 구성 등을 통한 지역과학기술위원회와 지역R&D 거점기관의 활성화를 추진하는 정책이 필요하다. 이러한 정책을 성공적으로 추진하기 위해서는 지역발전위원회와 국가과학기술심의회로 지역R&D 조정기구의 이원화에 따른 컨트롤타워의 부재 문제도 시급히 해결하여야 할 과제이다.

지역R&D의 활성화를 위해서 국제적인 노력도 중요하다. 이에 정부는 지역의 글로벌 과학기술역량 강화를 위하여 지역주도의 국제협력 공동연구 개발과 해외 연구인력 및 조직 유치를 촉진하는 정책을 추진하고 있다. 특히 지역별 강점 분야를 결합한 선진 기술 국가와의 융합형 국제 연구 추진과[14] 해외 우수연구 주체 유치를 통한 연구자 연구역량 제고 및 글로벌 연구개발 협력 네트워크 구축에 중점을 두고 있다.[15]

표 6-5 국제 협력 관련 대표적인 정부 사업

(단위 : 억 원)

부처명	사업명	지원목적	정부투자 규모
교육부	글로벌네트워크지원사업	연구개발, 국제협력	66
미래창조과학부	국제화기반조성사업	연구개발, 국제협력	254
산업통상자원부	국제공동기술 개발사업	산업기술개발, 국제협력	–

자료 : 미래창조과학부 외(2014)

그리고 지역 차원에서의 해외시장 개척을 위하여 기존의 정부 및 출연(연) 등의 해외센터를 'K-Innovation Centre(KIC)' 로 재편 · 운영하여 해외분원 · 센터들을 지역별 · 유형별로 분류하여 맞춤형 기능강화 및 해외 거점센터 네트워크로 활용하고 있다. 또한, 이공계 청년의 해외진출과 벤처기업 해외진출(K-move) 사업 등 지역 중소기업의 역량을 확대하는 정책을 시행하고 있다.

14. 유럽의 강점인 기초 의 · 과학 생명과학 분야의 선진 연구기술과 지역의 첨단 ICT 기술 등을 결합해 기초 연구성과를 산업화 단계까지 연계 가능

15. 첨단제조기술 분야 및 국가 초 고성능 컴퓨팅 SW 플랫폼 기술개발 분야 등에 대한 한 · 미 공동연구 강화

④ 지역R&D 추진체계 개선 및 재정비

지역주도의 R&D 정책을 추진하기 위해서 정부는 지역R&D 추진체계의 개선 방안을 모색 중이다. 각 시 · 도는 복잡한 지역 거버넌스의 연계강화를 위하여 지역R&D 전담기관을 중심으로 테크노파크, 연구개발지원단, 지역혁신(전략)센터 등 기능을 연계한 시너지 창출과 기관별 지역사업, 전문인력, 장비 등 정보를 통합하여 제공하는 다양한 시스템을 구축 · 운영하고 있으며 지역 내 R&D 거점 기관 간 협의체를 구성하여 운영하고 있다.[16] 그 외에도 지역별로 특성화된 R&D 공동체 형성을 위해 공동연구 및 연계 프로그램 등을 수행하고 있다. 지역에서 시행하고 있는 분야별 추진 내용과 담당 전담기관 등의 지역R&D 혁신체계와 지역 연구개발 추진 프로세스는 다음과 같다(〈그림 6-8〉, 〈그림 6-9〉 참조).

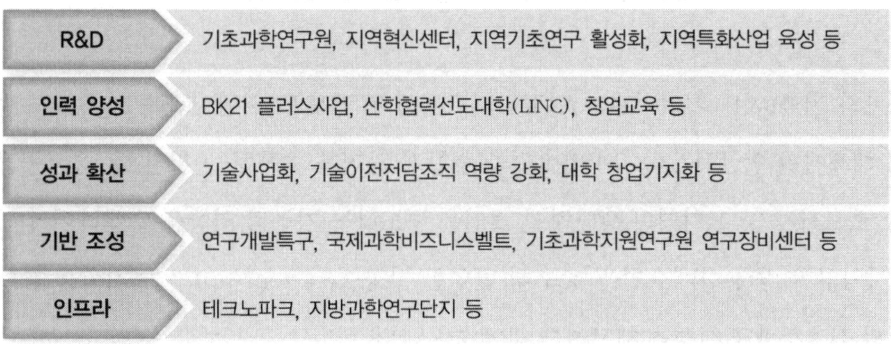

〈그림 6-8〉 지역R&D 혁신체계(예시)

그러나 지역R&D 정책이 성공적으로 추진되기 위해서는 지역R&D를 담당하고 있는 거점기관들의 분할된 기능을 통합하여 운영할 수 있도록 종합 조정능력을 갖는 지역R&D 중간조직의 설치가 요구되고, 지역R&D 사업의 공정한 검증과 성과관리 및 확산을 위하여 전문평가기관의 역할이 중요하다. 지역의 검증기관으로서의 지역사업 평가단은 이미 공정성과 객관성을 확보하기 위하여 산업통상자원부 산하의 독립법인으로 설립되어 지역R&D 전담기관과는 독립적으로 운영되고 있기 때문에, 여기서는 지역R&D 사업 기획 · 관리 등을 종합적으로 관리할 수 있는 컨트롤타워이자

16. LINC사업단, 테크노파크 등으로 구성된 협의체 구성(2012년 5월)

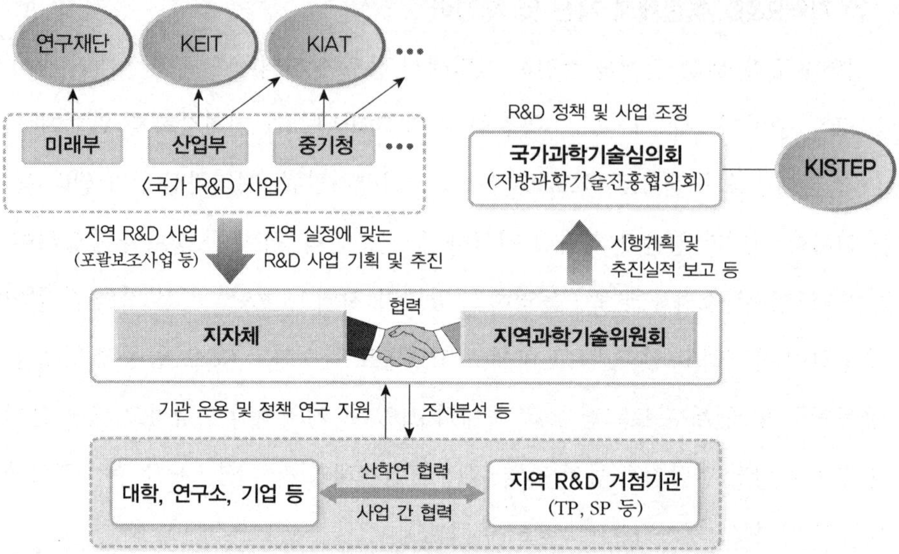

〈그림 6-9〉 지역 연구개발 사업 추진 프로세스

지자체와 지역R&D 거점기관의 연결고리로서의 지역R&D 전담기관을 설치하는 방안에 대해서만 언급하겠다. 지역R&D의 통합적 관리를 수행하는 전담조직은 '중간조직' 으로서 중앙과 지역의 생산적인 협업을 주도하는 기능적 역할을 수행하여야 하고, 지역의 역량과 한계요인을 충분히 반영한 상향식(bottom-up) 사업기획을 통해 사업의 실효성과 적시성을 제고하는 것이 중요하다.

오세홍(2012) 등은 지역R&D 전담기구의 형태로 지자체 산하 독립법인으로 설치하며 별도 이사회 및 행정부서를 구성하는 독립형 조직체계, 특정 부처나 특정 사업 중심의 기존 지역R&D 기관들을 총괄하는 조직을 신설하는 형태의 통합형 조직체계, 그리고 기존의 거점기관 중 한 곳을 지정하는 부설형 조직체계의 3가지 형태를 제안하였고, 지역의 특성에 맞게 선택하여 운영하는 것이 바람직하다고 하였다. 3가지 형태 중 독립형 조직체계와 통합형 조직체계의 예를 〈그림 6-10〉에 제시했다. 설립된 지역R&D 전담기구의 성공적인 운영을 위해서는 전담기관 내 상주하는 전문인력 확보를 통해 업무효율성 및 안정화 제고를 위한 우수인재 확보, 장기적인 성과를 내기 위한 지자체장의 리더십을 통한 지속적인 R&D 투자, 그리고 지역R&D 거버넌스의 안정적 정착을 위한 전담기관 내 · 외 주체 간 유기적 협력 환경 조성 등이 필수적인 요소가 될 것이다.

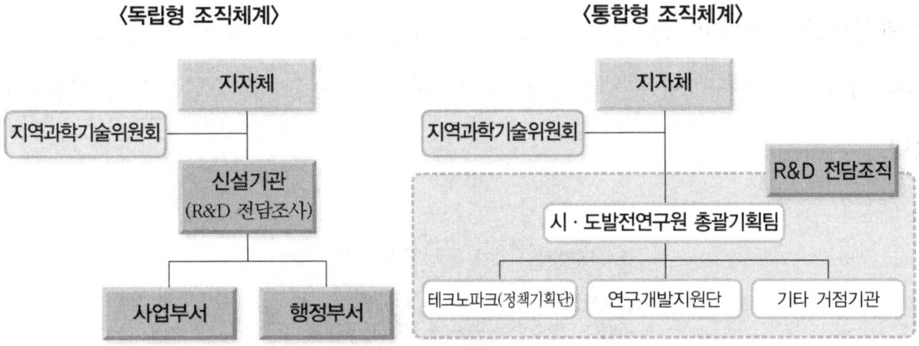

〈그림 6-10〉 지역R&D 전담 조직의 유형

2) 지역 특성화 과학기술 역량 제고

① 지역R&D 투자 특성화 및 내실화

지역R&D는 지역의 특성에 맞게 지역주력산업육성사업[17]이나 지역연고(전통)사업과 연계하여 추진하여야 하고 이를 위해서 지역의 중소 · 중견 기업에 대한 R&D 차원의 지원을 확대하는 정책이 필요하다. 정부는 지역 내 산업의 다양성 확보를 위해 지역별로 특화된 지역 친화적 R&D 사업을 추진하고 있다. 정부는 2015년에 지역의 집적도, 특화도, 성장성을 고려한 63개의 지역주력산업, 시 · 도 간 자율 협의를 통해 산업 생태계를 반영한 16개의 경제협력권산업, 지역생활권과 시 · 군 · 구의 특화자원을 토대로 선정한 22개의 연고(전통) 산업, 그리고 혁신도시연계지원사업 등을 확정하여 발표하였다. 이러한 사업 등을 통하여 정부는 지역에 특화된 R&D 사업을 추진하고 있다. 뿐만 아니라 시험 · 인증, 공정개선, 특허, 창업, 마케팅 · 유통, 컨설팅, 수출 등을 패키지화하여 종합적으로 지원하고 있다. 각 시 · 도에서는 지역산업진

17. 지역전략사업(2012년)이 (신)특화사업으로 변경되고(2013~2014년) 지역주력사업으로 변경(2015년)

홍계획[18] 수립 시 유사 중복을 배제하고 사업의 효율성과 지역별 특성을 고려하여 지역이 주도하는 R&D정책을 추진하고 있다. 일부 지역에서는 연구개발특구 내 연구소기업 · 첨단기술기업 등을 설립하고, 과학비즈니스벨트 – 연구개발특구 지역산업 연계 활성화를 추진하고 있다. 특구별로 특화산업분야를 지정 · 육성하고, 창업지원펀드(Sci-Biz 펀드-연구개발특구 펀드)를 연계하여 기술사업화를 종합적으로 지원하고 있다.

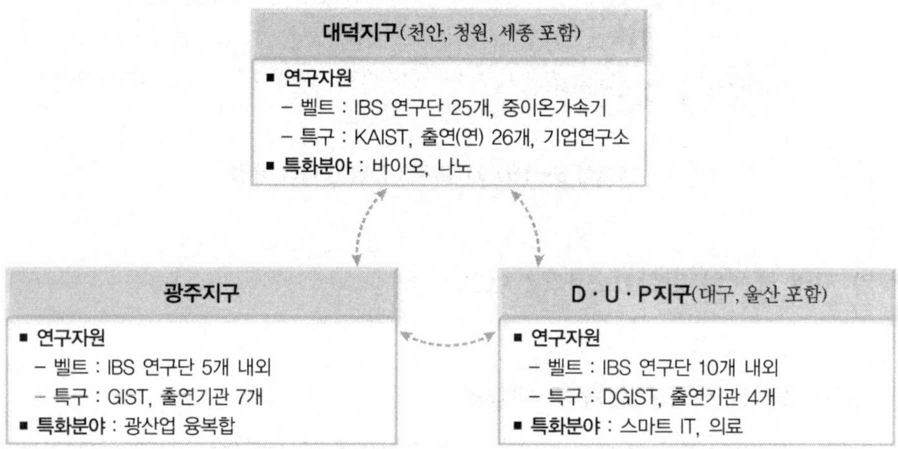

〈그림 6-11〉 국제과학비즈니스벨트 · 연구개발특구 연계 활성화 개념도

지역R&D와 관련하여 특히 중소 · 중견기업의 역할이 매우 중요하다. 지역 중소기업의 R&D 역량을 강화하고 기술 파급효과를 극대화하기 위하여 중소 · 중견기업의 R&D 비중을 제고하고,[19] 대학 등이 정부지원으로 개발한 기술을 기업에 이전하는 경우, 중소기업에 우선적으로 이전할 수 있도록 법제화하였다.[20] 또한 출연(연)의 정부출연금 일정비율[21]을 중소기업과의 공동연구에 활용 · 의무화하는 '출연(연) 중소

18. 지역특화사업, 전략산업 등 산업부의 지역R&D사업을 포괄하는 계획으로 정부와 지자체 간 협업 및 테크노파크 등 지역전문가의 참여를 통해 수립
19. 중소 · 중견기업 지원 정부 R&D 비중 확대 추진 : 13.6%(2012년) → 16.5%(2015년) → 18.0%(2017년)
20. '국가연구개발사업의 관리 등에 관한 규정' 개정(2013년)
21. 출연금 주요사업비 대비 중소기업 지원사업비 비중 : 7%(2012년) → 15%(2017년)

기업 쿼터제' 의 시행, 중소기업 기술혁신 지원제도(KOSBIR)[22]의 대상기관 및 지원기관 확대, 중소기업 기술혁신 지원제도 개편을 위한 '중소기업기술혁신촉진법' 개정 등 중소기업 육성책을 시행하고 있다. 2014년 기준 중소·중견기업 대상으로 하는 대표적인 정부 지원사업은 [표 6-6]과 같다. 중소기업 정책이 성공을 거두기 위해서는 다양한 정책지원과 함께 창업초기, 중소기업, 중견기업, 글로벌 기업 등 성장단계별·기술역량별 필요 자원과 맞춤형 정책의 설계가 필요하다.

표 6-6 **중소·중견기업 대상 대표적인 정부 지원사업**

(단위 : 억 원)

부처명	사업명	지원목적	정부투자 규모
산업통상자원부	기술혁신형 중소중견기업인력지원사업	인력양성	233.5
	글로벌전문기술 개발사업	산업기술개발	1,535.43
	생산현장 종합지원사업	인력양성	55
중소기업청	창업성장기술 개발사업	신산업기술개발	1,414
	중소기업 R&D 기획역량제고	기타	55
	초·중급기술개발인력지원사업	인력양성	60
	취업연계 R&D 교육센터 운영사업	인력양성	30
	중소기업용·복합기술개발사업	산업기술개발	839.89
	중소기업기술혁신개발사업	산업기술개발	2,470
보건복지부	선도형특성화연구사업(R&D)	연구개발, 기반구축	195

자료 : 미래창조과학부 외(2014)

특히 지역에서는 100세 시대 건강수명 연장, 장애인 문제 등 지역 및 삶의 질 향상을 위한 지역R&D 사업에 대한 지원과 '사회문제 해결형 연구개발 프로젝트'[23]를 추진하고, 감성 및 체험 상품화가 가능한 지역R&D 사업 발굴 지원을 위해 지역의 문화·예술·관광 등 인문사회적 자원과 과학기술을 접목함으로써 지역의 소프트 경쟁력 향상을 위한 R&D와 지역체감형 R&D 등을 적극적으로 발굴하는 노력이 필요하

22. 현재 300억원 이상 연구개발예산을 운영하는 정부 및 공공기관의 연구개발 예산 일부를 중소기업에 지원하도록 권장하는 제도

23. 과학기술을 중심으로 국민행복과 직결된 사회문제를 해결하기 위한 범부처 연구개발협업 프로젝트로 국민참여형·개방형으로 기획된 3~5년 단기 프로젝트

다. 지역 주민의 사회문제 해결과 삶의 질과 관련된 정부 지원 사업은 다음과 같다.

표 6-7 **사회문제 해결과 삶의 질과 관련된 정부 지원사업**(예시)

(단위 : 억 원)

부처명	사업명	지원목적	정부투자 규모
미래창조과학부	사회문제해결형 기술개발사업(신규)	연구개발	80
보건복지부	100세사회대응 고령 친화제품연구개발(R&D)	산업기술개발 기반구축	15 (신규 7.1, 계속 7.9)
산업통상자원부	장애인 산업기술 인력양성사업	인력양성	18

자료 : 미래창조과학부 외(2014)

② 지역밀착형 과학기술인력 양성과 일자리 창출

지속가능한 지역성장을 위해서 지역수요에 부합하는 인재양성 · 정착 → 지역산업 활성화 → 일자리 창출 → 지역인재 확충으로 이어지는 선순환 체계의 정착이 필수적이다. 따라서 정부는 지역대학의 경쟁력 제고 및 특성화를 지속적으로 추진하고 과학기술인력 양성을 위한 지역대학 지원 사업을 지속 확대하고 있으며[24] 지역별 과학기술특성화대학[25]을 전문인력과 기술의 공급처로 육성하는 정책을 추진하고 있다. 지역대학의 우수과학자 지원을 위한 기초연구사업 운영 및 사업 특성에 따라 연구자 선정 시 지역할당 비율을 점진적으로 확대하고 교육과정에 지역기업이 참여하는 채용 조건형 계약 학과를 확대 운영하고 있다.[26]

지역 수요에 맞는 이론과 실무 균형을 갖춘 산업인력을 양성하기 위하여 산업육성과 인력양성 사업의 연계성을 강화하고(산업부의 산업전문인력 역량강화사업, 교육부의 지역혁신인력양성 사업[27] 등), '연구장비 엔지니어 양성사업' 을 통해 장비 운용 · 관리를 위한 교육을 실시하고 있다.[28] 그 외에도 고교 직업교육 과정과 지역산업 현장

24. 산학협력선도대학육성사업(LINC), 지방대학 특성화사업, BK21플러스사업 등
25. KAIST 등 과기특성화대학의 성공모델 조기 개발 및 지역대학에 확산
26. 대학이 기업이나 국가 · 지자체 등과 계약을 맺고 특정 분야의 정규학과를 설립하고 졸업 후 학생의 채용을 보장(2012년 기준, 전국 22개 대학에 41개 운영)
27. 2015년에 지역혁신창의인력양성사업을 통하여 135과제에 262억원을 지원
28. 지역 · 장비별 특화 교육 수행을 위한 장비교육기관을 지정 · 운영하고, 마이스터고, 특성화고 및 (전문)학사 중심의 엔지니어 양성 및 교육 실시(2017년 2,000여 명 계획)

의 연계를 강화하고 마이스터고와 특성화고 교사 · 학생을 대상으로 현장경험 프로그램을 발굴하고 지원하는 정책을 추진하고 있다. 또한, 산업단지에 캠퍼스 일부를 이전하여 대학과 기업 간 교육－R&D－고용이 연계된 산업단지 캠퍼스[29]를 확대하는 방향으로 정책을 추진하고 있다. 지역 밀착형 인력 양성과 양성된 인력의 지역 정주 정책이 성공적으로 이루어지기 위해서는 대학의 지역수요 친화형 교육 개혁, 지역 특화산업-교육-일자리 연계 네트워크 구축 및 교육, 고등교육정책과 과학기술정책의 연계 등의 정책을 수립하여 추진하여야 한다.

지역R&D를 통한 일자리 창출은 현 정부의 중요한 정책이다. 지역R&D를 통해 일자리를 창출하기 위하여 지역 과학기술인력 양성과 고용 연계에 중점을 둔 채용연계형 연구개발 사업[30]을 적극적으로 발굴 및 지원하고, 지역기업의 이공계 연구인력 고용을 지원하기 위해 도입된 '중소기업 고급연구인력 고용지원제도'[31]와 '지역채용

표 6-8 **인력양성 관련 대표적인 정부 지원사업**

(단위 : 억 원)

부처명	사업명	지원목적	정부투자 규모
교육부	지역혁신 창의인력사업	인력양성	275.8
	BK21 플러스 사업	인력양성	2,729
	산학협력선도대학(LINC) 육성사업	인력양성	1,202
	이공학교육 활성화 사업	인력양성	188.5
미래창조과학부	정보통신기술 인력양성	인력양성	753
	여성과학기술인 육성 · 지원 사업	인력양성	82.01
	특화전문대학원연계 학연협력 지원사업	연구개발	50
산업통상자원부	에너지 인력양성	인력양성	409
	기술혁신형 중소중견기업 인력지원사업	인력양성	233.5
	디자인 인력양성사업	인력양성	86.08
	엔지니어링 전문인력 양성사업	인력양성	65.54

자료 : 미래창조과학부 외(2014)

29. 2014년 하반기 2개교, 2015년 2개교 신규 선정으로 2015년까지 11개 산업단지 캠퍼스 조성

30. 취업연계 R&D 교육센터 운영사업(2014년 30억, 중소기업청)

31. 기업부설 연구소 또는 R&D 전담부서를 보유한 중소기업이 미취업 고급 연구인력(석 · 박사 및 퇴직 기술인력)을 채용하면 고용지원금을 지급(2012년 800여 명 지원)

장려금지원 제도[32]를 확대하여 지역R&D 사업 선정 및 평가에서 고용창출에 대한 지표 반영을 추진하여 우수 연구 인력의 지역 내 정착을 유도하고 있다. 지역R&D 거점기관을 통해 기업과 R&D 전문인력 간 일자리 매칭을 확대하고 지역 내 일자리를 창출하기 위하여 지역대학, 테크노파크, 특화센터 등을 통해 지역 중소기업이 원하는 R&D 인력을 지원하는 인력 파견제를 확대 추진하고 있다. 또한, 전문연구요원, 퇴직과학기술인의 지역 정착을 유도하고 활용하기 위하여 중소기업 전문연구요원 파견제도를 확대하고 지역별 할당량을 설정하여 해당 지역대학 출신 지원자를 우선 배정하는 방안과 퇴직과학기술인의 활용 정책 등을 시행하고 있다.

지역 과학기술 기반 일자리 창출을 위해서는 지역에서 서비스 연구개발의 비중 확대와 기술기반창업의 활성화 정책을 추진하여야 한다. 서비스 연구개발을 통한 일자리 창출을 위해서 서비스연구개발의 전략적 투자 확대, 서비스 연구개발성과를 대상으로 정부인증제도 등을 도입하여 서비스연구개발의 성과 발굴·확산, 서비스산업 맞춤형 자금지원 강화, 그리고 서비스 연구개발의 인프라 확충 등이 필요하다.

기술창업을 통한 일자리 창출도 매우 중요하다. 기술창업기업은 다 기업군에 비하면 성장성 및 혁신성이 탁월하여 경제성장과 경제체질 개선을 주도하고 있기 때문에 고질적 고용난 해결을 위하여 기술창업활성화 정책을 적극 추진하여야 한다. 이를 위해서 성장단계별 기술창업 지원을 강화하고, 공공연구기관의 창업활성화, 대학의 창업기지화 등의 다양한 정책이 요구된다.

③ 인프라 운영 효율화 및 과학기술문화 확산

지역R&D 활성화를 위해서 중요한 또 다른 요소는 과학기술 인프라의 효율적인 운영과 과학기술문화의 확산이다. 정부는 그동안 축적된 지역 과학기술 인프라의 개방과 공유 활성화를 통하여 연구 개발 투자효율성을 제고하고 연구 생산성을 극대화하기 위하여 다양한 정책을 추진하고 있다. 지역 차원에서는 지자체별로 지역R&D 통합정보시스템을 구축하고 부처별로 추진·관리되는 R&D와 혁신역량 자원 DB와

32. 채용장려금 : 지역기업의 이공계 인력고용 지원을 위해 2010년 도입

연계 추진하고 있다. 지자체 예산체계의 관리 · 분석을 위해 R&D 코드 도입을 추진하여 지역R&D 분류체계를 정비하고, 지역R&D 사업의 효율성 · 공정성 · 투명성 제고를 위해 지역 내 평가기관의 역량을 강화하는 정책을 추진하고 있다.[33] 이러한 정책이 성공적으로 추진되기 위해서는 지역 내 연구시설 · 장비의 전략적 확충과 공동 활용 계획과 함께 국가 과학기술 정보와의 네트워크 및 관리 활용 체계를 효율적으로 구축하는 것이 필요하다. 또한 연구 성과물 관리 체계를 일원화하여 개방의 용이성을 달성하는 것이 중요하다.

기 구축된 연구시설과 장비의 활용을 극대화하기 위하여 '도입—등록—활용—운영—처분' 의 전 주기적 장비관리의 내실화 정책을 추진하고 있다.[34] 연구장비 신규

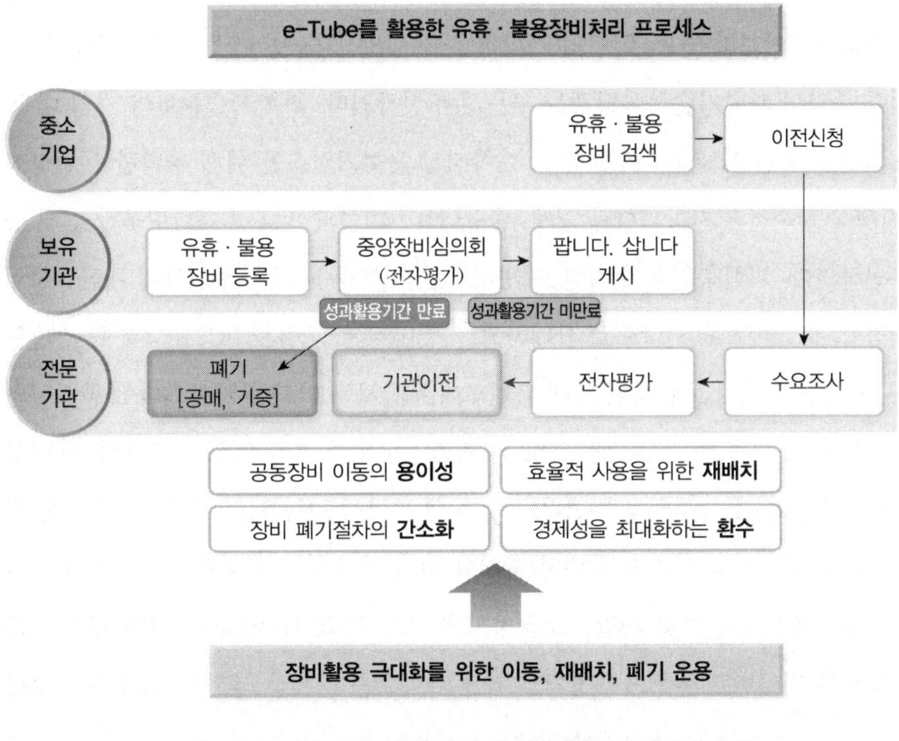

〈그림 6-12〉 유휴 · 불용장비 재배치 계획(대구광역시 예시)

33. (예시) 산업자원부는 지역사업의 선수-심판 일치 문제 해결을 위해 테크노파크에서 지역사업평가단을 분리하여 권역별 지역사업평가원 설치(2013년 2월)

34. 국가연구시설장비진흥센터(NFEC) 주도로 부처별 및 지역별로 분산된 연구시설 · 장비의 유기적 통합 관리 체제 구축 추진(2012년~현재)

확충은 선별적 지원으로 최소화하고, 중복 투자를 방지하기 위한 장비도입의 사전심의를 강화하며 연구장비의 활용도 제고를 위해 활용률이 미진한 장비는 주요 지역 R&D 거점기관으로 이관하는 등 연구장비의 적정 배치를 추진하고 있다.[35] 각 시 · 도는 지역산업진흥계획 수립 시 장비활용에 대한 계획을 세워서 운영하도록 하고 있는데 대표적인 사례를 〈그림 6-12〉와 같다. 장비의 효율적인 관리를 위해서는 '국가연구시설장비종합계획'에 기반한 전략적 투자를 실시하고, 연구과제 종료 후에도 연구장비 활용방안 제출을 의무화하여 연구시설 · 장비 활용도를 제고하여야 하며, 교육과 제도개선이 병행되어야 한다.

과학기술문화의 수요 증대와 다양화에 따라 '대중의 과학 이해' 정책에서 대중이 적극 참여 · 소통할 수 있는 '대중의 과학참여' 정책으로 전환이 필요하다. 그동안 정부는 과학기술인프라 구축, 국민의 과학적 소양 함양, 청소년 이공계 진출 촉진을 위해 정부 주도의 과학기술문화정책을 꾸준히 추진하였다. 과학기술문화의 지역 내 공유와 확산을 위한 채널을 다양화하고 과학시설 문화거점화를 위해 과학관 무한상상실, 지역 과학축전과 지방과학관 연계, 출연(연) · 대학과 청소년 과학탐구반 연계 등을 추진하였다. 과학축전운영 지원, 지방과학관 육성 등을 지속 추진하며 무한상상실을 시범 설치 · 운영 후 전국으로 확대하고,[36] 스마트폰, 태블릿 PC, IP TV 등 쌍방향 커뮤니케이션 수단이 보편화된 시대 트렌드에 부합하는 다양한 과학기술 소통채널의 확보와[37] 청소년 · 주부 등을 대상으로 한 과학기술문화 격차 해소 프로그램 등 다양한 과학기술문화 확산 정책을 추진하고 있다.[38] 복합적 기능을 갖는 과학기술문화 콘텐츠 확대를 위하여 과학기술에 대한 흥미와 이해 제고를 위한 과학기술과 인문 · 사회 · 예술의 융합 콘텐츠를 개발 · 보급하고,[39] 또한 과학기술에 대한 체험 기회를 확대하기 위해 지역별로 설치 · 운영되고 있는 과학관을 활용한 전시 및 교육 프로그램

35. 공동활용용 연구장비 비중 확대 추진 : 61.2%(2012) → 70% 이상(2017)
36. 무한상상실 확대 추진 : 5개 국립과학관 시범운영(2013) → 전국 시 · 군 · 구로 확대 유도(2017)
37. 과학포털사이트 사이언스올, 과학인터넷뉴스 사이언스타임즈, 과학전문 방송, 사이언스 TV 등
38. 생활과학교실 운영, 청소년과학탐구반 과제지원, 산학연 연계 청소년 과학탐구활동 지원 등
39. 융합형 과학기술문화 프로그램 예시 : 과학시각화, 과학스토리텔링, 융합창작공연 등

의 개발하는 등의 정책을 추진하였다.[40] 그간 정부의 노력으로 과학기술분야에 대한 우리 국민의 관심도와 이해도는 전반적으로 증가추세에 있지만,[41] 과학기술역량 대비 과학기술문화는 낮은 수준으로, 과학을 통한 상상력과 창의성 확대는 아직 미흡한 현실이다. 따라서 '상상 · 도전 · 창업' 의 과학문화의 확산을 통해 창조경제의 문화적 기반조성이 필요하고, 수요자 맞춤형 프로그램의 지속적 개발 · 확산으로 대중의 과학문화 참여를 유도하여야 한다. 또한, 과학기술문화 복지 및 인프라를 확충하고, 과학기술의 사회적 역할과 영향력의 확대에 따라 과학기술자의 책임 및 연구 윤리를 강화하는 등의 새로운 정책이 요구된다.

④ 지역 특성을 반영한 산 · 학 · 연 협력 활성화

지역R&D 활성화를 위해서 지역의 특성을 반영하는 정책을 수립하고 추진하는 전략으로 지역의 산 · 학 · 연 협력을 촉진하는 정책의 추진은 필수적인 요소이다. 지역특화산업과 연계한 공동연구 및 사업화를 활성화하기 위해 '학연공동연구센터'[42]를 통한 지역대학과 출연(연)의 협력 확대를 추진하고 개별 출연(연) TLO의 성과 창출을 극대화하기 위하여 대학-출연(연)의 산 · 학 · 연 협력 관련 조직을 독립형 전문조직으로 확대 개편하여 운영하고 있다.

지역 내 대학 · 기관의 인력 · 기술 · 장비를 활용한 기술개발 지원을 위하여 산 · 학 · 연 협력형 중소기업 부설연구시설을 지원하고,[43] 출연(연)과 중소기업의 협력 확대를 위해 출연금의 중소기업 지원 쿼터제를 도입하였다.[44] 그와 더불어 출연(연) 공동의 중소기업 기술지원 콜센터 등도 운영하고 있다. 지역 대학 · 연구기관 기반 중소벤처기업 설립을 지원하고 지역 대학 내 창업 활성화를 위해 연구개발 성과 중

40. 녹색성장 종합체험교육센터(환경부-경기, 2012), 목포어린이바다체험과학관(교과부-전남, 2012) 등
41. 관심도 : 36.8점(2000년) → 49점(2012년), 이해도 : 24.4점(2000년) → 26.9점(2012년)
42. 대학과 출연(연)이 공동으로 연구컨소시엄을 구성하여, 대학 캠퍼스 내에 학연 공동연구를 위한 센터 설치 (2013년 기준 총 6개 운영 중)
43. 산학연협력기업부설연구소설치지원사업, 산학융합연구마을시범사업 등
44. 출연금의 일정비율(5~15%)을 중소기업 지원에 활용토록 의무화

사업화가 가능한 기술을 능동적으로 발굴하여 대학, 출연(연)과 기업이 공동으로 기술을 개발하고 사업화를 촉진하기 위한 산학연공동연구법인 설립을 확대 · 추진 중이다.[45] 정부는 과기특성화대학과 지역거점별 창업선도대학을 기술사업화 전진기지의 선도 모델로 육성하고, 기술사업화의 전 과정을 대학 내 한 조직에서 총괄하여 One-Stop 서비스를 제공할 수 있도록 기술사업화 조직으로 개편하여,[46] 지식재산관리, 기술사업화, 창업보육, 엔지니어링 등 기능별로 분화된 표준 조직 모형을 기준으로 대학 특성에 따라 자율적으로 구성 · 운영하도록 하고 있다. 또한 휴 · 겸직/휴학, 창업 인센티브, 직무발명 보상 등 창업지원의 제도적 기반인 공동 창업규정 가이드라인을 제정하여 활용하고 창업 휴 · 겸직 및 휴학기간을 최대한으로 보장하여 법 · 규정의 제한이 창업의 걸림돌이 되는 문제를 원천 해소할 수 있는 정책을 추진하고 있다. 또한, 정부 R&D와 민간 벤처캐피탈의 보육 · 투자 연계 지원을 확대 추진하고 있다.[47]

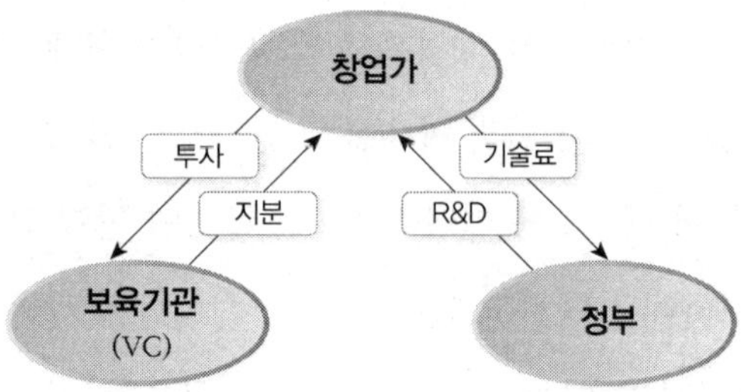

〈그림 6-13〉 정부 R&D와 민간의 투자 연계

산 · 학 · 연 협력을 위한 개방적 공동연구 기반 조성 또한 중요한 요소이다. 산 · 학 · 연 공동연구 활성화를 위해 R&D 수행기관 내에 일체화된 산 · 학 · 연 공동연구 공간을 설치하고 이 공간을 중심으로 공동연구, 기술이전 · 사업화, 계약학과 등 산 · 학 · 연 협력사업을 추진하고 있다. 수요자 중심의 산 · 학 · 연 협력 강화를 위해 산 · 학 · 연 협력 전문인력(예 : 산학협력 중점교수 등)을 확충하고 우수기술의 탐색 · 이전

45. 산학연공동연구법인 설립 확대 추진 : 2개(2012) → 20개(2017)

46. 창업공간, 창업교육, 기술 · 사업비 및 판로지원까지 종합지원

47. 글로벌시장형 창업 R&D 사업(이스라엘식 프로그램) : 민간자금 조달이 어려운 혁신적 창업기업을 육성하기 위해 투자와 R&D를 연계하는 기술창업 보육센터 운영

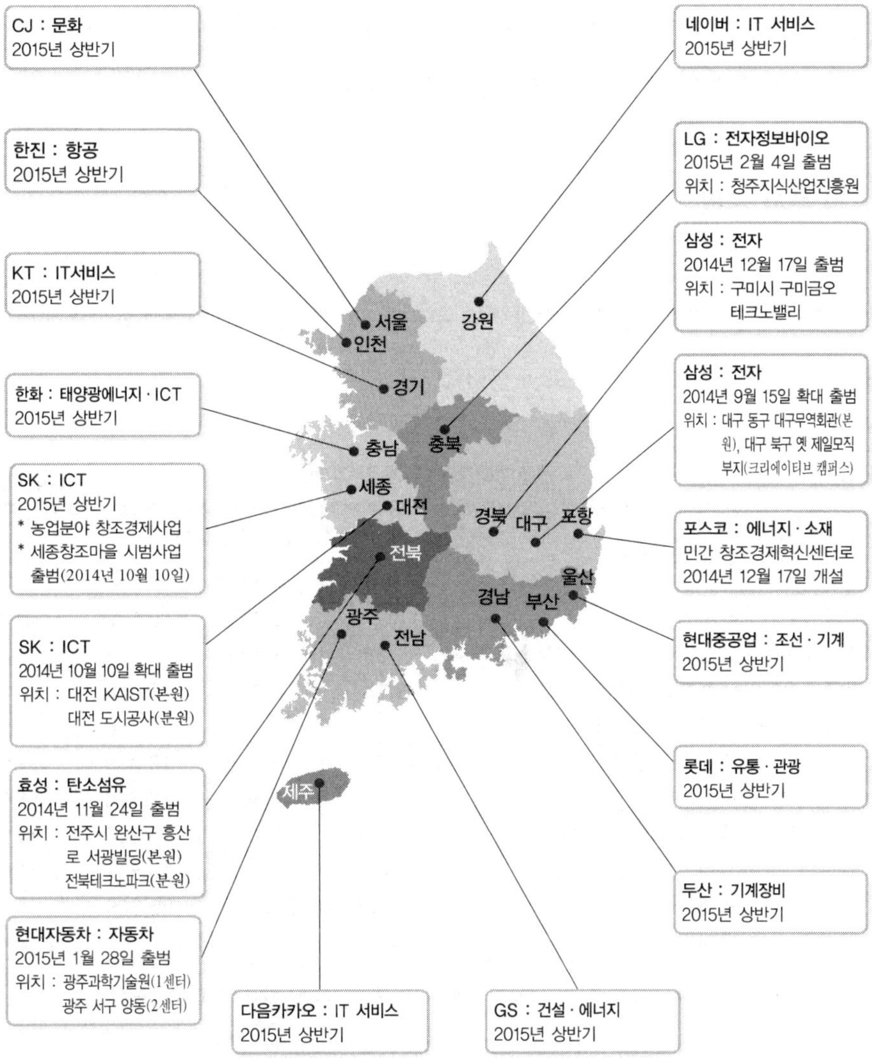

〈그림 6-14〉 전국 창조경제혁신센터와 지역별 참여기업 현황

및 R&D 지원으로 지역의 기초연구 및 연구 성과의 사업화를 위한 지방과학연구단지 2단계 사업(소프트웨어적 활용중심)을 추진 중이다. 또 현장 중심의 산학융합형 시스템 도입을 위하여 지역 산업단지와 지역 대학을 공간적으로 연계한 산업 현장 중심의 교육－R&D－취업 선순환 체계를 구축하여 운영하고 있다.[48] 향후에는 산학연 협력과 기술사업화 및 기술 창업 등의 정책을 성공적으로 추진하기 위해서 현 정부가 적극 추

48. 연구마을사업(중기청), 산학융합지구조성사업(산업부) 등

진하고 있는 창조경제혁신센터를 활용하는 것도 필요할 것이다. 전국 창조경제혁신센터와 지역별 참여기업 현황은 〈그림 6-14〉와 같다.

3) 투자 계획

지역R&D에 대한 중점추진과제별 투자와 17개 시 · 도의 중점추진과제별 투자 계획은 다음과 같다([표 6-9], [표 6-10] 참조).

표 6-9 중점추진과제별 투자 계획

(단위 : 억 원)

중점추진과제	투자계획(2013~2017)			
	국비	지방비	기타	소계
1. 지역 주도형 R&D 사업 기반 확충	0	30,241	10,586	40,827
2. 지역의 R&D 기획 · 관리 역량 및 기반 강화	350	1,132	7	1,489
3. 중앙지역의 역할분담 및 국제협력 강화	9,781	5,079	10,443	25,303
4. 지역R&D 추진체계 개선 및 재정비	0	0	0	0
5. 지역R&D 투자 특성화 · 내실화	18,076	13,933	12,009	44,018
6. 지역밀착형 과학기술인력 양성과 일자리 창출	6,138	1,367	3,528	11,033
7. 인프라 운영 효율화 및 과학기술문화 확산	32,688	23,424	43,820	99,932
8. 지역 특성을 반영한 산학연 협력 활성화	5,096	3,933	15,811	24,840
소계	72,129	79,109	96,204	
총계				247,442

* 지자체의 자체 투자계획을 토대로 추산된 소요예산이며, 향후 시행계획 단계에서 재조정될 수 있음

표 6-10 시 · 도별 중점추진과제별 투자 계획

(단위 : 억 원)

지역	투자계획(2003~2017)								
	자율	책임	연계협력	체계개선	연구개발	인력	인프라	산학연	합계
서울	6,791	3	336	0	1,287	25	175	324	8,941
부산	4,510	40	512	0	1,607	117	5,147	200	12,133
대구	1,239	108	1,469	0	3,026	766	18,593	812	26,013
인천	2,523	51	178	0	3,905	670	960	141	8,428
광주	1,072	4	633	0	1,203	36	1,123	7,678	11,749
대전	682	523	6,113	0	386	283	164	393	8,544
울산	1,220	40	171	0	870	220	1,612	837	4,970
세종	42	100	2	0	28	0	13	1,643	1,828
경기	10,020	5	103	0	1,066	122	3,464	561	15,341
강원	773	55	565	0	1,301	33	798	122	3,647
충북	5,743	1	955	0	204	135	6,519	31	13,588
충남	1,335	26	1,128	0	2,934	132	351	2,446	8,352
전북	1,424	22	311	0	2,529	208	4,753	333	9,580
전남	363	83	115	0	1,497	291	269	34	2,652
경북	824	1	778	0	1,964	1,447	10,322	3,151	18,487
경남	2,169	76	2,033	0	1,617	142	7,139	933	14,109
제주	98	1	122	0	517	268	5,841	105	6,952

* 합계액(국비 제외)의 지역편차는 대상사업과 지방과학기술진흥의 관련성에 대한 지역적 판단, 기 계획된 대형 인프라 사업 포함 여부, 민간 등 기타 재원규모 등에서의 차이에 기인

〈참고문헌〉

관계부처 및 지자체 합동(2013), 제4차 지방과학기술진흥종합계획(안) [2013~2017].

미래창조과학부(2013), 제3차 과학기술기본계획(안) [2013~2017].

미래창조과학부 · 한국과학기술기획평가원(2014), "2014년도 정부연구개발사업 종합안내서".

박기범 외(2013), 「지역 과학기술인재의 정주 현황 및 인재—산업 연계 방안」, 『정책연구』 2013-19, 과학기술정책연구원.

산업통상자원부 · 한국산업기술진흥원(2013), 『지역산업정책 백서』.

산업통상자원부(2014), 2014~2018 지역산업발전계획(안).

__________(2015), 2015년 산업통상자원부 업무계획.

오세홍 외(2012), 「지역중심의 맞춤형 R&D 거버넌스 구축방안 연구」, 한국과학기술기획평가원.

_______(2013), 「지역R&D 전담기관 설립에 대한 연구」, 한국과학기술기획평가원.

차두원 외(2011), 「지역R&D 효율화를 위한 정책추진 방향—과학기술위원회 역할을 중심으로」, *Issue paper* 2011-03, 한국과학기술기획평가원.

_______(2014), 「창조경제 시대의 과학기술 정책 방향 연구」, 한국과학기술기획평가원 및 미래창조과학부.

홍사균 · 박하얀(2013), 「창조경제에의 국민 참여 확대를 위한 과학기술 인프라 구축방안」, 『정책연구』 2013-17, 과학기술정책연구원.

1. 지역산업 육성정책의 개념과 배경

2. 지역산업 육성정책의 전개와 평가

3. 박근혜정부의 지역산업 육성정책과 일자리 창출

4. 지역산업 육성정책의 향후 과제

제 7 장

지역산업 육성정책과 일자리 창출

1. 지역산업 육성정책의 개념과 배경

지역산업 육성정책은 개념적으로 '지역' '산업' '정책'과 관련한 세부적인 개념을 포괄하고 있다는 점에서 이들 구성요소를 구체적으로 이해할 필요가 있다.

먼저 지역(region)은 국가를 구성하는 하위 공간 단위이며 동질적인 속성을 지닌 지리적 실체로 볼 수 있다. 지역을 어떤 관점에서 접근하는가에 따라 지역산업육성정책의 강조점이 달라질 수 있는데, 국가의 하위 단위로만 볼 경우 지역산업 육성정책에서 지역의 역할은 국가의 성장을 위한 SOC 건설, 산업단지 공급 등이 이루어지는 공간적 역할에만 머물게 된다.[1] 반면, 지역을 독자적인 경제권으로 볼 경우에는 각 지역 발전의 합이 국가의 발전으로 구현될 수 있는 것으로 보기 때문에 지역의 성장잠재력을 극대화하고 경쟁력을 제고하는 것이 곧 국가의 성장으로 연결된다고 보는 것이다.[2]

산업(industry) 개념은 국민경제를 구성하는 생산적 활동의 단위로 보느냐 아니면 여러 기업을 일정한 기준에 따라 통합한 기업집단으로 보느냐에 따라 산업정책의 분류 또는 유형이 달라질 수 있지만, 일반적으로 지역산업 육성정책에서의 산업 개념은 이들 두 가지 개념의 중간 단위에 위치하는 것으로 보고 있다. 마지막으로 정책(policy)은 정부 개입의 목적과 수단들에 관한 상호 관련된 일련의 의사결정으로 정의하고 있다.

결론적으로 '지역' '산업' '정책'에 관한 다양한 개념(또는 접근방법)에 따라 지역산업 육성정책의 개념 또한 다양하게 정의할 수 있지만, 일반적으로 지역산업 육성정책은 '지역의 산업을 유지·발전시키기 위한 정부 및 공공부문의 의도적 개입'이라고 정의할 수 있다. 즉 지역산업의 생산성 향상과 경쟁력 제고를 통해 국민경제의 성장을 촉진하는 위한 정책으로서 지역정책과 산업정책의 특성을 포함하는 교집합

---

1. 1998년 이전의 지역산업육성정책은 지역을 국가의 하위 단위로만 보고 정책을 추진하였으며, 이 때의 지역산업육성정책은 국가의 새로운 정책이 아니라 국가산업정책의 범주 안에서 지역 간 격차문제를 해결하는 데 초점을 맞추었음
2. 이러한 관점에서 지역의 역할을 고려하기 시작한 것이 1998년 이후의 지역산업육성정책이다.

영역이 바로 지역산업 육성정책인 것이다.

그렇지만 '지역 간 발전격차 완화라는 형평성 차원의 지역정책'과 '산업경쟁력 제고라는 효율성 차원의 산업정책'은 서로 상충될 수밖에 없는 정책목표를 가지고 있다는 점에서 단순히 지역정책과 산업정책의 특성을 포함하는 교집합 영역으로서 지역산업 육성정책을 정의하는 것은 여전히 모호한 측면이 있다고 할 수 있다.

지역산업 육성정책이 '지역 간 발전격차 완화'와 '산업경쟁력 제고'라는 서로 상충되는 두 가지 정책목표가 조화롭게 결합 내지 양립하고, 또 국가정책의 고유한 영역의 하나로서 자리를 잡을 수 있었던 것은 1990년대 들어와 클러스터 정책이 등장하면서부터라고 할 수 있다. 당시 우리나라는 국가경제의 고도성장을 뒷받침해 온 요소투입형 성장방식이 한계에 직면함에 따라 혁신주도형 성장방식으로의 전환이 불가피하였다. 이러한 혁신주도형 성장을 실현하기 위해서는 기술과 지식의 창출과 이의 확산 · 적용이 상호 선순환구조를 이루는 혁신클러스터(Innovation Cluster)를 조성하는 것이 핵심 관건인데, 이를 위해서는 혁신 관련 추진주체들 즉 기업, 연구소, 대학, 기업지원기관 등이 일정한 공간 또는 지역에 입지하여 상호 긴밀한 네트워크를 형성하는 것이 중요해졌다. 이처럼 산업경쟁력을 제고하기 위해 혁신클러스터 조성의 중요성이 부각됨에 따라 자연스럽게 '지역 중심의 내생적 산업정책'인 지역산업 육성정책[3]이 태동하게 된 것이다.

2. 지역산업 육성정책의 전개와 평가

가. 지역산업 육성정책의 시대적 구분

지역산업 육성정책은 시 · 도별 테크노파크(TP : TechnoPark) 지정, 대구의 밀라노 프로젝트 등이 시작된 1998년을 기점으로 이전과 이후로 나누어 볼 수 있다.[4]

3. 기존 중앙정부 주도의 하향식 산업정책으로는 혁신클러스터 조성과 내생적 지역발전에 한계를 보임에 따라 지역산업육성정책은 분권적 · 상향식으로 추진되었음

4. 여기에서는 '지역산업정책백서(산업통상자원부, 2014년)'에 제시된 시기 분류를 그대로 인용함

1998년 이전 시기는 국가 산업정책의 범주 안에서 지역에 미치는 경제적 파급효과를 확대하고 이를 통해 지역 간 격차문제를 해소하는 전략을 활용하였다면, 1998년 이후는 국가 산업정책과 별개로 국가정책의 새로운 영역인 지역정책의 틀 안에서 지역산업 육성정책을 본격적으로 추진한 시기이다.

1998년 이전 시기는 세부적으로 ① 한국전쟁 이후 공업화 기반을 구축하였던 1960~1970년대, ② 산업화의 영향으로 심화된 지역 간 격차를 해소하기 위해 산업의 분산 · 재배치를 추진한 1980년대, ③ 국토의 효율적 활용을 위한 지방분산 정책의 기반을 마련하고, 지역정책을 모색하기 시작한 1990년대 등으로 구분할 수 있다.

1990년대 중반 이후 내생적 지역발전의 필요성이 부각됨에 따라 기존의 국가 산업정책과 달리 '지역'이 정책의 최우선 준거가 되는 지역산업 육성정책이 1998년부터 본격적으로 추진되었다. 이 시기의 지역산업 육성정책은 ① 대구, 부산, 경남, 광주 등 4개 지역의 1단계 지역전략산업진흥사업 등을 통해 지역혁신 환경을 구축한 지역발전의 태동기(국민의 정부), ② 지역정책을 국가정책으로 추진할 수 있는 법, 회계, 추진체계 등의 제도적 기반을 구축하고 각종 지역발전 사업을 본격 추진한 확산기(참여정부), ③ 행정구역의 경계를 넘어 '규모의 경제'를 실현하기 위해 광역경제권 기반의 지역산업 육성정책을 추진한 시기(이명박정부) 등으로 구분해 볼 수 있다.

나. 1998년 이전의 지역산업 육성정책

1) 공업화 기반조성기

1960 ~ 1970년대는 1950년대 원조물자(제분, 제당, 면방직)에 의존한 단순 가공산업의 한계를 극복하기 위해 수출 주도의 공업기반 조성 및 공업발전을 통한 경제성장을 국가 정책의 최우선 목표로 설정한 시기이다.

이 시기의 지역산업 육성정책은 거시 경제발전을 위한 산업정책에 '지역'이라는 공간적 개념이 포함된 형태로 추진되었다. 구체적으로 국가 차원의 산업자원을 비교

우위가 있는 지역 즉 수도권, 동남해안 공업지대, 경부축에 집중 투자하여 생산기반 시설을 확충하였다. 전략업종 육성에 적합한 지역을 선정하여 공업단지를 조성하는 전략으로 추진됨에 따라 일부 지역에만 투자가 집중되어 지역 간 격차 문제가 발생할 수 있으나, 경제 성장에 따른 효과가 낙후지역으로 파급되어 지역 간 균형성장을 달성한다는 전통적인 성장이론에 근거한 것이었다.

최초의 공업단지는 1962년 조성된 울산공업센터로 정유, 비료 등을 국가기간산업으로 육성하기 위한 것이었고, 1964~1966년에는 수출주도의 경공업을 육성하기 위해 수출산업공업단지(구로, 부평, 주안)가 조성되었다. 1966년부터 광주, 대전, 전주, 청주, 대구, 춘천 등 도청 소재지급 도시에 공업단지를 설치하기 시작하였고 1970년대에는 중화학공업육성 정책에 따라 전략업종별로 적합한 지역을 중심으로 대규모 공업단지를 조성하였다. 화학공업은 울산과 여수, 철강은 포항, 전자공업은 구미, 조선공업은 부산, 울산, 거제, 기계공업은 창원 등에 공업단지를 건설하였다. 1970년대에는 중화학공업기지가 건설되면서 동남해안에 대규모 공업벨트가 형성되었다.

1960~1970년대는 공업발전 기반 구축을 통해 우리나라 경제의 고도 성장[5]이 시작되었고, 이를 바탕으로 향후 선진경제로 나아갈 기틀을 마련하였다고 할 수 있다. 그러나 중화학공업에 대한 과도한 투자는 투자효율의 저하, 제조업 성장 저해 등 많은 문제점을 노출함으로써 1980년 마이너스 성장의 주된 요인으로 작용하였고, 특히 지역 간, 산업 간 불균형 심화라는 문제점이 표출되었다.

2) 지역 간 격차 심화와 산업의 분산 · 재배치 추진기

1980년대 국가 산업정책은 1970년대 중화학산업에 대한 과잉 · 중복 투자의 문제점을 해결하는 과정에서 두 차례의 중화학공업 투자조정 추진, 공업발전법 제정 등을 계기로 새로운 전환점이 마련되었고, 시대적 흐름에 따른 시장개방 및 산업의 글

5. 1962~1978년 기간동안 실질성장률은 연평균 9.3%를 기록하였으며 1인당 국민총생산은 87달러에서 1,242달러로 크게 증가하였고, 제조업 비중은 14.3%에서 26.7%로 확대되었음

로벌화가 크게 진전되었다. 한편, 1970년대 산업정책의 부작용이라 할 수 있는 경부축과 기타 지역 간 격차, 수도권과 비수도권 간 격차, 도시와 농산어촌 간 격차 등의 정치적 · 사회적 문제로 대두되면서 지역개발에서 상대적으로 소외되었던 지방 중소도시와 농산어촌의 공업화에 대한 요구가 본격적으로 분출되었다.

이에 따라 산업의 지방 분산이 추진되기 시작하였다. 1980년대에는 이전의 대규모 산업단지 개발방식이 지역 간 격차를 확대시켰다는 점을 인식하고, 이를 개선하기 위해 제2차 국토종합개발계획(1982~1991년)을 통해 중소규모의 산업단지를 전국에 분산 · 배치하기 시작하였다. 1982년에는 중소기업진흥법을 제정하여 중소기업의 육성과 지방유치를 도모하였고, 1983년에는 농어촌 소득원 개발촉진법을 제정하여 농촌지역에 소규모 농공단지 조성사업을 적극 추진하였다. 1980년대 후반에는 낙후지역인 서남권 개발을 위해 대불, 군장 산업단지 조성이 추진되었다.

지역별 중소규모 산업단지 조성을 통한 산업의 지방 분산, 수도권 집중억제 등을 주요 골자로 하는 1980년대 지역산업 육성정책은 국토공간의 다핵화 형성을 위한 정책수단의 부재, 정부의 재정적 지원 부족, 기업들의 대도시 입지 선호 등의 이유로 기대했던 만큼의 성과를 거두지는 못하였다.[6]

3) 국토경쟁력 우선의 지역정책 전개기

1990년대는 대외적으로 WTO체제의 출범에 따라 국가 간 무한경쟁의 시대가 전개되기 시작하였고, 국내적으로는 지방자치제도의 본격적인 실시로 지역 간 균형발전에 대한 요구가 높아진 시기이다. 대내외 환경의 변화에 효율적으로 대응하기 위해 정부는 입지 관련 법률의 통 · 폐합[7], 첨단산업단지의 개발, 수도권 입지규제정책의 개편, 지방산업 육성을 위한 제도적 기반 마련 등을 통해 지방분산 정책을 체계화하

6. 수도권의 인구 비중이 1970년 28.3%에서 1980년 42.8%로 급증함

7. 1990년 공업배치법, 공업단지관리법, 수출산업단지개발조성법은 상공부의 공업배치 및 공장설립에 관한 법률로 통합되고 산업기지개발촉진법, 지방공업개발법, 농어촌소득원개발촉진법은 건설부의 산업입지 및 개발에 관한 법률로 통합됨

기 시작하였다.

지방산업 육성을 위한 제도적 기반도 마련되었는데, 기존 입지공급 중심의 정책에서 한 걸음 더 나아가 체계적인 공업배치를 위한 기본계획을 마련하고, 지방산업의 육성에 필요한 R&D혁신 인프라를 구축하기 시작하였다. 특히 1995년에는 기술하부구조 확충 5개년 계획을 수립하고, 1997년에는 산업기술기반 조성의 일환으로 경기, 송도, 충남, 광주 · 전남, 대구, 경북 등 6개의 시범 테크노파크를 지정하였고, 1998년에는 산업기술단지지원에 관한 특례법을 제정하여 사업의 법적 근거를 마련하였다.

1990년대에는 1980년대의 심각해진 지역 간의 불균형 문제를 해소하기 위한 다양한 정책들이 마련 · 시행되었다는 점에서 실질적인 지역정책으로의 진입을 모색하기 시작한 시기로 볼 수 있다. 다만, 입지 관련 법률의 통 · 폐합에도 불구하고 산업단지의 개발권한과 관리권한이 부처별로 분리됨에 따라 산업입지정책의 부조화가 아직까지 지속되고 있고, 무엇보다 수도권과 비수도권 간의 대립적 정책구도의 기본 틀이 형성되었다는 점은 한계라 할 수 있다.

다. 1998년 이후의 지역산업 육성정책

1) 혁신환경 구축과 내생적 지역발전의 태동기

1997년 외환위기는 우리나라 경제 전반에 걸쳐 심각한 타격을 준 것은 물론 수도권과 지방의 경제력 격차를 확대시켜 지역경제가 구조적 불황 단계에 진입하게 되는 위기를 초래하였다. 이에 따라 국민의 정부는 급속히 침체된 지역경제의 회복을 위해 1999년 대구를 시작으로 부산, 광주, 경남 등 4개 지역의 1단계 지역전략산업진흥사업(1999～2004년)을 추진하였다.

2002년부터는 비수도권 13개 지역 중 4개 지역을 제외한 9개 지역에 대해서도 1단계 지역전략산업진흥사업(2002～2007년)을 통해 시 · 도별 2～3개의 전략산업을 지원함으로써 지역산업 육성정책이 비수도권 13개 시 · 도 전체로 확대하게 되었다.

산업단지 등 산업기반시설 확충 중심의 하드웨어적 방식에서 탈피하여 기술혁신 및 기술의 산업화 기반 구축 등 소프트웨어적 지원으로 전환하고, 지역혁신체제(Regional Innovation System, RIS)의 구축, 지역 전략산업의 고부가가치화 및 경쟁력 강화 등을 추진하였다.

한편, 지역의 기술혁신을 촉진시키기 위해 1998년에 산업기술단지지원에 관한 특례법을 제정하여 1997년에 착수된 시범 테크노파크(경북, 광주, 대구, 송도, 경기, 충남)에 연구개발시설, 시험생산시설, 창업보육시설 등을 집적시켜 신기술개발과 벤처기업의 창업촉진에 초점을 두었다. 테크노파크는 우리나라에서 처음으로 지역에서 기술혁신사업을 위한 거점 지원기관으로 설립되었다는 점에 의의가 있다.

이 시기의 지역산업 육성정책은 정부 주도의 하향식(Top-down)이 아니라 지역 자율기획을 토대로 상향식(Bottom-up)으로 추진되었고, 내생적 지역발전과 지역 간 균형발전을 도모하기 위해 우리나라 최초로 클러스터 전략에 기반을 둔 육성전략을 시도하였다는 점에서 (국가산업정책과 차별화된) 정부정책의 고유한 영역으로서 착근하기 시작하였다고 할 수 있다.

2) 지역산업 육성정책의 확산기

참여정부(2003~2007년)는 과도한 수도권 집중, 지역 간 불균형 등이 심각한 사회 · 경제적 문제로 대두됨에 따라 '자립형 지방화'[8]를 지역정책의 핵심 추진방향으로 설정하였다. 즉, 최저기준의 충족을 통한 '통합적 균형'의 실현과 지역의 잠재력과 비교우위를 극대화하는 '역동적 균형'을 병행하여 추진하는 것이다. 참여정부는 지역산업 육성정책을 역동적 균형을 위한 핵심 정책분야로 설정하고, 지역산업 육성 및 경쟁력 강화를 위한 다양한 시책을 추진하였다.

이 시기의 지역산업 육성정책은 기존의 지역전략산업진흥사업을 비롯하여 다양

8. 과거와 같은 중앙 의존적 지방화로는 문제 해결이 어렵다는 점을 감안하여 분권, 분산, 분업 등 3분(分) 정책을 적극 추진하였음

한 사업을 본격적으로 추진하였다. 구체적으로 살펴보면, 2003년에는 지역혁신특성화사업, 2단계 테크노파크조성사업, 지역혁신인력양성사업 등이, 2004년에는 기업지방이전촉진사업, 산학협력중심대학사업, 4개지역 2단계 지역전략산업진흥사업, 지방기술혁신사업 등이, 2005년에는 지역혁신산업기반구축사업, 산업단지혁신클러스터사업, 대덕연구개발특구조성사업, 지역혁신센터구축사업 등이 새로이 착수되었다.

참여정부의 지역발전정책은 국가균형발전특별법 제정, 국가균형발전특별회계 신설, 국가균형발전위원회 설립 등의 제도 기반을 정비함으로써 기존의 중앙집권 · 집중 시대에서 지방분권 · 분산 시대로 나아가는 전환점을 마련하였다. 이처럼 지역이 스스로 특성화 발전을 할 수 있는 여건이 조성됨에 따라 수도권 대비 비수도권의 수출 점유 비중, 지역 내 총생산의 점유 비중 등이 상승하는 가시적 성과가 나타나기 시작하였다. 그렇지만 오랜 기간 지속되어 온 중앙집권의 역사와 산업화과정에서 형성되어 온 불균형 성장의 유산을 고려할 때 국가균형발전의 성과가 지역 문제를 해결할 수준에는 미치지 못하였다.

3) 광역경제권 기반으로의 전환기

이명박정부(2008～2012년)의 지역발전정책은 지역의 경쟁력을 강화하기 위해 전 국토의 모든 지역이 성장 잠재력을 극대화할 수 있도록 기초생활권, 광역경제권, 초광역개발권의 3차원 지역발전전략을 추진하였다. 기초생활권은 전국 어디에 살든지 지역주민의 기본적 삶의 질을 보장한다는 목표 아래 대도시를 제외한 163개 시 · 군을 설정하였다. 일상생활의 범위를 고려하여 주민의 기본적 삶의 질을 향상시키겠다는 의지를 반영한 것이다. 광역경제권[9]은 시 · 도 단위 행정구역의 경계를 넘어 '규모의 경제' 를 확보하기 위해 5개 광역경제권(수도권, 충청권, 호남권, 대경권, 동남권)과 2개 특별광역경제권(강원권, 제주권)으로 구분하였다. 초광역개발권은 대외개방형 지

9. 초고속 통신망 및 정보화의 진전에 따라 국민생활 및 경제활동의 범위가 확산되는 추세이고, 유럽 선진국의 지역정책이 광역경제권을 통한 규모의 경제 실현, 분권화 등으로 전환되고 있음을 고려

역발전을 선도하고 광역경제권을 연계, 보완할 수 있도록 $4+\alpha$ 벨트형 권역을 설정하였다.

이에 따라 지역산업 육성정책에서는 지역산업의 국제경쟁 격화에 효율적으로 대응하고 지역별 분산적인 산업 육성에 따른 비효율을 해소하기 위해 광역경제권 단위의 광역경제권 선도산업 육성사업을 추진하였다. 구체적으로 시·도 간 연계를 통한 규모의 경제, 산업경쟁력 제고 등을 위해 광역경제권별로 선도산업을 선정하고, 선도산업의 연구개발 등을 지원하여 고부가가치화를 유도하는 데 중점 투자하였다. 1단계(2009~2011년)에서는 총 12개 선도산업과 20개의 프로젝트를 선정하여 3년 이내 글로벌 경쟁력을 갖출 수 있는 유망상품을 개발하는 데 주력한 반면, 2단계 사업(2012~2014년)에서는 신성장동력산업 이외에 지역경제에 큰 비중을 차지하고 있는 주력산업이 포함될 수 있도록 총 22개 선도산업과 40개 프로젝트를 선정하고 유망상품 개발보다는 일자리 창출에 핵심 목표를 두었다.

표 7-1 이명박정부 지역발전정책의 3차원 공간전략

차원	공간구조	주요목적	공간단위	계획체계
초광역개발권	선(線)	국가경쟁력 강화	4 + 3 벨트	초광역개발권 기본구상
광역경제권	면(面)	지역경쟁력 강화	5 + 2 광역경제권	광역경제권 발전계획
기초생활권	점(点)	국민의 기본수요 충족	163 시·군	기초생활권 발전계획

이 시기의 지역산업 육성정책은 기 구축된 혁신인프라를 활용하여 유망상품 개발 및 사업화를 중심으로 지원규모를 대형화하고 사업화 단계의 기술개발을 집중 지원하여 지역산업의 가시적인 성과를 창출하는 데 중점을 두었다. 그렇지만 대규모 프로젝트 중심으로, 그리고 첨단 업종 및 일정 규모 이상 기업 위주로 지원이 집중됨에 따라 사업 참여기업의 지원확대 및 체감 만족도가 낮다는 비판이 제기되었다.

3. 박근혜정부의 지역산업 육성정책과 일자리 창출

가. 정책 배경 및 방향

1) 정책 배경

박근혜정부 출범 당시 지역은 역대 정부의 다양한 정책적 노력에도 불구하고, 수도권과 충청권 지역에서만 일자리 창출이 집중되어 지역 간 격차가 지속되었고, 특히 비수도권은 양질의 일자리가 줄어들면서 지역경제의 활력이 좀처럼 살아나지 못하고 있는 것으로 분석되었다. 구체적으로 비수도권의 일자리 증가율은 2003~2012년 기간 동안 연평균 0.48%로 수도권의 1.83%에 비해 훨씬 낮은 수준에 머물렀고, 그 결과 2003년 52.3%에 달하던 전국대비 비수도권의 고용 비중이 2012년에는 49.7%로 하락하는 등 지역산업의 일자리 창출 능력에 적신호가 켜진 상태였다.

이처럼 지역의 일자리 · 고용 지표가 악화되고 있는 상황임에도 불구하고, 이전 정부의 각종 지역산업지원사업은 사업 목적 및 성과목표, 지원내용, 지원대상 등의 측면에서 볼 때 지역의 일자리 · 고용 창출에는 적지 않은 한계점을 가지고 있는 것으로 분석되었다.

첫째, 사업 목적 및 성과목표 측면에서 대다수의 지역산업지원사업은 '혁신주체 간 집적 및 네트워크 강화→지역혁신체계(RIS, Regional Innovation System)의 구축→산업클러스터의 형성 및 활성화→산업경쟁력 강화' 의 논리구조와 관련한 성과목표에 중점을 두었다. 이에 따라 이들 지역산업지원사업은 지난 10여 년간 산업집적 및 지역R&D 역량 강화를 위한 산업혁신인프라(센터건립, 장비구축)의 조성, R&D 등에 거의 모든 재원과 자원을 집중 투입하는 구조로 운영되었다. 즉 '기술혁신→신제품 · 공정 개발→생산 · 매출 증가→기업성장 및 신규 투자→노동수요 증가'[10]의 논

10. R&D지원에 의한 혁신활동이 제품 수요를 증대시켜 고용 창출에 긍정적인 영향(R&D와 고용 간 보완관계 형성)을 준다는 연구(Ebersberger, 2004 ; Lerner, 1996 등)와 단기적 고용효과가 거의 없거나 일시적인 고용감소(R&D

리구조에 따라 일자리 · 고용 창출은 중장기적으로 실현될 수 있는 성과목표로 간주했기 때문에 일자리 · 고용과 관련한 성과목표를 명시적으로 설정한 사업은 거의 없었고, 그 결과 (지역의 R&D 역량 향상에도 불구하고) 양질의 일자리 · 고용 창출 성과가 매우 미흡하였다.

둘째, 지원내용 측면에서 산업혁신인프라 조성 및 R&D 위주의 지원으로 지역기업의 투자촉진 및 성장 지원, 창업지원 등을 위한 SW성 기업지원[11]이 크게 미흡하였고, 이로 인해 일자리 · 고용 창출 성과를 실현하는 데 한계가 있었다.

셋째, 지원대상 측면에서 그간의 지역산업지원사업이 지역대표산업, 지식기반서비스업 등의 산업보다는 제조업 특히 신성장 · 첨단산업 위주로 지원하여 일자리 · 고용 창출효과를 실현하는 데 구조적으로 한계를 가지고 있었다. 이에 정부는 지역산업 육성정책의 기본 패러다임을 (기존의 지역산업 경쟁력 강화에서) 일자리 창출 중심으로 선회하고, 세부 실행과제 또한 이에 부합할 수 있는 방향으로 전환하였다. 이명박정부의 5 + 2 광역경제권 전략이 미래의 일자리 창출효과로 나타날 가능성이 높은 신성장동력 확보에 과도하게 치중함으로써 현재의 일자리 창출에 한계가 있다는 문제 제기도 정책 패러다임을 전환하게 된 주된 이유의 하나였다.

2) 정책 방향

박근혜정부의 지역산업 육성정책은 기본 목표를 일자리 창출로 전환하는 것에만 머물지 않고, 지역경제의 활력 제고효과를 지역주민이 실생활에서 체감할 수 있도록 하는 데에도 역점을 두었다. 이를 위해 자율과 협력, 융합에 기초해 지역산업을 육성하고 새로운 일자리와 부가가치를 창출할 수 있는 토대로서 지역 주도 산업지원체계의 구축, 일자리 창출 중심의 산업 · 기업 육성 등을 중점 추진하기 위한 실행전략을

와 고용 간 대체관계 형성)를 가져올 수 있다는 연구(Ali-Yrkkö, 2005 ; Wallsten, 2000 등)가 모두 존재함

11. 1999~2011년 기간동안 광역 선도산업 · 지역전략산업 육성을 위해 지원한 국비(4조 8232억 원)의 38.3%는 산업혁신인프라 조성, 46.3%는 R&D 지원에 투입하였고, SW성 지원에는 국비의 12.3%가 투입되었음

마련하였다.

세부적인 실행전략으로서 첫째, 이명박정부에서 도입된 광역경제권을 폐지하고 시 · 도 간 자율적 협의에 의한 연계 · 협력을 강화하기 위해 경제협력권을 새로이 도입하였다. 기존의 광역경제권이 시 · 도 행정구역을 기준으로 권역을 설정한 관계로 일부 권역의 경우, 산업 여건 · 특성이 상이한 시 · 도 간에는 광역화의 효과를 달성하기 어려운 부분이 없지 않았다. 이에 따라 경제협력권은 시 · 도별 분절적 추진으로는 지역발전의 성과를 창출하는 데 한계가 있는 산업 분야를 대상으로 시 · 도 간 협력을 촉진함으로써 행정구역 단위의 인위적 구분과 임계규모의 축소에 따른 사업의 비효율성을 해소하는 데 그 목적을 두었다. 이러한 공간 개념의 변화에 따라 정부는 기존의 광역경제권을 기반으로 추진 중인 2단계 광역선도사업을 당초 일정대로 2014년에 종료하고, 2015년부터는 기존의 성과를 계승 · 발전시키기 위하여 광역선도사업을 경제협력권사업으로 개편하였다.

둘째, 이명박정부 시기에 기존 광역선도산업에 대한 집중 지원으로 상대적으로 위축되었던 시 · 도 단위 지역대표산업을 중점 지원하는 방향으로 지역산업 육성정책의 추진전략을 새롭게 설정하였다.

셋째, 각종 지역산업지원사업의 성과 제고를 위해 지역산업별 세부과제의 구성, 세부과제별 예산배분, 세부과제의 지원내용 · 방식 기획 등을 전적으로 지자체가 주도하는 방식으로 추진 중인 지역산업진흥계획의 수립 대상을 대폭 확대(지역전략 · 특화산업 → 산업통상자원부의 전체 지역산업지원사업)하여 지역 특성 · 여건에 맞는 사업 추진 및 지역의 자율성을 강화하고자 하였다.[12]

넷째, 지역산업 육성을 통한 일자리 창출효과를 지역 주민이 체감하고 실질적으로 도움이 될 수 있도록 2009년부터 사실상 신규 지원이 중단되었던 기초지자체 단위의 지역연고(전통)산업육성사업을 새롭게 개편하여 추진하고자 하였다. 지역행복

12. 국가균형발전특별법(제11조 제1항)에 따라 시 · 도지사가 성장잠재력과 경제성장에 기여도가 높은 산업, 지역일자리 창출 및 경쟁력 강화에 중심적 역할을 하는 산업, 지역의 발전역량을 강화시킬 수 있는 산업 등에 속하면서 최소 수준의 요건(집적도, 특화도, 성장성 등)을 충족하는 산업을 자율적으로 선정할 수 있다는 점에서 사실상 포괄보조금사업에 준하는 추진방식임

생활권 내지 시 · 군 · 구 단위의 성장잠재력이 있는 특화자원을 발굴하여 산업화[13]를 유도하고, 이를 통해 주민체감형 일자리를 창출하는 것을 주된 목표로 추진하되 협력산업(경제협력권 단위) · 주력산업(시 · 도 단위)과의 차별화를 위해 지역특화 품목 위주로 지원하는 방향을 설정하였다.

표 7-2 박근혜정부의 지역산업육성정책 개편 방향

정책공간	5 + 2 광역경제권 → 시 · 도 간 자율 협의에 기반한 경제협력권
정책목표	지역 주민에게 희망을 높이는 일자리 창출
육성전략	지역의 산업기반이 확보되어 있는 제조업 · 서비스업, IT 등 첨단기술 융 · 복합
지원방식	공급자 중심 → 수요자 중심 연계협력형

나. 지역산업 육성정책과 일자리 창출

1) 중장기 지역산업발전계획(2014～2018년) 수립

2013년 하반기에 박근혜정부의 새로운 지역발전정책에 따른 지역산업 지원체계의 개편[14]으로 이에 부합하는 지자체 주도의 중장기 지역산업 활성화 전략을 수립할 필요성이 제기되었다. 당시 지역전략산업진흥사업[15]의 2012년 종료 시점을 전후하여 기존 지역전략산업의 일부는 2단계(2012～2014년) 광역경제권 선도산업으로, 또 다른 일부는 新특화산업(2013년)으로 각각 편입된 상황에서 2단계 광역경제권 선도

13. (예시) 안경 제조+첨단소재 · 3D 기술+디자인 ⇒ 신소재 3D 안경, 유기농업 · 수경재배+LED 기술 ⇒ 고당도 · 고품질 농산물 생산, 해조류 양식+원격제어기술 ⇒ 고품질 해조류 대량생산 등

14. 2009년 3단계(광역 선도산업－시 · 도 전략산업－시 · 군 · 구 특화산업)→2013년 2단계(광역 선도산업－시 · 도 新특화산업)→2014년 3단계(광역 선도산업 - 시 · 도 新특화산업－시 · 군 · 구 연고산업)→2015년 3단계(경제협력권 협력산업－시 · 도 주력산업－시 · 군 · 구 연고산업)의 순으로 수차례 지원체계가 개편됨

15. 4개 지역 1단계 지역전략산업진흥사업(1999～2003년), 9개 지역 지역전략산업진흥사업(2002～2007년), 4개 지역 2단계 지역전략산업진흥사업(2004～2008년), Post 4+9 지역전략산업진흥사업(2008～2012년) 등을 통칭하는 지역전략산업진흥사업은 1999~2012년 기간동안 지역산업 육성정책의 대표적인 사업으로 추진되었음

산업 육성사업마저 2014년 종료를 앞두고 있었다. 이처럼 지역산업 육성정책의 대표적인 지역전략산업진흥사업, 광역경제권 선도산업 육성사업 등이 순차적으로 종료됨에 따라 2009년부터 운영하던 기존 '선도산업(광역경제권) – 新특화산업(시 · 도)' 의 지원체계를 개편하는 등 전체적으로 지역산업 육성정책의 지원대상 산업 및 육성전략의 재정립이 필요한 상황이었다.

한편 2010년부터 지역전략산업(2010~2012년) 및 지역특화산업(2011~2014년)의 체계적 · 종합적 육성을 위해 매년 시 · 도 지자체가 주도가 되어 수립하고 있던 지역산업진흥계획[16]이 연차별 시행계획으로서 시 · 도별 산업기술 발전을 위한 중장기 로드맵으로서의 역할이 부족하고, 계획의 범위가 지역특화산업육성사업에 한정되어 시도 자체 사업 및 산업통상자원부의 다양한 지역산업육성사업을 포괄하지 못하고 있다는 문제점이 제기되었다.

이에 산업통상자원부는 정부의 국정철학에 부응하는 중장기 지역산업 발전비전을 제시하기 위해 '지자체 자율 및 책임 강화', '지역산업 · 기술의 중장기 육성 로드맵 설정', '지역 내 산업육성사업의 종합화' 등 3대 전략하에서 지역산업발전계획(2014~2018년)을 수립하였다. 산업통상자원부는 2013년 하반기에 시 · 도가 주도적으로 지역산업발전계획을 수립할 수 있도록 가이드라인을 제시하였고, 비수도권의 14개 시 · 도는 2014년 하반기에 지역특화산업육성사업, 경제협력권산업육성사업, 광역경제권거점기관지원사업 등을 포괄하는 지역산업발전계획 수립을 완료하였다.[17]

16. 지역산업진흥계획은 시 · 도 지자체별로 자기 지역의 모든 지역산업지원사업을 통합적으로 추진할 수 있는 새로운 틀의 사업체계로서 2010년부터 매년 수립하고 있는데, 과거 중앙정부 주도의 하향식(Top-down) 분산투자로 인한 시 · 도 간의 특색 없는 중복지원, 복잡다기한 사업구조, 나눠주기식 예산 배정, 지원기관 간의 연계 부족 및 업무영역 중복 등의 문제점을 근본적으로 해결하기 위한 방안으로 추진되었음. 지역산업진흥계획을 토대로 지역은 자기 책임하에 지역산업 육성을 위한 종합기획, 개별사업의 평가 · 관리 · 조정 등을 직접 시행하고, 중앙은 지역별 전체사업에 대한 종합성과평가 및 조정 · 컨설팅 기능에 집중함으로써 중앙과 지역 간의 역할분담 명확화 및 협력체계 강화를 추진하였음

17. (지역산업발전계획 수립절차) ① (산업부)가이드라인 수립 · 전달→② (시 · 도)실무위 및 TF 구성→③ (시 · 도)지원산업 선정(안) 제출→④ (산업부)지원산업 선정 컨설팅→⑤ (시 · 도)지원산업 선정→⑥ (시 · 도)계획(안) 수립→⑦ (산업부)계획 컨설팅→⑧ (산업부)계획평가 및 예산 배분→⑨ (시 · 도)계획 수정 및 확정→⑩ (산업부–시 · 도)계획 의결 및 지역위 보고

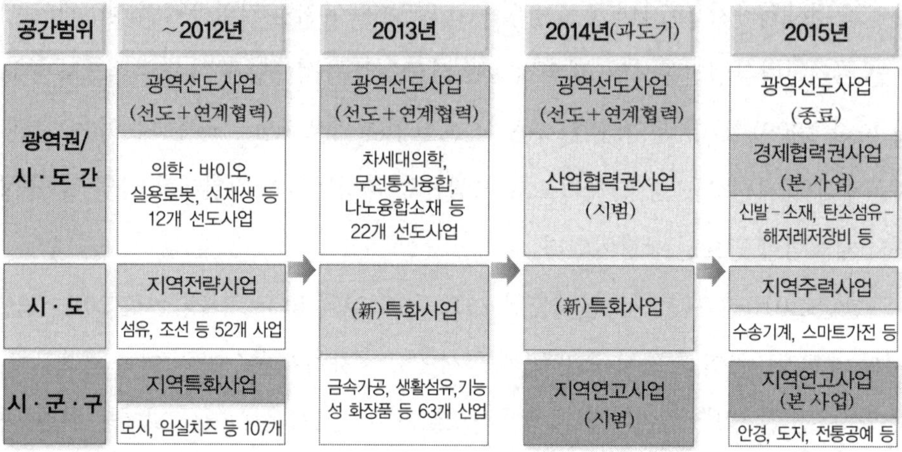

〈그림 7-1〉 지역산업 지원체계 개편 추이

지역산업발전계획의 주요 특징으로 첫째는 시 · 도 지자체 주도로 자율성과 책임성을 강화한 계획이라는 점이다. 구체적으로 지역 차원에서는 시 · 도 지자체가 주도하고, 지역 내 산업혁신기관(TP, 대학, 연구소 등)이 참여하여 계획을 수립함으로써 계획의 실행력을 강화하는 한편, 중앙 차원에서는 수립된 계획을 산업동상자원부 지역사업의 예산배분 기준으로, 향후 지역사업 추진의 총괄 지침으로 활용할 계획이다. 둘째는 시 · 도별로 산업육성 전반을 조망하는 중장기 종합계획이라는 점이다. 지역 내 산업생태계, 지원역량 등 제반 여건을 고려하여 중장기 지역산업 · 기술발전 로드맵을 제시하였다. 즉 지역의 수요를 시 · 도가 사전에 검토하여 지역산업 · 기술 관련 사업을 망라함으로써 사업추진의 효율성을 제고하고 불필요한 사업을 배제할 수 있는 근거를 마련하였다는 점이다.

2) 지역특화프로젝트의 추진

박근혜정부는 새로운 지역발전정책(HOPE 프로젝트)을 구현하기 위한 실천과제로서 시 · 군 단위의 지역행복생활권, 취약지역 생활여건 개조프로젝트, 시 · 도 단위의 지역특화프로젝트 등 3대 사업을 중점 추진하고 있다.

이 중에서 지역특화프로젝트는 시 · 도별로 미래성장동력 강화 및 지역경제 활성화를 도모하기 위해 지역별 특성, 비전 및 발전전략, 지역경제 활성화 여부 등을 종합적으로 고려하여 특화분야를 선정하고, 이들 특화분야와 관련한 중앙부처(미래창조과학부, 산업통상자원부, 농림축산식품부, 문화체육관광부, 보건복지부, 환경부, 국토교통부, 해양수산부, 중소기업청, 산림청 등)의 세부사업(기존 · 신규 사업)을 패키지로 추진하는 시책이다. 시 · 도별 지역특화프로젝트의 분야 확정 시, 시 · 도에서 신청한 프로젝트 중에서 지역공약과 연계한 프로젝트를 우선적으로 고려하였다.[18]

정부는 2014년 3월 '제5차 무역투자진흥회의 및 지역발전위원회 연석회의' 에서 부처합동으로 '지역경제활성화대책' 을 발표하였는데, 여기서 시 · 도별 1개씩 총 15개의 프로젝트 후보안[19] 및 추진방향을 제시하였다. 이후 2014년 9월에 개최된 '제10차 지역발전위원회' 에서 시 · 도별 발전전략에 부합하고, 지역경제 활성화에 대한 기여도가 높은 15개 프로젝트와 이를 실행하기 위한 80개의 세부사업(계속사업 37개, 신규사업 43개)[20]을 확정하는 한편, 2014년 12월에 확정 · 공표된 지역발전 5개년 계획(2014~2018년)에 반영하여 프로젝트를 지속적으로 추진할 수 있는 제도적 기반을 마련하였다.

지역특화프로젝트는 지방과 중앙 간 역할분담, 민 · 관 협업을 통해 추진하는 시책으로 중앙정부는 총 15개 프로젝트, 80개 세부사업에 향후 5년간(2014~2018년) 총사업비 3.5조 원(국비 2조 원)을 투입할 계획이다. 그리고 지방 · 중앙 간 역할분담과 관련하여 지자체는 프로젝트의 기획, 입지 지원, 관련 기업 유치활동 등을 주도하고, 중앙정부는 프로젝트의 성공을 위해 핵심기반 조성, 지역기업들의 기술개발, 창업, 마케팅 등에 필요한 재정을 지원하는 데 초점을 맞추고 있다. 한편, 지자체가 적

---

18. 지역공약 관련 대통령 지시사항(2013.12.23, 지역 공약은 지역에 대한 약속이자 지역경제 활성화를 위한 중요한 정책수단인 바, 최대한 지역 입장에서 지역 공약이 실현될 수 있도록 접근할 필요가 있다)에 따라 15개 프로젝트 중 지역공약과 연계되는 프로젝트를 11개 선정하였음
19. 지역 발전전략과의 부합성, 지역경제 활성화 기여도, 지역공약 연계여부 등 프로젝트 선정기준에 따라 시 · 도가 자율적으로 발굴한 프로젝트 중에서 관계부처 협의를 거쳐 도출하였음
20. 프로젝트별 세부사업 선정을 위해 지자체 및 재정당국과 수차례 협의를 실시(2014.4월~6월)하였고, 프로젝트와의 부합성, 지역의 우선순위 등을 고려하되, 각 시 · 도별 형평성도 최대한 배려하여 선정하였음

부산	글로벌 영상산업특성화 도시 조성
대구	SW 융합산업 클러스터 조성
인천	일자리 양산형 서비스산업 허브 구축
광주	문화 · 콘텐츠 산업 육성
대전	국방 ICT융합 기업생태계 조성
울산	친환경 전지 융합산업 육성
경기	접경지역 생태평화벨트 조성
강원	건강 · 생명 클러스터 조성
충북	세계적 바이오밸리 조성
충남	디스플레이 메가클러스터 구축
전북	농생명 허브 조성
전남	서남해안 해양관광 육성
경북	IT 융복합 창조생태계 구축
경남	항공산업 클러스터 조성
제주	용암수 융합산업 육성

자료 : 지역발전위원회(2014.9월 기준)

〈그림 7-2〉 시 · 도별 지역특화프로젝트 선정현황

극적인 기업 유치활동 등을 통해 민간투자를 유도하여 생산시설 투자 및 고용확대를 추진하는 민 · 관 협업을 주된 추진전략으로 설정하고 있다.

3) 지역대표산업의 육성

① 시 · 도별 지역주력산업 육성

박근혜정부는 이명박정부 시기에 기존 광역경제권 선도산업에 대한 집중 지원으로 상대적으로 위축되었던 시 · 도 단위의 지역대표산업(1999～2012년의 전략산업, 2013년의 新특화산업)을 중점 지원하는 방향으로 지역산업 육성정책의 추진전략을 새롭게 설정하였다. 시 · 도 지역대표산업 육성사업의 예산 축소에 따른 문제점을 해소하고, 지자체 자율에 의한 지역대표산업 육성을 적극 지원하기 위하여 2015년부터

표 7-3 지역주력산업육성사업의 주요 추진방향

기존		개편방향
■ (지원분야) 제조업 중심	⇒	■ (지원분야) 제조업 + α(지식서비스, 융복합)
■ (추진방식) 개별 기획 · 운영		■ (추진방식) 지자체 주도 통합 기획 · 운영
■ (성과관리) 실적지표 위주		■ (성과관리) 고용 · 매출 비중 확대

지역주력산업육성사업[21]을 주요 프로그램으로, 시 · 도 간 연계 · 협력으로 추진되는 경제협력권산업육성사업을 보조 프로그램으로 전환하여 추진하고 있다.[22]

지역산업발전계획(2014~2018년)의 수립 과정에서 시 · 도 지자체가 주도적으로 주력산업(5개 이내)을 선정하였는데, 산업통상자원부는 주력산업의 최소 기준(집

표 7-4 시 · 도별 지역주력산업 선정 현황

지역	주력산업(63개)				
부산	지능형기계부품	초정밀융합부품	금형열처리	바이오헬스	디지털콘텐츠
대구	정밀성형	스마트분산형 에너지시스템	소재기반바이오헬스	의료기기	스마트지식서비스
대전	무선통신융합	메디바이오	로봇자동화	지식재산서비스	금속가공
광주	스마트가전	생체의료소재부품	복합금형	디자인	초정밀 생산 가공시스템
울산	친환경가솔린 자동차부품	정밀화학	조선기자재	에너지부품	환경
세종	자동차부품	바이오소재			
강원	웰니스식품	세라믹신소재	스포츠지식서비스		
충북	반도체	바이오의약	스마트IT부품	태양광	수송기계부품
충남	자동차부품	인쇄전자	동물식의약	디지털콘텐츠	디스플레이
전북	기계부품	건강기능식품	해양설비기자재	경량소재성형	복합섬유소재
전남	금속소재 · 가공	석유화학기반 고분자소재	바이오식품	에너지설비	
경북	모바일융합	디지털기기부품	에너지소재부품	성형가공	기능성바이오소재
경남	지능형생산기계	기계소재부품	항공	풍력부품	항노화바이오
제주	물응용	관광디지털콘텐츠	청정헬스푸드	풍력 · 전기차서비스	

21. 시 · 도와 시 · 군 · 구 단위의 특화산업을 보다 명확하게 구분하기 위해 2015년부터 시 · 도 특화산업을 주력산업으로, 시 · 군 · 구 단위의 특화산업을 연고(전통)산업으로 명칭을 변경하였음

22. 2013~2014년 기간의 지역산업 지원체계 개편 시 지역주력산업 육성사업에 더 많은 예산을 투입하는 것으로 계획하였으나, 당초 계획한 수준의 예산을 확보하지 못함에 따라 2015년에는 경제협력권산업육성사업에 더 많은 예산이 투입되고 있음

적도, 특화도, 성장성 등)을 가이드라인으로 제시하여 지역 내 부가가치 · 고용 창출에 대한 기여도가 높은 지역의 대표산업이 주력산업으로 선정되도록 유도하였다.

지역주력산업육성사업은 연차별 지역산업진흥계획을 통해 산업별 육성을 위한 세부과제의 구성, 세부과제의 예산배분 등을 전적으로 시 · 도 지자체가 주도적으로 결정하여 추진하는 방식으로 운영하고 있다. 중앙의 역할은 시 · 도에서 제시한 사업기획의 합리성 및 완성도가 향상될 수 있도록 컨설팅 기능을 수행하고, 시 · 도별 산업발전 성과목표의 달성 여부를 종합적으로 평가하여 지자체의 책임에 대한 환류를 보다 엄격하게 적용할 계획이다.

② 시 · 도 간 협력에 기반한 경제협력권산업 육성

이명박정부에서 추진한 광역경제권 선도산업은 지역의 신규고용 창출, 지역기업의 매출 증가 등 높은 성과의 달성에도 불구하고, 행정구역 기준의 인위적 광역화로 인해 산업공간(산업생태계)에 기반한 시 · 도 간 자발적인 협력이 저조했다는 평가와 함께 지방비 매칭이 없어 시도의 관심이 저조하고, 시 · 도 사업 예산 축소[23]에 따른 불만 야기 등으로 지역사업으로서의 착근에 한계를 보이는 등 적지 않은 비판이 제기되었다. 박근혜정부에서는 2013년 상반기 지역발전정책의 새로운 방향 설정 시, 광역경제권 선도산업을 2단계 사업의 종료시점인 2014년까지만 지원하고, 2015년부터는 경제협력권산업으로 새로이 재편하여 지원하기로 하였다.

경제협력권은 국가균형발전특별법제2조 제3항에서 "지역의 경제발전과 성장잠재력 확충에 필요한 산업 및 교통 등의 협력사업 추진을 위하여 특별시 · 광역시 · 특별자치시 및 도 · 특별자치도가 상호 협의하여 설정한 권역" 으로 정의되고 있는데, 기존 광역경제권에 대비한 경제협력권의 주된 특징은 다음과 같다.

첫째, 권역 설정이 (중앙정부의 하향식이 아니라) 시 · 도 간의 자율적인 협의를

23. 광역경제권 선도산업 육성사업의 지원예산은 2009년 2,017억 원→2010년 3,295억 원→2011년 3,850억 원→2012년 4,000억 원으로 급증한 반면, 시 · 도 전략(특화)산업육성사업의 경우는 2009년 3,796억 원→2010년 3,308억 원→2011년 2,688억 원→2012년 1,763억 원으로 급감하였음

표 7-5 경제협력권산업의 추진방향

기존		추진방향
■ 신성장동력 · 첨단산업 위주로 현재 일자리 창출에 한계		■ 지역 대표산업 위주로 단기 실현되는 부가가치 및 일자리 창출(체감성과) 제고
■ 행정구역 기반의 인위적 광역화	⟹	■ 실제 산업체가 입지하고 있는 시 · 도 간 협력수요에 기반
■ 중견기업 위주의 지원으로 중소기업의 수혜 대상 제한적		■ 산업생태계 內 핵심기업군과 전후방 연관 중소기업을 묶어 통합적 육성

통해 상향식으로 결정된다. 둘째, 기존의 광역경제권이 행정구역에 기반한 '인위적 광역권' 인 반면 경제협력권은 산업의 공간적 집적구조 또는 산업생태계에 기반한 '기능적 광역권' 을 의미한다. 셋째, 경제협력권은 두 공간의 경제 · 산업 간 기능적 연계성을 기준으로 권역이 설정되기 때문에 공간적으로 연접형과 비연접형 모두 가능하다.

이러한 경제협력권 개념에 근거하여 2014년 지역산업발전계획 수립 시, 시 · 도별 개별 육성보다는 시 · 도 간 협력을 통해 부가가치와 고용 성과를 더 크게 창출할 수 있는 산업을 '경제협력권산업' 으로 정의하였다. 그리고 시 · 도의 산업여건, 특화자원, 시 · 도 주력산업과의 역할분담 등을 종합적으로 고려하되, 비수도권 14개 시 · 도 간 자율 협의를 통해 산업생태계를 반영한 총 16개의 경제협력권산업을 도출 · 선정하였다.[24] 그 결과 16개 경제협력권 중 10개가 기존 인위적 광역경제권을 탈피하는 등 공간적 · 지리적 근접성보다 산업생태계 중심의 경제협력권이 구성되었다.

경제협력권산업은 (1단계) 신성장동력 또는 첨단산업보다 지역 내 일정 수준의 산업기반이 확보되어 있는 지역대표산업이 선정되도록 (주력산업의 선정 시에 적용한) 집적도, 특화도, 성장성 중 2개 이상의 지표를 충족하면서 (2단계) 시 · 도 간 산업구조의 유사 · 연관성, 시 · 도 간 기업의 협력수요, 공간적 집적실태 등을 고려하여 선

24. 경제협력권산업과 시 · 도 주력산업의 유사 · 중복 선정, 유사 지원프로그램의 중복 시행 등의 문제를 원천적으로 차단하기 위해 지역산업발전계획 수립 시에(한국표준산업분류 5단위 세세분류업종의 중목을 인정하지 아니하고) 경제력권산업과 시 · 도 주력산업을 동시에 선정하였음

정하였다.

경제협력권산업육성사업은 기존의 광역경제권 선도산업 육성사업 대비 사업목표, 사업추진방식, 지원프로그램 운영방식 등 세 가지 측면에서 차별화 방향을 명확하게 설정하고 있다. 첫째, 사업목표 측면에서 광역선도사업이 신성장 · 첨단산업의 육성 및 경쟁력 강화에 초점을 맞춤에 따라 미래의 일자리 창출을 지향할 수밖에 없었던 반면, 경제협력권산업육성사업은 지역의 산업기반이 기확보되어 있는 지역대표산업 육성을 통해 현재의 일자리를 창출하는 데 집중하였다는 점이다. 2002년 이후 전국대비 50%를 상회하던 비수도권의 일자리 비중이 2012년 49.4%로 감소하는 등 비수도권의 일자리 축소 및 취업기회 약화에 적극 대응할 필요성이 커졌기 때문이었다.

둘째, 사업추진방식 측면에서 광역선도사업이 국가산업전략과의 연계성 강화를 위해 중앙 주도로 추진된 반면, 경제협력권산업육성사업은 지역별 산업 여건 · 특성에 맞는 지역 주도의 자율적 추진방식을 도입하였다. 협력대상 지역의 매칭, 경제협력권산업의 선정, 지원프로그램의 기획 · 운영 등의 모든 사항을 지역 주도로 결정 · 추진할 수 있는 사업체계를 구축하고, 지자체의 참여와 관심을 유도하기 위해 지방비 매칭을 의무화하였다.

셋째, 지원프로그램의 운영방식 측면에서 광역선도사업이 소수의 역량 있는 중

표 7-6 경제협력권산업 선정 현황

<table>
<tr><th>경제협력권</th><th>산업주관/참여 시도</th><th colspan="2">경제협력권산업</th><th>주관/참여 시도</th></tr>
<tr><td>기계부품</td><td>충남, 세종</td><td colspan="2">바이오활성소재</td><td>전남, 전북, 강원</td></tr>
<tr><td>이차전지</td><td>충남, 충북</td><td colspan="2">의료기기</td><td>강원, 충북</td></tr>
<tr><td rowspan="2">기능성화학소재</td><td rowspan="2">대전, 충남</td><td rowspan="2">조선해양플랜트</td><td>세부1</td><td>경남, 전남</td></tr>
<tr><td>세부2</td><td>부산, 울산</td></tr>
<tr><td>화장품</td><td>충북, 제주</td><td colspan="2">자동차융합부품</td><td>경북, 대구, 울산</td></tr>
<tr><td>광 · 전자융합</td><td>광주, 대전</td><td colspan="2">기능성하이테크섬유</td><td>대구, 경북, 부산</td></tr>
<tr><td>지능형기계</td><td>경북, 대구, 대전</td><td colspan="2">차량부품</td><td>부산, 경남</td></tr>
<tr><td>친환경자동차부품</td><td>전북, 광주</td><td colspan="2">나노융합소재</td><td>울산, 경남, 전남</td></tr>
<tr><td>에너지부품</td><td>광주, 전북</td><td colspan="2">휴양형MICARE</td><td>제주, 강원</td></tr>
</table>

주 : 밑줄은 주관 시 · 도(관계 시 · 도 간 합의안)

견 · 중소기업을 대상으로 기술개발 위주의 개별 지원방식으로 운영된 반면, 경제협력권산업 육성사업은 산업생태계 차원에서 역량 있는 중견 · 중소기업과 전후방 연관관계를 갖는 영세 중소기업을 하나로 묶은 기업군[25]을 대상으로 비즈니스 위주의 통합 · 패키지 지원방식으로 운영하고 있다.

③ 지역연고산업의 육성

박근혜정부의 지역발전정책이 기존 광역경제권에서 시 · 군 단위의 지역행복생활권 단위로 개편됨에 따라 시 · 군 단위의 신규사업 추진의 필요성이 제기되었다. 2012년 지역전략산업진흥사업 종료 이후, 선도산업(광역경제권) – 전략산업(시 · 도) – 특화산업(시 · 군)의 3단계 지원체계를 선도산업(광역경제권) – 新특화산업(시 · 도)[26]의 2단계로 개편함에 따라 시 · 군 단위의 중소기업 지원 프로그램이 부재한 상황이었다. 이에 산업통상자원부는 2013년 하반기에 지역산업 지원체계를 기존과 유시한 선도산업(광역경제권) – 新특화산업(시 · 도) – 연고산업(시 · 군)의 3단계로 개편

표 7-7 지역연고(전통)산업육성사업의 추진방향

기존(RIS)		추진방향
■ (지원대상) 개별 참여기업 대상 현재 일자리 창출에 한계		■ (지원대상) 지역기업 외에 생산자조합, 지역공동체 등 조직화된 기업군 형태 지원
■ (추진방식) 특정지역의 특화된 연고(전통)자원 활용 * 지역 간 연계가 어려움	⇒	■ (추진방식) 지역생활권 우대, 2개 이상의 특화자원 융복합 분야 등 지원 * 행정구역 경계를 넘어 연계 · 협력 가능
■ (지원방식) 지원내용별로 해당 지원이 필요한 기업을 선정하여 각각 지원 네트워킹 / 제품개발 / 기업지원 / 사업화지원 A기업 / B기업 / C기업 / D기업 / E기업 / F기업 * 지원 시마다 공고하여 단발적 지원		■ (지원방식) 기업군을 대상으로 필요한 지원내용을 구성하여 순차적으로 지원 A제품 기업군 → 제품개발 → 시제품 제작 → 시험인증 → 마케팅 B제품 기업군 → 공정개선 → 기술이전 → 사업화 * 사업 초기 지원 로드맵 수립, 연속적 지원 · 관리

25. 경제협력권산업의 지역 內 주력품목 또는 핵심기업(keystone) 기준으로 다수의 전후방 연관기업 및 협력기업(supply-chain)으로 구성된 '비즈니스협력 컨소시엄'을 대상으로 패키지 지원하는 방식을 도입함

26. 2013년 지역산업진흥계획을 통해 기존 시 · 군 단위의 지역연고산업육성사업(RIS), 지역혁신센터지원사업(RIC), 지자체연구소지원사업(RRI)을 시 · 도 단위 新특화산업의 세부과제로 편입시켰음

하고, 지역행복생활권 및 시 · 군 · 구가 발굴한 특화자원의 산업화를 지원하기 위해 지역연고(전통)산업육성사업을 2014년부터 추진하고 있다.[27]

지역연고(전통)산업육성사업은 시 · 군 단위의 특색 있는 자원이나 기술을 발굴해 창의적 아이디어와 첨단기술(IT 등)의 융 · 복합을 통해 부가가치를 창출할 수 있도록 기술개발 위주로 지원하되 시험 · 인증, 공정개선, 특허, 창업, 마케팅 · 유통, 컨설팅, 수출 등을 패키지화하여 지원하고 있다.

4) 광역경제권 거점기관 지원사업 추진

광역경제권 거점기관 지원사업은 지역의 대표산업 육성을 위하여 지역에 연구기반시설을 구축하고, 기술개발을 지원함으로써 새로운 지역산업 클러스터를 구축하기 위한 사업이다. 당 사업은 2011년 일반회계로 추진되던 6개의 예비타당성조사사업(감성터치플랫폼개발(대구), 전자의료기기부품소재(경북구미), 첨단메디컬신소재섬유개발(경북경산), 탄소밸리구축(전북전주), 그린전기자동차차량부품(울산), 클린디젤자동차핵심부품(광주))을 지역발전특별회계 사업으로 신규 편성하면서 시작되었다. 이후 신규사업의 지속적 추가, 일반회계로 추진하던 인프라사업의 지역발전특별회계로의 이관 등을 통해 사업 수가 급증한 결과 2015년 현재 총 23개의 세부사업(내역사업 기준 67개)으로 구성되어 있다. 사업 수의 증가에 따라 예산도 2011년 190억원에서 2015년에는 3,964억 원 규모로 대폭 증가한 상태이다.

광역경제권 거점기관 지원사업 내 세부사업 또는 내역사업은 모두 개별적으로 운영되고 있으며, 세부 내역사업에 따라 지원내용이 매우 다양하지만, 대체로 지역의 성장동력산업 육성을 목표로 인프라 조성(센터건립, 장비구축)과 기술개발을 패키지로 지원하는 내용으로 구성되어 있다. 인프라 조성은 지역의 연구기관 등이 지자체에서 제공하는 부지 혹은 유휴공간에 건축 및 장비를 구축하여 테스트베드, 시험인증 등의 서비스를 기업에 제공하며, 기술개발은 지역대표산업 분야의 경쟁력 있는 기업을 선

27. 지역행복생활권 15개, 기초지자체 단독 6개, 기초지자체 간 연계 1개 등 22개 과제를 선정하여 지원 중임

표 7-8　　광역경제권 거점기관 지원사업 추진 현황(2015년 현재)

	세부 사업명		세부 사업명
1	감성터치플랫폼개발	13	디자인융합Micro모빌리티육성
2	전자의료기기부품소재	14	로봇비즈니스벨트 조성사업
3	첨단메디컬신소재섬유개발	15	하이테크 베어링산업기반구축
4	탄소밸리구축	16	국립산업기술박물관 건립
5	그린전기자동차차량부품	17	뿌리산업경쟁력강화지원*
6	클린디젤자동차핵심부품	18	석유화학공정기술교육센터구축
7	수출전략형미래그린상용차부품	19	용암수융합산업육성
8	초광역연계3D융합산업	20	지역성장기반구축사업(내역사업 8개)*
9	로봇산업클러스터	21	산업기술거점기관지원사업(내역사업 38개)*
10	차세대건설기계부품특화단지	22	실감미디어산업 R&D기반구축 및 성과확산사업
11	차부품고급브랜드화	23	자동차 100만대 생산기지 및 클러스터 조성 기획
12	동물약품허브조성		

* 일반회계에서 지역발전특별회계로 이관

정하여 핵심기술 개발을 위한 연구개발자금을 지원하는 형태로 운영되고 있다.

그러나 시 · 도의 경쟁적 사업 추진으로 예산의 급격한 증가[28], 인프라 조성에 대한 과도한 투자, 지역사업으로서의 전략성 및 효율성 미흡 등 각종 비효율과 문제점이 지속적으로 제기됨에 따라 산업통상자원부는 신규사업(예비타당성조사사업, 非예비타당성조사사업)을 대상으로 지역사업으로서의 적합성 여부를 사전 심의하기 위한 추진프로세스를 마련하고 2016년 이후 모든 신규사업에 대해 적용할 계획이다.

4. 지역산업 육성정책의 향후 과제

그간 지역산업 육성정책은 첫째, 대내외 환경변화에 맞추어 정책의 내용과 수단

28. 광역경제권 거점기관 지원사업의 예산은 2015년 현재 3,964억 원으로 지역산업육성사업(경제협력권산업, 지역주력산업, 지역연고산업)의 4,361억 원과 비슷한 수준으로까지 증가한 상황이며, 향후 신규사업이 지속 추진될 경우(지역발전특별회계의 예산 때문에) 지역산업육성사업의 예산 축소가 불가피할 것으로 예상되고 있음

이 지속적으로 변화되어 왔다. 산업화 초기 산업육성에 필요한 공업용지의 공급에서 점차 산업별 육성으로, 이후에는 지역의 혁신환경을 구축하기 위한 실질적인 지역산업정책으로 변모하였다. 1998년 이후의 지역산업 육성정책의 경우도 초기에는 혁신인프라(테크노파크, 특화센터 등)를 확충하는 데 집중하였지만, 점차 연구개발, 인력양성, 기업지원서비스 등 소프트웨어적 지원을 확대하였다.

둘째, 중앙정부 주도의 정책 추진과정에서 야기될 수 있는 시행착오를 신속하게 수정하고 이를 적극적으로 개선함으로써 정부실패의 여지를 축소하고자 하였다. 시 · 도별 전략산업의 수를 1개, 2～3개, 4개로 확대한 것과 광역경제권 선도산업을 1단계 12개에서 2단계 20개로 확대한 것이 그 예라고 할 수 있다.

셋째, 정책의 추진방식과 관련한 중앙정부와 지방정부의 관계 또한 변화되어 왔다. 초기의 지역산업 육성정책은 중앙정부가 지방정부의 기획안을 조정하고, 국비 중심으로 사업들을 추진하였지만, 점차 지방정부의 참여를 유도하기 위해 지방정부가 주도적으로 사업을 기획[29]하도록 하는 한편 지방비 매칭을 확대하여 지방정부가 사업의 책임과 권한을 갖도록 유도하였다.

이러한 지역산업 육성정책의 큰 변화과정 속에서 정책의 목표, 추진전략, 추진주체, 실행 프로그램(정책수단), 중앙정부와 지방정부의 역할 등이 일관성을 갖고 추진되었다고 보기 어려운 측면이 있다. 따라서 향후의 지역산업 육성정책은 정책의 목표, 전략, 주체, 수단 등이 국가산업정책과의 차별화를 통해 정책의 정체성을 확보함과 동시에 일관성을 확보할 수 있도록 정책의 관점을 정립하는 것이 중요하다고 볼 수 있다. 그리고 지역산업 육성정책의 실효성을 제고하기 위해서는 중앙정부 재원에 대한 과도한 의존보다는 민간의 참여와 협력을 이끌어 내는 것이 매우 중요한 과제이다. 지역산업 육성의 실질적인 주체는 지역의 민간기업이므로 향후 중앙정부와 지방정부는 이들 지역기업이 투자를 확대하도록 촉진 또는 유도하는 역할에 초점을 맞출 필요

29. 지자체의 기획 역량을 보완하기 위해 지역전략산업기획단, 테크노파크(정책기획단) 등 지역거점기관에 대한 운영비를 별도 지원하였음

가 있다. 그렇게 함으로써 민간기업의 창의와 활력이 발휘되어 자원의 효율적 배분을 달성할 수 있으며, 지역기업의 성장을 통해 일자리를 창출하고, 이를 토대로 지역경제의 활력을 제고할 수 있을 것이다.

〈참고문헌〉

강두용(2013), 일자리 정책의 새로운 모색, 산업연구원.

김영수(2013), 지역산업의 고용구조 변화와 일자리 창출 전략, 산업연구원.

김찬준 외(2009), 지역산업 R&D정책의 개선방안, 산업연구원.

박재곤(2014), 지역산업정책의 주요 이슈 분석과 개선방향, 산업연구원.

산업통상자원부 · 한국산업기술진흥원(2011), 신지역산업 발전전략 수립 연구.

______________________________(2014), 경제협력권(시 · 도 협업)사업 추진계획 연구.

______________________________(2014), 지역산업정책 백서.

송병준 외(2012), 산업발전과 일자리창출, 산업연구원.

장재홍 외(2012), 한국 지역정책의 새로운 도전, 산업연구원.

정만태 외(2012), 일자리 창출 중심의 지역정책의 방향과 과제, 산업연구원.

정종석 외(2012), 지역산업 육성 지원제도의 개편방안, 산업연구원.

지역발전위원회(2013), 국민에게 행복을, 지역에 희망을: 지역희망(HOPE) 프로젝트, 제1차 지역발전위원회 회의자료.

지역발전위원회 · 산업통상자원부(2014), 지역발전 5개년계획(2014～2018).

지역발전위원회 · 한국산업기술평가관리원(2014), 2014년도 지역발전사업 평가백서.

산업통상자원부(2014), 2014～2018 지역산업발전계획(안).

1. 통합적 지역복지 전달체계의 필요성

2. 통합적 지역복지 전달체계 개편 역사와 성과

3. 박근혜정부의 맞춤형 복지 · 고용 · 보건의료서비스 전달체계 개편

4. 맞춤형 복지 · 고용 · 보건의료서비스 전달체계의 향후 과제

제 8 장

통합적 지역복지 전달체계 구축과 국민행복 증진

1. 통합적 지역복지 전달체계의 필요성

지난 반세기 동안 우리나라는 괄목할 만한 경제성장을 이루었다. 경제성장은 교육수준의 상승, 평균수명의 증가, 절대빈곤의 감소, 1인당 GDP의 증가로 인한 생활수준의 향상 등 삶의 질 측면에서 긍정적인 변화를 가져왔다. 그러나 이러한 압축성장의 그늘에는 경제성장 우선정책으로부터 파생된 다양한 사회문제들이 존재하고 있다. 우리나라 복지수준을 평가한 한 연구(임성은 외, 2011)에 의하면 OECD 30개국 중 경제활력도는 한국이 12위로 양호하나 국민행복도는 29위로 최하위권에 머무르고 있다. 사회통합지수도 OECD회원국 24개국 중 19위에 그치고 있는데 특히 자살률, 이혼율, 출산율 등 가족영역 지수에서 24위로 최하위권에 머물렀다(노대명 외, 2009). 이와 같은 사회문제는 앞으로 우리나라가 경제성장을 지속하고 높은 삶의 질을 보유한 사회적으로 안정된 국가로 발전하는 데 장애물이 되고 있다.

실제로 우리나라는 양극화 현상이 심화되고 있으며, 사회갈등이 증가하여 가족과 사회의 긴강성을 해치고 있다. 국민들 중 최근 3개월간 가족 구성원 간 갈등을 경험한 비율은 약 79%, 직장에서 한 가지 이상의 갈등 또는 스트레스를 경험한 근로자는 약 81%로 매우 높다. 이처럼 많은 국민들이 광범위한 갈등을 경험하고 있다(이상영, 2013). 김승권(2012)은 한국에서 전체 가구의 절반 이상인 58%가 취약 · 위기관련 요인을 가진 가구로 추정하고 있다. 이러한 취약 · 위기관련 요인으로는 경제적 어려움과 가구원의 건강 관련 문제 비중이 가장 높았지만, 가구원의 취업 및 실업, 알코올, 폭력, 가출, 자녀양육, 가구원 간의 관계, 주거문제 등 다양하게 나타났다.

이러한 위기들을 현대 사회에서는 '신사회적 위험' 이라고 부른다. 신사회적 위험의 특징은 이러한 위험들이 서로 밀접하게 연결되어 있다는 것이다. 사회변화가 고령화, 고용불안정, 가족 해체, 양극화 등 여러 분야에서 동시에 진행되면서 국민들도 각 개인 차원에서 여러 가지 문제들을 동시에 복합적으로 경험하는 경향이 있다. 지역주민 욕구조사에서 경기도 지역을 중심으로 분석한 결과, 지역주민의 복지욕구유형은 다섯 개로 구분되었는데 이 중 세 유형에서 복지욕구가 복합적으로 나타났다(김세원, 2014). 낮은 욕구 집단(39.4%)과 문화생활 욕구 집단(20.7%)을 제외하고 절반 정도를 차지하는 욕구 집단은 '소득, 취업 및 가족문제 욕구 집단(15.3%)', '소득, 취업, 가족문제, 정신건강 및 문화생활 욕구 집단(14.7%)', '소득, 의식주 및 전반적인 생활영역 욕구 집단(9.7%)'으로 구성되어 있었다. 이러한 현상을 볼 때 국가의 사회복지정책적인 관심이 생애사적인 관점으로 확대되어야 하며 개인 욕구의 다양함과 복잡함에도 대응해야 함을 알 수 있다.

우리나라는 신사회위험을 포함한 사회문제를 해소하기 위해 사회보험, 공공부조, 사회서비스라는 세 축으로 사회보장제도를 구성하여 대처하고 있다. 사회보장제도에 의한 현금급여나 사회서비스를 국민들이 받으려면 그것을 국민들에게 전달하는 조직이 필요하다. 사회보장제도에 의한 현금급여와 사회서비스를 국민들에게 전달하는 공급자들의 조직적 연결을 사회복지 전달체계라고 하는데, 사회복지 전달체계에는 공공복지 전달체계와 민간복지 전달체계가 있다. 공공복지 전달체계는 중앙정부와 중간에서 정책을 전달하고 집행하는 데 관여하는 광역과 기초자치단체, 그리고 기초자치단체의 최일선 행정기관인 읍 · 면 · 동 주민센터까지 포함된다(박경숙 · 이화윤, 2014). 민간복지 전달체계는 중앙정부나 지방자치단체로부터 위탁받은 사회서비스를 제공하거나, 자체적으로 재원조달을 하여 국민들에게 사회서비스를 제공하는 다양한 민간 사회복지기관들로 구성된다.

우리나라 사회복지 전달체계의 문제는 사회보험, 공공부조, 사회서비스를 제공하는 사회복지기관들이 사회보험별로 개별화되어 있고, 공공부조와 사회서비스를 제공하는 기관들 역시 분산되어 있으며 이 기관들 간에 연계가 잘 이루어지지 않고 있다는 것이다. 2014년에 보건복지부 외에도 고용노동부, 여성가족부, 국토해양부, 교육부 등 총 21개 부처의 360개에 이르는 복지사업들이 지역의 다양한 공공복지기관과 민간복지기관을 통해 개별적으로 제공되고, 여기에 더하여 지자체의 자체사업으로 수행되는 복지사업은 약 12,000개나 되는 것으로 파악되고 있다(보건복지부, 2015a). 이러한 사업들은 지역에서 읍 · 면 · 동 주민센터를 비롯하여 시 · 군 · 구 또는 시 · 도 권역에 존재하는 다양한 복지관련 기관들을 거쳐 주민들에게 전달되고 있다(〈그림

8-1〉 참조). 읍 · 면 · 동 주민센터는 현재 공공복지 전달체계에서 핵심이 되는 역할을 하고 있는데 그 이유는 중앙정부나 지자체에서 수행하는 국민기초생활보장, 기초연금, 보육수당 등의 현금급여나 사회서비스를 최일선 현장에서 주민에게 책임성있게 전달하는 기관이기 때문이다.

이렇듯 분산된 시스템으로 인하여 국민들은 빈곤, 실업, 건강, 아동 · 노인 · 장애인 등의 가족 돌봄과 양육의 어려움이 있을 때 국가에서 어떤 도움을 받을 수 있는지 어디에서 받을 수 있는지 제대로 알지 못하고, 도움을 받을 수 있는 기관들을 본인의 힘으로 일일이 알아보고 찾아다녀야 하는 힘든 상황이 벌어지고 있다. 2013년의 사회서비스정책에 대한 일반 국민들의 인지도 조사에서 "사회서비스의 세부적인 내용에 대해 구체적으로 알고 있다"고 답한 비율이 약 40% 수준에 머물고 있는 것으로 나타났다(박세경 외, 2013).

지역사회에서 분산된 구조를 가지고 있는 사회복지 전달체계의 문제점으로 단편성, 단절성, 중복 또는 서비스 누락으로 인한 비효율성, 비전문성 등이 지적되어 왔으며(박경숙 외, 2012 ; 박인화, 2013), 이를 개선하기 위해 공공복지 전달체계의 개편도 여러 번 시도되었다. 단편성 측면에서의 문제는 복합적인 욕구를 가진 주민이 어느 한 기관에서 필요한 서비스를 모두 받을 수 있는 '원스톱' 서비스가 안 되고 찾아간 기관은 공급자 측면에서 자기 기관이 제공하는 서비스만 주고 있다는 것이다(강혜규 외, 2013).

단절성 측면에서의 문제는 한 기관에서 복합적인 욕구에 대응하는, 필요한 모든 서비스를 줄 수 없는데도 지역 내 타 기관과 연계가 안 되어 서비스가 이어지지 않기 때문에 서비스 수요자는 타 기관에 가서 서비스를 받기 위한 모든 프로세스를 다시 시작해야 한다는 것이다. 사회보장제도의 종류가 사회보험, 공공부조, 사회서비스로 구분되어 지역사회에 각기 독립적으로 분산된 기관을 통해 제공되는 데다가 복지와 고용, 보건과 의료서비스 등 각기 다른 종류의 현금급여나 사회서비스를 전달하는 기관들도 제각각인데 이들 각 기관 간에 연계가 잘 되지 않기 때문이다.

중복으로 인한 비효율성 측면에서의 문제는 복지사업의 대상과 욕구가 유사한데

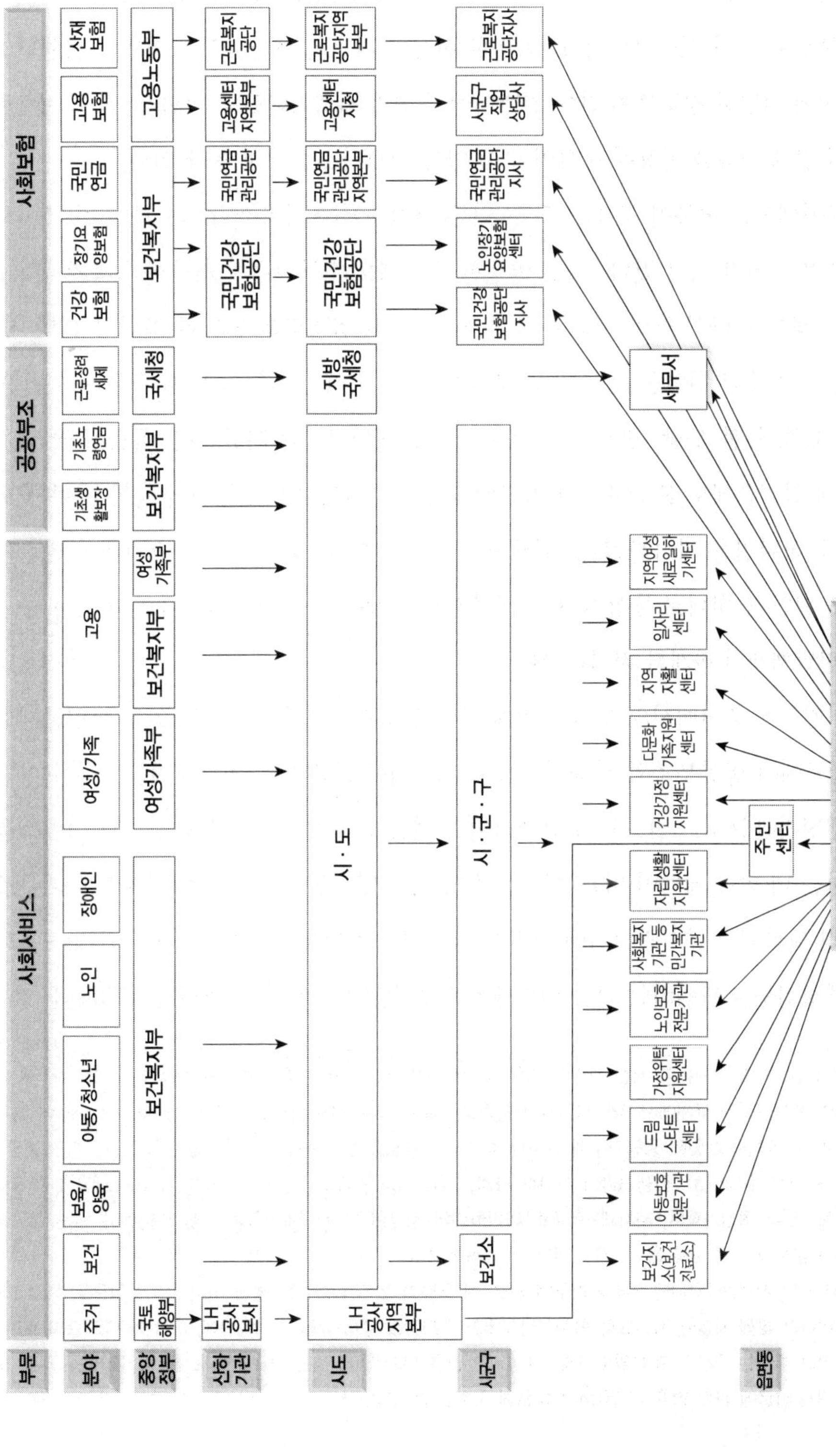

<그림 8-1> 소득보장과 사회서비스 전달 경로

자료 : 박경숙 외(2012: 33) 수정

서로 다른 기관들이 제공함으로써 한 대상자에게 불필요하게 현금급여나 사회서비스가 중복으로 주어지는 현상이다. 이러한 현상의 원인은 복지사업의 설계와 집행단계에 있어서 다양한 정부부처 간에 칸막이식 운영과 집행기관들의 이원화, 각 복지관련 기관들 간에 중복을 현장에서 확인할 수 있는 연계시스템 부재 등에 있다.[1]

한편에서는 중복이 문제가 되고, 다른 한편에서는 서비스 누락으로 인한 복지사각지대가 문제가 되고 있다. 최근 발생한 송파세모녀 사건은 우리사회의 복지사각지대가 존재함을 다시 한번 알리고 송파세모녀법이 입법화되도록 한 계기가 되었다.[2] 생계형 사건들의 원인을 분석하였는데(이현주 외, 2013) 이들의 많은 경우에서 건강, 실직, 소외, 돌봄 부담, 생활고 등 복합적인 문제들이 중첩되었으며, 이들이 공적 지원 안에 있었음에도 불구하고 복지전달체계의 사례관리 발굴능력이 약한 것이 주요 원인 중 하나임을 지적하였다. 김세원 · 김영미(2014) 역시 복지사각지대의 발굴이 어려운 원인 중 하나로 통합적인 욕구 파악과 대상자 발굴 시스템의 부재와 같은 공공복지 전달체계의 한계를 지적하였다.

비전문성 측면에서의 문제는 현재 공공복지 전달체계가 가지고 있는 핵심문제이다. 공공에서 공공부조와 사회서비스를 제공하는 조직이 사회복지전문조직이 아닌 일반행정기관인 읍 · 면 · 동 주민센터이기 때문에 개인별로 맞춤형 상담과 서비스를 제공하는 데 많은 제약이 따른다는 것이다. 읍 · 면 · 동 주민센터는 지역적으로 주민과 가장 밀착된 공공기관이기에 물리적 접근성 측면에서 장점을 갖는다. 그러나 사회복지행정업무를 관리하는 상급 일반행정직의 순환이 빨라 전문적인 업무감독을 받기

1. 예컨대 취약계층 주거환경 개선 사업의 경우 보건복지부, 지식경제부, 환경부, 국토해양부, 농림수산식품부, 행정안전부 등 6개 부처에서 8개 사업을 시행하고, 지자체 자체적으로도 유사한 사업들을 시행하는데 부처별 칸막이 행정으로 인해 동일가구에 유사한 집수리가 불필요하게 중복해서 지원되는 사례들이 발견되었다(이만우 · 김영수, 2013). 집행기관의 이원화 사례는 취약계층 교육비 지원사업이 교육과학부-교육청-학교와 보건복지부나 여성가족부-지차체-학교로 이원화되어 지급된 탓에 중복지급된 것을 반납해야 되는 행정력 낭비가 발생되는 것 등을 들 수 있다(이만우 · 김영수, 2013).

2. 송파세모녀 사건은 2014년 2월 송파구에 사는 세 모녀가 큰 딸의 만성질환과 어머니의 실직으로 생활고에 시달리다가 함께 자살한 사건으로 복지사각지대가 존재함을 널리 알리게 되었는데, 이를 계기로 송파세모녀법이라고 불리는 '국민기초생활보장법' 개정안, '긴급복지지원법' 개정안, '사회보장급여의 이용 · 제공 및 수급권자 발굴에 관한 법률'이 2014년 12월에 국회를 통과하였다.

힘들고, 주민센터에서 일하는 사회복지전담공무원이 사회복지업무가 아닌 일반행정 업무를 겸하여야 하는 상황이 자주 발생하고, 찾아오는 복지서비스 수요자에게 심도 있는 상담과 사례관리를 통한 맞춤형 서비스를 제공하기 어려운 업무환경이라는 약점이 병존한다. 또, 이러한 일반 행정기관 내에서는 사회복지전담공무원이 사람중심의 사례관리보다는 단순 행정직 사무업무에 순응해가는 현상 즉, 일반 행정공무원화 되어가는 현상이 발생하기도 한다(박경숙 외, 2012 ; 강혜규 외, 2013). 지역사회의 공공복지 전달체계의 단편성, 단절성, 중복과 누락, 비전문성 문제에 대한 대안으로 통합적 접근법이 그동안 해결책으로 제시되어 왔으며, 이를 위해 공공복지 전달체계도 점진적으로 변화해 왔다. 특히 빈곤층의 욕구에는 실업, 건강과 돌봄, 생활고 등이 복합적으로 얽힌 사례가 많아 다양한 복지관련 사회서비스가 통합적으로 주어져야 할 필요성이 강조되고 있다. 그중에 고용 · 복지서비스가 우선적인 통합 대상으로 주장되고 있으며(박경숙, 2012 ; 안상훈, 2013), 이에 더하여 보건의료서비스도 중요한 통합의 대상으로 떠오르고 있다(박인화, 2013 ; 정홍원, 2013 ; 김이배 · 김보영, 2014).

2. 통합적 지역복지 전달체계 개편 역사와 성과

그동안 복지와 고용, 보건의료서비스는 각기 다른 구조를 가지고 중앙정부와 지방자치단체로부터 주민에게까지 전달되었다. 그렇기 때문에 이 세 분야에서 통합적 서비스를 제공하는 구조를 만들고자 하는 노력이 나름대로 진행되어왔다. 따라서 각각의 분야에서 시도되었던 맞춤형 통합적 서비스 제공의 노력을 중심으로 전달체계 개편의 역사와 성과를 알아보고자 한다. 특히 지역사회의 공공복지 전달체계를 중심으로 복지전달체계가 어떻게 고용과 보건의료서비스를 통합적으로 전달하고자 하였는지 역사적 변천과정을 알아보고자 한다.

가. 공공복지 전달체계의 통합적 서비스 제공 역사와 성과

공공복지 전달체계의 전문성을 높이기 위한 노력은 1987년에 정부가 사회복지 전문요원을 읍 · 면 · 동 사무소에 배치하는 것부터 시작되었다. 그 전까지 공공부조와 사회서비스는 일반행정기관인 읍 · 면 · 동 사무소의 사회담당 일반행정직 공무원의 업무였다. 사회담당 공무원 중에 사회복지를 전공한 사람은 11%에 불과했다(이정호, 1987). 처음 읍 · 면 · 동의 사회복지업무는 생활보호 대상자에게 현금 급여를 지급하는 비교적 단순한 것이었다. 그러다 1980년대 후반부터 노인 수당 및 장애인 수당이 실시되고, 경제성장에도 불구하고 생활보호 대상자 수가 감소되지 않으면서 대상자 선정의 불합리성과 서비스 전달의 효과성이 의문시되자 정부는 1987년부터 사회복지전문요원을, 대도시 중심으로 읍 · 면 · 동 사무소에 배치하기 시작하였다(박경숙 · 강혜규, 1992).

초기에 사회복지 전문요원들은 사회복지전문가로서의 정체성과 열정이 대단하였다. 그러나 계속 증가하는 사회복지업무에 비해 사회복지 전문요원이 충분하게 충원되지 않는 전문인력부족에서 오는 수급자 관리 소홀 문제, 사회복지업무를 담당하는 일반행정직의 잦은 순환보직으로 인한 전문적 지도 · 감독의 미흡, 일반행정기관 내에서 일함으로써 발생하는 일반행정직과 사회복지직 간의 갈등, 시 · 군 · 구와 읍 · 면 · 동 사무소의 복지업무 분리로 인한 서비스의 비효율성, 고용이나 보건 같은 타 서비스와의 분리로 인해 통합적인 서비스를 제공하지 못하는 점 등이 해결되지 않은 과제로 남아 있었다(박경숙 · 강혜규, 1992). 1987년 49명으로 시작한 사회복지 전문요원은 1995년까지 3,000명으로 증원되었지만 업무량을 보면 1인당 평균적으로 기초생활가구 약 200가구(585명)를 담당하고 있었다. 이러한 인력부족으로 인한 업무과다는 지속적인 문제가 되었다(보건복지부, 1995). 더군다나 1991년 한 조사에 의하면 사회복지 전문요원을 배치한 후 사회담당 일반행정직 공무원 중 타 업무나 부서로 전보된 비율이 66%나 되는 것으로 파악되었다(윤혜미 · 김근식, 1991). 따라서 사회복지전문요원을 증원하여도 일반행정기관 내에서 사회복지업무 담당자의 사회복지업무 감소효과는 크지 않았다.

1) 보건복지사무소 시범사업(1995. 7～1999. 12)

보건복지사무소 시범사업이 1995년 7월부터 1999년 12월까지 4년간 진행되었다. 보건복지사무소는 사회복지업무를 전문적으로 하는 독립된 기관을 만든 최초의 시도였다. 특히 읍・면・동 사무소에 있던 사회복지전문요원을 보건소에 보내 주민에게 통합적 보건・복지서비스를 제공하고자 하였다. 시범사업은 도시규모가 다른 5개 지역에서 시행되었는데 보건소 조직에 시범사업 수행을 위한 복지담당부서로 복지사업과(계)를 설치하고, 복지사업과 내에 방문간호팀을 만들어 보건과 복지서비스의 연계를 꾀하는 형식이었다.

보건복지사무소 시범사업은 사회복지 전문요원을 한 장소에 모아 놓으면서 현금급여 외 사례관리라고 지칭되는 상담과 조치 같은 대인 서비스를 증가시키고, 수급자 자격관리를 보건복지사무소로 집중화하여 공공부조 자격선정에 있어 지역격차를 줄이고 형평성을 증가시켰다는 긍정적인 평가를 받았다. 또한 일반행정 업무부담이 대폭 감소됨에 따라 사회복지업무에 대한 집중도가 증가하고 읍・면・동별로 중복 수행되던 행정업무 감소로 효율성도 증가하였다는 좋은 평가도 받았다(강혜규, 1998). 그러나 실질적으로 방문간호팀이 복지사업과 내에 설치된 지역은 대구 달서구 한 곳이었고, 나머지 4지역에서는 보건관련과에 배치되면서 보건과 복지서비스의 조직통합 목적이 달성되지 못하였고 연계도 잘 되지 않았으며, 오히려 복지직과 보건직 간의 갈등이 발생하였다. 또한 시・군・구와 보건복지사무소 간의 사회복지업무가 분산되어 사회복지업무 간 연결이 잘 되지 않아 비효율이 발생하는 점도 포착되었다. 전문성 증가도 큰 성과를 달성하지 못하였다. 보건복지사무소 시범사업에 따른 복지전문인력의 충원은 따로 이루어지지 않아 1998년까지도 그대로 3,000명으로 유지되고 있었다(박영미・김경명, 2007). 따라서 애초 꾀하였던 사례관리의 전문성 증가 목표도 달성하기 힘들었으며, 인력부족으로 사회복지전문요원은 공공부조업무 위주였으며 지역사회 타 사회서비스와의 연계업무는 힘든 상황이었다(강혜규, 1998). 보건복지사무소를 만들면서도 중간관리자인 복지사업과의 과(계)장은 일반행정직을 둠으로써 전문적인 지도와 감독도 어려웠다. 무엇보다도 보건복지사무소를 전국적으로 확대시키지 못하고 시범사업으로 끝나게 한 중요한 요인 중에 하나는 물리적인 접근성 감소였다. 이 당시에는 행정전산망이 초기에 있었고 사회복지전문요원에게는 접근이 제한되었기 때문에 사회복지업무를 보는 데 있어서 읍 · 면 · 동과 멀어진 것이 수급자 관리의 어려움을 가져와 업무 비효율을 발생시켰다.

2) 사회복지사무소 시범사업(2004. 7 ~ 2006. 6)

보건복지 시범사업이 끝난 후 공공복지 전달체계는 읍 · 면 · 동 사무소에서 사회복지전문요원이 제공하는 원점으로 돌아갔으며, 증가하는 사회복지수요에 대한 대응은 사회복지전문요원을 점차적으로 늘리는 것이었다. 사회복지전문요원은 2002년까지 7,200명으로 증원되었지만 아동, 장애인, 노인 등에 대한 사회서비스도 증가하여 사회복지전문요원들은 1인당 기초생활가구 약 100가구를 포함하여 장애인, 아동, 노인 등 취약가구까지 1인당 약 467가구를 담당하였다. 이같은 인력부족으로 인한 업무과다는 지속적인 문제가 되고 있었다(보건복지부, 2002). 사회복지업무는 읍 · 면 · 동 사무소에서 대부분 1인의 사회복지전문요원이 수행하였다. 과중한 업무부담으로 이들의 손길이 닿지 못하는 빈곤층의 생활고, 아동 학대, 고독사 등의 문제가 종종 사회적으로 큰 사건으로 터지면서 공공복지 전달체계에 대한 개편의 필요성이 지속적으로 제기되었다.

이에 정부는 사회복지업무만을 전담하는 사회복지사무소를 시 · 군 · 구에 설치하여 복지업무의 효율성과 전문성을 높이고 공공부조제도의 현금급여 외 취약계층에 대한 복지서비스를 통합적으로 제공할 수 있는 시스템을 만들기 위해 사회복지사무소 시범사업을 2004년 7월에 시작하였다. 사회복지사무소를 별도의 독립된 조직으로 만들면서 시 · 군 · 구와 읍 · 면 · 동의 사회복지인력을 가져와 사회복지업무만을 전담하는 조직을 만들어 사회복지전문성을 높이려고 하였으며, 서비스 연계팀을 분리해서 설치하고 지역사회 복지협의체를 만들어 지역사회 다양한 복지관련 서비스들과 서비스 연계를 지원할 수 있는 구조를 만들어 통합 서비스를 제공하는 것을 목표로 하였다. 그러나 시작한 지 2년도 되기 전에 참여정부는 중앙정부 차원에서 새로운 전달체계 개편안을 준비하기 시작하였다. 이 새로운 개편안은 읍·면·동을 사회복지 업무의 핵심 일선기관으로 만드는 것으로, 시·군·구에 별도로 독립적인 사회복지 전문기관인 사회복지사무소를 만드는 시범사업의 방향과 상치되는 것이었다.

시범사업 2년 만에 막을 내린 사회복지사무소 시범사업의 경우, 짧은 기간 동안의 시도였지만 수급자 선정의 공정성이 증진되고, 업무처리기간이 단축되어 효율성도 증가하였다. 더불어 서비스 연계팀을 중심으로 지역사회 민간복지기관들과 서비스 연계가 활성화되어 통합성이 개선되었으며 전문성 측면에서도 상담이 좀 더 내실화되었다. 또한 수직적 또는 수평적 지도·감독이 원활해지고, 지역특성에 맞는 사업들을 활발하게 기획하여 지역복지욕구에 대한 대응능력이 강화되는 등의 성과가 있었다(백종만 외, 2006). 2005년 11월에 개통된 보건복지 콜센터는 사회복지사무소 시범사업 외에 공공복지 전달체계에서 주민들의 사회복지 정보 및 상담에 대한 접근성을 높인 주요한 시책으로 오늘날까지 중요한 역할을 하고 있다. 그러나 사회복지사무소에서 여전히 팀장 이상 직급은 일반행정직이 담당하므로 전문적 지도·감독의 한계가 남아 있었으며, 인력 충원없이 늘어난 복지업무량의 과다로 사례관리를 충분히 하기에는 어려운 상황이었고, 주민들의 물리적 접근성 저하와 사회복지전산망 부재로 일반행정기관에 주민들의 정보를 받기 위해 의존해야 하는 것 등이 해결해야 할 과제로 남아 있었다.

3) 시·군·구 주민생활지원국 행정 개편(2006. 7～2012. 3)

사회복지사무소 시범사업이 진행되는 도중에 2005년 12월에 행정자치부의 주민서비스 혁신추진단이 주축이 되어 ‘주민생활지원 통합 서비스 전달체계 구축 기본계획' 을 만들었다. 이 계획은 '맞춤형 통합 서비스 전달체계 구축' 을 전달체계 개편의 비전으로 내세우고 시 · 군 · 구에 복지, 보건, 보육, 고용, 주거, 교육, 문화, 생활체육을 포함해서 8대 영역을 전담하는 주민생활지원국을 설치하여 통합성을 강화한다는 목표로 하는 것이었다(보건복지부, 2006). 또한 주민과의 물리적 접근성을 고려하여 읍 · 면 · 동 사무소를 '주민복지문화센터' 로 명칭을 바꾸고 주민생활지원팀(6급담당)을 신설하여 읍 · 면 · 동의 복지서비스 기능을 강화했다. 또 8대 서비스가 원스톱으로 제공되도록 읍 · 면 · 동 복지업무의 전문성 강화를 위한 조직개편을 목표로 하였다.

2010년 1월부터 사회복지통합관리망(행복e음)이 운영되기 시작하였다. 이것은 복지수급자 개인별 · 가구별 자료를 구축함으로써 복지수급자 선정의 정확성과 투명성을 높이고, 상담과 사례관리체계를 마련하는 동시에 지자체 복지업무의 표준화 및 효율화를 높이고자 구축되었다(보건복지부, 2011a). 개통 이후 2014년 현재까지 사회복지통합관리망(행복e음)은 소득재산초과자 76만 3천 건과 중복수급자 5만 4천 건을 중지 처리해 1조 8천억 원의 예산절감효과를 보는 성과를 내었다(보건복지부, 2014a).

그러나 2006년부터 2012년까지 6년간 시행된 주민생활지원국 체계에 대한 기본적인 평가는 매우 부정적이다. 시행부터 '주민복지문화센터' 는 '주민센터' 로 바뀌면서 복지전문성을 강화하고자 한 목표가 희석되었고, 읍 · 면 · 동을 통하여 8대 서비스를 통합적으로 제공한다는 목표 역시 실질적 프로그램이 미흡했다. 무엇보다 읍 · 면 · 동의 사회복지인력이 업무증가에 비례하여 실질적으로 증원되지 못하였다(이현주 외, 2007). 사회복지전담공무원이 2006년 9,805명에서 2012년 12,907명으로 증가하였지만(보건복지부, 2014b) 이 기간 동안 기초연금(2008), 가정 양육수당(2009), 만 0~2세 보육료 지원(2012), 만 3~5세 누리과정 보육료 지원(2012) 등 새로운 사회서비스가 시행되면서 읍 · 면 · 동의 사회복지업무가 폭증하였기 때문에 사회복지전담공무원의 업무부담은 여전히 과다한 것으로 파악되었다. 2012년 읍 · 면 · 동 사회복지담당공무원의 업무량은 1인당 평균 기초수급자 129명과 복지대상자

934명을 합하여 1,063명이나 되는 것으로 파악되었다(보건복지부, 2014c). 이처럼 사회복지전담공무원의 업무부담이 경감되지 않고 있는 이유 중에 하나는 여전히 일반행정기관에 사회복지전담공무원이 증원되면 사회복지업무를 맡고 있던 일반행정직을 다른 업무로 전환하여 사회복지전담공무원의 업무부담이 경감되지 않는 현상이 일선에서 계속 진행되고 있었기 때문이다(강혜규, 2011). 읍 · 면 · 동에 신설된 6급의 90% 이상이 일반행정직으로 배치되면서 '무보직 6급을 위한 개편' 이라는 비판이 제기되어(강혜규, 2011), 사회복지업무 지도 · 감독의 전문성을 강화한다는 목표도 실현되지 못하였다.

4) 시 · 군 · 구 희망복지지원단 설치 운영(2012. 4 ~ 2014. 4)

주민생활지원국 행정개편이 통합성과 전문성 향상 등의 실질적 성과를 얻지 못하여 주민들의 복지체감도가 높아지지 않자 위기가구에 대한 전문적인 사례관리의 필요성이 대두되었다. 위기가구에 대한 사례관리는 '수요자 중심의 맞춤형 서비스'를 제공하기 위한 것으로 '위기가구통합사례관리사업' 으로 서울 마포, 경기 남양주시, 충남 당진 등 10개 지역에서 2009년부터 시범사업으로 시행되고 있었다(보건복지부, 2011a). 이 시범사업은 2009년 민생안정 사업을 담당하였던 민생안정전문요원을 시 · 군 · 구 단위의 서비스 연계팀에 사회복지통합서비스 전문요원(전국 928명, 시 · 군 · 구당 평균 4명)으로 전환 · 배치하여 서비스 연계팀의 사례관리기능을 확대하는 것이었다.

시범사업을 통해 위기가구에 대한 사례관리의 전문성이 향상되는 것으로 파악되자 2010년 1월부터 전국 232개 시 · 군 · 구에 확대하고, 2012년 4월부터 시 · 군 · 구 단위 사례관리를 전담하는 희망복지지원단을 설치하는 공공복지 전달체계 개편을 단행하였다. 시 · 군 · 구 단위의 희망복지지원단을 통하여 경제적 · 의료적 · 정신적 · 어려움 등을 복합적으로 갖고 있는 지역주민에 대해 심층적인 상담과 전문적인 사례관리를 통해 다양한 지역자원과 연계하여 수요자 맞춤형 서비스를 제공하고자 하였으며, 읍 · 면 · 동은 최일선 공공복지서비스 수행기관으로 초기상담, 복지정보 안내, 복지급여 신청안내, 찾아가는 서비스 등을 하는 기관으로 역할분담을 하도록 하였다. 읍 · 면 · 동은 문지기(gate keeper)의 역할을 하여 찾아오는 지역주민의 복지욕구가 무엇인지 파악한 후 복합적인 욕구를 가진 사례는 희망복지지원단으로 의뢰하여 서비스를 제공하는 체계로 읍 · 면 · 동과 희망복지지원단 간의 역할분담과 밀접한 연계를 통한 활성화가 개편의 핵심이 되었다.

이러한 읍 · 면 · 동의 복지기능 강화와 희망복지지원단의 전문적 사례관리를 위해서는 복지전담공무원의 인력이 필요하였다. 따라서 읍 · 면 · 동에는 2012년 현재 평균 1.6명에서 3명으로 증원하고, 시 · 군 · 구 희망복지지원단에는 기존 민간계약직으로 있는 통합서비스전문요원 평균 4명에 평균 6명의 복지공무원을 확충 배치한다는 계획을 세웠다(보건복지부, 2011b). 사회복지전담공무원의 인력부족문제는 그동안 계속해서 지적되어 왔기 때문에 보건복지부는 2011년에 총리실과 행정안전부 등 관계부처와 복지인력 확충방안을 합의하여 2011년부터 2014년까지 7,000명의 사회복지담당 공무원을 충원한다는 계획을 세웠다(보건복지부, 2013a). 이 중에 복지직으로는 5,200명을, 나머지 1,800명은 행정직을 재배치하는 것으로 충원하고자 하였다. 이러한 인력충원계획이 희망복지지원단의 복지인력 확충에 반영되었다.

희망복지지원단은 2014년 11월 현재 전국 230개 시 · 군 · 구 본청에 '팀' 또는 '과'로 다양하게 구성되면서 평균 11명(공무원 6명, 민간전문가 5명)으로 운영되고 있는데, 민간전문가는 통합사례관리사가 928명으로 대부분을 차지하고 있다. 주요 기능은 통합사례관리, 자원관리, 복지사각지대 발굴을 위한 주민네트워크 활성화, 민관협의체 구성 등의 지역보호체계 운영, 읍 · 면 · 동의 사례관리 지원 · 관리이다. 희망복지지원단은 복지 · 고용 · 보건 등 다양한 서비스를 통합적으로 제공하는 통합사례관리 가구를 확대하고(2011년 4만 7천 가구에서 2013년 5만 4천 가구), 자원관리 담당자를 지정하여 민간 · 공공 복지자원 통합DB를 운영하면서 신규자원발굴을 증가시켰으며(2011년 4만 4천 건에서 2013년 50만 7천 건), 일부 지역에서 방문형 서비스 간 연계사업, 읍 · 면 · 동 방문상담 활성화와 같은 사각지대 발굴과 지원을 위한 다양한 시도들을 탄생시키는 등의 성과를 보여주었다(보건복지부, 2014e).

이러한 성과에도 불구하고 2013년 1월부터 3월까지 매월 사회복지직 공무원이 1명씩 자살하는 사건이 신문에 보도되었다(조선일보, 2013). 또한 2014년 2월에는 송파세모녀사건이 발생하였다. 희망복지지원단의 위기가구를 중심으로 한 통합사례관리시스템이 지역사회 생활고로 힘든 사람들을 발굴해내고 찾아가는 서비스를 하기에 수요자 측면이나 공급자 측면에서도 역부족인 것이 드러난 사건들이었다. 2007년부터 2012년까지 사회복지직 공무원이 증가하였지만 사회복지재정과 사업 수의 증가로 복지대상자 수가 482만 명에서 1,250만 명으로 2.59배가 되었는 데 비해 사회복지직 공무원은 10,113명에서 12,907명으로 1.28배로만 증가하였기 때문이다(감사원, 2013).

2013년과 2014년에 수행된 전달체계에 대한 연구들도 인력부족의 문제를 지속적으로 지적하고 있다. 그 중에 한 원인으로 사회복지전담공무원의 인력을 충원하면 사회복지업무를 보던 일반행정직 사회담당공무원을 타 업무로 전환시키거나 행정직으로 신규충원한 복지인력을 비복지 분야에 배치하는 등의 인력조정으로 인력충원의 효과가 없어지는 문제가 여전히 현장에서 발생하고 있다는 것이 지적되고 있다(감사원, 2013 ; 김이배 · 김보형, 2014).

통합서비스를 제공한다는 측면에서 볼 때 희망복지지원단 설치 이후에도 고용과 보건의료, 복지서비스의 연계는 희망복지지원단의 사례관리자 개인역량에 따른 사례관리차원에서만 진행되고 지역별로 연계체계가 전국적으로 구축되지는 않았기 때문에 모든 지역에서 활성화되지는 않고 있었다. 시 · 군 · 구의 희망복지지원단과 읍 · 면 · 동 사회복지담당자 간의 사례관리 역할분담의 모호함으로 인해 사례관리가 이중화되고 의뢰가 활성화되지 않는 점 등의 문제도 나타났다. 따라서 실질적인 수요자 중심의 맞춤형 서비스를 하기 위해서는 희망복지지원단의 위기가구 중심의 사례관리 한계를 뛰어 넘을 수 있는 개편이 필요한 상황이었다.

사회복지사업들이 각 정부 부처별로 산발적으로 증가하자 서비스 대상자의 각 부처별 사회복지 관련 서비스들의 수급이력을 개인별로 통합할 수 있는 정보시스템의 필요성이 대두되었고 사회보장 정보시스템이 2012년 8월부터 운영되기 시작하였다. 그동안 운영되던 사회복지 통합관리망은 주로 보건복지부 관할 사회복지사업을 통합적으로 관리 · 운영하는 정보망이었기 때문에 정부 부처 간 사회복지서비스에 대한 수급 이력을 비교하는 데 한계가 있었다. 2011년 12월 사회보장기본법의 개정에 의해 법적 근거가 마련되면서 보건복지부 장관이 구축과 운영을 총괄하는 사회보장정보시스템이 만들어졌다. 2013년 12월, 사회보장정보시스템은 정부의 21개 부처에서 제공하고 있는 360개에 이르는 복지사업들을 통합하는 3단계 시스템 구축을 추진하고 있다(보건복지부, 2014a). 사회보장정보시스템은 범부처 복지사업 대상자의 자격 정보 및 수급이력 정보를 통합 DB에 연계하여 주민센터와 각 부처(기관)의 복지사업 담당자가 상담과정에서 대상자의 선정과 관리의 효율성과 정확성을 높일 수 있도록 하였고, 대상자가 제공받고 있는 복지서비스를 통합적으로 파악하여 서비스 중복과 누락이 발생하지 않도록 함으로써 복지대상자별 맞춤형 통합서비스를 제공할 수 있는 매우 중요한 기반이 되고 있다.

5) 지자체의 공공복지 전달체계 개선을 통한 맞춤형 통합서비스 제공

중앙정부의 공공복지 전달체계의 개편 노력이 실효를 거두지 못하자 지방자치단체 나름대로 지역주민들의 삶의 질 향상을 위해 공공복지 전달체계를 개편하려는 노력을 해 왔다. 대표적인 것으로 남양주시의 희망케어센터, 경기도의 무한돌봄센터, 대전 중구의 부분거점형 통합사례관리팀 운영, 충남 아산시 읍 · 면 · 동 공동방문팀 구성을 통한 방문형서비스사업 연계 협력체계 운영, 서울 서대문구와 성동구의 동 기능을 강화한 전달체계 개편 사례 등이 있다. 이와 같은 사례들은 자치단체장의 의지만 있으면 공공복지전달체계의 개편이 가능함을 보여주었다.

〈사례 1〉 남양주시 희망케어센터 사례

남양주시는 주민들을 위한 원스톱 맞춤형 복지서비스제공을 위해 2007년에 보건과 복지서비스를 연계하는 것을 주된 목적으로 한 희망케어센터를 독립적으로 설치하였다. 이후 남양주시의 도농복합형 다핵도시로 생활권이 분산되는 특성을 반영하여 2014년까지 중앙 1개소와 동서남북 권역별 희망케어센터를 4개까지 확대하고 이동희망케어센터 2개를 운영하였다. 통합사례관리의 전문성과 현장기능을 강화하기 위해 사회복지담당공무원으로 구성된 민관복지협력팀과 통합조사업무를 각 권역의 희망케어센터로 배치하여 민간 사례관리전문가와 함께 통합사례관리를 하도록 함으로써 관과 민의 협업이 한 장소에서 이루어지고 있다. 이러한 협업으로 사회복지 공공급여와 서비스뿐만 아니라 보건, 고용, 정신보건, 의료 등의 지역사회 내 관련 서비스들과 연계가 신속하고 통합적으로 제공됨으로써 주민들의 만족도를 높이고 있다(박경숙, 2012). 권역별 희망케어센터에는 직업상담사, 방문간호사, 아동 전문요원들이 상주하면서 보건, 고용, 아동복지서비스 등에 대한 통합적 서비스제공을 하고 있으며 미소금융, 신용회복위원회, 드림스타트 등의 복지서비스를 제공하는 기관들이 같은 공간에 있어 원-스톱 맞춤형 서비스가 주민에게 신속히 전달되도록 할 수 있는 특징이 있다. 이 희망케어센터는 이후 경기도 무한돌봄센터의 벤치마크가 되었다.

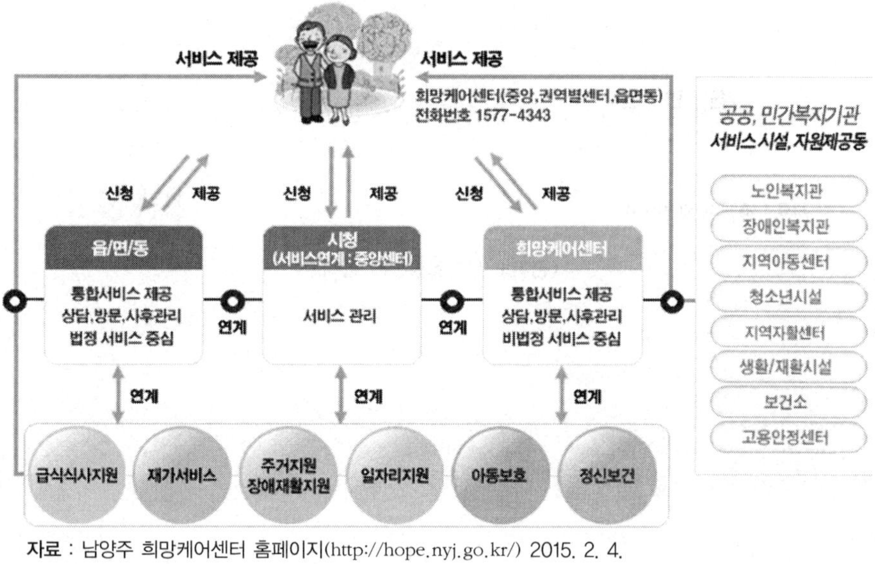

자료 : 남양주 희망케어센터 홈페이지(http://hope.nyj.go.kr/) 2015. 2. 4.

〈남양주 희망케어센터 운영구조〉

〈사례 2〉 경기도 무한돌봄센터 사례

경기도는 심도 있는 사례관리를 통해 수요자 중심의 맞춤형 서비스를 제공하기 위해 2010년 상반기부터 각 시 · 군에 무한돌봄센터를 설치하기 시작하여 2014년 12월 현재 31개 모든 시 · 군에 무한돌봄센터를 운영하고 있다. 무한돌봄센터는 시 · 군 무한돌봄센터, 지역네트워크팀, 협력기관의 3층 구조로 구성되어 있다. 이중 시 · 군 무한돌봄센터가 지역 내 컨트롤 타워의 역할을 하면서 지역사회 내 복지자원 발굴, 복지자원 조정, 네트워크팀 사례관리 지원, 긴급사례에 대한 사례관리를 하며, 지역사회 내에 권역별로 퍼져있는 네트워크팀은 무한돌봄센터에서 배분된 사례를 가지고 해당 지역사회 협력기관들과의 통합사례회의를 통하여 복합적인 욕구를 가지거나 위기상황에 있는 주민들에 대한 심도있는 사례관리를 토대로 맞춤형 서비스를 제공하는 역할을 하고 있다(성은미 외, 2012).

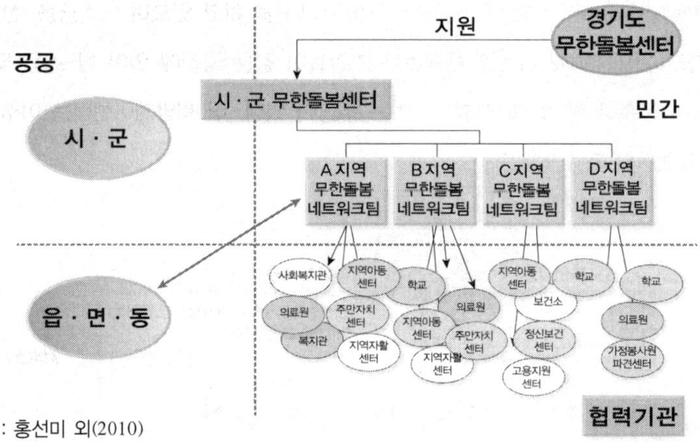

자료 : 홍선미 외(2010)

〈경기도 무한돌봄센터 조직도〉

〈사례 3〉 대전 중구 부분거점형 통합사례관리 전달체계 개편사례

대전은 구에만 있는 희망복지지원단의 통합사례관리 기능의 현장성을 강화하기 위해 2013년 5월부터 대전형 통합사례관리 시범사업인 '희망-T(Tree)움'을 시작하면서 부분거점형의 공공복지전달체계의 개편을 시작하였다. 17개 동을 5개 권역으로 구분하여 각 권역에 거점동을 설정한 후 중구에 설치되어 있던 희망복지지원단을 거점동으로 이동시켜 거점동에 통합사례관리팀을 설치하였다. 거점동에는 권역통합사례관리팀을 만들어 사회복지직으로 팀장을 배치하는 조직개편을 하였고, 복지직 공무원, 통합서비스전문요원, 일반 모니터링 및 사례관리지원역할을 담당하는 보라미로 팀을 구성하여 일반동에서 사례관리가 필요하다고 의뢰된 위기가구에 대한 맞춤형 통합서비스를 제공하도록 하였다. 대전복지재단이 솔루션위원회 운영 등을 통해 권역별 통합사례관리를 모니터링하고 컨설팅을 지원함으로써 사례관리의 전문성을 높이고 있다.

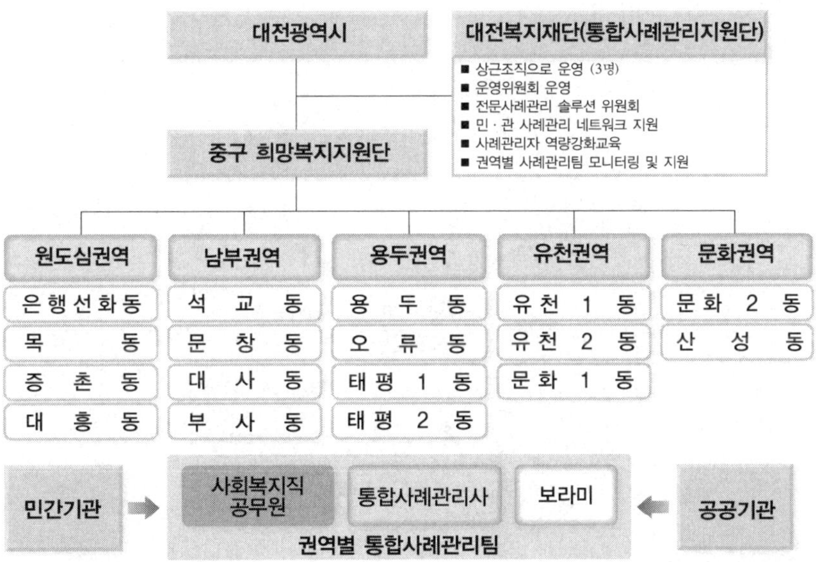

자료 : 김정득(2014 : 14)

〈대전시 중구 부분거점형 통합사례관리 시범사업 추진모형〉

〈사례 4〉 충남 아산시 읍 · 면 · 동 방문형 서비스사업 연계협력체계

충남 아산시에서는 2012년 4월부터 읍 · 면 · 동별 행복키움 공동방문팀을 구성하여 운영하고 있다. 이 팀은 지역에서 분산되어 운영되고 있던 다양한 방문형 서비스 실무자 간 연계체계를 마련한 것으로 복지대상자의 다양한 욕구를 팀워크로 인하여 깊이 있게 파악하고 통합적인 대응을 하고자 마련된 것이다. 아산시청의 행복키움지원팀에서는 방문형 서비스사업에 대한 현황파악과 민관서비스 연계, 사례관리를 지원하고, 읍 · 면 · 동에서는 방문형 서비스 수행기관 간 구체적인 시행체계인 방문형서비스연계팀을 구성하고 팀별 회의를 하면서 위기가구를 발굴하고 발굴된 복지대상자에 대한 공동방문 상담과 정보 공유를 하며, 공공, 민간 서비스를 연계한다. 2015년 4월 현재 17개 읍 · 면 · 동에서 공동방문팀을 운영하고 있으며, 모든 읍 · 면 · 동의 총 구성인원은 통합사례관리사, 읍 · 면 · 동 복지팀, 보건소 방문간호사, 교육청 교육복지사, 노인돌봄, 장애인 활동보조, 거점복지관 민간사례관리사, 자원봉사단 등 총 136명으로 되어 있다(보건복지부, 2015b).

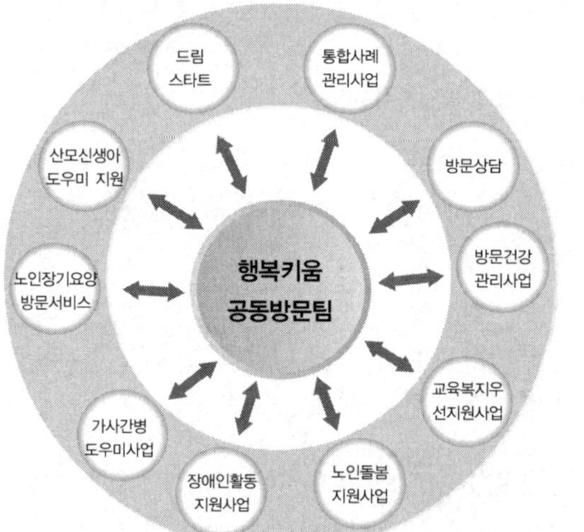

〈충남 아산시 읍 · 면 · 동 방문형 서비스사업 연계협력 체계〉

〈사례 5〉 서울특별시 성동구와 서대문구 동(洞) 주민 센터 기능보강모형 사례

성동구와 서대문구는 2012년부터 동주민센터의 복지기능을 강화하는 '동 복지허브화'를 통해 수요자를 위해 현장 중심의 맞춤형 통합서비스 제공을 추진한 사례이다. 동주민센터의 단순업무를 전산화하여 행정업무비중을 축소하고 청소업무나 주정차 단속업무 등 일부업무를 구로 이관하면서 남는 일반행정직에게 복지업무를 보도록 하고, 구청의 복지담당 인력을 동주민센터로 재배치하여 동주민센터에 사회복지직 등 복지 인력을 확충함으로써 동주민센터의 종합적 복지기능과 역할을 증대하는 것이 주요 전략이었다. 성동구는 복지종합상담 창구 운영, 통합사례관리와 복지대상자 지원 강화를 통해 복지업무 전문성을 강화하였고, 통장 복지도우미와 동마중물 복지협의체를 운영하면서 동 단위의 민관협력체계를 강화하였다. 서대문구 역시 동 기능을 전환하고 복지동장제와 복지통장제를 운영하며, 구 단위로 되어 있던 지역사회복지협의체를 동 단위로 만들고, 방문상담을 강화하고, 방문간호사를 전 동에 배치하는 등 복지, 보건, 고용, 문화, 교육서비스의 지원창구를 동주민센터로 일원화하여 원스톱서비스를 제공하도록 하였다. 서대문구에서는 복지 코디네이터를 두어 복지수요자에 대한 초기상담에서 종합적인 원스톱 처리가 가능할 수 있도록 전문적인 심층상담을 하게 하였다(김승권 외, 2013).

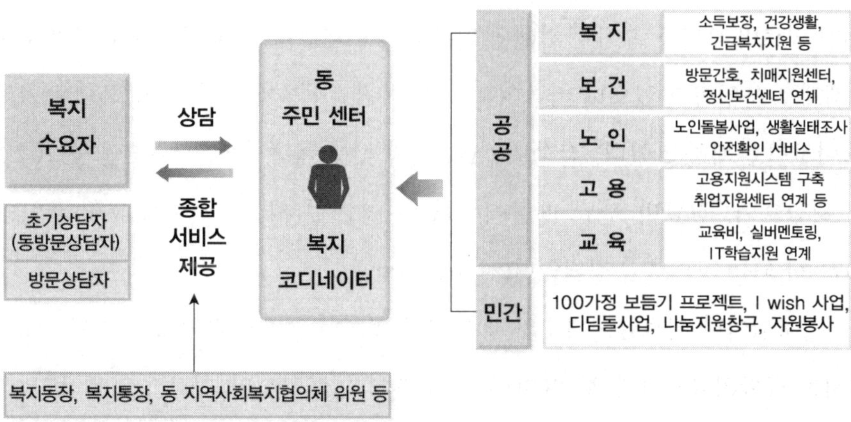

자료 : 서대문구 복지정책과(2013) 내부자료, 김승권 외(2013 : 25, 재인용)

〈서대문구 동 주민 센터 복지기능강화 모델〉

나. 복지 · 고용 · 보건의료서비스 통합적 전달체계 역사와 성과

1) 보건의료서비스와 복지서비스 통합

우리나라 의료서비스는 그동안 건강보험제도[3]를 중심으로 공공성을 달성해 왔다. 그러나 건강보험의 혜택은 건강보험료를 낼 수 있는 계층에게만 적용되기 때문에 2013년 말 전 국민의 97.2%인 4,998만 명이 건강보험에 가입되어 있으며, 나머지 146만 명의 건강을 보장할 수 있는 제도로는 의료급여제도가 따로 있다(보건복지부, 2014a). 이러한 건강보험과 의료급여제도가 있음에도 불구하고 의료사각지대는 아직 존재하고 있다. 이들은 건강보험료 장기체납자, 주민등록 말소자 등 건강보험 적용을 받지 못하는 집단과 건강보험의 본인부담이 어려워 의료기관을 가지 못하는 집단으로 분류된다. 전체적인 건강보험의 보장성은 60% 수준이기 때문에 중증질환에 대한 의료비 부담을 줄이기 위해 본인부담 상한제를 두고 재난적 의료비 지원 등을 별도체계로 운영하고 있으나 비급여를 포함한 의료비부담 때문에 병원을 못 가는 현상이 여전히 존재하고 있다. 건강보험료 3개월 이상 체납세대는 2008년 말 207만 세대나 되었으며, 진료비 부담 때문에 치료를 포기한 의료사각지대가 전국민의 약 12.07%나 되는 것으로 추정되었다(신현웅, 2009).

건강보험이나 의료급여제도의 보호에서 벗어나 의료사각지대에 놓인 사람들을 위해서는 공공의료기관과 보건(지)소가 최후의 의료안전망 기관으로 작용할 수 있다. 그러나 우리나라 공공의료기관의 비중은 전체 의료기관의 5.7%, 전체 병상 수의 9.5%, 전체 의사인력의 11.4%에 머무르고 있다(보건복지부, 2014a). 또한 공공의료기관은 누적된 적자로 진료 서비스 향상을 위한 재투자가 어려워 서비스 질이 민간의료기관에 비해 낮아지고 있는 것이 문제로 지적되고 있다. 공공의료기관의 수가 적고

3. 이 건강보험제도에 의해 모든 국민이 질병이나 부상이 발생할 경우 민간의료기관들을 자유롭게 이용할 수 있도록 하여 선진국에 비하여 낮은 국민 의료비를 사용하면서 의료의 접근성이 용이하고 영아사망률 또는 평균수명이나 의료기술, 의료이용의 형평성 측면에서 뒤떨어지지 않는 성과를 보이고 있다(이규식, 2013).

서비스 질의 경쟁력 저하로 인하여 공공의료기관만으로는 저소득층의 의료욕구를 충족시키기가 어렵기 때문에 보건복지서비스에 대한 복합적 욕구를 가진 저소득층에게 통합적인 서비스를 주기 위해서는 공공의료기관과 민간의료기관이 함께 대응하는 체계가 구비되어야 하는 상황이다. 이러한 문제점들을 극복해보고자 운영의 어려움에도 불구하고 일부 지역사회의 공공의료기관들은 복지서비스와 통합적인 서비스를 제공하기 위해 노력해 왔다. 대표적인 것이 서울시 북부병원 301 네크워크 프로젝트, 서울시 서남권 7개 구를 대상으로 한 보라매병원의 지역사회연계지원 구축망 사업이다. 보라매병원은 서울시 서남권 7개 구 희망복지지원단과 연계하여 의료취약계층에게 의료와 복지서비스를 제공하고 있다(이진용, 2014).

〈사례 6〉 서울시 북부병원의 301 네트워크 프로젝트 사례

301네트워크의 301은 세 가지 영역을 하나로 묶는 네트워크라는 의미로 지역사회에서 보건, 의료, 복지 서비스 세 가지 영역을 연계하여 받을 수 있도록 취약계층에게 수요자 중심의 개인별 맞춤형 서비스를 제공하는 포괄적 네트워크이다. 노원구에 있는 서울시의 시립병원이면서 민간위탁으로 운영되는 북부병원을 중심으로 2013년 5월부터 진행되고 있는 프로젝트로 이 프로젝트의 핵심구조는 북부병원 내 공공의료팀에 설치되어 있는 보건의료복지연계센터, 301펀드, 취약계층의료지원위원회이다. 보건의료복지연계센터는 의사, 간호사, 사회복지사, 영양사 등이 다학제팀을 구성하여 환자의 종합적인 욕구를 사정하고 사례관리를 하며, 단순 서비스 연계가 아닌 조정센터로서 역할을 한다. 301펀드(민간펀드)는 취약계층의 진료비 및 간병비를 해결하기 위해 한국의료지원재단기탁금 및 후원금으로 센터를 지원한다. 취약계층의료지원위원회는 지역사회가 참여하여 301네트워크를 통한 지원에 대해 감시자 및 조언자 역할을 하는 기구이다. 이 보건복지의료연계센터의 지역사회네트워크를 통한 서비스제공체계는 그림과 같다. 2013년 5월부터 1년간 총 204명(실인원)에게 방문진료, 외래 및 입원 진료를 제공하고, 6,700만원 상당의 경제적 지원을 제공하는 성과를 보였으며, 구청과 보건소로부터 의뢰된 사례가 23%, 주민센터가 16%, 복지관이 19%, 기타 기관이 19%로 복지서비스전달조직과 밀접하게 연계하면서 통합적 서비스를 제공하였다.

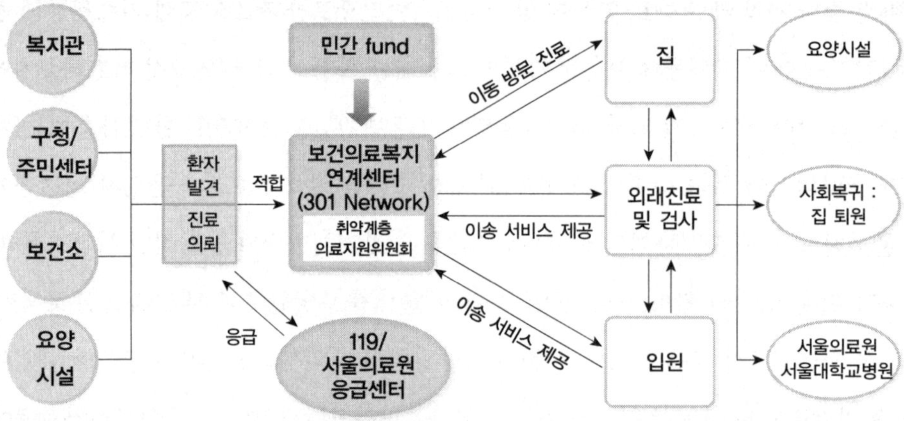

자료 : 권용진(2014).

〈서울특별시 북부병원 301네트워크 서비스 제공체계〉

민간의료기관의 경우 건강보험의 수가적용을 받아 운영하기 때문에 취약계층에 대한 무료 또는 저렴한 의료서비스 제공은 힘든 상황이다. 그렇기 때문에 취약계층의 의료비를 지원해 줄 수 있는 사회복지기관들과 연계가 필요하다. 그러나 대부분 민간의료기관의 경우 타 분야와의 연계체계가 제도적으로 구축되어 있지는 않고 수동적으로 수행되고 있다(윤영호, 2014). 각 병원의 사회사업실이나 의료사회복지사가 타 분야와 연계를 하는 핵심 인력으로 이들은 취약계층을 발굴하여 의료비와 공공의료 활동을 지원하며, 지역사회자원을 연계하고, 사례관리를 통해 환자의 사회복귀 및 재활을 지원하는 역할을 하고 있다. 2012년 종합병원과 병원은 28,981개가 있는데 의료사회복지사가 재직하고 있는 의료기관은 614개 개관에 그치고 있다(보건복지부, 2013c; 김창곤, 2014). 2014년 재직 의료사회복지사는 1,213명, 그 중 공공보건의료기관 사회복지사는 127명으로(김창곤, 2014), 이영숙(2012)에 의하면 의료사회복지사의 어려움은 인력, 시간부족 등으로 업무과중에 시달리고, 지역사회연계의 구심점이 부족하며, 국공립병원의 경우는 그 수가 많지 않아 환자들의 병원 접근성 문제 등으로 인해 연계를 활발히 하지 못하고 있다는 것이다(김창곤, 2014 재인용).

우리나라 보건서비스는 1차 공공보건의료기관인 보건(지)소와 보건진료소를 중심으로 수행되어 왔다. 보건(지)소의 주 기능은 건강증진사업을 시행하는 것인데 주로 저소득층을 대상으로 하기 때문에 건강에 대한 욕구를 가진 복지서비스 대상자에게 통합적 서비스를 주기 위해서는 서비스 연계가 우선적으로 필요한 지역사회기관이다. 특히 보건(지)소의 방문건강관리사업과 장애인을 대상으로 한 지역사회중심재활사업은 복지서비스와 밀접한 연계가 필요한 사업들이다. 그러나 그간 보건과 복지서비스의 연계는 보건(지)소의 예산과 인력부족으로 복지기관들과 서로 교류할 수 있는 시간이 부족하고 복지기관과 연계할 수 있는 공식적 체계가 없었으며, 서로 연계할 수 있는 전산 시스템도 없었고, 복지전문인력과 보건전문인력 간의 기술과 가치 등의 차이로 활성화되기 어려웠다(윤영호, 2014). 방문건강관리사업 같은 경우 자원발굴이나 지역사회 타 기관들과 연계 정도가 개별 지역 사정이나 방문간호사들의 개별적인 업무능력에 따라 차이가 크고, 파트너십에 대한 이해도 부족했다. 지역사회중심재활사업의 경우는 지역사회의 관련기관들 간의 통합적이고 공식적인 의사소통체계인 지역사회 재활협의체가 활성화되지 않는 것이 문제로 드러나고 있다(윤영호, 2014). 다행히 최근에는 보건소시스템과 사회복지통합관리망인 행복이음 간에 대상자 의뢰가 가능하게 되어 보건－복지서비스 연계에 도움이 되고 있다.

2) 고용서비스와 복지서비스 통합 노력

1990년대 이후 사회정책에서 신자유주의 흐름은 빈곤층에 대해 일방적으로 생계보장을 위해 현금급여를 지급하는 것에서 벗어나 노동시장의 참여를 적극적으로 유도하여 자활하도록 하는 것이다. 지속가능한 복지를 위해서는 고용친화적 복지를 해야 한다는 입장이 힘을 얻고 있다. 고용친화적 복지의 필요성은 우리나라의 경우에도 빈곤 탈출과 진입이 근로소득의 증감에 의해 영향을 받고(노대명, 2012), 기초생활보장수급자의 자활성공률이 2001년부터 2010년까지 10년간만 보더라도 5.4%～9.5%까지 10%내로 저조하게 지속되고 있다는 보고들에 의해 지지된다(허재준 외, 2012).

고용서비스에 대한 선진국의 경험을 볼 때 1990년대 중반까지는 실업자를 청년층 실업자, 중장년층 실업자, 고령층 실업자, 여성 실업자 등 범주화하여 고용서비스를 제공하였으나, 실업자군 내에서도 취업장애요소가 개인마다 다르기 때문에 이러한 범주화 방식이 효과를 보지 못하면서 1990년대 후반부터 개별 실업자의 특성에 맞는 맞춤식 고용서비스를 제공하기 시작하였다(유길상, 2010). 이러한 맞춤식 대응을 위해서는 심리상담, 육아서비스 제공, 건강이나 장애문제에 대한 해결, 가족 돌봄서비스 제공, 직업훈련, 취업연계 등의 다차원적이고 복합적인 욕구를 만족시키기 위한 고용지원기관 내 여러 분야 전문가들의 팀플레이, 취업장애요소제거에 도움이 되는 지역의 외부기관 및 전문가와의 파트너십 구축, 고용－훈련－복지서비스의 밀접한 연계와 '원스톱 사무소' 의 설치와 같은 제도적 장치가 필요하였다(유길상, 2010).

우리나라의 경우 1995년 7월 1일부터 고용보험제도가 시행되면서 46개 지방 노동관서에서 실업급여와 고용안정사업, 직업능력개발사업을 담당하였다. 그런데 1997년 말에 발생한 외환위기로 인해 대량실업이 발생하자 이에 대응하기 위해 지방노동청의 소속 조직으로 고용안정센터를 전국적으로 설치하고 확대하여 2001년에 168개소로 증가하면서 전국적인 고용서비스 전달체계를 갖추게 되었다(유길상, 2010). 이후 2005년 4월 고용서비스 선진화를 국정과제로 채택한 이후 맞춤식 고용서비스가 관심을 끌기 시작했으며 이 계획으로 2006년에 '고용안정센터' 의 명칭을 '고용지원센터' 로 변경하면서 이 곳에서 직업훈련, 취업지원, 실업급여를 연계한 포괄적 고용서비스를 제공하기 시작하였다. 이 후 2009년부터 시작된 청년층 뉴스타트 프로젝트와 취업성공 패키지지원 시범사업은 개인별 심층상담과 취업능력 진단을 통해 고용－훈련－복지를 연계하는 맞춤식 통합고용서비스를 제공하는 것으로 취업률 제고의 성과를 보이면서 확대되었고(유길상, 2010), 2011년에는 두 개의 사업이 통합되고 명칭도 고용센터로 되었다(고용노동부, 2011, 2014).

그러나 고용노동부 외에도 중앙정부의 여러 부처와 지자체에서 각기 취업관련서비스를 주민에게 제공하면서 고용서비스 전달체계도 서비스 중복[4]으로 인한 행정비효율, 관리체계의 혼선과 동시에 인력부족의 문제[5]를 안고 있다(길현종, 2014). 이렇듯 지역에서 고용과 관련된 사업을 수행하는 기관이 분산되어 있고, 고용서비스를 제공하는 기관들과 복지서비스를 제공하는 기관들 간에 지역사회에서 연계가 잘 되지 않아 고용과 복지서비스를 통합적으로 제공하는 것은 여전히 정책과제로 남아 있었다.

3. 박근혜정부의 맞춤형 복지 · 고용 · 보건의료서비스 전달체계 개편

2013년 이후에도 송파세모녀 사건, 사회복지전담공무원의 잇단 자살 등 공공복지 전달체계가 원할히 작동되지 않고 있음을 알리는 사건들이 지속적으로 발생하였다. 이를 계기로 공공복지 전달체계를 좀 더 실질적인 수요자 맞춤형으로 강화시켜야 할 필요성이 대두되어 공공복지 전달체계의 개편이 다시 추진되었다. 박근혜정부는 주민센터를 맞춤형 복지 구현을 위한 허브기관으로 개편하는 것을 국정과제에 포함하여 동 주민센터의 복지기능 보강으로 공공복지전달체계의 개편방향을 잡았다(보건복지부, 2014a). 행정 중심의 동 기능을 복지 중심으로 재편하고자 하는 것이다(〈그림 8-2〉 참조). 이는 기존의 서대문구와 성동구의 동 복지 허브화 모형을 상당부분 따른 것이다.

10개 지역에 2014년 5월부터 12월까지 시범사업을 실시한 후 평가를 토대로 2015년부터 단계적으로 저소득층 지역을 위주로 확대해 나가는 계획을 세웠다. 읍 · 면 · 동의 복지기능보강은 동주민센터나 읍 · 면 사무소에 복지팀을 만들고 팀장 1명, 공무원 1～2명, 민간전문인력 4명(통합사례관리사, 방문간호사, 정신보건사회복지사, 직업상담사 등)으로 복지팀을 구성하여 상담안내, 신청접수, 사례관리, 서비스 연계, 민

4. 취약계층에 대한 고용서비스를 제공하는 전달체계를 보자면 보건복지부에서 추진하는 장애인일자리사업, 노인일자리사업, 2009년 저소득층의 자활을 위해 복지와 고용서비스를 통합하여 맞춤형 서비스를 제공하는 희망리본사업, 자활사업이 있고 고용노동부에서 추진하는 취업성공 패키지가 있는데, 이들 모두 지역사회에서 수행기관이 다르다.

5. 실업자 수 대비 고용센터 인력규모가 영국이나 독일에 비해 10분의 1 수준임(유길상 외, 2012)

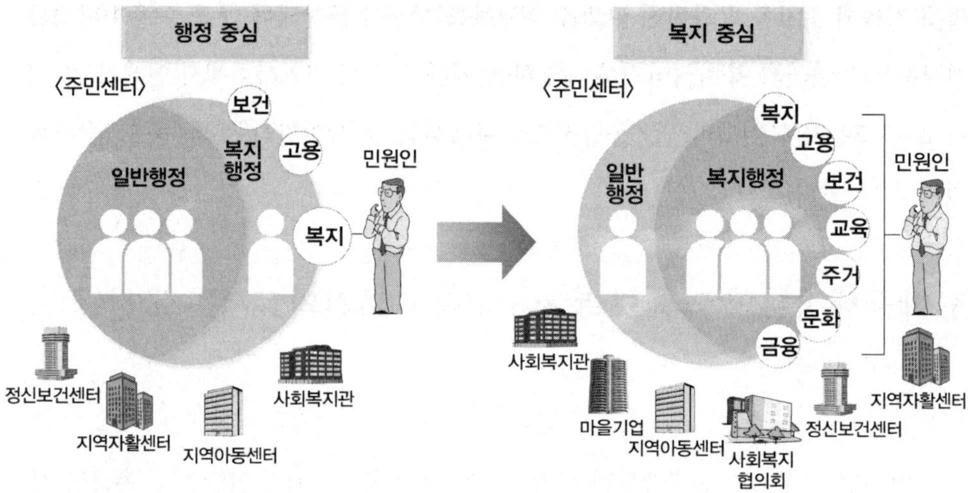

자료 : 보건복지부(2014d)

〈그림 8-2〉 동주민센터 기능보강을 통한 복지허브화

관협력업무 및 기타 복지업무를 집행하도록 하는 것이다. 이 팀의 공무원 중 상담역량 및 경험이 풍부한 경력직 공무원을 복지 코디네이터로 배치하여 심층상담과 보건, 고용 등의 수요자가 가진 복합적 욕구를 지역사회자원에 연계하여 맞춤형 서비스를 제공하는 역할을 하도록 하였다(보건복지부, 2014f). 사회복지직도 동장으로 승진이 가능하도록 동장의 직렬을 복수로 조정하고 동장이 취약계층 발굴이나 지역사회자원 발굴, 상담 등의 복지업무에 직접 참여하도록 하였다(보건복지부, 2013b). 또한 통(이)장을 복지업무에 활용하는 복지통(이)장제를 시행하였다.

동시에 민관협력 시범사업을 통하여 민관이 협력하여 통합적 서비스를 제공할 수 있는 기반을 마련하도록 하였다. 민관협력 네트워크 구축은 공공부문이 자원확보 및 특정 문제 해결을 위해 단독으로 민간의 자원을 개발하고 연계하는 공공주도형, 지역사회복지협의체, 동 복지협의체 등 공공과 민간 간 협의기구를 매개로 하여 민관협력이 이루어지는 협의기구중심형, 그 외 자원봉사단체나 복지재단 법인 등을 구축하여 민관협력을 추진하는 실행기구 구축형 등 세 가지 유형으로 발전하고 있다(보건복지부, 2013d). 특히 동 복지협의체는 과거 시 · 군 · 구의 지역사회복지협의체를 읍 · 면 · 동 단위에도 만들면서 복지사각지대를 발굴하거나 지역사회자원을 찾아내고 복지 증진을 위하여 활용할 수 있도록 하면서 지역복지에 대한 주민의 관심과 참여를 이끌어내는 역할을 담당하도록 한 것이다.

복지와 보건서비스의 통합적 제공을 위해서는 통합사례관리사와 방문간호사를 필수적으로 배치하고 정신보건 사회복지사는 지역별 복지수요를 반영하여 배치할 수 있도록 하여 읍·면·동에서 실질적인 맞춤형 통합서비스가 제공될 수 있는 인력구조를 만들었다. 동 복지기능 보강 시 직업상담사도 지역별로 복지수요를 반영하여 배치할 수 있도록 하여 읍·면·동에서도 고용과 복지의 통합적 서비스제공이 가능하도록 길을 열어 놓았다. 2013년부터 사회보장정보시스템 연계를 통해 고용공단과 장애인고용공단 등 고용관련 기관과 읍·면·동 주민센터 의뢰시스템이 연계됨으로써 고용과 복지의 통합적 서비스제공에 기여할 것으로 기대되고 있다.

다른 한편으로 고용과 복지의 연계는 고용·복지센터를 통하여도 이루어지도록 지역사회 고용·복지 전달체계의 개편을 시도하였다(보건복지부, 2014f). 2014년 남양주시에 첫 번째 고용·복지+센터 시범운영을 필두로 10개소가 설치되었는데 이 센터들은 취업률을 높이고(전국 취업률 8.4% 대비 상반기 설치 5개 센터 29.9%), 서비스 연계 건수도 2013년 9월 95건에서 2014년 10월은 397건으로 1년전 동월 대비 318%가 증가하였다. 센터 인지도도 초기 38.1%에서 52.4%로 증가하는 등의 성과를 보였다. 행정자치부는 이러한 성과를 토대로 이 센터를 대표적인 협업조직으로 발전시킨다는 계획 아래 서민금융·창업지원·문화·제대군인지원 등의 기능을 추가한 센터를 2015년에 30개소 더 늘려 총 40개소를 운영하고, 2017년까지 70개소로 확대한다는 계획을 발표하였다(고용노동부 외 6개 부처, 2015). 시행 초기 보건복지부, 여성가족부, 행정자치부, 고용부, 문화체육관광부, 금융위, 보훈처 산하 고용센터, 여성새로일하기센터, 제대군인지원센터, 서민금융지원센터, 지자체 일자리센터·복지지원팀 등 다양한 일자리와 복지서비스 관련 기관들이 한 센터에서 고용과 복지서비스를 원스톱으로 제공하다 보니 부처별 예산확보, 운영비 분담, 인력 증원, 입주한 센터 간 경쟁 등의 다양한 문제들이 발생하였는데 고용·복지+센터의 성과가 향상되도록 하기 위해서는 이러한 문제에 대한 해결노력들이 병행되어야 할 것이다.

〈사례 7〉 남양주시 고용복지$^{+}$센터 사례

복지와 고용 서비스를 통합적으로 제공하고자 한 정부의 고용 · 복지 전달체계의 개편계획을 첫 번째 시범사업으로 시행하게 된 곳이 남양주시의 고용복지$^{+}$센터이다. 2014년 1월에 개소된 이 센터는 복지서비스를 맞춤형 통합적인 서비스로 제공하는 희망케어센터와는 별도로 지역사회에 분산되어 있던 고용센터, 새일센터, 지역자활센터, 일자리센터를 한 곳에 모으고 복지지원팀을 설치하여 고용과 복지 서비스가 원스톱으로 제공되도록 하였다. 서민금융센터도 입주하여 금융지원도 하고 있다. 짧은 기간 동안이지만 상반기 운영결과에 따르면 일자리센터의 경우 취업실적이 1.2배 증가하고, 취업알선과 상담도 활성화되고 있으며, 수요자들이 필요한 정보를 통합적으로 제공받고 고용과 복지 서비스의 연계가 원활해지는 등의 성과를 보이고 있다(성은미, 2014). 공간적 통합에 의한 통합적 서비스가 회의구조를 중심으로 진행되어 앞으로 업무의 기능적 통합을 어떻게 할 것인지는 해결해야 할 과제로 남아있다.

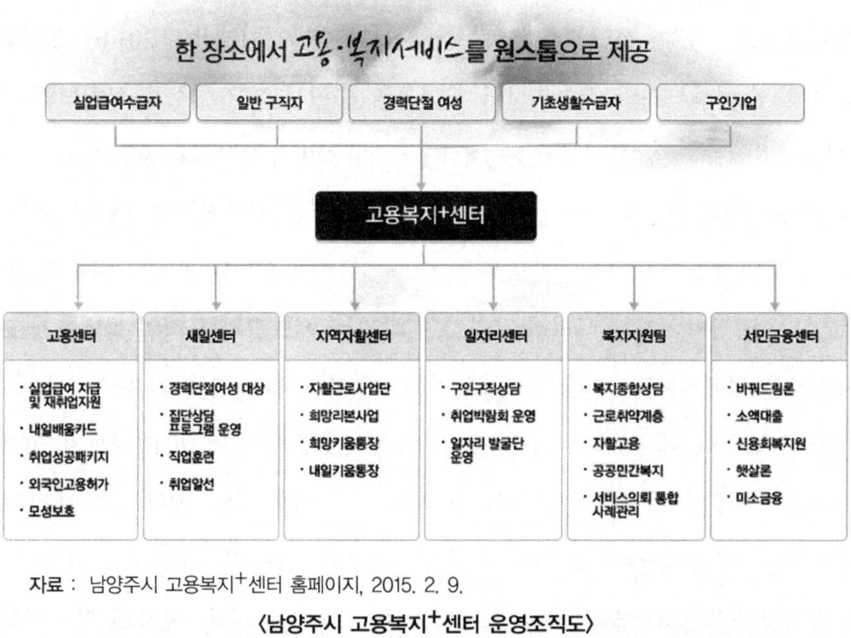

자료 : 남양주시 고용복지$^{+}$센터 홈페이지, 2015. 2. 9.

〈남양주시 고용복지$^{+}$센터 운영조직도〉

동주민센터의 복지허브화는 기존 공공복지 전달체계 개편 경험의 실패 요인으로 작용했던 복지담당 공무원의 인력충원문제를 극복하지 않고는 성과를 내기 힘들다. 따라서 인력충원계획도 동시에 세워지고 있다. 2011년부터 2014년 3월까지 목표한 복지공무원 7천 명 확충대책이 거의 완료되어 사회복지담당 공무원은 27,513명으로 증가했다.[6] 2014년 3월 읍 · 면 · 동 복지담당 공무원의 1인당 담당 복지대상자 수는 979명으로 여전히 업무부담이 크다. 따라서 2015년 이후 복지직과 행정직을 합한 사회복지담당공무원을 3년간 약 4,800명을 채용할 예정이다(보건복지부, 2014c). 또한 행정직이 복지 분야에 오래 머무를 수 있도록 제도화하기 위해 복지담당공무원 비율을 평가하고, 복지 분야 근무자를 인사상 우대하며, 전보제한 기간을 연장하는 등 행정직의 사회복지 전문성을 강화하려는 계획을 갖고 있다(보건복지부, 2014c).

맞춤형 통합서비스를 제공하기 위해서는 통합적 서비스 전달체계를 구축하는 것이 최우선 과제이지만, 제공할 수 있는 사회서비스가 지역사회에 없으면 맞춤형 통합서비스 제공은 표어에 그치고 말 수 있다. 박근혜정부는 지역 간의 보건복지서비스 격차를 줄이기 위해 다음과 같은 지역기반 보건복지서비스 인프라 구축을 목표로 세우고 있다(관계부처 합동, 2014).

박근혜정부 사각 없는 지역 복지 · 의료 발전 계획의 인프라 구축안 내용

- 농어촌지역을 중심으로 국 · 공립 어린이집 확대
- 전국적인 아동통합서비스 전달체계 마련을 위해 드림스타트 사업을 2015년까지 전국 230개 시 · 군 · 구로 확대
- 농어촌 고령자 공동시설을 시범사업 후 전국적으로 확산을 유도
- 정신건강 증진센터를 2018년까지 모든 시 · 도 및 시 · 군 · 구에 237개 확충
- 장애인 활동지원기관은 시 · 군 · 구 2개 이상 지정하는 것을 목표로 확충
- 의료취약지 해소 및 응급의료 확충을 위해 응급의료취약지에 거점병원을 정하고 권역별 거점병원을 중심으로 응급의료 안전망을 구축(2018년까지 6개소)
- 내과, 외과, 소아청소년과 등 필수의료서비스가 제공되지 않는 의료 취약지에 거점의료기관을 정하고 시설, 장비, 인력 등을 지원하며(2018년까지 10개소), 분만가능한 산부인과가 없는 취약지역에 공공형 산부인과를 설치(2018년까지 분만 12, 외래24, 순회 10개)

자료 : 관계부처 합동(2014)

---

6. 복지직 증원 5,200명이 완료되고, 행정직 재배치는 2014년 3월 기준으로 목표 1,800명 대비 1,752명이 완료되어 현원이 사회복지직 14,344명, 행정직 13,169명을 합한 27,513명이다(보건복지부, 2014c).

동주민센터 복지허브화는 시범사업이 진행 중이다. 2014년 5월부터 12월까지 전국 14개 읍 · 면 · 동에서 8개월간 진행된 동주민센터 복지 허브화 시범사업에 대한 평가는 짧은 기간이라서 결론적으로 말하기 어려운 부분이 있으나 방문상담건수, 초기상담건수, 통합상담건수, 모니터상담건수, 공공기관 간의 연계건수 등의 서비스 총량에서 시범지역이 비교지역보다 더 증가한 것으로 나타나고 있다. 그러나 민간기관(자원) 연계건수 총량은 비교지역의 증가폭이 더 높고, 복지담당 1인당 서비스량은 통합상담, 모니터상담, 공공기관과의 서비스 연계 외에는 시범지역이 비교지역보다 유의미하게 더 증가하였다는 것이 아직 검증이 되지 않고 있다(이현주 외, 2014). 따라서 시범사업에 대한 평가는 앞으로 계속 진행되어야 할 것이다.

시범지역에만 시행된 동주민센터 복지허브화와는 달리 전국적으로 시행된 복지통(이)장제는 확산 속도가 상당히 빠른 것으로 평가되고 있다. 읍 · 면 · 동 민관협의체를 구성하도록 하는 '읍 · 면 · 동 단위 인적안전망 강화 방안' 이 2014년 7월 18일 지자체에 시달된 이후 2014년 10월 전체 시 · 군 · 구의 88.6%인 203개 시 · 군 · 구에서 모든 읍 · 면 · 동에 민관협의체가 구성되어 운영 중이며, 77.7%인 178개 시 · 군 · 구에서 복지통(이)장제를 시행하고 있는 것으로 나타났다. 또한 읍 · 면 · 동 민관협의체와 복지통(이)장제는 사각지대 발굴, 민간자원 발굴, 서비스 연계 등의 활동을 증가시킨 것으로 나타났는데, 특히 시행 후 서비스 연계 건수의 증가율이 읍 · 면 · 동 민관협의체는 47%, 복지통(이)장은 81%로 높게 나타나고 있다(보건복지부 복지행정지원관, 2014).

4. 맞춤형 복지 · 고용 · 보건의료서비스 전달체계의 향후 과제

주민이 가진 다양한 욕구에 대응하여 개별화된 맞춤형 서비스를 통합적으로 제공한다는 것은 공공복지 전달체계의 오래된 숙원이었다. 이를 위해 지역사회에 분산된 사회복지기관 및 고용, 보건 서비스 제공기관들과 네트워크를 구축하고 연계하면서 복잡한 사회복지제도에 대한 이해를 바탕으로 전문상담을 통한 사례관리를 하기 위해 그간 여러 번의 개편을 시도해왔으며, 아직도 진행 중이다.

그동안 공공복지 전달체계의 개편이 큰 그림을 가지고 장기적인 계획하에 진행되었다고 보기는 힘들다. 왜냐하면 보건복지사무소—사회복지사무소—주민생활지원국—희망복지지원단—동주민센터 복지기능 강화로 이어지는 공공복지 전달체계의 변화과정에서 시·군·구와 읍·면·동의 사회복지 업무분담 측면에서의 역할, 복지전문조직과 일반행정조직 간의 선택이 계속 뒤바뀌어왔기 때문이다. 이것은 서로 상충하고 있는 물리적 접근성과 경제적 규모에 의한 효율성, 일반 행정에 함몰되는 복지서비스와 독립적인 공간에서의 전문적 서비스 제공의 원칙이 국민적 합의에 이르지 못하고 계속 바뀌어왔기 때문이다. 지난 20년간 공공복지 전달체계 개편 경험을 통해 한 가지 바뀌지 않은 것이 있는데, 그것은 일반행정기관으로부터 독립된 독자적인 공공복지 전달조직을 시도해 본 적이 없다는 것이다. 보건복지사무소나 사회복지사무소가 외형적으로는 일반 행정기관으로부터 독립된 공공복지 전달조직으로 비칠지 모르겠지만 조직 내부에 들어가면 팀장, 과장 등 상위직에 순환보직하는 일반행정직이 종사하므로 진정한 의미의 독립된 복지전문조직이었다고 말하기 힘들다.

박근혜정부는 복지분야 국정과제의 비전으로 '국민행복'을 설정하고 있다. 그리고 이를 추진하기 위해 '사각없는 지역 복지·의료'를 하나의 전략분야로 선정하고, '지역 맞춤형 복지지원'을 지역발전정책의 추진 과제 중의 하나로 제시하였다. 이를 반영하여 보건복지부는 국민행복을 위한 실천전략으로 2014년부터 '주민밀착형 복지전달체계 구축'과 '보건복지사업연계', '고용복지연계' 등의 정책 과제를 수행하고 있다.

박근혜정부의 복지전문조직으로서 동복지 허브화 정책의 성패는 일반행정기관인 읍·면·동에서 얼마나 휴먼서비스인 사례관리 중심의 복지서비스를 실천할 수 있는 조직환경을 만들 수 있는가에 달렸다. 첫째, 업무와 인력 측면에서 볼 때 동복지 허브화가 이와 비슷하게 2006년에 시도된 시·군·구 주민생활지원국·읍·면·동 주민센터의 공공복지 전달체계 개편이 해결하지 못한 문제를 답습하지 않으려면 복지인력 한두 명의 충원으로 그치는 것이 아닌 실질적인 사례관리 중심의 복지행정기관으로 내부행정시스템을 바꾸어야 할 것이다. 1987년 사회복지전담공무원을 배치할 때부터 지속적으로 발생했던 문제로 사회복지전담공무원의 인력을 충원하면 사회복지업무를 보던 일반행정직 사회담당공무원을 타 업무로 전환시키거나 행정직으로 신규충원한 복지인력을 비복지 분야에 배치하는 등의 인력조정으로 인력충원의 효과가 없어지는 문제가 재발하지 않도록 하는 강력한 장치가 필요하다. 더 나아가 실질적으로 일선 사회복지담당공무원의 사례관리를 관리 · 감독 · 지원할 수 있는 전문적 능력을 갖춘 팀장과 동장이 일하는 조직이 되어야 한다. 이를 위해서는 1~2년 근무하면서 순환보직하는 일반행정직이 상위직을 담당하는 문제를 해결해야 할 것이다. 서울시는 2015년부터 임용된 공무원을 대상으로 전문보직제를 실시한다고 발표하였다. 복지와 같은 전문분야에 3년간 탐색과정을 거친 뒤 원하는 분야를 지정해 5급 승진 전까지 근무하며 전문성을 쌓도록 하는 제도를 공공복지 전달체계 인력운용에 정착시켜 사회복지인력의 전문성을 제고하여야 할 것이다. 그리고 현재 시 · 군 · 구와 읍 · 면 · 동으로 연계와 상담이 분리된 사례관리가 일선 사례관리담당자에 의해 함께 진행되는 사례관리가 되도록 해야 할 것이다. 이것은 사례관리업무의 전문화가 전반적으로 이루어져야 함을 의미하고, 이를 위해 충분한 인력충원과 교육훈련이 선행되어야 할 것이다.

둘째, 주민의 욕구에 대응하는 포괄적인 서비스를 주는 사례관리를 위해서는 지역사회 보건과 고용을 포함하여 복지관련 민간기관이나 조직들과 네트워크를 구축하고 수평적 파트너십을 형성해야 한다. 형식적인 네트워크가 아닌 실질적으로 지역사회복지 발전을 위해 작동할 수 있도록 해야 한다. 서비스 중복이나 누락을 막기 위해서는 서로의 정보교환이 필요하기 때문에 민관이 공유할 수 있는 사회보장정보시스템의 공유수준과 방법을 정하여 서비스 중복을 막고 복지사각지대를 감소시키기 위해 협력하여야 한다.

셋째, 현재 동의 복지기능 강화로 가는 방향선상에서는 고용과 보건서비스를 함께 맞춤형 서비스로 제공하기 위해서 읍 · 면 · 동에 직업상담사와 방문간호사, 사례관리를 하는 사회복지담당공무원을 팀으로 두어야 한다. 모든 읍 · 면 · 동에 직업상담사와 방문간호사를 둘 여건이 안된다면 시 · 군 · 구 일자리센터, 고용센터와 보건소와 서비스연계를 하는 공식적인 시스템을 구축하여야 할 것이다. 특히 의료서비스와 연계를 위해서는 의료기관에서 저소득에 대한 사례관리를 담당하는 의료사회복지사의 인력이 확충되어야 한다.

넷째, 동의 복지기능 강화는 물리적 접근성 측면에서는 바람직하지만 재정부담이 크고 동의 복지담당인력이나 복지업무 측면에서 전문성이 확립되지 않는다면 성과를 내기 어려운 시도이다. 2015년부터 시작하는 서울형 '동마을복지센터' 시범사업이 이러한 문제를 어떻게 해결해나가는지 눈여겨 볼 필요가 있다(이정관, 2014). 현재 지자체별로 시 · 군 · 구 차원에서 권역을 묶거나 거점 동을 설치하는 등 다른 공공복지 전달체계의 운영을 시도하고 있는 곳도 있는데 이러한 시도에 대한 정확한 평가가 이루어지고 이를 토대로 보건의료 · 고용 · 복지서비스의 통합체계 구축방향이 제시되어야 한다.

장기적으로 볼 때는 고용복지$^+$ 센터, 시 · 군 · 구 일자리센터, 자활센터, 새일센터, 고용업무가 추가된 주민센터 등과 같이 지역사회 내에 비슷한 기능을 하는 기관들을 어떻게 역할분담을 시킬 것인지에 대한 고민이 필요하다. 읍 · 면 · 동 주민센터의 환경변화도 고려해야 한다. 행정자치부는 2015년 업무계획에 주민 밀착 조직을 개편한다는 것을 담았다. 주민감소 지역 2～3개 면사무소를 통합하여 1개 행정면으로 운영하고 유휴청사는 주민복지 등에 활용하며, 행정계층 중층화(시 · 구 · 읍 · 면 · 동, 3계층)로 인한 비효율 개선을 위해 대동(大洞)제를 실시한다는 것이다(행정자치부, 2015). 대동제를 실시하면 커지는 동에 없어지는 주민자치센터를 이용하여 고용과 복지, 보건서비스가 통합된 '고용보건복지센터' 와 같은 전문적 사례관리가 기본적으로 수행되는 공공행정기관을 신설하는 것도 앞으로의 고령화에 선제적으로 대응할 수 있는 방법이다. 몇 개의 동을 관할하는 '고용보건복지센터' 를 동복지 허브화를 선도하는 동 모델로 삼아 시범운영을 해보는 것도 필요하다. 이러한 기관은 기관 내부에서 고용과 보건, 복지업무의 기능적 통합이 일어나도록 중앙정부와 지자체의 칸막이 행정 예산과 업무, 인력배치 시스템을 바꾸어야 한다.

주민들에게 제공되는 수많은 복지서비스, 고용서비스, 보건서비스 등을 지역사회에서 주민 개개인의 욕구에 맞도록 맞춤형 서비스로 제공하는 것은 고령화와 고용문제와 같은 사회문제에 선제적으로 대응하여 복지와 경제가 선순환 관계를 구축할 수 있도록 하는 방법이기도 하다. 이것은 지역 구석구석에 사는 주민들에게 필요한 사회서비스가 원활하게 주어지도록 지역복지 발전을 위한 혈관을 튼튼하게 만드는 매우 중요한 일이다. 장기적인 안목으로 원칙을 정하여 꾸준하고 일관성 있게 추구해 나가야 하는 것이다.

〈참고문헌〉

감사원(2013),「감사결과보고서 - 복지전달체계 운영실태」.

강혜규(1998), "한국의 공공복지전달체계 개편 실험의 성과분석—보건복지사무소 시범사업을 중심으로—",「연세사회복지연구」, 5호, 1～36쪽.

_____(2011), "공공 사회복지 전달체계 개선을 위한 대안과 전략의 모색", 공공사회복지전달체계 개선을 위한 토론회 자료집. 2011. 4. 19, 이춘식의원실 주최.

고용노동부(2011),「고용노동백서 2011」.

_________(2014),「고용노동백서 2014」.

고용노동부 · 행정자치부 · 보건복지부 · 여성가족부 · 문화체육관광부 · 금융위원회 · 국가보훈처(2015.3.17), "올해 고용복지+센터 30곳에 새로 설치된다." 보도자료.

관계부처 합동(2013.5), "국민중심의 맞춤형 복지 전달체계 구축방향", 사회보장위원회 실무위원회 자료.

___________(2014.11), "부문별 발전계획(안)[2014～2018]", 지역발전위원회 자료.

권용진(2014), "서울특별시 북부병원의 3C 프로젝트 사례",「한국병원경영학회지」, 19권 2호, 106～114쪽.

길현종(2014),「한국 고용 · 복지서비스 전달체계 현황과 과제—일선 서비스 공급자 심층면접을 중심으로—」, 한국노동연구원.

김세원(2014),「2014 경기도 복지욕구유형 분석 연구」, 경기복지재단.

김세원 · 김영미(2014), 「복지사각지대 발굴방안 연구」, 경기복지재단.

김승권(2012), "한국가족의 위기성 및 취약성과 정책과제", 「보건복지포럼」, 2012. 5, 6~19쪽.

김이배 · 김보영(2014), 「경상북도 공공사회복지전달체계 개선방안 연구—중앙개편안을 중심으로」, 경북행복재단.

김정득 · 김성한 · 류선화(2014), 「통합사례관리 시범사업 효과성 검증 연구 II」, 대전복지재단.

김창곤(2014), "공공의료에서 사회복지적 개입과 사회복지사의 육성방안", 2014년 SNUH 공공의료 4개 병원 합동 심포지엄 자료.

노대명 · 이현주 · 강신욱 · 강은정 · 전지현 · 이은혜(2009), 「사회통합을 위한 과제 및 추진전략」, 한국보건사회연구원.

노대명(2012), "근로빈곤층 문제의 현황과 과제", 「고용문제진단과 정책과제」, 고용노동부-KDI 세미나 발표논문.

박경숙 · 김영종 · 강혜규 · 민소영 · 최민정(2012), 「공공사회복지전달체계 개편방안」, 한국사회복지행정연구회 · 한국사회복지행정학회.

박경숙 · 오금주(2012), 「남양주 희망케어센터 효과성과 지역사회복지협의체 역할 평가」, U-쾌한 남양주지역사회복지협의체.

박경숙 · 강혜규(1992), 「사회복지사무소 모형개발」, 한국보건사회연구원.

박경숙 · 이화윤(2014), "서비스공급자의 공공복지 전달체계 통합성 인식 비교: 남양주 희망케어센터와 경기도 무한돌봄센터를 중심으로," 「GRI 논총」, 54, 233~264쪽.

박세경 · 이철선 · 이정은 · 신수민 · 강상경 · 김진 · 신창환(2013), 「사회서비스 수요 · 공급 실태조사: 기초분석 보고서」, 한국보건사회연구원.

박영미 · 김경명(2007), "지방공공복지 전달 체계 개편과정에 관한 분석", 「지방정부연구」, 11권 4호, 223~245쪽.

박인화(2013), "국가와 지방자치단체의 사회보장 기능 및 재정분담구조", 「보건복지포럼」, 2013. 11, 6~22쪽.

백종만 · 김영종 · 박경숙 · 이봉주 · 이재완 · 황선영 · 박경하 · 오성우(2006), 「사회복지사무소 시범사업 2차년도 평가 및 사회복지 전달체계 개선방안 연구」, 보건복지부 · 한국사회복지학회.

보건복지부(1995), 「보건복지백서」.

________(2002), 「보건복지백서」.

________(2006), 「2006 보건복지백서」.

_________(2011a),「2010 보건복지백서」.

_________(2011b) "2012 업무계획 : 주요정책 추진방향".

_________(2013a),「2012 보건복지백서」.

_________(2013b), "2013 동주민센터기능보강 시행지침".

_________(2013c),「2013 보건복지통계연보」.

_________(2013d), "복지행정상 민관협력 우수사례 공무 결과보고," 지역복지과.

_________(2014a),「2013 보건복지백서」.

_________(2014b),「2014 보건복지통계연보」.

_________(2014c), "2014 주요업무참고자료".

_________(2014d), "국민행복을 위한 실천: 2014 보건복지업무계획".

_________(2014e), "시군구 희망복지지원단 개요," 11월 25일 지역복지과 내부자료.

_________(2014f), "읍면동 복지기능강화 및 민관협력활성화 시범사업 계획(안)".

_________(2015a), "2015 업무보고".

_________(2015b), "방문형서비스사업 연계 협력체계 구축," 지역복지과 내부자료.

보건복지부 복지행정지원관(2014), "복지사각지대 해소를 위한 읍면동 인적안전망 강화 추진상황 보고," 보건복지부 내부자료.

성은미 · 민소영 · 전재현(2012),「경기도 무한돌봄센터 효과성 검증 연구」, 경기복지재단.

성은미 · 이상준 · 정평화(2014),「고용복지센터를 통해 본 고용과 복지서비스의 연계방안: 경기도 남양주시를 중심으로」, 경기복지재단.

행정자치부(2015.1.27), "성과와 협업 중심으로 정부조직 패러다임 대혁신—신설기구 성과평가제 전면도입 및 협업조직 확산 · 발전-", 행정자치부 보도자료.

홍선미 · 민소영 · 한소정 · 성은미(2010),「무한돌봄센터 사례관리 매뉴얼」, 경기복지재단.

신현웅(2009), "의료보장 사각지대 현황 및 해소방안",「보건복지포럼」, 155, 5～16쪽.

안상훈 · 김진현 · 김영미(2013),「지속가능한 맞춤형 복지전략 도입방안」, 보건복지부 · 서울대학교 사회복지연구소.

유길상(2010), "고용보험 전달체계 개선방안—실업급여 수급자에 대한 서비스를 중심으로—",「사회보장연구」, 26권(3호), 165～197쪽.

유길상 · 송하중 · 어수봉 · 조정호 · 임동진(2012),「공공 고용서비스 강화를 위한 고용센터 발전방안」, 고용노동부.

윤혜미 · 김근식(1991),「사회복지전문요원제의 발전방향에 관한 연구: 문제점과 개선방안」, 한국보건사회연구원.

이규식(2013), "한국 보건의료체계 발전의 역사와 성찰", 미래 고령사회와 한국형 보건의료체계의 구상, 한국보건행정학회 창립 25주년 기념 학술대회자료집, 55～68쪽.

이만우 · 김영수(2013), "복지사업의 '중복' 및 '편중' 현황과 과제", 국회입법조사처.

이상영(2013), "한국사회의 갈등 및 병리현상의 원인", 「보건 · 복지 Issue & Focus」, 219, 1～8쪽.

이정관(2014), "자치구에서 바라본 복지전달체계 개편", 「복지이슈 Today」, vol. 20, 7쪽.

이정호(1987), "한국사회복지행정조직체계의 개선방안에 관한 연구", 경희대학교 박사학위논문.

이진용(2014), "의료전달체계의 분절화로 인한 사회안전망 기능의 약화", 2014 사회정책연합 공동학술대회 자료집, 103～123쪽.

이현주 · 강혜규 · 노대명 · 신영석 · 정경희 · 유진영 · 김용득 · 민소영 · 이주열 · 한익희(2007), 「주민생활지원서비스 업무수행체계 분석 및 개선방안」. 한국보건사회연구원.

이현주 · 김성희 · 신영석 · 이상영 · 정경희 · 오신휘 · 이민경 · 전지현 · 진달래(2013), 「복지사각지대의 생계형 사건 · 사고 유형과 원인」, 한국보건사회연구원.

이현주 · 임완섭 · 금현섭 · 민소영 · 박형존 · 김선(2014), 「복지전달체계 개편평가 및 확산방안 마련 연구」, 보건복지부 · 한국보건사회연구원.

임성은 · 윤강재 · 우선희(2011), "OECD 국가의 복지수준 비교", 「보건 · 복지 Issue & Focus」, 87, 1～8쪽.

정홍원(2013, 1), "지역사회 통합적 복지서비스를 위한 지방자치단체 복지기능 강화", 「보건복지포럼」, 100～108쪽.

조선일보(2013.3.21), "복지 업무 폭주 …… 과로로 쓰러지는 복지공무원들".

허재준 · 안상훈 · 김수영 · 김수완 · 김영미 · 백승호 · 이수연 · 조욱연 · 정해식(2012), 「고용-복지 통합형 사회서비스 전달체계 개선방안」, 한국노동연구원.

기획재정부(2015.1.2), "2014 1인당 GDP(명목)", http://www.mosf.go.kr/lib/lib05.jsp?boardType=general&hdnBulletRunno=800013&cvbnPath=&sub_category=&hdnFlag=&cat=&hdnPage=1&&actionType=view&runno=4092875&hdnTopicDate=2015-01-02.

남양주 고용복지플러스센터 홈페이지(2015.1.9.) http://www.workplus.go.kr/namyangju/srvIntro/empwelfareSrv/retrieveEmpwelfareSrv.do.

여성가족부(2015.2.8), http://www.mogef.go.kr/korea/view/policyGuide/

policyGuide02_02_05.jsp.

중앙자활센터(2015.2.8), http://www.cssf.or.kr/new_home/bigsub1/sub4/sub1.asp?selcity=&seltype=L&page=1.

한국시니어클럽협회(2015.2.8), http://www.silverpower.or.kr/about/data_04. php.

행정자치부(2015.2.9), "2015년 업무보고-지방자치혁신", http://www.mogaha.go.kr/plan2015/plan2015_13.html.

1. 지역문화정책의 흐름과 성격변화

2. 지역문화융성 시대의 도래와 정책 전개

3. 박근혜정부의 지역문화융성 정책과 추진내용

4. 총체적 지역문화융성 정책 추진전략과 과제

제 9 장

지역문화융성 정책과 지역문화역량 강화

1. 지역문화정책의 흐름과 성격변화[1]

우리나라의 지역문화정책은 1970년대는 문화유산보존과 예술진흥의 시대, 1980년대는 문화진흥과 지방문화의 시대, 1990년대는 문화복지와 문화발전의 시대, 2000년대 문화통합과 문화도시의 시대를 거쳐 2010년대는 국민행복과 문화융성의 시대로 발전해오고 있다. 즉 보존에서 진흥, 발전, 융성으로 그 성격이 융복합화되고 있는 추세이다(〈그림 9-1〉, [표 9-1] 참조).

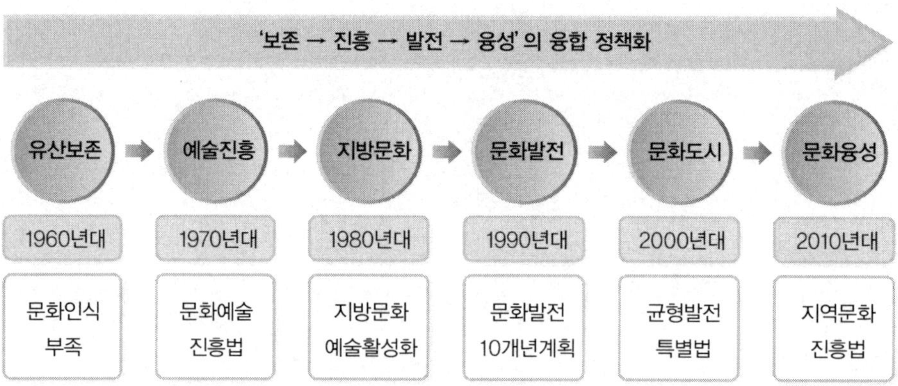

〈그림 9-1〉 지역문화정책의 흐름

우리나라 문화정책은 1972년 문화예술진흥법이 제정되고 문예중흥 5개년 계획이 수립되면서 시작되었다. 이 시기 문화정책의 초점은 민족문화의 진흥, 전통문화유산의 보존, 문화예술제도 및 법제화 기반 마련, 문화시설 확충이었다. 적극적인 문화진흥 정책은 1980년대에 시작되었다. 헌정 사상 처음으로 헌법에 국가의 문화진흥 의무가 명기되었고, 경제개발 5개년 계획에 문화예술부문이 포함되었다. 이 시기에 비록 '지방'이라는 이름으로 행해지긴 하였지만 지역문화정책이 언급되기 시작했다.

1. 한국산업기술진흥원(2013 : 25~27)과 한국문화관광연구원 편(2008 : 669), 양건열 외(2014 : 32~34) 내용을 참조하여 재정리한 것임

지역긍지의 선양과 균형발전의 촉진을 목표로 한 지방문화예술활성화 종합계획이 수립된 것이다. 그러나 이 시기 지역문화정책은 중앙정부 차원에서 추진되었고 지역의 자발적인 노력은 미약했다.

표 9-1 지역문화정책의 시기별 내용과 특성

시기	주요 내용	특성
1970년대 (박정희 정부)	■ 문화유산 보존 · 계승과 민족문화 중흥 ■ 문화예술제도 · 법제화 기반 마련	■ 문화예술진흥법 제정 ■ 문예중흥 5개년계획 수립
1980년대 (전두환 정부)	■ 문화발전과 경제사회발전의 연계 ■ 규제 · 통제에서 지원 · 조성으로 변화 ■ 지방문화예술활성화 종합계획 수립 ■ 중앙정부 주도 하향식 정책	■ 헌법에 문화진흥 의무 명기 ■ 문화진흥정책 수립(경제개발 5개년 계획에 문화예술 포함)
1990년대 (노태우 · 김영삼 김대중 정부)	■ 문화예술전반 활력증진, 문화운동 전개 ■ 모든 국민 대상 정책방향 전환, 문화복지 국가 실현 ■ 문민정부 문화의 세계화 · 지방화 추진 ■ 국민의 정부 새문화정책 지원원칙 수립 ■ 문화예산 1% 실현	■ 문화발전 10개년 계획 수립 ■ 경제사회발전 5개년 계획에 문화정책 포함, 문화산업국 신설 ■ 문화창달 5개년 계획 수립 ■ 새 문화정책 수립 ■ 통합적 지역정책 부족
2000년대 (노무현 · 이명박 정부)	■ 도시와 문화의 결합, 컬처노믹스 등장 ■ 도시마케팅, 도시디자인과 문화정책의 결합 ■ 참여정부 국가균형발전정책, 자율 · 참여 · 분권 지향 ■ 문화도시 조성 사업 추진 ■ 이명박정부 광역화 · 특성화 · 분권화 · 상생발전 지향	■ 2001년 지역문화의 해 ■ 2003년 문화환경진단사업 ■ 창의한국 계획 수립 ■ C-Korea 2010 계획 수립 ■ 국가균형발전특별법, 아시아문화중심도시 조성 특별법 제정 ■ 생활 속 체감, 지역문화경제시스템 구축 부족
2010년대 (박근혜정부)	■ 문화융성 국정기조 채택, 국민행복 · 창조경제 연계 ■ 지역문화역량 · 특성 강화, 지역문화 격차해소 강조	■ 문화기본법 · 지역문화진흥법 제정 ■ 문화융성위원회 발족 ■ 지역발전위원회 위상 강화 ■ 지역행복생활권 추진

자료 : 한국문화관광연구원(2008 : 669) 내용을 수정 · 보완

1990년대에 들어서 문화정책이 문화예술의 향유자인 모든 국민을 대상으로 방향이 전환되고 문화복지가 강조되기 시작했다. 1990년 중앙정부 최초로 문화부가 발족되었고, 문화발전 10개년 계획이 수립되었다. 이와 더불어 제7차 경제사회발전 5개년 계획에 문화부의 정책이 포함되었다. 이 시기 지방자치제가 본격적으로 실시되

면서 지역문화의 중요성이 부각되기 시작했다. 문민정부는 지역문화 활성화와 문화복지의 균등화에 역점을 두기 시작했고, 세계화와 지방화에 대한 논의가 활발히 이루어지는 계기를 제공하였다. 국민의 정부에서는 새 문화정책이 수립되면서, 지원은 하되 간섭은 하지 않는다는 문화정책의 원칙이 세워졌고 2000년에 문화예산 1% 수립을 실현하였다. 그러나 여전히 지방자치단체의 문화정책은 전통문화예술과 문화재관리사업, 문화인프라 건립사업에 한정되었고, 도시 및 지역정책 전반을 문화적 삶의 질 향상 관점에서 바라보는 인식은 부족하였다.

2000년대에는 도시정책과 문화의 결합이 본격적으로 추진되기 시작했다. 2001년 지역문화의 해 사업이 추진되었고, 참여정부에서는 국가균형발전특별법이 제정되어 행정중심복합도시, 문화중심도시, 혁신도시, 기업도시 조성 등 탈중앙화와 지역균형발전을 도모하는 국가균형발전 정책이 시행되었다. 이러한 관점에서 지역문화정책도 자율 · 참여 · 분권이라는 3대 가치의 실현을 목표로 추진되었다. 참여정부의 문화정책 비전을 담은 '창의 한국'과 예술정책에 대한 새로운 접근을 담은 '예술의 힘 중장기 발전계획'이 수립되었다. 문화환경 가꾸기 사업과 마을 만들기 사업, 도시재생을 위한 문화전략과 지역문화 활성화를 위한 도시 마케팅 정책도 본격화되었다. 이명박정부에서는 지역문화의 창조적 역량 강화 및 국민 복지를 중점에 둔 생활 속 문화향유 기반 조성을 지역문화의 핵심 정책으로 삼았다. C-Korea 2010 계획이 수립되어, 문화콘텐츠와 한류, 문화국가 브랜드 제고, 예술인복지제도 도입, 문화를 통한 전통시장 활성화, 디자인문화 중장기 육성계획 등이 추진되었다. 그러나 국민들의 삶 속에서 체감할 수 있는 문화적 삶의 질 향상과 일자리 창출로 이어지는 실질적인 지역문화경제 시스템 구축은 현실화되지 못하였다. 2010년대에 들어서는 그동안 추진되었던 문화유산 보존, 예술진흥, 문화복지, 문화산업, 문화도시 등 다양한 문화정책들의 연계와 통 · 융합의 흐름이 더욱 강화되고 있다. 특히 2013년 출범한 박근혜정부에서는 문화융성이 국정기조로 채택되었고 문화예산 2% 달성 계획이 수립되었으며 대통령 소속 문화융성위원회가 설치되었다. 2014년에는 문화계의 숙원사업이었던 문화기본법과 지역문화진흥법이 제정되면서 안정된 제도적 기반을 마련하였다.

2. 지역문화융성 시대의 도래와 정책 전개

가. 지역문화융성 정책의 추진 배경과 필요성[2]

1) 지역문화정책 환경의 변화

① 지역문화 가치에 대한 사회적 인식 확산

급속한 경제 발전과 도시화, 인구성장의 둔화와 고령화 등으로 인한 사회문제가 심화되고 있다. 우리나라는 OECD 36개국 중 자살률 최고, 출산율 최저를 기록하고 있고, 국민행복지수는 2013년 27위, 근로시간은 33위를 차지하고 있다. 지방도시 중 67%가 쇠퇴하고 있고, 2012년 현재 초고령사회 32%, 고령사회 20%, 고령화사회 45%에 각각 진입하고 있는 상황이다. 이러한 가운데 문화가 지역발전과 주민의 삶의 질 개선에서 핵심 요소로 부상하고 있다. 국민의 행복감과 소외계층의 안전망 확보 등 공동체적 가치 회복을 위한 문화의 역할을 기대하는 사회적 요구가 증대하고 있어 문화가치에 대한 재인식이 절실히 필요해지고 있다. 문화의 평등성과 다양성, 주민 참여에 기반한 문화민주주의 개념도 확산되고 있다. 지역 재생과 주민 중심으로 지역문화 발전 전략이 변화되고 있고, 지역문화 자원 및 인력에 대한 창조적 활용 수요도 증가하고 있다. 생활문화와 지역문화 공동체의 중요성이 확대되고, 문화 관련 법제도의 기반 마련과 재원의 변화도 진행되면서 전반적으로 지역문화의 가치 재발견과 지역문화의 역량을 강화하는 지역문화융성 정책이 요구되고 있다.

② 지역의 문화역량 부족과 문화 격차의 문제

지역문화의 중요성이 커지고 있음에도 불구하고 여전히 지역의 문화현실은 열악하다. 문화자치를 위한 지역의 기초역량이 부족하고, 지역 간 문화격차와 문화 불균형이 큰 상황이며 특화된 지역문화자원 발굴도 미흡한 실정이다.

---

2. 류정아(2012 : 9 ~ 19)와 문화체육관광부(2015 : 4 ~ 11)의 내용을 토대로 재정리한 것임

우선 지역의 문화역량을 살펴보면, 관 주도의 사업과 하향식 정책의 추진, 단기적 성과 지향 사업으로 지역문화정책의 자율적·지속적 추진이 어려운 상황이다. 또한 지역문화 인력의 부족과 인력 양성 및 활용 시스템의 미비, 지역문화서비스 지원 기능 미흡으로 지역문화 인력 수급에 어려움을 겪고 있다. 지역문화 거버넌스의 취약과 지역문화 협력 네트워킹의 미흡, 평가·환류체계의 미흡과 지역문화기관의 지원 기능 약화 등 지역문화정책의 체계적 추진을 위한 시스템도 미비한 상황이다. 두 번째로, 지역문화 격차와 불균형을 살펴보면, 문화자원이 수도권에 집중되어 있고 문화향유의 지역격차가 잔존하고 있다. 예를 들어 수도권 3개 시·도에 전국 문화시설의 35.7%가 분포하고 있고,[3] 지역의 문화시설 이용률은 박물관(16.6%), 도서관(10.4%), 문예회관(6.6%) 순으로 매우 저조한 것으로 나타나고 있다.[4] 연간 문화예술 관람률도 전국 평균에 비해 소외지역(읍·면 지역)의 비중이 훨씬 낮게 나타나고 있다. 지역문화기반시설도 예산부족과 경영난, 콘텐츠와 인력부족, 시설의 노후화와 활용 미비로 제대로 운영되고 있지 못하다. 지자체별 지역문화진흥을 위한 재정여건도 재정자립도 저하와 문화재원 부족으로 차이가 나고 있다. 마지막으로 특화된 지역문화자원 발굴에 있어서는 단위사업별 하향식 예산지원과 지역문화 벤치마킹 심화로 인한 사업의 획일화, 경제적 관점에서 결과 위주의 지역문화 사업 추진으로 지역문화 특성이 살아나고 있지 못하다. 이러한 문제들을 극복하기 위해서는 지역이 스스로 자신이 가진 고유한 자원을 활용하여 다양한 문화예술 소프트웨어를 개발하고, 지역 특성과 수요에 맞는 생활문화시설과 프로그램을 갖추는 체감형·맞춤형 지역문화융성 정책이 절실히 필요하다.

③ 지역 특화 문화정책 수요의 증대

지역이 지니고 있는 문화적 특성과 고유성, 지역문화자원의 차별성과 활용가능성이 강조되고 있고, 이를 통한 자발적이고 지속가능한 지역발전정책 수립이 요구되

---

3. 문화체육관광부(2014a), 2014 전국 문화기반시설 총람
4. 문화체육관광부(2014b), 2014 문화향수 실태조사

고 있다. 이를 위해서는 사람과 공간, 자원의 네트워킹을 통한 새로운 지역문화와 정체성의 창출이 필수적이다. 지역 특성을 살리고 수요 맞춤형 지역문화를 만들어내기 위해서는 무엇보다 지역민의 자기 문화에 대한 관심과 자부심이 필요하다. 지역민의 공동체적 활동은 문화전문인력, 행정인력이나 전문가, 지역기업 등과의 협업을 바탕으로 한다. 지역의 자원을 창조적으로 재활용하기 위해서는 지역의 문화인력을 적극 활용해야 하고, 문화전문인력에 대한 수요를 높여 이들의 교육 · 육성 · 발굴 수요가 증가하도록 해야 한다. 이렇게 지역주체들의 협력과 문화거버넌스 구축, 창조적인 지역문화인력의 양성을 위한 지역문화융성 정책이 필요하다.

최근 지역의 정체성과 고유문화를 바탕으로 도시의 문화가치를 제고하고 사회경쟁력을 높이기 위해 문화도시와 창조도시를 추구하는 지역들이 늘어나고 있다. 지역에서 생활권을 공유하는 공동체 문화를 중심으로 고유한 지역가치와 삶의 문화를 찾고 향유하는 작은 마을 단위의 지역문화도 활성화되고 있다. 지역 고유의 자연 · 문화 · 역사 자원을 활용한 지역 축제 및 전통시장 활성화 사업 등 지역경제 활성화 모델도 확산되고 있다. 이러한 지역문화 특성화 사례와 모델들을 지역과 국가의 대표적인 문화브랜드로 육성하고 지역문화교류를 통해 서로 학습하고 상생하는 지역문화융성 정책도 필요하다. 최근 지역의 문화정책 수립과 사업 추진을 지원하는 전문기관으로서 지역문화재단이 설립되고 그 기능이 강화되고 있으며, 지역의 문화가치를 제고하고 활성화하는 문화주체로서 지방문화원의 역할과 위상 또한 높아지고 있다. 이외에도 지속적인 문화시설 확충 정책으로 지역의 공공문화기반시설이 획기적으로 증가하고 있다. 따라서 이러한 지역문화기관과 시설들이 지역 특성에 맞도록 운영되고, 서로 밀접한 협력과 네트워킹을 통해 시너지를 창출할 수 있도록 문화 네트워크와 거버넌스 구축의 지역문화융성 정책을 수립할 필요가 있다.

나. 문화융성 국정기조와 지역문화정책의 제도화

1) 문화융성 국정기조의 채택

① 문화융성의 추진 배경과 의미[5]

박근혜정부가 문화융성을 국정과제로 추진하게 된 배경은 국가는 잘 살게 되었으나 국민은 행복하지 않고, 고용 없는 저성장 시대에, 사회 갈등이 지역 · 이념 · 세대 등 모든 영역으로 확산 · 심화되고, 정치경제 위상은 높아졌으나 국가브랜드 가치와 이미지는 여전히 낮은 수준에 있는 우리나라의 현실을 극복하기 위한 것이었다. 그동안 우리의 삶과 생존에서 부차적인 것으로 인식하였던 문화가 침체된 경제와 사회에 활력을 불어넣고 행복을 증진할 수 있는 핵심으로 떠오르면서 그 가치에 대해 주목하게 되었기 때문이다.

문화융성은 문화의 가치가 사회 전반에 확산되어 모든 분야의 기본 원리로 작동하고 국가 발전의 토대를 이루며 국민 개개인의 행복 수준을 높이는 것을 뜻한다. 정부가 융성하고자 하는 문화의 가치는 크게 네 가지 즉 행복을 만드는 문화, 경제를 살리는 문화, 마음을 여는 문화, 국격을 높이는 문화이다(〈그림 9-2〉 참조). 이러한 문화

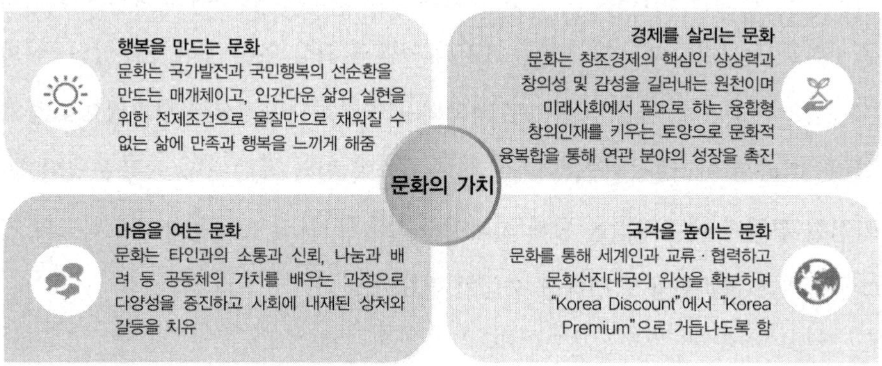

자료 : 대통령 소속 문화융성위원회 홈페이지(www.pcce.go.kr)

〈그림 9-2〉 문화융성이 추구하는 4대 문화가치

---

5. 대통령 소속 문화융성위원회 홈페이지(www.pcce.go.kr) 참조

가치를 융성하는 것이 바로 문화융성이라 할 수 있다.

② 문화융성 3대 전략과 과제[6]

문화융성을 위한 3대 전략은 문화참여 확대 전략, 문화 · 예술 진흥 전략, 문화와 산업의 융합 전략이다. 우선 문화참여 확대를 위해서 문화재정 2% 달성과 문화기본법 제정, 문화참여 기회 확대와 문화격차 해소, 문화 다양성 증진과 문화교류 · 협력 확대, 생태휴식공간 확대를 비롯한 행복한 생활문화 공간 조성 등 4개 과제를 설정하고 있다. 지역문화와 직접적으로 관련해서는 문화격차 해소 부문에서 지역문화 격차 해소를 과제로 설정하고 있다. 두 번째로 문화 · 예술 진흥을 위해서 예술인 창작 안전망 구축과 지원 강화, 문화유산 보존 강화와 활용 확대, 인문 · 정신문화의 진흥 등 3개 과제를 설정하고 있다. 마지막으로 문화와 산업의 융합을 위해서 한국 스타일 콘텐츠 산업 육성, 고부가가치 융복합 관광산업 육성, 스포츠 활성화로 건강한 삶 구현 등 3개 과제를 설정하고 있다.

2) 지역문화정책의 제도화 : 법 제정과 기본계획의 수립

박근혜정부에 들어서 가장 괄목할만한 성과를 이룬 것은 지역문화정책 관련 법을 제정하고 기본계획을 수립한 것이다. 1972년 문화예술진흥법과 1994년 지방문화원진흥법, 2009년 문화산업진흥기본법 제정에 이어, 문화기본법이 2013년, 지역문화진흥법이 2014년 제정되면서 명실공히 문화정책의 법적 기반이 완성된 것이다. 2014년이 지역문화정책 원년의 해로 불리는 것도 그 때문이다.

① 문화기본법과 문화진흥기본계획[7]

문화기본법은 문화에 관한 국민의 권리와 국가 및 지방자치단체의 책임을 정하

---

6. 청와대 홈페이지(www.president.go.kr) 참조

7. 법의 내용은 국가법령정보센터 홈페이지(www.law.go.kr) 참조

고, 문화정책의 방향과 그 추진에 필요한 기본적인 사항을 규정함으로써, 문화의 가치와 위상을 높여 문화가 삶의 질을 향상시키고 국가사회의 발전에 중요한 역할을 할 수 있도록 하는 것을 목적으로 한다. 국가와 지자체는 5년마다 문화진흥기본계획을 수립하여야 한다. 기본계획에 포함되어야 할 내용은 국가문화발전의 목표와 방향, 문화진흥을 위한 문화정책의 기본 방향과 법 제도, 문화진흥을 위한 분야별 문화정책, 국민의 문화적 삶의 질 향상, 문화권 신장, 문화 · 여가 시설의 조성과 활용, 문화인력의 양성과 문화교육 활성화, 문화정책 조사연구와 개발, 문화진흥을 위한 재원조달과 운용 등이다. 분야별 문화정책의 내용은 문화유산 · 전통문화의 보전과 활용, 국어의 발전과 보전, 문화예술의 진흥, 문화산업의 진흥, 문화자원의 개발과 활용, 문화복지의 증진, 여가문화의 활성화, 문화경관의 관리와 조성, 국제문화 교류 · 협력의 활성화, 지역문화의 활성화, 남북 문화교류의 활성화 등으로 제시되어 있다. 지역문화의 활성화가 명시되어 있는 것을 주목할 필요가 있다.

제1차 문화진흥기본계획은 '문화로 발전하는 새로운 대한민국' 을 정책 비전으로 하여, 국민행복을 키우는 문화, 문화유산과 정신문화의 창조적 활용, 문화가치 창출과 사회적 확산, 문화융성을 여는 기반 조성 등 4대 목표와 18개 과제를 담고 있다.[8] 이 중에서 지역문화와 관련된 내용은 문화유산과 정신문화의 창조적 활용을 목표로 하여 지역문화의 활성화를 과제로 설정하고 있다. 여기에서는 지역문화 재생 및 역량 강화를 위한 토대 구축을 기본 방향으로 하여 크게 풀뿌리 생활문화 진흥기반 구축, 지역의 문화자치 역량 제고, 지역문화의 지속가능성과 다양성 제고, 문화격차 완화 및 문화를 통한 지역의 활력 증진 등 4개의 세부과제를 제시하고 있다. 이외에 국민행복을 키우는 문화 목표에 포함된 문화복지의 증진 과제에서 지역 문화격차 해소를, 창의적 문화예술교육의 활성화 과제에서 지역특성을 살린 문화예술교육을 각각 지역문화 관련 세부과제로 제시하고 있다. 아울러 문화가치 창출과 사회적 확산 목표에 포함된 타 분야와의 협력을 통한 문화가치의 확산 과제에서 문화적 국토 조성 및 협력적 지역재생을 통한 문화가치의 확산을 지역문화 관련 세부과제로 제시하고 있다.

---

8. 양건열 외(2014) 참조

표 9-2 문화진흥기본계획의 지역문화 관련 정책과제와 내용

정책과제	세부과제	내용
문화복지의 증진	지역 문화격차 해소	■ 소외계층 문화순회 및 지역공연장 우수공연 지원 확대 ■ 지역의 문화기반시설 최소화 기준 마련
창의적 문화예술교육의 활성화	지역특성을 살린 문화예술교육	■ 지역사회의 특성을 살린 문화예술교육 활성화 ■ 지역과 연계된 문화예술교육 지원체계로 개선 ■ 문화예술교육 성과지표 개발
지역문화의 활성화	풀뿌리 생활문화의 진흥기반 구축	■ 지역공동체 문화활동 지원 및 문화봉사단 양성 ■ 생활밀착형 문화시설 확충 ■ 문화귀촌 활성화 지원
	지역의 문화자치 역량 제고	■ 지역문화 지도자 및 후진 양성 ■ 지역문화진흥 자문단 운영 ■ 포괄보조사업의 지역 자유성 보장 ■ 지역문화 특화 프로그램 및 대표 브랜드 육성
	지역문화의 지속가능성과 다양성 제고	■ 지역문화진흥센터 설치 ■ 지방문화원의 지역문화자원 발굴 · 연구 · 활용 지원 ■ 지역특성화 문화예술교육 및 문화사업 지원 ■ 지역문화 다양성 지도 개발 ■ 지역의 이야기와 연행예술의 융합 지원
	문화격차 완화와 문화를 통한 활력 증진	■ 지역문화 실태조사 추진 ■ 지역문화개발사업 기획 · 평가 ■ 문화환경 취약지역 지원 확대 ■ 문예기금 지역협력형 사업 확대 및 절차 개선 ■ 문화도시, 문화마을 조성
타 분야와의 협력을 통한 문화 가치의 확산	문화적 국토조성 및 협력적 지역재생을 통한 문화 가치의 확산	■ 문화를 통한 지역의 재생 및 발전 지원 - 주요 지역에 대한 합동공모 및 협력시범사업 시행 - 타부처 사업에 문화기획 등 전문인력 파견 및 지원 - 커뮤니티 디자인의 보급 및 지원 - 소외지역의 문화활용 지역발전 지원 - 범죄예방디자인과 공공미술2.0사업의 공동추진 ■ 농어촌 및 소외지역 주민을 위한 문화복지 확대 - 찾아가는 문화예술 프로그램 확대 지원 - 소외지역 문화시설 접근성 확대를 위한 커뮤니티버스 도입 - 농어촌에 문화예술인 귀촌 지원 ■ 문화시설, 문화재 관련 재난방지 및 안전관리 강화 - 문화재 재난 방재 및 관리를 위한 범부처 협력시스템 구축 - 상시 모니터링체계 구축을 위한 문화재 자율관리 자원봉사체계 구축 ■ 문화적 국토 조성 - 국토관리체계에 문화적 요소를 고려하기 위한 제도적 틀 마련 - 문화경관, 자연경관 연계형 경관시범사업 추진 - 생활형 지역공공디자인 사업의 합동추진

자료 : 양건열 외(2014)

② 지역문화진흥법과 지역문화진흥기본계획[9]

지역문화진흥법은 지역문화진흥에 필요한 사항을 정하여 지역 간의 문화격차를 해소하고 지역별로 특색있는 고유의 문화를 발전시킴으로써, 지역주민의 삶의 질을 향상시키고 문화국가를 실현하는 것을 목적으로 한다. 지역문화진흥의 4대 기본원칙은 지역 간 문화격차 해소와 지역주민의 삶의 질 향상 추구, 생활문화가 활성화될 수 있는 여건 조성, 지역문화의 고유한 원형의 우선 보존이다. 국가와 지자체는 5년마다 지역문화진흥기본계획을 수립해야 한다. 지역문화진흥기본계획에 포함되어야 할 내용은 지역문화진흥정책의 기본방향, 지역문화의 균형발전 및 특성화, 생활문화 활성화, 지역문화전문인력의 양성, 문화도시 육성, 생활문화시설의 설치 및 운영 활성화, 기본계획 시행에 필요한 예산 및 재원에 관한 사항, 그 밖에 지역문화의 진흥을 위하여 필요한 사항으로 대통령령으로 정하는 사항이다.[10]

제1차 지역문화진흥기본계획은 '문화로 행복한 지역 창조'를 비전으로 하여, 지속가능한 지역문화 기반 구축, 지역문화 균형 발전 토대 마련, 문화를 통한 지역가치 창출의 3대 추진 목표와 지역문화 역량 강화, 지역문화 격차 해소, 지역문화 발굴 창조의 3대 전략과 그에 따른 9대 과제를 담고 있다. 아울러 지역문화 추진체계를 별도로 포함하고 있다.

■ 지역문화 역량 강화 전략을 위한 과제와 내용

지역문화 역량 강화 전략은 지역문화의 기틀을 마련하는 핵심 요소인 지역문화 전문인력의 체계적 양성과 지원, 협력과 상생의 주민 공감대 형성과 생활문화의 진흥을 통한 삶의 질 제고, 종합적이고 유기적인 지역문화생태계 구축을 통한 지속가능한 지역문화 기반 조성을 목표로 하고 있다. 이를 위해 지역문화 전문인력 양성, 생활문화 진흥, 지역문화생태계 구축의 3개 과제를 설정하고 있다. 먼저 지역문화 전문인력 양성은 지역 스스로 지역문화역량을 강화·발전시키고 협력적·상생적 주민 공감대

9. 국가법령정보센터 홈페이지(www.law.go.kr) 참조
10. 대통령령으로 정하는 사항으로는 지역문화진흥을 위한 지역 간 또는 관련 단체 간 협력 및 교류, 고유한 지역문화의 보존 발굴 및 활용, 문화환경 취약지역 지원 등 지역 간 문화격차 해소에 관한 사항이 있다.

표 9-3 지역문화 역량 강화

전략	과제	세부과제	내용
지역문화 역량 강화	지역문화 전문인력 양성	▪ 지역문화 전문인력 양성	– 지역문화 전문인력 양성 기관 지정 · 지원 – 지역문화 청년인력 발굴 지원 – 문화귀촌 활성화를 위한 시범사업 추진 – 지역문화 창조인력의 지역문화 활동 연계 강화 – 지역문화 지도자 대상 인식 전환교육 실시
		▪ 지역문화 전문인력 현업종사 지원	– 지역문화 기획평가 인력 운영 – 지역문화 사업 · 기관과의 연계
		▪ 지역문화전문인력 종합인적자원 관리체계 마련	– 지역문화인적자원센터 설립 – 지역문화인력 직종 개발 및 인증제(등록제) 도입
	생활문화 진흥	▪ 생활문화 기반시설 확충 및 운영 지원	– 생활문화 거점인 생활문화센터 조성 – 문화기반시설의 생활문화시설 기능 강화 – 지역문화 패스제 도입 및 지역문화존 설치 – 민간 여가시설(서점 · 카페 · 식당 등)의 공공 공간화 추진
		▪ 생활문화공동체 형성 및 활동 지원	– 주민 주도 자생적 생활문화 형성 및 활성화 지원 – 문화취약지역 생활문화공동체 형성 지원 – 생활문화 참여확산을 위한 동호회 지원 확대 – 학생(초 · 중 · 고)층 생활문화 수요층 편입 추진
		▪ 문화자원봉사 활성화 기반 구축	– 문화 자원봉사 국민인식 제고 – 온라인 문화 자원봉사 매칭시스템 구축 및 활성화 – 문화시설의 문화 자원봉사 운영 전문성 확대 – 은퇴자들의 재능나눔형 문화 자원봉사 활동 지원
	지역문화 생태계 구축	▪ 지역문화진흥 관련 법 · 제도의 정비	– 지역문화진흥의 실효성 확보를 위한 지속적 법 정비 – 지역문화진흥을 위한 지방자치단체 조례 제정 – 지역의 품격과 자긍심 고취를 위한 지역중심 행정 강화
		▪ 기초현황 조사 및 지표 개발	– 지역문화 현황 조사를 통한 지역문화 실태 파악 – 삶의 질과 문화 역량을 제고하기 위한 지역문화지표 개발 – 지역사업 추진 시 사전 지역주민 의견 수렴 정례화
		▪ 도시 및 지역의 통합적 문화계획 수립	– 지역발전계획 수립 시 문화 분야 포함 – 국가 등의 각종 계획과 정책 수립 시 문화영향평가 실시
		▪ 효과적이고 실질적인 지역문화사업 지원	– 지역문화컨설팅 내실화 – 지역의 공간 · 인력 · 콘텐츠가 만나는 창조플랫폼 구축
		▪ 지역문화주체 역량 강화	– 지역문화진흥의 핵심주체인 지역문화재단의 역량 강화 – 지역문화기관 및 단체 운영의 파트너십 강화 – 지역문화기관 간 사업 중복 방지 및 상호 연계 강화 – 주민자치센터를 활용한 지역문화 네트워크 구축

자료 : 문화체육관광부(2015)

를 구축하기 위해 필요한 과제다. 추진 방향은 자발적인 지역문화 발전을 위한 사람 중심의 발전 토대를 마련하고, 지역문화인력의 발굴 · 육성을 위한 종합적인 인력양성 체계를 구축하며, 문화자치를 위한 지역문화 거버넌스와 네트워크를 구축하는 것이다([표 9-3] 참조).[11]

두 번째로 생활문화 진흥은 지역주민의 삶의 질 제고를 위해 필요한 과제로, 추진 방향은 지역생활과 밀착한 풀뿌리 지역문화를 확산 · 진흥하고, 가정 · 직장 · 마을 등 일상적인 삶 속에서 생활문화를 활성화하는 것이다. 세 번째로 지역문화생태계 구축은 지역 자체의 역량 강화를 통한 종합적 · 유기적인 지역문화생태계를 구축하고, 지속가능한 지역문화 기반 조성을 위해 필요한 과제다. 추진 방향은 인력 양성과 일자리 창출, 지역 활성화로 이어지는 지역문화생태계를 조성하고, 장소성에 기반한 지역문화자원의 통합적 활용체계를 구축하는 것이다.

▪ 지역문화 격차 해소 전략을 위한 과제와 내용

지역문화 격차 해소를 통한 균형발전 전략은 취약 지역의 문화기반 시설의 지속적 확충 및 운영 활성화를 통해 지역별 문화와 행복격차를 해소하고, 지역 맞춤형 문화복지와 문화향유권 확대를 통해 함께 행복한 지역문화를 조성하는 것을 목표로 하고 있다. 이를 위해 맞춤형 문화기반 조성, 지역의 문화접근성 향상, 지역문화재원 확충 및 다각화의 3개 과제를 설정하고 있다. 먼저 맞춤형 문화기반 조성은 지역별로 특화된 문화진흥을 통해 문화격차와 행복격차를 해소하기 위해 필요한 과제다. 추진 방향은 지역의 정확한 현황 조사를 기반으로 특성에 맞는 맞춤형 문화기반을 조성하고, 새롭고 다양한 문화의 수용이 가능한 유연한 지역문화의 틀을 마련하는 것이다. 두 번째로 지역의 문화접근성 향상은 지역별 격차에 따른 문화향유 혜택의 불균형을 시정하기 위해 필요한 과제다. 추진 방향은 지역별 · 계층별 문화격차를 해소하고, 문화접근성 향상으로 문화향유와 문화복지의 불균형을 해소하는 것이다. 세 번째로 지역문화재원 확충 및 다각화는 지역문화진흥의 토대인 지역문화재원을 확보하기 위해 필요

11. 문화체육관광부(2015) 참조

표 9-4 지역문화 격차 해소

전략	과제	세부과제	내용
지역 문화 격차 해소	맞춤형 문화 기반 조성	▪지역별 인구변화 · 수요 감안 문화기반시설 조성 추진	– 지역별 문화지형도, 문화기상도 마련 – 생애주기별 맞춤형 문화기반 시설 조성
		▪지역문화기반 시설의 균형적 확충	– 도시화에 따른 지역문화기반 시설의 균형적 확충 – 지역문화기반시설의 기능 중심 리모델링 지원
		▪지역문화시설 프로그램 활성화 지원	– 지역문화기반시설 활성화 계획 수립 – 공연장 · 공연예술단체 연계한 공연장 상주단체 육성 지원 – 지방문예회관 활용 민간 우수공연 초청 및 자체 기획공연 운영 지원 – 지역영상미디어센터 활용 문화프로그램 개발 · 보급 확대 – 도서관 · 박물관의 운영 활성화 기회 확대
	지역의 문화접 근성 향상	▪문화환경 취약지역 지원 확대	– 문화환경 취약지역 우선 지원 – 작은 영화관 등 맞춤형 지역문화서비스 제공 – 취약지역에 대한 문화프로그램 및 문화예술교육 지원 확대 – 움직이는 예술정거장 상시 프로그램 운영
		▪문화소외계층에 대한 문화프로그램 확대	– 문화다양성 증진을 위한 무지개다리사업 지원 – 지역 어르신 사회참여 프로그램 확대 – 지역 문화소외계층 공연 활성화 지원 – 맞춤형 문화예술치유 프로그램 운영
	지역 문화 재원 확충 및 다각화	▪중앙정부의 지역문화 지원방식 개선	– 문예진흥기금의 지역협력형 사업 운영방안 개선 – 지방이양사업의 평가 및 개선 – 예산지원 방식의 개선
		▪중앙과 지방 간 협력을 통한 재정확충 및 체계화	– 문화관련 제한적 포괄지역정책 추진제도 마련 – 지역문화진흥기금 조성 지원 – 지역과 중앙의 역할분담 및 효율화
		▪지역문화재원 다각화	– 재원 확충 사례 발굴 확산 및 제도 개선 – 지역문화 기업메세나 활성화 – 문화기부 활성화

자료 : 문화체육관광부(2015)

한 과제다. 추진 방향은 지역문화진흥을 위한 정부재원의 확충 방안을 추진하고, 문화재정 2% 달성 방안을 마련하며 지역문화재원 투입의 효용성을 증대하는 것이다.

■ 지역문화 발굴 창조 전략을 위한 과제와 내용

지역문화 발굴 창조 전략은 지역문화자원의 발견과 창조를 통해 지역문화의 독특성과 다양성에 대한 긍정적 인식을 제고하고, 고유한 지역문화자원을 발굴하여 품격

있는 지역문화의 미래가치를 창출함으로써 지역경제 활성화에 기여하는 것을 목표로 하고 있다. 이를 위해 지역문화의 유산 보존 및 활용, 지역문화의 가치 발굴, 지역문화 브랜드의 세계화 등 3개 과제를 설정하고 있다. 먼저 지역문화유산의 보존 및 활용은 지역 고유의 전통유산과 문화자원을 발굴하고, 지역문화의 고유성과 다양성에 대한 긍정적인 인식을 제고하기 위해 필요한 과제다. 추진 방향은 지역문화유산의 활용을 통한 지역문화가치의 고양과 지역문화유산의 미래지향적 활용으로 관광경쟁력을 제고하는 것이다.

두 번째로 지역문화의 가치 발굴은 품격있는 지역문화를 위한 가치창출과 가치있는 지역문화자원의 발굴을 통한 지역경제 발전을 위해 필요한 과제다. 추진 방향은 지역문화자원의 체계적 관리체계 구축과 발굴을 통해 지역가치를 정립하고, 지역문화자원에 대한 긍정적인 가치 인식과 지역 자긍심을 제고하는 것이다. 세 번째로 지역문화 브랜드의 세계화는 지역문화자원의 미래가치 창출을 통한 일자리와 문화산업 · 지역경제를 활성화하고 세계적인 지역문화 상품을 발굴 · 육성하기 위해 필요한 과제다. 추진 방향은 지역문화유산과 지역문화원형 등 다양한 유형의 지역문화콘텐츠를 발굴하고, 지역 고유의 문화브랜드 정립을 위한 마케팅 방안을 마련하며, 장소성 · 생활권 · 문화권 중심으로 선도사업을 개발하는 것이다. 한편 이상에서 살펴본 3대 전략의 과제들을 현실화시키기 위해, 지역문화 추진체계 구축을 위해 4개의 과제를 설정하고 있다.

표 9-5 지역문화 발굴 창조

<table>
<tr><th>전략</th><th>과제</th><th>세부과제</th><th>내용</th></tr>
<tr><td rowspan="14">지역 문화 발굴 창조</td><td rowspan="4">지역문화유산의 보존 및 활용</td><td>■ 지역문화루트 개발(점→선)</td><td>– 근현대 산업유산 문화루트 개발
– 지역과 역사를 연결하는 역사문화길 조성</td></tr>
<tr><td>■ 근현대 역사문화공간 및 유휴공간의 창조적 재생</td><td>– 근현대 역사문화공간의 재해석을 통한 지역문화융성센터 조성
– 원도심의 문화적 재생을 통한 지역가치 향상</td></tr>
<tr><td>■ 지역 전통문화유산의 체계적 활용 확대</td><td>– 한식 · 한옥 등 활용 한문화(K-Culture) 3.0 사업 추진
– 나루터 · 포구 등 수변문화 및 해양문화 활성화
– 문화유산의 공간계획적 연계
– 매장문화재 등 문화유산의 적극적 활용</td></tr>
<tr><td>■ 마을별 전통놀이 등 문화자원 복원 및 확산</td><td>– 세시풍속의 지역문화 자원화
– 전통축제 및 공동체 놀이문화의 복원 · 전승
– 전통문화체험교육의 운영 활성화
– 전통지식자원의 발굴 및 활용</td></tr>
<tr><td rowspan="3">지역 문화 가치 발굴</td><td>■ 문화자원의 발굴 · 개발 활용을 위한 체계 구축</td><td>– 지역문화자원 정보 및 공유시스템 구축
– 지역문화 다양성 지도 개발
– 지역문화 커뮤니티 맵핑 인프라 조성
– 향토문화자료의 체계적 관리 및 활용</td></tr>
<tr><td>■ 지역 생활문화자원의 체계적 개발 및 활용</td><td>– 지역문화 아카이브 공간 조성
– 기초단위 생활권별 지역문화산업 육성</td></tr>
<tr><td>■ 지역별 특화된 문화콘텐츠사업 기반 마련</td><td>– 지역별 문화콘텐츠 아카이브 구축 및 활용
– 지역특화 문화콘텐츠 개발(Historytelling) · 육성 및 체험
– 지역문화 공공콘텐츠 활용 시범사업 추진
– 지역문화 관련 문화예술기업 육성 및 지원
– 장소성에 기반을 둔 지역문화산업 육성</td></tr>
<tr><td rowspan="5">지역 문화 브랜드 세계화 추진</td><td>■ 국토 및 지역문화브랜드의 통합적 지원 체계 구축</td><td>– 국토 및 지역브랜드 계획 수립 추진
– 지자체 간 문화브랜드사업 연계 위한 사업 컨설팅 지원
– 우수 지역문화 프로그램 교류 활성화</td></tr>
<tr><td>■ 지역문화 특화사업 추진</td><td>– 문화도시 · 문화마을 사업 지원
– 지역특화 문화행사 지원 확대</td></tr>
<tr><td>■ 문화도시 지정 및 확대</td><td>– 문화도시의 지정
– 문화도시심의위원회 구성으로 추진체계 마련
– 창의성을 바탕으로 한 지역문화 창조도시 조성</td></tr>
<tr><td>■ 문화지구 운영제도 개선 및 활성화</td><td>– 문화지구 관리 가이드라인 제정 등 제도 개선
– 문화지구 특성화 사업 추진
– 문화지구 사업 지원 및 확대</td></tr>
<tr><td>■ 지역문화브랜드 선정 및 확산</td><td>– 지역별 특성을 살린 지역스타일 창조
– 우수 지역문화브랜드 발굴 및 육성
– 지역문화브랜드 구축 및 확산 지원
– 동아시아 문화도시 선정 지원 등 세계화 추진</td></tr>
</table>

자료 : 문화체육관광부(2015)

표 9-6 지역문화 추진체계 구축

과제	세부과제	내용
지역문화 추진체계 구축	■ 지역문화 관련 부처 간 협력 네트워크 구축	- 지역문화 부처 협의체 구성(문체부, 행자부, 국토부, 농식품부 등) - 지역문화사업 범부처 통합관리시스템 구축 - 문화행정 기능 강화 및 연계 협력
	■ 효율적인 지역문화정책 수립 · 집행 체계 마련	- 지역문화 관련 정책 및 사업의 체계적 평가 - 상향식 전달체계(기초→광역→중앙) 구축 - 지역문화의 정책주체 간 역할 분담 및 협력 강화
	■ 지역문화진흥원 설립 · 운영	- 지역주민 문화향유와 문화복지 서비스 총괄 지원 - 지역문화정책 추진 지원 및 평가 · 분석 기능 - 국가문화인적자원센터 기능 수행
	■ 지역문화협력위원회 구성 · 운영	- 지역문화진흥을 위한 정책 수립 지원 - 지역문화 정책 수립 및 추진 네트워크 역할

자료 : 문화체육관광부(2015)

3. 박근혜정부의 지역문화융성 정책과 추진 내용

가. 대통령 직속 지역발전위원회의 지역희망(HOPE) 프로젝트

박근혜정부의 지역문화 관련 정책에서 지역문화융성이라는 표현이 최초로 구체화된 것은 제1차 대통령 직속 지역발전위원회 회의(2013년 7월 18일)에서 발표된 지역희망(HOPE) 프로젝트에서다. 지역발전위원회는 국민에게 행복을, 지역에 희망을 주는 정책 비전을 달성하기 위해 6대 중점 추진 방향을 설정하고 있는데 그 중 하나가 지역문화융성이다. 지역문화융성을 위한 과제는 크게 지역문화역량 강화 및 특성화 발전 지원과 문화격차 해소 등 2가지로 설정하고 있다.[12] 여기에서 발표된 5대 중점 분야 중 지역문화융성 분야의 계획 내용은 지역문화역량 강화 및 특성화 지원, 맞춤형 문화서비스를 통한 문화격차 해소, 지역 관광산업 육성 등을 주 내용으로 하고 있다.

12. 대통령 직속 지역발전위원회(2013 : 69 ~ 74)

1) 지역문화역량 강화 및 특성화 발전 지원

문화와 관광이 지역의 새로운 발전 모티브로 부상하고 있다. 따라서 문화자치 실현을 위해 지역의 문화역량을 강화하고, 지역의 고유한 역사문화와 자원을 활용해 특색있는 지역브랜드를 창출하기 위해 문화자치 추진체계 구축, 문화도시 · 문화마을 공동체 육성, 지역 간 협업관광 활성화 등 3가지 핵심과제를 제시하고 있다.

① 문화자치 추진체계 구축

문화자치 추진체계를 구축하기 위해서 3가지 과제를 설정하고 있다. 첫째, 정책 추진주체 간 합리적 역할 분담 체계 구축이다. 이를 위해서 정부가 직접 추진하거나 지자체 위탁사업으로 추진하는 다수의 소액 보조사업을 단계적으로 포괄보조 형태로 개편하고, 정부－광역지자체, 광역지자체－기초지자체의 2단계 협력관계를 구축하여 합리적인 역할 분담 방안을 마련하는 것이다. 둘째, 문화사업 추진 시 지역 주도성 강화다. 이를 위해 지자체가 자율적으로 문화사업을 발굴 · 기획할 수 있도록 문화기획 전담인력 확보 등 역량 개발을 지원하고, 지역문화재단의 역할과 기능을 강화하여 지역문화 중추기능을 수행하도록 한다. 셋째, 제도적 기반 마련이다. 지방문화자치를 제도적으로 뒷받침하기 위해 지역문화진흥법 제정을 추진하는 것인데 이는 이미 완료된 상태다.

② 문화도시 · 문화마을 공동체 육성

이 과제는 문화예술 · 역사자원, 문화예술인이 집중된 지역을 문화도시 · 문화마을로 지정하여 특색있는 지역으로 집중 육성하는 것이다. 이를 위해서 창조적 마을 만들기 사업과 연계하여 대상지를 선정하고, 지역 특성을 살려 역사전통형(예를 들어 전주 전통문화도시, 공주 · 부여 백제문화도시), 문화산업형(예를 들어 부산 영상도시, 부천 만화도시, 춘천 애니메이션 도시), 예술문화형(예를 들어 부산 사하구 감천예술마을, 제주 월평문화마을) 등으로 특화하며, 문화도시 · 문화마을 자문평가단을 구성하여 인력 양성, 컨설팅, 프로그램 기획 등 사업 활성화를 지원하는 것이다.

③ 지역 간 협업 관광 활성화

지역 간 협업 관광 활성화를 위해서 관광두레 조성과 지역관광협의회 설립을 과제로 설정하고 있다. 우선, 관광두레는 인근 지역이 함께 각자의 문화관광자원을 개발하고 연계하는 사업으로 문화유적지, 먹거리촌, 문화생태탐방로, 숙박시설 등에 통합 관광두레 브랜드를 부여하고, 두레 내 모든 시설을 이용할 수 있는 이용권을 발행하며 수익은 적정하게 분배하는 사업이다. 이를 위해 정부는 부처 · 지자체 · 유관기관(한국문화관광연구원, 한국관광공사)이 협업해 관광두레 형성과 역량 강화 및 홍보 등을 체계적으로 지원할 계획이다. 두 번째로 지역은 주민, 지자체, 관광업체, 문화계, 상공인 등으로 지역관광협의회를 설립하여 지역관광 사업을 주도하도록 지원하는 것이다.

2) 문화격차 해소

수도권과 지방, 도시와 농촌 간 문화향유 기회 격차가 확대되고 있다. 따라서 지역 주민 누구나 일상적으로 문화를 누릴 수 있는 여건을 조성하여 지역 · 계층 간 문화격차를 해소하기 위해 주민이 행복한 문화공간 확대, 지역맞춤형 문화서비스 확대, 주민 문화체육 활동 지원 등 3가지 핵심과제를 제시하고 있다.

① 주민이 행복한 문화공간 확대

주민이 행복한 문화공간 확대를 위해서 복합문화 커뮤니티 센터 조성과 폐산업시설 등의 문화공간화를 과제로 설정하고 있다. 우선 복합문화 커뮤니티 센터 조성은 기존 문화시설, 유휴시설을 개조해 주민의 생활 속 문화활동 및 발표 공간으로 활용하는 사업이다. 주민이 부담없이 이용할 수 있도록 동아리 활동공간과 강사를 지원하고, 주민 음악회, 청소년 밴드공연, 어르신 연극무대 등 발표무대로 활용하고자 하는 것이다. 이를 위해서 지역 특성과 주민 수요를 고려하여 거점형 센터와 생활형 커뮤니티 공간으로 조성하여 접근성을 제고하고자 한다. 즉, 거점형은 농어촌 중심지 복합서비스센터와 연계 추진하고, 생활권형은 창조적 마을 만들기 사업과 연계하여 조성하는 것이다. 두 번째로, 지역 내 폐산업시설과 옛 군사시설 등 폐기 · 방치 시설을 예술창작공간으로 조성하는 사업이다. 이것은 창작공간이 부족한 지역예술인들에게 제공하는 것을 주 목적으로 한다.

② 지역 맞춤형 문화서비스 확대

지역 맞춤형 문화서비스 확대를 위해 작은 문화공간 확보와 찾아가는 문화서비스 확대를 과제로 설정하고 있다. 첫째로 작은 문화공간 확보는 극장이 없는 전국 109개 시 · 군 · 구에 최신 영화를 볼 수 있는 작은 영화관을 조성하는 사업과 생활밀착형 작은 도서관을 확충하고 공공도서관과 연계하여 주민 서비스를 강화하는 사업이다. 두 번째로 찾아가는 문화서비스 확대는 문화콘텐츠와 시설 · 장비가 장착된 최첨단 문화예술교육버스를 이용해 농산어촌 등 소외지역 복지시설을 대상으로 문화예술교육 체험 기회를 제공하는 사업과 문화 인프라가 취약한 농어촌, 산간 · 도서지역 등 소외지역에 공연 · 전시 등 문화순회를 확대하는 사업이다.

③ 주민 문화 · 체육 활동 지원

주민 문화 · 체육 활동 지원을 위해 문화여가사 제도 도입 · 배치와 주민 생활체육 활동 지원 강화 사업을 설정하고 있다. 문화여가사 제도는 지자체, 문화복지시설, 사회복지시설 등에 배치하여 주민이 원하는 문화복지 서비스를 제공하기 위한 것이다. 주민체육 활동 지원 사업은 지방도시 · 농어촌을 중심으로 생활체육지도자 배치를 확대하고, 생활체육광장 등 생활체육 참여 프로그램을 확대함과 아울러 은퇴 선수 · 지도자 등을 활용해 종합형 스포츠클럽을 육성하는 것이다.

나. 대통령 소속 문화융성위원회의 문화융성 8대 정책[13]

문화융성위원회는 2013년 '문화융성의 시대를 열다' 라는 제목으로 문화융성 8대 정책 과제를 발표하였다. 여기에는 문화융성 시대의 새로운 문화정책의 틀을 자율·상생·융합의 3대 키워드 아래 국민과 지역이 주도하는 상향식·생활밀착형 정책으로 전환하여 문화융성의 가치를 실현하며, 이를 위한 핵심 정책 사업을 분야별로 추진하겠다는 계획이 담겨 있다. 문화융성 8대 정책은 문화융성을 이끌 인문가치 정립, 전통문화의 생활화, 생활 속 문화 확산, 지역문화 자생력 강화, 예술계 자율적 창작생태계 조성, 문화융합 모델 발굴 및 육성 지원, 문화가치의 국내외 확산, 아리랑의 재해석과 국민축제화이다.

표 9-7 대통령 소속 문화융성위원회의 지역문화융성 정책 과제

과제		세부 내용
문화융성을 이끌 인문가치 정립 및 확산	포용과 화합, 나눔과 배려 등 인문정신문화 사회풍토 조성	▪지역 마을단위 지역문화커뮤니티 운동과 연계 확산
전통문화의 생활화	문화유산의 현대적 활용 대책 강화	▪지역 고유 전통문화 발굴, 지역 문화 특성화 추진
생활 속 문화 확산	전국 마을 단위로 추진되는 지역문화커뮤니티 활동 지원 및 확대	▪지역 내 민간 자율 활동기구 형성 및 협력 네트워크 구축 지원 ▪지자체, 문화시설 연계, 주민의 문화교육, 체험, 창작 지원
	지역단위 문화봉사단 구성	▪지역문화커뮤니티 활동의 핵심 인적 자원으로 활용
지역문화의 자생력 강화	지역문화 진흥 체계적 추진기반 구축	▪지역학 활성화 및 지역문화지표 개발 등 지역문화 특성화 ▪지역문화재단의 법적 근거 마련(지역문화진흥법 제정) ▪지역문화기관 간 지역문화협의체 구성 ▪지역문화자원 발전을 위한 컨설팅 지원
	지역문화 재정의 자율성 및 책임성 강화	▪지역 협력형 문화예술진흥기금 지원 규모 확대 ▪지역문화지표와 연계, 지역사업 평가 강화
	지역문화 매개인력 처우 개선	▪근로여건 실태조사(보수수준, 계약관계), 보수가이드라인 제정 ▪전문성 및 직업 안정성을 위한 문화여가사 자격증 도입
문화가치의 국내외 확산	문화행복지수 개발 및 적용	▪문화여가 수준 및 만족도에 대한 지표 개발 ▪지역 문화행복 수준 비교·평가 및 개인별 자가점검 지원

자료 : 대통령 소속 문화융성위원회(2013), 양건열 외(2014 : 115)에서 재인용

13. 대통령 소속 문화융성위원회(2013) 참조

이 중에서 지역문화융성과 관련된 내용은 지역문화의 자생력 강화와 생활 속 문화 확산 과제에 주로 포함되어 있고, 문화융성을 이끌 인문가치 정립 · 확산, 전통문화의 생활화, 문화가치의 국내외 확산 과제에 부분적으로 반영되어 있다([표 9-7] 참조). 주로 지역문화 커뮤니티 활동, 지역문화 진흥체계 기반 구축(지역학, 지역문화지표, 지역문화재단, 지역문화협의체, 지역문화컨설팅), 지역문화재정, 지역문화매개인력과 관련된 내용이다.

다. 문화체육관광부의 문화가 있는 행복한 삶 정책[14]

문화체육관광부는 '국민행복 희망의 새 시대' 라는 국정 비전과 문화융성의 국정기조에 의거해 '문화가 있는 삶 행복한 대한민국' 을 정책 비전으로 설정하고, 문화로 국민행복 가꾸기, 문화로 창조경제 이끌기, 문화국가 만들기를 추진 방향으로 하여 9개의 핵심 추진과제를 제시하고 있다. 문화로 국민행복 가꾸기를 위한 핵심 추진과제로는 생애주기별 맞춤형 문화복지 확대, 예술인 창작 지원과 안전망 구축, 정신문화의 진흥과 문화유산의 보존 등 3개 과제가 있다. 문화로 창조경제 이끌기를 위한 핵심 추진과제로는 상상력 기반의 콘텐츠 산업 육성, 스포츠 산업의 국제경쟁력 제고, 고부가가치 · 고품격의 한국관광 실현 등 3개 과제를 제시하고 있다.

문화국가 만들기를 위한 핵심 추진과제로는 문화를 통한 코리아 프리미엄 창출, 문화적 관점을 사회 전반에 확산, 국민과 공감하는 따듯한 소통 전개 등 3개 과제를 제시하고 있다. 이 중에서 지역문화융성과 관련된 과제는 생애주기별 맞춤형 문화복지 확대와 고부가가치 고품격 한국관광 실현과제에 주로 제시되어 있다(〈그림 9-3〉 참조). 생애주기별 맞춤형 문화복지 확대과제 내에, 소외계층 · 지역 대상으로 소외와 차별없는 보편적 문화복지 환경 조성이 세부과제로 제시되어 있고, 그 안에 지역 간 문화격차 해소를 위한 지역문화자원 확충 정책이 설정되어 있다. 지역 간 문화격차 해소사업으로는 지역 고유의 문화자원 브랜드화를 위한 문화도시 · 문화마을 선정 지원,

14. 문화체육관광부(2013) 참조

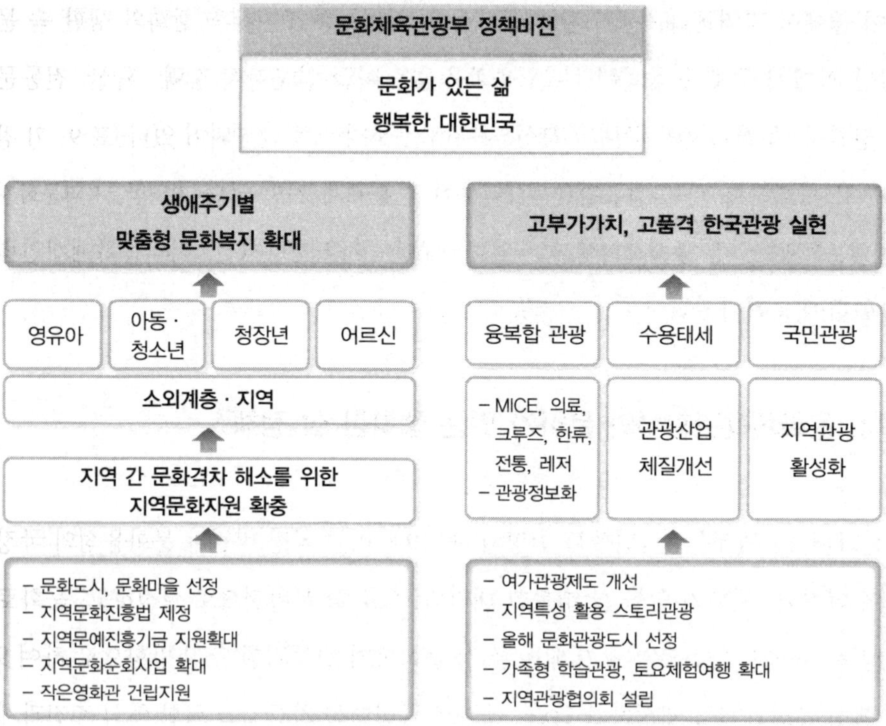

자료 : 문화체육관광부(2013)

〈그림 9-3〉 문화체육관광부의 지역문화융성 정책

지역문화진흥법 제정, 지역문화지수 개발, 지역문화예술 균형발전과 특성화를 위한 지역협력형사업 지원 규모 대폭 확대, 지역 공연 전시 문화순회 사업 확대, 극장 부재 기초 지자체 작은영화관 건립 지원 등의 사업이 추진되고 있다. 고부가가치 고품격 한국관광 실현과제 내에는 지역관광 활성화 사업이 제시되어 있고, 세부과제로 대체 휴일제 등 여가관광제도 개선, 지역특성을 활용한 스토리관광, 문화관광도시 선정, 가족형 학습관광과 토요체험여행 확대, 지역관광협의회 설립 등이 추진되고 있다.

4. 총체적 지역문화융성 정책 추진전략과 과제

박근혜정부가 출범하면서 지역문화에 대한 관심이 그 어느 때보다도 고조되고 있다. 문화융성이 국정기조로 채택되었고 문화예산의 2배 증액이 정책으로 제시되면서 문화정책이 전면에 대두되고 있다. 이와 더불어 문화기본법과 지역문화진흥법 제정, 대통령 소속 문화융성위원회 설립과 대통령 직속 지역발전위원회의 위상 강화 등으로 지역문화의 부흥에 대한 기대도 높아지고 있다(이무용, 2013 : 213).

그러나 법률 제정 등 제도적 기반은 마련되었지만 국민 체감은 아직 부족한 상황이다. 즉 지역주민이 일상생활에서 향유할 생활문화공간과 생활밀착형 문화예술활동의 활성화도 미흡한 상황이며 지역문화사업의 연차별 · 지속적 사업화의 어려움도 존재한다. 지역 간 문화향유 격차와 지역공공문화시설 활성화도 아직 부족하고, 지역문화기관의 역할과 기능도 불분명하며 지방도시의 재정과 지역문화진흥 역량도 취약한 실정이다. 이와 더불어 지역문화융성 정책의 체계적인 추진도 미흡한 상황이다. 지역문화정책의 목표는 거시적인 반면, 주요 정책과제는 미시적이다. 중앙부처의 공급자 중심 지역사업 전개로 통합적 관점에서 지역문화융성 정책의 추진이 곤란하고 평가 · 환류도 부족한 상황이다. 문화체육관광부, 국토교통부, 행정자치부, 농림축산식품부, 지역발전위원회, 문화융성위원회 등 관련 정부기관의 사업이 체계적 연계 없이 추진되는 것도 문제점이라 할 수 있다(양건열 외, 2014 : 119～120).

문화체육관광부의 지역문화정책은 제도적 토대 마련, 지역문화 자치 역량 강화, 지역문화격차 해소와 지역문화복지 구현 등 제도 · 분권 · 복지의 3대 축을 중심으로 추진되고 있다. 전반적으로 소외와 복지 개념에서 지역문화격차 해소와 문화향유를 중점과제로 고려하는 경향이 지배적이다. 그렇다면 문화격차를 바라보는 다양한 관점과 대책을 종합하여 지역문화융성의 차원에서 재정립할 필요가 있다. 문화융성위원회의 지역문화융성 정책은 진흥체계와 재정, 인력에 대한 정책을 강조하고 있다는 점에서 진일보하고 있으나 문화체육관광부, 지역발전위원회의 지역문화 정책과 체계적으로 통합되지 못하여 지역문화융성 통합 정책이 미흡한 실정이다. 지역발전위원회의 지역문화융성 정책 역시 전략적 체계가 부족하고, 문화융성위원회와의 협업체계 미흡 등으로 조직의 위상에 걸맞는 콘트롤타워 역할을 하지 못하고 있다(한양대학교 산학협력단, 2014).

지역의 문화현실은 지금도 열악하고 과제들도 쌓여 있다. 지역과 문화의 현안들은 정부의 특정 부처 차원에서 해결할 수 없는 복합적이고 중층적인 문제들로 얽혀 있다. 따라서 지역문화융성 정책은 보다 큰 틀에서 종합적이고 융합적인 관점을 가지고 접근해야 한다. 즉 국정기조를 포괄하는 총체적 지역문화융성의 정책 체계가 보완되어야 할 시점이다. 이러한 총체적 관점에서 지역문화융성 정책이 추구해야 할 의미와 방향, 추진전략과 과제를 제시해보고자 한다.

가. 총체적 지역문화융성 정책의 의미와 방향[15]

총체적 지역문화융성의 정책 체계를 수립하기 위해서는 '지역', '문화', '융성'을 바라보는 관점의 전환이 필요하다. 우선 '지역'은 중앙에 대비되는 지방 혹은 지방자치단체의 행정적 영역이라는 기존의 의미를 넘어서, 삶터와 커뮤니티로서 새롭게 재해석되고 있다. 또한 지역의 차별화와 특성화, 지역 간의 협력과 네트워크, 지역문화생태계, 초협력의 지역네트워크 관점에서 지역을 이해하는 관점으로 전환되고 있는 추세다. '문화'의 의미는 생활과 삶, 정신, 향유와 여가 차원을 강조하는 경향으로 전환하고 있고, 참여와 권리, 과정과 거버넌스를 중요한 요소로 설정하고 있는 추세다. '융성'은 발전, 진흥과 같은 기존의 개념과 달리 가치의 재발견과 재생, 창조혁신과 브랜딩 차원을 강조하는 개념으로서, 체감과 느낌, 공감과 공유감성, 지속가능을 중시하는 경향을 보이고 있다.

지역문화융성 정책은 박근혜정부의 3대 국정 기조인 국민행복, 문화융성, 창조경제를 지역문화 발전의 관점에서 실현하는 이른바 문화융성과 창조경제로 국민행복의 지역희망시대를 여는 총체적 지역문화융성의 차원에서 재정립되어야 한다(〈그림 9-4〉 참조). 그렇게 함으로써 문화를 통한 지역발전과 지역발전을 통한 문화융성을 동시에 추구해야 한다. 문화융성의 의미가 문화의 융성(대상)과 문화를 통한 융성(수단)을 결합한 개념이라면, 지역문화융성은 지역문화 가치의 융성, 지역주민 문화향유의 융성, 문화를 통한 지역의 융성을 결합한 개념이라고 할 수 있다. 첫째, 지역문화

15. 한양대학교 산학협력단(2014) 및 이무용(2013)의 내용을 토대로 정리한 것임

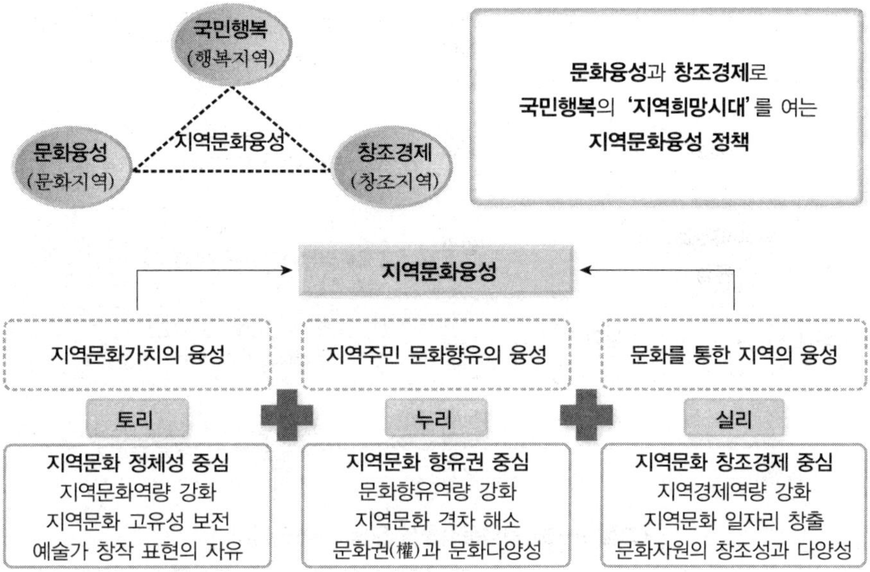

〈그림 9-4〉 총체적 지역문화융성 정책의 추진방향

가치의 융성은 지역문화 자체의 역량을 강화하고, 지역문화의 고유성을 보전하며, 지역예술가들의 창작과 표현의 자유를 보장하는, 한마디로 지역문화정체성을 정책의 중심에 놓는 관점이다.[16] 두 번째로 지역주민 문화향유의 융성은 지역주민의 문화향유 역량을 강화하고, 지역문화 격차를 해소하며 문화향유권과 문화다양성을 확대하는 한마디로 지역문화 향유권을 정책의 중심에 놓는 관점이다.[17] 마지막으로, 문화를 통한 지역융성은 지역경제의 역량을 강화하고 지역문화 일자리를 창출하며, 문화자원의 창조성과 다양성을 통해 지역의 신성장 동력을 확보하는 한마디로 지역문화 창조경제를 정책의 중심에 놓는 관점이라 할 수 있다.[18]

그런 의미에서 지역문화융성 정책은 '토리-누리-실리 공동체'를 실현하기 위하여, 삶터, 얼굴, 동력, 나눔, 국격 등 다섯 가지의 지향 가치를 설정할 필요가 있다.

첫째, 지역은 삶터로서 주민행복을 북돋는 행복한 지역문화를 만들어야 한다. 둘

---

16. 지역마다 가지고 있는 음악적 특징을 일컫는 고유어인 '토리'에서 개념을 차용하여 '토리 공동체 정책'이라고 명명해 볼 수 있을 것이다.
17. 주민들이 함께 문화를 누린다는 의미에서 '누리 공동체 정책'이라고 명명해 볼 수 있다.
18. 주민의 삶에 실질적 도움을 준다는 의미에서 '실리 공동체 정책'이라고 명명해 볼 수 있다.

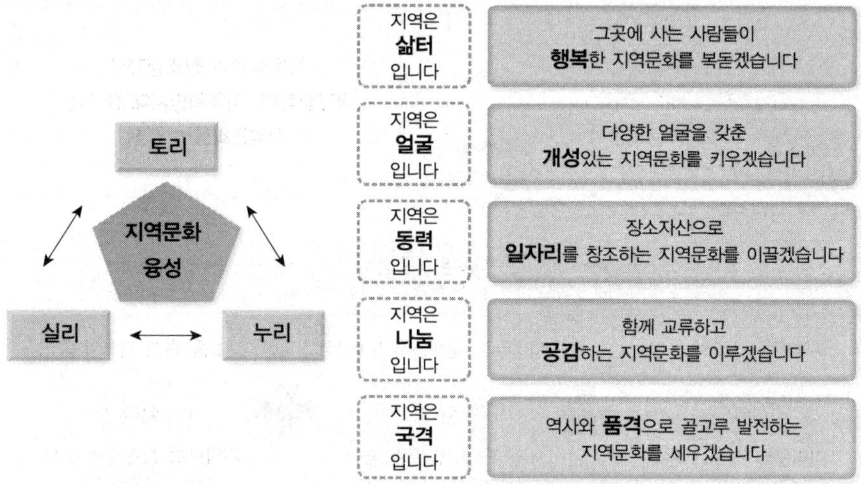

〈그림 9-5〉 지역문화융성 정책의 지향 가치

째, 지역은 얼굴로서 개성있는 지역예술을 키우는 지역문화를 만들어야 한다. 셋째, 지역은 동력으로서 지역경제를 이끄는 지역문화를 만들어야 한다. 넷째, 지역은 나눔으로서, 지역통합을 이루는 지역문화를 만들어야 한다. 마지막으로, 지역은 국격으로서 지역품격을 높이는 지역문화를 만들어야 한다.

나. 총체적 지역문화융성 정책의 추진전략 및 과제

이러한 관점에서 지역문화융성 정책의 전략을 문화로 옷 입히기, 문화로 꽃피우기, 문화로 밥 져먹기, 문화로 입 맞추기, 문화로 기 세우기 등 크게 다섯 가지로 정립해 볼 수 있다. 지역문화융성 정책의 목표는 전략에 맞추어 각각 주민행복을 북돋는 문화, 지역예술을 키우는 문화, 지역경제를 이끄는 문화, 지역통합을 이루는 문화, 지역품격을 높이는 문화로 설정해 볼 수 있다.

첫 번째 추진전략은 '문화로 옷 입히기 : 주민행복을 북돋는 지역문화'이다. 지역주민들이 느끼는 행복감의 격차 즉 지역행복격차를 해소하고 지역의 문화복지를 달성하는 정책이 여기에 해당된다. 이러한 정책을 수립하기 위해서는 지역주민이 생각하는 행복이 어떤 것인지를 파악하는 지역행복 지도, 지역행복 지표와 지수 개발

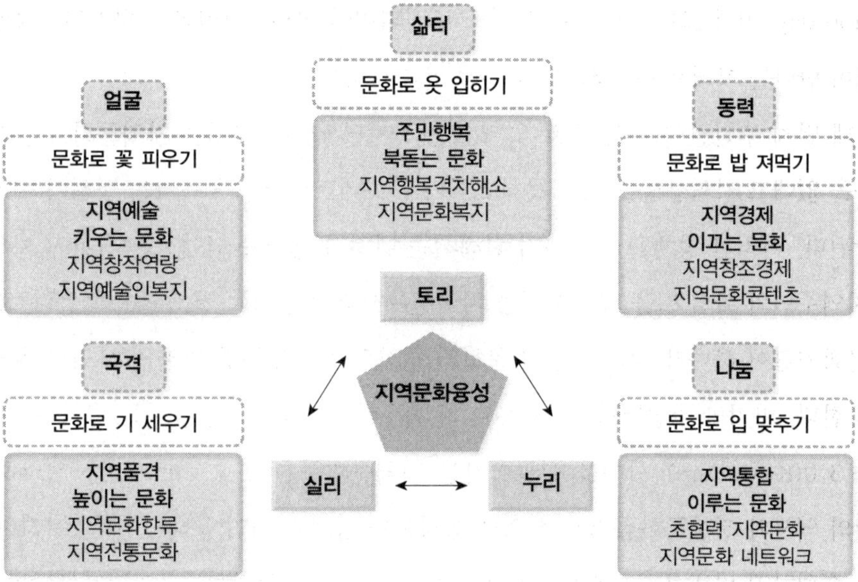

〈그림 9-6〉 지역문화융성 정책의 5대 전략과 목표

사업이 필수적으로 선행되어야 한다. 문화향유를 위해서는 장애를 해소하고 생활·지역맞춤형 문화향유 서비스를 제공하고, 일상생활과 문화를 결합한 문화융합 일자리도 창출해야 한다.

두 번째 추진전략은 '문화로 꽃 피우기 : 지역예술을 키우는 지역문화' 다. 지역의 문화적 역량과 특성을 강화하고, 지역에서 활동하는 예술가들의 창작역량을 제고하며, 지역예술인들의 복지를 실현하는 정책이 여기에 해당된다. 이러한 정책을 수립하기 위해서는 지역예술인과 문화매개자들의 고향·지역 정착 사업이 필수적으로 요구된다. 창조지역과 문화도시·마을 등 문화특화 지역을 조성하고, 지역맞춤형 문화전문인력을 육성하며, 문화예술을 통한 치유사업도 추진되어야 한다.

세 번째 추진전략은 '문화로 밥 져먹기 : 지역경제를 이끄는 지역문화' 다. 지역특성을 활용한 지역창조경제 모델을 도출하고 지역문화자원을 콘텐츠·브랜드화하는 정책이 여기에 해당된다. 이러한 정책을 수립하기 위해서는 지역의 문화적 특성과 정체성 및 지역문화자원을 연구하는 지역학 사업이 필수적이다. 지역의 핵심가치와 정체성을 활용하는 지역문화브랜드 개발과 지역문화자원을 공유하는 리전데이

(region day, 지역문화가 있는 날) 사업도 추진되어야 한다. 지역의 문화자원 · 공간 · 사람이 만나는 지역문화플랫폼도 구축될 필요가 있다.

네 번째 추진전략은 '문화로 입 맞추기 : 지역통합을 이루는 지역문화' 다. 지역갈등을 없애고 지역상생을 위한 문화교류와 문화네트워크를 구축하는 정책이 여기에 해당된다. 이러한 정책을 수립하기 위해서는 행정적 경계를 넘어서는 생활권 차원에서 지역주민의 삶의 질을 향상시키는 지역행복생활권 관점이 전제되어야 한다. 전국의 문화기관이 하나가 되는 초협력 문화거점 사업과 국토통합 브랜딩 사업도 추진되어야 한다. 마지막 추진전략은 '문화로 기 세우기 : 지역품격을 높이는 지역문화' 다. 한류 3.0(K-Culture) 시대를 이끌어가는 지역문화한류(K-R Culture)를 개발하고, 지역의 역사와 전통문화를 창조적으로 재생하는 정책이 여기에 해당된다. 이러한 정책을 수립하기 위해서는 '세계 — 한국 — 지역' 을 융합 · 횡단하는 문화가치를 발굴 · 육성하는 글로컬(global + local), 내로컬(national + local) 문화가치 사업을 추진해야 한다. 문화자치 추진체계와 지역맞춤형 문화재정을 확보하고, 지역문화를 통한 사회공헌 네트워크도 구축될 필요가 있다.

이상에서 논의한 내용들을 종합하여 지역문화융성의 정책 방향과 전략 목표에 따른 지역문화융성 정책 핵심 프로젝트를 예시해 보면 [표 9-8]와 같다.

표 9-8 **지역문화융성정책 20대 핵심 프로젝트**(예시)

정책목표		프로젝트명		
가치	전략목표	토리 (문화정체성)	누리 (문화향유권)	실리 (창조경제)
삶터	문화로 옷 입히기 (주민행복)	1) 지역행복문화지도	2) 문화장애 해소 3) 생활맞춤형 문화 향유	4) 문화융합 일자리창조
얼굴	문화로 꽃 피우기 (지역예술)	5) 문화특화지역 6) 지역맞춤형 문화전문인력	7) 문화예술치유	8) 문화인력 지역정착
동력	문화로 밥 져먹기 (지역경제)	9) 지역문화특화발전 프로젝트 10) 지역문화브랜드	11) 지역문화데이(리전데이)	12) 지역문화재생플랫폼
나눔	문화로 입 맞추기 (지역통합)	13) 지역행복생활권	14) 지역행복생활권 선도사업 15) 초협력 문화거점프로젝트	16) 국토통합브랜딩
국격	문화로 기 세우기 (지역품격)	17) 문화자치 추진체계 18) 지역맞춤형 문화재정	19) 지역문화공헌 네트워크	20) 지역문화한류

〈참고문헌〉

문화융성위원회(2013), 문화융성시대를 열다: 문화가 있는 삶, 정책 보고서.

지역발전위원회(2013), 국민에게 행복을, 지역에 희망을 : 지역희망(HOPE) 프로젝트, 제1차 지역발전위원회 회의자료.

__________(2014a), 지역발전 5개년 계획(2014～2018), 제11차 지역발전위원회 회의자료.

__________(2014b), 2014년 창조지역사업 추진계획안, 문화복지전문위원회 회의자료.

__________(2015), 2016년 신규 창조지역사업 선정 가이드라인, 제13차 지역발전위원회 회의자료.

류정아(2012), 「지역문화 정책 분석 및 발전 방안」, 한국문화관광연구원.

문화체육관광부(2013), 문화가 있는 삶 행복한 대한민국, 2013년 문화체육관광부 업무계획.

__________(2014a), 2014 전국 문화기반시설 총람.

__________(2014b), 2014 문화향수실태조사.

__________(2015), 지역문화진흥 기본계획 2020(안), 내부자료.

양건열 외(2014), 문화진흥 기본계획 수립연구 초안, 한국문화관광연구원.

이무용(2013), 지역문화융성의 시대를 위한 정책 키워드와 핵심 프로젝트, 한국문화관광연구원 편, 『문화융성 시대 국가 정책의 방향과 과제』, 213~235쪽.

한국문화관광연구원 편(2008), 『한국의 지역문화: 현황 및 정책방향을 중심으로』, 서울 : 대왕사.

한국산업기술진흥원(2013), 「지역상생 및 특화발전을 위한 지역문화정책 개선방안 연구」.

한양대학교 산학협력단(2014), 「지역문화융성 활성화 방안」, 대통령 직속 지역발전위원회 최종 보고서.

국가법령정보센터 홈페이지(www.law.go.kr)

대통령소속 문화융성위원회 홈페이지(www.pcce.go.kr)

청와대 홈페이지(www.president.go.kr)

제10장 영국의 지역발전정책 동향과 시사점 (이원섭 박사)

제11장 프랑스의 지역발전정책 동향과 시사점 (배준구 지역발전위원회 위원)

제12장 미국의 지역발전정책 동향과 시사점 (남윤우 교수)

제13장 일본의 지역발전정책 동향과 시사점 (김현호 박사)

제14장 중국의 지역발전정책 동향과 시사점 (박인성 박사)

제 3 부

해외의 지역발전정책 동향과 시사점

1. 유럽연합의 지역정책과 영국

2. 영국의 지역발전 실태와 정책이슈

3. 영국의 지역발전정책 변천과 최근 동향

4. 생활권(LEP) 중심의 지역발전정책

5. 영국 지역발전정책의 시사점

제 10 장

영국의 지역발전정책 동향과 시사점

1. 유럽연합의 지역정책과 영국

가. 유럽연합의 형성과 발전 과정

유럽연합은 제2차 세계대전으로 정점을 이룬 이웃 국가들 간의 빈번한 유혈 전쟁을 종식시키기 위해 발족하였다. 유럽연합의 모태는 1951년 결성된 유럽석탄철강공동체(European Coal and Steel Community : ECSC)로 창설국인 벨기에, 프랑스, 독일, 이탈리아, 룩셈부르크, 네덜란드는 유럽의 국가들을 경제적 · 정치적으로 결합하여 평화의 지속을 담보하고자 하였다. 6개 국으로 출발한 유럽연합은 현재 28개 국이 가입되어 있으며 면적 427만km^2, 인구 5억 명, GDP 12.9조 유로로 인구는 중국과 인도에 이어 세계 3위, 경제규모는 세계 1위의 단일경제권을 이루고 있다.[1] 유럽연합은 회원국이 확대되면서 지역정책 분야에서도 재정수단 및 관련 제도를 지속적으로 확충하고 역할을 강화해 왔다. 1950년대 이후 유럽연합의 지역정책이 추진되어 온 주요 과정을 살펴보면 다음과 같다.[2]

- 1951년, 유럽연합의 모태인 유럽석탄철강공동체(European Coal and Steel Community : ECSC) 설립 조약이 50년 기한으로 체결(2002년 만료)되고 1953년 공동시장이 개설
- 1957년, 로마 조약이 체결되어 유럽경제공동체(European Economic Community : EEC)가 설립되었으며, 조약 전문에 경제의 통일성을 강화하고 조화로운 개발을 위해 다양한 지역 간에 존재하는 격차와 조건이 불리한 지역의 낙후성을 완화할 것을 명시
- 1958년, 유럽사회기금(ESF), 유럽농업지도 · 보증기금(EAGGF) 설립
- 1965년, 지역정책에 관한 최초의 공식문서 '지역화에 관한 메모' 공표
- 1973년, 유럽연합의 공동 지역정책(Common Regional Policy)이 수립되었으며,

1. http://europa.eu/about-eu/facts-figures/index_en.htm
2. 이원섭 외(2002, 51), http://europa.eu/about-eu/eu-history/index_en.htm 등 참조

영국, 덴마크, 아일랜드가 EU에 가입하여 회원국이 9개 국으로 증가

- 1975년, 유럽지역개발기금(ERDF)을 설립하여 낙후지역 및 쇠퇴지역을 지원하고 부유한 지역과 빈곤한 지역 사이의 재분배 개념을 처음 도입
- 1986년, 로마 조약을 개정하는 단일유럽법(Single European Act)을 제정하여 물자, 사람, 서비스, 자본의 자유로운 이동을 가로막는 장애를 제거하고자 함
- 1989~1993년, 유럽의회는 연대기금(Solidarity Fund)을 구조기금(Structural Fund)으로 개편하고 680억 ECU를 배정
- 1992년, 유럽연합 조약(Maastricht 조약)을 체결하여 경제 및 통화연합, 단일시장과 함께 결속을 주요 목표로 설정하고, 빈곤한 회원국의 환경 및 교통분야 프로젝트 지원을 위해 결속기금(Cohesion Fund)을 창설
- 1994~1999년, 7개의 목표지역 지원을 위해 1,530억 ECU를 구조기금, 150억 ECU를 결속기금으로 배정하고, 어업지도기금(FIFG, 2004년 어업기금으로 개편)을 새로 설치
- 1997년, 암스테르담 조약을 체결하여 고용에 관한 장을 포함하는 등 결속의 중요성을 재확인하고 실업 감소를 위한 노력을 강조
- 2000~2006년, 구조기금의 목표를 7개에서 5개로 조정하는 등 개혁을 시행하고 1,950억 유로의 구조기금과 180억 유로의 결속기금 등 총 2,130억 유로의 예산을 배정
- 2007~2013년, 지역균형발전, 지역경쟁력 및 고용증대, 지역협력촉진 등 3대 목표 달성을 위해 구조기금 2,790억 유로, 결속기금 700억 유로 등 총 3,490억 유로의 예산을 배정
- 2014~2020년, 유럽 2020 전략의 목표인 스마트 성장, 지속가능한 성장, 포용적 성장을 위해 지역정책의 목표를 성장과 일자리 투자, 지역협력 촉진으로 설정하고 총 3,360억 유로의 투자계획을 확정

나. 유럽연합의 지역정책

28개 회원국으로 구성되는 유럽연합이 하나의 공동체로서 활력 있고 조화로운

발전을 하기 위해서는 유럽연합 내의 국가 및 지역 간 격차를 해소하여 경제 · 사회적 결속을 강화시키는 것이 필수이다. 따라서 유럽연합의 지역정책은 전통적으로 낙후지역의 지원과 쇠퇴지역의 활력 증진을 통한 성장과 일자리 창출 기반을 구축하고 지역 간 협력을 촉진하는 데 초점을 두고 있다. 특히 유럽연합의 결속을 위해 저개발 국가 및 지역을 집중 지원함으로써 이들 국가 및 지역의 발전을 촉진하고 유럽연합 전체의 경제 · 사회 · 공간적 격차를 완화시키고자 한다.

이는 유럽연합 지역정책의 목표에서 명확히 드러난다. 2007년부터 2013년까지 시행된 유럽연합 결속정책(Cohesion Policy)의 3대 목표는 균형발전(convergence), 경쟁력과 고용(competitiveness and employment), 지역 간 협력(territorial cooperation)이었다. 2014년부터 2020년까지 시행되고 있는 현행 지역정책의 목표는 더욱 단순화되어 성장과 일자리(growth and jobs), 지역 간 협력(territorial cooperation)이다.

표 10-1 **유럽연합 지역정책의 목표와 재원**

2007~2013년		2014~2020년	
정책목표	재원	정책목표	재원
균형발전	지역개발기금 사회기금 결속기금	성장 및 일자리	지역개발기금 사회기금 결속기금
지역경쟁력 및 고용	지역개발기금 사회기금		
지역 간 협력	지역개발기금	지역 간 협력	지역개발기금

자료 : European Union(2011 : 14)

최근의 유럽연합 지역정책은 유럽 2020전략과 밀접한 관계를 맺고 있다. 유럽 2020전략은 2020년을 향한 유럽연합의 지속가능한 발전 및 성장동력 창출을 위한 전략으로 리스본 전략의 한계를 극복하고 기후변화와 경제위기 등에 따른 현안 과제 해결을 위해 2010년 수립되었다. 유럽 2020전략의 3대 목표는 스마트 성장(smart growth), 지속가능한 성장(sustainable growth), 포용적 성장(inclusive growth)이다. 스마트 성장을 통해 지식과 혁신에 기반을 둔 경제를 발전시키고, 지속가능한 성장을

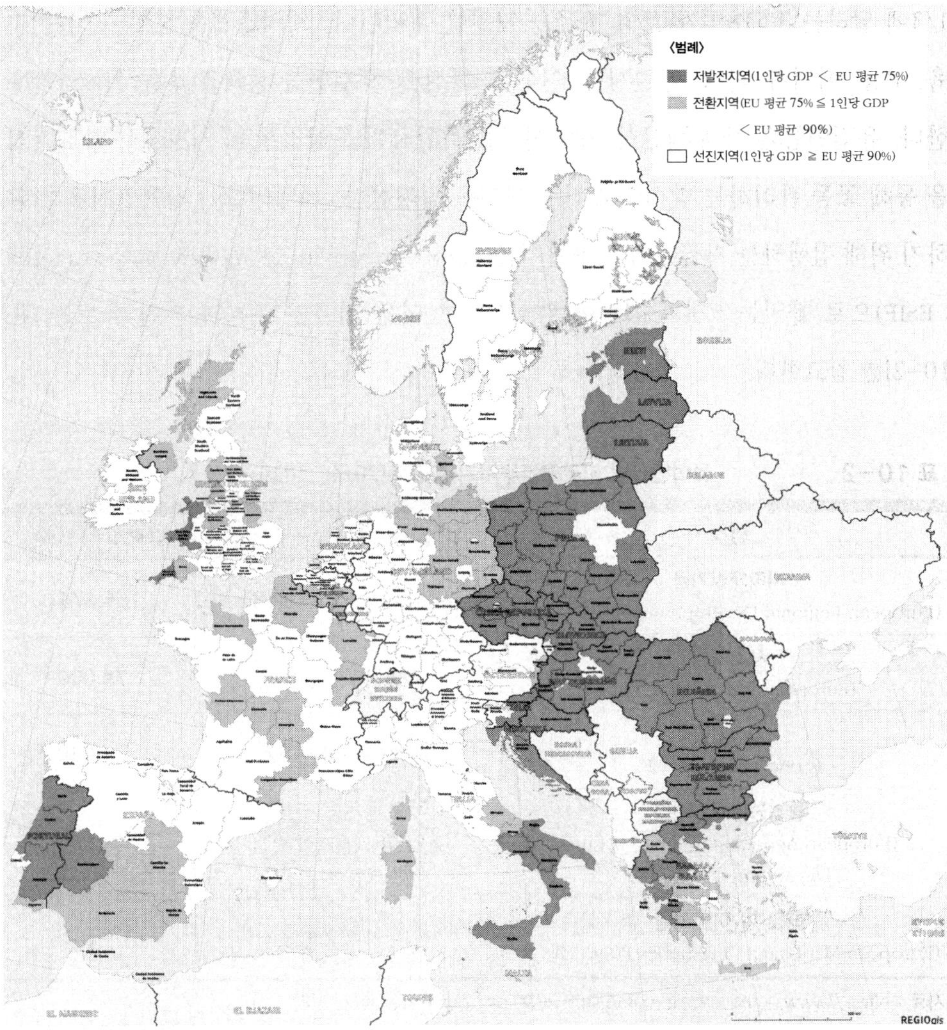

자료 : Center for Cities(2015)

〈그림 10-1〉 유럽연합의 구조기금(ERDF, ESF) **수혜지역 유형구분**(2014~2020년)

통해 자원효율적이고 녹색경제와 경쟁력 있는 경제를 진흥하며, 포용적 성장을 통해 경제 · 사회 · 공간적 통합을 촉진하는 일자리 창출형 경제를 육성하고자 한다 (European Commission, 2010).

유럽연합의 지역정책은 모든 지역과 도시를 대상으로 일자리 창출, 기업경쟁력, 경제성장, 지속가능한 발전, 주민의 삶의 질 향상을 목표로 한다. 이들 목표를 달성하고 다양한 개발 요구에 대응하기 위해 2014~2020년 동안 유럽연합 전체 예산의

1/3에 달하는 3,518억 유로의 자금을 지원할 계획이다. 지역정책을 통한 투자는 교육, 고용, 에너지, 환경, 단일시장, 연구 및 혁신 등 유럽연합 정책을 보완하는 역할을 한다. 유럽연합은 전체 예산의 76% 이상을 회원국의 중앙정부 및 지자체와 파트너십을 통해 공동 관리하는 방식으로 각종 사업을 집행한다. 유럽연합이 지역발전을 지원하기 위해 집행하는 자금은 구조투자기금(European Structural and Investment Funds : ESIF)으로 불리는 5개의 기금이 핵심이다.[3] 이들 기금의 목적과 지원 규모는 [표 10-2]를 참고한다.

표 10-2 **유럽연합의 5대 구조투자기금 규모**(2014~2020)

명칭	목적	규모(10억 유로)
지역개발기금 (European Regional Development Fund, ERDF)	지역 및 도시의 균형발전	185.374
사회기금 (European Social Fund, ESF)	사회통합 및 거버넌스	74.000
결속기금 (Cohesion Fund, CF)	낙후지역의 경제성장	74.928
농업농촌개발기금 (European Agricultural Fund for Rural Development, EAFRD)	농업 및 농촌지역 발전	95.577
해양 및 어업기금 (European Maritime and Fisheries Fund, EMFF)	해양산업 및 어업발전	7.404

자료 : https://www.eutrainingsite.com/2014-2020.php?id=119#euf에서 정리

다. 유럽연합의 지역정책과 영국

유럽연합의 지역정책(정확하게는 결속정책, Cohesion Policy)은 부유한 회원국 또는 지역으로부터 빈곤한 국가 또는 지역으로 자원을 이전하는 재분배 정책이다. 보다 일반적으로는 유럽연합 전역의 경제발전과 포용적 성장을 촉진하는 수단이다. 최근

3. http://europa.eu/about-eu/funding-grants/index_en.htm

에 들어와서는 성장과 일자리를 강조하는 리스본 조약 및 유럽 2020전략을 지원하는 투자의 측면이 강조되고 있다. 이는 구조기금과 결속기금의 목표가 절대적 수익 극대화인지 지역 간 수렴 또는 균형발전인지에 관해 논란을 유발시킬 수 있다. 인프라와 거버넌스가 완비되어 성장잠재력이 높은 부유한 지역과 그렇지 않은 지역 중 어디에 초점을 두느냐에 따라 정책의 성격이 달라지기 때문이다. 이런 우려에도 불구하고 한정된 자원을 부유한 지역보다는 지원의 파급효과가 큰 빈곤한 지역에 집중되어야 한다는 주장이 지지를 받고 있다(HM Government, 2014).

영국은 1973년 유럽연합에 가입한 이후 재정적으로 유럽연합에 큰 기여를 하는 동시에 많은 지원을 받고 있다. 2014년부터 2020년 동안 유럽연합의 예산은 총 9,600억 유로인데 영국은 출연금보다 지원을 덜 받는 12개의 순 기여국에 포함된다. 2012년 영국은 121억 유로를 출연하고 36억 유로를 돌려받았다.[4] 따라서 유럽연합의 자금이 효과적으로 집행되는지에 대해 영국은 큰 관심을 갖고 있다. 영국이 유럽연합으로부터 받는 지원은 발전수준이 낮은 국가들이 유럽연합에 대거 가입하면서 과거에 비해 비중이 크게 감소하였다. 구조기금의 경우 절대 금액으로는 2014년부터 2020년 동안 100억 유로가 넘는 자금을 지원받지만 국내총생산 기준으로는 0.1%에도 미달하는 수준이다. 구조기금 설립 이후 2020년까지 영국이 유럽연합으로부터 받게 되는 지원금 총액은 660억 유로에 달하는 것으로 추정된다(HM Government, 2014).

2014년부터 2020년까지 영국은 유럽연합의 지역정책을 통해 17개의 프로그램을 주관하게 된다. 이 중 6개는 지역개발기금, 6개는 사회기금으로부터 지원을 받는다. 지원금액은 총 118억 유로에 달하며 지역유형별로는 저개발지역이 26억 유로, 전환지역이 25억 유로, 발전지역이 56억 유로를 지원받고, 그 밖에 지역 간 협력사업을 통해 8.6억 유로, 청소년 고용사업을 통해 2.1억 유로를 지원받는다. 영국정부와 유럽연합 집행위원회는 협약을 통해 유럽연합의 자금지원을 노동시장 및 교육정책 개선, 사회적 고립 위험 감소, 기업의 연구투자 및 경쟁력 증진, 환경친화적이고 자원효율적인 경제 진흥에 우선 투자하기로 합의하였다(European Commission, 2014).

4. http://www.civitas.org.uk/eufacts/OS/SF1.php

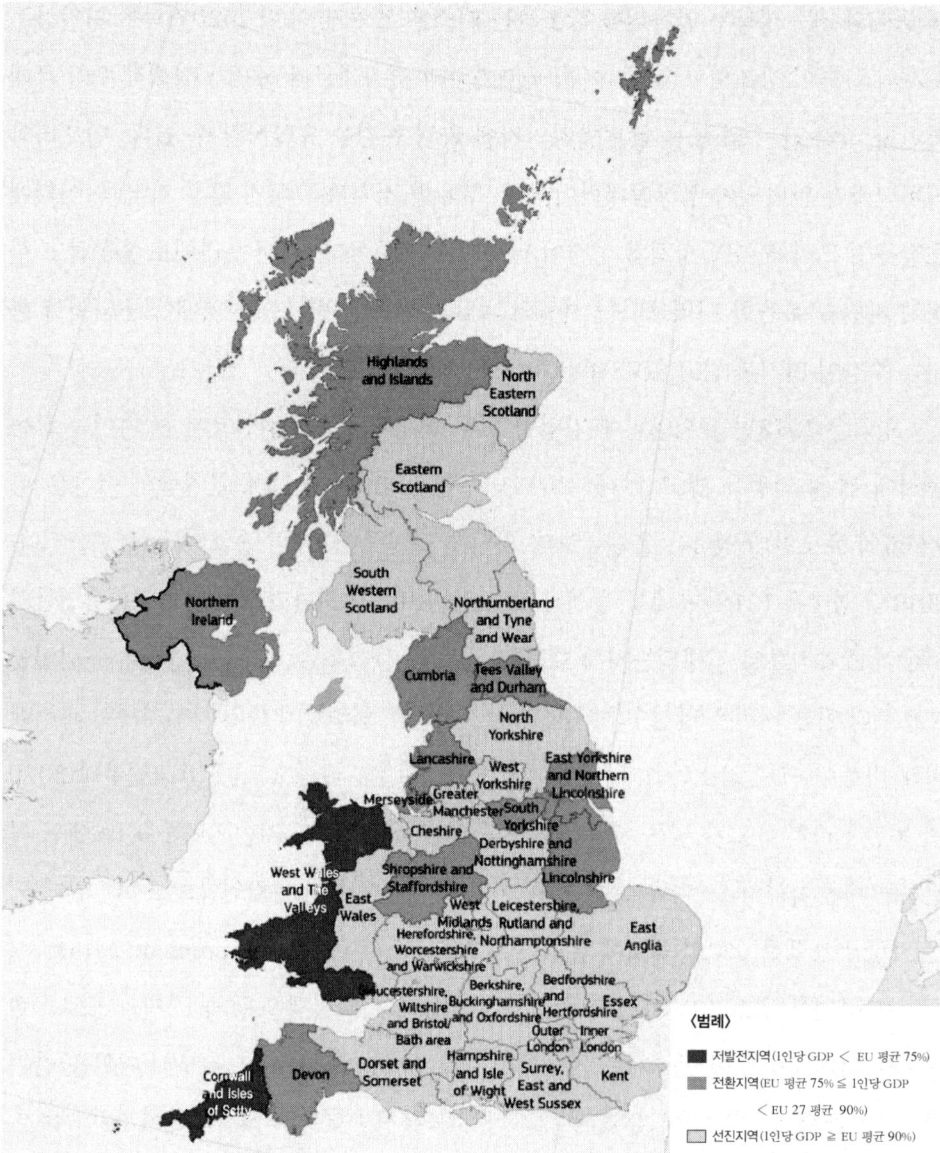

자료 : European Commission (2014 : 1)

〈그림 10-2〉 영국의 유럽연합 구조기금 수혜지역 구분

2. 영국의 지역발전 실태와 정책이슈

가. 영국의 지역발전 현황과 문제점

영국의 지역발전은 런던을 중심으로 하는 남부지역과 북부지역의 격차가 큰 공간적 특징을 보인다. 흔히 남북단절(North-South Divide)로 지칭되는 남부와 북부 지역의 격차는 오랜 역사를 가지고 있으며 정부의 온갖 노력에도 불구하고 좀처럼 줄어들지 않고 오히려 확대되는 것으로 조사되고 있다.

지역총생산(GVA)과 1인당 총생산의 지역별 분포를 보면 런던과 동남부 지역은 타 지역에 비해 현저한 우위를 보인다. 지역총생산의 지역별 구성비는 런던이 22.2%, 동남부 지역이 14.9%로 두 지역이 영국 전체의 37.1%를 차지하고 있다. 1

표 10-3 지역별 총생산 및 1인당 총생산 비교(2013년)

NUTS1 regions	GVA per head(£)	GVA per head growth on 2012(%)	GVA per head index (UK=100)	Total GVA (£m)	Total GVA growth on 2012(%)	Share of UK total GA (%)
United Kingdom	**23,394**	**2.6**	**100.0**	**1,525,304**	**3.3**	**100.0**
North East	17,381	2.8	74.3	45,374	3.1	3.0
North West	19,937	3.4	85.2	141,620	3.6	9.3
Yorkshire and The Humber	19,053	2.4	81.4	101,701	2.8	6.7
East Midlands	19,317	2.0	82.6	88,835	2.7	5.8
West Midlands	19,428	2.8	83.0	110,246	3.4	7.2
East of England	21,897	2.4	93.6	130,378	3.2	8.6
London	40,215	2.6	171.9	338,475	4.0	22.2
South East	25,843	2.0	110.5	227,232	2.8	14.9
South West	21,163	2.5	90.5	113,806	3.2	7.5
England	24,091	2.6	103.0	1,297,667	3.3	85.2
Wales	16,893	3.4	72.2	52,070	3.7	3.4
Scotland	21,982	2.6	94.0	117,116	2.9	7.7
Northem Ireland	17,948	0.9	76.7	32,841	1.2	2.2
Extra-Regio	n/a	n/a	n/a	23,107	-2.4	1.5

자료 : Office for National Statistics(2014)

인당 총생산도 런던이 40,215 파운드로 영국 평균의 171.9%에 달하며, 동남부 지역은 25,843 파운드로 전국 평균의 110.5%에 달한다. 이 두 지역을 제외한 나머지 10개 지역은 어느 지역도 전국 평균을 넘지 못한다.

지역별 생산 및 고용 변화 추이를 보더라도 영국 전체의 경제는 지속적으로 개선되고 있으나 런던과 그 외 지역의 격차는 확대되는 추세를 보인다. 2008년 경제위기 전후의 지역별 경제성과를 비교한 영국통계청의 자료에 의하면 2007~2012년 기간 중 런던의 총소득(GVA)이 15.4% 증가한데 비해 나머지 지역은 6.9% 증가하는데 그쳤다. 고용률의 경우도 런던은 3.5%p 증가하였으나 나머지 지역은 0.1%p 감소하였다.

영국의 싱크탱크인 Center for Cities가 발표한 '2015년 도시 전망 보고서'에서 최근 10년 동안 인구성장, 사업체수, 일자리수, 주택공급 등에서 남북 도시 간 격차가 확대되었다고 보고하였다(Center for Cities, 2015).

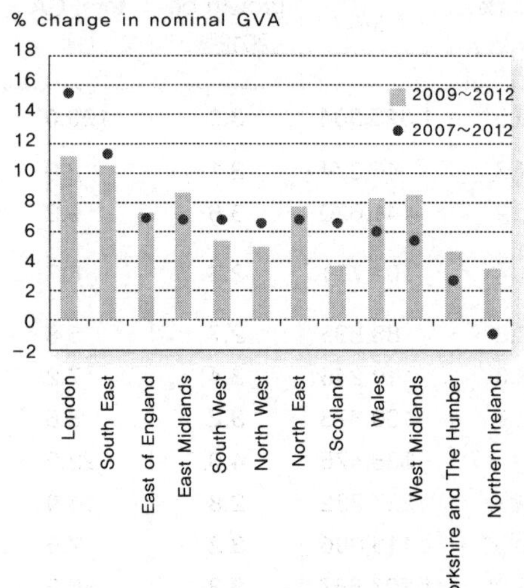

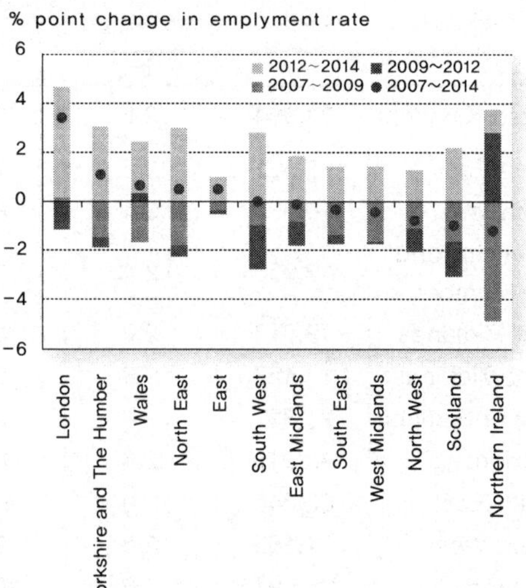

자료 : http://www.ons.gov.uk/ons/rel/regional-trends/regional-economic-indicators

〈그림 10-3〉 지역별 총생산 및 고용률 변화(2007~2012년)

나. 지역발전정책의 주요 이슈와 대응전략[5]

영국 정부는 오랜 기간 동안 남북 간의 격차 해소를 위한 정책을 추진하였다. 2000년대 이후 지역문제에 대응하는 정책은 크게 두 가지 접근방식을 취하였다. 첫째는 2001년부터 2010년까지 노동당 정부가 추진한 지역계획, 도시재생, 물적 개발을 중시한 전략으로 중앙정부는 목표를 설정하고, 집행에는 지역개발청(Regional Development Agency, RDA)과 기타 공공기관이 핵심적인 역할을 하였다. 두 번째는 2010년 이후 보수·자민당 연립정부가 추진한 정책으로 광역 대신 기초(생활권) 및 장소기반 전략을 통해 지자체와 중앙정부가 협상(deal)을 체결하고 공모나 LEP(Local Enterprise Partnership)를 통해 재원을 배정하는 방식이다. 이 중에서 성공적으로 평가할 수 있는 정책으로는 노동당 정부의 다지역협약(Multi Area Agreement : 지자체 행정구역을 뛰어넘는 협력 촉진)과 Total Place(지역 단위의 공공자금 집행 조정), 연립정부의 성장 촉진 정책인 New Homes Bonus와 도시권 협상(City Deals)을 들 수 있다. 2015년 총선에서 승리한 보수당 정부는 도시지역에 대해 강력한 분권화 정책을 발표하고 이를 뒷받침하기 위해 새로운 법률 제정을 추진하고 있다.

그러나 두 가지 접근방식 모두 영국의 도시가 직면한 경제발전이라는 도전과제에 제대로 대응하지 못했다.[6] 아울러 중앙정부의 권한을 지자체로 이양하는 여러 시도가 있었지만 도시 및 도시권으로 전략적 권한이나 재정권한을 이양하는 분권화 성과는 여전히 미약한 실정이다. 분권화 정책은 도시 및 도시권이 스스로 발전할 수 있는 역량을 갖출 수 있도록 새로운 정책들을 창조하는 것이 아니라 중앙정부에 권한이양의 승인을 요청하는 수준에 머물렀기 때문에 지역에 꼭 필요한 정책이나 투자가 이루어지지 못하여 성과가 부진한 결과를 초래하였다.

이같은 상황에서 예외적인 사례가 1999년 설립된 광역런던청(Greater London

---

5. Centers for Cities(2015년), Cities Outlook 2015, pp.24~26

6. 각종 정책이 영국의 도시를 변모시키겠다는 큰 야망을 가지고 출발하였으나 결과적으로는 도시경제의 성공에 필요한 교통, 주택, 교육훈련과 같은 근본적인 분야보다는 지자체별로 특정 개발 프로젝트에 소규모의 분산된 보조금을 지원하는 수준에서 크게 벗어나지 못하였다.

Authority, GLA)이다. GLA는 설립과 함께 중앙정부로부터 전략적 계획수립, 교통투자, 기능훈련 권한을 이양받았는데, 2007년 제정된 GLA법에 따라 주택, 기능훈련, 폐기물 및 환경 관련 권한을 추가적으로 이양받았고 2010년에는 가정 및 지역사회청(Homes and Communities Agency : HCA)의 기능도 이관받았다. 런던이 행사하는 권한은 외국의 수도와 비교하면 여전히 약하지만 성장을 위한 계획을 직접 수립하고 경제적 성과가 큰 투자도 할 수 있게 되었다. 이같은 권한이양 사례를 본받아 영국 정부는 맨체스터 도시권에 대해서도 도시권 협상을 통해 유사한 권한이양을 부여하였다. 이에 다른 도시권에도 권한이양을 확대함으로써 지역의 경제발전에 필요한 주요 권한과 재정의 자율성을 확보할 수 있도록 해야 한다는 주장이 힘을 얻고 있다.

3. 영국의 지역발전정책 변천과 최근 동향

가. 지역발전정책의 시대별 특징[7]

영국은 세계 최초로 지역정책을 체계적으로 추진한 국가로 지역정책 역사는 1920년대로 거슬러 올라간다. 이 시기의 지역정책은 지역의 높은 실업문제에 대응하기 위해 시행되었다. 대공황 시기인 1920년대는 영국의 주요 수출산업에 대한 수요가 감소함에 따라 특히 주변부 지역인 스코틀랜드, 북아일랜드, 북잉글랜드, 웨일즈의 실업률이 급속하게 상승하게 되었다. 지역의 실업문제에 대한 최초의 정부 개입은 1928년 설립된 산업이전위원회(Industrial Transference Board)가 쇠퇴지역 산업에 종사하는 노동자를 성장지역 산업으로 이동시키기 위해 보조금을 지원한 것이 시초이다. 그러나 취업기회가 있는 지역으로 인구를 이동시키는 전략은 한계에 부딪혀 1934년 특정지역법(Special Areas Act)을 제정하여 실업률이 높은 지역에 취업기회를 창출하는 정책을 채택하게 되었다. 이와 같이 초기의 지역정책은 지역 간 실업률 차

7. Crowley, Lizzie, Brhmie Balaram and Neil Lee(2012), 이동우 외(2006) 등에서 정리

이가 일자리 부족에 기인한다고 생각하여 실업률이 높은 지역에 기업 융자, 산업단지 제공, 임대료 보조 등을 지원하였다.

1940년대 들어와 영국정부는 새로운 산업의 지리적 분포 입지에 영향력을 미치기 위해 1945년 산업분산법(Distribution of Industry Act), 1947년 도시 및 농촌계획법(Town and Country Planning Act)을 제정하였다. 산업분산법은 일정 규모 이상의 새로운 산업계획 또는 확장을 하려면 무역위원회로부터 산업개발인증(Industrial Development Certificate)을 받도록 하였다. 또, 런던과 중부지역(Midlands)으로부터 정부가 지정한 개발지역으로 산업의 분산을 유도하기 위해 특별하게 건설된 공장, 정부가 건설한 임대료가 낮은 공장, 자본투자 보조금 및 융자 등의 인센티브를 제공하였다. 산업분산 정책은 매우 광범위하게 시행되어 정부가 지정한 특정지역이 아니면 산업개발인증을 받기가 매우 어려웠는데, 1966년의 경우 중부지역과 동남부(South East) 지역에서 산업개발인증 신청의 30%가 거부되었다.

그러나 산업분산정책의 효과는 제한적이었다. 개발지역에서 창출된 일자리는 정부의 지원정책이 없었다면 발생하지 않았을 일자리였다. 정책 자체에도 많은 허점이 있었는데, 예를 들면 산업개발인증을 받지 않아도 되는 정도만 증설을 하거나 정부 보조금이 자본투자에 적용되었기 때문에 기계를 주로 사용하고 노동력을 거의 사용하지 않는 기업들이 보조금을 받게 되는 등 고용창출 효과가 낮았다.

1950년대는 보수당이 집권한 시기로 노동당 정부에 비해 지역개발 정책의 추진에 있어서 다소 소극적이었다. 보수당은 건축면허제의 폐기와 공장건설 허가절차 완화와 함께 지역개발을 위한 정부 지출을 삭감하였다. 그러나 전통적인 산업지역의 침체가 심각해지면서 이들 지역의 지원을 위해 낙후지역 외의 지역에서 공장건설 허가를 규제하고, 문제지역에 입지하는 기업을 대상으로 자금을 지원하였다.

1960년대는 지역발전정책에 획기적인 전환이 이루어졌다. 가장 중요한 변화는 산업분산법이 1960년 지방고용법(Local Employment Act)으로 대체되어 개발지역(development areas)을 폐지하고 개발지구(development districts)를 도입하여 기업투자 지원을 확대한 것이다. 1965년에는 동남부 지역과 런던지역의 사무실 입지를 억제하기 위해 업무시설 개발허가제(Office Development Permits)를 도입하여 1980년대 초까지 시행하였다. 1966년에는 산업발전법(Industrial Development Act)을 제정하여 지역정책의 지원대상 지역을 확대하였고, 1967년에는 지역고용 보조금 제도(Regional Employment Premium Program)를 도입하여 고용창출을 지원하였다.

1970년대는 급속한 탈산업화로 인한 도시인구 감소, 범죄 증가, 도시 내부의 사회적 분화 심화 등 도시문제가 대두되어 정책대응이 시급하게 요구되었다. 1960년대에 도입된 도시개발 프로그램(Urban Programme)은 도시 내부의 경제 및 사회적 쇠퇴를 방지하기 위해 추진되었다. 이 프로그램은 도시 내부 취약지역의 교육, 주택, 복지, 보건 분야를 개선하는 데 집중하였다. 1978년에는 도시내부 개발법(Inner Urban Areas Act)이 제정되어 중앙정부와 7개 지자체가 파트너십을 체결하여 도시경제 부활을 위해 민간자본 투자를 활용하고자 하였다.

1979년 보수당 정부가 집권하게 되면서 영국의 도시정책은 일대 전환이 이루어졌다. 공공부문 주도의 도시재생에서 탈피하고, 지역 간에 일자리 이동을 시도하였으며, 도시재생에서 민간부문의 역할을 강조하였다. 이 결과 공공부문의 역할은 직접 개발결정에 영향을 미치기보다는 투자를 유치할 수 있는 여건을 조성하는 것으로 바뀌게 되었다. 이같은 접근방식의 배경이 된 대표적인 도시정책이 엔터프라이즈 존(Enterprise Zone)과 도시개발공사(Urban Development Corporation)이다.

도시개발공사는 보수당 정부의 가장 중요한 도시정책이 되었으며, 도시 내 특정 지역의 재생을 위해 토지 및 건물을 재활용하고 기존 및 신규 산업과 상업 개발을 장려하였다. 보수당 정부는 도시정책에서 지자체가 중요한 역할을 담당해야 한다는 생각에 반대하여 중앙정부가 도시개발공사를 지정하였고, 도시개발공사는 지자체 승인 없이 독자적인 토지수용 및 계획통제 권한을 부여받았다. 도시개발공사는 1981～1997년 동안 토지개발 3,500ha, 주택건설 40,000호, 도로개량 및 건설 628km, 민간부문 투자유치 140억 파운드 등의 성과를 거두었으나 개발 효과를 빈곤지역으로 확산시키는 데에는 역부족이었다.

1990년대의 도시정책은 취약집단 및 개인의 수요에 대응하는 데 초점을 두었으며, 대표적인 정책수단으로 시티챌린지(City Challenge), 도시재생포괄예산(Single Regeneration Budget) 프로그램이 있다. 1991년 발표된 시티챌린지는 최초의 공모형 지원사업으로 공공, 민간, 지역사회가 파트너십을 이루어 지역의 지속적인 재생사업을 시행하였다. 도시재생포괄예산 프로그램은 기존의 18개 도시재생사업을 단일화하기 위해 도입되었으며, 초기에는 중앙정부 지역사무소(Government Offices for the Regions), 나중에는 지역개발청(Regional Development Agency)을 통해 시행되었다. 도시재생포괄예산 제도는 지역별로 민간부문 자금을 유치하고 주력 도시재생 프로그램을 유연하고 특화된 방식으로 개선하는 효과를 창출하였으며, 일자리 증가, 소득수준 향상, 지역의 만족도 증가, 실업률 감소 등의 성과를 거두었다.

1997년 집권한 노동당 정부는 지역 및 도시정책의 개편작업을 시행하여 유례 없는 시간과 재원을 투입하였다. 정책의 초점은 지역 및 도시 간 격차를 해소하는데 두었다. 노동당 정부가 추진한 대표적인 지역정책 수단은 지역개발청(RDA)의 설립이다. 지역개발청은 광역경제권 육성을 통한 지역 간 균형발전 및 경쟁력 강화에 중점을 두고 지역공간전략(Regional Spatial Strategy) 및 지역경제전략(Regional Economic Strategy)과 말기에는 이를 통합한 지역발전전략(Regional Strategy)을 수립 · 시행하였다.

도시권 또는 생활권 단위에서는 낙후된 북부지역 8개 도시권의 경제성장과 경쟁력 강화를 위해 정책 및 투자제안, 도시권의 효과적인 거버넌스 구축에 초점을 둔 도시뉴딜(New Deal for Cities), 지자체 상호 간의 협력을 기반으로 지자체와 중앙정부가 체결하는 다지역협약(Multi-Area Agreement : MAA), 북부지역의 중추도시권 육성을 위해 런던권에 준하는 권한이양을 제공하는 시범 도시권(City Region Pilot : CRP) 정책을 추진하였다. 이들 도시권 성장전략은 2010년 연립정부가 출범하면서 외형적으로는 폐지되었지만 지역이 상호 간의 협력을 통해 자율적으로 권역을 설정하고 사업계획을 수립하는 상향식 접근방식은 LEP(Local Enterprise Partnership) 정책에 반영되었다.

이밖에도 개별 도시 차원에서는 도시 및 지역사회의 지속가능한 발전과 성장을 지원하는 도시전략 시범사업(City Strategy Pathfinder : CSP), 낙후지역의 주민주도 재생사업을 지원하는 커뮤니티 뉴딜(New Deal for Communities), 낙후지역의 중소기업 투자를 지원하는 지역기업 성장사업(Local Enterprise Growth Initiative) 등을 추진하였다.

나. 지역발전정책의 패러다임 변화

영국의 지역정책은 시대별로 정부 교체 주기와 밀접한 관계를 갖고 크고 작은 변화를 겪으면서 발전되어 왔다. 1920년대 이후 영국의 지역정책 시대별 변화 과정을 정부교체 주기를 중심으로 구분하면 다음과 같다.

표 10-4 영국 지역발전 정책의 시대별 특징

시기	집권당	특징	정책기조	주요 정책
1928~1945	복수	도입기	실업지역 지원	산업이전위원회(1928) 특정지역법(1934)
1945~1951	노동당	확대기	산업분산	산업분산법(1945) 도시 및 농촌계획법(1947)
1951~1964	보수당	정체기	쇠퇴 및 낙후지역 지원	지방고용법(1960)
1964~1970	노동당	안정기	개발촉진지역 지원	산업개발법(1966) 지역고용보조금(1967)
1970~1979	보수당 노동당	혼돈기	지역별 차등지원	산업법(1972) 도시내부개발법(1978)
1979~1997	보수당	쇠퇴기	도시재생	도시개발공사(1980) 엔터프라이즈 존(1980) 지역선별보조금(1988) 포괄재생보조금(1994) 정부지역사무소(1994)
1997~2010	노동당	부흥기	광역경제권 육성	지역개발청(1998) 커뮤니티 뉴딜(1998) 다지역협약(2006)
2010~현재	보수당	전환기	지역생활권(도시권) 발전	지역기업파트너십(2010) 지역성장기금(2011) 도시권협상(2012) 성장협상(2013)

자료 : 김용웅 외(2009), 이동우 외(2006) 등을 참조하여 정리

4. 생활권(LEP) 중심의 지역발전정책[8]

가. 지역발전정책 이념의 변화

2010년 보수 · 자민당 연립정부가 출범하면서 1990년대 후반부터 노동당 정부가 추진해 온 광역경제권 중심의 지역정책은 생활권(도시권) 중심으로 전환되었다. 이에 따라 한동안 영국의 지역정책을 대표하던 지역개발청(RDA)이 폐지되고 생활권 단위의 민관협의체인 LEP(Local Enterprise Partnership)가 중추적인 역할을 담당하게 되었다.

이로써 노동당 정부 지역정책의 3대 축으로 일컬어지던 지역개발청(RDA), 지역의회(Regional Assembly), 중앙정부지역사무소(Government Office)는 역사 속으로 사라졌다. 이와 함께 지역공간전략(Regional Spatial Strategy)과 지역경제전략(Regional Economic Strategy)을 통합한 지역발전전략(Regional Strategy)도 폐지되었다. 도시권 정책에서도 변화가 일어났는데, 노동당 정부 말기에 도입한 다지역협약(MAA)과 법정도시권(Statutory City-Region)이 폐지되고 도시권 협상(City Deal)이 도입되었다.

이같은 급격한 정책변화는 지방자치에 대한 근본적인 이념 차이에 기인한다. 새로 집권한 보수 · 자민당 연립정부는 노동당 정부의 중앙집권화와 광역정부의 기초지역 통제를 비판하고 지역정책의 분권화와 지방화를 강조하였다. 따라서 지역정책의 공간단위도 광역(region) 대신 기초(local)가 중심이 되었다. 이와 함께 중앙정부가 행사하던 지역발전 권한과 재원의 대폭적인 지방이양을 통해 지역의 자율성을 크게 강화하였다. 지역정책을 비롯하여 분야별로 추진되고 있는 강력한 지방분권화의 법적 근거는 2011년 제정된 지방자치법(2011 Localism Act)이다.

보수 · 자민당 연립정부는 LEP가 제대로 역할을 수행하고 성과를 창출할 수 있도

8. 이원섭(2014), 차미숙 외(2014)에서 정리

록 다양한 지원체계를 구축하였다. LEP가 주도하는 지역발전 지원제도에는 지역성장기금(Regional Growth Fund), 성장지역기금(Growing Places Fund), 도시권협상(City Deals), 공공사업융자(Public Works Loan Board), 지역성장포괄기금(Single Local Growth Fund), 엔터프라이즈 존(Enterprise Zone), 유럽연합 구조투자기금(EU Structural and Investment Fund)이 있다.

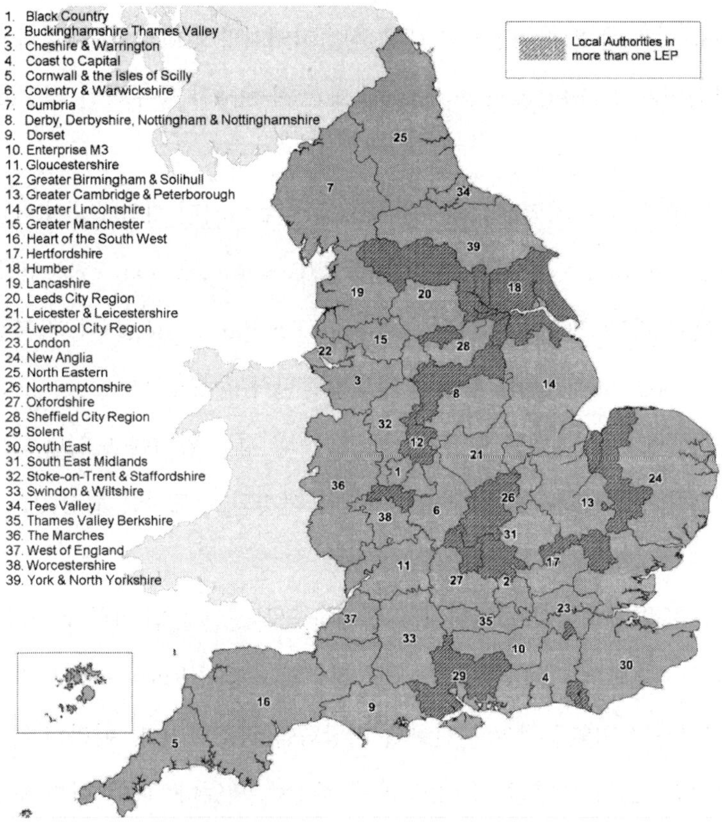

〈그림 10-4〉 영국의 LEP 구성 현황(2015년 4월 말 현재)

나. 지역발전정책의 추진 조직 및 계획

2010년 이후의 지역정책에서 핵심적 위치에 있는 제도는 LEP(Local Enterprise

Partnership)이다. LEP는 지역생활권 또는 도시권 단위의 민관파트너십 또는 민관협의체 조직으로 영국(잉글랜드) 전역에 39개가 설립되어 있다. LEP는 지방의원, 기업, 대학, 공공기관 대표 등 15명 정도로 구성되며,[9] 민간부문과 공공부문에서 대략 5대 5로 참여한다. LEP가 관장하는 정책분야는 교통, 관광, 경제개발, 기업지원, 주택 등의 계획수립이다.

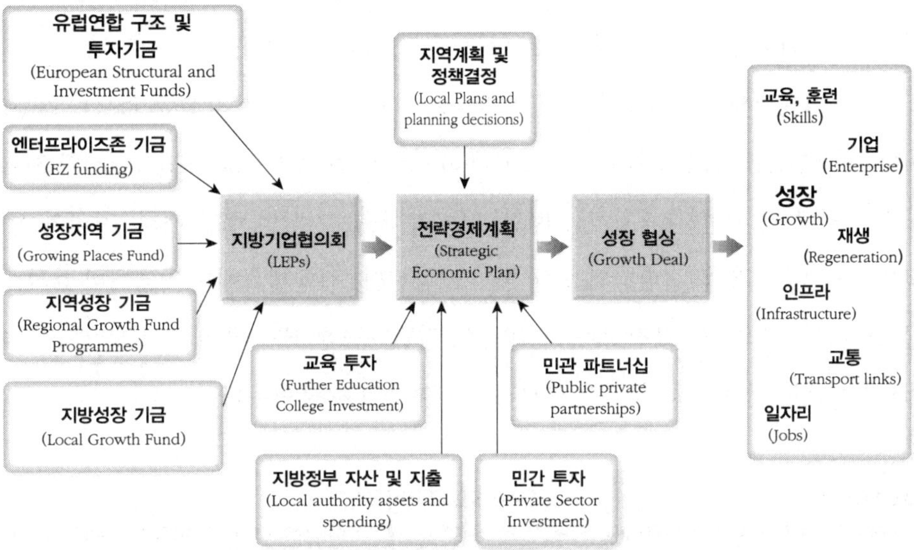

자료 : Department of Communities and Local Government(2014), 차미숙 외(2014 : 49)에서 재인용

〈그림 10-5〉 LEP 중심의 지역발전 지원제도

LEP와 지역개발청(RDA)을 비교하면, 먼저 관할지역의 공간적 범위는 지역개발청이 광역경제권 단위를 관할하는 데 비해 LEP는 이보다 훨씬 작은 일상생활권에 가깝다. 법적인 위상에서는 법정기구인 지역개발청과 달리 LEP는 공식 계획체계에서 명확하게 규정된 역할이 없는 비법정 기구이다. 따라서 국가계획지침(NPPF)에서 지역의 계획수립 기관이 LEP의 견해를 반영하도록 의무화하고 있음에도 불구하고 LEP는 공식 계획체계에서 직접 의사결정을 할 수 있는 법적 근거가 없고 이는 LEP의 역

9. LEP 구성은 South East LEP가 48명으로 가장 많으며, Marches, Black County LEP는 각각 9명으로 가장 적다(House of Commons Library, 2015).

할을 제약할 수 있다.

성장협상(Growth Deal)은 LEP가 수립하는 전략경제계획(Strategic Economic Plan)을 실천하기 위해 LEP와 중앙정부가 협상을 통해 지원 규모와 사업을 결정하는 제도이다. 2014년 7월 39개 LEP의 성장협상이 완료되어 최소 120억 파운드에 달하는 투자계획이 확정되었다. 성장협상을 통해 지원하는 정부의 재원은 지역성장포괄기금(Single Local Growth Fund)이다. 지원자금의 주된 용도는 청년기능훈련, 일자리 창출, 주택 건설, 교통 및 정보네트워크 등 인프라 건설이다.

전략경제계획은 성장협상의 근간이 되는 계획으로 정형화된 틀은 없으나 성장계획(growth plan), 집행계획(implementation plan), 전달계획(delivery plan)의 3가지 요소를 담고 있다. 성장계획에는 비전, 전략적 목표, 지역의 성장 기회, 지역의 성장 장애, 개입의 근거, 해결방안의 설명 등이 포함된다. 집행계획에는 지출대비 효과, 자금조달계획, 지속가능 발전성과, 거버넌스, 전달가능성 평가, 공식보고 및 책임 등이, 전달계획에는 전달체계 관리, 일정계획 및 계획지표가 포함된다.

표 10-5 LEP와 RDA의 비교

LEP	구분	RDA
비법정기구	**법적 위상**	법정기구(지역개발법)
기초(Local)	**공간기반**	광역(Region)
39개	**권역 수**	9개
지역자율 선출(기업인 주도)	**이사회 구성**	중앙정부 임명(민관 균형)
주거, 교통 및 인프라, 고용 및 창업, 저탄소경제, 관광 등	**기능**	경제개발, 기업투자 및 경쟁력 향상, 고용촉진, 기능교육, 지속가능발전 등
전략경제계획	**계획 수립**	지역공간전략
지역성장기금, EU구조기금 등 개별재원 및 포괄보조금	**재원**	포괄보조금(Single Pot) 및 EU지역개발기금
공모경쟁 또는 균등배분	**재원 배분**	배분공식에 따라 배정
자율평가	**성과 평가**	중앙정부 평가 및 모니터링

자료 : Amison(2013 : 22) 등을 참조하여 작성

다. 지역발전 지원제도

지역발전 지원제도는 재정지원 제도와 행정 및 투자지원 제도로 구분하여 살펴볼 수 있다. 가장 먼저 도입된 재정지원 제도인 지역성장기금(Regional Growth Fund)은 정부의 재정지출 삭감에 따라 위험에 처한 지역들의 민간투자 유치와 일자리 창출을 지원하기 위해 2011년 도입되었으며, 재원의 규모는 총 32억 파운드에 달한다.

성장지역기금(Growing Places Fund)은 2011년 도입된 지역개발 재원으로 지역의 경제성장, 일자리 창출, 주택건설을 촉진하는 데 필요한 핵심인프라 건설을 지원한다. 당초 5억 파운드를 계획하였으나 7.3억 파운드로 증액되어 2013년 8월까지 305개 사업에 6.52억 파운드를 배정하였다.

지역성장포괄기금(Single Local Growth Fund)은 LEP가 수립하는 전략계획의 실천을 위해 중앙정부의 성장관련 예산을 통합해서 지원하는 재원이다. 지역성장포괄기금은 경제개발 우선사업 투자와 지역의 성장촉진을 지원하며, 주된 지원분야는 교통, 기능교육, 주택 사업이다. 지역 내에서 기금의 배분은 LEP와 중앙정부가 전략계획을 바탕으로 체결하는 성장협상(Growth Deal)에 따라 이루어진다. 지역성장포괄기금의 규모는 연간 20억 파운드이며, 50억 파운드에 달하는 교통기금을 포함하면 2020~2021 회계연도까지 기금의 총 규모는 120억 파운드에 달한다.

도시권협상(City Deals)은 지역의 경제성장에 필요한 권한 및 수단을 맞춤형으로 지원하기 위해 중앙정부와 도시권 LEP가 협상을 체결하는 제도이다. 2012년 1차로 런던을 제외한 8개 대도시권 LEP와 협상을 체결하였고, 2013년부터 2014년에 걸쳐 20개 도시권 LEP와 2차 협상을 완료하였다. 도시권협상을 통한 재정지원은 지역성장기금 및 유럽 구조기금 지원, 교통부문 자금의 분권화가 주를 이룬다. 1차 도시권 협상에서 5억 파운드 이상의 자금지원이 확정되었다.

엔터프라이즈 존(Enterprise Zone)은 기업투자를 촉진하기 위해 2011년 부활된 지역개발 제도로 25개 지구가 지정되어 있다. 엔터프라이즈 존에서는 법인세 감면, 계획수립 단순화, 초고속 정보망과 같은 인센티브가 제공되며, 지역인프라기금(Local

Infrastructure Fund)과 자본보조기금(Capital Grant Fund)에서 자금을 지원한다. LEP는 엔터프라이즈 존의 입지선정, 중점 육성분야 설정, 인센티브 결정 권한을 지닌다. 2014년에는 대학을 중심으로 첨단기업을 유치하기 위해 4개의 대학 엔터프라이즈 존(University Enterprise Zone)을 시범 지정하였다.

유럽연합의 구조투자기금(EU Structural and Investment Fund)도 LEP가 관장하는 중요한 지역발전 지원제도이다. 영국정부는 2013년 LEP에 2014년부터 2020년까지 유럽연합 구조투자기금을 전달하는 책임을 부여하였다. LEP가 관장하는 구조투자기금은 지역개발기금 및 사회기금의 전체와 농업농촌기금 및 해양어업기금의 일부로 구성된다. 지역개발기금과 사회기금을 합친 재원규모는 65억 유로에 달한다. LEP는 이들 자금이 가장 적합하게 사용될 수 있도록 사용계획과 집행전략을 수립하며, 배정받은 구조투자기금은 유럽연합의 규정에 따라 사용해야 한다.

5. 영국 지역발전정책의 시사점

영국의 지역정책은 오랜 역사를 통해 각종 제도와 시책을 추진하여 오면서 양과 깊이에서 세계 어느 나라보다 많은 경험과 성과를 축적하였다. 시대별로 이념을 달리하는 정당이 교차하여 집권하면서 단기적으로는 혼란과 후퇴가 일부 있었으나 장기적으로는 시대 상황이나 요구에 대응하는 큰 흐름을 유지하면서 발전하여 왔다. 영국의 지역정책을 통해 추진된 각종 정책과 제도는 다른 나라의 지역정책에 큰 영향을 미쳤다. 낙후지역 및 쇠퇴지역 투자 촉진을 위한 엔터프라이즈 존, 지역개발 재원 운용의 효율성 제고를 위한 포괄보조금, 지역경쟁력 제고 및 지역균형발전을 위한 광역경제권, 도시재생을 지원하는 각종 제도, 지역이 주도하는 지역생활권 등의 정책개념은 영국이 회원국으로 있는 유럽연합은 물론이고 미국이나 우리나라의 지역발전 제도와 정책에도 영향을 미쳤다.

지역정책의 수단과 관련해서 영국은 1930년대부터 투자규제, 개발보조금, 세금유인, 인프라 개발, 고용보조 등 다양한 수단을 통하여 낙후지역과 쇠퇴지역의 발전을 지원하여 왔다. 이들 지역정책 수단 중에서 가장 중요하고 오랫동안 사용되어 온 것은 지역개발보조금이다. 그러나 지역의 내생적 성장을 강조하는 정책패러다임의 변화, 지역보조금의 일자리 창출효과에 대한 의문, 유럽연합의 구조기금 지원 확대 등에 따라 영국정부가 직접 지원하는 보조금 지출은 감소하였다(고영선, 2008).

지역정책의 추진주체 측면에서는 중앙정부 외에 유럽연합과 지역의 역할이 지속적으로 증대되어 왔다. 특히 유럽연합의 구조기금이 출범한 1989년 이후에는 유럽연합의 지역정책이 영국의 지역정책에 큰 영향을 미치고 있다. 지역의 역할과 관련해서는 중앙정부가 낙후지역을 지정하고 발전수준에 따라 차등적 지원을 제공하는 등 중앙주도 방식에서 탈피하여 지역의 역량과 자율성에 기반을 둔 내생적 성장을 강조하는 방식으로 전환되었다. 이에 따라 지역정책의 수단이 보조금이나 투자 유인 대신 지역의 성장환경을 개선하는 데 초점을 두게 되면서 지역사회 및 지역기업의 참여와 역할이 더욱 중요해졌다.

영국의 지역정책이 우리나라에 주는 시사점은 다음과 같다. 영국의 지역정책 기조는 정부 및 정권의 이념과 밀접한 관계가 있다. 전통적으로 노동당은 중앙정부 주도로 지역 간 균형발전을 강조하는 반면, 보수당은 정부의 개입을 축소하고 지역의 역할을 강조하는 경향이 크다. 우리나라에서도 진보 정권은 균형발전을 우선하고 보수 정권은 경쟁력을 중시하는 경향을 보인다. 정책수단 측면에서 영국의 사례가 우리나라에 미치는 영향은 매우 크다. 이명박정부에서 추진한 광역경제권은 영국의 지역개발청 체제를 모델로 하였으며, 박근혜정부의 지역행복생활권은 영국의 LEP 제도를 참고하였다. 그러나 국내의 지역정책은 그 명칭이나 형식은 영국 사례를 벤치마킹하였으나 실제 정책의 작동시스템이나 성과는 큰 차이를 보인다. 예를 들어 지역개발 추진조직의 인력과 재원, 위상이나 역할 등에서 국내의 광역경제권발전위원회와 지역행복생활권발전협의회는 영국의 RDA나 LEP와 비교가 불가능한 수준에 머물고 있다. 우리나라 지역의 독자적 의사결정과 추진역량 확보가 시급함을 알 수 있다.

아울러 영국에서는 정부 교체에 따라 정책 및 제도의 개편이 대폭적이고 신속하게 진행되는 반면 국내에서는 정책의 명칭만 바뀔 뿐 세부 내용은 대부분 그대로 지속되어 변화를 체감하기 어렵다. 새롭게 바뀐 정책의 형식이나 집행절차를 학습하는데 들어간 시간과 노력에 비해 실제 이루어진 성과는 기대에 미치지 못하는 경우가 많다.

마지막으로 지역정책의 분권화와 관련하여 영국에서는 지역이 필요로 하는 재원과 의사결정 권한을 지방에 과감하게 이양하여 지역의 실질적인 역량을 증대시키고 있는 반면, 우리나라에서는 중앙의 지방 통제와 중앙에 대한 지방의 의존도가 좀처럼 줄지 않고 있는 실정이다. 2015년 5월 총선에서 승리한 보수당 정부는 5월 말 지방분권을 더욱 강화하는 새로운 법률 제정에 착수하였다. 의회에 제출된 법안의 명칭은 도시 및 지방정부 분권법안(Cities and Local Government Devolution Bill)으로 주요 내용은 대도시권 협의체의 시장을 주민선거에 의해 선출하고 교통, 주택, 전략계획, 보건, 사회복지, 기능훈련 등의 권한을 부여하는 것이다. 이렇게 되면 런던과 맨체스터 도시권에 이어 다른 대도시권에서도 대폭 강화된 자율성을 토대로 독자적인 지역발전 전략을 수립 · 시행할 수 있게 될 것이다. 우리나라에서도 지역발전과 관련한 행 · 재정, 거버넌스 등에서 지역의 자율성 제고를 위한 혁신적이고 실질적인 조치를 시행할 필요가 있다.

〈참고문헌〉

고영선 편(2008), 「지역개발정책의 방향과 과제」, 한국개발연구원.

김용웅 외(2009), 『신 지역발전론』, 한울아카데미.

이동우 외(2006), 「분권화시대 중앙정부의 지역정책 방향 연구 : 국제비교분석을 중심으로」, 국토연구원.

이원섭(2014), "민관의 파트너십 구축한 영국 : LEP 중심의 지역발전 지원제도와 성장협상(Growth Deal)", 『지역과 발전』(2014년 겨울호). 69 ~ 71쪽.

이원섭 외(2002), 「지방육성을 위한 국가지원의 차등화 방안」, 국토연구원.

차미숙 외(2014), 「지역행복생활권 실현을 위한 지역간 연계협력 활성화 방안 연구」, 국토연구원.

Amison, Philip, 2013, Sub-national Economic Development Policy in England since 1999 : A Comparison of Regional Development Agency and Local Enterprise Partnership 'Models', SURGE Working Paper Series - Working Paper no. 12.

Center for Cities, 2015, Cities Outlook 2015.

Crowley, Lizzie, Brhmie Balaram and Neil Lee, 2012, People or Place? Urban Policy in the Age of Austerity.

Department of Communities and Local Government, 2014. Strategic Planning & the Bigger Picture.

European Commission, 2010, EUROPE 2020, A Strategy for Smart, Sustainable and Inclusive Growth.

______________, 2014, Cohesion Policy and the United Kingdom.

European Union, 2011, Cohesion Policy 2014～2020, Investing in Growth and Jobs.

______________, 2014, The European Union Explained : Regional Policy.

HM Government, 2014, Review of the Balance of Competences between the United Kingdom and the European Union Cohesion Policy.

House of Commons Library, 2015, Local Enterprise Partnerships. Standard Note SN/EP/5651.

House of Lords, 2015, Cities and Local Government Devolution Bill.

Localis, 2015, The Next LEPs : Unlocking Growth across Our Localities.

Office for National Statistics, 2014, Statistical Bulletin, Regional Gross Value Added (Income Approach), December 2014.

Regional Socio-Economic Development Programme, Technical Guidance Note 4 - National Regional Policy.

제 11 장

프랑스의 지역발전정책 동향과 시사점

1. 프랑스의 지역발전정책 개관

프랑스는 서유럽 중앙에 위치하고 있고, 국토 면적은 유럽의 다른 국가에 비하여 넓지만 인구는 비교적 적어 인구밀도는 km^2당 116명에 불과하다. 2014년 1월 기준 본토의 면적은 55.2만km^2(해외 포함 67.5만km^2)로 남한의 약 5배에 달하고, 인구는 6,420만 명(해외 포함 6,632만 명)이다. 프랑스는 독일이나 이탈리아에 비해 일찍부터 통일국가를 이루었고, 나폴레옹 이후 오랫동안 중앙집권체제를 유지해 왔다. 제2차 세계대전 이후 파리의 인구 및 산업집중이 심화되면서 1950년대 후반부터 이를 해결하는 데 목표를 두고 지역발전정책이 추진되었다. 파리 권 인구는 1850년에 131만 명(전체 인구에 대한 비율 3.6%)에서 1950년에 550만 명(전체 인구에 대한 비율 13.0%)으로 급격히 성장하였다. 지역발전정책은 그라비에(J. F. Gravier, 1947)가 '파리와 프랑스 사막(Paris et le désert français)' 이라는 저서에서 파리와 다른 지역 간의 심각한 불균형 문제의 지적과 더불어 1950년에 국토계획 전담부서 창설과 정책 수립으로 새로운 전기를 맞이하였다.

* 2015년 1월 16일 법률에 따라 22개(본토) 레지옹은 13개로 통합되어 2016년 1월 1일부터 시행됨

〈그림 11-1〉 프랑스의 지역(레지옹) **관할구역**

지역발전정책은 1950년대부터 중앙정부가 주도적으로 추진하여 왔는데 1982년부터 지방 분권이 실시되면서 광역지방자치단체인 레지옹(région : 지역)[1]이 신설되고 권한과 역할이 확대되었다. 1990년대 후반 이후 세계화 추세와 유럽연합의 역할 강화에 대응하면서 경쟁력 있는 국토 조성을 위하여 도시 간 네트워크의 재구성, 국토 및 도시 관련법의 정비, 지역 간 협력의 강화와 지역발전 추진체제의 개편, 지역혁신과 경쟁거점(산업클러스터)정책 등이 추진되었다.

2. 프랑스의 지역발전정책 변천과 최근 동향

지역발전정책의 전개는 관점에 따라 다양하게 구분되는데, 여기서는 보델(Baudelle)이 분류한 제도적 장치 및 추진기구(DATAR)의 역할을 중심으로 4단계 즉 1950～1963년(도입기), 1963～1973년(부흥기), 1973～1990년(침체기), 1990년 이후(재활성기)로 나누었다(Philipponneau, 2002 : 103～119).

도입기(1950～1963년)는 제1차 및 제2차 계획(1947～1957)과 제3차 계획(1958～1961)이 수립된 기간이다. 프랑스는 제2차 세계대전 이후 전선에서 획득하지 못한 승리를 경제 분야에서 얻어내고자 전후 시급한 재건에 역점을 두었다. 파리는 산업 및 인구의 집중으로 국토 불균형 차원에서 재검토가 요청되었다. 1950년에 국토계획정책 수립 및 전담부서가 창설되었고, 1955년에 파리지역에 신축되는 사무실의 바닥면적이 일정 규모 이상인 경우 아그레망(agrément : 기업체 신설 및 증설 허가제) 도입, 기업유치를 위한 보조금제 신설, 1959년에 광역행정 관할구역인 레지옹 설치, 1960년에 과밀부담금(redevance) 제도가 도입되었다. 1963년에 범부처 지역정책 전담기구인 DATAR(Délégation à l'aménagement du territoire et à l'action

---

1. 지방자치단체는 2014년 1월 기준 26개 레지옹, 101개 데파르트망(département : 도), 36,767개 코뮌(commune : 시 · 읍 · 면)으로 구성되어 있다. 레지옹은 지역개발에 관련된 기반시설 확충 · 계획, 고등학교, 직업교육 등에 관한 사무를 주로 담당한다. 데파르트망은 사회복지 및 보건, 중학교육(시설 · 운영), 농촌시설 관리 및 계획을 담당한다. 코뮌은 주민들과 직접으로 관련된 쓰레기 수거 · 처리, 상수도 공급, 도시계획, 도심교통, 초등교육(시설 · 운영), 호적사무, 도서관, 박물관 등에 관한 업무를 담당한다.

régionale : 국토청, 국토 · 지역기획단으로 번역)가 설치됨으로써 지역발전정책의 새로운 계기가 마련되었다.

부흥기(1963～1973년)는 제4차 계획(1962～1965년), 제5차 계획(1966～1970년), 제6차 계획(1971～1975년)이 수립된 기간으로 파리 권 규제와 지역불균형 완화를 위한 정책과 계획이 DATAR에 의하여 추진되었다. 즉 지방의 주요 도시를 집중 육성하여 파리 권 성장을 제한하고, 파리에 대응하는 도시를 발전시킴으로써 지역불균형을 시정하기 위해 균형도시(métropoles d'équilibre) 정책이 시행되었다. 1964년에 지역균형발전정책의 전국적 확대와 동시에 체계적인 지원정책을 전개하기 위하여 전국을 5개 지역(zone)으로 구분하여 지원의 차등화 및 이전보상제가 도입되었다. 1967년에는 공업분산 정책을 지원하기 위한 수단으로 3차 산업 부문에 대한 분산계획이 추진되었다. 균형도시정책을 통해 일부 대도시에 집중 지원되었던 것을 1971년에 균형도시보다 한 단계 낮은 규모의 중소도시 육성정책으로 전환되었다. 1967년에 토지기본법(LOF)에 의한 토지이용계획(POS)과 도시기본계획(SD)이 도입되었다. 파리 권 정비와 인구 억제를 위한 수단으로 1970년에 신도시법(Boscher법)이 제정되어 1965년 파리권종합계획에서 제시된 5개의 신도시가 파리 주변에 건설되었다.

침체기(1973～1990년)는 제7차 계획(1976～1980년), 제8차 계획(1981～1985년, 지스카르 데스텡의 낙선으로 계획 백지화), 중간계획(1982～1983년), 제9차 계획(1984～1988년)이 수립된 기간이다. 이 시기는 중앙정부 주도적인 지역발전정책의 비효율성과 정치 · 경제 · 사회적 환경(경제침체, 지방 분권화 등)의 변화에 따라 국가의 개입이 축소되고, 지역균형발전정책의 우선순위와 추진 방식에 변화가 야기되었다. 1982년에 지방 분권 실시와 함께 레지옹이 광역지자체로 승격되어 지역계획의 수립 · 시행 등의 역할이 확대되었다. 계획의 개혁법(1982.7.29) 제정으로 새로운 계획체제 구축(국가계획, 레지옹계획, 계획계약)과 함께 1984년부터 계획계약(contrat de plan)제도가 시행되었다. 침체된 지역경제를 활성화하기 위하여 1984년에 산업재전환정책이, 1986년에 혁신기업을 유치하기 위하여 기업지구가 설치되었다. 경제 침체로 수도권 규제가 완화되어 과밀부담금과 아그레망 제도는 도입 당시에 공장과 사무

표 11-1 프랑스 지역발전정책의 변천과 제도 개혁

구분	주요 정책 및 제도	비고(국가계획)
1950~1963년 (도입기)	- 1950 : 국토계획 정책수립 · 전담부서 창설 - 1955 : 파리 권 규제(아그레망) 도입 - 1959 : 레지옹 행정구역 설치 - 1960 : 파리 시 및 주변지역 과밀부담금 도입	- 제1차 및 제2차 계획 (1947~1957) : 국토계획은 1950년부터 - 제3차계획(1958~1961)
1963~1973년 (부흥기)	- 1963 : DATAR 창설 - 1964 : 균형도시정책(8개 도시, 1970년 4개 추가) - 1964 : 지역별 지원 차등화, 이전보상제 - 1967 : 3차산업 지방분산계획, 토지기본법 제정 - 1970 : 신도시법 제정 - 1972 : 레지옹에게 영조물법인 지위 부여 - 1973 : 중소도시육성정책	- 제4차계획(1962~1965) - 제5차계획(1966~1970) - 제6차계획(1971~1975)
1973~1990년 (침체기)	- 1982 : 지방분권 시행, 광역지자체(레지옹) 신설 - 1984 : 계획계약제, 산업재전환정책 실시 - 1986 : 기업지구 설치(3개)	- 제7차계획(1976~1980) - 제8차계획(1981~1985) : 계획 백지화 - 중간계획(1982~1983) - 제9차계획(1984~1988)
1990~2014년 (재활성기)	- 1991~2000 : 지방분산정책 강화(공공기관 지방이전) - 1992 : 국가서비스재편성기본계획 수립 - 1994 : 새로운 유럽지역정책 시행 - 1995 : 국토정비발전기본법 제정, 국토정비국가기금(FNAT) 신설 · 기금통합 - 1997 : 지역생산체계(SPL) 도입 - 1999 : 지속가능한 국토정비 · 발전법(Voynet법), 코뮌 간 협력 간소화 및 강화법(Chevénement법) 제정 - 2000 : 도시연대 및 재생법(SRU법) 제정 - 2002 : 공공서비스기본계획(SSC) 도입 - 2003 : 지방분권 관련 헌법개정 - 2004 : 경쟁거점정책 도입 - 2005 : DATAR가 DIACT로 확대 개편 - 2009 : DIACT가 DATAR로 변경, 기업클러스터 도입 - 2010 : 지방자치단체개혁법 제정(métropole 도입 등) - 2014 : 대도시연합체(métropole) 승인 및 지역공공사업 현대화법(NAPAM법), DATAR가 CGET로 변경 - 2015: 레지옹구역과 레지옹 · 데파르트망 선거 및 선거일정 수정법(레지옹 22개에서 13개로 축소: 2016년 1월 1일부터 시행)	- 제10차계획(1989~1992) - 제11차계획(1993~1997) : 1993년 중단되고, 1995년에 장기 구상 방식과 부문별 계획방식 채택 - 2002년 : 새로운 형태의 국가계획인 공공서비스기본계획 채택

실을 모두 규제하였는데 공장의 경우 1982년부터 과밀부담금이 적용하지 않게 되었다. 아그레망 제도는 1985년에 파리 중심지 이외에는 폐지하였다가 집중이 야기되어 1989년에 일부 지역 사무실 신설의 허가제를 재도입하였다.

재활성기(1990년 이후~현재)는 제10차 계획(1989~1992년)과 제11차 계획(1993~1997년 : 1993년 중단)이 수립되고, 공공(또는 종합)서비스기본계획(schémas de services collectifs : SSC)이 도입되었다. 국가계획은 경제계획이 중심을 이루어 왔고, 국토계획은 경제계획에 포함되었는데 제11차 계획은 경제계획과 별도로 전국 차원의 국토계획 초안이 마련되었지만 시행되지 못하고 1993년에 중단되었다. 국토정비발전기본법(1995.2.4)에 따라 국가계획은 20년간 장기구상 방식이 채택되면서 부문별 방식으로 전환되고, 기존 국가계획은 정부령(2002.4.18)에 따라 새로운 형태의 국가계획인 공동서비스기본계획으로 대체되었다.

1990년대부터는 지방 분권의 실시와 함께 유럽통합을 앞두고 종전의 '파리와 프랑스 사막'에 대한 해묵은 논쟁에서 벗어나 파리를 유럽의 중심도시로 건설하면서 일부 수도권의 규제완화와 생활의 질을 높이는 데 역점을 두었다. 지방분산정책의 일환으로 1991년부터 파리 소재 공공기관의 지방이전이 다시 추진되었다. 수도권 규제가 완화되어 아그레망 제도는 정부령 개정(2000.4.26)으로 종전의 이용면적에 대한 규제(점유규제)가 폐지되고 신·증축에 대한 규제만 적용되었다. 이 시기에는 새로운 유럽지역정책 시행(1994년), 국토정비발전기본법 제정과 국토정비국가기금(FNAT) 신설·기금통합(1995년), 공공서비스기본계획(SSC) 승인(2002년) 등이 이루어졌다. 1982년 지방 분권 이후 법적인 틀의 취약과 공공행위자 증가 등으로 복잡성이 확대되어 지역에 대한 새로운 접근법과 규정이 요청되어 지속가능한 국토정비발전기본법(1999.6.25), 코뮌 간 협력 간소화 및 강화법(1999.7.12), 도시연대 및 재생법(2000.12.13)이 제정되었다.

2000년에는 6개 초광역권(super-régions) 구상을 비롯한 다양한 실험이 이루어졌다. 2003년 3월 28일 지방 분권 관련 헌법개정(공화국의 지방 분권화된 조직에 관한 헌법) 및 후속 법률(실험법, 지방의 자유와 책임에 관한 법 등)이 제정되고 지역 차원의 각종 실험이 추진되었다. 2004년 정부는 산 · 학 · 연 간의 협력을 강화하여 산업경쟁력을 제고하기 위해 산업클러스터정책인 경쟁거점(métropole de compétitivité) 정책을 도입하였다. 2005년 12월 DATAR는 글로벌 경쟁력 제고를 위해 경제변화부처간사업단(MIME) 업무를 통합하여 2005년 DIACT(Délégation interministériel à l' aménagement et à la compétitivités des térritoires : 국토정비경쟁력청)으로 확대 변경되었다. 2009년 12월 DIACT는 오랜 동안 사용된 DATAR의 명성을 감안하여 초창기 약자와 동일한 DATAR(délégation interministérielle à l' aménagement du territoire et à l' attractivité régionale : 국토정비 · 지역매력청)로 명칭 변경과 함께 지역 매력을 강화한 기구로 바뀌었다. 2014년 3월 31일 정부령(décret)은 DATAR를 관계부처도시사업국(secrétariat général du comité intérministériel des ville : SGCIV) 및 국립사회결속기회균등사업국(agence nationale pour la cohésion sociale et l'égalité des chances : Acsé)과 통합하여 국토균형청(commissariat général à l' égalité des territoires : CGET)으로 개편하였다. 그리고 2007년 5월 사르코지(N. Sarkozy) 정권 출범 후 정부는 국가 경쟁력을 향상시키기 위한 각종 개혁안을 발표하였고, 2010년 12월 16일에 지방자치단체개혁법이 제정되었다. 이 개혁법은 대도시권연합체(métropole: 메트로폴) 조성, 그랑파리(Grand Paris) 창설 등의 내용을 포함하고 있다.

2012년 대통령 선거에서 당선된 올랑드(Francois Hollande) 대통령은 지방자치단체 개편과 함께 공공부문 역량과 서비스 질 향상을 위한 개혁을 추진하였다. 2014년 1월 27일 대도시연합(métropoles) 승인 및 지역공공사업 현대화법(loi de modernisation de l' action publique territoriale et d' affirmation des metropoles: NAPAM법)이 제정되어 10개의 '대도시권연합체' 가 2015년 1월 1일에 설치되었다. 2015년 1월 16일에 '레지옹 구역과 레지옹 · 데파르트망 선거 및 선거일정 수정에 관한 법(loi reative a la delimitation des regions, aux elections regionales et departementales et modifiant le calendrier electoral)' 이 제정되어 레지옹은 22개에서 13개로 축소되며, 2016년 1월 1일부터 시행될 예정이다(http://www.gouvernement.fr/ eforme-territoriale).

3. 프랑스의 주요 지역발전정책

가. 파리 권 규제와 공공기관 지방이전[2]

1) 입지규제

① 아그레망

아그레망(agrément)은 파리 시의 과밀을 억제하기 위하여 1955년에 도입한 정책수단으로서 파리 지역에서 기업(공장)의 신설 및 확장 시 도시계획법에 따라 사전에 허가를 받는 제도이다. 1958년에 공장은 물론, 사무실과 공공청사에도 아그레망이 도입되었다. 지방분산위원회의 의견을 토대로 국토담당장관이 허가하였으며, 2000년부터 일-드-프랑스 레지옹(수도권) 관선지사(préfet)에게 위임하였다. 1980년대 초반부터는 파리 권의 인구 및 산업의 집중이 현저히 감소하고, 지방 분권 시행과 유럽통합에 대비해 수도권 기능 강화를 위하여 종전의 규제를 대폭 완화하였다. 1985년 1월 14일 정부령(décret)에 따라 파리 중심지를 제외한 신도시 및 23개 농촌 구역의 사무실, 공장 등의 신설 허가제가 폐지되고, 허가 대상면적에 대한 기준을 완화하였다. 1985년의 규제 완화 조치에 따라 사무실 신설이 대폭 증가하자 1989년에 규제가 다시 강화(1989년에 사무실세 신설 후 1999년에는 공장 및 상업 용지세로 확대)되었다. 정부령(2000.4.26) 개정에 따라 아그레망 제도는 종전의 이용 면적에 대한 점유규제가 폐지되고, 신 · 증축에 대한 규제만 적용하는 것으로 완화하고, 공장과 창고는 5,000m^2로, 사무실 및 연구기관은 1,000m^2로(공공청사 경우 200m^2) 변경하였다(Merlin, 2007 : 50).

---

2. 파리와 지방 간의 불균형이 심화되어 감에 따라 파리의 인구와 산업 집중을 억제하기 위한 입지규제와 공공기관의 지방이전이 추진되었다. 최근에는 지역 간 불균형이 완화되면서 파리 권 경쟁력을 강화하기 위해 그랑파리 프로젝트가 추진되었다.

② 과밀부담금

과밀부담금(redevance)은 파리 시 및 주변지역의 과밀지역에 공업 및 서비스업의 집중 억제와 지방분산을 위한 수단으로 1960년 8월 2일 도시계획법에서 규정하였다. 과밀부담금은 파리 권에 입지하는 기업에게 1회만 부과되며, 과밀부담금 절반은 수도권(일-드-프랑스 레지옹)의 예산으로, 절반은 지방분산지원금으로 충당된다. 1982년 12월 3일 법률 및 1984년 4월 3일 정부령은 파리 권의 지나친 탈산업화를 가속화시키지 않기 위하여 공장의 과밀부담금을 폐지하였으며, 신도시의 사무실 기준은 1,000m²로 하였다. 과밀부담금은 수도권 전체를 대상으로 하지만 과밀지역에만 한정되는 점에서 아그레망과 차이가 있다. 과밀부담금과 아그레망 제도는 도입 때에는 공장과 사무실(사무실, 상업용 및 창고 신 · 증축)을 모두 규제하였으나, 공장의 경우 1982년부터 과밀부담금을 적용하지 않았다. 2010년 12월 29일의 개정 법률은 그랑 파리 사업의 재원을 위해 과밀부담금 인상 및 면제 변경, 수입의 일-드-프랑스 레지옹 배분 등을 규정하였다.

2) 공공기관의 지방이전

공공 기관의 지방이전정책은 1955년 파리 권의 과도한 성장과 인구 · 경제 등의 집중방지와 낙후지역 개발 촉진을 위해 마련되었다. 처음에는 공업부문에 한정되었으나 공공부문으로 확대되었다. 1963년에 DATAR가 창설된 후 교육 · 연구 · 금융부문과 행정 및 공공기관 지방이전 정책이 확대되었다. 1970년대 중반 이후 경제침체에 따른 예산감소에 따라 공공부문 이전정책이 소강상태를 나타낸 후 1980년대 말의 상황 변화(지역불균형 및 수도권의 과도 성장과 경제회복)로 1990년대에는 이전정책이 보다 강력히 추진되었다(Fouché, 1997 : 9).

공공기관 이전은 1991년부터 2003년까지 7차례 이전계획(315개 기관 42,600명)이 마련되었고, 거의 모든 중앙부처 소속 및 산하기관이 대상이었다. 특히 기술, 과학, 연구, 교육 관련 기능들의 파리 집중 완화를 위해 이러한 기관들이 많이 선정되었다. 공공기관 이전은 레지옹별로 분산 배치되었으며, 일부 사업의 시행은 지체되었고, 몇몇 경우는 철회(직원 수 약 5,000명)되었으며, 공공기관 직원은 2005년까지 약 35,000명이 이전하였다(Fouché, 1997 : 9). 공공기관 이전은 공공기관지방이전위원회(CITEP)에서 마련되어 수상이 주재하는 관계부처간위원회(CIADT)에서 결정되었다. 정부령(2002.1.14)에 따라 신설된 공공기관지방이전위원회는 공공기관 이전 촉진을 목적으로 종전에 지방분산위원회가 담당하였던 공공기관의 입지규제를 결정하였다. 이 위원회는 공공기관 이전이 완료됨에 따라 2006년부터 임무와 인력이 DATAR에 통합되고, 정부령(2007.11.12)에 따라 폐지되었다.

나. 지역발전 촉진정책과 지원제도

1) 대도시권 육성정책

① 균형도시정책

대도시정책은 페루(Franéois Perroux)의 성장거점 이론에 바탕을 두고 있다. 페루에 따르면 발전은 대도시에서 생겨나고, 이러한 발전은 인근 지역으로 확산되며, 성장은 도처에서 동시에 나타나지 않고, 다양한 강도로 성장거점에서 나타난다는 것이다. 1960년대 초반에 8개 도시권(리옹, 마르세이유, 릴 등)은 인구 규모와 영향력 등을 이유로 부각되었으나 도시권이 책임져야 할 경제발전에 대하여 장애 요인을 가지고 있었다. 즉 대기업 본사, 금융 지원, 전문 상점, 엘리트 특수대학(그랑제콜) 등은 수도에 집중되었으며, 이러한 도시들은 중간자 역할만 하였고, 그 영향권은 매우 제한적이었다. 따라서 정부는 기업과 주민들이 수도에서 얻기 원하는 서비스를 제공해 줄 수 있도록 지방의 성장거점에 해당하는 '균형도시(métropoles d' équilibre)' 를 만들기로 결정하였다. 균형도시정책은 전략적으로 몇 개의 지방 대도시를 선정, 집중 개발하여 파리지역을 견제하는 도시를 육성함과 동시에 공간적 불균형을 시정하는 데 목적을 두고 있다.

균형도시정책은 1963년부터 DATAR에 의해 추진되어 1964년에 8개를 선정하고, 1970년에 4개를 추가 선정하였다. 균형도시는 단일도시(툴루즈, 보르도, 스트라스부르)인 경우도 있지만 2～3개 도시가 연계된 경우도 있다.[3] 균형도시는 개발 잠재력이 강하고, 하부구조가 어느 정도 구비되어 있고, 외부지역과 연계성이 양호하여 기업 입지에 매력을 주는 지방 대도시나 대도시권이 선정되었다. 이를 위해 공공투자의 우선권을 부여하고, 시설(행정, 문화, 교육, 연구, 의료 등) 유치에 역점을 두었다(DATAR, 2013 : 41～43).

균형도시정책은 개발 시한을 1985년으로 설정하여 20년간 장기계획으로 추진하여 파리의 흡인력을 막는 대칭적 대도시로 성장하도록 하는 데 의의를 두었다. 이러한 정책은 나중에 보완되어 제조업과 3차 산업의 입지 대상이 되었고, 1970년대에 점차 축소되었다. 균형도시는 프랑스 도시계층구조에서 지역중심도시이며, 경제침체지역에 첨단산업지대(테크노폴) 형태로 내생적 발전을 추진하는 보르도와 툴루즈와 같이 특별한 방식으로도 개발되었다. DATAR에 의하여 실험적으로 시도된 균형도시정책은 유럽의 다른 중심도시들에 비하여 경쟁력을 확보하지 못하였다. 그 이유는 균형도시의 수가 지나치게 많고, 균형도시정책에 대한 구체적 조치의 미흡과 정책의지의 부재 등에서 비롯되었다(Merlin, 2002 : 186). 균형도시 정책은 일부 대도시의 집중화를 초래하였다는 점에 대하여 비판하는 시각이 있다(Madiot et Le Mestre, 2001 : 151). 이에 반해 다른 도시에 비해 인구성장이 훨씬 높고 활성화되었다는 긍정적 평가도 있다(Scargill, 1984 : 84).

② 대도시공동체, 대도시권연합체 설치

프랑스 대도시는 인접 유럽 국가와 비교하면 약점을 지니고 있다. 이에 정부(DATAR)는 2003년 말에 유럽 수준에서 대도시 위상을 높이기 위하여 대도시에 대한 적극적 지원 정책을 추진하기로 결정하였다. 2004년 6월에 정부는 대도시권 수준에

3. 한국의 제2차 국토계획상 성장거점도시는 프랑스 균형도시와 유사하나 모두 단일도시로 되어 있는 점에서 차이가 있다.

서 협력을 촉진하고, 민관 간의 협력 전략 강화 및 촉진을 위하여 대도시 협력사업을 추진하였다. 최근에 글로벌 차원에서 대도시권 경쟁력을 강화하고, 도시의 당면 문제를 개선하기 위하여 '지방자치단체개혁법(2010.12.16)' 과 '대도시연합체(métropole) 승인 및 지역공공사업 현대화법(2014.1.27)' 이 제정되어 새로운 형태의 '대도시권연합체' 신설이 추진되고 있다. 2011년 현재 대도시공동체는 16개인데 지방자치단체 개혁법에 따라 새로운 형태의 '니스 코트 다쥐르 대도시권연합체(Métropole Nice Côte d' Azur)' 가 2012년 1월 1일에 출범하였다. 향후 대도시공동체가 원하고, 법률로 정하는 조건을 충족하면 대도시권연합체는 추가로 설치(2015년 10개)될 예정이다.

2) 중소도시정책

① 개발계약제와 도시개발기금 제도 도입

균형도시정책은 파리 시의 성장을 견제하기 위하여 지역의 대도시를 균형도시로 선정하여 집중 지원함에 따라 지방 대도시가 활성화되는 효과가 어느 정도 나타났다. 그러나 균형도시정책 추진 기간 동안에 지방 중소도시가 성장하지 못하여 침체하고, 지방의 산업발전이나 고용이 지방 대도시에 집중하는 현상이 초래되었다. 이러한 문제점을 시정하기 위하여 제6차 국가계획(1971～1975년)은 중소도시 개발을 통한 지역균형발전의 필요성을 강조하였다. 1971년에 도시정책은 대도시보다 한 단계 낮은 중소도시를 육성하는 정책으로 전환되었다. 1972년에 정부는 5～6개의 중소도시를 대상으로 시범사업에 착수하여 인구 2만～20만 명의 200개 도시를 대상으로 1973～1979년 사이에 시행되었다(Merlin, 2002 : 189). 중소도시 정책은 농업 및 서비스 관련 비중을 축소하는 대신에 제조업을 육성하는 고용구조의 개편, 공공기반시설의 개선, 기업 유치를 위한 노동력의 공급과 질적 개선에 역점을 두었다. 이러한 정책을 실현하기 위한 수단으로 1972년부터 중앙정부와 지자체가 일정한 개발 목표를 설정하고 각기 역할과 비용을 분담하여 3년간 중소도시의 개발계획에 대하여 계약을 체결하는 개발계약제(contrat d' aménagement)가 채택되었다. 중앙정부는 주로 재정

지원, 기술 지원 및 자문을 하였다. 1972년부터 개발계약제는 몇몇 도시를 대상으로 시범 실시되어 적극적인 호응에 따라 1976년에 82개 도시에서 채택되었다. 정부는 중소도시의 하부시설 개선을 위한 재정지원을 위해 1976년에 도시개발기금(Fond d' Aménagement Urbain : FAU)을 도입하여 1983년 폐지될 때까지 시행하였다.

개발계약제는 중소도시의 생활여건 개선, 시설 확충, 도시계획, 기업 유치 등에 기여한 것으로 평가되고 있다. 이에 반해 개발계약제는 주로 개발사업이 도심에 치중되어 외곽지역과 신규 개발지역의 환경 조성 미흡, 주민의 사회복지 등이 경시되었고, 파리 인근이나 대도시 주변지역의 중소도시 개발에 한정되어 당초의 기대에 미치지 못하였다는 지적도 있다(Merlin, 1976 : 68~69).

② 도시공동체와 중도시공동체 신설

지역행정기본법(1992.2.6)에 따라 고유세원을 갖는 연합형태의 도시 간 협력체인 도시공동체(communautés de villes : CV)가 신설되었다. 도시공동체는 도시지역을 대상으로 고안되었는데 공동체 가입으로 코뮌들이 받게 되는 제약이 강하다고 인식되어 5개만 구성되었고, '코뮌 간 협력 간소화 및 강화법(1999.7.12)' 제정에 따라 폐지되었다. 1999년 7월 법률에 의하여 신설된 중도시공동체(CA)는 도시공동체(CV)를 폐지하는 대신에 새로운 조직으로 신설되었다. 이는 지역행정기본법에 따라 설치된 도시공동체(CV)의 실패를 법적으로 인정한 것이다. 중도시공동체는 잘 구성된 권한과 유연한 재정 및 세제로 인해 긍정적인 평가를 받고 있다(Morea, 2002 : 160~165).

3) 농촌지역 활성화 정책

최근 프랑스는 성장 가능성이 높은 농촌지역 중에서 고용과 소득을 창출할 수 있는 혁신사업에 공공과 민간이 협력하여 시너지 효과를 얻기 위하여 농촌우수거점(pôles d' excellence rurale) 정책을 추진하고 있다. 이 정책은 경쟁거점정책의 원칙을 농촌에 적용하고 있다.[4] 농촌우수거점은 국가 단위로 공모를 실시하여 사업을 선정하고, 재정지원을 하는데 2차례에 걸쳐 공모가 시행되었다. 농촌우수거점은 농수산 · 식품 · 농촌 · 국토정비부의 주관하에 DATAR가 시행하며, 대부분의 사업은 여러 개의 코뮌(시 · 읍 · 면)이 참여하는 코뮌 연합체로 구성된 사업의 주체들이 정부와 협약을 체결한다. 제1차 공모는 2006년에 4개 분야(자연 · 문화 · 관광 자원의 개발, 바이오 자원 활용과 관리, 귀촌 인구 수용과 서비스 제공, 농업 · 공업 · 장인 제품의 우수성)에서 약 400개 사업이 선정되었다. 제2차 공모는 2010년과 2011년 두 차례 실시되어 두 개 분야(농촌지역 경제역량 향상, 공공서비스 주민수요)에서 총 263개 사업이 선정되었다. 농촌우수거점은 관광과 유산 분야가 절반을 이루며, 이 분야의 상징적 및 경제적 중요성을 말해 주고 있다(DATAR, 2013 : 150~151).

유럽연합은 2007~2013년에 유럽 내 농촌개발의 모든 주체들이 유럽농촌개발네트워크를 만들 수 있도록 각 회원국에 농촌네트워크 조성을 요청하였다. 이에 따라 프랑스는 농림수산부와 DATAR가 공동으로 '유럽과 지역(Europe and régions)' 사업을 통해 2008년 말에 관련 주체 간의 정보 교류와 협력을 위해 '프랑스 농촌네트워크(Réseau rural français)'를 구축하였다. 프랑스 농촌네트워크는 유럽연합과 연계하여 운영되며, 국가네트워크와 26개 레지옹네트워크, 그리고 두 네트워크 간 연계로 구성된다. 국가네트워크는 농림수산부와 DATAR가 공동대표이며, 농촌네트워크의 회에서 26개 레지옹네트워크 대표가 모여 의견을 제안하고 토의를 하며, 국가 대표인 레지옹 관선지사(préfet)와 지자체 대표인 레지옹의회 의장이 공동대표를 맡고, 관련 주체들이 연합하여 의회와 상설위원회를 구성한다.

4) 지역발전 지원제도

지역발전 지원제도는 파리의 산업집중 억제를 위해 1950년대 중반까지 주로 기

4. 혁신사업 지원, 공공과 민간의 협력, 역동성이 있는 지역의 개발, 지방발전 측면의 지렛대 효과, 국가와 지방자치단체의 공동 지원

업에 대한 간접적인 지원(유인)을 하였으나 지방분산 효과의 미흡으로 1955년부터 파리지역의 입지규제와 함께 지방의 지역발전 보조를 확대하는 방향으로 개편되었다. 지역발전 지원제도는 낙후지역에 입지하는 기업의 신설 · 확장 · 전환 등에 대한 각종 혜택(보조금, 융자금, 조세감면) 등을 부여하였으며 지방의 상황에 따라 수시로 수정되고, 지원방식이 다양화되었다. 기존 지역발전보조금(PAT) 제도는 유럽연합의 지침에 따라 2007년 1월 1일부터 대상지역 및 지원 상한규모 등 지원 내용이 변경되어 새로운 지역발전보조금(Aide à Finalité Régionale : AFR) 제도가 시행되고 있다.[5] 이외에도 지역발전 지원제도는 DATAR(2014년 4월부터 CGET로 변경)에 의한 국토정비 · 발전국가기금(FNADT)과 지자체(레지옹)에 의한 지원제도(지역창업보조금, 지역고용보조금 등)가 있다.

다. 지역계획의 체계와 지역발전 추진기구

1) 계획체계의 개편과 지역계획 체계

프랑스에서는 제2차 세계대전 이후 국가 주도의 경제계획이 중심을 이루었고, 1950년대부터 경제계획 속에 국토계획을 일부 포함시켜 우리나라와 같이 전국 차원의 독자적인 국토계획이 시행되지 못하였다. 1980년대 국가계획은 경직성, 중앙 집권적 성격, 그리고 국토계획의 '시설투자적' 시각에 대하여 비판이 제기되었다. 제11차 계획(1993～1997년)은 경제계획과 별도로 전국차원의 국토계획 초안이 마련되었지만 시행되지 못하고 1993년에 중단되었다. 1990년대 유럽연합의 지역정책 변화 및 역할 강화, 도시로의 인구 집중과 농촌의 쇠퇴화 등에 따른 문제를 해결하기 위하여 국토정비 · 발전법이 재편되었다. 1995년 2월의 국토정비 · 발전법과 1999년 6월

5. 프랑스는 이 제도를 통해 기업의 투자비용(건물, 토지, 장비) 또는 고용창출에 드는 비용(봉급 및 사회부담금)의 일부를 보조하고 있으나, 경쟁 왜곡의 위험이 있는 보조금 지원에 대해 보다 강화된 기준과 낙후된 신규 유럽연합 회원국의 가입으로 인해 기존의 지역발전보조금보다 지원대상 지역이 축소되었다.

의 지속 가능한 국토정비 · 발전법은 각기 도농권 연합체(pays), 도시권 연합체(agglomération) 개념을 지역개발의 기본단위로 도입하고, 전 국토를 도농권 연합체와 도시 네트워크로 재구성하는 데 역점을 두었다. 1995년 2월 국토정비 · 발전법은 '국토정비 · 발전 전국계획(SNADT)' 과 '국토정비 · 발전레지옹계획(SRADT)', 그리고 전국계획의 기본방향을 고려하여 레지옹계획과 연계하는 '국가-레지옹 계획계약' 을 규정하였다. 1999년 6월 법은 전국계획(SNADT)을 폐지하는 대신에 '공공서비스기본계획(SSC)' 을 도입(2002년)하였다. 공공서비스기본계획은 국토구조의 부문정책 전반을 포함하는 20년 장기계획으로 8개 부문(고등교육 · 연구, 문화, 보건위생, 정보통신, 여객 · 화물수송, 에너지, 자연 · 농촌 공간, 체육)으로 구성되며, 정부에 의하여 승인된다.

레지옹 차원에서는 레지옹의회가 공공서비스기본계획을 고려하여 국토정비 · 발전레지옹계획(SRADT)을 수립하며, 수도권의 경우 수도권광역기본계획(SDRIF)을 수립한다. 이외에도 레지옹은 자율적으로 교육훈련계획, 교통계획, 관광발전계획 등의 부문별 계획을 수립하는데 계획 명칭은 레지옹에 따라 다르다.

계획계약은 국가 우선사업과 지자체 우선사업을 공동으로 추진하며, 주로 국가와 레지옹 간에 체결되며 최근에는 여러 공공단체(지방자치단체, 공기업 등)가 계약에 참여하고 있다. 계획계약은 1984년부터 5년 단위로 체결되며 유럽구조기금과의 조화를 목적으로 제4차 계획계약(2000~2006년)부터 7년 단위로 체결되고 있다.

기초자치단체인 코뮌 차원에서는 도시계획이 수립되고 있다. 도시계획은 과거 토지이용계획(POS)을 대체하여 코뮌이 수립하는 코뮌도시계획(PLU)과 최근에 도시권 차원에서 새로이 도입한 도농권 연합체(pays)와 도시권 연합체(agglomération)에서 수립하는 코뮌 간 광역도시계획(SCOT)으로 구분된다.

DATAR는 2000년에 '2020년 프랑스 장기발전 구상(Aménager la France de 2020)' 을 마련하였다. 이는 프랑스 권역을 6개 초광역(super-régions)으로 구분하여 실험적으로 수립하였는데 시행을 위한 공식적인 계획은 아니다. 프랑스의 현행 계획 체계는 〈그림 11-2〉와 같다.

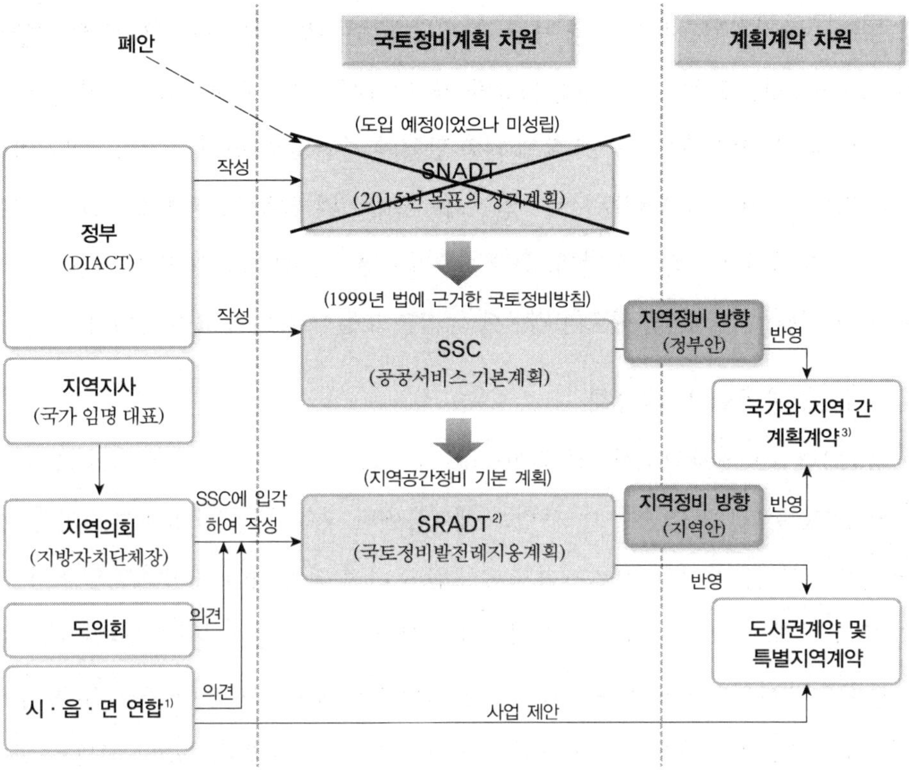

1) 시 · 읍 · 면(코뮌)은 도시계획(PLU)을 수립하고, 도농권 연합체 및 도시권 연합체는 코뮌 간 광역도시계획(SCOT) 수립
2) 수도권은 수도권광역도시기본계획(SDRIF) 수립. 지역은 자율적으로 경제발전지역계획, 교육훈련지역계획, 교통지역계획, 관광발전지역계획 등 수립. 주요 산악지대와 강은 산악정비개발지역 간 계획, 유역별 계획 수립
3) 주요 산악지대와 강은 지역 간 계획계약 체결

〈그림 11-2〉 프랑스의 계획체계

2) 지역계획의 유형과 내용

① 지역(레지옹) 차원

■ **국토정비발전레지옹계획**(SRADT)

지속 가능한 국토정비 · 발전에 관한 법률(1999.6.25)은 레지옹에게 국토정비 · 발전레지옹계획을 수립케 하였고, 시행령은 계획의 내용을 명확히 하여 3가지 문서(국토진단, 국토정비 · 발전 레지옹장기계획, 지도 작성)를 포함하며, 교통계획을 첨부해야 하고, 국토진단은 20년 미래를 전망하는 비전을 포함하고, 계획의 시간적 범위는

10년이다. 장기계획은 국가와 레지옹 간 계획계약의 협상 이전의 문서에 해당한다. 이 계획은 레지옹경제사회위원회, 지방자치단체, 코뮌 간 협력체, 도농권 연합체, 레지옹 자연공원, 시민사회 등의 협상에 의한 합의의 기초를 마련한다. 국토정비 · 발전 레지옹계획의 내용은 대규모 시설 · 인프라 · 일반이익 업무, 경제발전사업, 도시 · 외곽 · 농촌 지역의 조화로운 발전, 환경 · 유적 · 경관 및 자연유산 보호 · 개발, 쇠퇴 지역의 재개발, 지역 간 및 필요한 경우에 국경을 초월한 차원의 고려 등이다.

▪ 수도권광역도시기본계획

2030년 수도권광역도시기본계획(Schéma directeur de la région Ile-de-France : SDRIF 2030)은 수도권인 일-드-프랑스 레지옹에만 수립되는 광역도시계획이다. 수도권광역도시기본계획은 2030년까지 수도권의 비전 및 방향을 제시하고 있으며, 기존 수도권계획(1994~2015년)의 계획기간이 끝나지 않는 상황에서 2004년 6월 일-드-프랑스 레지옹의 요청에 의하여 새로운 계획 수립에 착수하게 되었다. 2030년 계획은 지방 분권에 부응하여 계획수립의 주체와 수립 방식 변경, 지속가능한 발전의 개념을 명시하여 종전의 수도권계획과 상당한 차이를 나타내고 있다.

② 지역 간 차원

▪ 국가-레지옹 간 계획계약

지방 분권 실시와 함께 계획의 분권화와 민주화를 위하여 '계획의 개혁에 관한 법률(1982.7.29)'이 제정되어 1984년부터 계획계약(contrats de plan) 제도가 도입되었다. 계획계약은 국가와 지자체(주로 레지옹) 간에 공통되는 사업에 대하여 그 사업과 재정투자를 약속하고 일정 기간(5~7년)에 걸쳐 시행되는 사업계획을 의미한다. 산악이나 해안지역 등과 같이 여러 지역에 걸치는 사업을 대상으로 다년도 계약(협약)이 체결되고 있다. 계약은 선택적인 것으로 레지옹에서 국가가 참여하는 모든 사업을 포함하는 것이 아니며, 레지옹은 계획계약에 전체 예산을 투자하는 것이 아니다(전체 예산의 30~60% 수준). 국가와 레지옹 간 계획계약은 총 재정액에 대하여 계약하는 것이

표 11-2 국가-레지옹 간 계획계약(2007～2013년) 투자분담 (단위 : 천 유로)

구분	국가	레지옹	기타 지자체	합계
26개 레지옹의 계획계약	11,933,290 (43.1%)	14,719,417 (53.2%)	1,027,831 (3.7%)	27,680,538 (100%)
산악지대 레지옹 간 계획계약(알프스, 쥐라,마시프상트랄, 피레네, 보주)	201,000 (42.3%)	211,735 (44.6%)	62,053 (13.1%)	474,788 (100%)
강 유역 레지옹 간 계획계약 (루아르, 뫼즈, 론, 센, 가론-로트 계곡)	606,745 (59.7%)	379,088 (37.3%)	30,000 (3.0%)	1,015,833 (100%)
총계	12,741,035 (43.7%)	15,310,240 (52.5%)	1,119,884 (3.8%)	29,171,159 (100%)

자료 : http://www.diact.gouv.fr/IMG/Fichiers/CPER/CPER%20engagements%202007-2013.pdf의 내용을 토대로 작성한 것임

아니라 구체적 계획(프로젝트, 프로그램)에 대하여 계약한다(배준구, 2006 : 94～214). 계약은 지자체 대표와 국가 대표인 레지옹 관선지사(préfet)에 의하여 체결된다.

국가와 레지옹 간 계획계약은 제5차 계획계약(2007～2013년)부터 일부 내용이 개편되었으며, 지금까지는 레지옹 부문을 위주로 하였는데 이제는 3개 부문으로 구성되고 있다. 첫째는 계약의 주요 내용을 이루고 있는 레지옹 부문(volet régional), 둘째는 도시권 연합체(agglomération), 도농권 연합체(pays), 레지옹 자연공원, 도시 네트워크 등 사업계획을 위한 하부지역 부문(volet territorial), 셋째는 강의 관리나 산악지대와 같은 레지옹을 초월한 사업계획을 위한 레지옹 간 부문이다.

국가-레지옹 간 계획계약(2007～2013년)의 투자분담은 [표 11-2]에서 보듯이, 레지옹 차원의 계획계약, 5개 산악지대의 레지옹 간 협약(CIM), 강 유역의 레지옹 간 협약으로 구분된다. 국가와 레지옹 간 계획계약의 총금액은 29,171,159천 유로이고, 이 중에서 국가가 43.7%, 레지옹이 52.5%, 기타 지방자치단체가 3.8%를 분담한다.

■산악지역 및 강 유역의 레지옹 간 협약

프랑스는 산악지역, 연안지역 등과 같이 여러 지역에 걸치는 사업을 대상으로 레지옹 간의 연계 · 협력에 중점을 두는 정책을 추진하고 있다. 프랑스 본토의 대표적인 산악지대와 강 유역은 레지옹 간의 연계 · 협력을 구체적으로 실현하기 위하여 국가

를 비롯한 관련 당사자들이 참여하여 레지옹 간 계획계약을 체결하고 있다. 알프스(Alpes), 쥐라(Jura), 마시프 상트랄(Massif Central), 피레네(Pyrénées), 보주(Vosges)는 대표적인 산악지역인데 이러한 산악지대의 경우 레지옹 간 협약(CIM)을 토대로 국가와 레지옹 간 계획계약(contrat de projets interrégional Etat-région)이 체결되고 있다. 본토의 대표적인 5대 강(르와르, 뫼즈, 론, 센, 가론)의 경우 각 강 유역의 계획을 토대로 국가와 레지옹 간 계획계약이 체결되고 있다.

2007~2013년의 국가와 레지옹 간에 체결된 산악지대 또는 강 유역의 레지옹 간 협약에는 국가(해당 지역의 중심이 되는 레지옹관선지사가 국가 대표로서 조정 역할), 관련 지자체(레지옹, 데파르트망), 공기업(수자원공사, 환경에너지관리공사 등)이 참여하고 있다. 레지옹 관선지사는 산악지대의 조정자로서 산악위원회의 공동대표이며, 산악지대 사무국장이 보좌한다. DATAR(2014년 4월부터 CGET로 변경)는 6개 산악지대의 사무국장을 관리하고, 그 네트워크를 운영하며 매월 회의를 개최하여 정책 조화를 도모하며, 산악사무국의 예산을 모두 지원(단, 오드라 레위니옹은 레지옹 및 데파르트망 예산으로 충당)한다(http://www.datar.gouv.fr/fr_1/datar_partenaires).

③ 도시권 차원

▪코뮌 간 협력체 및 연합체의 구성

기초지방자치단체인 코뮌은 2013년 1월 기준 36,552개(본토)이고, 2,000명 미만이 31,566개로 전체의 86.4%를 차지할 정도로 규모가 작아 다양한 형태의 협력체를 구성하고 있다(Ministère de l' Intérieur/DGCL, 2013 : 18). 도시 간 협력체는 크게 보면 조합형과 연합형으로 나눌 수 있다. 조합형 협력방식은 오랜 역사(1890년 설치)를 가지고, 코뮌의 자치권이 존중되며, 초기에는 단일사무조합(SIVU)을 통해 가스, 전기, 상·하수도, 교통, 치수, 관개 분야에서 주로 활용되었는데 점차 다수 사무를 처리하는 복합사무조합(SIVOM)과 혼합조합(syndicats mixtes)으로 확대되었다(Moreau, 107). 조합형은 공공서비스에 대해 효율적 관리를 용이하게 하는 측면에서 많이 활용되어 왔다. 그러나 이러한 조합은 코뮌 간 이해관계가 대립되는 도시지역의 경우 도시개발계획과 연계하여 정책을 추진하는 데 한계가 있었다. 이에 따라 1950년대부터는 코뮌조합에 비해서 보다 통합적인 코뮌 간 협력체 즉 연합형이 새로 도입되었다(배준구, 2014a : 504).

연합형 협력방식은 1950～1960년대에 수도권 및 도시로 인구 집중이 심화된 시기에 지역발전정책과 연계하여 도입되었다. 연합형은 법률에 의하여 의무적 권한이 정해져 있고, 지방세와 세외수입 등의 재원으로 구성된다. 고유세원을 갖는 연합형은 2013년 현재 대도시 연합체(métropole) 1개, 대도시공동체(communautés urbaines : CU) 15개, 중도시공동체(communautés d' agglomération : CA) 213개, 농촌 공동체(communautés de communes : CC) 2,223개, 신도시 연합체(syndicats d' agglomération nouvelle : SAN) 4개로 총 2,456개이다. 코뮌 간 협력의 강화 및 간소화에 관한 법률(1999.7.12)에 따라 디스트릭트(districts)와 도시공동체(CV)는 폐지되었다. 대도시공동체는 50만 명 이상의 대도시 지역, 중도시공동체(CA)는 5만 이상의 중

표 11-3 코뮌 간 협력체의 변천

유형	구분	1972	1988	1992	1995	1999	2000	2006	2013
연합형	대도시연합체(Métropole)								1
	대도시공동체(CU)	9	9	9	9	12	12	14	15
	중도시공동체(CA)						50	164	213
	코뮌공동체(CC)*				554	1,347	1,533	2,389	2,223
	신도시연합체(SAN)		9	9	9	9	9	6	4
	디스트릭트(Districts)*	9	153	214	324	305	241		
	도시공동체(CV)*				4	5	0		
	총 고유세원 협력체 수**				1,102	1,678	1,845	2,573	2,456
조합형	단일사무조합(SIVU)	9,289	11,967	14,596	14,490	14,885	–	12,157	9,720
	복합사무조합(SIVOM)	1,243	2,076	2,478	2,298	2,165	–	1,492	1,302
	혼합조합				1,107	1,454	–	2,687	3,275
	총 조합의 수	10,532	14,043	17,074	17,895	18,504	–	16,336	14,305

주 : * 는 1999. 7. 12법에 따라 폐지 후 2002년에 대도시공동체(CU), 중도시공동체(CA), 농촌공동체(CC)로 변경
** 고유세원은 직접지방세(주거세, 건축세, 토지세, 사업세)를 말함

자료 : Ministère de l' intérieur/DGCL(2013, 18)의 내용을 토대로 작성

간 규모 도시, 코뮌(농촌)공동체(CC)는 농촌과 소도시 관리를 위해 고안된 것이다. 연합형은 종전의 조합형과는 달리 고유한 세원을 갖고 재정적 자주성을 통하여 보다 광범한 기능을 수행한다. 코뮌 공동체는 공동체를 구성하는 코뮌이 협력체에 이전해야 하는 권한이 상당히 자유롭고 선택의 여지가 많아 농촌에 계속 보급이 확대되어 1993년에 193개가 설치된 후 2013년 2,223개로 증가하였다. 도시공동체(CV)는 공동체 가입에 따른 코뮌들의 제약이 강한 것으로 인식되어 5개만 구성되었고 1999년 7월 법에 따라 폐지되었다(Ministère de l' Intérieur/DGCL, 2013 : 18 ; 배준구, 2011c : 93).

국토정비발전법(1995.2.4)은 전 국토를 '도농권(pays : 페이)' 과 '도시 네트워크(réseau de ville)' 로 재조직할 것을 제안하였다. 즉 도농권(pays)은 도시와 농촌을 포함하여 주민들의 생활권과 통근권을 고려하여 도농 간 연계성에 중점을 두고 보다 광역의 협력 공간을 만든 것이다. 1995년 2월 법을 개정한 지속가능한 국토정비발전기본법(1999.6.25)은 도농권(pays)의 개념을 보완하고 '도시권 연합체(agglomération)' 라는 개념을 추가하였다. 도시권 연합체는 일종의 '도시권(aire urbaine)' 으로 총인구가 5만 명 이상이며, 중심 코뮌의 인구가 1.5만 명을 초월하는 지역으로 중간 규모 이상 도시권의 통합적 관리와 개발을 위하여 도입되었다.

▪ 코뮌 간 광역도시계획과 도시권연합체계획

2000년 12월 도시연대 및 재생법에 따라 기존 도시기본계획(SD)은 2002년부터 코뮌 간 광역도시계획(SCOT)으로 대체하였다. 코뮌 간 광역도시계획은 1995년에 도입된 지역개발의 기본 단위인 도농권 연합체(pays) 및 1999년에 채택한 도시권연합체(agglomération)의 범역과 일치하며, 개발방향 및 종합적인 도시기반 시설의 공급체계를 정한다. 이러한 연합체는 지자체도 행정계층도 아닌 새로이 창안된 협력 공간이다. 도시권 연합체는 코뮌 간의 협력기구인 도시공동체(CA), 대도시공동체(CU)가 구성될 수 있는 공간이다. 도시권 연합체는 프랑스 지방 대도시를 유럽의 중심도시로 만드는 정책의 일환이다. 코뮌 간 광역도시계획의 수립주체가 이러한 연합체가 되면 광역도시계획과 지역개발계획의 수립 범역이 일치되는 동시에 도시계획 수립주체와 지역개발정책 시행주체가 일원화된다(정옥주, 2004 : 223). 개별 코뮌들은 공동체를 구성하고, 이 공동체들은 다시 도농권 연합체(pays) 또는 도시권 연합체(agglomération)를 구성하여 도농권 연합체 발전계획(charte de pays)이나 도시권 연합체 발전계획(projet d' agglomération)을 수립한다.

지역개발에 관한 국가 지원금도 계약 제도를 통해 광역지자체인 레지옹과 지역개발의 새로운 기본 단위(pays, agglomération)와 연계하여 지원된다. 도시권 연합체 발전계획은 도시권 연합체의 지자체들에 의해 수립되며, 계약에 의하여 지원되고 있다. 도농권 연합체 발전계획은 최소한 10년간 전략을 정하며 사회 및 주민단체로 구

표 11-4 프랑스 지역계획 체계와 특징

구분	계획형태	주체 및 기구	내용	재원
지역차원	국토정비발전 레지옹계획	▪ 레지옹의회 계획수립 · 의결 ▪ 코뮌 및 협력체, 시민단체,경제사회위원회 등	▪ 비전, 진단, 방향(원칙, 목표, 우선순위) ▪ 국토정비사업(하부구조,경제, 환경, 문화, 재개발)	관련 내용 없음
	수도권 광역도시기본계획 (2030)	▪ 레지옹의회가 국가와 협력하여 계획수립 · 결정(국참사원 승인) ▪ 정부, 도, 경제사회위원회, 관련 단체 의견수렴	▪ 장기발전 전망, 지침 ▪ 기반시설정비,도시계획 ▪ 국가사업계획 포함(환경영향평가, 환경부 의견수렴) ▪ 추진 및 평가	관련 내용 없음
지역 간 차원	국가와 레지옹 간 계획계약	▪ 국가, 레지옹, 데파르트망, 코뮌 및 협력체, 도농권 연합체	▪ 국가-레지옹 공동우선사업 ▪ 경제, 환경, 문화, 교육, 연구, 교통통신, 도시재생 등	국가, 레지옹 동등 부담 원칙. 타단체 일부 부담
	레지옹 간 협약	▪ 국가, 레지옹, 데파르트망, 공사 등 ▪ 중심 레지옹 관선지사가 국가 대표로서 조정	▪ 산악지역(환경, 관광, 농업, 산림, 자연재해 예방 등) ▪ 주요 강 유역	상호 분담 (사업에 따라 비율 상이함)
	초광역권 장기구상	관련 레지옹관선지사	다핵공간구조 확립, 지역 간 협력체 구성 · 네트워크 조성	중앙부처 예산
도시권 차원	코뮌 간 광역도시계획	도농권 연합체, 도시권 연합체가 수립	개발방향 및 종합적인 도시기반시설 공급체계	관련 내용 없음
	도시권 연합체계획	도시권 연합체의 지자체들에 의하여 수립	경제발전, 사회결속, 정비 · 도시계획, 교통 · 주거, 도시정책, 환경 · 자원관리정책 기본 방향 결정	지자체, 대도시공동체, 도시공동체, 공사 등 계약에 의해 분담

자료 : 배준구(2011a : 298)의 내용을 일부 수정

성된 발전위원회(conseil développement)와 연계하여 코뮌에 의해 수립된다. 이러한 발전계획들은 국가와 레지옹 간 계획계약의 한 부문으로 구성된다. 도시권연합체 계약(contrat d' agglomération)은 국가-레지옹 계획계약에 준거하여 체결되는 특별계약이다. 도시권연합체발전계획은 경제발전 및 사회결속, 정비 및 도시계획, 교통 및 주거, 도시정책, 환경 및 자원관리 정책에 관하여 기본방향을 결정한다(Jégouzo, 2005 : 154~157).

3) 지역발전 추진기구

① 중앙정부 차원

지역발전 추진기구는 중앙정부 차원의 경우 국토부가 있지만 범부처 지역정책 전담기구(2014년 4월부터 DATAR가 CGET로 개편)에게 일임하고 있어 실제로 주된 역할을 하며, 이외에 각종 위원회와 자문기관이 부분적 역할을 담당한다.

■ **국토균형청**(CGET)

DATAR는 국토 및 지역정책에 관련된 업무들이 부처 간 협력 부족으로 야기되는 문제를 시정하고, 지역균형발전과 경제적 잠재력을 증진시키기 위한 목적으로 1963년 2월 14일 정부령에 따라 설립되었다. DATAR는 1963년에 수상직속 기구로 신설된 후 명칭과 소속 부처가 수차례 변경되었다. 2014년 3월 31일 정부령(décret)은 DATAR를 2009년 5월 14일 정부령으로 설립된 관계부처도시사무처(secrétariat général du comité intérministériel des ville : SGCIV) 및 2006년 3월 31일 정부령에 따라 설립된 국립사회결속기회균등사무처(agence nationale pour la cohésion sociale et l' égalité des chances : Acsé)와 DATAR를 통합하여 수상 직속의 국토균형청(commissariat general a l' egalite des territoires: CGET)으로 개편하였다. CGET는 2014년 4월 2일 출범하면서 기존의 DATAR 조직 즉 청장, 사무총장, 3국(범부처사업국, 경제발전변화국, 국토정보국)에서 청장, 사무총장, 3국(도시 및 도시연대국, 국토전략국, 국토역량개발국), 3개 다영역사업단(missions transversales)으로 확대 개편되었다.[6]

CGET는 기존 DATAR의 독특한 행정관리체제를 유지하고 있다. 즉 일반적 행정부처는 관리업무가 주축을 이루는 것에 비해 CGET는 관리업무의 비중이 적고, 각 부처에서 파견된 전문가로 구성되는 사업전담부서 형태로 운영되고 있다.

CGET 예산은 2015년에 총 270백만 유로이며, 이 중에서 경제적 매력 및 국토경쟁력 부문이 40%, 연대개발 및 국토균형 부문이 40.2%, 운영 및 연구 부문이 19.8%를 차지하고 있다.[7] 2015년 예산은 2014년에 비해 4% 감소한 반면에 운영 및 연구활동 예산이 3개 기관 통합으로 2014년에 비해 26%나 증가하였다. 2015년 CGET 예산의 80%(203백만 유로)는 국토정비발전국가기금(FNADT)이 차지하며, 이 중에서 계약부문(국가와 레지옹 간 계획계약)이 110백만 유로이고, 비계약 부문이 93백만 유로이다. 국토정비발전국가기금은 일반 부문과 지방 부문으로 구분된다. 일반 부문의 관리는 국가적 차원에서 범부처 위원회에서 수상의 결정에 따라 이루어지며, 대규모 사업(30만 유로 이상의 보조금)에 지원되는 특성이 있다. 지방 부문은 국가와 레지옹 간 사업계약 수준에서의 계약부문과 레지옹 관선지사에게 위임되는 자율적 사용 예산부문으로 구분된다(http://www.senat.fr/rap/a14-113-7/a14-113-72.html).

■ **기타 위원회**

지역발전 관련 위원회는 앞서 언급한 관계부처국토균형위원회(comité intérministériel á l' égalité des territoires : CIET)가 가장 중요한 역할을 한다. CIET는 수상 주재 하에 운영되는 지역발전정책과 사업을 결정하는 최고 정책결정기관으로서 2014년 4월 이전 DATAR 당시의 국토정비 · 발전 · 지역매력부처간위원회(CIADT)와 유사하다. 관계부처도시위원회(comité intérministériel des villes : CIV)는 수상 주재하에 도시정책에 대하여 이해관계가 있는 부처 장관들이 참여하여 정책결정을 하

---

6. 3개 다영역사업단은 범부처 및 부문활동조정사업단(Mission de coordination de l' action interministerielle et sectorielle 청장 및 사무총장 직속), 계약 및 국토파트너십사업단(Mission de contractualisation et des partenariats territoriaux), 유럽사업단(Mission des affaires europeennes)으로 구성되어 있다(http://www.datar.gouv.fr; http://www.cget.gouv.fr).

7. 2014년 예산은 총 281백만 유로이며, 경제적 매력 및 국토 경쟁력 부문이 37.7%, 연대개발 및 국토균형 부문이 49.5%, 운영 및 연구 부문이 12.4%를 나타내고 있다.

는 기구이다. CGET는 국토균형국가위원회(conseil national à l' égalité des territoires : CNET)와 도시국가위원회(conseil national des villes : CNV) 및 산악위원회(conseil national de la montagne)의 사무처 역할을 한다. 국토균형국가위원회는 국토균형정책의 방향 및 시행에 대하여 의견 제시와 권고를 하는 국가와 지방자치단체 간의 새로운 협의 기구이고, 도시국가위원회는 도시정책에 대하여 구역을 대표하는 단체들과 더불어 방향을 제시하는 역할을 한다(http://www.datar.gouv.fr; http://www.cget.gouv.fr).

② 지역 차원

■ **레지옹의회**

1982년 지방 분권화에 따라 레지옹은 종전에 영조물법인(établissements public)의 지위에서 지방자치단체로 승격되어 1986년 3월에 주민 직선에 의한 레지옹의회가 구성되고, 의회에서 간접선거로 선출되는 의회의장이 지자체장이 되었다. 지역계획, 특히 수도권계획 및 관리는 분권화 이전에는 국가가 주도적 역할을 하였으나 주민 직선에 의한 레지옹의회 구성 후 1995년 2월 4일 법에 따라 이제 일-드-프랑스 레지옹(수도권에 해당)이 주도적 역할을 한다. 1995년 2월 법 이전에 수도권광역도시기본계획 수립의 경우 국가가 일-드-프랑스 레지옹과 협의를 하였으나 국가가 주도함에 따라 레지옹의 역할은 상당히 제한되었다.

■ **레지옹 관선지사**(préfet)

1982년 지방 분권 이후 레지옹 관선지사는 정부 대표(수상 및 각 장관들)로서 국토정비 및 경제사회발전에 대한 국가 및 유럽 정책의 시행에 필요한 기본방향을 정하고 집행한다. 이런 이유로 레지옹 관선지사는 행정분산헌장(charte de déconcentration)에 관한 법률 및 정부령에 따라 그 권한이 상당히 강화되었다. 왜냐하면 데파르트망 관선지사가 이 영역에서 그의 산하에 있기 때문이다(Madiot et Le Mestre, 2001 : 25). 레지옹 관선지사는 국토정비 영역에서 국가서비스의 행위를 촉진하고, 조정하는 권한이 있으며, 국토정비 · 발전레지옹협의회(CRADT)를 레지옹의회의장과 함께 공동 주재한다. 레지옹 관선지사는 계획 영역에서 광범위한 권한을 가지며, 전국계획(plan national)의 수립에 유용한 모든 정보를 수집하고 시행하며 전국계획과 레지옹계획(plan régional)의 결속 유지에 대해 감시한다. 국가와 레지옹 간 중재자로 국가와 레지옹 간 계획계약의 체결 때에 국가대표로서 협상하고 서명한다.

■ **기타 협의회 및 위원회**

국토정비 · 발전 레지옹협의회(Conférence régionale de l' aménagement et du développement du territoire : CRADT)는 각 레지옹에 설치되며, 국토정비 · 발전레지옹기본계획(SRADT)과 공공서비스기본계획(SSC) 및 도시계획법상의 지역정비지침(DTA) 등에 대하여 자문을 한다. 이 협의회는 레지옹의 국가대표(데파르트망 지사 등), 레지옹의 지자체 대표, 각종 단체 대표 등으로 구성된다.

레지옹경제사회위원회(Conseil économique et sociale régionale : CESR)는 경제사회 분야(기업, 전문분야의 대표, 조합대표, 공공기관 및 협회의 대표, 전문가)의 대표로 구성된 자문기관으로서 레지옹의회의 심의에 앞서 지역계획과 지역이익에 관련된 모든 분야에서 자문한다. 이외에 레지옹행정협의회(Conférence adminstrative régionale : CAR)는 자문기관으로서 국토정비 및 경제사회 분야에서 전국계획의 수립과 관련한 레지옹 관선지사의 제안에 대하여 의견을 제시하며, 특히 공공투자에 관하여 의견을 표명한다(Moreau, 2002 : 270).

4. 프랑스 지역발전정책의 시사점

프랑스는 파리 권 집중과 지역불균형 문제가 심각하여 이를 해결하는 데 목표를 두고 1950년대부터 중앙정부 주도로 지역발전정책을 추진하였고, 1982년부터 지방분권이 실시되면서 지역의 권한과 역할이 확대되었다. 1990년대 세계화 추세와 유럽연합의 역할 강화에 대응하여 경쟁력 있는 국토 조성을 위하여 공공기관 지방이전,

지역혁신과 경쟁거점 정책, 도시 간 네트워크의 재구성, 국토 및 도시 관련법 정비, 지역 간 협력 강화와 지역발전 추진체제 개편 등이 행해졌다. 지역발전정책 추진과 더불어 수도권 집중과 지역불균형이 상당히 완화된 것으로 나타나고 있다. 이를테면 수도권의 인구 비중은 1950년 13.0%에서 1960년대 후반부터 18% 수준으로 안정화(1968년 18.6%, 1975년 18.8% 2013년 18.8%)되는 추세를 보이고 있다. 대도시는 수도권보다 빠른 성장을 하고 있고, 남동부지역의 발전과 유인력이 확인되고 있다. 즉 서부 및 남동부는 20년 동안 경제부흥이 이루어졌고, 오늘날 고용이 가장 강하게 진전되고 있는 지역이다. 북부와 동부는 국경을 초월하여 새로운 활력이 나타나고 있고, 생산기반이 재구성되고 있다(Guigou et Parthenay, 2001 : 14).

프랑스 지역발전정책이 한국에 주는 정책적 시사점은 다음과 같다.

첫째, 프랑스 지역발전정책은 종전의 '파리와 프랑스 사막' 에 대한 해묵은 논쟁에서 벗어나 1990년대 후반 이후 세계화 추세와 유럽연합의 역할 강화에 대응하여 경쟁력 있는 국토 조성과 지역 간 연계 및 생활의 질을 높이는 데 역점을 두고 있다. 한국은 수도권 집중과 지역 간 불균형이 심화되고 있고, 향후 남북통일을 감안할 때 지역발전정책은 단기적 관점뿐만 아니라 장기적 관점에서 지역균형 및 경쟁력 향상 방안을 모색할 필요가 있다. 참여정부와 이명박정부의 지역발전정책은 정책 환경과 집행 가능성 및 효과에 대한 고려가 부족하고, 규범적이고 이상적인 전략과 사업에 치우쳐 지역과 주민이 안고 있는 문제 해결이 미흡하였다. 이런 점에 비추어 보면 주민이 정책효과를 체감할 수 있도록 박근혜정부의 지역발전정책이 지역활력 증진, 일자리 창출, 삶의 질 향상을 통해 '국민에게 행복, 지역에게 희망' 을 주는 비전을 설정한 것은 바람직하다. 박근혜정부의 지역발전정책이 성공을 거두고, 지역주민의 기대에 부응하기 위해서는 보다 거시적 · 장기적 관점에서 지역균형 및 경쟁력을 제고하는 큰 틀을 정립하고, 미시적 관점에서 주민밀착 서비스와 삶의 질을 높이는 단계별 추진전략과 실천과제를 병행하여 추진하는 방안을 강구할 필요가 있다.

둘째, 프랑스 지역발전정책은 분권화 시대에 부응하여 중앙정부의 조정 및 촉진 기능은 유지하면서 분권적 방식을 수용했다. 즉 계획계약제 도입을 통한 계획의 분권화와 민주화, 레지옹 통합(22개에서 13개로 축소, 평균인구 약 500만 명)과 권한 확대, 중앙부처 권한의 지역의 관선지사에게 위임, 위원회의 자문기능 강화 등은 주목된다.

셋째, 프랑스는 지역발전정책 전담기구인 DATAR(2014년 4월부터 CGET로 변경)를 1963년부터 설치하여 50년간 범부처 차원에서 각종 정책의 전망 · 조정 · 촉진 · 평가 등을 지속적으로 수행하여 정책의 일관성과 실효성 확보에 기여하고 있다. 이에 비해 한국의 지역발전 추진기구는 정권 변화에 따라 바뀌고, 각종 지역발전사업이 여러 부처에 분산되어 있으나 조정이 미흡하여 정책의 일관성과 비효율성을 야기하고 있다. 현행 국가균형발전특별법은 지역발전사업을 효율적으로 추진하기 위해 지역발전위원회와 약 10조원의 지역발전특별회계를 설치하고 있다. 그러나 지역발전위원회는 자문기관으로서 재원에 대한 사전 심의권이 없고, 지역발전 관련 부처 간 정책을 조정하는 역할이 미흡한 실정이다. 따라서 지역발전위원회는 대통령 소속 상설 행정위원회로서 실질적 종합조정 기능을 수행할 수 있도록 지역발전사업의 통합적 추진과 지역발전 관련 예산의 사전 심의권 부여 등 기능과 위상 강화가 요청된다.

넷째, 프랑스가 지자체 간 협력을 활성화하기 위하여 여건과 필요성에 따라 다양한 협력 유형(조합형, 연합형)을 점진적이고 지속적으로 개선하여 활용하고 있는 점은 우리에게 시사점을 준다. 초기에는 조합형을 도입(먼저 일부사무조합을 채택한 후 복합사무조합이나 혼합조합 활용)한 후 최근에는 고유세원(지방세, 교통세 등)을 갖는 협력기구인 연합형, 즉 대도시공동체를 활용하고 있다. 우리나라의 현행 협력 방식은 행정협의회, 사무위탁, 지방자치단체조합 등에 국한되고 지자체 간의 경쟁과 이해 부족으로 인해 제한적으로 운용되고 있다(정옥주, 2004 : 228 ; 배준구, 2011 : 103). 따라서 현행 법률(지방자치법 등)의 제도적 미비점을 개선(지방자치단체조합의 법적 지위 및 자율성 강화, 광역연합 제도 도입, 협약 제도 보완 등)하여 지역의 특성에 맞게 활용할 수 있는 실효성 있는 협력 유형을 다양화하고, 이를 적극 활용하는 방안을 강구할 필요가 있다. 박근혜정부는 '지역행복생활권' 개념을 도입하고, 191개 시 · 군에서 63개 지역행복생활권이 구성되고, 권역별로 생활권협의체가 구성 중에 있다. '지역행복생활권' 개념을 도입한 것은 의의가 있으나 실효성 있는 추진조직, 재원, 인력 등에 대한 조치가 매우 중요하다. 중추도시생활권을 비롯한 지역행복생활권은 현재 추진 중인 획일적인 협의체 방식에서 벗어나 중장기적 차원에서 생활권별로 보다 적합한 다양한 형태의 협력체 구성을 유도하고, 생활권 내의 도시 간 협력뿐만 아니라 생활권 간의 협력 강화 등과 같은 개선책을 마련할 필요가 있다. 그리고 권역별 특성을 살리는 방안(특성별 유형화와 정책목표 설정)과 제도적 정비를 모색할 필요가 있다.

다섯째, 프랑스 지역계획의 재원은 국가－레지옹 간 계획계약(7년 단위), 다년도 협약(3～5년 단위), 도시권 계약을 주로 이용함으로써 계획과 재원의 실질적 연계를 통해 계획의 실효성과 안정성 확보에 기여하고 있어 시사점을 준다. 고유세원을 갖는 대도시공동체(CU)나 대도시권연합체(메트로폴) 등이 독자적인 권한과 함께 자체 세원(지방세)을 보유하고 있기에 도시권 계획 및 관리가 용이하다. 도시권 차원의 계획을 세울 때 중장기적 관점에서 이에 대한 도입을 검토할 필요가 있다.

마지막으로, 우리나라 지역발전 계획체계와 촉진수단 및 관련 법규는 부처별 중복과 난립이 심하고 비효율적이다. 때문에 각종 법령의 통합 정비(국가균형발전특별법, 국토기본법, 지역개발 및 지원법, 도시정비 관련법 등), 관련 사업 및 조직의 구조조정을 통해 효율성을 제고할 필요가 있다.

〈참고문헌〉

배준구(2006), 『프랑스의 지역계획과 계획계약』, 부산 : 도서출판 금정.

______(2009), 「프랑스의 광역권 정책동향과 사례」, 지역발전과 광역경제권 전략, 대통령 직속 지역발전위원회.

______(2011a), 「프랑스 광역권의 계획체계와 특징」, 『지방정부연구』, 14(4), 한국지방정부학회.

______(2011b), 「프랑스의 지역 간 협력과 특징 : 쥐라 산악지대와 론 강의 사례를 중심으로」, 『프랑스문화연구』, 22, 한국프랑스문화학회.

______(2011c), 「프랑스 코뮌 간 협력과 특징」, 『프랑스문화연구』, 23, 한국프랑스문화학회.

______(2012), 「프랑스의 도시정책과 특징」, 『프랑스문화연구』, 25, 한국프랑스문화학회.

______(2013a), 「새 정부의 지역발전정책」, 한국행정학회 춘계학술대회 논문집.

______(2013b), 「프랑스의 지역발전 추진체제」, 『프랑스문화연구』, 26, 한국프랑스문화학회.

______(2014a), 「프랑스의 도시 간 협력 : 낭트도시권 사례를 중심으로」, 『사회과학 연구』, 30(4), 경성대학교 사회과학연구소.

______(2014b), 「프랑스의 지역정책 : 경쟁거점정책을 중심으로」, 『프랑스문화연구』, 29. 한국프랑스문화학회.

______(2014c), 『프랑스 지역발전정책』, 부산 : 도서출판 금정.

정옥주(2004), 「프랑스의 기초자치단체(꼬뮌) 간 협력」, 『국토계획』 39(6), 한국국토 · 도시계획학회.

DATAR, 2012, *Rapport d' activité* 2012.

______, 2013, *50 ans d' aménagement du territoire*, Paris : La documentation française.

Fouché, A., 1997, *Les délocalisation administratives et le développement local*, Conseil Economique et Social.

Gérard, P., 2001, *Pratique du droit de l' urbanisme*, Paris : Eyrolles.

Girardon, J., 2006, *Politique d' aménagement du territoire*, Paris : ellipses.

Guigou J. et Parthenay D., 2001, *De la France éclatée à la France maillée, Aménagement du territoire*, Conseil d' Analyse économique.

Jégouzo Y., 2005, Contenu et articulation des contrats d' agglomération. *Contractualisation et territoires : les contrats d 'agglomération*, Paris : GRIDAUH.

Madiot, Y. et Le Mestre, R., 2001, *Aménagement du territoire*, Paris : Armand Colin.

Merlin, P., 1976, *Les villes nouvelles Français*, Paris: PUF.

______., 2002, *L' aménagement du territoire*, Paris: PUF.

______., 2007, *L' aménagement du territoire en France,* Paris : PUF.

Ministère des Affaires étrangères, 2006, *La politique d' aménagement et de développement durable du territoire en France.*

Ministère de l' Intérieur/DGCL, 2013, *Les collectivités locales en chiffres* 2013.

Monod, J. et Castelebajac P., 2006, *L' aménagement du territoire*, Paris : PUF.

Moreau J., 2002, *Administration régionale, départementale et municipale*, Paris : DALLOZ.

Philipponneau, M., 2002, Industrie et aménagement du territoire : Essai de périodisation. *La politique d'amenagement de territoire*, Rennes : Press Universitaires de Rennes.

Scargill I., 1984, *Urban France*, London : Croom Helm.

http://www.cget.gouv.fr(검색일 : 2014.12.31)

http://www.datar.gouv.fr/fr_1/datar_partenaires(검색일 : 2014.11.30)

http://www.datar.gouv.fr(검색일 : 2014.12.31)

http://www.diact.gouv.fr/IMG/Fichiers/CPER/CPER%20engagements%202007-2013.pdf(검색일 : 2009.10.31)

http://www.gouvernement.fr/action/la-reforme-territoriale(검색일: 2015.4.30)

http://www.senat.fr/rap/a14-113-7/a14-113-72.html(검색일: 2015.4.30)

1. 미국의 지역발전정책 개요

2. 미국 지역발전정책의 변천

3. 미국의 주요 지역발전정책

4. 미국 지역발전정책의 동향과 시사점

제 12 장

미국의 지역발전정책 동향과 시사점

1. 미국의 지역발전정책 개요

가. 지역발전을 위한 연방정부의 역할

미국의 정부구조는 50개의 주가 연합한 연방정부의 형태를 띠고 있으며, 역사적으로 지방자치의 가치를 존중하는 분권화의 전통이 강하다. 자유시장경제의 모델이라고 불릴 수 있을 정도로 시장메커니즘에 대한 신뢰가 크고, 권력분립의 전통이 강하며, 민간부분의 역할이 중시되고, 사회 각 분야의 자율성이 확대되어 있으며, 다원화된 가치관을 중시한다. 연방정부와 지방정부의 관계도 계층적이기는 하지만 상하관계라기보다는 역할과 기능이 분담되어 상호 보완적인 관계를 설정하고 있다. 관리해야 할 영토가 넓고 지방정부가 강한 자치권을 갖고 있기 때문에 국가차원의 종합개발계획을 세우고 집행하는 것이 효과적이지 않고 일관성을 유지하기도 쉽지 않다. 지역발전 분야에 있어서도 지방정부(주, 카운티, 시)가 주도적으로 그 지역의 특성과 필요에 맞게 계획을 수립하고 정책을 추진하는 시스템이며, 연방정부의 역할은 국가적으로 정책의 일관성을 유지하고, 가치공유를 위한 기본 방향제시와 함께 제도, 재정 및 기술적 지원, 연구 활동 등에 주력하고 있다. 연방정부는 지시, 명령을 내리기보다는 정책적 방향 설정과 가이드라인을 제공하고, 구체적 실행방안은 지방정부 수준에서 결정하는 방식이다. 미국 지역발전정책의 주요 방향은 주로 지역의 경쟁력을 강화하고, 혁신을 통한 경제발전을 추진하며, 기간시설에 대한 투자뿐만 아니라 인력개발을 중시하고, 산업클러스터를 형성하며, 지속가능한 발전을 도모하려 한다.

나. 연방정부의 지역발전 관련 조직

연방정부 차원에서 전 국토를 아우르는 지역발전계획을 수립하지는 않지만, 지역을 기반으로 하는(place based approach) 다양한 정책과 사업들이 낙후된 지역의 발전을 촉진하거나 지역의 격차를 줄이기 위해 채택되고 집행되었다. 지난 몇 십 년

간 미국 의회는 지역발전을 위해 다양한 정책 프로그램들을 수립하고 집행하였다. Drabenstott의 연구(2005, 2006)에 의하면, 연방정부에서 관여하는 지역경제개발 프로그램은 180여 개로 추정되며, 2004년에는 약 1,800억 달러에 이르는 자금이 사용되었다. 각 프로그램들은 개별 입법과정을 거쳤으며, 이 사업들을 연방정부 차원에서 총괄하는 기관은 없고, 정부의 각 부처에 산발적으로 분포되어 있다.

연방정부 차원에서 지역개발사업과 연관되어 있는 부처로는 주택도시개발부, 재무부, 농무부, 국방부, 노동부, 교통부, 내무부, 보건후생부, 환경보호청, 중소기업청 등이 있으며, 그 주된 역할은 [표 12-1]에 요약하였다. 이외에도 독립된 지역발전전담기관으로 애팔래치안 지역위원회, 테네시 유역개발청 등이 있다.

표 12-1 지역발전 관련 기관과 담당 업무

연방정부부서	관련 업무
농무부	농촌지역 개발 관련 사업의 주무부처
상무부	산하에 경제개발국(Economic Development Administration ; EDA)을 두고 있으며, 혁신과 경쟁을 통하여 지역경쟁력을 높이고, 일자리창출 및 민간부문의 투자를 통해 지역경제발전에 공헌하는 제반 사업에 관여
국방부	수로의 개발, 군사시설의 건설과 폐쇄, 군수물자 조달에 민간사업자의 참여 등의 사업 담당
보건후생부	저소득층을 대상으로 하는 경제개발 프로그램, 보건관련 기술의 상업화 촉진 관련 사업 담당
주택도시개발부	주택 및 도시개발의 주무부처로서 양질의 주거환경을 제공하고, 건강하고 지속가능한 지역사회개발과 관련된 사업 담당
내무부	토착 인디언들의 경제개발 프로그램 담당
노동부	교육, 훈련 등을 통해 노동가능 인구의 취업 지원 담당
교통부	육상교통과 항공교통에 관련된 계획 수립 및 집행, 그리고 기간시설에의 공공투자 등 담당
재무부	낙후된 농촌지역이나 도시지역에 개발 자금 지원 담당
환경보호청	수자원을 보호하거나, 기존의 산업단지를 새롭게 재활용하는 등 환경문제와 연관이 된 지역개발문제 담당
중소기업청	중소기업의 지원 관련 사업 담당

1965년 통과된 애팔래치안지역개발법(Appalachian Regional Development Act)에 근거하여 1971년 ARC가 설립되었다(Bradshaw, 1992). 가장 낙후된 지역 중의 하나인 애팔래치안 지역의 가난을 몰아내기 위한 사업으로, 광범위한 정치적 지지를 받았다. 애팔래치아 지역위원회(Appalachian Regional Commission, 이하 ARC)는 애팔래치아 지역의 13개 주에 걸친 광활한 지역의 경제, 사회 개발을 담당하는 독립된 기관이다. 강력한 권한을 갖고 연방정부와 지방정부의 재원을 이용하여 직접적으로 지역개발을 선도한다. 13개 주의 주지사와 연방정부에서 파견한 ARC의 대표가 지역개발사업을 논의하고 재정지출을 결정한다. 주로 교육, 인프라 시설, 비즈니스 기회 확장, 건강 보험 등의 사업을 통해 고용을 증진시키고 인적자원을 개발한다. 또한 관할 구역 내 낙후가 심한 카운티에는 특별 지원을 하고, 지역사회가 소규모 비즈니스의 창업, 확대 등 친기업(business friendly) 환경을 조성하는 데 지원한다. 지역의 교통 프로그램의 향상을 위해 지원하고, 지역발전을 위한 연구활동 등을 촉진한다(Hewings et. al, 2009).

테네시 유역개발청(Tennessee Valley Authority, 이하 TVA)은 테네시 강 유역에 위치한 미국 남동부의 7개 주(알라바마 주, 오하이오 주, 캔터키 주, 미시시피 주, 버지니아 주, 노스캐롤라이나 주, 조지아 주)에 걸친 지역의 개발을 담당하는 독립된 지역발전전담기관이다. 테네시 강은 계절에 따라 수위의 차이가 심하고 홍수, 범람의 위험이 있어, 강유역을 개발하기로 하고 TVA를 만들었으며, 자율성과 강력한 권한을 바탕으로 현재까지 운영되고 있다. 지방정부의 협력차원을 넘어서 연방정부의 강력한 개입을 특징으로 한다. 주로 강을 따라 항해하며 운송하는 것을 용이하게 하거나, 테네시 강 주변의 수량을 통제함으로써 범람을 예방하기도 한다. 또한 테네시 강 주변 지역의 농업 및 산업 발달을 지원하기도 한다. 그러나 주된 관심사항은 경제발전을 통해 빈곤퇴치와 고용증가를 이루는 것이다. 댐을 건설하여 수량통제와 수력발전이 가능해지고, 이는 지역산업발전의 원동력이 되었다. 또한 강을 따라 항해가 가능해짐으로써 주변지역의 상업이 발전하였고, 호수는 레크리에이션과 관광산업의 발전을 가져왔다(Cullingworth and Caves, 2009 ; Higgins and Savoie, 1995 ; Levy, 2013).

2. 미국 지역발전정책의 변천

미국의 지역발전정책 변천과정을 다음의 두 가지 시각에서 살펴볼 수 있다. 첫째, 대통령과 집권당의 정치철학에 따른 지역발전정책의 변화와 그에 따른 연방정부의 역할 변화이다. 둘째, 경제논리에 따라 최근 60여 년을 세 개의 시기로 구분하여 시기별 특징과 경제상황에 따라 변화된 지역발전전략을 통해서이다.

가. 지역발전에서 연방정부의 역할 변화

지역발전에 대한 생각과 연방정부 차원의 접근방식은 시대의 상황과 집권당의 정치 철학에 따라 변화하였다. 보수적인 공화당 정부에서는 시장메커니즘에 맡겨두고 연방정부의 역할을 되도록 축소하고자 하는 노력이 있었던 반면, 민주당 정부는 지역발전에 있어 연방정부의 개입이 효과적으로 강화되어야 한다는 성향이 강하다.

케네디 정부(Kennedy, 1961～1963)와 존슨 정부(Johnson, 1963～1969)는 가난과의 전쟁(War on Poverty)을 선포하고 정부가 시민의 사회·경제적 문제 해결에 깊이 관여하려고 하였다(Council of Economic Advisers, 2014 ; Cullingworth and Caves, 2009 : Mollenkopf, 1983). 연방정부의 역할이 커지면서 지역발전 프로그램이 증가하였고, 1965년에 주무부서인 주택 및 도시개발부(Department of Housing and Urban Development)가 독립된 행정부서로 설립되고 점차 그 기능이 확대되었다. 이에 반해, 닉슨 정부(Nixon, 1969～1974)는 신연방주의(New Federalism)를 표방하면서(Katz, 2014), 연방정부의 역할을 줄이고 주정부나 시정부 등 지방정부의 역할을 중요시하였다(Cullingworth and Caves, 2009). 이에 따라 개별항목에 대한 통제가 강했던 보조금 제도를 포괄적 보조금 제도로 바꾸어 지방정부의 재량권을 강화시켰다.

그러나 연방정부가 강력한 리더십을 발휘하여 지역의 문제를 해결하려고 하였으나 그 시도가 효과적이지 못했음을 깨닫게 되자 1970년대에는 연방정부의 책임을 줄이고 주정부, 시정부 등 지방정부에게 지역발전의 책임을 돌렸다. 그러나 지방정부는 이를 감당할 재원도, 관심도, 리더십도 갖추지 못하였다. 따라서 새로운 형태의 파트너십, 즉 연방정부와 지방정부, 민간영역, 지역주민 등이 협력하는 것이 중요하다고 본 카터 정부(Carter, 1977~1981)는 민간부문의 투자증진과 역량강화를 촉진할 수 있는 정책을 고안하였다. 대표적인 정책인 도시개발실행보조금(Urban Development Action Grant) 제도는 지방정부에 보조금을 지원하고 이를 민간개발산업부문이 사용할 수 있게 함으로써 경제적 어려움을 겪는 지역의 고용창출을 유도하는 정책으로 민간부문의 투자를 중요시하였다(Reed, 1989 ; Stephenson, 1987).

보수당 정권인 레이건 정부(Reagan, 1981~1989)는 시장에 대한 정부의 간섭은 불필요하고 비생산적이며 부적절한 것이고 오히려 도시 및 지역의 문제를 해결할 수 없다는 입장에 서서, 지역발전과 연관된 연방정부의 프로그램들을 다소 축소하였다. 지역발전의 프로그램도 직접적인 정부의 간섭은 줄이고 시장 시스템을 강화하는 정책을 제시하였다(Cullingworth and Caves, 2009). 1982년 제안된 엔터프라이즈존(Enterprise Zone)은 시장친화적인 프로그램으로 경제적 낙후지역의 문제를 해결하고 지역발전을 도모하려 한 것이다. 지정된 지역은 세법상의 특혜를 통해 기업활동을 향상시키고 지역활성화를 촉진하였다.

클린턴 정부(Clinton, 1993~2000)는 민주당의 전통을 따라 적극적으로 지역발전에 개입하였다. 지역개발정책인 EZ(Empowerment Zone)/EC(Enterprise Communities) 프로그램은 협력적 전략기획을 통해 지역사회의 경제적, 사회적 성장을 동시에 추구하였다. 물리적 개발뿐 아니라 인적자원의 질 향상, 지역사회의 지속가능한 발전, 지역에 기반한 정부, 주민, 기업의 파트너십, 지역계획에의 주민참여 등 다양한 요소가 가미되었다(Liebschutz, 1995).

작고 효율적인 정부를 추진했던 공화당의 부시 정부(W. Bush, 2001~2008)는 산발적으로 분산되어 추진되던 연방정부의 각종 지역발전 프로그램들을 통합하여 보다 효율적으로 관리하는 시스템을 제안하는 한편, 지역발전관련 예산의 규모를 줄이고자 하였다.

민주당 정권인 오바마 정부(Obama, 2009~2017)는 지역발전에 관한 연방정부의 적극적 개입, 지역중심의 정책협력과 통합적이면서 효율적인 정책의 집행을 더욱 중요시하였다. 백악관 산하에 도시정책국을 새로 구성하고 지역개발에 관련된 예산도 증액하였다. 지역의 경쟁력 강화와 지속가능한 발전을 정책목표로 삼고 있다.

나. 지역경제발전의 시기별 특징과 전략

미국 지역경제발전의 과정을 크게 세 개의 시기적 흐름으로 정리할 수 있다(Mark Drabenstott, 2005, 2006). 첫째, 1950년대부터 1980년대 초기까지의 기간으로, 이 시기 지역발전의 목표는 보다 많은 기업을 지역 내로 유치하는 것이었다. 자금이 지역 내로 유입되고 지역이 성장하기 위해서는 보다 많은 수출이 있어야 하며, 이를 위해 정부의 재정지원, 세금혜택 등 재정적 인센티브를 통해 기업을 유인해야 한다는 논리이다. 그에 따라 발전전략도 수출지향적인(export based) 산업을 지역 내에 유치하고 산업단지를 건설하는 데 투자하였다.

둘째, 교통기술이 발달함에 따라 교통 · 운송 비용이 줄어들자 지역적 거리의 한계를 뛰어넘어 주정부 간의 경쟁이 치열해지기 시작하였다. 이 시기에는 중부와 북동부에 위치하였던 산업단지들이 보다 싼 비용을 찾아 남부의 주들로 이동하였고, 기업이 생산시설을 하나의 주에 지리적으로 묶어두지 않고 여러 주로 분산 배치하는 등 생산구조도 빠르게 변화하기 시작하였다. 기업의 비용절감이 중요한 이슈였으며 지방정부는 규제완화를 통해 기업을 유치하려고 하였다. 따라서 발전전략도 산업을 통합하고, 비용절감방안을 강구하는 등 건강한 산업기반을 조성하는 것에 초점을 맞추었다(Hewings, Feser and Poole, 2009). 그러나 세계경제가 통합화되어가는 국제화시대에는 비용절감을 중심으로 하는 발전전략은 한계에 부딪히게 되었고, 이후 국가의 지리적 범위를 뛰어넘는 지역 간의 무한경쟁이 본격화되었다.

셋째, 1990년대 이후는 세계화(globalization)에 따른 지역경쟁력 강화 시기이다. 이 시기에는 개별지역이 가진 상대적 강점이 무엇인지 파악하고 이를 중점적으로 성장시키는 것이 중요했다. 혁신과 기업가 정신을 기반으로 대기업뿐만 아니라 특성화된 중소기업의 역할과 성장에도 주목한다. 더불어 물적 자본뿐만 아니라 인적 자본(human capital)의 중요성을 인식해 교육과 훈련을 통한 노동시장의 질 향상을 중시하며, 창조적 계급(Florida, 2002)을 중요한 성장자산으로 여긴다. 이전 시기와 구별되는 가장 큰 특징은 특화 · 세분화 · 지역화에 있다(Hewings, Feser and Poole, 2009).

표 12-2 지역경제발전의 시기별 특징

	1950～1980년대 초반	1980～1990년대	1990년대 이후
특징	산업유치	비용절감	지역경쟁력 강화
동력	수출기반	규모의 경제	혁신과 기업가정신
전략	기업에 재정적 인센티브 제공 산업단지	산업 병합 및 비용절감 규제완화	기업가정신 클러스터(cluster), 상업화
성공요인	정부의 재정지원과 세금혜택 산업기반시설 제공	기존 산업의 건전성	인적 자본 고등교육, 어메니티(amenities)

자료 : Drabenstott(2006 : 124)

3. 미국의 주요 지역발전정책[1]

가. 포괄적 보조금 제도(Community Development Block Grant : CDBG)

1) 도입 배경과 목적

CDBG는 살기 좋은 도시공동체 개발이라는 목적 아래 양질의 주택보급, 생활환경 개선, 지역의 경제활동 활성화 등의 활동에 사용할 수 있게 지역사회에 포괄적 보조금을 제공하는 제도이다. 연방정부 차원의 대표적인 지역발전 프로그램이며, 재정적인 면에서 규모가 가장 크다. 주택도시개발부 산하의 지역계획 및 개발국(Office of Community Planning and Development)이 CDBG의 주무부서이며 미국 전역에 42

1. 연방정부 차원에서 실행했던 지역발전 관련 주요 정책들을 소개하고, 그 배경과 내용 그리고 주요 이슈를 살펴보았다.

개의 지방사무소를 두고 사업 집행 및 운영관리를 한다.

CDBG는 이전의 도시재생사업(Urban Renewal Program)이 다양한 문제점을 노출하자 이를 대체·발전시키기 위해 포드 정부 때 새롭게 입법된 주택 및 커뮤니티개발법(Housing and Community Development Act of 1974)에 근거하여 실행되는 프로그램이다. CDBG사업은 이전까지 개별적으로 분산·추진되었던 8개 지역개발 사업[2]을 하나의 포괄보조금 제도로 통합·관리한 것으로 현재도 지역개발사업의 주된 동력으로 활발하게 운영되고 있다. 이전의 지역발전 사업 지원이 구체적인 사용 항목이 정해져 있던 항목별 지원방식(Categorical approach)이었던 데 비해, CDBG는 포괄보조금 방식(Block grant approach)으로 전환한 것이다. 사용처를 세세하게 한정지었던 이전의 방법과는 달리 지방정부가 지역필요에 맞게 다양한 목적으로 사용할 수 있도록 재량성과 융통성을 부여하였다. 주민참여(citizen participation)를 필수조건으로 명시함으로써 지역의 요구가 잘 반영될 수 있는 장치도 넣었다.

2) 추진 내용

주정부와 지방정부는 CDBG 재원을 주택문제, 빈곤퇴치, 지역개발 및 재개발, 경제발전, 사회간접자본투자, 공공서비스 제공 등 다양한 용도로 사용할 수 있으나, 기본적으로 다음의 조건을 충족해야 한다. 첫째, 저소득층을 사업의 수혜 대상으로 한다. 둘째, 슬럼화되는 것을 방지한다. 셋째, 지역사회의 안전(safety)이나 건강을 저해하는 것을 방지한다. 실제 주정부나 지방정부는 70% 이상의 CDBG 재원을 첫번째 조건에 해당하는 사업에 활용하고 있다.

지방정부가 통합계획(Consolidated Plan)[3]과 함께 신청하면 주택도시개발부의

2. 통합된 8개 사업은 Open space, Urban renewal, Neighborhood Development Program grants, Historic Preservation grants, Model Cities supplemental grants, Public Facilities loans, Neighborhood Facilities grants, Water and sewer grants 등이다.

3. Consolidated Plan은 CDBG 신청뿐만 아니라 주택도시개발부의 다른 세 프로그램(HOME, HOPWA, ESG)의 신청에도 사용된다.

심사를 거쳐 선정된다. 이때 사업목적과 실행계획을 제출하는데, 이는 실적평가의 기준이 된다. CDBG 재원은 인구, 빈곤, 주택문제, 다른 지역과의 격차 등의 요인을 고려한 공식에 따라 재원을 배분한다. 선정된 지자체는 사업활동과 관련된 정보와 진행상태, 실적보고를 통합지출정보체계(Integrated Disbursement and Information System, 이하 IDIS)를 통해 하게 된다.

표 12-3 지방정부가 CDBG 재원을 사용할 수 있는 사업영역들

사업영역	사업의 예시
구입 및 정비	부동산 및 토지의 구입, 사업예정지의 확보, 토지정비, 구획재조정 등
행정과 계획	계획, 일상적인 프로그램 운영, 간접비용 등
경제개발	상업 및 공업용지의 재개발, 비즈니스 활성화 등
주택	주거지역의 재개발, 건축규칙의 강화, 주택구입 보조 등
공공시설물	홈리스 쉼터, 재활원, 지역서비스 시설, 상하수도 시설, 도로 등의 공공시설물의 신축 및 개·보수 등
공공·복지서비스	의료서비스, 고령화 대책, 육아보조, 취업훈련 등
Section 108 대부금의 상환	현재 혹은 미래 예상되는 개발보조금을 담보로 사용한 대부금의 상환 등
기타	비영리조직의 활성화, 교육기관에 대한 보조 등

자료 : General Accounting Office(2006 : 9)를 수정·보완

나. 통합적 지역발전계획(Consolidated Plan)

1) 추진 배경과 목적

주택도시개발부는 연방정부의 지역발전 관련 핵심기관으로 다양한 지역개발 프로그램들을 운영하고 있다(HUD, 2006). 그런데 다수의 지역개발 사업이 산발적으로 추진되고 있기 때문에 중복 지원과 유사 사업의 운영 사례가 보고되기도 한다(GAO, 2000a, 2011, 2012). 더구나 정부실적법(Government Performance and Results Act of 1993)이 통과되면서 의회와 연방정부는 지역개발사업이 계획하였던 결과를 내는지, 혹은 효과적으로 진행되고 있는지에 더욱 관심을 가지게 되었다(GAO, 1997,

2000b, 2011). 따라서 사업의 효과성을 높이기 위해 부처 내에서 포괄적 접근을 시도하는 노력들이 있었다(GAO, 2011, 2015). 예를 들어, 부처 내에서 운영되는 프로그램들을 통합 혹은 연계하여 관리하거나, 지역계획와 연계하여 실적평가를 강화함으로써 사업의 효율성과 효과성을 높이는 방법 등이 있다. 그러한 시도 중의 하나로 통합계획제도(Consolidated Plan, 이하 ConPlan)가 있다.

주택도시개발부에서 관리하는 연방정부 지원 프로그램을 신청하기 위해서 지방정부는 ConPlan을 제출해야 한다. ConPlan은 포괄적이어서 프로그램의 목표와 전략, 집행계획, 가능한 성과 등이 포함된다. 지방정부는 ConPlan을 준비할 때 사업목표를 효과적으로 달성하기 위해 연방정부의 지원 프로그램들을 어떻게 활용할 것인가에 대한 종합적인 계획을 수립할 수 있으며, 이를 통해 한정된 재원을 지역의 상황을 고려한 우선순위에 따라 효율적으로 사용할 수 있는 가이드라인을 제시할 수 있다는 장점이 있다. 주택도시개발부에서 관리하는 4개[4]의 주요 지역개발 관련 포괄보조금 프로그램을 신청하려면 반드시 ConPlan을 작성하여야 한다.

ConPlan은 단순한 지역계획 이상의 의미를 갖는다. ConPlan을 통하여 주택도시개발부에서 시행하는 각종 지역발전 프로그램들을 하나의 관리시스템으로 매년 통합적으로 관리—재원관리와 모니터링 기능도 포함—할 수 있다. 또한 연방정부의 지역발전사업 지원이 주정부나 지방정부의 지역발전계획과 연계가 되어 지역의 필요에 효과적으로 대응하고 사업의 효율성을 높이기 위한 정책목적을 가지고 있다.

2) 추진 내용과 특징

ConPlan에는 다음과 같은 사항들이 포함된다(Turner, 2002). 첫째, 지역사회의 수요평가와 현재 상태에 대한 분석, 둘째, 3~5년 단위의 장기 전략과 실행계획, 셋

4. 커뮤니티 개발 보조금(CDBG-Community Development Block Grant), 주택투자파트너십(HOME-Home Investment Partnerships), 에이즈 환자를 위한 주택지원(HOPWA-Housing Opportunities for Persons with AIDS), 그리고 긴급피난지원(ESG-Emergency Shelter Grants).

째, 1년 단위의 투자계획과 사업진행 계획, 넷째, 계획과 집행과정에 지역 주민의 참여 방안, 다섯째, 관련 기관과의 연계 · 조정 방안, 여섯째, 관련 프로그램과의 연계 · 조정 방안, 일곱째, 모니터링, 여덟째, 정보체계 프로그램을 이용한 자료 및 실적 보고 등이다.

ConPlan은 다음과 같은 특징을 갖고 있다(Turner, 2002). 첫째, 연방정부 재정지원의 통합적 관리를 추구한다. 이전의 제도에서는, 주택도시개발부 안에도 지역개발 프로그램들이 다양하기 때문에 지방정부는 필요에 의해 개별 프로그램을 각각 신청해야 하며, 재원활용계획과 보고, 업무평가도 개별 프로그램에 따라 별도의 보고서를 작성해야 했다. 이는 지자체에 과도한 업무부담, 생산성의 결여, 사업목표의 분절화 등의 문제점을 노정시켰다. 더구나 하위의 세부 사업목표에 따라 다양한 프로그램들을 사용할 경우 상위 목표에 대한 일관성과 조정에 문제가 발생한다. ConPlan은 포괄적 계획을 준비 · 제출하게 함으로써 이러한 문제들을 줄일 수 있다.

둘째, ConPlan은 지역 수준에서 지역 내 사업추진 소관기관과 관련 지방정부 기관과의 연계 · 조정을 강조하고 있다. 또한 지방정부와 연방정부 간 소통과 협력도 권고하고 있다. 정책의 조정과 협력은 다음의 4가지 유형(Turner, 2002)으로 나타난다. ① 같은 지자체 내의 다른 부서 간 조정, ② 컨소시엄을 이루는 경우 그 안에서의 소통 · 연계 · 조정, ③ 광역지역 내의 지자체 간 연계 · 조정, ④ 지방정부와 연방정부와의 조정 등이다.

셋째, 지방정부는 지역 수준에서 이루어지고 있는 모든 지역개발 프로그램들과 관련 활동들을 ConPlan 전략에 포함하게 함으로써 통일성을 높이고, 프로그램 간의 조정을 가능하게 한다. 예를 들면, 홈리스에 대한 정책은 쉼터 등 시설을 지어주는 것과 상담, 훈련 등 복지 서비스, 그리고 정신건강, 약물중독, 신체적 장애 등의 건강 서비스 등이 개별 프로그램으로 추진될 수 있으나, ConPlan은 이들 사업들을 유기적으로 연결함으로써 포괄적 전략을 세울 수 있다.

넷째, ConPlan은 사업의 계획과 집행과정에 지역주민들이나 지역단체 등의 참여를 규정하고 있다. 지역의 전문가들이나 비영리조직, 서비스 제공자 등은 지역의 필요와 우선순위를 잘 알고 있기 때문에 지역개발전략을 세울 때 이들의 자문을 포함할 것이 요구된다. 또한 사업계획의 시안을 지역주민들에게 제공하고 공청회를 통하여 혹은 설문조사(survey)를 통하여 의견을 수렴할 것을 규정하고 있다.

다섯째, 실적평가의 요소를 갖고 있다. ConPlan에 기록되어 제출된 목표는 이후 실적평가의 기준이 된다. ConPlan과 더불어 매년 실적평가보고서를 함께 제출하도록 되어 있다.

다. 부처 간 사업의 조정과 통합시도(커뮤니티 강화 프로그램)

1) 추진 배경

2005년 미국 커뮤니티 강화 자문위원회(Strengthening America' s Communities Advisory Committee)가 구성되어 지역발전 관련 프로그램들의 통합적 관리를 강화해야 한다는 점을 부시 행정부에 제안하였다. 연방정부의 재원이 효율적이고 책임감 있는 전달시스템에 의해 운영될 필요가 있다는 결론을 내리고 이를 위해서는 통합적 관리가 필요하다는 것이었다(US Department of Commerce, 2005).

행정예산관리국의 보고서(Office of Management and Budget, 2005)에 따르면 기존 지역개발 프로그램들은 사업영역이 유사 · 중복되거나 효율적으로 집행되지 못한 사례가 발견되고 있으며, 프로그램 간 연계가 없어 조정이 되지 않는 경우도 있었다. 현 시스템에서는 다양한 연방정부의 프로그램들이 제각기 다른 기준과 필요조건, 신청절차를 요구하고 있어 지방정부가 적절한 프로그램을 찾고, 신청하고 지원을 받는 데 필요 이상의 비용이 수반된다. 또한 장기적 목표가 불분명하며, 정부의 지원이 꼭 필요한 지역으로 전달되지 못하는 등 비효율성을 나타냈다.

2) 내용 및 평가

부시 정부는 5개의 연방정부 부처(주택도시개발부, 농무부, 재무부, 보건후생부, 상무부)가 관리하는 18개[5]의 주요 지역발전관련 사업들을 통합하여 하나의 지원 프로그램으로 묶고 이를 상무부 산하에서 관리 · 감독키로 하는 방안을 제시하였다. 이는 연방정부 차원의 지역발전 전략이 조정과 통합을 시도했다는 점에서 의미가 크다. 사업의 통합을 통해 지역개발 정책의 효율성과 통일성을 높일 수 있으며 거래비용을 줄이고자 하였다. 그러나 정부가 미국 커뮤니티 강화방안(Strengthening America' s Communities Initiative, 이하 SACI) 제안을 의회에 제출하였으나, 지역개발 예산의 대규모 삭감이 함께 제시되었기에 의회와 지방정부의 호응을 얻지 못하고 거센 반발에 부딪혀 결국 좌초하게 되었다.[6]

부시 정부의 SACI는 지역개발사업들을 통합적으로 개혁하고자 했다는 점에서는 긍정적인 평가를 받았으나 정책적 · 정치적인 측면에서 치밀하지 못했다는 비판을 받았다. 첫째, 정책적 측면에서 개별 지역개발 프로그램들의 다양성이 무시되었다. 프로그램의 목표와 대상, 수단이 서로 상이한 프로그램들을 통합하는 데는 세밀한 분석이 요구된다. 예를 들면, 상무성 산하 경제개발국(Economic Development Administration, 이하 EDA)의 경제개발지원 사업과 비교했을 때, 주택도시개발부의

5. 18개 프로그램은 다음과 같다. (1) 주택도시개발부의 프로그램 : Community Development Block Grants(CDBG), Community Development Block Grants Set-Asides(CDBG SA), National Community Development Initiative(NCDI), Brownfields Economic Development Initiative(BEDI), Rural Housing and Economic Development(RHEC), Urban Empowerment Zones Round II Grants(UEZ). (2) 농무부의 프로그램 : USDA Rural Business Enterprise Grants, USDA Rural Business Opportunity Grants, USDA Economic Impact Grants, USDA Rural Empowerment Zones(EZ)/Enterprise Communities(EC). (3) 재무부의 프로그램 : Community Development Financial Institutions(CDFI), Bank Enterprise Award(BEA), CDFI Native Initiatives. (4) 보건후생부의 프로그램 : HHS Community Services Block Grant, Community and Economic Development, Rural Community Facilities. (5) 상무부의 프로그램 : Economic Development Assistance Program.

6. 기존의 18개 지역개발 프로그램들은 2005년 $5.6 billion의 예산을 배정받았으나, SACI를 제시한 부시행정부의 2006년안은 $3.71 billion이 배정되어 약 34%가 삭감되는 안이었다. 그러나 의회는 전년도와 비슷한 수준(약 $5.3 billion)으로 되돌려 놓았다(Boyd et. al. 2006).

CDBG 프로그램은 보다 저소득층 지향적이고 상대적으로 주택문제에 더 많은 초점을 두고 있는 등 차별화될 수 있는 사업이다. 그러나 부시정부가 제시한 통합적 프로그램이 분산된 프로그램에 비해 지역의 다양한 필요에 효과적으로 대응할 수 있는가에 대한 근거를 제시하지 못하였다.

둘째, 지방정부의 입장에서는[7] 일선행정에서 다양하고 세분화된 목적을 가지고 집행되어야 할 프로그램들이 통합적으로 하나의 프로그램이 되면, 우선순위에서 밀리는 정책들은 지원을 받기 어려워진다는 현실적 우려가 있었다.

셋째는 정치적 구조이다. 정책의 다양성은 의회의 위원회 구조와도 관련이 있다. 그리고 의회의 위원회는 특정 부처의 활동들과 밀접히 연관되어 있다. 따라서 개별 지역발전정책에 찬성하고 이를 지원하고자 하는 의원들은 자신의 소속 상임위원회를 통하여 의견을 제시하게 된다. 이렇게 전문화 · 분절화된 의회 구조와 관할영역 다툼은 지역개발 프로그램들의 통합 및 조정을 어렵게 하는 요인이 되었다(Finkle, 2008).

4. 미국 지역발전정책의 동향과 시사점

가. 오바마 정부 지역발전정책의 특징

1) 연방정부 역할의 강화

글로벌화된 현대사회에서는 지역 경쟁력 강화가 장기적인 국가발전에 필수적인 요인이라는(White House, 2009a) 정책기조를 가진 오바마 정부는 연방정부의 지역개발 개입, 지역중심의 정책협력과 통합적이고 효율적인 정책집행을 중요시하였다. 미국은 주택시장의 붕괴로부터 시작된 경제위기의 고통으로부터 속히 회복되어야 한다는 사명감과 지역발전에 남다른 열정을 가지고 있던 오바마 정부는 이전의 정부와는 달리 지역

7. Robert Doty(네브라스카 주 경제개발국 지역개발담당관)와의 인터뷰(2008년 10월 10일)

발전정책에 있어 연방정부의 적극적 역할을 추진하였다. 2009년 백악관에 도시정책국(Office of Urban Affairs)을 새로 구성하여 관련 정책총괄 역할을 맡게 하고 긴급경기부양책에서 지역발전과 연관된 예산 항목을 늘리는 등 도시 및 지역발전에 대한 높은 관심을 보여주었다. 신설된 도시정책국의 주된 역할은 국가적 차원의 도시 및 지역 발전전략을 수립하고, 여러 부처에 산재되어 있는 연방정부 사업들의 조정 및 효율성 증대를 위한 방안을 강구하는 것이다(Katz, 2010). 대도시나 중소도시가 독자적으로 수립하는 발전계획만으로는 한계가 있다고 판단하고, 지역발전계획 수립과 투자 등에 정부 간 협력과 정책조정의 중요성을 강조하였다.

오바마 정부가 2011년[8] 제안한 강한 도시 · 강한 지역사회 프로그램(Strong Cities, Strong Communities, 이하 SC2)은 이전과는 다른 접근방식의 지역발전전략이며 연방정부의 역할이 보다 직접적이고 구체화된 형태를 보여준다. 경제적으로 낙후되고 지역개발이 상대적으로 더딘 지역의 경제활성화를 위해 연방정부의 전문가팀(SC2 team)이 지방정부와 지역 리더들과 파트너십을 형성해서 지자체의 역량을 키우고 경제회복 방안을 강구한다. 경제적인 어려움을 겪고 있는 지자체는 공공서비스에 대한 수요가 늘어나고 있음에도 이에 적절히 대응할 능력이 없으므로 연방정부는 지역과 연계 · 협력하여 경제개발과 일자리 창출을 위해 필요한 기술적 지원, 행정 · 정책적 자원, 그리고 재정적 보조를 제공하고 있다. 또한 지자체의 재정 및 정책능력과 공공서비스 수요, 가능한 정책수단, 성장목표 등을 포괄적으로 재검토해서 연방정부의 지원과 투자가 지역의 지속적인 경제성장으로 연결될 수 있는 효과적인 방안을 함께 강구한다(White House, 2013). 지방정부의 입장에서는 연방정부의 맞춤화된 지원을 구체적이고 직접적으로 받을 수 있는 장점이 있고, 연방정부에서는 지역사회와 직접적인 접촉을 통해 지역의 상황과 필요를 보다 정확히 파악하여 실질적인 도움이 되는 정책을 수립할 수 있다는 장점이 있다. 이를 통해 연방정부의 재원이 보다 효과적이고 효율적으로 사용될 수 있다.

8. 2012년 3월, 오바마 대통령은 백악관에 강한 도시, 강한 커뮤니티 위원회(White House Council on Strong Cities, Strong Communities)를 설치하고 이 위원회가 관련 프로그램들을 조정, 집행하고 그 결과를 행정부에 보고하게 함으로써 지속적으로 추진될 수 있는 장치를 마련하였다.

2) 연계 · 협력의 강화

오바마 정부가 당면한 주요 지역발전 이슈는 세 가지로 요약할 수 있다. 첫째, 지역의 경쟁력 강화, 둘째, 환경의 지속가능성, 그리고 셋째, 기회의 균등이 그것이다. 이러한 과업들은 주로 주택도시개발부가 핵심적인 역할을 맡게 되지만, 연방정부 내 다른 부처 역시 다양한 방법으로 과제에 협력하고 있다. 한 예로 오바마 행정부의 역점사업인 지속 가능한 커뮤니티 개발(Sustainable Communities Initiative)은 주택도시개발부, 교통부, 환경청의 세 부처 간 파트너십으로 지역 기반의 어젠다(place based agenda)에 관심을 갖고, 지역사회의 삶의 질을 높이는 정책에 중추적인 역할을 하며 세 부서가 협력적으로 참여하고 있다. 2011년 예산안을 분석해보면(GPO, 2010), 파트너십의 한 주체인 주택도시개발부는 총 1억 5천만 달러를 투자하여 주정부와 지자체가 지역계획 수립 시 교통과 주거문제를 연계하는 포괄적인 지역계획을 수립할 것을 유도하며, 지역이 지속가능한 발전을 이루게 하고, 환경오염을 줄이며 공공교통수단의 이용을 늘리게 하는 등의 정책을 집행하였다. 또 다른 참여부서인 교통부는 총 5억 2천 7백만 달러를 투자하여 교통관련 기반시설의 재정비, 지역계획과 교통계획의 통합적 접근, 교통인프라를 통한 지역사회의 경제발전 등을 통하여 지역의 지속가능한 발전을 촉진시키고자 하였다. 환경보호청 역시 1천만 달러를 환경친화적 기술개발에 투자하였다.

분권화의 전통이 강한 미국에서 대도시들은 정치적 · 행정적으로 철저히 독립되어 있기 때문에 광역지역발전정책에 있어서 상호 연계 · 협력과 정책조정이 무엇보다도 중요하다. 조세나 재정, 규제 등의 행정업무가 시나 카운티의 고유 권한이고 이를 지키려고 하는 정치적 환경에서 한정된 자원을 공동으로 투자하고 관리하는 것이 쉬운 일이 아니다. 이러한 상황에서 연방정부는 '채찍' 보다는 '당근' 을 제공함으로써 지역발전을 위한 지방정부들의 협력을 유도하려 하였다(Turner, 2010).[9] 강제적으로 지역

9. 예를 들면, 펀드 신청 시 가산점을 제공한다거나, 자발적으로 참여하는 지자체에는 인센티브 보너스 펀드를 주고, 성공적인 사례를 선정하여 홍보하는 방식이다.

간의 협력을 강제하는 것은 미국의 정치문화에서는 매우 어려운 일이다(Downs, 2005).

연방정부 차원에서도 지역개발을 위한 정책들의 부처 간 조정이 용이하지 않았다. 분산된 지역 개발 사업의 통합적 조정은 쉽지 않은 작업인데, 이는 개별 부처의 고유한 임무와 목표가 다르고, 전통이 다르며, 업무 영역이 다르기 때문이다(GAO, 2011, 2012). 또한 연방정부 내 부처와 기관들은 자신들의 고유한 행정 영역과 사용 가능한 행정 자원을 가지고 있는데, 조정을 통해 조직의 임무와 행정자원에 대한 통제권을 잃지 않을까 하는 우려가 있다(GAO, 1995). 부처의 정책개발은 감시기능을 하는 의회의 위원회 구조와도 연관되어 있다. 의회의 위원회는 특정 부처의 활동영역들에 연계되어 형성되어 있다. 그리고 개발정책이 형성되면 이는 해당 상임위원회를 통과하여야 하는데, 이러한 의회 구조는 지역개발 프로그램들의 통합 및 조정을 더욱 어렵게 하는 요인이 되고 있다(Finkle, 2008).

이에 오바마 정부는 부처 간 사업의 조정 연계 통합을 위해 예산계획 시 지역중심의 정책과 사업(placed based)에 중점을 두도록 하고 부처 간 협력을 강화할 것을 요구하는 지침을 내리기도 하였다(White House, 2009b).

3) 실적 평가의 강화

2009년 10월 행정관리예산국(Office of Management and Budget, 이하 OMB)은 모든 연방정부기관에 보낸 서한을 통해 실적평가의 중요성을 강조하면서 질 높고 엄격한 평가를 강화하라는 지침을 보냈다(OMB, 2009). 정부의 사업이 의도한 성과를 달성하였는지 그리고 소요된 비용이 낭비되지는 않았었는지 등을 평가하는 피드백을 통하여 정책형성자나 관리자들로 하여금 정책을 설계하고 집행할 때 보다 신중하고 정확한 전략을 세울 수 있게 하는데 도움이 된다. 더불어 정부의 재정이 효과적이고 효율적으로 사용될 수 있게 한다. 이를 위해 오바마 정부는 기관 간 실무그룹을 만들어서 공정하고 엄격한 평가가 이루어지게 하고 이를 재원 배분에 활용하도록 하였다.

나. 미국 지역발전정책의 특징과 시사점

미국 지역발전정책의 특징을 요약하면 다음과 같다.

첫째, 지역개발과 관련된 연방정부의 역할은 거시적인 방향 제시와 재정 지원, 연구 활동 등에 주력하며, 실질적으로 지역발전을 주도하는 것은 주정부나 지방정부의 역할이었다. 이 기본적인 접근방식은 변하지 않았으나, 오바마 정부 출범 이후, 지역발전에 대한 연방정부의 역할이 지속적으로 확장되고 있다. 오바마 대통령은 지역발전정책의 집행에 있어 부처 간 협력 · 조정이 중요하다고 보았다. 따라서 집권하자마자 2009년 2월 백악관에 도시정책국을 설립하여 부처 간 조정 역할을 맡겼다. 도시정책국은 예산관리국, 국내정책협의회, 경제협의회 등과 협력하면서 각 연방부처의 지역개발정책과 대도시권 정책을 검토하여 효과적인 정책조정시스템을 제공하기 위해 노력하고 있다(Silver, 2010).

둘째, 광역권 발전 계획에서 지자체 간 혹은 지자체와 민간부문 간의 협력과 조정은 성공적인 지역발전정책을 위해 필수적인 조건이다. 분권화의 전통이 강한 미국의 경우 지자체들은 정치적으로 철저히 독립되어 있기 때문에 지역계획에 있어서 상호협력과 정책조정이 특히 중요하였다. 연방정부는 규제를 통하여 강제하기보다는 인센티브 시스템을 제공함으로써 지역발전을 위한 지자체들의 협력을 유도하고 있다(Turner, 2010).

셋째, 오바마 정부에서 중시하는 것은 실적과 데이터에 기반한 정책(evidence-based policy)수립이다. 실적을 중시하는 정책관리는 정보수집과 모니터링 기능을 강화할 수밖에 없다(Turner, 2010). 이러한 정책은 정책의 실질적 영향력(건강, 교육, 삶의 질 등이 얼마나 증진되었는가)에 초점을 맞추지, 단순한 결과지표(사례의 수, 새로 추가된 주택 수)에 만족하지 않는다. 따라서 정책평가에 있어 정책영향의 평가방법과 지표개발이 중요하며 이를 위해 많은 투자를 하고 있다.

넷째, 어느 정부에게나 공적 재원의 사용에 있어 중복성, 비효율성으로 인한 낭비를 줄이고 어떻게 실질적인 정책효과를 증진시킬 수 있는가 하는 것은 여전히 복잡하고 해결하기 힘든 이슈이다(GAO, 2012). 미국은 포괄보조금 형태의 재원 전달체계와 통합계획을 제시하였다. CDBG와 같은 포괄보조금은 주정부나 지방정부로 하여금 지역의 특성을 고려하여 타당하고 적절한 사업의 우선순위를 정하고 현지의 행정 수요에 대응하는 프로젝트를 진행할 수 있게 해주며, 연방정부 입장에서는 행정비용을 줄이고 사업 중복의 문제를 피할 수 있는 장점이 있었다. 포괄보조금은 유연성 향상과 지방정부의 재량권 확대가 중요한 특징이지만, 유연성은 칼의 양날과 같아서 분명한 실적측정이 요구되는 상황이나 정책성과의 일관성이란 측면에서는 약점이 나타난다. 따라서 미국 정부는 사업의 장기목표를 분명히 하고 사업의 실적에 대해 사후평가를 철저히 함으로써 보완적으로 정책 효과성을 높이려고 하였다. 실제 주요 경제개발 관련 정부기관들은 모니터링을 강화하고 실적평가의 기준을 분명히 하려고 노력하고 있다(Drabenstott, 2005). 예를 들어, 주택도시개발부도 실적 평가에 사용될 수 있는 측정 가능한 지표의 개발에 노력하고 있으며 이 지표를 통합정보관리시스템과 연계하여 운영하려 시도하였다.

다섯째, ConPlan은 단순한 지역발전계획 이상의 의미를 갖는다. ConPlan을 통하여 주택도시개발부에서 시행하는 각종 지역발전 프로그램들을 하나의 관리시스템을 이용하여 매년 통합적으로 관리—재원관리와 모니터링 기능도 포함—할 수 있을 뿐만 아니라 주민참여를 증진시키고, 기관 간 협력 및 조정과정을 강화하게 함으로써 원활한 정책집행에 도움을 준다. 지방정부는 지역 수준에서 이루어지고 있는 모든 지역개발 프로그램들과 관련 활동들을 ConPlan에 포함시킴으로써 지역의 정책통일성을 높이고, 프로그램 간의 조정을 가능하게 한다. ConPlan은 제각기 특별한 사업목표를 가지고 구성된 프로그램들이 지역에서 필요로 하는 개별 정책수요에 유기적으로 대응하면서도 관리적인 측면에서 통합적으로 조정 · 운영 · 협력된다는 특징이 있다.

여섯째, 기존의 연방정부 지역발전정책은 물리적 기반시설(physical infrastructure)에 많은 비중을 두어 인적자원(Human capital)과 사회적 요인(조직의 노하우, 네트워킹 등)에 대한 지원이 상대적으로 부족했다(Markusen and Glasmeier, 2008). 노동력의 지식과 기술은 생산성을 향상시킬 뿐만 아니라 지역경제의 활성화에 직접적으로 연결된다. 지역의 중소기업들에게 첨단기술, 관리, 마케팅 등의 지식을 제공하는 것도 사회간접자본을 제공하는 것만큼이나 중요한 사업으로 추진하고 있다.

마지막으로, 세계화 시대에는 각 지역마다 고유의 전략을 가지고 경쟁력을 키워야 한다. 따라서 지역개발정책 과정도 하향식(top-down)이 아니라 상향식(bottom-up)이어야 한다. 그리고 정치적 지지를 받지 못하는 정책은 성공하기 어려우므로 주민참여는 성공적인 정책실현을 위한 중요한 요인이라 할 수 있다. 정책의 초기부터 다양한 방법으로 지역의 의견을 수렴하는 것이 중요하다. 자문위원회, 포커스 그룹(Focus group), 공청회 등 다양한 방법을 통해 지역사회와 소통해야 한다. 교육 및 홍보를 통하여 지역발전정책의 취지를 알리고, 지역주민과 지역민간단체, 지역사회의 오피니언 리더, 민간 개발업자 등 다양한 이해관계자들을 정책 과정에 참여시켜야 한다.

〈참고문헌〉

Boyd, Eugene, Burce Mulock, Pauline Samle, Tadlock Cowan, Garrine Laney and Bruce Foote, 2006, *An Overview of The Administration's Strengthening America's Communities Initiative*, Congressional Research Service Report for Congress.

Bradshaw, Michael, 1992, *The Appalachian Regional Commission : Twenty-Five Years of Government Policy*, University Press of Kentucky.

Council of Economic Advisers, 2014, *The War on Poverty 50 Years Later: A Progress Report*, Executive Office of the President of the United States. Available at https://www.whitehouse.gov/sites/default/files/docs/50th_anniversary_cea_report_-_final_post_embargo.pdf.

Cullingworth, Barry, Roger Caves, 2009, *Planning in the USA : Policies, issues, and processes*, 4th edition, New York, Routledge.

Downs, Anthony, 2005, Smart Growth : Why we discuss it more than we do it, *Journal of the American Planning Association,* 71(4) : 367～380.

Drabenstott, Mark, 2005, *A Review of The Federal Role in Regional Economic*

Development, Federal Reserve Bank of Kansas City.

Drabenstott, Mark, 2006, Rethinking Federal Policy for Regional Economic Development, *Economic Review*, 1st Quarter.

Finkle, Jeffery, 2008, A Cautious Look Into Reconfiguring Federal Economic Development Programs, *Economic Development Quarterly*, 22(2).

Florida, Richard, 2002, *The Rise of the Creative Class*, New York, Basic Books.

GAO(General Accounting Office), 1995, *Community Development : Challenges Face Comprehensive Approaches to Address Needs of Distressed Neighborhoods*, Testimony Before the Subcommittee on Human Resources and Intergovernmental Relations, Committee on Government Reform and Oversight, House of Representatives.

____________________, 1997, *Managing For Results: Using the Results Act to Address Mission Fragmentation and Program Overlap*, Report to Congressional Requesters.

____________________, 2000a, *Economic Development : Multiple Federal Programs Fund Similar Economic Development Activities*, Report to Congressional Committees.

____________________, 2000b, *Managing for Results: Barriers to Interagency Coordination*, Report to the Honorable Fred Thompson, Chairman, Committee on Governmental Affairs, U.S. Senate.

____________________, 2006, *Community Development Block Grants : Program offers recipients flexibility but oversight can be improved*, Report to Congressional Committees.

____________________, 2011, *Economic Development : Efficiency and Effectiveness of Fragmented Economic Development Programs Are Unclear*, Report to Congressional Committees.

____________________, 2012, *2012 Annual Report : Opportunities to Reduce Duplication, Overlap and Fragmentation, Achieve Savings, and Enhance Revenue*, Report to Congressional Addresses.

____________________, 2015, *2015 Annual Report : Additional*

Opportunities to Reduce Fragmentation, Overlap, and Duplication and Achieve Other Financial Benefits, Report to Congressional Committees.

GPO(Government Publishing Office), 2010, Budget of the United States Government-Fiscal Year 2011, Available at www.gpo.gov/fdsyspkg/BUDGET-2011-BUD.

Hewings, Geoggrey, Edward Feser, Ken Poole, 2009, *Spatial/Territorial Development Policies in the United States*, World Development Report, Background Paper. Available at http://siteresources.worldbank.org/ INTWDR2009/Resources/4231006-1204741572978/Hewings.pdf.

Higgins, Benjamin, Donald Savoie, 1995, *Regional Development Theories & Their Application*, New Brunswick, Transaction Publishers.

Katz, Bruce, 2010, Obama' s Metro Presidency, *City & Community,* 9(1) : 23—31.

__________, 2014, Nixon' s New Federalism 45 Years later, Brookings Institute, Available at http://www.brookings.edu/blogs/the-avenue/posts/2014/08/11-nixons-new-federalism-katz.

Levy, John, 2013, *Contemporary Urban Planning*. 10th edtion, New York, Pearson.

Liebschutz, Sarah, 1995, Empowerment Zones and Enterprise Communities: Reinventing Federalism for Distressed Communities, *Publius*, 25(3) : 117—132.

Markusen, Ann and Amy Glasmeier, 2008, Overhauling and Revitalizing Federal Economic Development Programs, *Economic Development Quarterly*, 22(2).

Mollenkopf, John, 1983, *The Contested City*, Princeton, NJ, Princeton University Press.

Office of Management and Budget, 2005, *President Bush Proposes Strengthening America' s Communities Initiative*.

________________________________, 2009, *Memorandum for the Heads of Executive Departments and Agencies-Increased Emphasis on Program Evaluation*, October 7.2009, m-10-01. Availables at https://www.whitehouse.gov/sites/default/omb/assets/memoranda_2010/m-10-01.pdf.

Reed, Ingrid, 1989, The Life and Death of UDAG: An Assessment Based on Eight Projects in Five New Jersey Cities, *Publius,* 19 (3) : 93-109.

Silver, Hilary, 2010, Obama' s Urban Policy : A Symposium, *City and Community*, 9(1) : 3-12.

Stephenson, Max, 1987, The Policy and Premises of Urban Development Action Grant Program Implementation: A Comparative Analysis of the Carter and Reagan Presidencies, *Journal of Urban Affairs*, 9(1) : 19-35.

Strengthening America' s Communities Advisory Committee, 2005, *Report of the Committee to the Secretary of Commerce*, Washington, DC: U.S. Department of Commerce.

Turner, Margery, 2002, *Planning to Meet Local Housing Needs : The Role of HUD' s Consolidated Planning Requirements in the 1990s*, Final Report to U.S. Department of Housing and Urban Development.

U.S. Department of Commerce, 2005a, *Report of the Strengthening America' s Communities Advisory Committee*, Washington, DC : U.S. Department of Commerce.

______________________________, 2005b, *Strengthening America' s Communities Initiative : An Overview*.

U.S. Department of Housing and Urban Development, 2006, *Programs of HUD (Major Grant, Assistance, and Regulatory Programs)*, Available at http://www.huduser.org/resources/hudprgs/progofhud06.pdf.

White House, 2013, Strong Cities, Strong Communities Initiative 1st Year Report, White House Council on Strong Cities, Strong Communities.

___________, 2009a, *Remarks by the President at Urban and Metropolitan Policy Roundtable*, July 13, 2009., Availables at https://www.whitehouse.gov/the_press_office/ Remarks-by-the-President-at-Urban-and-Metropolitan-Roundtable/

___________, 2009b, *Memorandum for the Heads of Executive Departments And Agencies-Developing Effective Place-Based Policies for the FY 2011 Budget*, August 11, 2009. M-09-28. Availables at https://www.whitehouse.gov/sites/default/files/omb/memorand_fy 2009/m-09-28.pdf.

1. 일본의 지역발전정책 개관

2. 일본의 지역발전정책 변천과 최근 동향

3. 일본의 주요 지역발전정책

4. 일본 지역발전정책의 시사점

제 13 장

일본의 지역발전정책 동향과 시사점

1. 일본의 지역발전정책 개관

전후 일본의 지역발전정책을 대표해왔던 것은 전국종합개발계획(全國總合開發計劃, 이하 '전국종합개발계획')이라고 할 수 있다. 전국종합개발계획은 1962년 1차를 시작으로 1998년까지 다섯 차례 수립되었다. 이들 계획은 내용상의 차이는 있었지만 대체로 도쿄 및 교토, 나고야 등 대도시의 과대 성장을 방지하고 지역 간 균형있는 발전을 도모하는 것을 목적으로 하고 있었다.

그러나 일본 지역발전정책의 획기적인 변화는 2000년대 초라고 해도 과언이 아니다. 2001년 출범한 고이즈미 정권은 전국종합개발계획을 필두로 그동안 일본 지역개발정책의 주요 목표였던 '지역 간 균형있는 발전'에서 벗어나 '지역 간 경쟁에 의한 개성있는 발전'으로 정책의 무게중심을 이동시켰기 때문이다.[1] "글로벌 경쟁시대에 있어 기업이나 경제활동의 주체에게 선택될 수 있는 국토와 지역을 형성한다"는 고이즈미의 이른바 신자유주의 관점의 지역발전전략과 맥을 같이하는 것이었다.

특히 2000년대 초에는 그동안의 중앙집권적이며 부처 분산적으로 추진되던 방식에서 탈피해 지방 분권적이며 부처 통합적 방식으로 지역발전정책이 변화되기 시작했다. 그 일환으로 지역발전정책을 부처 횡적으로 추진·조정하기 위해 총리 직속의 내각부에 도시재생본부, 구조개혁특별구역본부, 지역재생본부, 중심시가지 활성화본부와 같은 다양한 기구를 설치했다. 아울러 국토청, 홋카이도 개발청, 건설교통성을 국토교통성으로 통합하는 등 중앙 관련 부서를 통·폐합하였다.

최근 일본은 고령화, 저성장에 따라 지방이 소멸할 수 있는 위기가 높아지고 있다. 그래서 현재는 지역 공동체 자체를 지속시키고 발전시키기 위한, '지역의 활성화'에 지역발전정책의 초점을 두고 있다. 그 일환으로 2013년 규제개혁을 통해 지역경제 활성화를 겨냥한 '국가전략특구'를 도입하는 등 이른바 '잃어버린 20년'을 만회하기 위해 지역의 성장전략을 가동시키고 있다. 아베 총리의 지역발전정책도 바로 이

1. 1998년에 수립된 제5차 전국종합개발계획에 따라 1950년에 제정된 국토종합개발법이 폐지되고 2005년 국토형성계획법이 제정·시행되기 시작했다.

같은 맥락에서 이해할 수 있다.

2000년대 이후 일본의 지역발전정책에서 중앙부처 정책주체의 횡적 통폐합에 더해 몇 가지 두드러진 현상을 확인할 수 있다. 그 중 하나는 지역발전의 정책기조가 국토균형발전에서 지역 간 경쟁과 개성있는 발전으로의 변화와 맞물린 지역의 협력발전[2]과 광역화 경향이며, 다른 하나는 국가최소수준의 삶의 여건 조성을 겨냥한 낙후지역 발전정책이라고 할 수 있다. 앞의 대표적인 것으로는 2005년부터 도입 · 추진하기 시작한 광역지방계획과 2009년 4월부터 시 · 정 · 촌 간에 공동 발전을 도모하고 있는 '정주자립권' 시책이 해당된다. 뒤의 대표적인 것으로는 저발전 낙후지역을 대상으로 하는 '과소지역 정책' 이 해당된다.

여기서는 최근 일본의 정주자립권(定住自立圈) 시책과 과소지역(過疎地域) 정책을 집중적으로 조명해 볼 것이다. 특히, 정주자립권 시책에서는 시책의 취지와 목적, 특징과 재정지원뿐 아니라 현재 우리나라의 지역행복생활권 시책과의 차이점과 유사점, 성공요소 등도 살펴 볼 것이다. 과소지역 시책에서는 대상지역의 선정요건, 정책지원뿐 아니라 우리의 낙후지역정책과 지역발전위원회가 추진하고 있는 취약지역 생활여건 개조 프로젝트에 대한 정책적 함의를 도출할 것이다.

2. 일본의 지역발전정책 변천과 최근 동향

가. 지역발전정책의 변천

국토정책 측면에서 제2차 세계 대전 후 일본의 지역발전정책은 4가지 시기로 구분할 수 있다. 국토정책 형성기, 균형정책 전 · 후반기, 개성발전 정책기이다. 국토정책 형성기는 1945년에서 1961년까지로 국토균형개발을 목표로 하는 제1차 전국종합개발계획이 수립되기 직전이다. 균형정책 전반기는 제1차 전국종합개발계획과 신(新) 전국종합계획이

2. 지방자치단체 간 협력 발전의 형태는 단순한 교류 · 연대로부터 사업연합, 정책연합, 더 나아가 광역 거버넌스를 만드는 단일 발전 권역의 설정 형태로 발전하고 있다.

추진되었던 1962년에서 1976년까지를 말하며, 균형정책 후반기는 제3차 전국종합개발계획과 제4차 전국종합개발계획에 의해 수도이전계획과 테크노폴리스 건설 등이 추진된 1977년부터 1997년까지의 시기를 말한다. 개성발전정책기는 그간 역점적으로 추진해왔던 국토균형발전에 변화가 나타나기 시작한 시기로 '국토 그랜드 디자인' 이 계획된 1998년부터 현재까지의 시기를 말한다.[3]

표 13-1 **일본 지역발전정책의 시기 구분**

구분	시기	주요 계획	특징
국토정책 형성기	1945~1961년	특정지역종합개발계획	제2차 대전 후 복구
균형정책 전반기	1962~1976년	제1차 및 선진국종합개발계획	중후장대형 제조업 분산입지
균형정책 후반기	1977~1997년	제3, 4차 전국종합개발계획	생활환경정비, 제조업 분산입지
개성발전 정책기 (국토정책전환기)	1998~현재	21세기 국토 그랜드 디자인 계획	지역의 창의와 책임 강조

일본은 1962년부터 전국종합개발계획을 수립하여 국토를 계획적으로 관리하고 지역발전정책을 체계적으로 추진하기 시작했다. 특히 세계2차 대전 이후인 1950년에 국토종합개발법이 제정되었으나, 이는 주로 특정지역의 종합적 개발계획에 머물렀던 점이 많았고 전국 계획이 최초로 수립된 것은 그 12년 뒤인 1962년이었다. 제1차 전국종합개발계획은 특정한 지역을 발전시킨 다음 그렇게 형성된 발전을 주변지역으로 파급시킨다는 페루(Perroux)의 성장거점이론(growth center theory)에 입각하여 발전의 거점을 만드는 것으로부터 출발했다.

인구의 대도시 집중이 배경이 된 제2차 전국종합개발계획의 목표는 풍요로운 국토환경을 창조하는 것이었으며, 1977년 경제적 안정기에 수립된 제3차 전국종합개발계획은 거주 환경을 정비하기 위한 목적에서 정주권 구상을 필두로 했다. 그리고 도쿄로 인구와 산업이 과도하게 몰리는 일극집중(一極集中)이 벌어지는 상황에서 수립된 제4차 전국종합개발계획은 다극분산(多極分散) 국토 형성과 지역 발전을 목표

3. 여기서 지역 간 균형발전을 줄곧 추구해왔던 시기와 대비되는 1990년대 후반부터의 개성발전 정책기를 2가지 시기로 나누어, 초기를 국토정책 전환기로, 후기를 신지역발전 추구기로 구분하는 것도 가능하다.

로 하였다.

2000년대 초까지 일본 지역발전정책의 주된 목표는 도쿄나 오사카 등 대도시의 인구집중을 방지하고 발전의 격차를 축소시켜 지역의 균형있는 발전을 도모하는 것이었다고 해도 과언이 아니다(박경, 2010).

특히 1998년에 '국토 그랜드 디자인' 이라는 이름으로 수립된 제5차 전국종합개발계획의 경우 당초 목표 연도가 2015년이었으나, 2001년에 들어선 고이즈미 내각은 2005년에 기존의 국토종합개발법을 폐지하고 국토형성법을 제정함에 따라 지역발전정책은 일대 전환을 맞이하게 되었다.

그럼에도 불구하고 2000년대 초 일본은 극심한 인구감소와 고령화로 인해 지방의 존립 자체가 위협을 받는 이른바 '지방소멸 시대' 의 도래가 우려되는 상황에 직면하게 되었다. 그 주된 요인을 지역경제의 활력 저하와 저성장으로 지목하고 이를 해결하기 위해 지역정책의 기조가 크게 변화했다. 즉 과거에 추구하던 지역균형 발전 대신, 각자의 개성있는 발전으로 지역발전정책이 전환되었다.

나. 지역발전정책의 최근 동향

2000년대 이후 일본의 지역발전정책은 지역 간 균형발전에서 분권에 입각한 지역 간의 경쟁과 개성있는 발전을 중시하는 정책으로 전환되었다. 그 배경은 두 가지였다. 하나는 1990년대 버블경기 붕괴 후의 인구 감소와 불황에 대처하기 위한 것이

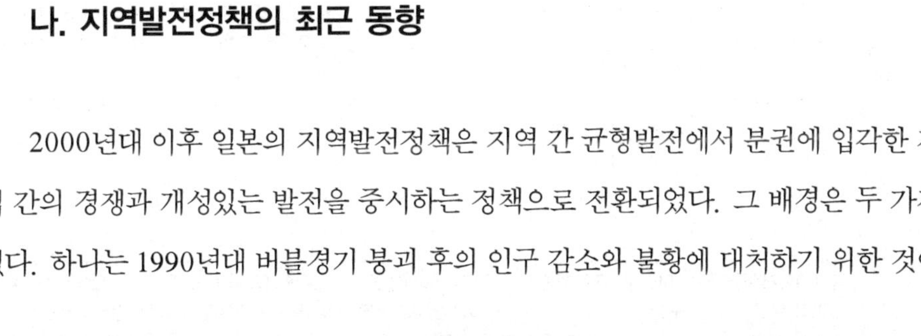

* 자료 : 장재홍(2008)

〈그림 13-1〉 2000년대 일본 지역발전정책의 전환

표 13-2 전국종합개발계획의 전개

	전국종합개발계획	新전국종합개발계획	제3차 전국종합개발계획	제4차 전국종합개발계획	21세기의 국토 Grand Design
각의결정	1962년 10월 5일	1969년 5월 30일	1977년 11월 4일	1987년 6월 30일	1998년 3월 31일
책정시 내각	이케다 내각	사토 내각	후쿠다 내각	나카소네 내각	하시모토 내각
배경	■ 고도성장경제 ■ 과대도시, 소득격차 확대 ■ 소득배증계획	■ 고도성장경제 ■ 인구, 산업의 대도시 집중 ■ 정보화, 국제화, 기술혁신의 진전	■ 안정성장경제 ■ 인구, 산업의 지방분산 저해 ■ 국토자원, 에너지 등의 유한성 대두	■ 인구, 동경일극집중 ■ 산업구조의 급속한 변화로 지방분권의 고용문제 심화 ■ 본격적 국제화 진전	■ 지구시대(지구환경 문제, 대경쟁, 아시아와의 교류) ■ 인구감소 고령화 ■ 고도 정보화시대
목표연도	1970년	1985년	1977년부터 10년간	2000년	2010~2015년
기본목표	**〈지역 간 균형발전〉** 도시 과대화에 의한 생산면, 생활면의 문제, 지역생산성 격차에 대해, 종합해결 도모	**〈윤택한 환경창조〉** 높은 복지사회를 지향하고, 인간을 위한 풍요로운 환경창조	**〈종합적 환경정비〉** 인간과 자연과의 조화를 갖춘 안정감 있고 건강하며 문화적인 인간거주의 종합적 환경의 계획적 정비	**〈다극분산형 국토구축〉** 특정지역에 인구와 경제기능, 행정기능의 과도한 집중이 없는 지역 간, 국제 간 상호보완하면서 교류하는 국토 형성	**〈다축형 국토구조 형성 토대 구축〉** 다축형 국토구조 형성을 지향한 21세기 국토 Grand Design 실현의 토대 구축 지역의 선택과 책임에 준거한 지역만들기 중시
기본적 과제	■ 도시 과대화 방지와 지역격차 시정 ■ 자연자원 유효이용 ■ 자본, 노동, 기술 등 여러 자원의 적절한 지역배분	■ 장기적으로 인간과 자연의 조화, 보존 ■ 개발가능성의 전국토에 확대, 균형화 ■ 국토이용 재편성, 효율화 ■ 안전, 쾌적, 문화적 환경조건 정비	■ 거주환경의 종합 정비 ■ 국토의 보전 이용 ■ 경제사회의 새로운 변화에 대응	■ 정주와 교류를 통한 지역 활성화 ■ 국제화와 세계도시기능의 재편 ■ 안전하고 질 높은 국토 환경 정비	■ 자율촉진과 자랑스러운 지역 창조 ■ 국토안전과 생활의 안심 확보 ■ 풍요로운 자연계승 ■ 활기찬 경제사회 구축 ■ 세계로 열린 국토 형성
개발방식	**〈거점개발구상〉** 공업 분산과 개발거점 배치·, 교통통신시설을 활용하여 주변지역의 특성을 살리면서 연쇄 반응적으로 개발을 진행하고, 지역 간 균형발전 실현	**〈대규모 프로젝트 구상〉** 신칸센, 고속도로 등의 네트워크를 정비하고, 대규모 프로젝트를 추진함으로써, 국토 이용의 편재를 시정, 과밀과소, 지역격차 해소	**〈안주(安住)구상〉** 대도시의 인구와 산업의 집중 억제, 지방을 진흥시키고, 과밀과소 문제에 대처하면서, 전 국토 이용의 균형을 도모하면서 인간거주의 종합적 환경의 형성 도모	**〈교류 네트워크 구상〉** 다극분산형국토를 구축하기 위해 ■ 지역특성을 통한 지역정비 ■ 교통, 정보통신 정비를 정부가 선도적으로 추진 ■ 각종 교류기회를 정부·지방·민간단체의 제휴를 통해 형성	**〈참가와 제휴〉** 다양한 주체의 참가와 지역제휴로 국토 건설 (4대 전략) ■ 자연거주지역 창조 ■ 대도시 재건설 ■ 지역제휴축 전개 ■ 광역국제교류권 형성

출처 : 김제국 외(2007) 수정

었으며, 다른 하나는 종래의 획일적인 시책 추진에서 지역의 필요에 대응하기 위한 것이었다. 특히 지금까지 추진해왔던 도쿄로의 일극집중 억제정책을 포기하고 '잃어버린 10년' 을 만회하기 위한 목적이 컸다.

고이즈미 내각(2001～2006)이 도입한 국토형성계획에서는 광역 블록 단위별로 국가와 해당 지방자치단체가 상호 제휴 · 협력하여 국토계획을 수립하는 광역지방계획을 도입한 것이 핵심이었다. 종전에 국가가 전국종합개발계획을 전적으로 수립하던 데서 탈피하여 국토형성계획을 전국계획과 지방이 수립하는 광역지방계획으로 이원화하였다. 광역지방계획은 국가기관의 지방분국(특별지방행정기관), 관계 도 · 부 · 현, 정령시, 학계, 경제계 등으로 구성된 광역별 지방계획협의회가 자립적으로 수립하였다.

광역지방계획은 8개로 수립되었다. 도쿄 도를 포함하는 수도권은 이바라키 현, 도치기 현 등 7개 현과 사이타마 시, 치바 시 등 4개 지정도시로 구성되었다. 수도권

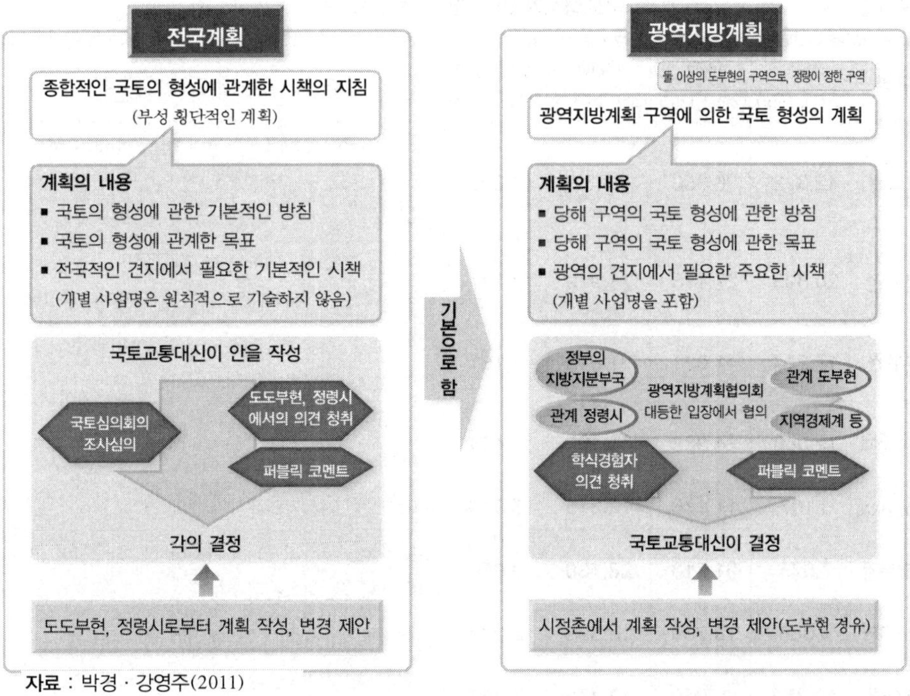

자료 : 박경 · 강영주(2011)

〈그림 13-2〉 국토형성계획의 구성

외 7개는 긴키 권, 츄부 권, 토호쿠 권, 호쿠리쿠 권, 츄코쿠 권, 시코구 권, 큐슈 권이었으며, 인구는 수도권이 가장 많았고, 그 다음은 긴키 권, 츄부 권, 큐슈 권 등의 순이었다.

고이즈미 내각은 지방은 스스로의 재원과 판단에 의해 매력있는 지역이 되어야 한다는 관점에서 과소지역의 지방교부세를 삭감했으며, 1959년부터 시행해오던 수도권 공장제한법과 공업재배치법을 2002년과 2006년에 각각 폐지했다.

특히, 고이즈미 내각이 본격적으로 지역발전 문제에 시각을 돌린 것은 지역경제 활성화와 고용창출을 지역의 관점에서 보다 적극적이며 종합적으로 추진하기 위해 내각에 지역재생본부를 설치한 2003년부터라고 할 수 있다. 여기에 더해 도시재생 사업을 추진하기 위해 내각에 도시재생본부를 설치한 것은 대도시권에 공공사업을 우선적으로 배분하여 일자리를 창출하기 위함이었다. 1990년대 버블 경기 붕괴 이후 미증유의 불황에 빠진 대도시권 이외에 지방경제의 침체를 간과하기도 어려웠다. 대

표 13-3 국토형성계획의 광역지방계획 구역

구역	인구 (2005, 천 명)	면적 (2004, km²)	GDP (2003, 10억 엔)	1인당 GDP (2003, 천 엔)	소속 도 · 부 · 현 및 정령지정도시
수도권	42,372	36,350	183,376	4,328	이바라키 현, 도치기 현, 군마 현, 사이타마 현, 치바현, 도쿄 도, 가나가와 현, 야마나시 현, 사이타마 시, 치바 시, 요코하마 시, 가와사키 시
긴키권	20,893	27,173	78,912	3,777	시가 현, 교토 부, 오사카 부, 효고 현, 나라 현, 와카야마 현, 교토 시, 오사카 시, 사카이 시, 고베 시
츄부권	17,217	41,021	71,643	4,161	나가노 현, 기후 현, 시즈오카 현, 아이치 현, 미에 현, 시즈오카 시, 나고야 시
토호쿠권	12,066	74,926	41,429	3,434	아오모리 현, 이와테 현, 미야기 현, 아키타 현, 야마카타 현,후쿠시마 현, 니가타 현, 센다이 시
호쿠라쿠권	3,107	11,176	12,315	3,963	도야마 현, 이시가와 현, 후쿠이 현
츄코쿠권	7,675	31,813	28,138	3,666	도토리 현, 시마네 현, 오카야마 현, 히로시마 현, 야마구치 현, 히로시마 시
시코쿠권	4,086	18,789	13,393	3,277	도쿠시마 현, 가가와 현, 애히메 현, 고치 현
큐슈권	13,352	39,910	43,486	3,257	후쿠오카 현, 사가 현, 나가사키 현, 구마모도 현, 오이타 현, 미야자키 현, 가고시마 현, 기타큐슈 시, 후쿠오카 시

자료 : 박경 · 강영주(2011)

도시 재생에 비중을 둔 것은 글로벌 경쟁시대에서 다국적 기업의 입지여건을 마련하여 한정된 재원을 여기에 집중하기 위한 조치였다고 할 수 있다.

지역재생제도는 자구노력을 하는 지역을 선별적으로 지원하되 각 부처의 예산을 통합 · 간소화하고 규제완화, 권한이양을 통해 지역이 스스로 자립하게 하는 데 초점을 맞춘 정책이었다. 지역재생제도는 지역재생계획을 인정받은 지역에 대해 민간사업자에게 투자에 관한 세제 특례, 지역재생기반강화 교부금을 제공하고 부처가 추진하는 50여 개의 개별사업을 연계시켜 종합적으로 지원하는 방식으로 추진되었다.

그후 아소 내각은 '지방의 활력이 없으면 국가의 활력도 없다는 것' 을 지역발전정책의 기치로 내걸고 기존의 지역활성화 관계 4본부를 지역활성화통합본부로 일원화하고 4본부[4]의 사무국을 통합하여 지역활성화통합사무국을 설치했다. 이는 지역발전에 대한 부처의 횡적인 통합 조정을 강화하기 위한 조치였다. 특히 중앙정부 차원에서 내각부 산하의 지역활성화 통합본부가 지역정책을 총괄하게 되었다. 내각부는 2001년 중앙부처 개편의 일환으로 정부 내 지역발전정책을 총괄 기획 · 입안 · 조정하기 위해 설립된 기관으로, 내각부의 수장은 총리이다. 그리고 총리를 보좌하기 위해 내각부에 국가적 주요 사안과 총괄조정이 필요한 부분별로 특명대신을 두고 특명대신 관할하에 소관업무를 조정 · 통합하는 체계로 구성되고 있다.

민주당 정부(2009 ~ 2012.11)는 고이즈미가 구조개혁의 명분으로 각종 보조금

표 13-4 일본 특구의 현재와 과거

구분	구조개혁특구	종합특구	국가전략특구
도입시기	2002년	2011년	2014년
구조	지자체의 신청에 따라 국가가 확정	지자체의 신청에 따라 국가가 확정	국가가 주도적으로 특구의 구역과 방침을 결정
특징	현장의 수요에 따라 규제 완화 추진, 지역 활성화	규제완화 · 세제우대로 지역의 첨단화 지원	산업의 국가경쟁력 강화를 목표로 규제개혁
배경	고이즈미 개혁	민주당 정권의 성장전략	아베노믹스

자료 : 총무성 홈페이지

4. 도시재생본부, 구조개혁특별구역추진본부, 지역재생본부, 중심지활성화본부

을 삭감하고 공공사업을 축소했던 것과는 달리 낙후지역에 대한 교부금 지원을 확대하고 녹색산업과 관광 활성화를 통해 위기에 처한 지역 살리기 정책을 전면에 내세웠다. 이를 위해 도주제 개혁을 일단 중단하고, 기초자치단체를 중심으로 권한이양과 지역활성화를 도모했으며 지역정책의 총괄 권한을 수상 직속의 지역주권 전략회의 및 총무성으로 이관하여 수상 권한의 확대와 정치 주도를 강화하는 조치를 취했다.

아베 정부(2012.12 ~ 현재)는 '잃어버린 일본의 20년' 을 되찾고 국가 및 지역경제를 활성화하기 위해 '일본재흥전략' 을 추진하고 있다. 지방의 인구 감소와 고령화가 가져올 수 있는 지방소멸 위기에 대응하기 위한 일본재흥전략의 핵심은 암반규제를 완화함과 동시에 그 일환으로 국가전략특구를 설치 · 추진하는 것이라고 할 수 있다. 2013년 일본 국가전략특구 자문회의에서 6개의 국가전략특구를 선정했는데, 여기에는 도 · 도 · 부 · 현(都道府県)이나 도시권을 지정한 도쿄 권(東京圏), 관서 권(圏西圏), 오키나와 현(沖縄県) '광역특구', 고용 분야로는 후쿠오카 시(福岡市), 농업 분야로는 니가타 시(新潟市)와 효고 현 야부 시(兵庫県 養父市)의 '혁신적 사업 연계 특구'가 지정되었다. 아베의 지역발전정책에서 특구는 과거 정권의 지자체 주도 및 국가확

표 13-5 아베 내각의 국가전략특구 지정현황

지역	목표	규제완화내용
도쿄 권	국제 비즈니스 추진	– 국제비즈니스 거점 형성에 기여하는 건축물 정비 – 외국인 체제의 숙박시설 제공, 전용 의료서비스 제공
간사이 권	의료 이노베이션	– 재생의료 등 첨단의료 제공 – 혁신적 의약품, 의료기기 등 개발
니이가타 현 니이가타 시	대규모 농업 개혁	– 농지의 집약 · 집적, 경작포기 농지 해소 – 영농인 경영기반 강화, 농업 벤처의 창업 지원
효고 현 야부 시	중산간지 농업 개혁	– 경작포기농지 재활용, 교류자 체재형 시설 정비 – 농산물, 식품의 고부가가치화 추진
후쿠오카 시	창업을 위한 고용 개혁	– 벤처기업의 고용 조건 정비 – 외국인 전용 의료서비스 제공
오키나와 현	국제관광 거점	– 외국인 관광객의 입국 용이화, 해외 고급인재 수용 – 입국 절차의 신속화, 외국인 다이버 수용

자료 : 우메타니 겐지(梅溪健兒), "일본경제회생을 위해 전진하는 특구의 새로운 구조", 한 · 일 지방자치단체 규제개혁 공동세미나, 2014.11.20 수정

정과 달리, 국가가 주도적으로 구역과 방침을 정하고 규제 개혁을 추진하는 점에서 차이가 있다.

3. 일본의 주요 지역발전정책

일본의 지역발전정책은 일촌일품시책, 고향창생시책, 도시 및 지역재생시책, 규제개혁 등을 포함해서 그 범위와 내용이 매우 넓다. 그렇기 때문에 여기서는 일본의 지역발전정책 가운데 최근 우리나라가 추진하고 있는 지역발전정책에 시사점을 줄 수 있는 핵심적인 시책을 중심으로 살펴보았다.

가. 과소지역 발전정책

1) 개요

일본의 가장 대표적인 낙후지역 발전정책은 '과소지역자립특별조치법' 이 규정하고 있는 '과소지역대책' 이다. 1955년 산업화가 본격화된 이래 1960년 이후부터 도쿄 권으로 인구가 집중하게 되자 도쿄 권과 일부 대도시권을 제외한 여타 지역의 낙후 및 인구감소를 방지하고, 지역사회 기반을 강화하기 위해 낙후지역 개발사업을 추진하게 되었다.

그 일환으로 1970년에 '과소지역대책긴급조치법' 을 제정하였으며, 1980년에는 낙후지역의 고용증대와 지역발전을 추진하기 위해 '과소지역진흥특별조치법' 으로 개정하였다. 그러다 1990년 이 법은 다시 지역의 활력을 강화시키기 위해 '과소지역활성화특별조치법' 으로, 2000년에는 지역산업과 지역문화진흥 등에 의한 개성적이며 자립적인 발전을 도모하기 위해 '과소지역자립특별조치법' 으로 개정되었다.

일본의 낙후지역 발전정책의 기조는 국가통합성과 형평성을 제고하는 것으로 거의 50여 년 이상 변함이 없다. 낙후지역 주민에 대해서도 국가 최저기준의 삶의 질을 보장하기 위한 차원에서 낙후지역에 대해서 일관된 정책지원을 추진해오고 있다.

2) 과소지역 선정기준 및 현황

과소지역은 10년 주기로 행정구역 단위로 선정된다. 선정기준은 인구와 재정력이다. 인구의 경우 첫째, 1960~2005년 45년간의 감소율이 33% 이상이거나, 둘째, 인구감소율이 28% 이상이면서 2005년 고령자 비율이 29% 이상이거나, 셋째, 인구감소율이 28% 이상이면서 2005년 15~29세 인구비율이 14% 이하 가운데 어느 하나를 충족시키는 지역이 해당된다. 재정력의 경우, 2006년에서 2008년간 해당 지역의 평균 재정력 지수가 0.56 이하여야 한다.

표 13-6 과소지역의 선정기준

구분	선정기준
인구	- 다음 가운데 하나를 충족 ① 1960~2005년까지 45년간 인구감소율이 33% 이상이거나 ② 인구감소율이 28% 이상이면서 2005년 고령자 비율이 29% 이상이거나 ③ 인구감소율이 28% 이상이면서 2005년 15~29세 인구비율이 14% 이하
재정력	- 2006년에서 2008년간의 평균 재정력 지수가 0.56 이하

2014년 현재 1,719개 시 · 정 · 촌 가운데 46.4%에 해당하는 779개의 과소지역이 선정되었으며, 이들 지역의 인구는 1,123만 명(2014년)으로 전국 인구의 9%를 차지하고 있다. 과소지역의 면적은 216,608km²로 일본 전체 면적의 57.3%이다.

표 13-7 과소지역 현황(2014년)

구분	전국(A)	과소지역(B)	A/B(%)
시 · 정 · 촌 수(개)	1,719	779	46.4
인구(천 명)	127,767	11,237	9.0
면적(km²)	377,946	216,608	57.3

3) 과소지역 정책의 추진체계

과소지역 발전시책은 중앙정부(총무성), 광역지방자치단체(도・도・부・현), 기초지방자치단체(시・정・촌)가 협력해서 추진하고 있다. 중앙정부의 정책제공을 바탕으로, 광역지방자치단체가 지역발전 방침을 수립하고 해당 시・정・촌이 지역개발사업을 추진하는 시스템을 구축하고 있다.

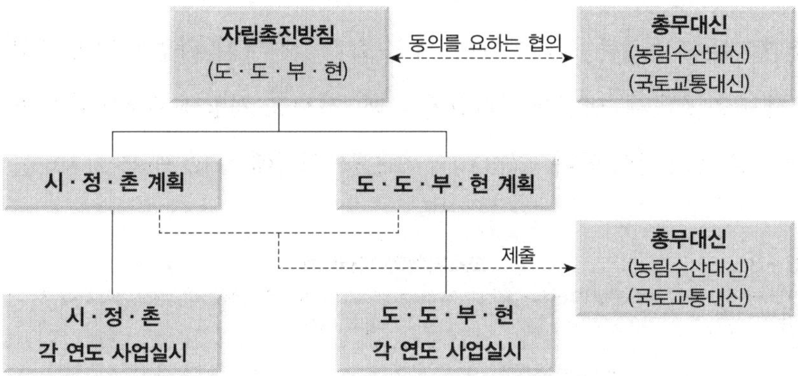

자료 : 총무성 홈페이지

〈그림 13-3〉 과소지역자립촉진계획의 추진체계

과소지역 정책을 추진함에 있어 중앙의 경우, 총무성의 총무대신이 농림수산성, 국토교통성의 협조를 얻어 정책을 총괄하고 있다. 구체적으로 광역지방자치단체가 과소지역 자립촉진방침을 책정하며, 이 때 총무대신은 중앙부처에 동의를 요하는 사항에 대해서는 농림수산성, 국토교통성과 협의를 해야 한다. 지방자치단체는 중앙이 제시한 방침에 바탕해서 '과소지역 자립촉진 시・정・촌 계획' 및 '과소지역 자립촉진 도・도・부・현 계획' 을 수립하고 총무성에 제출해야 한다. 이때 지방자치단체는 국가차원의 종합계획과 정합성을 유지하도록 해당 지역의 계획을 수립하는 것이 중요하다. 시・정・촌 계획과 도・도・부・현 계획도 상호 협의하여 여타 지역진흥계획과 정합성을 유지해야 한다.

4) 과소지역의 지원 내용

과소지역에 대한 지원은 행정지원, 재정지원, 금융 및 세제지원으로 구분할 수 있다. 행정지원에는 행정 서비스 및 시설의 제공, 정부재산의 처분 및 활용의 혜택 등이 있다(김현호 외, 2012). 재정지원에는 국가보조율 특혜, 지방채 특례 등이 포함되고, 금융지원에는 농림어업공고, 주택금융공고를 통한 자금지원, 중소기업자금, 일본 정책투자은행 자금 지원 등이 포함된다.

구체적으로 과소지역자립촉진법 제26조 농림어업금융공고 등으로부터의 자금 대부(8년 거치 25년 상환, 연리 1.85%), 제29조 과소지역 내 사업용 자산 매입시 과세 특례, 제30조 소득세, 법인세 감가상환 특례, 제31조 지방세 과세면제 또는 불균일 과세에 따른 조치 등이 있다. 그리고 과소대책사업비에서 52.3%를 차지하는 지방채

표 13-8 과소지역의 지원내용

구분			세부 내용
행정지원		법률	- 기간도로정비 - 의료확보 : 진료소의 설치 등 - 농지법에 의한 처분 배려 - 공공하수도 정비 - 고령자 고령자 커뮤니티센터 등 - 국유림 활용
재정지원	국조 보조율 특례	법률	- 학교 교사, 보육사, 소방시설 등
	관련시책		- 과소지역 집락재편 정비사업 - 과소지역 활성화 모델사업 - 농도정비사업의 채택기준의 완화 등 - 리프레쉬 고향추진 모델사업 - 고령자 커뮤니티센터 건설사업 등
	지방채 특례	법률	- 과소지역 활성화를 위한 지방채 특례 - 특정지역에 있어서 젊은이 정주촉진 등 긴급프로젝트에 대한 지방채
금융지원		법률	- 농림어업공고에서 자금대부 - 주택금융공고에서 자금대부 - 중소기업에 대한 자금대부
		관련	- 후루사토 재단 융자율의 인상 - 일본개발은행의 지역산업진흥 특별제도 - 중소기업금융공고에서 지역산업진흥대부제도
세제지원			- 사업자산의 치환 경우 과세 특례 - 지방세의 과세면제 - 감가상각의 특례 - 특별토지보유세의 비과세

자료 : 총무성 홈페이지

발행이 있는데, 여기에는 교통통신시설(32.1%), 산업진흥시설(27.3%), 후생시설(26.8%), 교육문화시설(12.7%), 집락정비(1.1%) 등이 포함된다.

다음으로 중앙정부부담 또는 보조비율특례에 의한 보조금 상향 조치로서 교직원 주택 정비에 관한 중앙정부의 보조 특례, 의료확보, 고령자 생활복지센터나 커뮤니티 센터 등이 해당된다. 또 지방교부세 지원으로 과소대책사업채권, 벽지대책사업채권의 원리금 상황비(시 · 정 · 촌), 인구급감 보정(시 · 정 · 촌), 과소대행사업비(도 · 도 · 부 · 현) 등이 해당된다. 그밖에 통합버스 경비, 의료대책비, 간이수도 개량비, 지방세 과세의 면제, 감가상각의 특혜, 토지보유세 비과세 등의 세제지원이 제공되고 있다.

5) 과소지역 시책의 추진 성과

과소지역의 시책추진은 교통체계 정비 등 하드웨어 인프라의 지원은 줄어드는 반면, 산업 등 소프트웨어에 대한 지원은 증가하는 추세를 보이고 있다. 이런 경향은 2000년대 초 낙후지역 정책에 대한 사회적인 비판과 무관하지 않다. 인구가 줄어들고 고령화 되는 상황에서 낙후지역에 대한 도로 등 인프라에 대한 과도한 투자로 인해, 낙후지역의 도로가 “이제는 다람쥐와 곰만 다니는 길이 되었다” 라는 사회적 뭇매를 맞은 것이다. 그 후 낙후지역 고령자의 복지 및 생활환경 정비, 일자리 창출로 정책의 무게 중심이 이동하고 있다.

점차적으로 각 지역의 자주성과 주체성, 아이디어에 의한 개성있는 자립촉진을 중시하고 있기도 하다. 특히, 젊은 층의 정주를 촉진하기 위한 고용창출 및 생활기반 정비, 도시주민과의 교류 확대 등 지역 간 교류 및 광역 네트워크 확대, 주민 참여에 의한 지역경영자립촉진 등에 상당한 무게를 부여하고 있다.

표 13-9 과소대책 추진실적 추이

(단위 : 억 엔, %)

구분	산업진흥	교통통신 정보화	생활 환경정비	고령자 보건복지	의료확보	교육 진흥	지역문화 진흥	집락 정비	기타	계
긴급조치법 (1970~1979)	17,524 (22.2)	39,355 (49.8)	8,945 (11.3)		953 (1.2)	9,470 (12.0)		190 (0.2)	2,739 (3.5)	79,018 (100)
진흥법 (1980~1989)	48,257 (27.8)	86,711 (49.9)	17,983 (10.4)		2,457 (1.4)	17,085 (9.8)		412 (0.2)	1,534 (0.9)	173,669 (100)
활성화법 (1990~1999)	106,604 (29.3)	145,150 (39.8)	64,057 (17.6)	11,308 (3.1)	6,211 (1.7)	24,864 (6.8)		1,186 (0.3)	6,384 (1.8)	363,286 (100)
자립촉진법 (2000~2009)	69,629 (28.4)	96,965 (39.8)	49,657 (20.3)	9,521 (3.9)	5,330 (2.2)	13,298 (5.4)	2,142 (0.9)	1,003 (0.4)	2,629 (1.1)	245,128 (100)
계 (1970~2009)	242,014 (28.1)	368,179 (42.8)	161,471 (18.7)		14,951 (1.7)	66,859 (7.7)		2,791 (0.3)	13,286 (1.5)	861,101 (100.0)
자립촉진법 (2010~2013)	26,314 (29.9)	28,916 (32.8)	14,100 (16.0)	6,380 (7.2)	4,264 (4.8)	7,839 (8.9)	902 (1.0)	590 (0.7)	973 (1.1)	88,032 (100.0)
총계 (1970~2013)	268,328 (28.3)	307,095 (41.8)	181,951 (19.2)		19,215 (2.0)	75,600 (8.0)		3,381 (0.4)	14,259 (1.5)	949,133 (100.0)

출처 : 일본 총무성 홈페이지, 평성 과소대책현황, 2015

나. 정주자립권 정책

1) 정주자립권의 개념

정주자립권은 인구 감소와 고령화에 따라 개별 지역이 모든 생활기능을 보유할 수 없는 상황이 되자 인근지역과 협력하여 정주여건을 형성하자는 취지에서 2009년 4월부터 총무성이 추진하기 시작한 시책이다. 정주자립권은 개별 지역이 보유하고 있는 생활에 필요한 기능을 공유하기 위해 중심시와 주변 시 · 정 · 촌이 자율적 의사에 따라 형성하는 협력발전 권역을 의미한다. 여기서는 중심시와 주변 시 · 정 · 촌의 상호협력과 역할 분담이 중요하다. 주민이 필요로 하는 의료 · 복지 · 문화 · 경제 등 기초적인 기능을 개별적으로 해결하기가 어렵게 된 지자체가 주변 지자체와 협력하여 필요한 서비스를 제공하자는 것이다.

정주자립권을 구성하는 중심시는 권역에서 중심적 역할을 맡아 의료 · 상업 · 복지 · 생활서비스 등 주민의 정주에 필요한 생활기능을 제공하는 역할을 한다. 반면 주변 시 · 정 · 촌은 환경 · 식료품 생산 · 역사 · 문화적 볼거리를 중심시에 제공한다. 정주자립권은 협정을 통해 구성되기 때문에 중심시 선언을 한 1개 중심시와 그 주변의 시 · 정 · 촌이 생활기능 확보를 위해 필요한 사항을 구체적으로 명시하여 의회 의결을 거쳐서 정주자립권이 형성된다.

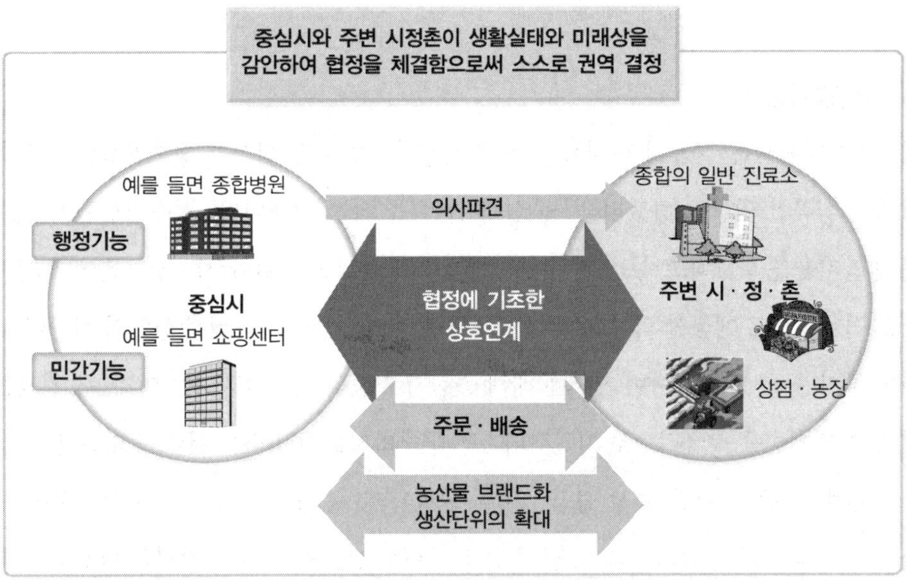

〈그림 13-4〉 정주자립권 구상의 개념

2) 정주자립권 구성요건 및 형성절차

① 구성요건

정주자립권을 형성하기 위해서는 중심시와 주변 시 · 정 · 촌은 일정한 요건을 갖추어야 한다. 중심시는 인구가 5만 명 이상이어야 하고, 주 · 야간 인구비율이 1 이상이 되어야 한다. 일상생활을 위한 인구의 유입이 유출보다 많은 중심지여야 한다는 것이다. 원칙적으로 중심시는 도쿄, 오사카, 나고야의 3대 도시권 이외의 지역에서 지정되는데, 3대 도시권이더라도 중심 도시로의 통근 · 통학 인구가 10% 미만인 경우 중심시가 될 수 있는 예외를 두고 있기도 하다. 이를테면 3대 도시의 기능 이용도가 낮은 경우에는 나머지 두 요건을 만족하면 중심시가 될 수 있다.

주변 시 · 정 · 촌은 특별한 요건이 없으며, 정주자립권을 형성하고자 하는 의향과 지역에서의 합의가 있으면 가능하다. 정주자립권과 관련한 의사결정에는 시 · 정 · 촌 의회의 의결이 반드시 필요하다. 선거 결과에 따라 정주자립권이 자주 바뀌는 것이 바람직하지 않으므로 의회 의결을 거쳐 중장기적으로 추진하도록 하자는 취지이다.

② 형성절차

정주자립권은 다음의 단계를 거쳐 형성된다. 첫째, 중심시가 정주자립권 형성을 위해 중심적인 역할을 하겠다는 '중심시 선언' 을 하는 단계이다. 정주자립권에 필요한 생활기능을 확보하고 있는 지역이 정주자립권 협정을 체결할 시 · 정 · 촌에게 서비스를 적극적으로 제공할 의사를 밝히는 것이다. 이때, 인구가 중심시 선언의 기준이 되기는 하지만, 중심시가 주변 지역에 대해 중심지 기능을 발휘하겠다는 의지, 즉 권역을 위해 중심 기능을 적극적으로 지원해나가겠다는 의지를 표명하는 것이 중요하다.

둘째, '정주자립권 형성 협정' 체결 단계이다. 중심시와 주변 시 · 정 · 촌이 주민 정주에 필요한 생활기능 확보 및 증진에 관련된 상호의 역할을 명시한 협정을 체결하는 것이다. 협정은 중심시와 시 · 정 · 촌 간에 1:1로 체결하는데, 권역 지자체들이 모두 한꺼번에 협정을 맺을 경우 상호 조율 과정이 복잡해져 관련 사업의 추진이 어려워지는 문제가 발생할 우려가 있기 때문이다. 협정의 체결이나 폐지는 시 · 정 · 촌 의회가 결정하고, 의회 의결을 통해 협정 내용의 변경이나 중복 협정도 가능해서 상황 변화에 따른 탄력적인 대응도 가능하다. 공식적인 차원에서는 의회가 정주자립권 구상을 의결하지만, 비공식적으로도 공생비전을 정하는 과정에서 주민의 의견을 반영하는 절차가 진행된다.

셋째, '정주자립권 공생비전' 을 책정하는 단계이다. 정주자립권 협정을 현실화할 활동 내용을 담은 공생비전의 기간은 대체로 5년이며, 정주자립권의 미래상뿐 아니라 시 · 정 · 촌 간에 추진할 구체적 활동도 포함된다. 특히, 비전을 책정함에 있어 중심시는 의료 · 복지 · 교육 · 산업진흥 · 지역대중교통 등 분야별 대표자, 대규모 집객시설과 병원 등 민간 및 지역관계자로 구성되는 '권역 공생비전 간담회' 의 검토를 거쳐야 하며 그 내용을 주변 시 · 정 · 촌과 협의해야 한다.

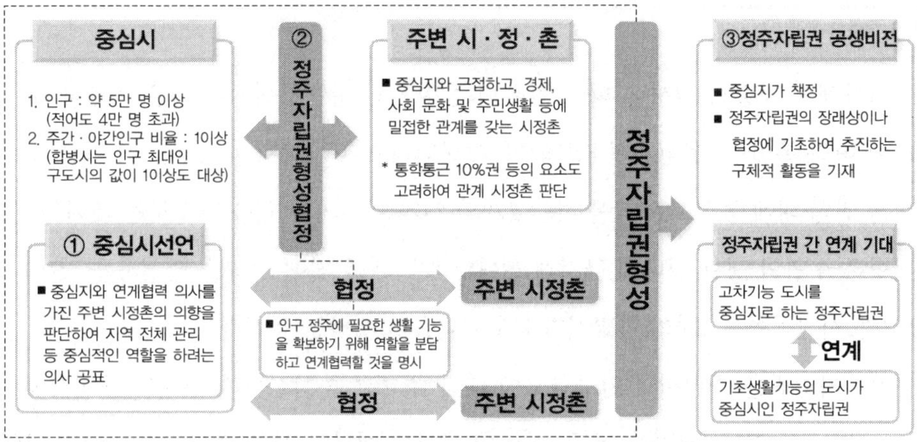

자료 : 총무성 정주자립권 추진요강 개요 (http://www.soumu.go.jp/main_sosiki)

〈그림 13-5〉 정주자립권 형성절차

3) 추진 현황 및 유형

2009년 정주자립권 시책이 추진된 이래 2015년 2월 현재까지 중심도시를 선언한 도시는 104개이다. 나가노 현 이이다시 등 중심도시 85개 지자체가 주변 시 · 정 · 촌 313개와 정주자립권 형성을 위한 협정을 체결하고 있다. 그리고 아키타 현 유리 혼조시 등 23개 지자체가 정주자립권 형성 방침을 책정하였으며, 아오모리 현 치노헤 등 86개 지자체가 정주자립권 공생 비전을 수립했다.

2013년 9월, 262개 중심시 가운데 87개가 중심도시 선언을 하고, 75개 권역이 정주자립권 형성 협정을 체결, 76개의 중심도시가 정주자립권 공생 비전을 선언한 데 비하면, 채 2년도 되지 않은 시간 동안 지자체의 정주자립권 시책 추진이 상당히 적극적임을 확인할 수 있다.

표 13-10　　정주자립권의 전국 현황 (2015년 2월 말 기준)

구 분	개 수	내 용
선언중심도시(市)	104시(市)	중심 도시를 선언한 도시의 수
정주자립권	85권역	정주자립권 형성협정 체결 또는 정주자립권 형성정책 수립에 의해 형성된 정주자립권의 수
비전수립시(市)	86시(市)	정주자립권 공생 비전을 선언한 중심도시 수

자료 : 총무성 홈페이지

지자체의 자발적 의사에 따라 형성되는 일본의 정주자립권 유형은 지자체 구성 형태에 따라 복안형, 현경계형, 합병1개 시권역형으로 구분할 수 있다. 이 가운데 복안형은 권역 내에 중심시 역할을 하는 2개의 시가 하나의 권역을 형성하는 것이며, 현경계형은 주민의 생활 실태에 근거해 현(縣)의 경계를 넘어 권역을 형성하는 것이다. 합병1개 시권역형은 1개의 합병시가 1개 권역을 형성하는 것이다.

정주자립권을 중심시의 인구규모에 따라 대규모 중심시형과 소규모 중심시형으로도 나눌 수도 있다. 전자는 인구 30만 명 이상의 대규모 시를 중심으로 형성된 권역이며, 후자는 인구 5만 명 이하의 소규모 시를 중심으로 형성된 권역을 말한다.

〈그림 13-6〉 정주자립권의 유형

4) 정주자립권 형성협정의 추진 내용

정주자립권 형성 협정은 정주 및 자립에 필요한 생활기능 확보를 위해 중심시 선언을 한 중심시와 주변 시 · 정 · 촌이 관계 시 · 정 · 촌 의회의 의결을 거쳐 1대1로 맺는 협정을 말한다. 이때, 협정의 기간은 상호 간의 협력을 안정적으로 유지 · 확대해 간다는 관점에서 원칙적으로 정해져 있지 않다. 그렇지만 어느 한 시 · 정 · 촌으로부터 의회의 의결을 걸쳐 협정 폐지를 요구하는 통고가 있는 경우에는 2년을 원칙으로 하는 일정 기간이 경과한 후에 폐지하며, 일정 기간은 당해 협정에 규정할 수도 있다. 정주자립권을 형성하는 지역 간에 협정이 체결되면, 협정 체결 후 즉시 공포하고 관계 도 · 도 · 부 · 현 및 총무성에 협정 복사본을, 총무성은 관계부성에 그 복사본을 송

표 13-11 정주자립권 정책분야별 추진현황

시 · 정 · 촌 간 역할 분담에 의한 생활기능의 강화			시 · 정 · 촌 간 연계와 네트워크의 강화		
분야	권역수	내용	분야	권역수	내용
의료	84	의사파견, 휴일야간진료소 운영 등 – 닥터카(의료차량) 운행사업 – 휴일야간 응급진료소	지역 공공 교통	82	지역대중교통 네트워크화, 버스노선 유지 등 – 커뮤니티 버스 운행 – 예약형 승합택시사업
복지	65	간병, 고령자복지, 육아, 장애자 등의 지원 – 패밀리서포트센터사업 – 수화통역 등 파견사업	ICT 인프라 정비활용	37	메일 발송에 의한 권역정보의 공유 등 – 초고속 브로드밴드 기반정비사업 – 행정 · 방재 등 정보데이터 방송 · 발신시스템 연구
교육	67	도서관 네트워크 구축, 문화 스포츠 교류, 공공시설 상호이용 등 – 도서관 전자시스템 사업 – 전통 예능 · 향토예능대회 개회사업	교통 인프라 정비	51	생활도로의 정비 등 – 정주자립권 교통정비 사업 – 철도 연속 입체화사업
산업 진흥	81	광역관광루트 설정, 농산물 브랜드화, 기업유치 등 – 지연(지장) 산업진흥센터 운영 – 기업유치 – 관광 가이드 역량강화 사업 – 에코 교통환경 정비사업	지산 지소 (地産 地消)	41	학교급식의 지역 특산물 활용, 직판장 정비 등 – 신규 취농 연수 지원사업 – 농산물판매시스템 구축사업
환경	36	저탄소 사회형성 촉진, 바이오매스 이활용 등	교류 이주	63	빈집은행, 이벤트정보 공유, 참가촉진 등 – 빈집은행 정비 – 정주지원센터 운영사업

자료 : 총무성 홈페이지

부해야 한다.

사업추진은 지자체 간 협정을 기본으로 하며 1개 단체 이외에 동일 사업으로 추가 협정을 체결한 경우 공동협의를 거쳐 추진한다. 이 경우 자치단체 간의 역할분담도 동시에 명시해야 한다. 이때 협정의 내용과 지자체별 역할은 중심시와 주변 시 · 정 · 촌이 자율적으로 결정한다.

그렇지만 정주자립권 협정에 따라 참여 지자체가 추진하는 정책 부문은 대체로 세 가지 부문으로 나눌 수 있다. 첫째는 정주에 필요한 '생활기능 강화' 부문이다. 의료, 복지, 교육, 토지이용, 산업진흥, 환경 분야의 사업이 해당된다. 실제 84개 권역이 시 · 정 · 촌 지역에 의사 파견, 야간 의료 등 의료분야가 가장 많다. 둘째, '네트워크 강화' 부문이다. 지역대중교통, 정보통신 인프라, 도로 정비, 지역 생산자 · 소비자 연계에 의한 지산지소(地産地消), 지역 내외 교류 및 이주촉진 대책 등이 포함되고 있다. 셋째는 '권역 관리 역량 강화' 부문으로, 중심시의 인재 육성, 합동연수 및 인사교류, 외부 전문가 활용 등이 포함된다. 이들 세 부문 모두 정주자립권 전체의 인구정주 강화를 목적으로 하는 공통점을 가지고 있다. 이런 내용이 지자체 간의 협정 및 공생비전에 담기게 된다. 특히 공생비전의 책정은 행정기관만으로 이루어지는 것이 아니다. 정주기능이 행정의 힘만으로 강화되지 않고 병원, 버스 민간사업자 등 민간의 협력이 불가피하기 때문이다.

아울러 지자체 간의 1 : 1 협정 시 재원 분담을 명시하고 있다. 가령 중심시인 히로사키 시와 주변 시 · 정 · 촌 가운데 하나인 쿠로이시 사이에 분료처리시설 관련 사업의 1대 1 협정을 체결하는 경우, 사업별 재정분담에 대한 것을 협정서에 명시해 놓고 있다.

〈정주자립권 사업추진 사례〉

- 아오모리 히로사키 시(弘前市)는 연계시책으로 3가지에 대한 협정 항목을 정하고 협정에 따라 구체적 사업 추진을 진행하고 있음

아오모리 히로사키시(弘前市)의 연계시책 협정 항목별 추진사업 내용

<table>
<tr><th colspan="3">연계시책(협정항목)</th><th>협정에 기초한 구체적 추진 사항</th></tr>
<tr><td rowspan="9">생활기능 강화</td><td>의료</td><td>구급의료체제의 유지 및 충실</td><td>- 휴일 및 야간의 일차구급진료사업</td></tr>
<tr><td>복지</td><td>육아지원 충실</td><td>- 특별보육사업</td></tr>
<tr><td>교육</td><td>학교급식의 충실</td><td>- 학교급식충실사업</td></tr>
<tr><td>산업진흥</td><td>신산업 육성</td><td>- 농상공연계 · 6차산업화촉진사업</td></tr>
<tr><td>관광진흥</td><td>광역관광상품의 충실</td><td>- 광역관광상품화 정보 발신사업</td></tr>
<tr><td rowspan="2">지역방재</td><td>광역비축체제 정비</td><td>- 광역재해에 대응가능한 비축거점 정비사업</td></tr>
<tr><td>합동방재훈련 등의 실시</td><td>- 8 시 · 정 · 촌 합동방재훈련
- 8 시 · 정 · 촌 방재담당직원합동연수회</td></tr>
<tr><td>환경</td><td>분료처리의 광역화</td><td>- 분료 · 정화조오수 등 공동처리사업*</td></tr>
<tr><td>연계와 네트워크 강화</td><td>지역공공교통</td><td>권역공공교통 네트워크의 재구축 및 이용촉진</td><td>- 히로사키권역 공동교통계획의 책정
- 공공교통이용촉진을 위한 PR활동 실시</td></tr>
<tr><td>권역관리 능력 강화</td><td>권역시정촌의 직원 등의 교류</td><td>권역 시 · 정 · 촌 직원의 육성</td><td>- 권역직원합동연수사업</td></tr>
</table>

* 매니지먼트 역량 강화 : 합동연수 · 인사교류 71권역, 외부전문가 활용 32권역

〈정주자립권 공동사업 재정분담 사례〉

- 히로사키(弘前) 지구 환경정비사무조합과 쿠로이시(黒石) 지구 청소시설조합의 분료 처리시설에서 처리하고 있는 분료 및 정화조 처리에 대해 시설의 노후화, 처리능력 저하에 따라 양 조합 권역의 분료 등을 MICS사업(오수처리시설공동정비사업)의 체계 정비를 통한 새로운 시설로 건설하여 일괄 공동처리하는 시스템 구축

공동사업 연계 시 · 정 · 촌 및 연도별 사업비 분담

시책명	사업명	연계시정촌	사업실시 예정연도 및 사업비(천 엔)			총사업비	보조금 등
			2012	2013	2014		
분료 처리의 광역화	분료, 정화조 등 공동 처리 사업	弘前市	11,500	118,680	260,820	391,000	- 사회자본정비 종합교부금 - 폐기물처리 사업체**
		黒石市	4,195	43,292	95,143	142,630	
		平川市	2,788	28,767	63,220	94,775	
		藤崎市	1,207	12,462	27,386	41,055	
		板柳町	2,288	23,607	51,880	77,775	
		大鰐町	2,195	22,652	49,783	74,630	
		田舎館村	532	5,496	12,077	18,105	
		西目屋村	295	3,044	6,691	10,030	
		계	25,000	258,000	567,000	850,000	

** 사업비 예상액은 총 사업비 17억 엔에서 국비(1/2)를 공제한 시 · 정 · 촌 실질 부담액을 계상

5) 정주자립권의 재정지원

정주자립권 사업을 추진하는 지역에 대한 재정지원은 다양하다. 우선, 특별교부금을 지원하고 있다. 중심시와 주변 시 · 정 · 촌에 대한 포괄적 재정조치로 2015년 1월 기준, 중심시에는 연간 8,000만 엔, 주변 시 · 정 · 촌에는 시 · 정 · 촌별로 연간 1,500만 엔의 특별교부금을 지원하고 있다. 2013년에 중심도시는 4,000만 엔, 주변 시 · 정 · 촌은 1,000만 엔으로 2015년에 비해 중심시는 2배, 주변 시 · 정 · 촌은 1.5배 증가한 금액이며, 이 지원금은 주로 '소프트웨어' 분야에 사용할 수 있다. 교부금

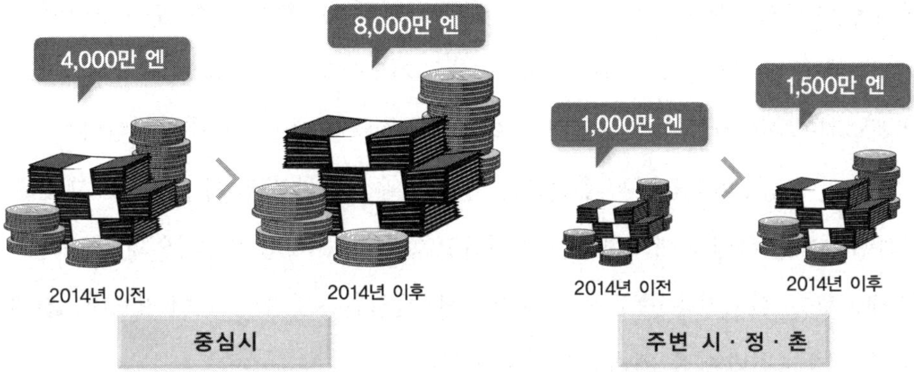

〈그림 13-7〉 중심시와 시 · 정 · 촌의 특별교부금 지원규모 변화

의 사업비 지출은 중심시와 주변 시 · 정 · 촌이 자율적으로 결정하고 있으며 모든 사업에 교부금이 반드시 포함될 필요는 없다. 중심시의 특별교부금은 주변 시 · 정 · 촌의 인구, 면적, 자치단체 수, 중심시의 주 · 야간 인구비율 등에 따라 달라진다.

둘째, 지방채인 '지역활성화 사업채' 발행을 통한 사업비 지원이다. 권역에서 필수 불가결한 인프라에 대한 재원조달을 위해 지역활성화 사업채 발행을 가능하도록 하고 있다. 지자체 간 협정 또는 공생비전에서 수립한 기간시설, 네트워크 형성에 필요한 도로, 교통, 통신시설 등 주로 하드웨어 사업에 대해 지역활성화 사업채를 사업비의 90%까지 충당할 수 있으며, 원리상환금의 35%까지를 총무성에서 보조금으로 지원하고 있다.

셋째, 비전계획에 포함된 개별 시책에 대해서도 재정을 지원하고 있다. 의료분야의 경우 정주자립권 중핵의 시 · 정 · 촌 설립 병원 또는 민간병원이 중심이 된 진료연계 사업에 필요한 시 · 정 · 촌 부담금에 특별교부세를 지원하고 있다. 의료인력 확보 등 지역의료 연계사업을 추진하는 시 · 정 · 촌 부담금에 대해 특별교부세로 사업비의 80%까지 지원이 가능하며 800만 엔을 상한으로 재정을 지원하고 있다. 특히 원격지 의료에 대해 특별교부세 보조를 종전 60%에서 80%까지 상향해서 지원하고 있다.

넷째, 전문성을 가진 외부인재를 활용하는 경우 700만 엔을 상한으로 3년간 지원하고 있다. 이는 권역 내의 산업진흥, 의료서비스 향상, ICT의 효과적 활용 등 비전에 수립된 사업진행을 위해 권역 외에서 외부 전문가를 활용할 수 있는 경비에 대한 특별교부세 지원의 성격을 지니고 있다. 젊은 기업인의 권역 내외 지역교류 프로그램 비용을 지원하여 권역 내의 산업진흥 및 고용창출을 유도하고자 하는 것이다.

그 밖에 정주자립권에서 추진하는 부처 간 융·복합 사업 가운데 우수사례를 선정하여 선택한 사업에 대해 재원을 지원하고 있다. 융·복합 우수사업의 예로는 의료 ⊕ 대중교통, 산업진흥 ⊕ 교육, 문화예술 ⊕ 산업진흥 ⊕ 활용 등이 있으며, 2013년의 경우 1억 4천만 엔을 15개 권역에 지원했다.

4. 일본 지역발전정책의 시사점

일본의 지역발전정책은 2000년 이후 급격하게 변화되고 있는데, 그 핵심은 지역의 개성있는 발전과 협력에 의한 발전, 그리고 국가최저기준 삶의 질을 보장하기 위한 낙후지역에 대한 지원이라고 할 수 있다. 이런 정책을 추진하게 된 가장 큰 요인은 인구감소와 고령화, 장기 저성장에 따른 지방소멸 위기와 고용창출 애로 때문이라고 할 수 있다. 이 점은 도시재생, 지역재생, 지역경제 활성화를 위한 규제개혁 등 일련의 시책을 보아도 분명하다.

일본의 지역발전정책에서 두드러진 현상은 종래 개별부처 위주의 정책추진에서 벗어나 부처가 협력하고 연계해서 지역발전을 도모하고 있는 것이다. 내각부에 지역활성화통합추진본부라는 부처 통합적 지역발전 추진조직을 만들고 지역의 통합적 시책추진을 지원하기 위한 지역재생제도에서 보는 바와 같이 국가가 제공하는 보조금의 통합적 연계성을 강화하는 추세이다. 그리고 이는 지역의 개성있는 발전과 자연스럽게 맥이 닿는 정책의 구조를 형성하고 있다.

일본의 과소지역 정책은 우리에게 시사하는 바가 적지 않다. 일본의 과소지역 정책은 발전여건이 불리한 지역에 대한 형평성 차원의 지원이라는 관점을 지난 50~60여 년 동안 일관되게 견지하고 있는 점, 낙후지역에 대해서 총무성을 중심으로 부처가 협력해서 정책을 지원하고 있는 점, 낙후지역에 대한 다양한 지원과 함께 재정지원의 안정성이 확보되는 점은 우리나라의 낙후지역정책과 명백히 차이가 있다. 우리나라의 경우 아직까지 낙후지역 발전에 대한 기본법조차 제정되어 있지 않을 뿐만 아니라 정책도 정권에 따라 오락가락하고 있으며 신활력지역, 성장촉진지역 등으로 정책의 존재조차도 제대로 확인할 수 없는 지경에 이르고 있다.

지역의 자발적 의사에 의해 자치단체 간 협력 발전을 도모하고 있는 일본의 정주자립권 시책도 우리나라 관련 시책의 추진에 시사하는 바가 많다. 일본의 정주자립권 구상은 고령화, 인구감소 시대에 대비해 주민의 정주에 필요한 기초생활여건을 자체적으로 확보할 수 없는 자치단체가 중심시를 중심으로 협력해서 충족시키고 있다. 그렇기 때문에 도쿄, 오사카, 나고야 3대 도시권을 제외한 지역이 대상이 되고 있다. 정주자립권을 구성하는 일본의 시 · 정 · 촌은 인구 규모가 우리의 지역생활권보다 훨씬 작다는 것도 유의할 필요가 있다. 일본 정주자립권은 중심시와 주변 시 · 정 · 촌을 합치더라도 대부분 우리의 기초지방자치단체에 비해 인구 규모가 크지 않다. 재정지원 수단이 특별교부세에 기반하고 있다는 점도 시사하는 바가 크다. 특정한 용도에 그 사용처가 정해져 있는 국고보조금이 아니라 포괄성을 띤 교부금이기 때문에 국고보조금에 비해 협력사업의 투자에 대해서 보다 많은 유연성을 확보할 수 있다.

우리나라의 지역행복생활권 시책은 인구 규모를 고려하여 중추도시생활권, 도농연계생활권, 농어촌생활권으로 구분하고 있다. 지역특성에 적합하게 주민의 피부에 와 닿는 체감적 행복을 증진시키기 위한 시책을 추진한다는 취지는 좋으나, 이것이 오히려 광역 생활권에서 필요한 기초생활 기능과 소규모 지역생활권에서 필요로 하는 생활서비스 기능을 구분하여 적절하게 공급하지 못하게 할 수도 있다. 권역의 규모가 다르면 사업 내용도 달라야 하기 때문이다. 개별 자치단체가 모든 기초생활 서비스를 구비할 수 없는 것이 우리의 현실이다. 그럼에도 불구하고 우리의 행복생활권정책은 각자 비슷한 지위를 가지고 주민의 행복을 향상시키겠다는 '형평성적인 접근' 을 추구하고 있다. 반면 일본의 경우 형편이 나은 중심시가지가 그렇지 못한 주변 시 · 정 · 촌을 도와주는 관점에서 생활에 필요한 기능을 제공한다는 점도 참고할 필요가 있는 대목이다. 시책의 성과를 보다 향상시키기 위해서는 중심시가 되는 지역에는 그렇지 못한 지역에 비해 재원을 보다 많이 지원할 필요가 있기 때문이다.

그렇지만 이런 시사점과 차이에도 불구하고, 우리의 지역행복생활권 시책도 사업내용뿐 아니라 재원도 당초 구상한 것처럼 지역특성에 적합하게 지원한다면 보다 많은 성과를 창출할 수 있을 것이다. 특히, 지역 간 협력 사업의 추진에 제약이 있는 국고보조금보다는 일본의 정주자립권처럼 유연성이 큰 특별교부금을 통해 지원하는 방안을 검토할 필요가 있다.

〈참고문헌〉

기획재정부(2011), 낙후지역 발전모델 개발연구, 한국지방행정연구원 용역과제.

김제국 외(2007), 일본 경제정책 및 국토정책의 전개과정과 성과에 관한 연구,경제개발연구원.

김현호 외(2014), 지역생활권 선도사업 실태분석 및 개선방안, 한국지방행정연구원.

________(2013), 지역행복생활권 구현을 위한 행・재정지원체계 구축방안, 한국지방행정연구원.

________(2012), 낙후지역 발전모델 개발, 기획재정부 용역과제, 한국지방행정연구원.

박경(2011), 일본 민주당의 고민과 지역정책의 향방: 분권형 복지국가인가 시장주의적 개혁인가, 「지역경제」, 20～35쪽.

____(2008), 일본의 지역정책 전환의 의의와 시사점: 내셔널미니멈(national minimum)과 로컬 옵티멈(local optimum)을 중심으로, 「지역사회연구」, 16권 3호, 71～92쪽.

박경・강영주(2011), "일본의 광역 경제권 향후 동향과 광역지방계획 수립의 시사점", 「충북균형발전」, 제2권, 14～23쪽.

성주인(2013), 일본의 정주자립권 구상, 「지역과 발전」, Vol. 13, 지역발전위원회, 76～78쪽.

송미령, 성주인(2013), 일본 정주자립권 정책동향 조사 해외출장 결과보고서, 한국농촌경제연구원.

장재홍(2009), 주요국의 지역발전정책 추진체계 및 시사점, 「지역경제」, 45～56쪽.

______(2012), 한국지역정책의 새로운 도전, 산업연구원.

정준호(2014), 지역정책은 사람중심적이어야 하는가, 장소중심적이어야 하는가?, 「지역경제」, 85～88쪽.

지역발전위원회(2009), 낙후지역 발전방안, 한국지방행정연구원 용역과제.

차미숙 외(2014), 지역행복생활권 실현을 위한 지역 간 연계협력 활성화 방안 연구, 국토연구원.

총무성 홈페이지 (http://www.soumu.go.jp/)

제 14 장

중국의 지역발전정책 동향과 시사점

1. 중국의 지역발전정책 개관 및 변천과정

중국공산당(이하 '중공') 정권 출범 이후, 중국 지역발전정책의 특징과 흐름은 다음과 같이 요약할 수 있다. 첫째, 거대한 국토 규모와 그에 상응하는 지역 간 차이가 크다. 둘째, 중공이 두 차례에 걸쳐서 상반된 방향으로 진행한 사회주의 개조와 개혁개방이라는 체제 전환의 틀 속에서 진행되었다. 셋째, 국토 및 지역발전 정책기조가 균형발전—불균형거점발전—신균형발전이라는 흐름 속에 진행되었고, 최근에는 육상 및 해상 신(新) 실크로드 건설 등 해외개척을 통한 경제권의 대외 확대와 세계화 전략을 추진하고 있다.

가. 개혁개방 이전 계획경제 시기(1949~1978)

1978년 개혁개방 선언 이전까지 중공은 지역균형발전 전략을 추진했다. 즉, 생산력이 낙후된 중서부 내륙지구 경제건설에 중점을 두었고, 동보전진(同步前進)을 통해서 동부연해지구와 내륙지구의 동보발전(同步發展)과 균형발전을 실현하고자 했다. 마오쩌둥을 핵심으로 하는 혁명 1세대 영도(領導) 집단이 주도한 지역발전전략의 기조는 균형배치(均衡布局)와 국방건설이었다. 당시에는 "불균형은 자본주의 제도의 산물이고, 사회주의 경제는 필히 균형적이어야 한다"는 인식이 팽배해 있었고, 지역경제 측면에서도 생산력 균형배치, 지역 간 및 도농(城鄕) 간 격차 감소에 치중했다. 이 과정에서 '동보전진(同步前進)'과 '동보부유(同步富裕)' 추구가 지역발전전략의 지도사상이 되었다. 또한 대외적 환경의 영향으로 국방 우선의 지역정책이 추진되었다. 사회주의 정권 출범 초기에 미국을 선두로 하는 서방 자본주의 국가들이 중국에 대한 정치적 적대, 군사적 포위, 경제봉쇄정책을 취했고, 이에 중공이 전쟁발발 상황에 대비하고자 건설중점을 전략 후방인 대서남지구(大西南地區)와 대서북지구(大西北地區)에 둔 것이다. 이 시기 지역균형발전의 주요 실천전략은 다음 3가지로 구분할 수 있다(楊小軍, 2009 : 8).

첫째, 내륙지구에 대량의 자금을 투입했다. 1953년에 시작된 제1차 5개년 계획(一五計劃 : 1953～1957) 기간 중에는 주로 구소련이 원조한 건설항목 156개 중점공정 항목 중 약 80%를 서부지구에 배치했다(趙曦(2002), 2). 연해와 내륙의 재정투자 비율도 47 : 53으로 내륙이 높았다. 1차 5개년 계획 기간 중 중국 전국 공업총생산액의 연평균 증가율은 18%였으며, 이 중 동부연해지구가 16.8%이고 내륙이 20.4%였다. 문화혁명(10년 동란) 기간에 추진된 3차 5개년 계획(三五計劃 : 1966～1970)에 포함된 대・중형 국가프로젝트 중 서남(西南), 서북(西北), 중남(中南) 지구에 투자・건설한 공정항목 건수 비중은 60.2%에 달했다.

둘째, 독립적인 지역공업체계를 건립했다. 1958년 6월, 중공중앙은 협작구(協作區) 업무 강화에 관한 문건을 발표하고, 전국을 7개 경제협작구(經濟協作區: 東北, 華北, 華東, 華南, 華中, 西南, 西北)로 구분했다. 각 협작구는 공업과 자원 등의 조건에 근거해 대형 골간(骨幹) 공업과 경제중심을 신속히 건설해, 비교적 완비된 공업체계를 구비한 여러 개의 경제구역을 조성했다.

셋째, 전쟁에 대비해 후방의 3선건설(三線建設)[1]에 중점을 두는 궤도로 전환했다. 1965년 중공중앙은 전국 및 각 성(省), 직할시에 전략후방 건설을 가속화하기로 하고, 전국을 1, 2, 3선 지구로 구분해, 경제건설의 투자중점을 전략 후방인 3선 지구에 두었다. 공업건설은 대분산(大分散), 소집중(小集中)시키며, 공장 입지는 산기슭에 분산, 은폐한다고 결정했다. 즉, 당시 중국의 지역발전전략은 국방전략의 하부정책으로 추진되었다. 한편, 국방 관점과 지역균형개발 의지 외에도 "생산시설은 원료산지에 가까이 입지해야 한다"는 이론적 근거도 있었다.

이 같은 지역균형발전전략 실시에 따라 공업배치 중점이 급속히 서쪽 방향으로 이동했다. 제1차 5개년 계획(一五計劃 : 1953～1957)부터 제4차 5개년 계획(四五計劃 : 1971～1975) 기간 중 국민경제 총투자액의 분배 비율은, 내륙지구를 1로 할 때 동

1. 국방성의 관점에서 적(미국과 소련)의 공격에 노출될 위험이 큰 정도에 따라 전국을 1선, 2선, 3선 지구로 구분했고, 중・소 접경지역을 제외한 내륙지역을 적의 공격으로부터 상대적으로 가장 안전한 후방 개념의 3선 지구(三線地區)로 분류하고, 이곳에 주요 산업과 기반시설 투자를 집중시켰다.

부연해지구의 비중이 각각 0.87(1953～1957), 0.79(1958～1962), 0.46(1966～1970), 0.74(1971～1975)로 줄었고, 이 기간 중 전체 누적 투자액 가운데 동부연해지구의 점유비중이 중서부 내륙지구의 약 0.74로 떨어졌다. 공업투자 측면만 보면 내륙지구 투자비중이 60%에 달했다(高新才, 2009 : 16). 내륙지구의 지역공업 총생산액, 고정자산 투자액, 전국 점유 직공비중 등이 모두 현저하게 상승했고, 내륙지구에 국방, 과학기술공업을 중점으로 하는 비교적 완비된 공업체계가 건립되어 전국 공업배치의 균형과 중·서부지구 경제발전을 촉진시켰다. 건국 초기 지역경제 분포 불균형이 극심했던 상황을 개선했고, 중·서부지구 경제발전의 기초를 다졌다는 측면에서는 긍정적인 평가도 가능하다.[2]

그러나 개혁개방 이전 시기에 추진한 지역균형발전 전략은 다음과 같은 문제를 포함하고 있었다. 첫째, 동부연해지구의 발전을 억제하면서 내륙지구의 발전을 추진했으나, 실제로는 일종의 '저수준의 균형'을 추구했다. 둘째, 지역균형을 과도하게 강조해, 투자효율 희생을 대가로 지역 간 생산력 배치 조정을 추동한 결과, 동부연해지구가 이미 보유한 공업기초를 바탕으로 경제효율을 발휘할 수 있는 잠재력을 억제했고, 이는 결국 전체 국민경제 효율과 사회공평을 추진하기 위한 경제동력까지도 실추시켰다. 셋째, 소위 '균형발전' 추진을 위한 실천기준이 결여되어 있었다. 예를 들면 '균형발전'의 함의와 내용이 무엇인가, 투자균형인가 아니면 성장의 균형인가, 경제총량인가 아니면 동일 부문의 각 지역 간 균형인가? 등에 대한 인식과 기준이 모호했다. 또한 지령성 계획경제체제하에서 투자재원의 낭비와 비효율의 문제가 있었다.

2. 1970년 각 성의 1인당 GDP 순위 12위 안에 6위 칭하이(青海), 7위 윈난(雲南)과 산시(陝西), 닝샤(寧夏), 구이조우(貴州)가 포함되었다. 그러나 이후 3선건설이 중지되고 전략 중점이 바뀜에 따라 이 같은 순위에 변화가 생겨서 1985년 이후에는 3선 지역에 해당하는 성(省) 중에서 12위 안에 들어간 중·서부 성은 단 한 곳도 없다(陈秀山, 徐瑛(2005), 104～107).

나. 개혁개방 이후

1) 불균형 거점개발 시기(1979~1990년대 중반)

1978년 12월 중공 11기 3중전회에서 개혁개방 방침이 제출되고 '선부론(先富論)'과 함께 지역발전전략 기조도 동부연해지구에 경제특구와 개방구를 설립·육성하여 우선 발전시킨다는 '거점개발' 전략으로 전환했다. 이는 개혁개방 이전 시기에 고수해 오던 '균형발전'을 포기하고 기본방향을 전환하겠다는 결정이었다. 이 같은 변혁의 배경과 주요 흐름은 다음과 같다.

1976년 9월 마오쩌둥이 사망하면서 문화혁명 10년 동란이 실제적으로 끝난 후, 덩샤오핑을 지지하는 예젠잉(葉劍英) 중심의 원로그룹 실용주의 개혁파가 화궈펑(華國峰)과 연합하여 4인방[3]을 제압했다. 예젠잉과 덩샤오핑을 중심으로 하는 개혁파는 다시 마오쩌둥의 후계자인 당시 국가주석 화궈펑을 지지하는 범시파(凡是派)[4]를 소위 '진리표준 논쟁'[5]을 통해서 제압하고 중공 내의 권력을 장악했다. 이후 덩샤오핑이 주도한 중공중앙은 '대내 개혁과 대외 개방'을 결정·공표했다. 이 같은 변혁상황 속에서 지역발전정책도 불균형 거점개발전략으로 전환했고, 경제자원의 지역배치전략도 상응하게 조정했다. 중공정권 출범 이래 중시해 온 규범적 균형 대신 지역 간 입지적 장점을 효율적으로 발휘토록 한다는 방향으로 전환했다.

중공이 개혁개방 이전의 평균주의 정책의 폐단으로부터 체득한 교훈을 요약하

---

3. 마오쩌둥이 배후에서 조정한 문혁을 주도하며 권력을 장악하고 있던 마오쩌둥의 부인인 장칭(江靑), 왕훙원(王洪文), 장춘차오(張春橋), 야오원위엔(姚文元)을 지칭한다.

4. '범시(凡是)'란 모두 그렇다는 뜻이고, '범시파(凡是派)'란 명칭은 마오가 죽은 후에 후계자인 화궈펑(華國峰)을 중심으로 "凡是毛主席作出策我們都堅決擁護, 凡是毛主席的指示, 我們都矢志不渝地遵循(우리는 마오주석의 모든 결정을 결연히 옹호해야 하고, 마오주석의 모든 지시를 변함없이 따라야 한다)"라고 주장한 무리를 가리킨다.

5. 마오를 계승한 당시 국가주석 화궈펑(華國峰)을 중심으로 하는 '범시파(凡是派)'의 주장을 반박하기 위해 당시 중공중앙당교 교장이었던 후야오방(胡耀邦)이 주도하여 개혁개방파가 전개한 사상투쟁이다. "진리를 검증하는 유일한 표준은 실천이다"라는 명제를 내세웠다.

면, "공동부유(共同富裕)는 동보부유(同步富裕)와는 다르며, 동보전진(同步前進)이나 동보부유(同步富裕)의 추구는 공동빈곤(共同貧困)에 도달할 수밖에 없다"는 것이었다. 중국은 국토와 지역이 광활하고 지리적 위치, 자연조건, 역사적으로 형성된 경제여건 등 객관적 조건의 차이가 매우 크므로 발전과정에서 지역별 발전속도가 다를 수밖에 없다. 모든 지역의 발전상태가 비슷한 상태나 '같은 보폭으로 전진' 또는 '동보부유'는 가능하지도 않다는 것과 그 같은 극좌 모험주의적 시도가 초래한 저수준의 균형과 공동빈곤의 폐해를 확실하게 체득했다. 이는 전체 국면에서 발전을 진행시킬 동력을 확보하기 위해서는 (불균형)거점개발이 필요하고, 그 과정에서 지역 간 격차 발생은 불가피하다는 인식의 변화로 이어졌다. 이 같은 인식을 바탕으로 광동성 선전(深圳), 주하이(珠海), 산터우(汕頭)와 푸젠성(福建省) 샤먼(厦門)에 경제특구를 설치하고 개혁개방정책실험을 추진하기 시작했다.

지역발전 차원의 전략은, 6차 5개년 계획(六五計劃 : 1981~1985)의 "연해지구의 경제기술적 우위를 최대한 활용한다"는 단계를 거쳐, 7차 5개년 계획(七五計劃 : 1986~1990)에서는 이를 더욱 명확하게 밝혔다. 이에 따라 동부연해지구에 경제특

〈그림 14-1〉 3대 경제지구 구분 현황

구를 설립하고, 이어 3개의 삼각주 경제개방구[6]와 14개 연해 개방도시[7]를 지정 · 설립했다.

한편, 개혁개방 이후 수립된 7차 5개년 계획(1986~1990)부터 전국을 거시적 관점에서 동부, 중부, 서부의 3대 경제지구로 나누고(〈그림 14-1〉 참조), 이들 지구의 현실적인 능력과 발전 단계의 차이를 구분하기 시작했다.

당시의 지도사상은 "효율을 우선하고, 공평을 함께 고려한다(效率優先, 兼顧公平)" 였다. 더구나 실천 단계에서는 효율을 보다 강조했다. 이후 동부연해지구의 경제가 빠른 속도로 발전했다. 중부, 서부, 동북 지구와 동부지구 간 1인당 지역 총생산액(GRP)을 비교해 보면, 1978년부터 2000년경까지는 중부, 서부 및 동북지구의 비율이 동부지구보다 감소하는 추세가 지속되었다. 1978년 중부지구의 1인당 GRP는 동부연해지구의 45%였으나, 2000년에는 37%로 떨어졌고, 서부지구는 1978년 41%에서 2000년 32%로, 동북지구는 1978년 79%에서 2005년 57%로 감소했다.[8]

이와 같이 동부 우선발전과 거점개발 전략이 중국의 경제발전을 성공적으로 이끌긴 했으나 이 과정에서 지역 간 격차 문제는 심각해졌다.

2) 신균형발전전략과 해외개척시기(1990년대 후반~현재)

1990년대 후반 중공의 지역발전정책 기조가 동부연해지구 등 선(先)발전지역의 발전추세를 유지 또는 가속화하면서, 발전의 성과를 중 · 서부 내륙지구로 파급 · 확산시킨다는 '효율 우선, 균형 동시고려(效率優先,兼鼓均衡)' 로 바뀌었다. 이를 '지역

---

6. '3개 삼각주 경제개방구' 는 장강(長江)삼각주, 주강(珠江)삼각주, 그리고 민강(闽江)삼각주인 샤먼(厦門)-장저우(漳州)-첸저우(泉州) 삼각지구(厦漳泉三角地區)로 구성되었다.
7. 14개 연해 개방도시는 북에서 남 방향으로 따리엔(大連), 친황다오(秦皇島), 옌타이, 칭다오, 렌윈강(連云港), 난통(南通), 상하이, 닝보(寧波), 원저우(溫州), 푸저우(福州), 광저우, 잔장(湛江), 베이하이(北海) 14개 동부연해지구 주요 항구도시들이다.
8. 단, 1990년대 말부터 중국정부가 '서부대개발', '동북진흥', '중부굴기' 구호를 내걸고 추진한 지역협조발전정책의 영향으로 2000년대에는 이들 3개 지구의 동부지구에 대한 1인당 GRP 비율이 상승하여, 2012년에는 중부지구 56%, 서부지구 54%, 동북지구 80% 선까지 회복했다.

협조발전(區域協調發展)' 또는 '신균형발전' 이라 부른다. 중공중앙이 지역발전전략 기조를 개혁개방 이후 유지해 온 '불균형 거점개발' 에서 '지역협조발전(區域協調發展)' 또는 '신균형발전' 전략으로 전환한 이유는 동부연해지구와 중서부 내륙지구 간, 그리고 도시와 농촌 간 발전 속도와 주민소득 격차가 갈수록 커지면서 사회적 · 정치적 문제로 확대 · 심화되는 양상을 보인다고 판단했기 때문이다.

중국의 지역 간 격차 문제를 표현하는 말로 '하나의 중국, 네 개의 세계(一個中國四個世界)' 란 말이 있다.[9] 중국이라는 국가 안에 발전수준이 각기 다른 4개의 세계가 존재하고 있는바, 제1세계는 베이징과 상하이, 톈진 3대 직할시로 1인당 지역 총생산액(GRP)이 1만 달러를 넘었고 세계의 중진국 수준에 진입했다. 제2세계는 동부연해지구의 성(省)들로 1인당 GRP가 7,000달러 선 이상이며 장쑤성(江蘇省), 저장성(浙江省) 등은 이미 1만 달러 선에 근접했다. 이 지구의 인구는 약 2.7억 명으로 전국 인구의 약 21.8%이다. 제3세계는 중부지구로 세계의 하 · 중등 국가수준이고, 이 지구 인구는 약 3.3억 명으로 전국 인구의 약 26%를 점한다. 제4세계는 중 · 서부의 빈곤 지구로 1인당 GRP가 세계적으로도 최빈국가 수준이고, 이 지구 인구는 약 6억으로 전국 인구의 50%를 점한다. 즉, 중국 전국 인구 중 약 3/4 이상 인구의 경제수준이 세계 빈곤국가 수준이다(樊綱, 武良成, 2009 : 141).

한편, '신균형발전' 으로 전환한 배경에는 갈수록 심화된 지역 간 격차 외에도 서부지구의 수토 유실, 토지 사막화 그리고 모래폭풍(沙塵暴) 발생빈도의 증가와 같은 생태환경 파괴 문제와 이들 지역에 거주하고 있는 소수민족의 문제가 있었다.

9차 5개년 계획(九五計劃 : 1996～2000)에서 계획의 장기목표와 지도사상으로, 그리고 경제건설의 주요 임무로 '지역경제협조발전(區域經濟協調發展)과 지역발전 격차의 점진적 축소' 를 제출했고, 10차 5개년 계획(2001～2005) 기간 중에는 서부대개발과 동북노후공업지구 진흥전략을 적극 추진했다(杨小军, 2009 : 9～10). 11차 5개년 계획(2006～2010)과 12차 5개년 계획(2011～2015)에서도 이러한 기조를 유지하면서 중부굴기(中部崛起) 전략을 추가하고, 지역 간, 도농(城鄉) 간 화해(和諧), 선

9. 2008년에 중국과학원 국정연구소 소장인 경제학자 후안강(胡鞍綱) 등이 중국의 지역격차를 표현한 말이다.

(先) 발전지역이 이룩한 부를 후발전지역에 되돌려 준다는 '반포(反哺)'[10]개념과 '포용성 발전'을 강조하고 있다.

이같은 정책기조는 1988년 덩샤오핑이 제시한 '2개 대국(兩個大局)'과 '공동부유론(共同富裕論)'에 뿌리를 두고 있다. 1988년 9월에 덩샤오핑이 "중앙은 권위가 있어야 한다(中央要有權威)"라는 제목의 담화 발표를 통해 '2개 대국'과 '선부론(先富論)'을 주창했다. 즉, "연해지구가 신속한 경제발전을 이룩하면서 내륙의 발전을 촉발시키도록 해야 한다. 내륙지구는 이러한 대국(大局)을 수용·협조해야 한다. 단, 연해지구의 발전이 일정 정도 달성되고 난 후에는 연해지구가 내륙지구의 발전을 대동(帶同)해야 한다. 이는 연해지구가 반포(反哺)해야 하는 대국(大局)이다"(鄧小平, 1993 : 373～374 ; 高新才, 2009 : 26). 또한 덩샤오핑은 '공동부유'는 경제발전에 기초해야 한다는 인식하에서 사회주의 초급단계(社會主義初階級段)에서의 경제발전에 대한 단계별 전략목표로 '춥고 배고픈 문제의 해결(解決溫飽)', '소강사회(小康社會)의 실현', '현대화'라는 3단계 발전전략을 제시했다(李合敏, 2002 : 50).

덩샤오핑의 후계자인 장쩌민(江澤民)은 1999년 6월, 서부지구 순방 중 산시성(陝西省) 시안(西安)에서 서부지구의 최대 현안 문제인 생태환경보호와 충칭(重慶), 청두(成都), 시안 등 지역거점도시의 거점기능 강화를 주요 내용으로 하는 '서부대개발' 방침을 발표하고 본격적으로 추진했다. 이어 동북 3성(遼寧省, 吉林省, 黑龍江省)과 네이멍구자치구 동부를 포함한 지역의 노후공업과 '자원형 도시'[11] 문제 등을 포함하는 소위 '동북현상' 문제에 대응하기 위해 '동북 노공업기지 진흥', 그리고 중부지구에 대한 '중부굴기(中部崛起)' 전략을 추진했다.

또 하나의 문제는 도농 간 격차문제이다. 2004년 이래 중공중앙이 매년 연초에 발표하는 1호 공문의 내용이 모두 삼농(三農 : 농민, 농업, 농촌) 관련 내용이다. 그만큼 중공중앙이 삼농문제를 중시하고 있으나 해결방안을 찾기가 쉽지 않다는 것을 의미

---

10. '反哺之孝'에서 유래된 말. 까마귀 새끼가 자라서 늙은 어미에게 먹을 것을 물어다 준다는 뜻
11. 도시경제기반을 광물자원 채취에 의존하고 있으나, 자원 매장량과 채취량이 한계에 달해 도시경제가 쇠락해 가는 광업도시를 가리킨다.

한다.

삼농문제 중에서도 핵심은 농민의 수입증가추세가 둔화되고 있고, 도시주민과 비교한 수입 격차가 갈수록 커지고 있다는 점이다. 도농 간 주민소득 절대액의 차이는 1998년 2.52 : 1에서 2011년에는 3.13 : 1로 확대되었다. 개혁개방 초기, 각 농가별 생산연계 도급책임제(家庭聯産承包責任制) 실시 직후에는 농민의 생산 및 소득 증가속도가 비교적 빨랐다. 그러나 개혁개방이 도시와 공업부문으로 확대 추진되면서 도농 간 주민소득격차가 갈수록 더 크게 벌어졌다(范劍勇 等, 2013 : 65 ; 胡愈 等, 2012 : 90～91).

주목해야 할 점은 10차 5개년 계획 이후 중국정부가 견지하고 있는 지역협조발전정책은 지역 간 '협조(協調)'를 강조하고 있지만 개혁개방 이전의 평균주의적 균형 개념과는 다르다는 점이다. 즉 전국적인 경제성장추세를 유지하려면 불균형 성장은 불가피하다는 인식을 기초로 지역 간 · 부문 간 '협조'를 추구하고 있다. 12차 5개년 계획(十二五規劃 : 2011～2015)에서는 '신균형발전' 전략 기조를 유지하면서, 지역과 자연 간, 그리고 지역과 지역 간 '협조(協調)'와 '조화(和諧)', '도농 일체화 발전', 그리고 '포용성(包容性) 발전'과 '신형 도시화(新型城鎮化)' 또는 '중국 특색의 도시화'를 강조하고 있다.

최근에는 '일대일로(一帶一路)' 건설과 해외특구 개발 등 해외진출(走出去)을 통한 경제의 세계화 전략을 추진하고 있다. '일대일로'란 과거 중국이 서역과 교류하던 실크로드와 같은 국제 교역로 및 경제회랑을 육상지대와 해상 실크로드로 건설한다는 구상이다.[12]

12. '일대(一帶)'는 육상으로 중앙아시아 – 러시아 – 유럽을 연결하고, '일로(一路)'는 바닷길로 중국 연해지구와 동남아시아 – 남아시아 – 인도 – 유럽 – 남태평양까지 연결한다는 구상으로 '21세기 해상 실크로드'라고도 부른다.

2. 중국의 지역발전정책과 전략

가. 국토 · 지역계획체계

국토 및 지역발전 관련 계획체계를 포함한 계획체계는 중국 경제와 사회의 발전을 총체적으로 지도하는 5년 단위 계획인 '국민경제 및 사회발전계획(國民經濟和社會發展規劃)' 체계 안에 포함된다. '국민경제 및 사회발전계획' 은 사회상황의 변화에 맞게 중국이 나아갈 방향을 제시하고, 각종 공간계획의 상위계획으로서 각 계획의 위계를 결정하고 방향을 지도하는 상위계획이다. 중공 정권 출범 직후 '국민경제 및 사회발전 제1차 5개년 계획' (一五計劃 : 1953～1957)을 시작으로 2015년 현재 12차 5개년 계획(2011～2015)이 시행 중이고, 현재 '13차 5개년 계획(2016～2020)' 수립을 위한 논의가 진행되고 있다.

현행 '국민경제 및 사회발전계획' 의 계획체계는 행정단위와 계획 대상 및 역할에 따라 '3급 3류(3級3類)' 로 할 것을 제시하고 있다. '3급' 이란 국가급, 성(省) · 자치구 · 직할시급, 시(市) · 현(縣)급 계획을, '3류' 란 '총체계획(總體規劃)' , '전문항목계획(專項規劃)' , '구역계획(區域規劃)' 을 가리킨다. '총체계획' 은 국민경제 및 사회발전의 전략성 · 강령성 · 종합성 계획으로, '전문항목계획' 및 '구역계획' 과 유관정책 및 연도별 계획의 근거가 되며, 기타 계획은 '총체계획' 의 요구에 부합해야 한다.

'전문항목계획(專項規劃)' 은 국민경제 및 사회발전의 특정영역을 대상으로 수립하는 계획으로, '총체계획' 을 특정영역에서 세분화한 것이다. 또한 정부가 해당 영역의 발전 및 중요 항목의 심사비준을 지도하고, 정부투자와 재정지출 예산을 안배하며 특정영역 관련정책을 제정하는 근거가 된다. 전문항목계획의 수립대상은, 국민경제 및 사회발전이라는 큰 범위에 포함된 것과 국무원의 심사와 비준을 거치는 중대 항목 및 투자금액이 비교적 큰 영역으로 제한한다. 여기에는 토지와 같은 주요 자원의 개발과 보호, 그리고 국가총체계획(國家總體規劃)이 확정한 주요 전략임무와 프로젝트도 포함된다.

'구역계획(區域規劃)' 은 여러 행정구역에 걸치는 구역을 대상으로 수립하는 국민경제 및 사회발전계획으로, 특정 구역에서 '총체계획' 을 세분화 및 구체화한 것이다. 여러 성 · 자치구 · 직할시의 행정구역에 걸치는 구역계획은 구역 내 성 · 자치구 · 직할시급 총체계획과 전문항목계획의 근거가 된다. 구역계획은 주로 지역발전의 입지, 도시발전과 배치, 중점산업발전과 배치, 주요 기초시설 건설 등 전체 틀과 관련된 문제들을 다룬다. 또한 국가급 구역계획의 범위를 합리적으로 설정한다. 다시 말해, 경제사회발전과 긴밀한 관련이 있는 지구, 여러 도시가 밀집 · 결합되어 있는 도시군(城市群) 지구와 더불어 국가총체계획이 확정한 중점개발 또는 보호구역 등도 수용하는 것이다. 현재 '구역계획' 수립업무는 주로 각 급 지방 정부의 발전개혁위원회(發展改革委員會)가 담당하고 있다.

12차 5개년 계획(十二五規劃 : 2011～2015)에서는 각종 계획의 위계를 명확히 하고, 상호 보완할 수 있는 계획체계를 구축해 통일적으로 연결할 것을 요구했다. 또한

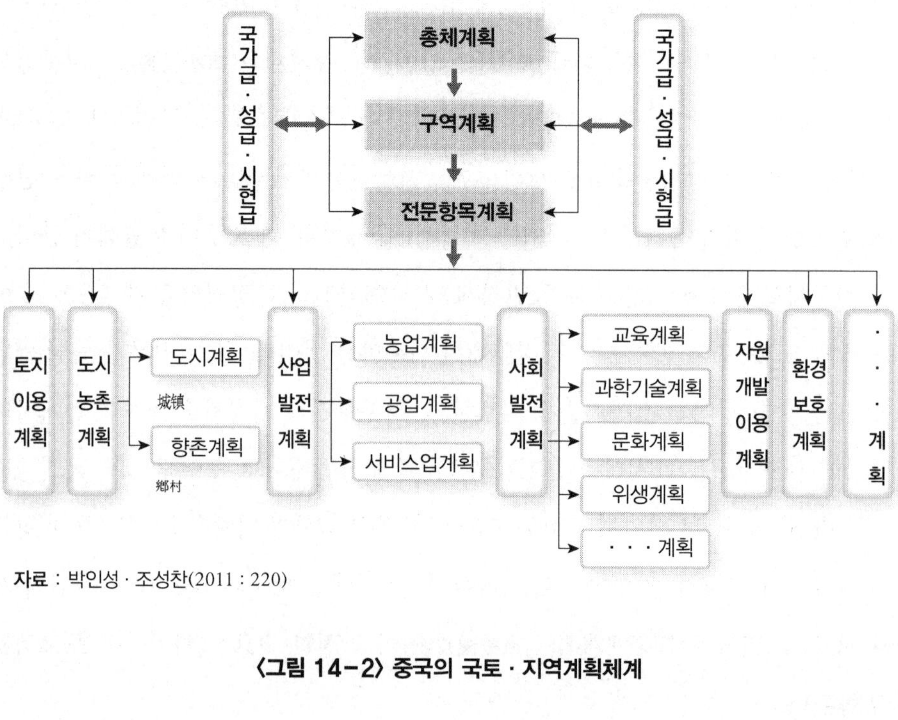

자료 : 박인성 · 조성찬(2011 : 220)

〈그림 14-2〉 중국의 국토 · 지역계획체계

도시계획, 토지이용계획, 환경보호계획 및 에너지, 교통 등 전문항목계획을 심도있게 수립 · 실시하고, '전국주체기능구계획(全國主體功能區域規劃)'을 수립하여 이를 통해 구역정책을 명확히 한다고 명시했다. 토지이용계획은 경지보호를 "세계에서 가장 엄격하게 실행할 것"을 요구하는 틀 속에서, 비농업용 건설용 토지 공급계획 수립을 주요 임무로 한다. 주요 내용은 토지이용총체계획, 도시총체계획, 마을(村庄) 및 집진(集鎭)계획 수립 및 용도관리, 항목용지 예비심사와 촌진(村鎭)건설용지 관리강화 등이다. 또한 지역협조발전(區域協調發展) 촉진과 안정적 · 합리적 도시화 발전 추진, 그리고 구역발전총체계획 실시, 주체기능구 전략 실시, 도시화 배치와 형태 완비, 도시화 관리 강화 등도 강조하고 있다.

나. 거시적 지역발전전략

1949년 중공 정권 출범 이후, 생산력 배치의 주요 흐름은 다음과 같이 구분할 수 있다. 첫째, 개혁개방 이전까지 기간은 다음과 같이 두 개 시기로 구분할 수 있다.

① 중공 정권 출범 직후의 3년간의 정돈 및 회복시기와 1차 5개년 계획(一五計劃 : 1953～1957) 시기까지로 연해와 내지(內地)와 협조 관계를 주선(主線)으로 하고, 공업배치를 연해지구에서 내지로 이전했다.

② 둘째 단계는 2차 5개년 계획 시기부터 5차 5개년 계획 기간 만료 시기까지로, 3차 5개년 계획(1966～1970)과 4차 5개년 계획(1971～1975) 시기의 '삼선(三線) 건설'을 중심으로 전쟁준비와 전략후방 건설을 기조로 하고, 공업을 중심으로 하는 생산력을 서부지구로 이전 배치했다.

둘째, 개혁개방 이후 현재까지는 다음과 같이 3개 단계로 구분할 수 있다.

① 1980년대부터 1990년대 후반까지로, 거시적 효율과 국민경제 발전의 총체적 속도 확보를 목표로 동부연해지구에 각종 특구를 설치하고, 생산력을 집중 배치하는 불균형 거점발전전략을 추진했다. 이에 따라 동부연해지구와의 경제

성장 격차가 심화되면서 중서부 내륙지구의 불만이 경제 문제에서 사회 · 정치 · 민족 문제로까지 확대 · 돌출되었다.

② 1990년대 말부터 동부연해지구에 편중된 불균형 발전과 지역 간 격차 문제를 중시하고, 생산력 배치의 중점을 동부지구에서 중서부 내지(內地)로 이전하면서 '서부대개발', '동북 진흥', '중부굴기' 전략을 연이어 추진했다. 또 한편으로는 중서부지구 '향진기업(鄕鎭企業)'을 지원 · 육성했다. 중국 국무원은 1993년 2월, 중서부지구 및 소수민족지구 각 급 지방 정부에 향진기업의 지원 발전을 최우선 목표로 할 것을 지시했다. 동시에 '향진기업 동서협력사업계획(東西協力事業計劃)'을 수립하고, 동부와 중서부 향진기업 간 횡적 경제연합을 적극 장려했다.

이와 함께 중서부지구 교통망 확충에 투자를 집중시켰다. 대표적인 것이 1998년에 개통한 난쿤선(南昆線 : 南寧 — 昆明)과 2006년 7월에 건설 개통한 칭하이 — 시장(티베트) 간 칭장철도(青藏鐵路 : 青海 西寧 — 西藏 라사)[13]이다. 칭장철도 개통의 의미는, 중공 중앙의 변경소수민족지구에 대한 고도의 정치적 고려가 포함되어 있다는 점과 세계에서 해발 고도가 가장 높고 선로연장이 가장 긴 고원지대에 고난도 토목공정을 극복하고 건설한 철도이면서 중국 국토면적의 1/8에 달하는 시장(西藏 : 티베트)지구에 처음 건설 · 개통한 철도라는 점이다. 한편 중국의 동부와 서부지구를 관통하는 2개 노선의 고속도로도 건설했다. 하나는 장쑤성 롄윈강(連雲港)에서 간쑤성 란저우(蘭州)와 신장 위그르자치구 수도인 우르무치까지 롱하이(隴海) 철도를 따라 건설했고, 다른 하나는 상하이에서 쓰촨성 청두(成都)까지 구간이다.

2007년 11월에 개최한 중공 17차 당대회 이후에는 '과학적 발전관'과 '조화사회(和諧社會)' 목표를 확정했다. 즉 경제성장 방식의 전환(轉變)과 질적 발전을 강조하면서 경제체제와 정치체제 개혁, 사회영역과 문화영역의 개혁은 종합성 · 연계성

---

13. 칭장철도(青藏鐵路)는 중국의 21세기 4대 공정 중의 하나로서, 총 연장 1,956km이고, 이중 시닝(西寧) – 거얼무(格爾木) 구간 814km은 1984년부터 운영되었고, 거얼무 – 라사 구간 1,142km 구간 공사가 2001년 6월 29일 착공, 2006년 7월 1일부터 개통, 운행을 시작했다.

(配套性)·협조성을 확보하면서 동시에 추진해야 한다는 점과 지역 간 협조발전, 도농통합발전, 자연과의 조화(和諧) 등의 정책기조를 더욱 강조했다. 이어서 2010년 10월, 중공 17차 5중전회에서 통과된 12차 5개년 계획(2011~2015) 건의에서는 "동부연해지구의 발전을 승계하면서 서부를 발동시킨다" 는 '승동계서(承東啓西)' 와 '포용성 발전' 을 정책기조로 채택했다.

단, 이 같은 상황과 분위기에서도 '지역 간 균형발전' 이라는 용어 사용을 자제하며, 동부지구의 발전을 계승하면서 중·서부지구와 '조화(和諧)', '협조(協調)', '포용(包容)' 한다는 정책을 추진하고 있다. 또한 서부·동북·중부지구의 풍부한 에너지자원 개발과 농공업생산기지 및 교통운수망 건설, 그리고 내수시장 확대를 추진하고 있다.

③ 최근에는 양적 성장을 통한 자본축적과 풍부한 외환보유량을 바탕으로 해외진출(走出去)을 추진하고 있다. 특히 시진핑 주석－리커창 총리 체제 출범 후에는 '일대일로(一帶一路)' 건설, 해외경제특구 개발, '아시아 기초시설투자은행(AIIB)' 조직 등을 추진하면서 경제권과 연계 기반시설 건설사업 영역을 국제적으로 확대하고 있다.

이 같은 해외진출(走出去)과 '일대일로(一帶一路)' 건설 전략 추진을 통한 경제권의 세계화 추진에 따라 지역발전정책의 거시적 틀도 '4개 대 구역(四大區域)과 3개 지지구(支撑區)' 로 바꾸었다. '4개 대 구역' 은 동부, 중부, 서부, 동북지구를 말하며, '3개 지지구' 는 '일대일로(一帶一路)', '장강유역경제지대(長江流域涇濟帶)', 그리고 베이징－텐진－허베이(京津冀) 수도권지구 협동발전(協同發展)과 일체화 발전을 추구하고 있는 것을 가리킨다.

다. 지구별 발전전략

1) 서부대개발 정책

1999년 11월에 개최된 중앙경제공작회의에서는 향후 경제정책 추진을 위한 정책조정의 주요목표를 '지역경제구조의 조정, 지역경제의 촉진, 도농 간 협조발전' 으로 채택하고, 국무원 산하에 '서부개발판공실' 을 설치했다. 2000년 1월에는 국무원 서부지구 개발 영도소조(領導小組)가 베이징에서 '서부지구 개발회의' 를 개최했고, 이 회의에서 서부개발의 방향과 전략적 임무 등을 체계적으로 발표했다. 장쩌민 당시 중공중앙 주석은 수차례 중부 및 서부지구의 발전을 강조했으며, 특히 '서부대개발' 을 중국 현대화 발전의 대전략으로 하고, 계획의 수립, 실시단계, 정책, 방법과 조직형식 등을 강화할 것을 지시했다.

이어 10차 5개년 계획(十五規劃 : 2001～2005)에서 '서부대개발' 을 국토개발 및 지역경제 분야의 최대 중점과제로 확정했고, 2000년 10월 국무원이 '서부대개발실시에 관한 정책시책의 통지' 를 공포했다. 이 '통지' 에서 정책의 원칙 및 지원중점을 제정하고, 자금투입증가정책, 투자환경개선정책, 대내 및 대외개방 확대정책, 인재 및 과학기술 발전정책 등의 내용을 확정했다. 2001년 9월에는 국무원 판공청(辦公廳)이 '서부대개발에 관한 약간의 정책시책에 관한 실시의견(關于西部大開協若干政策措施的實施意見)' 을 발표, 서부개발판공실에 전달하고, 건설자금투입강도, 건설항목 우선 안배, 재정전이지불제도 강화, 금융신용대출지원 등 구체적 내용을 제출했다. 2002년 7월 국무원 동의를 거쳐, 국가발전개혁위원회, 국무원 서부지구개발 영도소조 판공실이 '10차 5개년 계획 서부개발총체계획' 을 발표했다. 이 계획은 2010년 서부개발의 지도방침, 전략목표, 주요 임무와 중점지역을 명확하게 했다. 2003년 말 제 10기 전국인민대표대회 상무위원회가 '서부개발촉진법' 을 제정해 입법계획에 포함시켰고, 2005년에는 11차 5개년 계획(十一五規劃 : 2006～2010) 서부개발 총체계획을 수립했다.

2) 동북진흥정책

중국정부가 소위 '동북현상' 문제를 중시하고 적극적인 대응을 시작한 것은, 1990년대 후반에 들어와 자원고갈형 광업도시 문제에 대응하면서부터이다. 1998년

8월에 천연림 보호공정을 시작하면서 동북지역의 임업자원형 도시의 지속가능 발전을 위한 정책지원을 했고, 이후 자원형 도시와 노공업기지 관련 정책들을 추진했다.

2001년 12월 광산도시인 랴오닝성 푸신(阜新) 시를 자원고갈도시 및 경제전환 실험도시로 확정했고, 2002년 11월 중국 공산당 제16차 전국대표대회 보고에 "동북지구 등 노공업기지의 조정과 개조를 가속화하고, 자원채취형 도시 · 지구 산업의 지속가능발전을 지원한다"는 표현이 포함되면서 '동북진흥' 정책이 공식화되었다. 2003년 10월 중공중앙과 국무원이, 동북지구 등 노공업기지 조정개조 가속화 실시와 관련하여 자원채취형 도시와 지구의 연결산업 발전을 지원한다는 방침을 정식으로 발표 · 하달했다.

2003년 12월 중앙정부가 '동북지구 노공업기지 진흥 영도소조(東北地區老工業基地領導小組)' 건립을 결정하고 원자바오 총리가 조장(組長)을 맡아 국무원 25개 주요 부처 책임자를 구성원으로 조직했다.

2004년 2월 국무원 국유자산감독관리위원회가 '동북지구 중앙기업 조정개조 가속화에 대한 지도의견'을 배포하고, 동북지구의 중앙기업 조정, 개조 추진을 가속화했다. 동시에 선진기술, 합리적 구조, 융통성 있는 기제(機制), 핵심경쟁력이 강화된 중앙기업을 만들고, 동북공업기지의 진흥을 촉진하는 한편, 중앙기업의 통제력과 영향력과 대동능력을 제고해야 한다는 의견을 하달했다. 같은 해 4월에는 국무원이 '동북지구 등 노공업기지 진흥판공실'을 설립했다.

2005년 5월 국무원 '동북진흥 영도소조' 제2차 회의에서 심의 통과된 업무요점은 다음과 같다. 자원개발 보상기제와 쇠퇴산업 지원기제 관련정책과 시책을 시급히 세우고, 랴오닝성 푸신 시, 헤이룽장성 샹야산(雙鴨山) 시 등 자원형 도시에 우선 시행한다. 헤이룽장 따칭(大慶) 시는 석유, 이춘(伊春) 시는 산림, 지린성 랴오위엔(遼源) 시는 석탄 유형의 자원형 실험도시에 포함시킨다. 6월에는 국무원 판공청이 '동북 노공업기지 대외개방 진일보 확대 촉진에 관한 실시의견'을 발표 · 하달했다. 주요 내용은 국유기업 개조에 외국자본 참여 장려, 체제 및 기제(機制) 창신의 가속화, 정책지도 강화, 중점업종과 기업의 기술진보 추진, 개방영역의 진일보 확대, 서비스업의 발전수준 제고, 입지우세 발휘, 지역경제합작 건강발전 촉진, 양호한 발전환경 조성, 대외개방을 위한 보장 제공 등이다.

2009년 9월에는 중국 국무원이 '동북지구 등 노공업기지 진흥전략의 진일보 실시에 관한 약간의 의견' [14]을 발표·하달했다. '의견'은 기존의 발표된 정책들을 종합, 체계화한 것으로, 주요 내용은, ① 경제구조 특화와 현대산업체계 건립, ② 랴오닝 연해 경제지대, 선양경제구, 하얼빈－따리엔－치치하얼(哈大齊) 공업회랑, 창지투(長吉圖 : 長春－吉林－圖們) 경제구의 가속 발전 추진, ③ 국내 일류의 현대산업기지 건설, ④ 기업기술 진보 가속화, 자주창신(自主創新) 능력의 전면적 제고, ⑤ 현대농업의 가속적 발전과 기반시설 건설 강화, ⑥ 자원형 도시의 구조전환(轉型)과 지속가능발전, 생태환경 보호와 녹색경제의 적극 발전 추진, ⑦ 성(省) 지구 간 협력과 지역경제 일체화 발전 추진 등이다.

2009년 11월에는 중국 국무원이 '중국 두만강 구역 합작개발계획 강요－'창지투'를 개발개방선도구로 승인했다. '창지투'는 지린성 창춘 시, 지린 시 부분지역과 옌비엔(延邊) 조선족 자치주를 포함한다. 이 지역도 중국 두만강(圖們江)지역의 핵심지구이며 동북아의 중심에 위치한 새로운 유라시아대륙 철도의 중심이다. 러시아의 풍부한 자원과 함께 일본과 한국의 과학기술과 자본, 그리고 중국의 시장과 인력자원을 보유하고 있으며, 중국 내 최대의 조선족 인구 집중거주지인 옌비엔(延邊) 조선족자치주도 포함하고 있다. '창지투' 개발개방선도구 계획의 지역범위는 창춘시 도시구(城區)와 관할 저우타이(九台) 시, 더헤이(德惠) 시, 농안(農安) 현, 지린 시 도시구와 관할 용지(永吉)현, 자오허(蛟河) 시, 옌비엔(延邊) 조선족자치주 전체를 포함하며, 구역 총 면적 7.3만 km^2, 인구 1,090만 명으로, 면적과 인구가 모두 지린성 전체의 1/3을 점하고, 경제총량의 1/2 이상을 점하고 있다.

'강요'는 창지투지구 계획의 주요 목적을 두만강지구 합작과정에서 중국의 종합실력 증강, 국경(沿邊)지구의 국제합작과 대외개방 수준 제고, 동북지구의 새로운 성

14. 國務院, 2009.9.9, "國務院關于進一步實施東北地區等老工業基地振興戰略的若干意見"(國發〔2009〕33號)

장거점(增長极) 형성, 국경지구 경제사회 발전, 변경민족지구의 번영과 안정을 추동해 2020년까지 이 지역을 중국 국경 개방개발의 중요 지역, 동북아 개방을 겨냥한 관문, 동북아 경제기술합작의 무대, 동북지구의 새로운 성장거점으로 건설하는 것이라 밝혔다.

3) 중부굴기 정책

중부굴기정책의 배경은 중부지구의 경제발전 수준이 동부연해지구에 비해 뒤진 것은 물론이고, 발전속도 측면에서 서부지구에도 추월당하고 있다는 위기의식이었다. 이것을 '중부 함몰(中部塌陷)'이라 표현하기도 했다. 그 주요 배경과 원인은 다음과 같다. 개혁개방 이후 동부연해지구에 대한 각종 정책적 지원에 따라 동부연해지구와 여타지구 간에 격차가 계속 벌어지자 1990년대 후반부터 '서부대개발'과 '지역협조발전(區域協調發展)' 전략이 실시되었고, 서부지구에 대한 대량의 투자와 정책지원이 진행되었다. 또한 2000년대에 들어서면서 '동북진흥' 정책이 추진되었다. 그러나 이때까지도 중부지구는 국가의 거시적 지역발전전략의 관심대상이 아니었고, 그 결과 중부지구의 노동력과 자본 등 생산요소가 동부지구 등으로 대량 유출되면서 '중부함몰' 문제가 제기되었다.

'중부함몰' 문제를 통계 수치를 통해서 보면 다음과 같다(劉玉, 馮健, 2008 : 300~301).

첫째, 중부지구 경제총량과 1인당 평균지표의 전국에서 차지하는 지위가 하락했다. 중부지구 6개 성 지역총생산액(GRP)의 전국 점유비중을 보면, 1980년 21.6%에서 1985년에 25.3%로 증가했으나, 2006년에 다시 20.5%로 낮아졌다. 둘째, 발전속도 측면에서 서부대개발정책 추진 이후 중부지구의 발전속도가 서부지구와 전국 평균수준보다 낮아졌다. 셋째, 공업화, 도시화, 시장화 진전과정이 (동부연해지구보다 낮을 뿐만 아니라) 전국 평균수준보다도 낮다. 가령 공업화를 반영하는 지표로 2차 산업 증가치가 GRP에서 차지하는 비중을 비교해 보면, 중부지구 내 6개 성은

45%이고, 전국은 52.2% 수준이다(劉玉, 馮健, 2008 : 302).

2004년 초, 원자바오(溫家寶) 총리는 '구역협조발전(區域協調發展)'을 강조하면서 "중부지구 발전을 가속화하는 것이 지역협조발전의 중요한 방향"이라고 밝히고, "서부대개발을 견지하고 '동북지구 등 노후공업지구'를 진흥시키고, 중부굴기를 촉진하고, 동부연해지구 발전의 가속화를 장려해, 동·중·서부 상호 협조, 우세의 상호 보완, 상호 촉진, 공동 발전의 새로운 틀을 형성한다"는 방침을 제출했다. 같은 해 6월에 개최된, 중부 5개 성(省) 거시경제 형세 좌담회에서 중부지구의 특성과 우세를 더욱 심도있게 분석하고, '중부굴기'의 지도사상과 구체적 요구를 제출했다.

2006년 4월 15일에는 중공중앙과 국무원이 공동으로 중부굴기의 강령(綱領) 문건인 '중부지구 굴기 촉진에 관한 약간의 의견(關于促進中部地區崛起的若干意見)'을 발표했다. 주요 내용은 다음과 같다. ① 중부의 위치, 자원, 산업과 인재 우세를 충분히 발휘하고, ② 현대화농업, 특히 양식 주생산구 상품양식기지 건설을 강화하고, ③ 에너지와 중요 원재료기지 건설을 강화하고, ④ 현대종합운수교통체계, 현대유통체계와 현대시장체계 건설을 강화한다. ⑤ 노공업기지 진흥과 자원형 도시의 경제체제 전환을 지원하고, 현대장비제조기지와 고기술산업기지를 건설한다. ⑥ 중심도시의 발전 확산 기능을 증강하고 도시군(城市群)과 경제지대 등 경제밀집구 발전을 장려하여 주변지구를 이끌고 함께 발전토록 한다.

3. 중국의 지역발전정책 변천과 최근 동향

가. 12차 5개년 계획(2011~2015)의 주요 내용

1) 지역발전 총체전략

첫째, 서부지구는 서부대개발 전략을 심화하고 특수정책을 통해 자원우세와 생태안전 보호막 역할, 그리고 기반시설 건설과 생태환경 보호를 강화하며 과학기술교육을 대폭 발전시키고, 특성있는 비교우위 산업의 발전을 지원한다. 또한 시장(西藏 : 티베트), 신장(新疆), 그리고 기타 소수민족지구의 발전을 지원한다. 이와 함께 구혁명구(革命老區)와 소수민족지구, 변경지구, 빈곤지구에 대한 지원강도도 강화한다.

둘째, 동북지구는 기존 공업기지를 전면적으로 진흥하고, 자원고갈지구의 발전방식을 전환하고 현대산업체계를 완비한다.

셋째, 중부지구는 위치우세를 발휘해 교통운수중추 지위를 강화하고, 동부를 승계하면서 서쪽으로 발동시켜(承東啓西) 투자환경 개선, 우세산업 육성, 현대산업체계 발전을 추진한다.

넷째, 동부연해지구는 보다 높은 층차(層次)에서 국제경제 합작과 경쟁에 참여하면서 전국 경제발전의 선도, 지원 역할을 발휘토록 한다. 경제발전방식 전변(轉變)과 경제구조 조정, 그리고 자주창신(自主創新) 과정에서 지역 간 합작기제를 완비 · 강화하고, 시장 내의 장벽을 제거해 요소 유동을 촉진하고, 순차적 산업 전이를 유도한다.

한편, 경제특구, 종합연계개혁시험구, 자유무역시험구 등이 개혁개방과정 중 선행선시(先行先試) 역할을 더욱 양호하게 발휘토록 한다. 국경지구 개발개방을 가속화하고, 국제통로, 관문변경도시의 건설을 강화하며, 변경지역을 부흥시켜 주민을 부유하게 하는 '흥변부민(興邊富民)' 시책을 심화 · 실시한다.

2) 도시화 배치와 관리강화

전국 경제의 합리적 배치 요구에 준해 개발질서를 규범화하고, 개발강도를 규제하고, 고효율, 협조, 지속가능한 국토공간 개발 틀을 구축한다. 인구가 밀집하고, 개발강도가 높고, 자원환경 부하가 과중한 일부 도시화 지구는 특화 개발한다. 자원환경수용 능력이 비교적 강하고, 경제조건이 상대적으로 양호한 도시화 지구는 중점 개발한다. 전체 생태안전에 영향을 주는 중점생태기능구에 대해서는 대규모, 고강도 공업화 도시화 개발을 규제한다. 법에 의거해 설립한 각급 각 유형의 자연문화자원보호구와 기타 특수 보호가 필요한 구역에 대한 개발을 금지한다.

대도시에 의탁하고, 중소도시를 중점으로, 파급 확산 역할이 큰 도시군(城市群)의 점진적 형성을 유도하며, 대 · 중 · 소도시와 소성진(小城鎭)의 협조발전(協調發展)을 촉진한다. 통합계획, 합리적 배치, 기능 완비, 큰 것이 작은 것을 대동(帶動)하는 원칙과 도시발전의 객관적 규율을 따른다.

도시군(城市群) 내의 각 도시의 기능 위상 설정과 과학적 산업배치를 계획하고, 특대도시(特大城市) 중심 도시지구의 압력을 완화하면서 중소도시 산업기능을 강화한다. 소성진(小城鎭)의 공공서비스와 거주기능을 증강하고, 대중소 도시의 교통 · 통신 · 전기공급 · 급배수 등 기반시설 일체화 건설과 네트워크화 발전을 추진한다.

한편, 도시관리 측면에서는 정착조건에 부합하는 농업전이인구를 점진적으로 도시주민으로 전환시킨다. 대도시는 인구관리를 강화 및 개선하고, 중소도시와 소성진은 외래인구에 대한 정착조건을 완화한다. 농민공(農民工) 권익보호 문제를 제도적으로 해결하는 데 주력한다.

도시개발 경계를 합리적으로 확정하고, 시가화지구(建成區) 인구밀도를 높이는 한편, 특대도시 면적의 과도한 확장을 방지한다. 도시계획과 건설은 사람을 근본으로(以人爲本), 토지 및 에너지 절약(節地節能), 생태환경보호, 안전과 실용, 특색 돌출, 문화 및 자연유산 보호에 중점을 두어, 계획의 구속력을 강화하고, 도시공용시설 건설을 강화하며, '도시병(城市病)' 의 예방 및 치료에 힘을 쏟는다.

나. 특구의 역할 확대

2000년대 중반에 접어들면서 급속하게 진행된 총량경제성장에 따른 부작용 문제가 심화되고 불거지면서 발전의 질(質) 문제가 제기되었고, '특구(特區)' 의 명칭도 '경제특구(經濟特區)' 에서 '종합연계개혁시험구(綜合配套改革試驗區)', '자유무역시험지구' 등으로 바뀌었다. 경제특구의 주요 임무는 경제성장 우선이었으나, 종합연계개혁시험구와 자유무역시범지구의 임무는 삼농 문제, 환경 및 에너지, 민생문제 해결 방안 모색 또는 국제금융 및 무역 기능 경쟁력 강화를 위한 정책실험이다. 따라서 각자 부여된 주요 임무에 따라 민생특구, 사회특구, 제도특구, 금융무역특구라고도 부른다.

1) 종합연계개혁시험구

2007년 6월에는 도농 통합(統籌城鄕) 발전모델 탐색실험을 위해 서부지구의 거점도시인 쓰촨성 청두(成都) 시와 충칭(重慶) 직할시를 '종합연계개혁시험구'로 지정했다. 도농 통합정책실험 임무는 사회체제와 공공업무의 개혁에 중점을 두고 있으므로 '사회특구' 또는 '제도특구'라고도 부른다. 같은 해 12월에는 중부지구의 거점도시인 후베이성(湖北省) 우한(武漢) 시와 후난성(湖南省) 창샤(長沙)－주저우(株洲)－샹탄(湘潭) 도시군(長株潭城市群)을 '자원절약형 및 환경친화형 사회건설 종합연계개혁시험구'[15]로 지정했다.

2008년 3월에는 중국 국무원이 텐진(天津) 시가 제출한 '빈하이신구(濱海新區) 종합연계개혁시험방안'을 정식 비준했고, 12월에는 광동성 선전(深圳) 시를, 기존의 경제특구의 우세를 유지하면서, 사회민생문제의 해결에 중점을 두는 '사회특구' 성격을 강화한 '종합연계개혁시험구'로 지정했다. 랴오닝성 선양(沈陽)경제구를 '국가신형공업화 종합연계개혁시험구'로, 산시성(山西省)은 '자원형 경제전형(經濟轉型) 종합연계개혁시험구'로 지정했다.

2011년 3월에는 중국 국무원이 소상품 도매중심 현급시인 저장성 이우(義烏) 시를 저장성 최초의 국가급 종합연계개혁시험지구인 '국제무역종합개혁시험구(浙江省義烏市國際貿易綜合改革試点)'로 지정했다. 이로써 이우 시는 중국에서 현급시로서는 최초로 국무원 비준을 받은 종합연계개혁시험구가 되었다. 이우 시는 이미 2008년에 '도농 통합발전종합연계개혁시험구(統籌城鄕發展綜合配套試点區)'로 지정되었고, 2009년 7월에는 중국 해관총서가 소상품 수출시장 발전을 지원하기 위해 현급 시로는 유일하게 해관을 설립한 바 있다.

---

15. 資源節約型和環境友好型社會建設綜合配套改革試驗區

한편, 장강 삼각주, 주강(珠江) 삼각주, 그리고 베이징 — 텐진 — 허베이(京津冀) 지구에서 도시밀집지구, 즉 도시군(城市群)이 형성 · 발전하고 있다. 이 같은 도시군은 중국 국내만이 아닌 대외 무역 및 교류를 강화하면서, 국제중심 역할과 위상을 획득하기 위해 경쟁하며, 국제 대도시 연계 발전축으로 성장하고 있다. 또한 국경에 접한 일부 성(省) 지역에서는 국경무역을 발전시키는 동시에 주변국가와 지역경제차원의 합작을 지속적으로 추진했다. 예를 들어 1990년대에 동북지방 지린성(吉林省)의 두만강(圖們江)지역과 베트남과 접경하고 있는 윈난성(云南省)의 란창강(瀾滄江)지역의 국제합작이 추진되어 일정부분 진전되었고, 2000년대 중반 이후부터 아세안(東盟) 국가들과의 교역 증대 및 교역거점 건설을 위한 광시성 베이부만(北部灣) 지구 개발, 그리고 북한자원의 개발 도입과 동북지구의 동해로의 출해항로(出海航路) 확보를 위해 '창지투(長吉圖)' 즉 창춘(長春) — 지린(吉林) — 투먼(圖們) 연결축 지구에 개방개발사업을 추진하고 있다.

2) 자유무역시험지구

2013년 8월에는 국무원이 '상하이 자유무역시험구(自由貿易試驗區)' 설립을 비준했다(9월에 정식 출범). 이 시험구는 상하이 와이가오차오(外高橋) 보세구를 핵심으로 하고, 공항보세구(機場保稅區)와 양산항(洋山港) 임항신도시를 보조로 하는 중국경제의 새로운 실험장이다. 자유무역시험구 설립 목적은 정부직능 전변(轉變), 금융제도, 무역서비스, 외상투자와 세수정책 등 다양한 항목의 개혁조치를 실행하고, 이와 함께 상하이 시의 중개무역(轉口), 오프쇼어뱅킹업무(離岸業務 : Off-Shore Banking Business)의 발전을 추동하는 것이다.

상하이 자유무역시험구는 금융개혁 실험에 치중한다. 그러나 광동에 설립된 광동 — 홍콩 — 마카오(粵港澳) 자유무역원구(自由貿易園區)는 광동성과 홍콩, 마카오 양자 간 경제연계에 착안한 것이고, 더 나아가 주강삼각주 지구경제에 정합(整合)토록 하기 위한 것으로 지역성격이 강한 자유무역구에 속한다.

상하이와 홍콩 – 마카오에 이어 최근에는 직할시인 텐진, 충칭(重慶) 대도시와 산동성의 항구도시인 르자오(日照) 시도 '자유무역시범지구' 지정 신청을 했다.[16] 이들이 신청한 잠정 명칭은 '텐진자유무역시범지구', '충칭내륙자유무역시범단지', '르자오무역자유항시범지구' 다.

텐진 시는 '텐진자유무역시범지구' 가 국무원의 최종 승인을 받게 되면, 자유무역시범지구에서 내국민 대우, 네거티브 리스트 관리, 금융분야 개혁 등 국제무역 편리화를 위한 다양한 개혁조치를 취할 것이라고 밝혔다. 특히 텐진의 금융 리스 규모는 중국 전체의 25%를 차지하고 있으며, 25개 국가 및 중국 국내 항공사에 600여 대의 비행기 및 선박을 임대해 주고, 12,000여개 품종의 산업, 농업, 의료, 소방설비 임대 서비스도 제공하고 있다.

충칭(重慶) 시는 기존의 신용보세구와 보세항구를 기반으로 내륙자유무역시범단지 설립을 중앙에 건의했다. 충칭은 수운, 육로, 항공 등 운송조건이 우수하며, 개방형 경제와 산업체계를 갖추고 있을 뿐만 아니라 시정 간소화, 설립 전 내국민 대우와 네거티브 리스트 관리 등의 조치를 실시하여 내륙 경제 발전에 기여하고, 또한 실크로드 경제권과 장강경제권의 허브 역할을 담당하면서, 충칭 – 쿤밍을 통해서 미얀마까지 중 – 미얀마 간 가스관을 연결하고, 충칭 – 쿤밍 철도와 고속도로 건설을 진행하여 서부대개발과 서남지역의 경제발전을 지원할 수 있다. 또한, 국가 전략인 신유라시아 대륙교 건설과 주변 도시 지원정책을 시행하기 위해 중국정부가 산동성 르자오(日照)시에 자유무역항 건설을 검토 중이다. 신 유라시아 대륙교 건설 시 르자오는 국제자본과 국제무역, 그리고 대륙교 주변국가가 보유한 풍부한 에너지 자원의 중요 통로가 될 것이다.

3) 해외특구

최근에는 중국정부가 해외진출(走出去)과 '일대일로(一帶一路)' 건설을 추진하면

16. 中國證券報, 2014. 3. 6

서 해외특구(海外特區)를 건설 · 운영하고 있다. 중국 홍도우집단(紅豆集团)이 캄보디아에 건설 중인 '시아누크 항 경제특구'가 대표적인 사례다. 향후 중국정부는 '일대일로' 건설을 추진하면서 연선국가 주요 도시들에 '자유무역구'를 설립할 계획이다.

다. 신형 도시화 정책

1) 신형 도시화 정책 추진배경

중공과 중국 국무원이 '신형 도시화(新型城鎭化)'를 주요 정책목표 및 수단으로 추진하게 된 배경 및 동기는 첫째, 개혁개방 이후 수출과 외자유치에 기반을 두고 고속성장을 유지해 온 총량경제 성장동력이 세계금융위기의 충격으로 둔화되면서 도시화를 통한 내수 확대가 필요해졌고, 둘째, 이제까지의 총량성장과 급속한 인구 도시화 추세의 그늘에서 누적되고 돌출되어온 삼농(三農)문제와 민생(民生)문제, 그리고 계층 간 · 도농 간 · 지역 간 격차와 에너지 및 환경 문제 해소방안과 연결하여 종합적이고 본질적인 대책을 모색해야 한다는 사회적 요구와 압력이 형성되었기 때문이다.

'신형 도시화'란 말은 2002년 3월, 중공 제16기 전국인민대표대회와 그해 말에 개최된 16차 당대회에서 '중국 특색 도시화 도로(道路)'와 '신형 공업화(新型工業化)'와 함께 공식적으로 등장했다. 2007년 3월 제17기 전국인민대표대회에서는 '중국 특색 사회주의 도로'의 5개 실천전략 중 하나로 '신형 도시화'를 제출했다. 이후 '신형 도시화'는 '중국 특색 도시화', '농업 현대화', '도농 일체화 발전(城鄕一體化發展)', '도농조화(城鄕和諧)', '포용성 발전' 등의 용어와 함께 사용되고 있다.

2011년에 중국의 인구 도시화율이 50% 선을 넘어서면서, 2012년 중공 18차 당대회와 중앙경제공작회의(中央經濟工作會議)에서 '신형 도시화'의 방향과 목표를 "도시화 전 과정에 생태문명 이념과 원칙을 융화시키고, 집약 · 지능 · 녹색 · 저탄소의 길을 간다"고 제시했고, 이를 향후 경제발전의 새로운 동력과 내수확대, 그리고 민생 개선을 위한 정책 목표 및 주요 수단으로 채택했다.

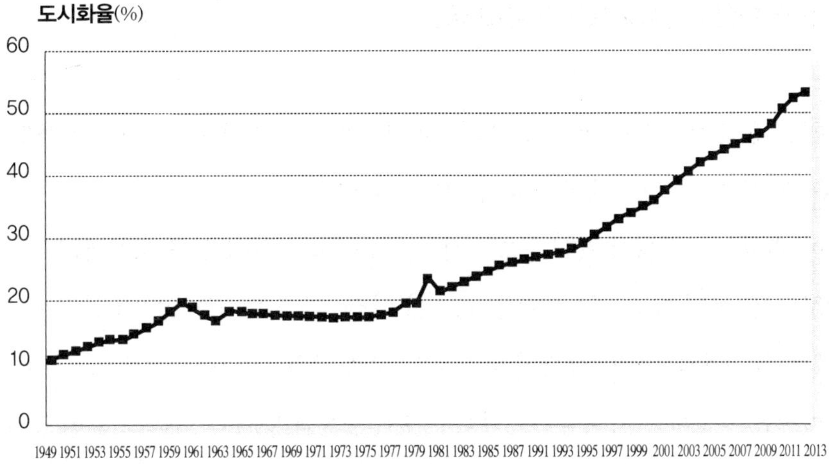

〈그림 14-3〉 중국의 도시화율 변화추이

2) 신형도시화의 개념과 성격

2013년 중국정부가 공식 발표한 '국가 신형도시화계획(国家新型城鎭化規劃 : 2014~2020年, 이하 '2014년 계획')' 에서는 '도시화(城鎭化)' 에 대한 인식을 다음과 같이 밝히고 있다.

도시화(城鎭化)는 공업화에 수반하여 발전해 왔으며, 비농업산업이 도시에 집적하고, 농촌인구가 도시로 향해 집중하는 과정이며, 내수 확대의 최대 잠재력이다. 도시화는 농업 · 농촌 · 농민 문제 해결을 위한 중요한 경로이다. 농촌인구가 점진적으로 도시로 전이해감에 따라, 농민 1인당 자원 점유량이 증가하여 농업생산의 규모화와 기계화 추진이 가능해지고, 농업 현대화 수준과 농민 생활 수준을 제고할 수 있게 된다.

도시화 과정 중의 인구 집적, 생활 방식의 변혁, 생활 수준 제고에 따라 생활 서비스 수요를 확대할 수 있다. 특히 서비스업은 고용의 최대 수용체로서 도시화와 서비스업의 발전은 밀접한 상관관계가 있다. 도시화는 사회의 전면적인 진보를 촉진하기 위한 필연적인 요구이다. 단, 도농 이원체제와 도시내부 이원구조 모순 해소를 전제로 한다.

3) 국가신형도시화계획의 주요내용

최근에 중국정부가 공식 발표한 '국가 신형도시화계획(國家新型城鎭化規劃 : 2014~2020年)' 은 총 8개 편으로 구성되어 있다.[17]

이 계획은 서두에서 계획의 개념과 성격을 "중국 특색 신형 도시화의 길(道路)과 도시화의 질 전면 제고라는 새로운 요구에 따라, 미래 도시화 발전노선과 주요 목표, 전략임무를 명확히 하고, 상관영역 제도와 정책 창신(創新)을 통합하고, 전국 도시화 건강발전을 지도하는 거시적 · 전략적 · 기초적 성격의 계획" 이라고 밝히고 있다. 그러나 '신형(新型)' 의 의미를 정책목표와 실천전략이라는 관점에서 어떻게 해석할 것인가? 라는 질문에 대해서는 아직까지도 다양한 토론이 진행 중이다.

주요 내용은 첫째, '사람의 도시화' 라는 표제하에 농업전이인구의 도시정착 또는 시민화를 제한하는 조건 완화, 둘째, 도시군을 발전시키면서 대 · 중 · 소 도시와 소성진(小城鎭) 간의 협조 발전 추동, 셋째, 도시의 종합수용능력을 증강하여 지속가능발전 수준 격상, 넷째, 도시화발전체세기제의 혁신 완비이다.

① 지도사상

인간 본위의 도시화를 핵심으로 인구유동을 합리적으로 인도하고, 농업전이인구(農業轉移人口)의 시민화를 질서있게 추진한다. 또한 도시기본 공공서비스 혜택 범위를 점진적으로 도시 상주인구 전체로 확대하고 더 나아가 현대화 건설 성과를 주민 전체가 향유할 수 있게 한다.

도농 간 요소 평등교환과 공공자원의 균형배치를 촉진하고, 공업으로 농업을 촉진하고, 도시가 농촌을 대동하고, 도농 통합형 신형 공농(工農) 도농 관계를 형성한다. 공업화와 도시화의 양성 상호작용, 도시화와 농업현대화 상호협조를 추동한다.

---

17. 1편 계획배경, 2편 지도사상과 발전목표, 3편 농업전이인구(農業轉移人口) 시민화의 순차적 추진, 4편 도시화 배치 및 형태의 특화, 5편 도시 지속가능발전능력 제고, 6편 도농 일체화 발전 추동, 7편 도시화 발전 체제기제개혁 완비, 8편 계획의 실시

이외에도 도시공간배치 특화와 집약 고효율, 생태문명과 녹색 저탄소 발전 추구, 문화전승과 특색돌출, 시장 주도와 정부 인도의 조화를 추구한다.

중앙과 지방의 역할 분담 측면에서는, 중앙정부가 총체계획, 전략배치와 제도 안배를 통합·총괄하고 분류지도를 강화한다. 지방정부는 지역실정에 맞게 순차적·점진적·구체적으로 관철하고, 기층의 창건(創建)정신을 존중하는 한편, 창신(創新)과 시험지구에서의 선행선시(先行先試) 탐색을 장려하고, 선도사업 중점돌파를 실현한다.

② 발전목표

첫째, 도시화율 목표를 2020년 60%로 설정하고(2013년 53.7%), 도시상주 인구 중 75%가 도시호적을 보유할 수 있도록 한다.

둘째, 주요 도시군의 경제인구 집중능력을 증강시키고, 중심도시의 파급 및 선도 역할을 강화한다. 중소도시 수를 증가시키고, 소성진의 서비스 기능을 증강한다.

셋째, 2020년에는 20만 이상 규모 도시들은 모두 고속도로로 연결하고, 50만 이상의 도시는 고속철도로 연결하며, 총 인구의 90%가 민용항공서비스 제공 범위에 포함될 수 있도록 한다.

넷째, 도시주민 모두에게 쾌적하고 조화로운 도시환경과 기본공공서비스를 향유토록 하고, 녹색생산과 녹색소비를 도시경제의 규범이 되게 하며 청정한 공기와 음용수 안전을 보장한다.

다섯째, 호적제도, 토지관리, 사회보장, 세수(稅收)와 일상생활 등 도시제도를 총체적으로 개선한다.

③ 농업전이인구 시민화의 순차적 추진

농촌중심의 소도시, 즉 소성진(小城鎭)에 대한 농업전이인구(農業轉移人口) 정착(落戶)제한 완화뿐만 아니라 대·중 도시의 정착조건도 완화한다.

각 유형별 도시는 취업연한, 거주연한, 도시사회보험 참여연한 등을 기준조건으로 하여, 농업전이인구(農業轉移人口)의 정착표준을 지역특성에 맞게 제정한다.

건제진(建制鎭)과 소도시는 합법적이고 안정된 취업과 거주장소 등을 전제조건으로 정착 제한조건을 전면 완화하고, 도시지구(城區) 인구 50만~100만 규모 도시는 순차적으로 완화한다. 도시지구 인구 100만~300만 규모 대도시에서는 합리적으로 완화하고, 도시지구 인구 300만~500만 규모 대도시에서는 정착제한 조건을 합리적으로 확정하며 도시지구 인구 규모 500만인 이상인 특대도시에서는 엄격하게 통제한다. 한편, 대 · 중도시는 도시사회보험 참가연한 요구조건을 규정할 수 있으나 최고 5년을 초과할 수 없다. 특대도시는 점수 누적제(積分制) 등 사다리식 정착 규제장치를 설치하여 정착규모와 추세 리듬을 통제한다.

농업전이인구의 도시정착을 위한 호적제도 제한조건 완화를 위해 2020년까지 1억명의 농업전이인구를 도시에 정착 · 입적시키고, 목표 도시화율을 상주인구 기준 60%와 호적인구 기준 45%로 한다. 도시 내에서 유동하고 있는 농민공 총 수의 1/3을 도시호구에 입적, 시민화(市民化)하고, 나머지 2/3에 대해서는 '유동인구거주증' 제도 등을 통해 도시공공서비스를 제공한다.

④ 도시화 배치 및 형태의 특화

2020년에 8억 5,000만 명에 달할 것으로 추정되는 도시인구를 수용하기 위해 도시화의 배치 및 형태를 특화시킨다. 주요 내용은 다음과 같다. 토지, 수자원, 대기환류특징과 생태환경수용능력에 근거해 도시화 공간배치와 도시규모 구조를 특화하고, '전국주체기능구계획(全國主體功能區規劃)' 에서 확정한 도시화지구에 집적효율이 높고, 파급효과가 크며 도시체계가 우월하고, 상호보강 기능을 보유한 도시군(城市群)을 발전시킨다. 그리고 이 도시군을 전국경제성장을 지탱하면서 지역협조발전을 촉진하고, 국제경쟁합작에 참여하는 중요 기지로 육성한다.

대륙교(大陸橋 : land bridge) 통로(通道)와 연장강(沿長江) 통로를 두 개의 횡축(橫軸)으로 연해, 베이징－하얼빈－베이징－광저우(京哈京廣), 바오터우－쿤밍(包斗-昆明) 통로를 3개의 종축(縱軸)으로 하여, 축선상의 도시군과 결절점 도시에 의지

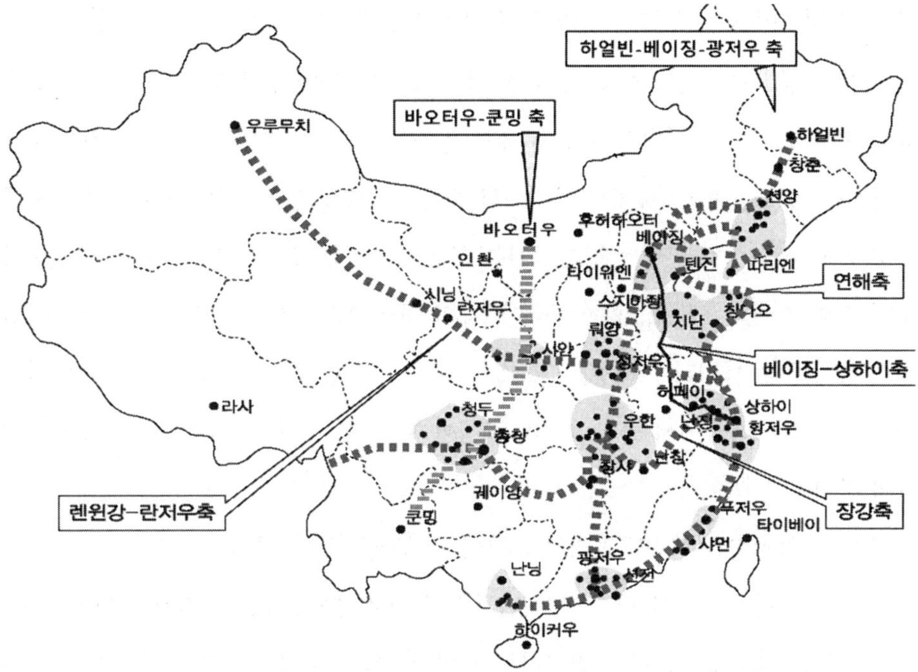

〈그림 14-4〉 주요 도시군 분포와 '2횡 3종(兩橫三縱)' 발전축

한다. 또한 기타 도시화지구를 중요 구성부분으로 하여, 대중소 도시와 소성진이 협조발전하는 '2횡 3종(兩橫三縱)' 도시화 전략 틀을 구축한다.(〈그림 14-4〉 참조)

⑤ 도농 일체화 발전 추동

도농 간 격차를 점진적으로 줄이기 위해 공업이 농업에, 도시가 농촌에 반포(反哺)하고, 도농 통합발전 강도를 높이고, 농촌의 발전활력을 증강하고, 도시화와 신농촌 건설 협조를 추진한다. 이를 위해 도농 통합 인력자원시장 건립, 도농 노동자 평등 취업, 동일노동 동일보수제도 등을 구체화하고 정착시킨다.

4. 중국 지역발전정책의 시사점

중국의 지역정책에 관심을 갖는 목적은 크게 세 가지 측면으로 구분해 볼 수 있을 것이다. 첫째, 1949년 공산당 정권 출범 이후 '사회주의 개조' 와 '시장경제 확대' 라는 상반된 방향으로 추진되어 온 중국의 국토 및 지역개발 정책 실험 및 운용 경험을 고찰해 정책과 제도에 내재된 본질 문제를 천착하기 위해서이다. 둘째, 남북한 교류 및 통일을 지향하는 맥락 속에서 한반도와 중국을 연결하는 교통망 연결 구상과 이를 기초로 역 내 지역경제권 형성을 지향하는 국토 및 지역개발 전략과 관련된 내용을 파악하기 위한 것이다. 셋째, 대(對)중국 투자 및 중국 내수시장 개척을 위한 투자환경 파악을 위해 주요 산업과 도시 배치 및 발전축의 형성 동향을 고찰하고 전망하기 위한 것이다. 이 같은 맥락에서 중공의 지역정책이 우리에게 주는 함의(含意)를 요약하면 다음과 같다.

첫째, 지역균형발전정책에 대한 함의이다. 중국정부가 견지하고 있는 '지역협조발전' 즉 '신균형발전정책' 의 기조는 전국적인 경제성장추세를 유지하기 위한 틀 속에서 지역 간 '협조(協調)' 를 추진한다는 것이다. 이 같은 정책기조는 개혁개방 이전의 평균주의적 균형이나 '동보전진(同步前進), 동보부유(同步富裕)' 식의 지역정책을 밀어 부치다가 좌절한 뼈아픈 경험으로부터 체득한 교훈을 기초로 하고 있다. 중공이 개혁개방 이전의 정책경험으로부터 교훈을 체득하고 아직까지도 기억한다는 것은, 현재까지도 개혁개방 이전의 사회주의계획경제체제의 전통과 관성이 상당부분 유지 · 계승되고 있다는 의미로 유의해야 할 것이다.

우리나라의 경우, 참여정부 이후 이명박정부를 거쳐 박근혜정부로 들어선 현재까지 불균형 거점 개발로 인하여 누적되어온 지역 간 격차문제를 해소하기 위한 노력과 시도가 이어져 오고 있으나, 정치논리와 포퓰리즘 등의 영향으로 겪은 혼동과 시행착오가 적지 않았다. 그러나 총체적 관점에서 보면 시행착오적 경험들을 누적 · 종합하면서 새로운 '균형발전정책 틀' 을 형성해 왔다. 현재 박근혜정부가 추진하고 있는 '지역활력 증진' , '지역행복생활권 구현' 같은 정책목표와 실천방안 모색 작업도 이러한 맥락과 틀 속에서 진행되고 있다고 할 수 있다. 따라서 향후 정권의 향배가 어디로 가든지 정책의 일관성을 담보할 수 있는 큰 틀을 견지하고, 이 같은 정책기조가 정치논리에 의해 폄훼되는 행태가 재연되지 않도록 해야 할 것이다.

둘째, 중국의 지역발전 경험은 북한지역에 대한 정책 설계 시 중요한 함의를 줄 것이다. 단, 통일 이전과 이후 시기를 구분해서 분석해야 할 것이다. 우선 통일 이전에는 북한 노동당 정권이 개혁개방정책을 확대하면서 중국과 같이 전면적인 개혁개방의 길로 나가도록 유도해야 할 것이다. 북한 노동당 정권은 비록 개성과 금강산, 나선지구 등에 중국의 경제특구와 비슷한 개념의 '자유경제무역지대' 등 특구(特區)를 설치 · 운영하는 등 중국식 개혁개방 노선을 채택 · 시행하고는 있으나, 아직까지도 중국과 같이 개혁개방정책 채택과 실시 의지를 대내외에 공식 선포한 적이 없다. 이 점이 1978년 말 중공 11기 3중전회에서 '대내 개혁 대외 개방' 방침을 선언하고 전국적 · 전면적으로 확대해 온 중공 정권의 태도와 근본적으로 다른 점이다. 북한 정권이 '자유무역지구' 등 특구를 설치한 주요 목적은 당면한 경제난을 타결하기 위한 외화벌이였다. 북한 당국은 아직까지도 개혁개방정책을 전면적으로 확대하기 위해서 특구를 운영하는 것 같지는 않아 보인다. 이 점이 중국의 개혁개방 정책과의 차이점이다. 그러나 북한 정권도 어떠한 형태로든 중국식 개혁개방 모델을 수용하고 확대해 나갈 수 밖에 없을 것이다. 이 경우, '북한 특색의' 정책과 제도를 올바로 이해 · 진단하고, 향후 북한의 개혁 방향을 예측하고 대응 방안을 모색하는 작업에 '중국 특색의' 정책경험이 매우 유용한 함의를 제공해 줄 수 있을 것이다. 통일 이후에는 우리 정부가 주도하여 북한지역에 지역발전정책을 포함한 전반적인 통치 및 행정조치를 시행해야 한다. 이 경우에 중시해야 할 점은 장기간의 분단체제하에서 이질적인 정치 · 경제 · 사회 기초를 형성해 온 북한지역에 대해, 통일 후 일정 기간 동안은 중국이 홍콩과 마카오 지구에 시행하고 있는 '일국가 양체제(一國兩制)' 와 같은 과도(過渡)체제의 틀 속에서, 북한지역의 특성을 고려한 지역발전 전략과 정책을 수립 · 시행해야 할 것이라는 점이다. 또한, 그 같은 상황에서는 중국이 개혁개방 이후 축적해 온 정책경험의 유용성은 더욱 커질 것이다.

셋째, 중화경제권의 세계화에 대한 대응책 마련이 시급하다. '일대일로(一帶一路)' 구상에 따른 육상(一帶)과 해상(一路)의 신(新) 실크로드 건설은 중국 내의 남부와 서부지구와 중앙아시아와 동남아시아, 그리고 서방국가의 시장을 연결하는 에너지와 원자재, 상품물류통로를 구축하고, 주요 거점도시를 따라 자유무역구와 해외특구가 건설・발전하면서 중국이 주도하는 국제경제회랑을 형성할 것으로 전망된다. 이는 우리 정부가 국정과제로 추진하고자 하는 '유라시아 이니셔티브' 와도 밀접하게 연결될 것이다. 따라서 이 같은 흐름에 전략적으로 대응하기 위한 '중국책략' 수준의 능동적 대응방안 수립과 실천이 필요하다.

〈참고문헌〉

박인성(2009), 『중국의 도시화와 발전축』, 서울 : 한울아카데미.

______(2013), "중국 쓰촨성 청두시의 도농통합정책 실험", 지역과 발전, 11. 지역발전위원회.

______(2014), "중국 특색 농촌문제의 연원과 신형 도시화", 성균차이나브리프, 통권 32호. 성균관대학교 성균중국연구소.

박인성 외(2000), 『중국경제지리론』, 서울: 한울아카데미.

박인성, 조성찬(2011), 『중국의 토지개혁 경험』, 서울 : 한울아카데미.

陳秀山, 徐瑛(2005), 『중국 지역경제 구조 변천의 역사와 현황』, 한중사회과학연구회 편, 현대중국, 서울 : 이채.

單卓然, 黃亞平(2013), "新型城鎭化概念內涵,目標內容, 規劃策略及認知誤區解析", 城市規劃學刊, 2013-2(207).

范劍勇, 莫家偉(2013), "城市化模式與經濟發展方式專變", 「復旦學報 : 社會科學版」(上海), 『區域與城市經濟』 2013年 第10期, 中國人民大學書報資料中心.

陳映芳(2012), 城市中國的邏輯, 上海 : 三聯書店.

胡愈,陳曉春等(2012), "城鄕居民收入差距及農民收入結構分析", 經濟理論與經濟管理, 北京, 2012.10.

徐憲平(2012), "面向未來的中國城鎭化道路", 求是, 北京 : 2012.5.

張宗益主編(2011), 『重慶統籌城鄕發展實踐』, 重慶 : 重慶大學出版社.

簡新華, 何志敭等(2010), 『中國城鎭化與特色城鎭化道路』, 濟南 : 山東人民出版社.

國務院發展研究中心課題組(2010), 『中國城鎭化 : 前景,戰略與政策』, 北京 : 中國發展出版社.

楊小軍(2009), “建國60年來我國區域經濟發展戰略演變及基本經驗”, 現代經濟探討(南京), 2009.9.

高新才(2009), “中國區域經濟格局巨變與開發新秩序”, 社會縱橫(蘭州), 2009.10.

徐東(2008), “關于中國現行規劃體系的思考”, 經濟問題探索(北京), 2008(10).

劉玉,馮健(2008), 『中國經濟地理』, 北京：首都經濟貿易大學出版社.

李合敏(2002), “鄧小平的西部開發戰略構想與江澤民的豊富和發展”, 柳州師專學報(4), 50～ 56.

趙曦(2002), 21世紀中國西部發展探索, 北京：科學出版社.

中國改革報, 2010.10.28, 2版.

樊綱,武良成(2009), 城市化：一系列公共政策的集合, 北京：中國經濟出版社.

王家斌 · 張德四(2001), “鄧小平共同富裕思想與西部大開發戰略”, 沈陽師范學院學報(6), 9～12.

鄧小平(1993), 鄧小平文選 第3卷, 北京：人民出版社.

제 4 부

지역발전의 성공조건과 향후 과제

제 15 장

지역발전 추진체계의 평가와 과제

1. 지역발전 추진체계의 개요

가. 지역발전 추진체계의 의미

정책의 추진체계란 정책 또는 사업이 집행되어지는 시스템이다. 시스템을 '일정한 규칙으로 조직화되어 있는 요소들의 집합' 으로 이해할 때, 넓은 의미에서 지역발전 추진체계란 '지역발전에 관련된 제도, 계획, 집행, 평가 등 추진과정에 연관되어 있는 추진주체의 역할 및 추진주체 간 상호관계' 로 규정할 수 있다. 지역발전정책이 추진되어가는 일련의 과정에서 각 주체들에 부여된 권한, 자원, 역할, 기능은 무엇이고 주체 간의 관계가 어떤지를 규정하는 기본 틀인 셈이다. 이 때의 추진주체 간 상호관계란 법령의 발의, 계획의 수립 · 검토 · 승인(결정중앙 단위 예산의 편성 · 심의 · 결정, 조직의 구성, 사업의 시행 · 평가 등 정책의 추진과정과 관련된 각 주체별 권한, 기능 및 역할을 말한다.

한편 좁은 의미로는 추진과정의 요소 중에서 조직에 초점을 두어 공공부문의 추진주체만을 다루기도 하며, 경우에 따라서는 '국가균형발전특별법' (이하 '균특법')에 따라 설치된 지역발전위원회 중심의 추진조직만을 다루기도 한다.

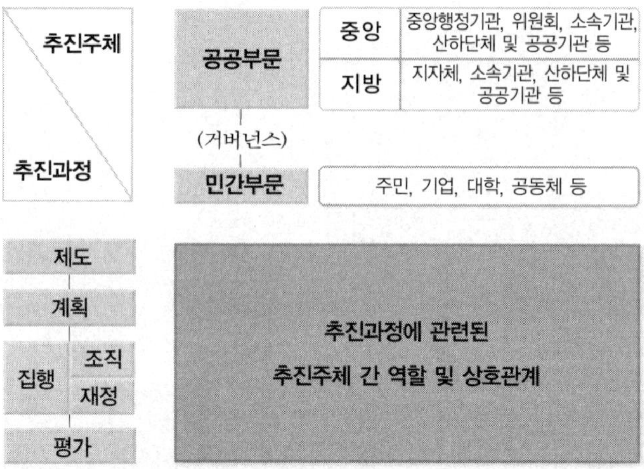

〈그림 15-1〉 지역발전 추진체계의 개념과 구조

나. 지역발전 추진주체의 개요

통상 지역발전정책의 추진과정은 제도, 계획, 조직, 재정, 평가 등으로 구성되어 있으며 이 과정에는 다양한 추진주체들이 연관되어 있다. 지역발전 추진주체는 크게 공공부문과 민간부문으로 구분할 수 있으며, 공공부문의 주체는 중앙 단위와 지방 단위의 주체로 재구분할 수 있다.

첫째, 중앙 단위 추진주체로 가장 중요한 기관은 국가 차원에서 관련 업무를 주관하는 중앙행정기관(부, 처, 청)과 위원회 등이다. 중앙행정기관은 국가가 계획하는 지역발전정책이나 사업에 대한 실질적 의사결정, 집행의 상당 부분을 다양한 수직적 계선(系線, line)에 따라 지역에서 수행하고 있다. 뿐만 아니라 자치단체가 자체적으로 계획·집행하는 지역발전정책 및 사업에 대해서도 다양한 직·간접 방식으로 영향력을 행사하고 있어 지역발전정책의 추진주체 측면에서 '큰 손'인 셈이다. 현행 중앙 단위의 주요 추진주체로는 '균특법' 상 지역발전위원회와 '정부조직법' 상 기획재정부, 미래창조과학부, 교육부, 행정자치부, 문화체육관광부, 농림축산식품부, 산업통상자원부, 보건복지부, 환경부, 국토교통부, 해양수산부 등의 중앙행정기관이 해당되는데 [표 15-1]에서 보는 바와 같이 지역발전정책에 대하여 각 기관의 임무에 관련된 시책의 추진을 담당하고 있다.

중앙행정기관은 자신의 업무와 연계된 자치단체의 소관 부서와 수직적 관계에 따라 역할을 분담하여 지역발전정책과 사업을 추진하기도 하지만, 때로는 소속기관 및 산하단체 등을 통해 직접 정책과 사업을 집행하기도 한다. 소속기관은 특별지방행정기관과 부속기관으로 구분되는데 특별지방행정기관이란 특정한 중앙행정기관의 업무 중 지역적 업무를 당해 관할구역 내에서 처리할 수 있도록 해당지역에 설치한 행정기관을 말한다. 대통령령(각 부처 직제)으로 당해 중앙행정기관의 소속 하에 설치하는 특별지방행정기관은 국가사무를 해당 지역에서 처리한다는 측면에서 지방자치 사무를 수행하는 자치단체와 구별된다. 하지만 법적 성격이 다름에도 불구하고 지역 현장에서는 특별지방행정기관의 사무와 광역자치단체의 사무가 명확히 구분되지 못한

표 15-1 박근혜정부 지역발전 5개년 계획(부문별 계획)의 중앙 단위 추진주체

6대 분야	실천과제	중앙 단위 추진주체
지역행복 생활권 활성화	지역주도 협력사업 활성화	농식품부, 행자부, 국토부, 여가부, 지역위, 해수부, 복지부
	주민체감 생활인프라 구축	국토부, 산업부, 농식품부, 환경부, 해수부, 행자부
	지역중심지 활력증진	국토부, 농식품부
	지역 교통물류망 개선	국토부, 해수부
일자리 창출을 통한 지역 경제 활력 제고	일자리 창출 중심의 지역산업 육성	기재부, 산업부, 미래부, 행자부, 고용부, 해수부
	지역투자 촉진을 위한 일자리 창출	기재부, 산업부
	산업단지를 창조경제의 거점으로 육성	국토부, 산업부
	지역 과학기술 육성으로 창조경제 기반 확산	미래부, 복지부, 국토부
	지역성장거점 육성	행복청, 국토부, 농식품부, 해수부
	농어촌 일자리 확충	농식품부, 해수부
교육여건 개선·창의적 인재양성	지방 초·중·고교 교육환경 개선	교육부
	창의적 인재를 키우는 지방대학 육성	교육부
	능력중심의 지역인재 양성과 기업의 선순환 성장	교육부
	100세 시대 지역 평생학습체제 구축	교육부
지역문화 융성과 생태복원	지역 문화역량 강화 및 특성화 발전 지원	문체부
	맞춤형 문화서비스를 통한 문화격차 해소	문체부
	지역 관광산업 육성	문체부, 해수부, 농식품부, 문화재청
	생태·자연환경 보전·활용	환경부, 산림청, 국토부, 농식품부
사각 없는 지역 복지·의료	주민밀착형 복지전달체계 구축	복지부
	수혜자 특성을 반영한 맞춤형 복지시책 추진	복지부, 여가부, 농식품부
	취약지 응급의료체계 구축 및 응급 의료 인프라 확충	복지부
지역발전을 위한 제도적 기반 정비	지역발전 거버넌스 시스템 구축	지역위, 기재부, 산업부
	중앙정부의 맞춤형 지원방안 마련	
	지역발전특별회계 등 개편	
	지역발전 사업 평가체계	

자료 : 관계부처 합동(2014)에서 정리

주 : 중앙행정기관의 명칭은 무순으로 약칭을 사용

채 상호 연계 · 조정이 미흡한 경우가 많고 일부 업무는 유사 · 중복되는 경우도 있어 지방자치제 실시 이후 점차 축소되는 추세에 있다. 2014년 3월 31일 기준으로 총 5,209개의 특별지방행정기관이 있는데 지역발전정책과 관련된 기관으로는 지방고용노동청(고용노동부), 지방환경청(환경부), 지방국토관리청(국토교통부), 지방해양항만청(해양수산부), 지방산림청(산림청), 지방중소기업청(중소기업청) 등을 꼽을 수 있다. 부속기관은 중앙행정기관에 부속하여 그 업무를 지원하는 기관으로서 시험연구 · 교육훈련 · 문화 · 의료 · 제조 · 자문 등의 기능을 수행하는 기관들인데 지역발전정책과 관련이 있는 기관은 거의 없다.

한편 중앙행정기관의 산하단체도 공공부문의 추진주체로 중요한 역할을 수행하는데 산하단체란 설립 또는 운영에 있어서 당해 주무관청의 승인 · 허가 · 인가 또는 지도 · 감독 등을 받는 민법 또는 특별법에 의한 비영리 또는 공익법인과 기타 단체를 일컫는다. '공공기관의 운영에 관한 법률' 제4조에서는 이를 '공공기관'으로 규정하고 있다.[1] 지역발전정책과 관련해서는 정부투자 · 출자기관, 정부재투자 · 출자기관, 정부출연기관, 경제단체, 특수법인 등의 유관 기관 · 단체들이 해당하는데 중앙행정기관을 대신하여 해당 정책이나 사업의 추진과정에 관여하고 있다.

둘째, 지역발전정책의 추진에 관련된 지방 단위 주체로는 지방자치단체와 소속기관 및 산하단체(공공기관) 등을 꼽을 수 있다. 지방자치단체는 중앙행정기관의 지침이나 기준에 의거하여 획일적으로 담당부서가 구성되어 있는데 대부분 중앙행정기관의 기능별 분류에 맞추어 편제되어 있으며, 이러한 수직적 연계는 광역자치단체와 기초자치단체 사이에도 마찬가지이다. 따라서 중앙행정기관은 관련 법령에 따라 지역발전정책의 업무별로 수직적 연결에 따라 정책과 사업을 추진하고 있기 때문에 자치단체 차원에서는 수평적인 업무의 통합과 조정이 쉽지 않은 형편이다. 지역발전정책의 추진과 관련하여 중앙행정기관이 자치단체를 통제하는 수단으로는 사무와 권한을 규정한 관련 법령뿐만 아니라 중앙정부가 자치단체에 지원하는 이전재원도 큰 역

1. '산하기관'은 실정법상의 용어가 아니고 일반적인 관용어로서 그 의미는 소속기관의 뜻으로 사용되는 경우도 있고 산하단체의 뜻으로 사용되는 경우도 있다.

할을 하고 있다. 대부분의 자치단체가 재정이 열악하고 특히 지역발전사업에 투자하는 재원이 부족하기 때문에 불가피하게 자치단체가 수행하는 사업을 중앙의 보조금에 크게 의존할 수밖에 없는 실정이며, 중앙부처는 보조금을 통해 자치단체로 하여금 위임사무를 처리토록 하고 있다.

한편 지방 단위에서도 중앙과 마찬가지로 자치단체가 설치한 소속기관(직속기관, 사업소)이나 산하단체 및 공공기관이 지역발전정책과 사업의 추진에 관여하고 있다. 특히 법령에 따라 조례를 통하여 다양한 형태의 산하단체 및 공공기관을 설립하여 자치단체가 수행할 업무를 위탁 · 처리하고 있는데 '지방공기업법'에 의한 지방직영기업(제5조), 지방공사(제49조), 지방공단(제76조) 및 상법상 주식회사(출자법인)와 민법상 재단법인(출연법인) 등이 해당한다.

셋째, 민간부문의 주체도 지역발전정책의 추진과정에서 중요한 역할을 수행한다. 지역발전정책이나 사업의 효율적인 추진에는 협력적 거버넌스 차원에서 중앙정부와 자치단체뿐만 아니라 기업, 대학, 주민, 공동체 등 다양한 지역 내 이해관계자 간의 협력과 파트너십이 매우 중요하다. 최근 지방분권화와 가치관의 다원화라는 사회 · 경제적 여건 변화와 함께 민간의 자본, 지식, 창의 등의 활용은 지역발전정책에서 공공부문의 부족한 역량을 보완하고 행정이 해결하기 어려운 분야에서 새로운 공공서비스를 공급할 수 있다는 점에서 주목을 받고 있다. 특히 노무현 정부 이후 민간부문을 지역발전의 동반적 주체로 인식하면서 지역발전정책에서 민간부문의 참여를 확대하고 역할을 증대시키는 방향으로 정책을 추진하였다. 노무현 정부에서는 혁신주도의 지역발전을 위하여 대학, 기업, 연구소, NGO 등이 주축이 되는 지역혁신체계(RIS)를 구축하였으며(김선배, 2004 : 151~205), 이명박정부에서는 광역경제권발전을 위하여 기업과 대학을 중심으로 선도산업육성사업과 인재양성사업을 추진하였고, 박근혜정부에서는 '지역공동체 활성화를 통한 주민행복 구현'을 국정과제로 채택하면서 주민자치회, 협동조합, 지역공동체회사(사회적기업, 마을기업, 농어촌공동체회사) 등 다양한 지역공동체의 육성에 주력하고 있다(안전행정부, 2013).

표 15-2 지역발전 추진주체의 종류

<table>
<tr><th colspan="4">추진주체의 종류</th><th>대상 기관 · 단체</th></tr>
<tr><td rowspan="9">공공부문</td><td rowspan="5">중앙 단위</td><td colspan="2">중앙행정기관</td><td>부 · 처 · 청</td></tr>
<tr><td colspan="2">합의제행정기관</td><td>지역발전위원회</td></tr>
<tr><td rowspan="2">소속기관</td><td>특별지방행정기관</td><td>지방고용노동청, 지방환경청,
지방국토관리청, 지방해양항만청,
지방산림청, 지방중소기업청 등</td></tr>
<tr><td>부속기관</td><td>시험연구기관, 교육훈련기관,
문화기관, 의료기관, 제조기관, 자문기관</td></tr>
<tr><td colspan="2">산하단체</td><td>공공기관의 운영에 관한 법률이 규정한 기관</td></tr>
<tr><td rowspan="4">지방 단위</td><td rowspan="2">자치단체</td><td>광역자치단체</td><td>특별시, 광역시, 세종특별자치시, 제주특별자치도</td></tr>
<tr><td>기초자치단체</td><td>시, 군, 자치구</td></tr>
<tr><td colspan="2">소속기관</td><td>직속기관, 사업소</td></tr>
<tr><td colspan="2">산하단체</td><td>지방직영기업, 지방공사, 지방공단, 출자법인, 출연법인 등</td></tr>
<tr><td colspan="2" rowspan="4">민간부문</td><td colspan="2">주민</td><td>지역공동체</td></tr>
<tr><td colspan="2">기업</td><td>산학협력단</td></tr>
<tr><td colspan="2">대학</td><td>산학협력단</td></tr>
<tr><td colspan="2">민간단체</td><td>사회적 기업, 마을기업, 협동조합, 비영리민간단체 등</td></tr>
</table>

2. 통합적 지역발전 추진체계의 도입

가. 기존의 지역발전 추진체계 특성

우리나라의 지역발전정책은 경제발전과정과 맥락을 같이 한다. 경제발전의 초기 단계에서 국가의 경제성장을 뒷받침하거나 경제성장과정에서 파생된 지역문제 해결에 초점을 둔 지역정책을 국가지역정책(national regional policy)이라 하는데 (Rechardson, 1969) 1960년대 이후 지금까지의 지역발전정책은 국가지역정책이 근간을 이루고 있다. 1960~1970년대는 국가정책의 목표를 경제성장에 두고 수출산업의 육성을 정책수단으로 기간산업 육성, 농업생산력 증대, 에너지 공급원 확보, 사회간접자본 확충 등을 정책과제로 추진하였다. 1980년대에 들어 절대적 빈곤이 어느 정도 해소되고 산업기반이 정착되면서 국가의 정책목표가 경제성장에서 사회발전으로 전환되었으며 지역 간 균형발전과 사회의 질적 발전에 관한 정책을 추진하기 시작하였다. 1990년대에 들어서는 세계화와 지방화의 시대적 조류를 수용하여 국가경쟁력 강화를 목표로 기술혁신, 금융 및 공공부문의 구조조정, 지식기반산업의 육성, 사회간접자본의 선진화 등의 정책과제에 관심이 집중되었다(김용웅 · 차미숙 · 강현수, 2009 : 396～410).

2000년대 초 노무현 정부 출범 이전까지의 지역발전정책은 시대별로 환경변화에 따라 정책의 목표와 수단 및 추진과제가 변화되어 왔지만 추진체계 측면에서 일관된 특징은 중앙정부 주도 하향적 집권화와 추진주체의 분절적 다기화라고 정리할 수 있다. 우선 국가지역정책의 성격을 가진 지역발전정책은 국가적 관점에서 설정한 정책목표를 실현하기 위하여 강력한 중앙정부의 주도하에 추진되었으며 계획, 예산, 제도에 관한 권한을 가진 중앙정부가 사업기획, 전략수립, 재원조달, 법률제정 등의 역할을 독점한 채 사업을 집행해 왔고, 지방의 추진주체들은 수동적으로 중앙정부의 정책을 일선에서 단순 집행하는 보조적인 역할을 수행할 수밖에 없었다.

지역발전 추진체계의 또 다른 특징은 중앙의 추진주체들이 기능적으로 분산되어 난립된 채 통합 · 조정이 이루어지지 못한 상태에서 지역발전정책을 분절적으로 추진하고 있는 점이다. 지역발전정책은 여러 중앙부처로 추진체계가 다기화되어 있으며, 각 부처는 고유의 사명에 부합하는 정책과 사업을 상호 연계 · 조정이 부족한 상태로 독자적이고 경쟁적으로 추진하기 때문에 사업의 유사 · 중복에 따른 예산낭비와 비효율이 비판의 대상이 되고 있다. 이러한 폐단은 영역주의(territorialism)의 시각에서 지역문제의 실체를 바라보기 보다는 기능주의(functionalism)의 시각에서 국가목표의 부문별 달성에 치중해 온 탓에 기인하며(Friedmann and Weaver, 1979), 그 결과 각 부처들이 저마다 서로 다른 공간 단위에서 서로 다른 시책들을 제각기 추진함으로써 지역에서 정책수단의 공간적 통합도 이루어지기 곤란한 구조를 보여 왔다.

나. 통합적 지역발전 추진체계의 도입

2004년 1월 10일 '국가균형발전특별법' 이 공포(4.1 발효)됨으로써 우리나라의 지역발전 추진체계에 획기적인 전기를 마련하게 되었다. 추진체계 측면에서 그 이전과 대비할 때 처음으로 '통합적' 시스템이 도입된 것이다. 노무현 정부는 국가균형발전을 국가의 핵심의제, 이른바 국정과제로 설정하고 정권 차원에서 균형발전을 실현하기 위하여 지역발전 시스템을 전면적으로 개편하였다.[2] 노무현 정부는 역대 정부가 균형발전을 추진하겠다고 선언하고도 제대로 추진하지 못한 원인 중 하나가 실효성 없는 추진체계 때문으로 평가하고 국가균형발전시책을 범국가 차원에서 효율적으로 추진하기 위하여 '통합' 과 '참여' 를 기조로 하는 국가균형발전 추진체계를 구축하였다(성경륭, 2004). 특별법 제정을 통하여 계획, 예산, 조직 등 정책 추진요소를 이전과는 판이하게 전면적으로 개편하여 특별한 시스템을 도입함으로써 강력한 실천력과 조정력을 확보하였다. 이후 정부가 바뀌어 초기의 균형발전체계가 지역발전체계로 전환되고 국정운영의 철학과 방침도 변경됨에 따라 추진체계의 기조와 구성요소의 내용도 변화를 겪게 되었지만 통합적 추진체계의 기본구조는 지금까지 그대로 유지되고 있다.

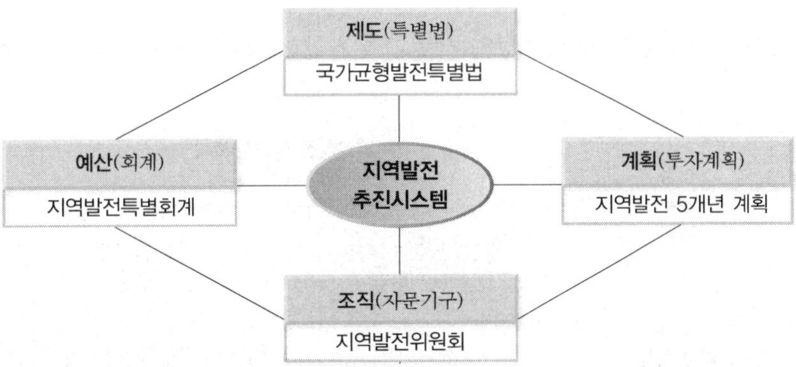

자료 : 김선기 외(2012 : 49)

〈그림 15-2〉 통합적 지역발전 추진체계의 구조

2. 노무현 정부가 '지역균형발전' 대신에 '국가균형발전' 이란 용어를 사용한 이유는 과거 주변적 위치에 머물러 있던 균형발전이란 의제가 전국적 의제로 격상되었음을 강조하기 위한 것으로 밝히고 있다(국가균형발전위원회, 2013).

첫째, 통합적 추진체계의 도입을 위하여 가장 먼저 단행한 조치는 제도기반으로서 특별법의 제정이다. 2004년 1월 10일 국가균형발전시책의 추진을 법적으로 담보할 수 있도록 특별법으로서 '국가균형발전특별법'을 제정하였다.[3] 특별법은 총칙, 계획, 시책, 조직, 회계 등의 내용으로 되어 있으며 정부가 바뀔 때마다 변경된 정책의 내용을 반영하기 위하여 2009년과 2014년 두 차례 법을 개정하여 현재는 총 48조로 구성되어 있다.

둘째, 국가균형발전정책을 일관성 있고 효율적으로 추진하기 위하여 부문계획과 공간(지역)계획이 결합된 국가균형발전 5개년 계획을 수립 · 추진하였는데 이 계획은 균형발전시책에 대한 특별회계의 지원사업이 중심이 되는 투자계획의 성격을 지니고 있는 점이 특징이다. 노무현 정부의 국가균형발전계획은 이명박정부에서 지역발전계획으로 명칭이 바뀌어 부문계획 및 광역경제권계획으로 구성되었으며, 박근혜정부에서는 부문계획 및 시 · 도 계획으로 편제가 변화되었다.

셋째, 국가균형발전 추진체계에서 가장 특징적인 요소는 강력한 통합적 추진조직의 구축에 있다. 먼저 대통령 직속 자문기구로서 당연직 위원인 관련 각 부처 장관과 민간 위촉위원으로 구성된 국가균형발전위원회를 발족시켜 균형발전에 관한 제반 사항에 대하여 심의 · 의결하고 대통령의 자문에 응하는 기능을 부여함으로써 균형발전에 관한 의사결정 및 총괄조정이 가능토록 위상을 제고하고 기능을 강화하였다. 위

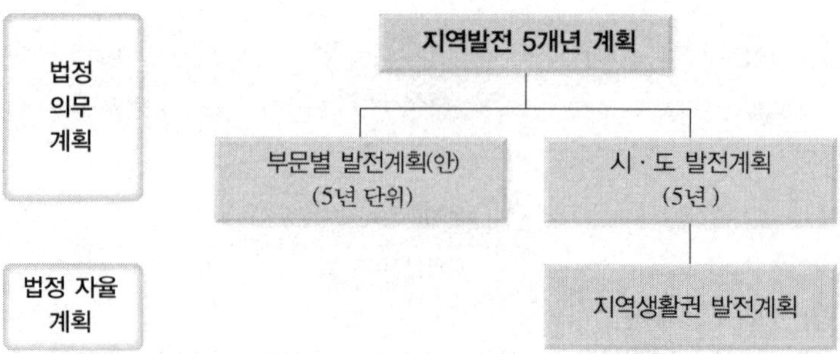

〈그림 15-3〉 박근혜정부의 지역발전 계획체계

3. 특히 특별법 제정이 아니고는 수도권의 계획적 관리에 대한 지방의 동의를 구하기 어려워 수도권의 경쟁력 강화도 곤란하다는 판단이 작용하였다(국가균형발전위원회, 2004 : 103).

원회에는 실무조직으로 각 부처에서 파견된 공무원으로 구성된 국가균형발전지원단을 설치하였으며, 각 중앙부처에는 국가균형발전지원팀을 설치하여 체계적인 조직체계를 갖추었다. 또한 노무현 정부에서는 민관 거버넌스의 일환으로 시 · 도 및 시 · 군 · 구 단위에 지역혁신협의회를 설치 · 운영하였다. 이명박정부 이후 국가균형발전정책이 지역발전정책으로 성격이 바뀌면서 국가균형발전위원회도 지역발전위원회로 변경되고 하부조직도 명칭과 기능이 변화되어 오늘에 이르고 있다.

넷째, 통합적 지역발전 추진체계의 또 다른 특징은 재정 측면에서 특별회계를 설치 · 운영한 점이다. 노무현 정부는 통합적 추진시스템의 핵심인 재원의 통합 · 운영을 보장하기 위하여 국가균형발전특별회계를 설치했다. 지역사업의 수요자인 지방자치단체의 특성과 우선 순위를 최대한 반영하여 국가균형발전 시책을 효과적으로 지원할 목적으로 도입한 것이다(국가균형발전위원회 · 산업자원부, 2005 : 115). 즉 특별회계는 그동안 공급자(중앙부처) 위주로 운영되던 지역발전사업에 대한 재정지원시스템을 자치단체가 자율적으로 수립한 계획에 따라 수요자(지방자치단체) 중심으로 전환하고자 한 점에서 의의를 찾을 수 있다. 예컨대 지자체 자율 편성 및 포괄 보조 등

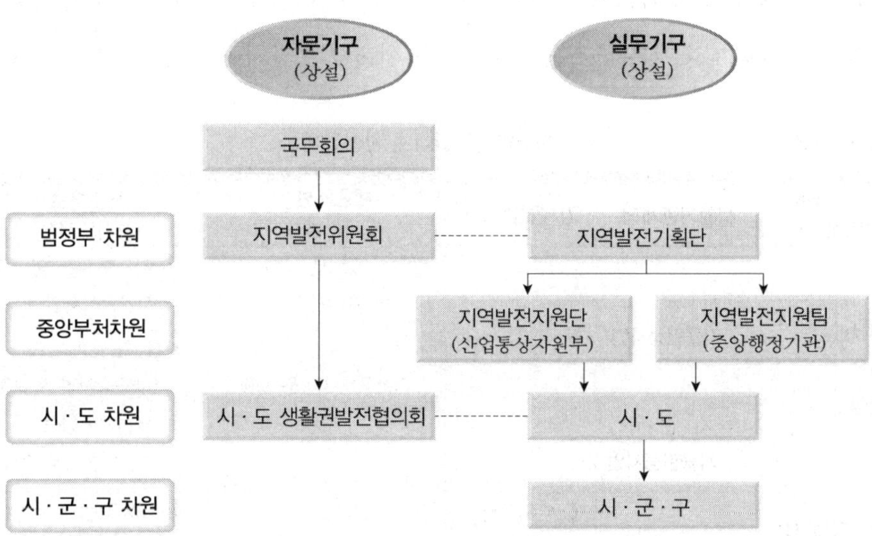

〈그림 15-4〉 박근혜정부의 지역발전 추진조직

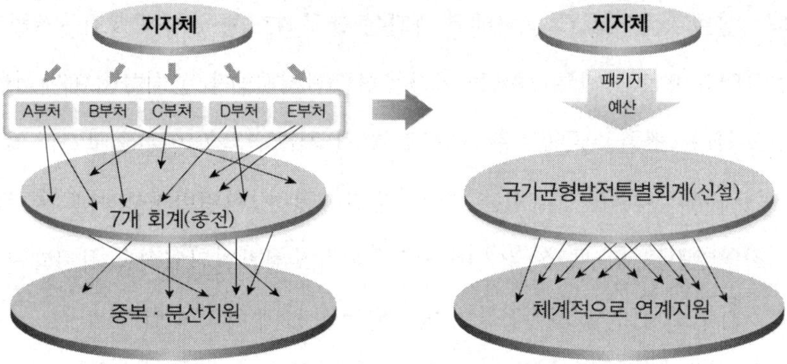

자료 : 기획예산처(2004 : 6)

〈그림 15-5〉 특별회계 예산지원방식의 전환

의 새로운 예산 방식을 도입하여 개별 부처가 일방적으로 추진하던 사업에 대한 선택의 재량을 상당한 정도로 자치단체에게 부여함으로써 개별 사업의 연계성과 시너지를 제고하려고 시도한 점을 꼽을 수 있다.

특별회계의 재원은 그동안 각 부처에서 분산 관리해 오던 일반회계 및 특별회계(지방양여금, 토지관리 및 지역균형발전 특별회계, 농어촌 구조개선 특별회계 등)의 각종 지역발전 관련 재원의 일부를 통합하여 설치하였으며, 비사업부처인 기획예산처(현 기획재정부)가 관리토록 함으로써 재원을 둘러싼 부처 간 할거주의의 폐단을 방지코자 하였다. 특별회계의 기본 구조는 부처 직접편성계정과 자치단체 자율편성계정 및 제

표 15-3 　**지역발전특별회계 편성체계**

편성방식 \ 계정		생활기반계정	경제발전계정	세종특별자치시계정	제주특별자치도계정
지자체 자율 편성	시 · 도	① 시 · 도 자율편성사업	–	③ 시 · 도, 시 · 군 · 구 자율편성사업 * 시 · 군 · 구 기반구축사업 등 포함	④ 시 · 도, 시 · 군 · 구 자율편성사업 * 시 · 군 · 구 기반구축사업 등 포함 ⑤ 특별지방행정 기관이관사무 수행경비
	시·군·구	② 시 · 군 · 구 자율편성사업	–		
부처직접편성		–	⑥ 부처직접 편성사업	⑦ 부처직접 편성사업	⑧ 부처직접 편성사업

자료 : 기획재정부(2014)

주특별자치도계정 등 3개 계정으로 구성되어 있으며 설치 당시 약 5조 원 규모로 출발했다가 2015년 예산 기준 10.3조 원 규모로 증액되었다.[4] 설치 당시의 국가균형발전특별회계도 역시 정부가 바뀌면서 정책기조의 변화에 따라 지역발전특별회계로 명칭이 변경되어 현재는 생활기반계정, 경제발전계정, 세종특별자치시계정, 제주특별자치도계정 등 4개의 계정으로 운영하고 있다.

다. 통합적 지역발전 추진체계의 특성

통합적 지역발전 추진체계의 특성은 이전까지의 지역발전 추진체계가 보여줬던 고질적인 문제점에 대한 비판과 반성에서 찾을 수 있다. 전통적인 지역발전 추진체계의 특징을 중앙정부 주도 하향적 집권화와 추진주체의 분절적 다기화로 규정한 바 있거니와 새로운 통합적 지역발전 추진체계는 종래의 추진체계가 갖고 있는 이러한 한계와 문제점을 극복하기 위한 대안으로 출발했다는 점이 특징이다.

무엇보다 통합적 지역발전 추진체계는 지역발전의 여러 요소들을 통합하여 강력한 추진동력을 확보하고 있는 점을 첫 번째 특성으로 꼽을 수 있다. 이러한 통합적 추진체계의 도입은 그동안 추진체계의 분절적 다기화에서 비롯되는 예산과 인력의 비효율과 추진동력 상실의 경험에 대한 반성이 뒷받침되었음은 두말할 나위 없다. '균특법' 의 제정을 통하여 주체, 공간, 재원의 통합을 추구하였는데 먼저 주체의 통합 측면에서는 격상된 상설기구인 대통령직속 지역발전위원회를 정점으로 하는 추진체계를 통하여 수직적 · 수평적으로 분산된 추진주체들의 기능과 역할을 총괄 · 조정하려고 시도하였다. 공간의 통합 측면에서는 부문계획과 지역계획이 결합된 계획체계를 도입하고 계획과 투자를 직접 연계시킴으로써 전 국토를 하나의 공간으로 보고 정책목표에 일관성 있게 대응했다. 그리고 재원의 통합 측면에서는 분산된 투자재원을 하나의 특별회계로 통합하여 운영함으로써 개별 부처 위주의 파편화되고 단편적인 재정지원 시스템을 개선하고 투자의 효율성과 재원배분의 형평성을 제고하려고 노력했다.

---

4. 세종특별자치시계정 신설

통합적 지역발전 추진체계의 두 번째 특성은 추진과정에서의 지방역량을 강화하기 위하여 지방의 자율성과 참여를 확대한 점이다. 노무현 정부는 지방이 저발전되고 낙후의 위기에 처하게 된 근본 원인이 과도한 중앙 집권과 수도권 집중에 있다고 보고 이 문제의 해결에 집중하였다(성경륭, 2004 : 44). 추진체계의 중요한 요소인 의사결정주체와 중추관리기능의 물리적 분산을 의도한 행정수도 이전과 혁신도시 및 기업도시 건설 등의 시책을 추진했을 뿐 아니라 정책의 추진과정에서도 자치단체의 자율적 지역계획 수립, 예산의 자치단체 자율편성 및 포괄보조 등 지방의 자율성을 신장하는 조치를 도입하였다. 또한 지역발전의 원동력을 지역혁신체계의 구축에서 찾고 지방대학, 연구소, 언론, NGO 등 민간주체의 정책과정 참여를 확대하여 지방의 혁신역량을 강화하고자 노력하였다.

3. 지역발전 추진체계의 변화와 평가

가. 노무현 정부의 균형발전 추진체계

2003년 출범한 노무현 정부는 그동안의 지역발전정책이 산업화와 경제성장과정의 부작용을 해소하는 소극적이고 한정적인 공간정책 수단에 의존함으로써 수도권과 지방의 불균형 및 지방의 쇠퇴 문제를 근본적으로 치유하는 데 실패했다는 인식 아래 새로운 패러다임으로 국가균형발전정책을 제시하였다. '전국이 개성있게 골고루 잘 사는 사회' 의 건설을 비전으로 삼고 '혁신 주도형 발전을 위한 자립형 지방화' 를 목표로 역동적 균형과 통합적 균형이 어우러진 지역발전정책을 추진하였다. 정책 수단으로는 자립형 지방화와 지역혁신체계 구축, 지역전략산업 육성과 산업 클러스터 구축, 국가균형발전 추진체계 확립 등을 설정하고 혁신정책, 균형정책, 산업정책, 공간정책, 질적 발전정책 등의 세부정책을 의욕적으로 추진하였다.

노무현 정부는 국가적 아젠다인 균형발전을 모든 주체의 자원과 역량을 결집하여 일관된 시스템으로 추진하려는 의지에 따라 대통령이 정점이 되는 강력한 추진체계를 구축하였으며 특별법을 제정하여 이를 제도화하였다. 노무현 정부는 위에서 설명한 통합적 지역발전 추진체계를 처음으로 도입한 정부로서 노무현 정부를 기점으로 우리나라 지역발전 추진체계의 일대 전기가 마련되었다고 할 수 있다.

국가균형발전에 관한 모든 시책을 망라한 5년 단위의 국가균형발전계획을 수립하였는데 이 계획은 중앙부처가 수립하는 부문별 계획과 자치단체가 수립하는 지역혁신발전계획을 종합했을 뿐 아니라 행정수도 이전, 혁신 · 기업도시 건설 등과 같은 대형 국책사업계획도 포함함으로써 그야말로 국가균형발전에 관한 로드맵으로 기능하도록 구상하였으며 기본 틀은 지금까지 이어져 오고 있다.

조직 측면에는 대통령 직속의 법정 자문기구인 국가균형발전위원회를 설치하여 위원회가 관련 중앙부처를 총괄토록 함으로써 각종 균형발전사업을 국가적 관점에서 조정하고 균형발전에 관한 의사결정을 일원화하였다. 그 아래에는 실무조직으로 국가균형발전기획단(위원회), 국가균형발전지원단(산업자원부), 국가균형발전지원팀(각 부처)을 각각 설치 · 운영함으로써 중앙 단위의 추진조직을 계층적으로 구성하였으며, 지방 단위에서는 시 · 도와 시 · 군 · 구 등 자치단체가 균형발전사업을 책임지고 추진하도록 함으로써 부분적으로 분권화된 체계를 적용하였다.

재정 측면의 조치로는 지방양여금, 일반회계, 부처별 특별회계 등을 통합한 국가균형발전특별회계의 설치를 꼽을 수 있다. 이 특별회계는 비록 당초 구상했던 포괄보조금 형태의 재원으로서는 충분한 기능을 발휘하지는 못했지만 최초로 균형발전사업에 대한 재정지원을 전담하는 재원이라는 점에서 큰 의의가 있으며, 특별회계의 보조금 배분을 중앙이 균형발전사업에 대한 지방의 정책추진과정을 통제하고 적극적 참여를 유도할 수 있는 수단으로 활용하였다.

노무현 정부는 국가균형발전정책을 범국가적 차원에서 추진하기 위하여 다차원적 거버넌스 구축에도 노력하였다. 중앙 단위에서는 국가균형발전위원회를 중심으로 범부처 간 협력체계를 구축하였으며, 지방 단위에서는 자치단체별로 민 · 관 · 산 · 학의 협의체인 지역혁신협의회를 구성하여 민간부문의 의사결정 참여를 처음으로 제도화하였다.

나. 이명박정부의 지역발전 추진체계

노무현 정부에서 이명박정부로 정권이 바뀌면서 정치적 이념의 변화에 따라 지역발전정책도 대폭 수정을 거치게 되었다. 이명박정부의 가장 큰 정책기조의 전환은 종래에 사용했던 '국가균형발전' 이란 용어를 없앤 것에서 상징적으로 볼 수 있다(강현수, 2013a : 126). 이명박정부는 종전까지 지역발전정책에서 보편화되었던 '나누어 먹기식 균형', '수도권과 비수도권 간의 제로섬 논리', '중앙 집권적 획일성', '닫혀진 내국적 논리' 를 지양하고, 지역발전정책의 패러다임을 '경쟁과 잠재력 발굴을 통한 발전', '수도권과 비수도권 간의 상생발전', '지방분권적 차별성', '열려진 세계화' 로 전환하겠다는 의지를 표명하고 지역발전의 새로운 패러다임을 구현하기 위해 2008년 7월 '신지역발전정책' 의 비전과 추진전략을 제시하였다(국가균형발전위원회, 2008). 신지역발전정책의 비전은 '일자리와 삶의 질이 보장되는 경쟁력 있는 지역창조' 이며, 비전 달성을 위한 핵심정책으로 5 + 2 광역경제권정책을 추진하였다. 광역경제권의 목표는 '글로벌 경쟁력을 갖춘 광역경제권 창조' 로 설정하였는데 대외적으로는 동북아 광역경제권과 경쟁할 수 있고 대내적으로는 수도권에 버금가는 지역경쟁력을 갖춘 광역경제권을 육성하겠다는 전략이다.

광역경제권정책을 추진하기 위하여 이명박정부는 2009년 4월 22일 '균특법' 을 대폭 개정하였다. 신지역발전체계의 기본구조는 5개년 발전계획(계획) — 지역발전사업 (사업) — 대통령 직속 위원회(추진체계) — 특별회계(예산)로 이루어진 종래 국가균형발전체계의 외형구조를 그대로 유지하고 있는데 신지역발전정책의 추진시스템이 노무현 정부의 국가균형발전체계와 지향하는 바가 크게 다름에도 불구하고 지방의 반대에 부딪혀 종래의 법 명칭과 법령체계를 그대로 둔 상태에서 내용만 개정할 수 밖에 없었다(김선기, 2010a). 계획은 중앙부처가 수립하는 부문별 계획과 광역위원회가 수립하는 광역경제권 발전계획을 토대로 지역발전 5개년 계획을 수립하였는데 이전과 달리 시 · 도가 수립하는 시 · 도 및 시 · 군 · 구 발전계획을 자율계획으로 규정함으로써 자치단체의 역할이 축소되었다. 그 결과 지역발전의 공간 단위를 시대적 흐름에 맞추어 확장한 것은 바람직하지만 지나치게 광역경제권 단위의 경쟁력에만 몰입한 나머지 산업과 인프라 등에 치중하여 주민생활의 삶의 질 향상을 소홀히 했다는 비판의 빌미로 작용하게 되었다(강현수, 2013a : 134).

조직도 대폭 변경되어 국가균형발전위원회를 계승하여 지역발전위원회를 구성하였으며 지역발전위원회의 사무를 처리하기 위한 실무조직으로 지역발전기획단을 설치하였다. 지방 단위의 조직에서 가장 큰 변화는 광역경제발전위원회를 설치한 조치이다. 이는 기존의 시 · 도를 대체하여 행정구역을 초월한 광역 단위의 추진조직을 구상한 결과이지만 하향식 권역설정, 분권화가 결여된 광역화, 집행기능이 결여된 거버넌스 등의 한계로 제 기능을 수행하지는 못했다(김선기, 2010).

재정 측면에서는 광역경제권정책을 체계적으로 지원하기 위하여 '광역화 · 효율화 · 자율화' 를 지향하는 방향으로 국가균형발전특별회계를 광역지역발전특별회계로 개편하였다. 회계의 기본 구조는 그대로 유지하되 광역발전계정과 지역발전계정 등으로 구분하여 정책기조에 맞게 광역발전계정은 확대하고 지역발전계정은 축소하였다. 이명박정부는 사업 통폐합, 포괄보조금 도입, 국고보조 신청절차의 간소화, 성과평가 체계화 및 익년도 예산연계 등 재정기반을 대폭 정비하였다(기획재정부, 2009). 그중에서도 가장 주목받는 제도개편은 포괄보조금 제도의 도입이며 유사사업을 통폐합하여 종래 200여개의 세부사업을 24개 포괄보조사업으로 개편함으로써[5] 지원한도 내에서 지자체가 자율적으로 사업의 세부내역을 설계 · 집행할 수 있도록 개선하였다. 하지만 제도 설계 자체가 포괄보조금의 본질과 다소 거리가 있고 지방비 부담이 과중한 데다 기능별로 주관부처를 지정하고 있어 지방의 사업선택권을 저해하고 있다는 점에서 한계가 있다(조기현, 2012).

거버넌스 측면에서도 노무현 정부의 지역혁신체계를 지원하기 위해 민간협의체로 구성 · 운영하던 법정기구인 시 · 도 및 시 · 군 · 구 지역혁신협의회가 폐지되고 임의기구인 지역발전협의회로 격하되면서 지방에서의 주민참여가 크게 위축되었다. 대신 광역경제권 단위로 광역경제발전위원회를 설치하여 지방의 민간주체들을 참여

5. 19개 사업은 시 · 도 자율편성사업이며, 5개 사업은 시 · 군 · 구 자율편성사업이다.

시켰으나 위원회가 집행기능이 없어 별 실효를 거두지 못했다. 또한 이명박정부에서는 광역경제권의 핵심사업인 선도산업 육성사업과 인재양성사업을 추진하기 위하여 대학, 연구소, 기업 등과의 네트워크를 구축함으로써 민간부문의 역량을 활용하려고 노력하였다(지역발전위원회, 2012). 하지만 선도산업 육성사업은 지식경제부가 전담기관으로 한국산업기술진흥원(KIAT)을 지정하고 광역경제권별로 선도산업지원단을 설립하여 운영하였고, 인재양성사업은 교육과학기술부가 한국연구재단에 사업을 위탁하면 이를 다시 대학인재양성센터에 사업비를 배분하는 방식으로 운영하는, 철저하게 중앙정부 주도의 추진방식이었다. 때문에 광역경제권의 추진체계가 중앙정부와 자치단체 사이에서 책임성이 모호해지는 등 거버넌스의 혼란을 초래하였다.

다. 박근혜정부의 지역발전 추진체계

박근혜정부는 지역생활권이 중심이 되는 지역행복(HOPE) 프로젝트를 새로운 지역발전정책으로 설정하였다. 이 정책은 주민행복 증진이나 삶의 질 개선에 필요한 조건을 자치단체 간 연대와 협력에 바탕을 둔 일상생활권 내에서 충족시키려는 전략이며 '국민행복시대'를 표방하는 국정목표와 맥락을 같이 한다. 박근혜정부에서는 '국민에게 행복을 지역에 희망을' 이란 슬로건 아래 지역생활권정책의 3대 추진전략으로서 첫째, 기초 생활서비스가 충족되는 통상 2~3개 시·군을 연계한 일상생활공간을 지역행복생활권으로 설정하여 정책 및 사업을 집중 추진하며, 둘째, 지역생활권에 대해서는 정부가 맞춤형·패키지 지원을 제공하고, 셋째, 사업의 기획, 집행 등 전 분야에 걸쳐 자치단체의 자율성과 책임성을 확대하고 자치단체 상호 간의 협력을 통해 추진역량을 강화하는 시스템을 구축하는 계획을 발표하였다(지역발전위원회 등, 2013). 또한 추진전략을 구체화하기 위하여 6대 분야, 17개 실천과제를 제시하였는데 6대 분야로는 ① 지역행복생활권 기반 확충, ② 일자리 창출, 지역경제 활력 제고, ③ 교육여건 개선, 창의적 인재 육성, ④ 지역문화융성, 생태복원, ⑤ 사각 없는 지역복지의료, ⑥ 지역균형발전시책 지속추진 등이 포함되어 있다.

박근혜정부에서도 새로운 지역생활권정책을 추진하기 위하여 2014년 1월 7일 '균특법' 을 대폭 개정하여 계획 · 조직 · 재정 · 거버넌스 등의 추진체계를 정비하였다. 먼저 부문별 계획과 지역계획을 종합하여 지역발전 5개년 계획을 수립하는 구조는 이전과 같지만 이명박정부의 광역발전계획을 폐지하고 시 · 도 발전계획을 부활하여 계획체계를 노무현 정부 시절로 복원시켰으며, 지역생활권별로 지역생활권발전계획을 자율계획으로 수립하여 시 · 도 발전계획에 반영하고 있는데 이는 전체적으로 시 · 도를 비롯한 자치단체의 자율성과 책임성을 강화하려는 조치로 평가된다.

조직 측면에서는 중앙 단위의 조직에는 큰 변동이 없지만 지방 단위의 조직에서는 광역경제발전위원회를 폐지하고 시 · 도가 지방에서의 지역발전정책의 권한과 책임을 지도록 기능과 역할을 환원시켰는데 이는 계획체계의 변화와 같은 맥락이다. 자치단체의 자율성과 책임성을 강화하려는 의도는 지역생활권의 추진조직에도 반영되어 있다. 박근혜정부는 지역생활권정책을 추진하기 위하여 2015년 현재 전국에 63개의 지역생활권을 구성하였는데 이전의 광역경제권과 달리 생활권 구성 자체를 자치단체의 자율에 일임하였을 뿐 아니라 지역생활권정책의 추진도 시 · 도 및 시 · 군 · 구의 자발적 협력에 맡기고 있어 분권화와 지방의 역량 강화 측면에서 진일보된 조치로 볼 수 있다.

재정 측면에서는 새로운 지역발전정책에 맞게 특별회계의 계정을 바꾼 것 외에는 구조적으로 그다지 큰 변화는 없다. 이전의 광역발전계정이 경제발전계정으로, 지역발전계정이 생활기반계정으로 명칭이 변경되었으며, 세종특별자치시의 설치에 따라 해당 계정이 추가되었다. 다만 세출항목의 특징으로 시 · 군 · 구 자율편성 포괄보조사업에 지역행복생활권사업을 신설함으로써 지역생활권 선도산업 등 자치단체 간 연계협력사업을 박근혜정부의 역점사업으로 추진하고 있다.

거버넌스 측면에서 박근혜정부의 지역생활권정책이 가장 강조하는 이슈는 자치단체 간 연계 · 협력이다. 지역생활권의 구성은 자치단체 간 상생과 협력의 서비스 공급체계를 구축하는 것으로서 그동안 단편적으로 추진해 왔던 자치단체 간 연계 · 협력을 상시적이고 포괄적으로 제도화했다는 의미가 크다. 따라서 지역생활권 단위로 체감형 생활서비스를 체계적으로 공급하기 위해서는 생활권을 구성하는 자치단체 간 협력체계 구축은 물론, 지역 내에서 서비스 공급의 일익을 담당하는 지역공동체 등 다양한 민간주체들의 참여가 필수적이다. 이러한 배경에 따라 박근혜정부에서는 지역생활권 단위의 협력적 거버넌스의 축으로 시 · 도 생활권발전협의회를 법정기구로 설치 · 운영하였으며 필요한 경우 연계협력사업별로도 자치단체 간에 자율적으로 협의체를 구성하도록 유도하고 있다.

표 15-4 **지역발전 추진체계의 변화**

		노무현 정부	이명박정부	박근혜정부
정책기조	정책목표	▪ 혁신주도의 공간적 균형발전	▪ 지역의 경쟁력 강화 및 특화	▪ 지역행복 및 삶의 질 향상
	정책수단	▪ 기능 분산형 균형발전 정책 – 세종시 건설 – 혁신 · 기업도시 건설 – 4+9 지역전략산업 육성	▪ 5+2 광역경제권정책 – 광역경제권 선도산업 육성 – 광역경제권 인재양성 – 30대 선도프로젝트 발굴 · 추진	▪ 지역희망(HOPE) 프로젝트 – 지역생활권 구성 · 운영 – 생활권 선도사업 추진 – 삶의 질 서비스 제공
	정책대상	▪ 행정구역	▪ 행정구역+광역권(초광역개발권, 광역경제권, 기초생활권)	▪ 행정구역+생활권(지역행복생활권)
계획		(법정의무계획) ▪ 국가균형발전계획 – 부문별 계획 – 지역혁신발전계획	(법정의무계획) ▪ 지역발전계획 – 부문별 계획 – 광역발전계획 (법정자율계획) – 초광역권개발구상 – 시 · 도 발전계획 – 시 · 군 · 구 발전계획	(법정의무계획) ▪ 지역발전계획 – 부문별 계획 – 시 · 도 발전계획 (법정자율계획) – 지역생활권 발전계획
추진체계	추진조직	▪ 중앙 : 국가균형발전위원회, 부처 ▪ 지방 : 지자체	▪ 중앙 : 지역발전위원회, 부처 ▪ 지방 : 광역경제발전위원회,지자체	▪ 중앙 : 지역발전위원회, 부처 ▪ 지방 : 지자체
	재정	▪ 국가균형발전특별회계 – 지역개발사업계정 – 지역혁신사업계정 – 제주계정	▪ 광역 · 지역발전특별회계 – 지역개발계정 – 광역발전계정 – 제주계정	▪ 지역발전특별회계 – 생활기반계정 – 경제발전계정 – 제주계정 – 세종계정
	거버넌스	▪ 지역혁신협의회(법정기구)	▪ 지역발전협의회(임의기구)	▪ 지역생활권발전협의회(법정기구)
제도		▪ 균특법 제정(2004.1.10)	▪ 균특법 개정(2009.4.22)	▪ 균특법 개정(2014.1.7)

4. 지역발전 추진체계의 과제와 향후 방향

가. 중앙 단위의 컨트롤타워 기능 강화

2013년 '균특법'의 제정과 함께 지역발전 통합추진체계를 도입한 이래 지역발전정책에 대한 컨트롤타워 기능은 지역발전위원회가 맡고 있다. 지역발전위원회는 대통령에 소속되어 지역발전정책과 관련하여 국가 및 지역의 중요한 사항을 심의할 뿐 아니라 지역발전정책을 기획·조정하는 기능을 갖고 있기 때문이다. 실제 지역발전위원회는 다른 대통령 소속 자문위원회와는 달리 합의제 행정기관인 행정위원회의 성격이 일부 가미되어 있다(조기현, 2013 : 352). 보조기관을 설치한 점은 타 자문위원회와 유사하지만(법 제26조), 지역발전특별회계를 운용하고 있고, 공공기관 지방이전 등에 관한 사항을 심의하거나(제22조 제2항), 지역발전시책의 투자방향과 특별회계의 예산편성에 관한 의견을 통보하면 기획재정부 장관은 이를 수용하도록 되어 있어(제38조 제4항 및 제5항) 타 자문위원회와는 기능적으로 차별화된다.

그럼에도 불구하고 법적으로는 자문위원회로 규정되어 있어 독자적으로 예산을 편성하거나 집행할 수 있는 권한이 없기 때문에 필요한 시책이나 사업은 관련 부처의 세출예산을 이용할 수밖에 없다. 따라서 관련 부처에 대한 통솔과 협력이 원활할 때에는 별 문제가 없지만 그렇지 못할 때에는 정책의 총괄 기획·조정이 어렵게 된다. 지역발전위원회는 대통령 소속 기관이기 때문에 지역발전체계를 작동시키는 가장 큰 운영기제를 정권 차원의 관심과 의지에 의존하고 있어 대통령의 관심도와 의지에 따라 위원회의 역량과 성과가 좌우되는 경향이 있다. 지역발전정책에 대해 대통령의 의지와 관심도가 높은 경우에는 통합적 추진체계로 힘을 발휘할 수 있으나 그렇지 못할 경우에는 각 부처에 대한 컨트롤타워 기능을 수행하기 어렵게 된다.

중앙 단위의 지역발전정책 총괄기구에 대한 대안은 여러 관점에서 모색되어 왔다(차미숙 외, 2003 : 156~186 ; 김용웅 외, 2009 : 570~583 ; 김현호, 2013 : 377~380). 가장 유력하게 검토되어 온 대안 중 하나는 현재의 지역발전위원회를 행정위원회로 개편하는 방안이다. 소속의 실무조직을 설치할 수 있고 독자적으로 예산을 편성 · 집행할 수 있어 국가적 차원에서 지역발전정책을 보다 강력하게 기획 · 추진할 수 있는 장점이 있으나, 관련 부처의 사무이관에 대한 저항이 예상되며 위원회의 위상이 오히려 현재보다 낮아져 관련 부처를 총괄 · 조정하기에는 한계가 있다.

다른 대안으로는 국무총리실 직속으로 지역발전정책을 총괄하는 조직을 신설하는 방안이다. 지역발전정책의 부처 간 중복을 해소하고 단일 기관에서 정책을 기획하고 부처 간 총괄 · 조정을 할 수 있지만, 이 역시 기존 중앙부처의 사무이관이 어렵고 총리실의 조정 관련 기존업무와 차별화가 쉽지 않다. 참고로 우리나라와 지방행정환경이 유사한 일본의 경우에는 총리(내각부) 소속으로 지역활성화통합본부를 설치 · 운영하고 있다. 이 기구는 2007년 10월 도시재생본부, 구조개혁특구본부, 지역재생본부, 중심시가지활성화본부 등 기존의 4개 본부를 지역활성화통합본부로 통합하여 설치하였다. 본부장은 총리이며 관련 각 성 · 청의 장관이 구성원으로 되어 있으나, 총리 산하의 지역활성화 담당 내각특명대신이 본부의 실질적인 총괄책임자(부본부장) 역할을 수행하며 여기서 지역정책을 총괄 기획 · 입안하고 각 성 · 청(省廳)의 지역정책을 조정하고 있다. 내각부는 법률상 각 성 · 청보다 상위의 지위에 있어, 범정부적으로 조정이 필요한 과제에 대해서 조정뿐 아니라 기획, 발의, 거부, 지시 등 권한을 부여받고 있다. 하지만 여전히 개별 시책은 관련 중앙부처가 지방의 8개 광역블럭 단위로 지방행정기관(支分部局)을 두고 수행하고 있어 부처 간 횡적인 연계나 사업의 중복해소가 여전히 과제로 남아 있다(장재홍 외, 2008).[6]

중앙행정기관의 하나로 지역발전정책을 총괄하는 부처를 신설하는 방안도 지속적으로 제시되는 대안이다. 지역발전정책의 전담 부처가 사업 간 중복성을 해소하고 통합적으로 정책을 수행하기에는 유리하지만 기구 신설에 대한 부담과 기존 부처의 업무이관에 대한 반발이 만만치 않고 무엇보다 조직의 위상에 비추어 볼 때, 타 부처와의 연계와 총괄 · 조정이 쉽지 않을 것으로 예상된다. 부처 간 총괄 · 조정이 실질적

6. 2014년 9월 일본의 아베 내각은 지역재생 등 부처의 경계를 넘는 지역발전업무의 횡적 연계와 총괄적 추진을 위하여 내각에 '지방창생본부'를 신설하고 담당대신을 임명하였다.

으로 예산의 통제 및 배분을 통하여 작동되는 바가 크다는 점을 고려하여 예산부처(기획재정부)로 하여금 지역발전정책을 총괄하도록 하는 방안도 생각해 볼 수 있다(김현호, 2013 : 379).

이상의 대안들은 각자 장 · 단점을 보유하고 있어 선택에 신중하고 면밀한 검토가 필요하지만 대안에 대한 한 가지 공통된 요구사항은 부처 간의 이해관계를 조정하고 통합적인 관점에서 정책을 추진할 수 있는 권한이 지금보다 강화되어야 한다는 점이다. 현재와 같이 대통령의 의지나 지역발전정책의 국정 아젠다로서의 위상에 따라 컨트롤타워 기능이 달라지는 것이 아니라 제도적으로 각 부처의 시책, 사업, 예산 등에 대하여 기획, 발의, 거부, 지시 등의 조정권을 행사할 수 있어야 실질적인 통제가 가능하다.

표 15-5 **통합적 지역발전 추진체계 대안별 장단점 비교**

조직형태	장점	단점
행정위원회 (지역발전위원회)	■ 독자적인 예산 편성집행 ■ 정책시행의 집행력 강화	■ 부처의 지역발전업무 이관 애로 ■ 강력한 총괄 · 조정 미흡
국무총리실	■ 정책의 총괄 및 기획 ■ 부처 간 협조 용이	■ 지역발전 고유업무의 희석 ■ 총리실의 고유업무와 혼합
기획재정부	■ 지역발전 재정지원 강화 ■ 예산을 통한 정책 통제 · 조정	■ 지역발전 전문성 결여 ■ 주관부처의 대국민 이해 애로
지역발전부(청) 신설	■ 지역발전사무 독립성 확보 ■ 지역발전 통합적 시행	■ 부처의 지역발전업무 이관 애로 ■ 강력한 총괄기능 미흡
대통령 자문위원회 (지역발전위원회)	■ 정책기획의 총괄 · 조정 ■ 기존 조직 활용 및 소규모 조직 운영 가능	■ 독립적 예산편성 및 사업집행 불가 ■ 자문적 성격으로 총괄조정 한계

자료 : 김현호(2013), 379 표 수정

나. 추진체계의 지방화 · 분권화 촉진

현행 지역발전 추진체계는 노무현 정부에서 통합적 지역발전 추진체계를 도입한 이래 나름대로 지방의 참여를 확대하고 자율성을 신장하는 다양한 조치의 개선이 이루어진 결과이지만 여전히 중앙주도형 추진체계임을 부인하기 어렵다.

경제발전의 초기단계에서는 기업국가(corporate state)의 역할을 자임하는 중앙정부의 일사분란한 명령과 통제가 효과를 발휘할 수 있었으나 산업구조가 고도화되고 개방화된 지금에는 과거 중앙 집권형의 방식이 더 이상 효과적이지 못하다. 특히 지역의 물리적 · 총량적 성장보다 주민의 체감적 삶의 질과 행복도의 향상이 보다 중시되는 최근의 세계적 트렌드를 감안할 때, 주민의 분화된 수요와 욕구에 보다 밀착된 서비스 공급주체는 당연히 자치단체이며 공공부문이 해결하지 못하는 서비스의 사각지대에는 지역공동체의 역할이 필요하다.

분권화된 지역발전 추진체계를 구축하기 위해서는 근본적으로 중앙정부의 행정 · 재정 권한의 지방이양이 이루어져야 하지만 단기적으로는 지역발전정책의 기획 · 집행에 관련된 의사결정구조를 지방화 · 분권화해야 한다. 우선 지역발전정책의 최고 의사결정기구인 지역발전위원회의 구성에 지방의 참여를 확대해야 한다. 지역발전정책이 국가적 관점에서 구상되었다 하더라도 그 실행은 예외 없이 지방에서 이루어지며 그 결과도 일차적으로 지방에 미친다는 점을 고려할 필요가 있다. 현재 '균특법' 제23조에서는 위원회의 당연직 위원을 기획재정부 장관 및 관련 부처 장관으로 한정하고 있으며, 형식적으로 지방의 의견수렴장치를 마련했으나 정책 수립이나 예산배분 등에 있어 기획재정부를 비롯한 중앙부처 주도의 하향적 의사결정구조를 탈피하지 못하고 있어 분권형 지역발전과는 괴리가 있다. 따라서 위촉위원에 '지방자치법' 제165조의 지방4단체가 추천하는 자로 되어 있는 관련 규정을 개정하여 지방4단체(전국 시 · 도지사 협의회, 전국 시장 · 군수 · 구청장 협의회, 전국 시 · 도 의회의장 협의회, 전국 시 · 군 자치구 의회 의장협의회)의 장을 당연직 위원으로 포함시켜 의사결정과정에서 지방을 대표하는 주체의 참여를 확대함으로써 지역발전위원회의 위상과 정체성에 부합하도록 개편할 필요가 있다.

다음으로 분권형 지역발전 추진체계의 핵심과제는 지역발전에 관련된 재정운용에 대한 지방의 자율성 확대에 있다. 국가균형발전특별회계가 탄생할 때 종자돈 마련을 위해 재정분권과 포괄보조에 나름 기여하던 지방양여금을 폐지하였으나 순기능의 계승에 실패하면서 특별회계(특히 부처편성 계정)는 또 다른 형태의 국고보조금과 별반 차이가 없이 방대한 보조사업을 통합·관리하는 데 그쳤다는 지적을 받고 있다(조기현, 2012). 이명박정부에서 특별회계에 포괄보조금제를 도입한 것은 진일보한 조치이지만, 포괄보조금의 본질과는 다소 괴리가 있고 지방비 부담이 크고 부처가 분할·관리하고 있어 여전히 지방의 자율성 신장에는 한계가 있었다.

지역발전에 대한 재정분권화는 지방세입의 확충 및 중앙—지방 간 재정관계의 재정립이란 큰 틀의 일환으로 접근해야 할 과제이지만, 우선은 지역발전특별회계의 운용상 문제점을 해소하는 방향으로 개편이 필요하다. 일반 국고보조금과 별반 차이가 없는 부처 직접 편성의 경제기반계정을 현재와 같이 유지할 필요가 있는지 근본적으로 검토해야 한다. 부처 편성 계정의 사업들 중 부처의 고유업무로서 지역과 연관성이 적은 사업은 국고보조사업으로 환원하고, 지역 밀착성이 큰 사업은 시·도 자율편성인 생활기반계정으로 편입하며, 소득창출, 일자리 지원, 복지·의료, 균형발전 등 주민생활에 밀접한 사업은 별도의 계정으로 분리·설치하는 방안을 신중히 논의할 필요가 있다. 아울러 현행 자치단체 자율 편성인 포괄 보조사업의 운용방식을 제도의 본질에 맞도록 개선하여 지방의 자율성과 사업선택권을 확대하고 지역 간 발전수준과 재정수요에 따라 지역을 구분하여 재정을 차등지원함으로써 맞춤형 특화발전과 재정 형평화 기능을 보강해야 한다.

다. 협력적 지역발전 거버넌스 강화

지역발전정책이 제대로 추진되기 위해서는 관련된 다양한 주체들의 시책과 사업들이 해당 지역에서 적질히 연계·조정·통합되어 시너지를 발휘할 수 있어야 한다. 거버넌스를 '공공의 의사결정 및 시책추진에 정부(자치단체 포함)뿐만 아니라 민간부문의 관련 집단이 공동으로 참여하는 협동적 통치 또는 관리체계'라고 이해할 때(김용웅 외, 2009 : 582), 거버넌스를 작동시키는 핵심 기제는 바로 주체 간 협력이다. 지역발전에 관련된 주체들의 수평적·수직적 협력과 지역 내·지역 간 협력에 기반한

다층적 지역 거버넌스의 구축이야말로 한정된 지역발전 역량을 결집시키는 관건이다(차미숙 외, 2003). 이를 위해서는 추진주체 간의 권한과 책임분담 등 역할 정립이 이루어져야 하고 민주적이고 효율적인 참여와 의사결정이 가능하도록 제도적 절차가 마련되어야 한다. 아울러 지역 거버넌스의 설계에서 중요한 점은 향후의 국가발전이 총량적 경제성장보다는 개성있는 지역의 내발적 발전을 통해 견인되며, 중앙정부의 주도보다는 정부와 자치단체 및 지역 내 민간부문, 기업, 대학, 지역공동체 등 다양한 주체들의 참여와 협동에 의해 이루어진다는 '지역' 중심의 사고이며, 이것이 바로 분권형 지역발전 거버넌스의 요체이다.

중앙부처 간 칸막이식 행정에서 비롯되는 분절현상의 폐해를 방지하려면 중앙부처 간 협력과 정책의 통합 · 조정이 우선적으로 촉진되어야 한다. 지역발전에 필요한 산업, 경제, 문화, 복지, 환경 등 다양한 부문을 지역 단위에서 통합하고 관련 정책을 조율하기 위해서는 현재의 지역발전위원회가 갖고 있는 컨트롤타워 기능이 훨씬 강화되어야 한다. 다음으로 중앙의 정책이 지방 단위에서 해당 지역을 위해 효율적으로 집행되기 위해서는 중앙과 지방 간 협력이 중요하다. 현재와 같은 지나친 힘의 불균형에 기초한 일방적 지시나 통제보다는 중앙부처, 시 · 도, 시 · 군 · 구 간 명확한 사무 배분과 역할 분담 및 그에 상응한 권한과 재정의 이양을 통하여 보다 대등한 동반자적 협력 관계로의 전환이 선결과제이다. 지역발전을 위한 공공부문과 민간부문 간의 협력도 지역 거버넌스의 필수조건이다.

마지막으로 자치단체 상호 간의 연계 · 협력이 매우 중요하다. 특히 박근혜정부에서는 새로운 지역발전정책으로 지역생활권정책을 추진하고 있는데 이 정책의 성공 여부는 다름 아닌 자치단체 간 연계 · 협력에 달려있다. 지역생활권정책에서는 주민이 필요로 하는 생활서비스를 행정구역별로 획일적으로 배분하는 데에서 기인하는 투자의 중복과 예산 낭비를 해소하고 생활권 단위에서 공동으로 서비스를 충족시킴으로써 특정 지역의 서비스 결핍을 보완하는 데 의의가 있다. 하지만 오랜 행정구역 단위의 행정집행 및 예산편성의 관행이 고착화되어 있어 자치단체 간 자발적 협력이 쉽지 않은 것이 현실이다. 따라서 분야와 시기 등에 구애받지 않고 상시적으로 생활권 협력사업을 발굴할 수 있도록 자치단체 간 협의체 구성 등 시스템을 구축하는 일이 중요하며, 자치단체 단위의 분절적 행·재정 관행을 극복하고 자발적 협력을 이끌어 내기 위해서 협력사업에 대한 특단의 우대조치 등 정부의 다양한 지원시책이 마련되어야 한다.

〈참고문헌〉

강현수(2013a), "이명박정부의 지역 정책 : 균형발전의 퇴보", 강현수 외, 『지역균형발전론의 재구성』, 서울: 사평아카데미, 125~149쪽.

_____(2013b), "새로운 지역균형발전 정책의 방향과 과제", 강현수 외, 위의 책, 151~182쪽.

관계부처 합동(2014), "지역발전 5개년 계획 부문별 발전계획(안)", 지역발전위원회 심의자료.

국가균형발전위원회·산업자원부(2005), 「국가균형발전계획에 관한 연차보고서」, 2005.

국가균형발전위원회(2008), 「2008 이명박정부 지역발전정책 연차보고서」.

기획재정부(2014), "2015년 지역발전특별회계 예산편성 관련 설명자료".

김선배(2004), "한국형 지역혁신체계의 기본모형과 정책 프레임워크", 국가균형발전위원회(편), 『국가균형발전으로 가는 길』(Ⅰ), 151~205쪽.

김선기(2010a), "지방자치와 지역경제", 정책&지식 포럼 제490회, 서울대 행정대학원.

김선기 외(2010b), 「바람직한 광역위원회 중심의 거버넌스 발전방안」, 한국지방행정연구원.

_______(2012), 「고령화·저성장 시대의 지역발전투자전략」, 한국지방행정연구원.

김용웅·차미숙·강현수(2009), 『新지역발전론』, 서울 : 한울.

김현호(2013), "지역균형발전 추진체계 및 거버넌스 형성", 강현수 외, 앞의 책 365~384쪽.

성경륭(2004), "국가균형발전의 비전과 과제", 국가균형발전위원회, 『국가균형발전으로 가는 길』(Ⅰ).

안전행정부(2013), 「현대적 의미의 지역공동체 모델정립 및 활성화방안 연구」, 한국지방행정연구원.

장재홍 외(2008), 「지역균형발전정책의 위상과 구조에 관한 국제 비교 연구」, 산업연구원.

조기현(2012), "포괄보조금제도의 운용실태와 발전방향—광역지역발전특별회계를 중심으로", 『한국지방재정논집』 제17권 제1호.

_____(2013), "지역균형발전을 위한 재정지원제도 방향과 과제", 강현수 외, 앞의 책, 335~363쪽.

차미숙 외(2003), 「지역발전을 위한 거버넌스체계 구축 및 운용방안」, 국토연구원.

지역발전위원회(2012), 「지역발전정책의 성과와 과제」, 정책자료집.

____________(2013), "국민에게 행복을, 지역에 희망을－지역희망(HOPE) 프로젝트", 제1차 지역발전위원회 회의안건.

행정자치부(2007), 「지역개발사업에 대한 종합적 관리방안」, 한국지방행정연구원.

Rechardson, H. W., 1969, *Regional Economics : Location Theory, Urban Structure and Regional Change*, Praeger Publishers.

Friedmann, J. and Weaver, C., 1979, *Territory and Function : The Evolution of Regional Planning*, Berkerly and Los Angeles : University of California Press.

제 16 장

에필로그 : 지역발전정책의 성공 조건과 미래 과제

epilogue

에필로그

지역발전정책의 성공조건과 미래과제

박근혜정부는 역대 정부 지역발전정책의 성과에도 불구하고, 장기적 성장동력 확보에 치우쳐 지역 일자리 창출에는 한계를 노정시켰고, 지역과 주민이 안고 있는 문제 해결에는 다가서지 못했다는 평가와 함께 "지역희망(HOPE) 프로젝트"를 지역발전정책 비전으로 제시하였다. 우리의 현재 여건과 특성을 감안할 때, 지역발전정책의 성공조건과 미래과제는 무엇일까? 전문가들의 의견을 들어 보았다. 〈사회자 주〉

박근혜정부의 지역발전정책이 효율적으로 추진되고, 정책성과를 달성함으로써 국민적 체감도와 공감대를 높이기 위한 성공조건이 있다면 의견 부탁드립니다. 그리고 현 시점에서 가장 중점을 두어야 할 분야(시책)는 무엇이라고 보십니까?
차미숙_사회

김선기_

지역행복생활권 정책이 성공하기 위해서는 첫째, 생활권 정책에 부응하는 대표 브랜드 시책 또는 사업을 추가로 발굴하고 투자규모를 확대할 필요가 있다. 둘째, 자발적 연계협력을 촉진하기 위한 지원을 강화해야 한다. 셋째, 지역생활권의 삶의 질 수준을 매년 정기적으로 측정하고, 다음 연도 사업 선정 및 재정지원과 연동화하여 행복도를 향상시키려는 노력이 필요하다.

김현호

박근혜정부의 지역발전정책이 종래의 개발 중심에서 탈피해 복지, 의료, 교육, 환경 등을 포함하는 '지역희망(HOPE) 프로젝트' 정책으로 변화된 것은 시의적절하다고 본다. 정책이 소기하는 바의 주민의 행복 체감도를 높이기 위해서는 현재의 지역행복생활권이나 취약지역 개조 프로젝트에 더해 복지 · 의료 · 교육 · 안전 · 에너지 등을 융합한 지역발전정책을 보다 강화시키는 시책의 추진이 필요하다. 이를 위해서 단기적으로는 지역발전위원회를 중심으로 한 통합적 시책을, 보다 장기적으로는 범부처의 영역을 허무는 정책을 개발 · 추진할 필요가 있다.

지역발전정책이 국민적 체감도와 공감대를 얻기 위해서는 정책의 투명성과 예측 가능성을 높이고, 적극적인 주민참여를 실현하여 국민의 지지를 향상시켜야 한다. 그리고 지역발전정책의 수립과 집행에 있어, 부처 간 정책 조율이 향상되고, 지자체 간 그리고 민간 부문과의 연계협력을 강화해야 한다.

_남윤우

일자리 창출은 국민적 체감도와 공감도를 높일 수 있는 중요한 요소이다. 박근혜 정부의 지역발전정책이 성공을 거두고 지역주민의 기대에 부응하기 위해서는 무엇보다 일자리 창출에 중점을 둘 필요가 있다. …(중략)… 정부는 기업들이 지방에 투자할 수 있는 좋은 여건을 지속적으로 조성하고, 새로운 일자리를 만들기 위하여 창업을 적극 지원하며, 지역밀착형 중소기업 육성, 지역맞춤형 일자리 창출 지원사업 등에 역점을 둘 필요가 있다.

배준구

지역발전정책의 성공을 위해서는 지방의 많은 사업들과 관련된 정부 부처의 협력적인 방법을 찾는 것이 매우 중요하다. 현재 다양한 부처와의 협의를 통한 패키지 지원 등을 시행하고 있지만 그 성과는 아직 미흡하다고 판단된다. 이를 위한 거버넌스 조직의 활성화, 특히 지역위의 역할을 강화할 필요가 있다. 그리고 취약지역 개조 프로젝트와 같은 지역주민이 피부로 느낄 수 있는 정책의 확대가 필요하고 이러한 사업에 대한 적극적인 홍보를 통하여 지역 주민의 만족도와 체감도를 높이는 방법을 강구하여야 한다.

_설경원

전국 어디에서 살던지 행복감을 느낄 수 있도록 하는 지역정책이 필요하다. 문화적 다양성과 마찬가지로 '행복 다양성' 의 관점에서 지역 특성에 걸맞는 행복한 '삶의 양식' 을 발견하고 창조해내야 한다. 이를 위해서는 지역행복 실태를 파악하고 지역의 주민체감 행복도를 측정할 수 있는 평가지표와 '지역행복지수(RHI, Regional Happiness Index)' 의 개발이 선행되어야 한다.

이무용

국민체감도를 높이려면 몇 단계를 거치면서 현장에 도달하기까지 정책 실행에 장애가 되는 요인들을 찾아내고 극복해야 한다. 앞으로 지역발전정책은 사회발전 분야의 비중이 높아지는 만큼 특히 보건복지 분야가 국민적 체감도를 높이는 중요한 분야가 될 것이다. …(중략)… 현 시점에서 가장 중점을 두어야 할 것은 동주민센터의 복지 허브화가 일반행정기관 내에서 실행되는 장애요인을 극복하고, 정부가 의도한 대로 실행되도록 하는 데 역량을 집중하는 것이다.

_박경숙

epilogue

이원섭

지역정책의 궁극적인 목표는 전국민이 국토의 어느 곳에서나 풍요로운 삶을 누릴 수 있는 기반을 조성하는 것이다. 지역정책에 활용할 수 있는 자원의 한계를 감안하여, 전국의 모든 지역을 대상으로 하기보다는 상대적으로 낙후되고 소외된 지역에 초점을 두어야 한다. 따라서 자립기반을 갖춘 지역은 직접적인 지원보다는 권한이양이나 규제해소를 통해 스스로 발전할 수 있는 환경을 만들어 주는 것이 효과적이다. 지역의 특성이나 발전 수준을 감안한 선별적, 맞춤형 정책을 개발하여 추진함으로써 정책의 체감도와 성과를 극대화해야 할 것이다.

이원종_

박근혜정부 출범 3년을 맞으면서 지역발전사업도 본격적인 추진단계에 접어들고 있다. 국가균형발전특별법 및 특별회계, 지역발전 5개년 계획 등 제도적 기반 위에서 지역주민이 체감할 수 있는 사업의 효과를 창출하는 것이 중요하다. 특히 지역행복생활권사업, 시・도 특화발전 프로젝트, 취약지역 생활여건 개조 프로젝트 등 핵심적인 지역발전사업을 통해 주민의 삶의 질 제고와 지역 간 격차 해소, 지역경제 활성화 등 가시적인 성과를 창출하는데 정책적 역량을 결집할 필요가 있다. …(중략)… 지역발전사업이 본격적으로 추진됨에 따라 중앙정부와 지방정부 간의 정책조정과 더불어 기 추진사업에 대한 모니터링과 평가체계를 효율화할 필요가 있다.

주성재

정부의 지역행복생활권 정책은 주민들이 체감하는 삶의 질을 높임으로써 행복을 이룰 수 있게 한다는 것이 핵심적인 정책 방향이다. 따라서 삶의 질을 높이는 데 적절하면서도 꼭 필요한 사업을 발굴하여 시행하고, 그 성과가 주민에게 돌아가게 하는 것이 성공의 관건이라 생각한다. 현재까지 선정된 사업들이 이 방향에 맞는 것이었는지 평가하고, 사업 시행의 각 단계에서 그 혜택이 주민들에게 돌아가는지 지속적인 모니터링이 필요하다고 본다. 이를 위해서는 주민이 체감하는 행복이 무엇인지, 행복지수를 어떻게 산출하는지에 대한 기초 연구가 필요하다.

최상철_

우리나라 지역정책의 새로운 지평을 열 때가 되었다. 지역격차 및 지역감정 해소는 한 시대가 겪은 국가발전의 진통이었고 접을 때가 되었다. 세계화와 지방화는 다양성(diversity)이 근저에 깔려있다. …(중략)… 무한경쟁하에서 선택과 집중의 논리가 지배하고 있다. 선택과 집중은 세계은행에 의하면 3D(Density, Distance, Division)로 요약한 바 있다. 밀도가 높고, 접근성이 좋으며, 분업 즉 지역적 특성을 살린 선택을 한 국가와 지역이 발전하고 있다. 이와 같은 세계화의 논리는 지방화에도 그대로 적용된다.

사회여건 변화와 메가트렌드 변화에 대응하여 미래 지역발전 정책이 추구해야 할 핵심가치(예시: 행복, 균형발전, 경쟁력, 안전 등 키워드를 제시)를 꼽는다면? 그리고 앞으로 지역발전 정책 차원에서 다루어야 할 시급한 과제나 분야는 무엇이라고 생각하시는지 의견 부탁드립니다.

차미숙_사회

당해 지역의 발전을 위한 노력은 해당 지자체의 몫이지만 "국가 전체의 불균형을 교정하는 노력은 중앙정부의 몫이다" …(중략)… 현재의 사업 및 특별회계를 전면 재검토하여 부처편성 계정은 사업별 선별과정을 거쳐 부처의 고유업무로서 지역과 연관성이 적은 사업은 국고보조사업으로 환원하고, 지자체 자율편성계정의 규모를 확대하여 재원을 실질적인 균형발전에 집중 투자해야 한다. 동시에 시 · 도별로 균형발전 특별회계를 중앙―지방 간 매칭펀드로 조성하여 자체 특수수요에 충당하고 제도화할 필요가 있다. 낙후지역에 대해서 국가통합 차원에서 특단의 지원시책으로 자율공모형 특화사업을 추진하여 자립역량 강화를 지원해야 한다.

김선기

_김현호

향후 사회변화의 메가트렌드는 지역발전에 대한 '참여' 가 될 것이다. 이런 측면에서 볼 때, 지역발전정책이 추구해야 할 향후의 핵심 가치는 독일이 시사하는 바가 크다. 바로 주민 개개인의 행복이나 삶의 질에 대한 '지역의 등가치성' 이다. 삶의 지역적 소재를 떠나 어느 지역에 살든지 행복이나 삶의 질 수준이 비슷해야 한다는 것이다. 그리고 이것은 안전 · 복지 · 교육 · 일자리뿐 아니라 이것들로 종합될 수 있는 행복의 지역적 균형을 의미한다고 할 수 있다. 그런 의미에서 보다 진화된 지역발전 정책은 복지나 웰빙에 의해 주도되는 정책의 모양을 띠어야 할 것이다.

지역발전정책이 추구해야할 가치들은 경쟁력, 삶의 질, 주민참여, 건강, 지속가능, 에너지, 연계협력, 지역공동체 등 다양하다. 지역경쟁력 향상을 위해서는 '분권화' 를 강화할 필요가 있다. 지역주민이 거주지역에 대해 긍지와 애착을 느끼면 공공의 문제에 관심을 갖게 되며, 지역발전사업을 지지하게 된다. 앞으로는 저출산 · 고령화로 인한 인구구조의 변화를 반영하여 저성장시대에 대응한 지역발전 정책을 수립하여야 한다.

남윤우

epilogue

배준구_

미래의 지역발전정책은 '공간적 기회균등' 을 보장할 수 있는 지역균형발전에 역점을 둘 필요가 있다. 장기적으로 남북통일을 상정하여 지역 간 균형발전과 남북이 상생하는 국토비전과 국토구조 형성(통합국토는 북부권, 중부권, 남부권으로 설정), 기반 구축을 통해 지속가능한 발전정책을 마련하는 것이 중요하다. …(중략)… 향후 지역경쟁력 확보와 성장을 위해서는 권역별 특성을 고려하여 지역행복생활권 정책과 광역경제권 정책을 병행하여 추진하는 것이 바람직하다. 또한 중장기적 차원에서 생활권별로 적합한 다양한 형태의 협력체(조합, 연합 등) 구성을 유도하고, 생활권 내의 도시 간 협력뿐만 아니라 생활권 간의 협력 강화, 연계 · 협력사업의 확대, 그리고 권역별 여건과 특성을 살리는 방안과 제도적 정비를 모색할 필요가 있다.

설경원

지역 균형발전과 국가정책의 효율성이 가장 중요하다. 지역의 균형화는 정치적으로 안정되고 경제적으로 효율적이며 환경적으로 지속가능한 국가 발전의 선결요건이고, 국가 전체의 경제발전과 성장을 위해 지역정책의 효율성을 추구하는 것이 무엇보다 중요하다. …(중략)… 이러한 문제를 해결할 수 있는 한 가지 방법으로 지역의 개성을 살리고 기술혁신을 통해서 특화된 경쟁력을 갖춘 지역경제 기반을 구축함으로써 세계화를 추진하는 것이 바람직한 방향이라 생각한다.

이무용_

미래 지역발전정책의 핵심가치는 '공간치유 · 공간정의' 이다. 미래학자들이 말하는 메가 트렌드의 8대 키워드로 '꿈 · 관용 · 이야기 · 융합 · 즐거움 · 건강 · 신뢰 · 혼' 을 들 수 있다. 미래의 지역발전정책은 지역주민의 다양한 꿈을 포용하여 행복한 이야기로 창조해내는 지역, 즐거움과 건강함으로 정의와 정신이 살아나는 지역을 만들어내야 한다. 한마디로 공간치유를 통해 공간정의를 실현하는 지역발전정책이 절실한 시점이다.

박경숙

'안전' 은 인간의 가장 기본적인 욕구를 충족시키는 핵심가치이다. 안전의 개념을 좀 더 넓히면서도 역량을 집중할 수 있는 분야를 선택 · 집중해야 한다. 즉 성폭력 · 가정폭력 · 학교폭력 · 불량식품 등 4대 악에 더하여, 세계화 시대에 대응하여 전염병 예방을 위한 보건안전, 사고나 재해로부터 안전한 사회, 세계 최악의 출산률, 노인빈곤율과 자살률을 해결하기 위한 사회안전망 구축이야말로 '안전사회' 라는 핵심가치를 실행하는 시급한 과제다.

지역발전 정책이 추구해야 할 변하지 않는 가치는 '균형과 경쟁' 이다. 전자는 상대적 발전격차를 해소하는 것이고, 후자는 절대적 발전수준을 높이는 것이다. 최근 행복과 안전의 중요성이 증대되고 있으나 이들은 기본적으로 공간보다는 사람이 기반이 되며, 지역발전정책은 인프라 조성 등을 통해 보조적인 역할을 하는 것이 바람직하다. 향후에는 균형과 경쟁, 행복과 안전, 성장과 분배, 협력과 포용 등 다양한 가치를 포괄할 수 있는 새로운 개념을 국가정책 아젠다로 설정할 필요가 있다.

_이원섭

지역발전정책의 성과를 극대화하기 위해서는 '지역의 자발적인 참여와 협력적인 노력' 이 병행되어야 한다. 단순한 수혜자가 아니라 지역발전의 주역이라는 주체의식을 가지고 주민, 지자체, 지역대학, NGO 등이 서로 힘을 모아 노력할 때 효과가 극대화될 것이다. …(중략)… 지역발전정책은 궁극적으로는 지역 간의 삶의 질 격차를 완화하는 한편, 특성화된 발전을 통한 지역경제 활성화를 지향하고 있다. 이를 구현할 수 있도록 창조경제 시대에 부응하는 다양한 정책적 노력이 중앙과 지방에서 전개될 필요가 있다.

이원종

균형 발전의 기조가 미래에도 그렇게 강력하게 지속되리라고 보지는 않는다. 그동안 균형 발전을 위해 부단히 추구해왔던 정책들이 가시적인 성과를 볼 때가 올 것이기 때문이다. 그렇다면 이후에 추구할 핵심가치는 무엇인가? 각 개인과 가정, 그리고 집단이 갖고 있고 발현하기 원하는 개성 있는 삶의 방식을 수용하는 지역과 공간을 만드는 것이 되리라고 생각한다. 다양성을 존중하면서 조화로운 사회를 이루는 것, 이것을 국토와 지역을 공부하는 몇 분들이 '공간 민주주의' 라는 말로 표현한 바 있다.

_주성재

어느 정도의 지역 간 격차는 포용의 영역으로 받아들이면서 지역마다 선택과 집중에 의한 차별화를 통한 지역발전을 추구해야 할 것이다. 갈등적 지역주의로부터 상생적 지역주의, 선택과 집중의 지역주의는 지방분권과 지방자치의 논리이다. 지역과 지역마다 스스로의 정체성을 살리고 미래를 설계해야 한다. 국가적 지역정책은 아무리 해도 같이 갈 수 없는 장애가 있는 지역에 대한 대책과 스스로 일어설 수 없는 지역이나 지방이 있을 때 뒤에서 밀어주는 방향으로 나아가야 할 것이다. 지역발전의 수레는 지역이 스스로 끌고 가야 하고 국가는 뒤에서 밀어주는 역할로 만족해야 한다.

최상철

지은이

이원종 : 성균관대 행정학과 졸업, 한양대 행정학 석사, 성균관대 · 충북대 행정학 명예박사, 제4회 행정고시 합격. 서울특별시장(27대), 서원대학교 총장(4대), 충청북도지사(26, 30, 31대), 성균관대 석좌교수 등 역임. 홍조근정훈장, 근정포장, 제21회 우관상 수상. 현재 대통령 직속 지역발전위원회 위원장.

주요저서 : 인생 네멋대로 그려라(2013), 생명 속의 생명(2008), 공공정책과 기업가형 리더십(2008) 등

김선기 : 서울대학교 지리교육과 졸업, 서울대학교 환경대학원 도시계획학 석사 및 행정학 박사. 행정자치부 · 국무총리실 정책자문위원, 정부업무평가위원 등 역임. 현재 한국지방행정연구원 선임연구위원, 한국지역개발학회 부회장.

주요저서 : 지방자치의 쟁점(2014, 공저), 지역생활권 삶의 질 분석 및 지역격차 해소방안(2014), 자치단체 간 협력관계의 실태분석과 정책방안(2003) 외 다수

김현호 : 서울대학교 대학원 행정학 박사. 행정자치부 자체평가위원, 국가통계위원회 전문위원, 한국지역개발학회 편집위원 등 역임. 현재 한국지방행정연구원 연구기획실장, 한국지역개발학회 학술위원장.

주요저서 : 지역균형발전정책의 재구성(2013), 지역정책론(2013), 현대적 지역공동체 활성화 모델개발 연구(2011) 외 다수

남윤우 : 연세대학교 행정학 석사, University of Pennsylvania 도시 및 지역계획학 석사 및 박사. 링컨시 정책자문관, UPENN GIS 및 사회통계 컨설턴트 등 역임. UCGIS Junior Faculty Award, Hawthorne Distinguished Faculty Award 수상. 현재 University of Nebraska 부교수, Global Digital Governance Lab 연구위원.

주요저서 : Towards Green Growth and Low-Carbon Urban Development(2013), A System Dynamics Model to Simulate Sustainable Interventions on Chronic Disease Outcomes in An Urban Community(2014) 외 다수

박경숙 : 미국 Drew University 사회학 학사, Rutgers University 사회복지학 석사(M.S.W.), University of Chicago 사회복지학 박사. 한국사회보장학회장, 한국사회복지행정학회장, 대통령 정책자문정책기획위원회 위원, 지방이양추진위원회 위원, 경기대 사회과학대 학장 등 역임. 현재 경기대학교 교수, 중앙생활보장위원회 위원.

주요저서 : 한국의 사회복지 2012～2013(2014), 사회복지학 개론(2013), 공공복지전달체계 개편방안(2011) 외 다수

박인성 : 서울시립대학교 건축공학과 졸업, 서울대학교 환경대학원 도시설계학 석사, 중국인민대학 구역경제연구소 박사(지역경제). (중국)절강대학 교수, 국토연구원 연구위원 등 역임. 현재 충남연구원 중국연구팀장.

주요저서 : 중국의 토지개혁 경험(2011), 중국의 도시화와 발전축(2009), 중국 건설산업 현황과 진출전략(2007), 중국경제지리론(2000) 외 다수

배준구 : 영남대학교 행정학과 졸업, 서울대학교 환경대학원 도시계획학 석사, 프랑스 파리2대학교 행정학과 법학박사. 한국지방정부학회 회장, 박근혜정부 대통령직인수위원회 정무분과 전문위원, 국가균형발전위원회 전문위원 · 광역특별위원, 국토해양부 정책자문 · 평가위원 등 역임. 현재 지역발전위원회 위원, 경성대학교 교수.

주요저서 : 프랑스 지역발전정책(2014), 부산권의 행정체제와 발전과제(2010), 프랑스 지역계획과 계획계약(2006) 외 다수

설경원 : 서울대학교 금속공학과 졸업, KAIST 재료공학과 석사, 미국 Missouri-Columbia 기계항공 공학 박사. 미국 Michigan Technological University 교환교수, 호남광역권 풍력산업협의회 부회장, 전주시의회 정책자문위원 등 역임. 현재 지역발전위원회 위원, 전북대학교 교수.

주요저서 : The effect of additives and current density on mechanical properties of cathode metal for secondary battery(2013), Effects of plasma treatment on the peel strength of Ni on polyimide(2012) 외 다수

이무용 : 서울대학교 지리학과 졸업, 서울대학교 대학원 문학 석사 및 지리학 박사. 한국문화예술위원회 위원, 행정안전부 지자체 평가위원, 서울연구원 부연구위원 역임. 현재 전남대학교 문화전문대학원 교수, 지역발전위원회 위원.

주요저서 : 공공브랜드의 전략적 관리(2014), 문화융성시대 국가 정책의 방향과 과제(2013), 공간의 문화정치학(2005) 외 다수

이원섭 : 경북대학교 지리학과 학사 및 석사, 미국 미시간주립대 지리학과 박사. 지역발전위원회 정책연구팀장, 국가균형발전위원회 전문위원 등 역임. 현재 국토연구원 선임연구위원, 국토계획연구본부장.

주요저서 : 도시권 육성전략 마련을 위한 연구(2014), 글로벌 시대의 창조적 국토경영 전략(2013), 지역정책론(2013) 외 다수

정종석 : 고려대학교 농업경제학과 졸업, 고려대학교 대학원 경영학 석사 및 박사. 국가과학기술위원회 위원, 국민경제자문회의 전문위원, 행정자치부 지방자치단체합동평가 위원 등 역임. 재정경제부 장관표창 수상. 현재 산업연구원 연구위원, 지역발전위원회 평가자문단 위원 등.

주요저서 : 지역산업 육성 지원제도 개편방안(2011), 지역기업의 R&D 수행실태와 개선방안(2009), 지역발전투자협약 운용방안(2004) 외 다수

주성재 : 서울대학교 지리학과 학사 및 석사, 미국 버펄로 뉴욕주립대학교 지리학 박사. 국토연구원 연구위원, 한국경제지리학회 회장 등 역임. 현재 경희대학교 지리학과 교수, 지역발전위원회 위원.

주요저서 : 지식정보사회의 지리학 탐색(2012), 동해의 재인식과 환동해학의 모색(2011), 한국지리지 수도권편(2007) 외 다수

차미숙 : 연세대학교 사회학과 졸업, 연세대학교 대학원 행정학 석사 및 박사. 규제개혁위원회 전문위원, 감사원 정책자문위원, 정부업무평가실무위원 등 역임. 국민훈장 목련장 수상. 현재 국토연구원 연구위원, 지역발전위원회 위원 등.

주요저서 : 新지역발전론(2009), 지역개발사업의 통합적 추진모형 구축 및 적용방안 I(2008), 지역발전을 위한 거버넌스체계 구축 및 운용방안(2003) 외 다수

최상철 : 서울대학교 행정대학원 석사, (미국)피츠버그대학교 도시계획학 박사. 한국지역학회이사, 서울대학교 환경대학원 교수, 지역발전위원회 위원장 등 역임. 홍조근정훈장 수상. 현재 서울대학교 환경대학원 명예교수.

주요저서 : 성장관리의 이론과 실제(2006), 노무현정부의 국토정책과 국가의 위기(2007), 한국도시개발계획론(1981) 외 다수

지역발전정책론 - 이론과 실제

초판 1쇄 인쇄 2015년 7월 2일
초판 1쇄 발행 2015년 7월 7일

지은이 이원종 지역발전위원장 외 13인
펴낸이 박기남
펴낸곳 **율곡출판사**
08590 서울시 금천구 가산디지털1로 84, 803호
전화 (代) 02) 718-9872/3
팩스 02) 718-9874
home-page www.yulgokbooks.co.kr
e-mail yulgokbook@naver.com
등록 1989.11.10. 제2014-000031호
ISBN 978-89-97428-70-0 93350

정가 20,000원